Böhlau

L'Homme Schriften. Reihe zur Feministischen Geschichtswissenschaft
Band 10

HERAUSGEBERINNEN: Caroline Arni, Bern; Gunda Barth-Scalmani, Innsbruck; Ingrid Bauer, Salzburg; Mineke Bosch, Maastricht; Susanna Burghartz, Basel; Krassimira Daskalova, Sofia; Ute Gerhard, Frankfurt a. M.; Hanna Hacker, Wien; Christa Hämmerle, Wien; Hana Havelková, Prag; Margareth Lanzinger, Wien; Edith Saurer, Wien; Regina Schulte, Bochum und Claudia Ulbrich, Berlin.

Band 1: Edith Saurer (Hg.)
Die Religion der Geschlechter. Historische Aspekte religiöser Mentalitäten. 1995. ISBN 3-205-98388-2

Band 2: Brigitte Mazohl-Wallnig (Hg.)
Bürgerliche Frauenkultur im 19. Jahrhundert. 1995. ISBN 3-205-05539-X

Band 4: Gudrun Wedel
Lehren zwischen Arbeit und Beruf. Einblicke in das Leben von Autobiographinnen aus dem 19. Jahrhundert. 2000. ISBN 3-205-99041-2

Band 5: Bärbel Kuhn
Familienstand: ledig. Ehelose Frauen und Männer im Bürgertum (1850–1914). 2002. ISBN 3-412-11101-5

Band 6: Angelika Schaser
Helene Lange und Gertrud Bäumer. Eine politische Lebensgemeinschaft. 2000. ISBN 3-412-09100-6

Band 7: Christa Hämmerle / Edith Saurer (Hg.)
Briefkulturen und ihr Geschlecht. Zur Geschichte der privaten Korrespondenz vom 16. Jahrhundert bis heute. 2003. ISBN 3-205-99398-5

Band 8: Margareth Lanzinger
Das gesicherte Erbe. Heirat in lokalen und familialen Kontexten, Innichen 1700–1900. 2003. ISBN 3-205-99371-3

Bd. 9: Edith Saurer / Margarete Grandner (Hg.)
Religion, Geschlecht und Engagement. Die jüdischen Frauenbewegungen im deutschprachigen Raum. 2005. ISBN 3-205-77259-8

Bd. 10: Ingrid Bauer / Christa Hämmerle / Gabriella Hauch (Hg.)
Liebe und Widerstand. Ambivalenzen historischer Geschlechterbeziehungen. 2005. ISBN 3-205-77374-8

Bd. 11: Christine Schneider
Kloster als Lebensform. Das Wiener Ursulinenkonvent in der zweiten Hälfte des 18. Jahrhunderts. 2005. ISBN 3-205-77393-4

Ingrid Bauer / Christa Hämmerle / Gabriella Hauch (Hg.)

Liebe und Widerstand

Ambivalenzen historischer
Geschlechterbeziehungen

Böhlau Verlag Wien · Köln · Weimar

Gedruckt mit Unterstützung durch

das Bundesministerum für Bildung, Wissenschaft und Kultur;
Institut für Frauen- und Geschlechterforschung der Johannes-Kepler-Universität Linz;
Karl Steinocher-Fonds, Salzburg;
Magistrat 7 der Stadt Wien, Abteilung Wissenschaft;
Rektorat der Universität Wien;
Stiftungs- und Förderungsgesellschaft der Paris-Lodron-Universität Salzburg;
Zentrum für Frauenförderung, Universität Wien;

Die Grünen Frauen Oberösterreich;
ÖVP Frauenbewegung Oberösterreich;
SPÖ Frauen Oberösterreich;
Victor-Adler Fonds der SPÖ Oberösterreich.

Abbildungsnachweis:
Titelblatt unter Verwendung von: Hannah Höch, Liebe, 1931, Photomontage, 21 x 21,8 cm.

Bibliografische Information Der Deutschen Bibliothek

Die Deutsche Bibliothek verzeichnet diese Publikation in der
Deutschen Nationalbibliografie; detaillierte bibliografische Angaben sind
im Internet über http://dnb.ddb.de abrufbar.

ISBN 3-205-77374-8

Das Werk ist urheberrechtlich geschützt.
Die dadurch begründeten Rechte,
insbesondere die der Übersetzung, des Nachdruckes,
der Entnahme von Abbildungen, der Funksendung,
der Wiedergabe auf fotomechanischem oder
ähnlichem Wege, der Wiedergabe im Internet und
der Speicherung in Datenverarbeitungsanlagen bleiben,
auch bei nur auszugsweiser Verwertung,
vorbehalten.

© 2005 by Böhlau Verlag Ges. m. b. H. und Co. KG,
Wien · Köln · Weimar
http://www.boehlau.at
Druck: Plöchl Druck-GmbH, A-4240 Freistadt

Inhalt

Einleitung

Ingrid Bauer, Christa Hämmerle, Gabriella Hauch
    Liebe widerständig erforschen: eine Einleitung 9

Liebe, Widerstand und Erkenntnis

Gudrun-Axeli Knapp
    Liebe, Widerstand und Erkenntnisproduktion im feministischen Diskurs 39

Waltraud Kannonier-Finster, Meinrad Ziegler
    Liebe, Fürsorge und Empathie im soziologischen Verstehen 50

Herta Nagl-Docekal
    Liebe als Widerstand: eine philosophische Konzeption 69

Liebe schreiben

Sigrid Schmid-Bortenschlager
    Liebe, Sexualität und Ehe, Vernunft und Leidenschaft
    im Roman des 18. Jahrhunderts 79

Wolfgang Müller-Funk
    Die Erfindung der Liebe aus dem Medium des Briefes.
    Sophie Mereau und Clemens von Brentano 89

Birgit Wagner
    Das Meer überschreiten (überschreiben), aus Liebe.
    Grazia Deledda und Maria Giacobbe – zwei Schriftstellerinnen aus Sardinien 110

Liebe inszenieren

Johanna Gehmacher
  Die Nation lieben.
  Zur Darstellung und Herstellung eines Gefühls 125

Gernot Heiß
  L & W – das Kino als moralische Anstalt 144

Maria Mesner
  Mutterliebe und/oder feministischer Widerstand?
  Zur normativen Aufladung von Frauen-Feiertagen 156

Homo/Sexualitäten und Liebe

Helmut Puff
  Sodomie und Herrschaft – eine Problemskizze:
  Das Verfahren Pappenheim contra Pappenheim (1649–1651) 175

Julia Neissl
  Widerständiges Lieben?
  Zur Darstellung lesbischer Beziehungen in der Literatur 194

Sandra Eder
  Lesbian Pulps Revisited.
  Über die Beharrlichkeit des Geschlechts und das Scheitern von Konstruktionen ... 209

Liebe im Visier der Obrigkeit

Angiolina Arru
  Die Ermordung eines Richters – ein Delikt aus Liebe.
  Das Gericht als Ort der Vermittlung und Einflussnahme, brüchiger
  Allianzen und wechselnder Strategien (Rom 1795) 229

Martin Schaffner
„Missglückte Liebe" oder Mitteilungen aus Paranoia City.
Eine Lektüre von Justiz- und Polizeiakten aus dem Staatsarchiv Basel,
1894 bis 1908 243

Gegen Verbote lieben

Margareth Lanzinger
„Neigung, Liebe, leider Leidenschaft war es ..."
Kirchliche Heiratsverbote im Spannungsfeld
zwischen Ökonomie, Moral und Inzest – eine Fallgeschichte 257

Michael Mitterauer
Liebe und Widerstand im Kontext unterschiedlicher
Familiensysteme: endogame und arrangierte Heiraten 274

Margarete Grandner, Ulrike Harmat
Begrenzt verliebt.
Gesetzliche Ehehindernisse und die Grenze zwischen Österreich und Ungarn 287

Liebe im / als Widerstand

Birgitta Bader-Zaar
„Why does the slave ever love?"
Die Liebe in Selbstzeugnissen nordamerikanischer Sklavinnen 307

Stefanie Schüler-Springorum
Liebe im Ausnahmezustand.
Geschlechterbeziehungen im jüdischen Widerstand in Osteuropa 328

„Fremde" lieben

Edith Saurer
Verbotene Vermischungen.
„Rassenschande", Liebe und Wiedergutmachung 341

Martina Gugglberger
   Den Feind lieben.
   Geschorene Frauen in Frankreich 1944–1945 362

Jugend, Sexualität und Rebellion

Kristina Popova
   Herz, Sichel und Hammer.
   Liebe und Politik in der sozialistischen Jugendkultur
   der 1950er Jahre in Bulgarien 379

Franz X. Eder
   Die „Sexuelle Revolution" – Befreiung und/oder Repression? 397

Liebe und Ehe im Wandel der Moderne

Ernst Hanisch
   Zur Geschichte des Liebhabers im 20. Jahrhundert 417

Karin Hausen
   Die Ehe in Angebot und Nachfrage.
   Heiratsanzeigen historisch durchmustert 428

Ute Gerhard
   Die Ehe als Geschlechter- und Gesellschaftsvertrag.
   Zum Bedeutungswandel der Ehe im 19. und 20. Jahrhundert 449

Verzeichnis der Autorinnen und Autoren 469

Ingrid Bauer, Christa Hämmerle, Gabriella Hauch

Liebe widerständig erforschen: eine Einleitung

1. Der Ausgangspunkt: ein kritisch-utopisches Symposium zu Liebe und Widerstand

Am Beginn dieses Sammelbandes stand ein internationales Symposium, das im Herbst 2002 in Wien abgehalten wurde und großes Interesse fand. Sein Zustandekommen und seine Konzeption waren nicht nur den üblichen Mechanismen wissenschaftlicher Tagungen, sondern auch einer beziehungsorientierten Logik verpflichtet: Eine Pionierin der Frauen- und Geschlechtergeschichte, die österreichische Historikerin Edith Saurer, sollte mit dieser Veranstaltung aus Anlass ihres 60. Geburtstages gewürdigt werden. Ihre wissenschaftlichen Weggefährtinnen und -gefährten aus unterschiedlichen Ländern, Generationen und geschichts- wie kulturwissenschaftlichen Disziplinen wurden eingeladen, mit Vorträgen und Diskussionen zu diesem intellektuellen und kommunikativen Geschenk beizutragen.

Als verbindender, ordnender und dialogfähiger Rahmen für das Symposium wurden von uns zwei wichtige Kategorien der neueren Geschichts- und Kulturwissenschaften ausgegeben: eben „Liebe" und „Widerstand". Diese beiden Schlüsselbegriffe sind zugleich eng mit dem Forschungsprofil von Edith Saurer verbunden,[1] die im Kontext der feministischen Diskussion eingemahnt hatte, „dass eine Geschichte der Geschlechterbeziehungen ohne die

---

1 Vgl. v. a. Edith Saurer, „Aber wie unendlich weit ist diese Stimme ..." Nähe und Erinnerung in Otto Leichters Brieftagebuch, geschrieben in der Pariser Emigration 1938/39, in: Christa Hämmerle u. Edith Saurer Hg., Briefkulturen und ihr Geschlecht. Zur Geschichte der privaten Korrespondenz vom 16. Jahrhundert bis heute, Wien/Köln/Weimar 2003, 219–234; dies., Auf der Suche nach Ehre und Scham. Europa, sein mediterraner Raum und die Mittelmeeranthropologie, in: Historische Anthropologie, 10, 2 (2002), 206–224; dies., Geschlechterbeziehungen, Ehe und Illegitimität in der Habsburgermonarchie. Venetien, Niederösterreich und Böhmen im frühen 19. Jahrhundert, in: Josef Ehmer, Tamara K. Harven u. Richard Wall Hg., Historische Familienforschung. Ergebnisse und Kontroversen. Michael Mitterauer zum 60. Geburtstag, Frankfurt a. M./New York 1997, 123–154; dies., Stiefmütter und Stiefsöhne. Endogamieverbote zwischen kanonischem und zivilem Recht. Österreich 1790–1850, in: Ute Gerhard Hg., Frauen in der Geschichte des Rechts. Von der Frühen Neuzeit bis zur Gegenwart, München 1997, 345–366; dies., Reglementierte Liebe – Staatliche Eheverbote in der vormärzlichen Habsburgermonarchie, in: Sozialwissenschaftliche Informationen, 24 (1995), 245–252; dies., Verfolgungen von Revolutionären und „Demagogen" im Vormärz während des Neoabsolutismus, in: Erich Zöllner Hg., Wellen der Verfolgung in der Österreichischen Geschichte, Wien 1986, 118–129; dies., Leiden und Lieben. Zum deutschsprachigen Frauenroman im 19. Jahrhundert, in: Die ungeschriebene Geschichte. Historische Frauenforschung. Dokumentation des 5. Historikerinnentreffens in Wien, Wien 1984, 135–142.

Frage nach der Liebe" – nach ihren sozialen, kulturellen, geschlechtsspezifischen Bedeutungen und Thematisierungen – „nicht geschrieben werden kann".[2] Das wiederum ist für eine feministische Geschichtswissenschaft, wie die Schweizer Historikerin Caroline Arni in ihrem Tagungsbericht es formuliert, „ohne ein mutiges sich Einlassen auf die Ambivalenzen der Liebe" nicht zu haben, da diese „historisch mit patriarchalen Imaginationen und Realitäten ebenso sehr verbunden ist wie mit den vielgestaltigen Versprechen von Gleichheit".[3]

Dass Liebe in den europäischen Kulturen seit der Aufklärung nachhaltig mit Frauen gleichgesetzt und zum zentralen Instrumentarium ihrer Unterdrückung durch patriarchale Ehe- und Familienverhältnisse wurde, war und ist selbstverständlich auch eine für das Profil der Tagung beziehungsweise des Sammelbandes zentrale Denkachse. Die Beziehung feministischer Theoretikerinnen und Forscherinnen insbesondere zum Thema heterosexueller Liebesbeziehungen und Sexualität ist ja bis in die Gegenwart eine schwierige, konfliktreiche geblieben. Für ein produktives Weiterdenken dieses Themas im Rahmen des internationalen Symposiums bot es sich daher an, die Geschichte der Liebe mit jener des Widerstandes zu verbinden und sie solcherart Hand in Hand mit einem „kritisch-utopischen Denken"[4] gehen zu lassen – einer Erkenntnishaltung, die mit der Frauen- und Geschlechterforschung wie mit den wissenschaftlichen Arbeiten und akademischen Aktivitäten von Edith Saurer zutiefst verbunden ist.

Wie es sich mit „Liebe und Widerstand" verhalte, wurde also gefragt, oder auch mit „Liebe als Widerstand" und „Liebe oder Widerstand". Und welche Normen und gesellschaftlichen Reglementierungen, Möglichkeiten und Deutungen, Realisierungen und Praktiken von Liebe in historischen Kontexten auffindbar seien. Gleichzeitig forderten wir auf zu „Abschweifungen des forschenden Blicks auf gegenläufige, ‚freie' und ‚verbotene', ‚romantische' oder ‚utopische' Liebe im Spannungsfeld von Diskurs und Erfahrung, oder auf Liebesbeziehungen zwischen Weißen und Schwarzen, Männern und Frauen befeindeter Nationen, etc."[5] Die vielfältigen Zugänge und Antworten, die auf dem Symposium präsentiert wurden und nun als überarbeitete und erweiterte Beiträge vorliegen,[6] „nehmen die Herausforderungen eines Gegenstandes an", der sich in seiner Komplexität kaum reduzieren lässt und damit „mindestens so viele Fragen zurück gibt, wie an ihn gestellt werden".[7]

---

2   Edith Saurer, Liebe, Geschlechterbeziehungen und Feminismus, in: L'Homme. Z. F. G., 8, 1 (1997), 6–20, 6.
3   Caroline Arni, „Liebe und Widerstand. Ambivalenzen historischer Geschlechterbeziehungen." Internationale Tagung an der Universität Wien, 3./4. Oktober 2002, in: L'Homme. Z. F. G., 13, 2 (2002), 267–270, 270.
4   Arni, Liebe, wie Anm. 3, 267.
5   Vgl. Tagungskonzept, Programm und Abstracts unter http://mailbox.univie.ac.at/gender.geschichte
6   Nicht enthalten ist der Tagungsbeitrag von Monika Bernold; neu dazu gekommen sind die Beiträge von Edith Saurer und Martina Gugglberger.
7   Arni, Liebe, wie Anm. 3, 269.

Als Einstimmung darauf gehen wir in unserer Einleitung selbst einigen Fragestellungen nach, die vielen Beiträgen des Sammelbandes zu Grunde liegen. Wir streifen die kulturelle Herstellung von Liebeskonzepten und ihre unterschiedlichen Rhetoriken. Wir nehmen das bis weit in die zweite Hälfte des 20. Jahrhunderts hinein dominante bürgerlich-romantische Liebes- und Ehemodell in den Blick, und geben frühen Gegenversionen und der späteren feministischen Kritik daran Raum. Damit reflektieren wir gleichzeitig jenen Standort, der unser eigenes Denken über Liebe geformt hat. Wann und wie Liebe (und Widerstand) zu Themen der neueren Geschichtsforschung wurden, ist eine weitere Fährte, die wir verfolgen. Abschließend stellen wir die Beiträge dieses Sammelbandes vor – und damit die Dimensionen und Schattierungen von Liebe und Widerstand, die von ihnen thematisiert werden.

2. Rhetoriken der Liebe: von Platons Mythos zum Liebes-Forum im World Wide Web

„Erkennen Sie Ihr Liebes-Profil ... entschlüsseln Sie Ihren Liebes-Code", hieß es jüngst wieder einmal in einem Zeitgeist-Magazin. Solche ständig wiederkehrenden Aufforderungen sind oft mit einem spezifischen Angebot verknüpft: mehr oder weniger fundierten psychologischen Tests zur offensichtlich bewegenden Frage „Wer passt zu wem?" Im konkreten Fall findet man/frau sich nach dem Ankreuzen und Auswerten der 64 Testaussagen in Kategorien wieder, die von „A Der anschmiegsame Typ – fürsorglich und romantisch" über „L Der leidenschaftliche Typ – streitbar und eifersüchtig" oder „P Der phantasievolle Typ – emanzipiert und sehr offen" bis „R Der risikobereite Typ – er kämpft und beschützt gerne" reichen.[8]

Womit haben wir es bei diesen ‚lauten', marktschreierischen Bezugnahmen auf Liebe zu tun? Ist das die moderne oder gar postmoderne Version des alten Mythos, den Platon im „Symposion" erzählt:[9] vom ursprünglich androgynen, also beide Geschlechter enthaltenden Menschenwesen, das von den Göttern in zwei Teile geschnitten wurde und seither auf der Suche nach seiner anderen Hälfte und damit nach seiner Ergänzung ist? Das große „mythische Versprechen der Liebe" besteht demnach – wie die Kulturwissenschafterin Elisabeth Bronfen in einer pointierten Kritik an den Untiefen und Fallen dieser Denkfigur ausführt – darin, „einen Mangel wieder gut zu machen, und die Unvollständigkeit des irdischen

---

8 NEWS, 07 (2004), 79–84.
9 Platon, Symposion, in: ders., Sämtliche Werke, Bd. 2, Reinbek bei Hamburg 2004³⁰, 60–66. Vgl. auch Elisabeth Bronfen, Die Ware der Liebe, unter: http://www.bronfen.info/writing/archive/texts (Zugriff: 22. 04. 2004); Paul Verhaeghe, Liebe in Zeiten der Einsamkeit. Drei Essays über Begehren und Trieb, Wien 2003, 53.

Menschen zu überwinden".[10] Solcherart idealisiert, „als Erschütterung, als Übersteigerung, Leidenschaft, Bedürfnis nach Vereinigung und Unsterblichkeit" bilde die Liebe jedoch – so der eindringliche Verweis der französischen Philosophin und Psychoanalytikerin Julia Kristeva – „*die* Figuration unlösbarer Widersprüche".[11]

Die Verknüpfung von Liebe, Mythos und Schicksal war und ist in der abendländischen Geschichte und Kultur in unterschiedlichsten Versionen präsent. Die großen künstlerischen Werke der Vergangenheit reden von nichts anderem – sie sind alle Liebesgeschichten.[12] Im gerade skizzierten alltäglicheren Kontext der Gegenwart ist die Suche nach dem/der ‚Anderen' auffallend strategisch angelegt und zudem mit einem – zumindest vordergründig – ausgeklügelten psychologischen Testverfahren unterfüttert. Der von der zweiten oder reflexiven Moderne[13] seit den 1970er Jahren entwickelte spezifische Diskurs über das Individuum und seine Identität/en hat auch vor der Liebe nicht Halt gemacht, sie wurde, nach dem soziologischen Befund, zu einem „Gegenstand extremer Reflexivität".[14] Und das lässt sich sogar in zeitgeistigen Magazinen von den einen lukrativ vermarkten und von den anderen als Ware konsumieren.

Die gegenwärtige Rede von der Liebe wird jedoch mit unterschiedlichen, neben einander existierenden Rhetoriken und an einer Vielzahl von Orten geführt. Sie wird in Filmen, Songs und der Belletristik ebenso in Szene gesetzt wie in alt-neuen Populärmedien, von der Lifestyle-Zeitschrift über Talkshows bis zum Liebes-Forum im World Wide Web, auch in einer Flut von Lebenshilfe-Ratgebern und einem boomenden Angebot an Seminaren im Bereich persönlicher Selbsterfahrung. Die ‚Erzählungen' über Liebe, die solcherart in Umlauf gebracht werden, bewegen sich zwischen dem alten romantischen Versprechen, auf das viele nach wie vor ihre Hoffnungen setzen, der schon skizzierten distanzierten Haltung einer reflexiven Skepsis und neuen Verzauberungen etwa in spirituellen Diskursen. Alle diese Redeweisen knüpfen nicht nur an vorhandenen konkreten Gefühlswelten und ihren Sehnsüchten an, sondern prägen, wie kulturwissenschaftliche Analysen deutlich machen, gleichzeitig ihren jeweiligen Ausdruck beziehungsweise produzieren neue Sehnsüchte. Der historische Sozial- und Kulturwissenschafter Reinhard Sieder beschreibt dies als einen „spiralförmigen Prozess":

---

10 Bronfen, Ware, wie Anm. 9.
11 Julia Kristeva, Geschichten von der Liebe, Frankfurt a. M. 1989, Klappentext.
12 Kristeva, Geschichten, wie Anm. 11.
13 Vgl. Ulrich Beck, Risikogesellschaft. Auf dem Weg in eine andere Moderne, Frankfurt a. M. 1986; Ulrich Beck, Anthony Giddens u. Scott Lash, Reflexive Modernisierung. Eine Kontroverse, Frankfurt a. M. 1996.
14 Anthony Giddens, Wandel der Intimität. Sexualität, Liebe und Erotik in modernen Gesellschaften, Frankfurt a. M. 1993, 42. Reinhard Sieder spricht von der „skeptischen Rhetorik der Liebe in der zweiten Moderne"; Reinhard Sieder, Von der romantischen zur skeptischen Liebe? in: ders., Die Rückkehr des Subjekts in den Kulturwissenschaften, Wien 2004, 167–209.

Wie man über die Liebe spricht, wie sie ins Bild gesetzt und wie sie besungen wird, erzeugt und verbreitet eine jeweils zeit- und kulturspezifische Vorstellung von ihr und diese Vorstellung formt offenbar die Bedürfnisse und Sehnsüchte der Menschen. Die solcherart *diskursiv* hergestellten Vorstellungen, Bedürfnisse und Sehnsüchte erzeugen wieder jeweils zeit- und kulturspezifische Praktiken der Liebe, der Sexualität und der Erotik. Sie werden neuerlich besprochen, besungen, dargestellt, kritisiert, und so fort – ein spiralförmiger Prozess also, in dessen Verlauf sich Bedingungen, Möglichkeiten und Denkweisen schubweise verändern, sodass sich hin und wieder markante Änderungen der dominanten Codierung von Liebe ergeben.[15]

Nach der Liberalisierung der sozial-sexuellen Ordnung seit den späten 1960er Jahren, die ‚Sex' in all seinen Spielarten zum ‚heißen' gesellschaftlichen Thema werden ließ, scheint das gegenwärtige „‚postmoderne' Zeitalter … die Liebe (wieder-)entdeckt" zu haben, schreibt wiederum Edith Saurer in ihrem Aufsatz „Liebe, Geschlechterbeziehungen und Feminismus".[16] Sie rezipiert hier auch die Diskussion über die individuellen und gesellschaftlichen Gründe für diese Konstellation und macht dabei vor allem kompensations-theoretische Erklärungen wie jene der Literaturwissenschafterin Jutta Greis aus:

> Hinter der Beschäftigung mit Liebe als der intimsten und für den einzelnen zentralen Sozialform der modernen Gesellschaft verbergen sich Fragen nach Identität, nach Glück, Wahrheit und der Möglichkeit von sinnversichernder Kontinuität in der Intimsphäre, angesichts einer Zunahme von Fremdheitserfahrungen in allen anderen Lebensbereichen.[17]

Unübersehbar ist jedenfalls, dass das neue Interesse an der Liebe nunmehr verstärkt auch in die Gesellschafts- und Kulturwissenschaften hinein reicht, in denen der Diskurs der Liebe, um es mit dem französischen Philosophen und Literaturkritiker Roland Barthes zu formulieren, lange einer „von extremer Einsamkeit" geblieben war: er wurde ignoriert, kritisiert, ironisiert, im Stich gelassen.[18] Barthes ging davon aus, „dass das Gefühl kein Öffentlichkeitsrecht habe und Empfindsamkeit keinen gesellschaftlichen Wert darstelle".[19] Zu fühlen, über Gefühle zu sprechen und zu schreiben, sei gesellschaftlich nicht anerkannt.

---

15 Sieder, Liebe, wie Anm. 14, 169.
16 Saurer, Liebe, wie Anm. 2, 16.
17 Jutta Greis, Drama Liebe. Zur Entstehungsgeschichte der modernen Liebe im Drama des 18. Jahrhunderts, Stuttgart 1991, 1.
18 Roland Barthes, Fragmente einer Sprache der Liebe, Frankfurt a. M. 1984, Präambel.
19 Vgl. Saurer, Liebe, wie Anm. 2, 15.

3. Liebe und Widerstand: das bürgerliche Liebes- und Ehemodell in der feministischen Kritik

Angesichts der „Tyrannei der Intimität",[20] von der soziologische Gegenwartsdiagnosen vor dem Hintergrund der zunehmenden trivialen öffentlichen (Selbst-)Vermarktung individuellen ‚Seelenlebens' sprechen, scheint der Befund von Barthes – der mit seiner poetisch-subversiven Annäherung an die Vielschichtigkeit des Phänomens Liebe allerdings ein radikales Einstehen dafür meinte – nicht mehr wirklich stimmig zu sein. Als sein Buch „Fragmente einer Sprache der Liebe" 1977 erstmals erschien, war der öffentlichkeitswirksame Diskurs über Liebe – dort, wo er überhaupt geführt wurde – jedoch ein höchst skeptischer und kritischer. Die vehemente Infragestellung gesellschaftlicher Traditionen durch die Studentenbewegung, die Frauenbewegung und die Kunst sollte das Individuum aus einengenden gesellschaftlichen und kulturellen Fesseln befreien – auch aus bisherigen Konzepten von Liebe. Insbesondere feministische Theoretikerinnen und Akteurinnen übten Kritik an der gesamtgesellschaftlichen Funktion der Liebe im bürgerlichen Zeitalter, Frauen – so Simone de Beauvoir – „zu eine[r] völlige[n] Selbstaufgabe zugunsten eines Herren"[21] zu bewegen. Beauvoir spricht jedoch auch von „wechselseitigen ‚Bequemlichkeiten'" der Geschlechterhierarchie des Paares: „Der narzisstische Mann schafft sich in Frauen den Spiegel der Bewunderung, die ängstliche Frau kann eigenen Herausforderungen auf dem Weg der Erfüllung seiner Bedürfnisse entfliehen."[22] Gegen diese Herrschaftsverstrickungen in der Liebe setzt die Tabu brechende Analytikerin der Geschlechterverhältnisse die Liebe zur Freiheit.

Das solcherart ins Visier der Kritik geratene bürgerliche Liebesmodell und seine spezifische Ausformung der ‚romantischen Liebe' hatten sich seit dem letzten Drittel des 18. Jahrhunderts als Norm wirkmächtig zu etablieren begonnen.[23] Die darin enthaltene Vorstellung, eine Beziehung entstehe nicht so sehr aufgrund äußerlicher sozialer Kriterien, sondern „aus der emotionalen Involviertheit zweier Personen", habe zwar durchaus „ein Moment der Gleichberechtigung enthalten", stellt der britische Soziologe Anthony Giddens in seiner Studie über „Wandel der Intimität. Sexualität, Liebe und Erotik in modernen Gesellschaften" fest.[24] Von der realen Machtverteilung der Geschlechter her sei das Modell der ‚romanti-

---

20 Richard Sennet, Verfall und Ende des öffentlichen Lebens. Die Tyrannei der Intimität. Frankfurt a. M. 1983.
21 Simone de Beauvoir, Das andere Geschlecht. Sitte und Sexus der Frau, Hamburg 1974⁶, 607. Vgl. auch Saurer, Liebe, wie Anm. 2, 7.
22 Barbara Holland-Cunz, Die alte neue Frauenfrage, Frankfurt a. M. 2003, 102–103.
23 Vgl. Niklas Luhmann, Liebe als Passion. Zur Codierung von Intimität, Frankfurt a. M. 1982 (Jubiläumsausgabe 2003), 163–182.
24 Giddens, Wandel, wie Anm. 14, 73.

schen Liebe' jedoch „völlig asymmetrisch"[25] umgesetzt worden – im Rahmen eines bürgerlich-patriarchalen Ehe- und Familienmodells sowie des damit verbundenen Tugendkonzepts hinsichtlich Erotik und Sexualität. Um den daraus abgeleiteten Status von Frauen zu verdeutlichen, spitzte die Historikerin Barbara Duden diese Entwicklung – die vorerst vor allem im sozialen Kontext des Bürgertums erfolgte – auf die Formulierung „Das schöne Eigentum" zu. Der Prozess führte von vormodernen Eheverhältnissen zur romantischen ‚Erschaffung' der Frau als liebender „schöner Seele" und kulminierte in der Triebverzicht leistenden Hausfrau, Gattin und Mutter.[26]

„Romantische Liebe war im wesentlichen feminisierte Liebe", resümiert Giddens in seiner Analyse weiter. Ihre Pflege sei zur ausschließlichen Aufgabe der Frauen als „Spezialistinnen für Herzensangelegenheiten" geworden. Zugleich war die Realität ‚romantischer Liebe' untrennbar mit der Beschränkung von Frauen auf Haushalt und Familie jenseits von Öffentlichkeit und Außenwelt verknüpft. Die Spannung zwischen – tugendhafter, respektabler – ‚romantischer Liebe' und sexuellem Begehren wurde für Männer „durch eine Trennung von bequemer häuslicher Umgebung und der Sexualität mit einer Geliebten oder Prostituierten entschärft".[27] Für Frauen ließ die gesellschaftliche Doppelmoral keinen Ausweg dieser Art.

Diese hierarchischen geschlechtsspezifischen Auswirkungen des bürgerlich-romantischen Liebes- und Ehemodells riefen vielerorts schon die frühen Feministinnen auf den Plan: so zum Beispiel die französische Schriftstellerin und *femme libre* George Sand, die analog zu ihrem eigenen Leben auch ihre weiblichen Romanfiguren von den Männern eine gleichwertige Liebe fordern ließ; die utopische Sozialistin Claire Démar, die in ihrem 1833 veröffentlichten „Appell einer Frau an das Volk über die Emanzipation der Frau" von einer „freien und würdevollen Liebe zwischen Gleichen" sprach; oder die deutsche Frauenrechtlerin und Pazifistin Helene Stöcker, die sich in ihren Schriften ausdrücklich mit Sexualität und demnach mit einem Thema auseinander setzte, das bis dahin dem weiblichen Definitionsanspruch entzogen war.[28] Auch die österreichische Feministin Rosa Mayreder blieb nicht bei einer scharfsinnigen Kritik an der Ehe „als Ort patriarchaler Gewalt"[29] stehen, sondern formulierte in literarischen und analytischen Texten ihre eigenen Ideen zu Liebe, Erotik und Sexualität.[30] Mayreders Denken durchbrach die Norm, das Weibliche immer in Relation

---

25 Giddens, Wandel, wie Anm. 14, 73; zur Asymmetrie der Geschlechter im romantischen Liebesmodell vergleich auch Luhmann, Liebe, wie Anm. 23, 172.
26 Barbara Duden, Das schöne Eigentum. Zur Herausbildung des bürgerlichen Frauenbildes an der Wende vom 18. zum 19. Jahrhundert, in: Kursbuch, 47 (1977), 125–140.
27 Giddens, Wandel, wie Anm. 14, 54–55.
28 Vgl. Florence Hervé u. Ingeborg Nödinger, Lexikon der Rebellinnen, Dortmund 1996; Hilde Schmölzer, Revolte der Frauen, Porträts aus 200 Jahren Emanzipation, Wien 1999; Holland-Cunz, Frauenfrage, wie Anm. 22, 28.
29 Saurer, Liebe, wie Anm. 2, 6.
30 Vgl. Hanna Bubenicek Hg., Rosa Mayreder oder Wider die Tyrannei der Norm, Wien 1986.

zum Männlichen zu konstruieren und fokussierte in Richtung einer androgynen Beziehungsutopie, die von unabhängigen Individualitäten getragen würde.[31]

Der Diskurs über die bürgerliche Ehe beziehungsweise die Herausbildung der bürgerlichen Ehegesetze wurde von Beginn an durch andere – positiv oder negativ – mit ‚Freiheit' konnotierte Beziehungs- und Liebesformen relativiert. Mit dem Topos von der ‚freien' Liebe war zu Zeiten von Rosa Mayreder an der Wende vom 19. zum 20. Jahrhundert nicht nur der Vorwurf der Unsittlichkeit verbunden, sondern – etwa in der Habsburgermonarchie – auch ein juristischer Zugriff wegen „Herabwürdigung der Institution Ehe" möglich. Dessen angeklagt, stand am 30. September 1895 die sechsundzwanzigjährige Adelheid Popp als verantwortliche Redakteurin der sozialdemokratischen „Arbeiterinnen-Zeitung" in Wien vor einem Schwurgericht. Ehen könnten nicht den Anspruch „auf Heiligkeit, auf Sittlichkeit" erheben, verteidigte sie sich dort: Die Ehe sei ein „institutionalisierter Zwang" für Frauen, da sie, „wollen sie als ehrbare Personen angesehen werden, außerhalb der Ehe nicht Weib sein können".[32] Erst wenn die Frau „wirthschaftlich vom Manne unabhängig ist, wenn sie in ihm nicht den Versorger, sondern den Gatten, den Freund sieht, wenn sie nicht seine Puppe, sein Spielzeug – und das ist heute die Frau des reichen Mannes –, sondern seine wirthschaftlich selbständige, social gleichgestellte Genossin ist", wäre Sittlichkeit garantiert.[33] Dem verbreiteten mütterlichen Rat, dem zufolge ‚die Liebe in der Ehe schon nachkommt', stellte Popp ihr Modell der ‚freien Liebe' entgegen. Frei von finanziellen oder ähnlichen Motiven könnte die „wahre Liebe ... das vollständige Aufgehen des einen Wesens im andern, die vollständige Hingabe des einen Wesens an das andere" verwirklicht werden – womit sie auf das ursprüngliche Potential der romantischen Liebesehe pochte. Der zuständige Staatsanwalt ortete in diesen Aussagen die „Anleitung, dem Geschlechtstrieb frei zu huldigen" und die „Institution der Ehe zu verachten", und kam zum Schluss, dass „die Zügellosigkeit der Frauen immer der Anfang vom Ende [war]". Die Geschworenen teilten seine Ansichten, und Adelheid Popp wurde zu vierzehn Tagen „mit einmaliger Faste [sic] verschärften" Arrest verurteilt.[34]

Anders lesen sich in diesem Kontext einige spätere Protagonistinnen einer kommunistischen Ehe- und Liebeskonzeption, in deren Schriften ein Paradigmenwechsel beziehungsweise eine explizit positive Verbindung von Liebe und Sexualität nachzuvollziehen ist. Obgleich hier an die Abhandlungen von Charles Fourier und anderen Frühsozialisten angeschlossen wurde, war dieser libertäre Ansatz auch innerhalb der verschiedenen Fraktio-

---

31 Rosa Mayreder, Zur Kritik der Weiblichkeit (1905), Jena/Leipzig 1910³; dies., Mensch und Menschlichkeit. Schriften der Soziologischen Gesellschaft in Wien VII, Wien/Leipzig 1928.
32 Freie Liebe und bürgerliche Ehe. Schwurgerichtsverhandlung gegen die „Arbeiterinnen-Zeitung", Wien 1895, 8.
33 Freie Liebe, wie Anm. 32, 15.
34 Freie Liebe, wie Anm. 32, 15.

nen der Arbeiter- und Arbeiterinnenbewegung nie mehrheitsfähig. Klara Zetkin – zuerst Sozialdemokratin, dann Mitbegründerin der Kommunistischen Partei Deutschlands – versuchte die Österreicherin und ebenfalls kommunistisch organisierte Elfriede Eisler, Autorin der Schrift „Sexualethik" von 1920,[35] mit den Worten zu diffamieren, sie würde ihre „politische Haltung von den wechselnden sexuellen Beziehungen abhängig machen"; und Wladimir I. Lenin verleitete Eislers Einstehen für die ‚freie Liebe' zur Bezeichnung der „Laienstümperei".[36] Mit ähnlicher Diktion kämpfte Lenin gegen seine Landsfrau Alexandra Kollontai, der ab 1917 als „Volkskommissarin für soziale Fürsorge" auch die Frauenfrage oblag und die als Leiterin der „Frauenabteilung beim Zentralkomitee der Kommunistischen Partei" als erste „Frauenministerin" der Welt fungierte. Im Chaos von Nachkriegszeit und Bürgerkrieg sorgte sie mit der Einführung von Zivilehe, einfachem Scheidungsrecht, der Gleichstellung von ehelichen und unehelichen Kindern etc. in der jungen Sowjetunion für ein Familienrecht, das im übrigen Europa erst ab den 1970er Jahren verwirklicht werden sollte.[37] Kollontai, die 1921 aufgrund der zunehmend autoritären Entwicklung der Sowjetunion sämtliche politischen Funktionen zurücklegte und ab diesem Zeitpunkt mit der Auflage, sich nie wieder politisch zu betätigen, an verschiedenen Botschaften arbeitete, suchte in Kurzgeschichten und Romanen modellhaft neue, egalitäre Beziehungsformen zwischen Männern und Frauen zu gestalten. Sie plädierte darin für „Kameradschaft" – im besten Falle eine monogame feste Liebesbeziehung – statt „Ungleichheit und Unterordnung", und subsumierte unter „Freiheit der Liebe" auch die Freiheit, zwischen einer intensiven Liebesbeziehung und anderen wichtigen Dingen des Lebens alternativ wählen zu können. Außerdem müsse Frauen das Recht auf wechselnde sexuelle Beziehungen zugestanden werden.[38] Begriffe wie „Liebe, Leidenschaft, Anziehung, Verliebtheit, Freundschaft" waren ihrer Ansicht nach durch den Kapitalismus und seine ihm innewohnende Dynamik, auch sozialen Bindungen und Liebesbeziehungen einen Warencharakter einzuschreiben, sowie durch die Herrschaft des Mannes über die Frau korrumpiert. In ihrer Schrift „Ein Weg dem geflügelten Eros!" beschwor sie daher die Notwendigkeit der Entwicklung neuer Begriffe, um „die vielfältigen Schattierungen seelischer Empfindungen ausdrücken zu können".[39]

An diesen widerständigen und kritischen Diskursen aus den 1920er und 1930er Jahren und den damaligen Versuchen, die auf theoretischer Basis angedachte Auflösung der tradi-

---

35 Ruth Eisler, Sexualethik des Kommunismus. Eine prinzipielle Studie, Wien 1920.
36 Sabine Hering u. Kurt Schilde, Einleitung: Ruth Fischer – eine biographische Skizze, in: dies., Kampfname Ruth Fischer. Wandlungen einer deutschen Kommunistin, Frankfurt a. M. 1995, 8.
37 In der Sowjetunion unter Stalin wurden die meisten dieser Gesetze wieder zurückgenommen. Vgl. Kai Thomas Dieckmann, Die Frau in der Sowjetunion, Frankfurt a. M./New York 1978.
38 Alexandra Kollontai, Ein Weg dem geflügelten Eros! (Vierter Brief an die arbeitende Jugend, 1923), in: dies., Der weite Weg. Erzählungen, Aufsätze, Kommentare, hg. v. Christiane Bauermeister, Helene Imendörffer u. Krisztina Mänicke-Gyöngyösi, Frankfurt a. M. 1979, 105–126.
39 Kollontai, Weg, wie Anm. 38, 126, Fn. 7.

tionellen Geschlechterverhältnisse in der sozialen Praxis zu erproben, wurde seit den späten 1960er Jahren angeknüpft.[40] Die gesellschaftliche Individualisierung und Demokratisierung hatten zu einer Erosion des alten, nach den europäischen Faschismen und dem Zweiten Weltkrieg wieder etablierten bürgerlichen Modells von Liebe und Ehe und der mit ihm verbundenen Geschlechterhierarchien geführt. Insbesondere aus weiblicher Perspektive war dieses Modell mit dem nunmehr breiter werdenden Anspruch auf ‚Freiheit' und ‚Autonomie' noch weit weniger vereinbar geworden als je zuvor.[41] Die Frage nach Liebe wurde in einer sich ausweitenden gesellschaftlichen Diskussion mit Skepsis gestellt und mit Reflexionen über die gesellschaftliche Position der Geschlechter, über Gleichberechtigung und Emanzipation, über die in Ehebeziehungen enthaltenen sozialen, ökonomischen, geschlechterbezogenen Machtverhältnisse sowie die Formen des Einspruchs, des Protests, des Widerstandes dagegen verflochten.

Es war somit, nach der so genannten 68er-Bewegung, vor allem im radikalen Aufbruch der ‚Neuen', ‚Zweiten' oder ‚Autonomen' Frauenbewegung, dass Widerstand auch im Kontext von Liebe zu einem umfassenden Kampf- und Definitionsbegriff wurde – insbesondere bei den Suchbewegungen nach einer Subjektwerdung von Frauen.[42] Bei diesem – als elementares Identitätsprojekt verstandenen – Vorhaben ging es den Akteurinnen darum, kollektiv das Unbehagen als ‚Frau' zu artikulieren und in einem ersten Schritt „Nein" zu sagen zu den gesellschaftlichen und individuellen Verstrickungen und Definitionen von Frausein und Mannsein. Die Basis für diesen Widerstand, der mit der Verweigerung gegenüber männlichen Zuschreibungen und Ansprüchen einher ging, bildete eine neue, bewusst und öffentlich gelebte, liebevolle Solidarität in Frauengruppen. Erinnerungen wie „Und ich war in fast alle verliebt" oder „Ich hab eine Zeitlang das Gefühl gehabt, ich steh auf alle Frauen" sollten die damalige Emotionalität in Worte fassen.[43] Sie dokumentieren, wie die Sozialwissenschafterin Gudrun-Axeli Knapp ausführt, so etwas wie eine bewusste Neubewertung des Weiblichen – durch „Formen der Eigenliebe, die sich bildet und artikuliert im Aufbegehren gegen mangelnde kulturelle Wertschätzung, versagte Anerkennung, Marginalisierung, Ungleichheit und sexistische Gewalt", was auch in einem weiten Sinne zu verstehen ist „als ein Sich-Selbst-Ernstnehmen von Frauen: vom eigenen Geschlecht nicht abzusehen, seine

---

40 Anna Bergmann, Sexualhygiene, Rassenhygiene und der rationalisierte Tod. Wilhelm Reichs ‚sexuelle Massenhygiene' und seine Version einer ‚freien' Sexualität, in: Karl Fallend u. Bernd Nitschke Hg., Der ‚Fall' Wilhelm Reich. Beiträge zum Verhältnis von Psychoanalyse und Politik, Frankfurt a. M. 1997, 270–296.
41 Vgl. auch Verhaeghe, Liebe, wie Anm. 9, 13.
42 Susanne Maurer, Zwischen Zuschreibung und Selbstgestaltung. Feministische Identitätspolitiken im Kräftefeld von Kritik, Norm und Utopie, Tübingen 1996, 207–316; Andrea Bührmann, Der Kampf um weibliche Individualität. Zur Transformation moderner Subjektivierungsweisen in Deutschland um 1900, Münster 2004.
43 Brigitte Geiger u. Hanna Hacker, Donauwalzer Damenwahl. Frauenbewegte Zusammenhänge in Österreich, Wien 1989, 73 u. 47.

Position im Vergleich zum anderen Geschlecht zu reflektieren, sich mit anderen Frauen zusammenzuschließen mit dem Willen zu Kritik und Veränderung, wo es Anlässe dazu gibt."[44] Darüber hinaus zählte aber auch die öffentliche Thematisierung von gleichgeschlechtlicher, lesbischer Liebe zwischen Frauen und das Einstehen für deren gesellschaftliche Akzeptanz seit den 1970er Jahren zu den Kernachsen der Neuen Frauenbewegung. Beides wurde als Liebe anderer und vor allem befreiender Qualität erlebt – im Gegensatz zu einer Liebe, die in das vielgestaltige Korsett von patriarchalem Familienrecht, hierarchischen Familienverhältnissen und heterosexueller Hegemonie eingezwängt war.

In der Folge sollte jedoch nicht Liebe, sondern das Thema Sexualität und Erkundungen „weiblicher Lust" die Diskussion bestimmen. Den Resonanzboden für politische Aktivistinnen, Künstlerinnen und wissenschaftliche Pionierinnen, die sich mit der Analyse des Geschlechterverhältnisses beschäftigten, bildete ein tiefes Unbehagen gegenüber einer phalluszentrierten Sexualität, die – so die Kritik – den Mann auf Kosten der Frau zum ‚Profiteur' werden ließ. Diese Kritik richtete sich auch gegen die so genannte sexuelle Revolution der 68er-Bewegung und deren Losung: „Wer zweimal mit der selben pennt, gehört schon zum Establishment." Die Entzauberung des „vaginalen Orgasmus" als „Mythos", um die sexuelle Unterdrückung der Frau aufrechtzuerhalten, fungierte als einer der zentralen Katalysatoren für die Entwicklung von feministischer Selbstbestimmung und Identität. Die sexuellen Bedürfnisse von Frauen ließen sich nicht auf die Penetration reduzieren, hieß es. Vielmehr sei die Klitoris das Zentrum einer eigenen, befriedigenden, lustvollen weiblichen Sexualität.[45]

All diese widerständigen Verweigerungen gegenüber hegemonialen Spielarten von Liebe und Sexualität – in Diskurs und sozialer Praxis – hatten jedoch noch eine viel umfassendere Dimension: Sie begründeten letztlich auch jene fundamentalen feministischen Denkbewegungen, welche die Hindernisse für ein erfülltes, selbst bestimmtes (Liebes-)Leben als historisch-gesellschaftlich gewordene und damit als veränderbare zu analysieren begannen.

---

44 Gudrun-Axeli Knapp, Aporie als Grundlage: Zum Produktionscharakter der feministischen Diskurskonstellation, in: dies. u. Angelika Wetterer Hg., Achsen der Differenz. Gesellschaftstheorie und feministische Kritik II, Münster 2003, 240–266.

45 Anne Koedt, Der Mythos vom vaginalen Orgasmus, in: Ann Anders Hg., Autonome Frauen. Schlüsseltexte der Neuen Frauenbewegung seit 1968, Frankfurt a. M. 1988, 76–88; Shere Hite, Weibliche Sexualität, München 1978; Carla Lonzi, Die Lust Frau zu sein, Berlin 1975; The Boston Women's Health Book Collective, unser körper – unser leben. Ein Handbuch von Frauen für Frauen, 2 Bde., Reinbek b. Hamburg 1980, Bd. 1, 70–120.

4. Liebe (und Widerstand) als Thema der neueren Geschichtswissenschaften

Skepsis, Distanz und Kritik gegenüber dem bürgerlichen Ehe- und Liebesmodell scheinen auch der intellektuelle Boden für jene Historikerinnen und Historiker unterschiedlicher Provenienz gewesen zu sein, die damals ansetzten, das Thema zu bearbeiten – wenn auch auf mehr oder weniger großen Umwegen und noch selten explizit gemacht. Dennoch schlugen im Prinzip schon die Historische Demographie, die Sexualitätsgeschichte und insbesondere die Familiengeschichte, die sich in den 1970er Jahren auch im deutschsprachigen Raum als Teilfeld der Sozialgeschichte etablierte, erste Schneisen in die Erforschung des weitläufigen Feldes historischer Liebesbeziehungen. Das Interesse galt dabei primär den diversen Haushalts-, Familien- und Verwandtschaftssystemen inner- wie teilweise auch außerhalb Europas. Nur in diesem strukturellen Kontext wurden etwa Motive der Partnersuche und der Partnerwahl, die Bedeutung von Verlobung und Eheversprechen, durchschnittliches Heiratsalter und Heiratsformen, Muster der Wiederverheiratung und eheliche Geschlechterrollen oder familiäre Binnenstrukturen und geschlechtsspezifische Arbeitsorganisation untersucht.

Auch die in einem solchen analytischen Rahmen häufig gestellten Forschungsfragen nach Erbschaftsregeln und -praxis, weiblicher ‚Fruchtbarkeit' und Geburtenhäufigkeit, oder nach den Beziehungen zwischen Vater, Mutter und Kind im ‚ganzen Haus' der traditionalen Gesellschaften und deren Wandel hin zur Moderne, implizierten im Prinzip als Kontext eine umfassende Geschichte der Liebe; ohne dass dies entsprechend deutlich gemacht und reflektiert worden wäre.[46] Im Gegenteil trugen Begriffe wie die eben aufgelisteten wenig dazu bei, diesen Kontext zu erhellen. Sie gaben der Historischen Familienforschung, und mehr noch der mit ihr zunächst eng verbundenen Sexualitätsgeschichte, eher den Charakter einer stellvertretenden Arena, in der Liebesbeziehungen in ihrer Differenz und Komplexität indirekt zwar durchaus angesprochen waren, gleichzeitig aber unsichtbar gemacht wurden – wenigstens bis zur späteren Hinwendung des zunächst primär quantitativ und strukturgeschichtlich verfahrenden Faches zu subjekt- oder alltagsweltlich orientierten Ansätzen und

---

46 Die Liste der einschlägigen familiengeschichtlichen Literatur jener Zeit ist zu lang, um hier auch nur annähernd zitiert werden zu können. Vgl. z. B. Jean-Louis Flandrin, Familien. Soziologie, Ökonomie, Sexualität, Frankfurt a. M. 1978; Peter Laslett u. Richard Wall Hg., Household and Family in Past Time, Cambridge 1972; Michael Mitterauer u. Reinhard Sieder, Vom Patriarchat zur Partnerschaft, München 1977. Als systematische Zusammenschau und Erörterung der Ergebnisse der historischen Familienforschung im deutschsprachigen Raum bis zur Mitte der 1980er Jahre vgl. etwa Karin Hausen, Familie und Familiengeschichte, in: Wolfgang Schieder u. Volker Sellin, Sozialgeschichte in Deutschland. Entwicklungen und Perspektiven im internationalen Zusammenhang, Bd. 2: Handlungsräume des Menschen in der Geschichte, Göttingen 1986, 64–89; aktuell v. a. Andreas Gestrich, Jens-Uwe Krause u. Michael Mitterauer, Geschichte der Familie, Stuttgart 2003.

zur Historischen Anthropologie.[47] Erst unter solchen Prämissen, auf der Basis eines erweiterten Quellenkanons, wurde auch die verbreitete Annahme brüchig, dass Paarbeziehungen im ‚alten' Europa primär aufgrund ökonomischer Interessen gestiftet und zusammen gehalten worden seien. Stattdessen ging man nun von der steten Verschränkung von „Emotionen und materielle[n] Interessen"[48] aus und untersuchte etwa das Wechselverhältnis von „Ordnung und Emotion"[49] oder von „Funktionalität und Emotionalität";[50] die Frage nach so verorteten früheren Liebesverhältnissen spielte hierbei eine zunehmend wichtigere Rolle.

Der heutige Blick zurück auf die ‚klassische' Sozialgeschichte zeigt außerdem rasch, dass ihre Forschungen zur Geschichte der Familie und der Geschlechterbeziehungen mehrheitlich die Ehe fokussierten. In diesem Zusammenhang war von großem Interesse, inwieweit oder ab wann der Ehe in Europa das Konzept einer ‚Liebesheirat' zugrunde gelegt werden kann; es gab in diesen Jahren wohl kaum eine einschlägige Untersuchung, die dazu nicht in irgendeiner Form Stellung bezog. Selbst jene Studien, die das nicht nur taten und sich auch auf Geschlechterbeziehungen außerhalb oder abseits dieser zweifelsfrei dominanten Rechtsform des Zusammenlebens von Mann und Frau konzentrierten, blieben so letztlich der Hegemonie der Ehe verhaftet – und sei es nur, indem sie weiterhin Begriffe wählten, die darauf verweisen. Das Beispiel der damals besonders innovativen historischen ‚Illegitimitätsforschung' mag das veranschaulichen,[51] ebenso wie die vielen parallel unternommenen Versuche, ‚vor-' oder ‚außereheliche' Sexualität zu bestimmen und zu quantifizieren. So war es der entstehenden Frauen- und der späteren Geschlechtergeschichte sowie den damit eng verbundenen Gay-, Lesbian- und Queer Studies vorbehalten, diesen analytischen Rahmen zu verlassen, sich kritisch gegen Kategorien zu wenden, die Antworten im Prinzip schon vorwegnahmen und gesellschaftliche Hierarchien stützten, und stattdessen ein Konzept der Differenz und der Vielfalt historischer Geschlechter- und Liebesbeziehungen zu entfalten.

---

47 Als Bilanz einer damit, wie die Herausgeber resümieren, „vielfältiger und unübersichtlicher" gewordenen Historischen Familienforschung vgl. Ehmer/Harven/Wall, Familienforschung, wie Anm. 1, 7 und Klappentext.
48 Vgl. den viel zitierten Sammelband von Hans Medick u. David Sabean Hg., Emotionen und materielle Interessen. Sozialanthropologische und historische Beiträge zur Familienforschung, Göttingen 1984.
49 Rainer Beck, Spuren der Emotion? Eheliche Unordnung im frühneuzeitlichen Bayern, in: Ehmer/Hareven/Wall, Familienforschung, wie Anm. 1, 171–196, 171.
50 Peter Becker, Leben und Lieben in einem kalten Land. Sexualität im Spannungsfeld von Ökonomie und Demographie. Das Beispiel St. Lambrecht 1600–1850, Frankfurt a. M./New York 1990, 161–219. Ungeachtet der Ankündigung im Titel des Buches, handelt es sich freilich auch hier nicht um einen ausgewiesenen Beitrag zur Geschichte der Liebe.
51 Vgl. z. B. Michael Mitterauer, Ledige Mütter. Zur Geschichte unehelicher Geburten in Europa, München 1983; Becker, Leben, wie Anm. 50, 220–312.

Jene einst so vehement geführten Debatten gegen die einflussreiche Tendenz namhafter Repräsentanten der neueren Geschichtswissenschaft ab den 1970er Jahren, Zäsuren oder Wendezeiten für eine Geschichte der Liebe zu bestimmen, sind den Historikerinnen und Historikern unserer Generation noch gut erinnerlich. Im Rückblick scheint die Frage nach einer angeblichen ‚Entdeckung' oder ‚Entstehung' der ‚Liebesheirat' und der ‚Gattenliebe' im abendländischen Europa der einzige Angelpunkt dafür gewesen zu sein, diese auch explizit zum Forschungsgegenstand zu machen – ungeachtet der vorne skizzierten, breit angelegten Wahl verschiedener an mögliche Liebesverhältnisse rührender Themen. Es erstaunt heute, wie unterschiedlich und auch widersprüchlich die daraus resultierenden Periodisierungsversuche ausfielen, die den postulierten Übergang der auf ökonomischen Erwägungen basierenden ‚Vernunftehe' zur ‚modernen', von solchen Belangen angeblich mehr und mehr befreiten ‚Liebesehe' in den Griff bekommen wollten.[52] Während die einen – angeführt vor allem vom englischen Sozialhistoriker Lawrence Stone[53] – meinten, dass es vor dem ausgehenden 17. Jahrhundert Liebe als Grundlage für eine eheliche Verbindung nicht gegeben und der Aufstieg der Liebesheirat zu jener Zeit in den gebildeten Schichten Mittelenglands begonnen habe, verlegten andere eine solche Tendenz bereits in das Mittelalter.[54] Umgekehrt sah man erst im Aufkommen des Kapitalismus, der damit einher gehenden Individualisierung der Lebensverhältnisse und der Trennung von Arbeit und Haus, die Determinanten für eine Privatisierung und Emotionalisierung der Familie sowie der Geschlechterbeziehungen. Erst ab der Mitte des 18. Jahrhunderts hätten sich demnach Stimmen gehäuft, die als Voraussetzung für die Ehe eine bestehende ‚Gemütsverbindung' zwischen Mann und Frau postulierten.[55] Die darauf folgende Jahrhundertwende, insbesondere aber die Zeit der Romantik, markiere dann eine „‚Zeitenwende' in der Geschichte der Ehe", indem die ‚Liebes-

---

52 Das Folgende v. a. nach: Andreas Gestrich, Neuzeit, in: ders./Krause/Mitterauer, Geschichte, wie Anm. 46, 364–652, 484 ff.
53 Vgl. Lawrence Stone, The Family, Sex and Marriage in England 1500–1800, Harmondsworth 1977. Zur Kritik an Stones' Thesen zur Genese der Liebesheirat im 17. Jahrhundert, zu deren Beleg er auch auf Liebesbriefe rekurrierte, jüngst auch: Rebecca Earle, Briefe und die Liebe in Spanisch-Amerika (16. bis 18. Jahrhundert), in: Hämmerle/Saurer, Briefkulturen, wie Anm. 1, 135–162.
54 Vgl. Alan Macfarlane, Marriage and Love in England. Modes of Reproduction 1300–1840, Oxford u. a. 1978. Ausgehend von der gänzlich anderen Fragestellung nach den Schnittstellen zwischen dem Liebes- und dem Europadiskurs in der Zwischenkriegszeit des 20. Jahrhunderts, hat Luisa Passerini erst vor wenigen Jahren darauf hingewiesen, dass das Konzept der romantischen Liebe angeblich bereits in der höfischen Kultur der Provence des 12. Jahrhunderts ‚erfunden' wurde; jedenfalls behaupteten dies zahlreiche Literaten und Philosophen seit der Aufklärung in stereotyper Weise immer wieder, und grenzten die europäische Zivilisation so von der Antike oder vom Orient ab: Luisa Passerini, Europe in Love, Love in Europe. Imagination in Britain between the Wars, London/New York 1999, 1 f.
55 Vgl. Reinhard Sieder, Ehe, Fortpflanzung und Sexualität, in: ders./Mitterauer, Patriarchat, wie Anm. 46, 149–169, hier 160.

heirat' zur herrschenden diskursiven Norm gerann.⁵⁶ Mit dieser Erklärungslinie wurde, wie der Historiker Rainer Beck kritisch angemerkt hat, in der Forschung die Ausbreitung der Liebesehe in Europa „als Errungenschaft einer romantischen Revolution gedacht", sie „avancierte zur Demarkationslinie, die die vormoderne von der modernen Ehe oder die traditionelle von einer modernen Disposition der Subjekte schied".⁵⁷

Besonders radikal vertrat ein solches entwicklungsgeschichtliches Konzept der kanadische Historiker Edward Shorter. Seine in mehreren Werken verbreiteten, in der Folge immer wieder aufgegriffenen Thesen zur Genese der ‚modernen' Geschlechterliebe stießen auf heftigen Widerspruch auch in der feministischen Geschichtswissenschaft.⁵⁸ Und zwar nicht nur, weil Shorter darin „ungemein kühn generalisierend" verfuhr, wie Karin Hausen pointiert schrieb.⁵⁹ Er stellte zudem den Einzug der ‚romantischen Liebe' in die Paarbeziehungen zwischen Mann und Frau justament in den damals viel beachteten quantitativen Befund eines starken Anstiegs lediger Geburten in Europa von ca. 1750 bis 1850. Diesen deutete er als Ausdruck davon, dass die betroffenen Frauen solche ‚neuen' Liebesbeziehungen einforderten und lebten. Als verdienende Angehörige der gesellschaftlichen Unterschichten, die in ihrer Partnerwahl nicht an die Weitergabe von Erbe und Besitz beziehungsweise an materielle Erwägungen der Herkunftsfamilie gebunden gewesen seien, hätten sie weit ‚freier' und widerständiger als andere Frauen sexuelle Beziehungen aufnehmen und so gegen elterliche Eheverbote oder obrigkeitliche Einsprüche opponieren können; die hohen Illegitimitätsraten der Zeit seien demnach Ausdruck einer „ersten sexuellen Revolution" gewesen.⁶⁰ Die einsetzende Moderne interpretierte Shorter folglich – im Widerspruch zu den ersten Ergebnissen der sich an den Rändern des Faches bereits etablierenden Frauengeschichte – als Kontinuum einer zunehmenden Emanzipation der Frau von den alten Fesseln in ‚lieblosen' Bindungen, was durch die vielen technischen und medizinischen Errungenschaften des 20. Jahrhunderts bis hin zu den modernen chemischen Verhütungsmitteln stark befördert worden sei.⁶¹

---

56 Vgl. auch Peter Borscheid, Geld und Liebe: Zu den Auswirkungen des Romantischen auf die Partnerwahl im 19. Jahrhundert, in: ders. u. Hans J. Teuteberg Hg., Ehe, Liebe, Tod. Zum Wandel der Familie, der Geschlechts- und Generationsbeziehungen in der Neuzeit, Münster 1983, 112–134.
57 Beck, Spuren, wie Anm. 49, 175.
58 Vgl. v. a. Edward Shorter, The Making of the Modern Family, New York 1975 [dt.: Die Geburt der modernen Familie, Reinbek b. Hamburg 1983]. Kritisch dazu zunächst v. a. Louise Tilly, Joan W. Scott u. Miriam Cohen, Women's Work and European Fertility Patterns, in: Journal of Interdisciplinary History, VI (1976), 447–476; in der deutschsprachigen historischen Familienforschung z. B. Hausen, Familie, wie Anm. 46, 67 u. 76; Heidi Rosenbaum, Formen der Familie. Untersuchungen zum Zusammenhang von Familienverhältnissen, Sozialstruktur und sozialem Wandel in der deutschen Gesellschaft des 19. Jahrhunderts, Frankfurt a. M. 1982, bes. 225 ff.
59 Hausen, Familie, wie Anm. 46, 67.
60 Vgl. Gestrich, Neuzeit, wie Anm. 52, 486.
61 Dazu v. a. Edward Shorter, Der weibliche Körper als Schicksal. Zur Sozialgeschichte der Frau, München 1984.

Solche eindimensionalen Erklärungsmodelle sind heute freilich längst obsolet geworden. Zwar scheint auch in den seit Peter Gays Pionierstudie über „Die zarte Leidenschaft. Liebe im bürgerlichen Zeitalter"[62] verstärkt kulturgeschichtlich inspirierten Forschungen zur Geschichte der Liebe relative Einigkeit darüber zu herrschen, dass sich das Konzept der ‚romantischen Liebe' erst ab der europäischen Aufklärung verallgemeinerte; erst im Zuge der Romantik begann es, wie vorne erwähnt, unbestreitbar zum hegemonialen – nichts desto trotz stark ambivalenten – Modell der bürgerlichen Gesellschaft zu werden. Doch diese Datierung stellt keinen fixierbaren Beginn der ‚romantischen' Geschlechterliebe dar. Schon in früheren Gesellschaften galt Liebe, in unterschiedlicher kultureller Codierung, als wichtige, wenngleich keinesfalls notwendige Ingredienz zwischenmenschlicher oder zwischengeschlechtlicher Beziehungen.[63] Damit scheint aktuell weniger die Frage nach einer ‚Erfindung' oder ‚Entdeckung' der wie auch immer definierten Geschlechterliebe zu interessieren, sondern die gesellschaftlichen Redeweisen über sie in all ihren Spielarten. Innerhalb der Geschichtswissenschaften herrscht ein Konsens darüber vor, „dass Emotionen wie Liebe historisch und kulturell wandelbare Konstruktionen sozialer Beziehungen" sind, wie der Sozialhistoriker Andreas Gestrich es formuliert hat. Weiters verweist er auf die Vielschichtigkeit der sprachlichen Codierungen von Liebe, und wertet es als „ebenso irreführend, die Abwesenheit materieller Interessen anzunehmen, wenn in bürgerlichen ‚Werberitualen' des 19. und 20. Jahrhunderts nur von Liebe die Rede ist, wie es falsch wäre, von der Betonung primär materieller Interessen bei der bäuerlichen Partnerwahl der Frühen Neuzeit auf die Abwesenheit emotionaler Beziehungsstrukturen zu schließen."[64]

Die zum Teil auch aus der Historischen Familienforschung kommenden Proponentinnen der frühen Frauengeschichte[65] näherten sich der Thematik Liebe zunächst mit ihrem neu entwickelten Kategorien-Set einer Unterscheidung von *sex* und *gender*. Mit dieser Denkfigur der zwei Dimensionen von Geschlecht gelang es ihnen, die scheinbar unentwirrbare Verknüpfung vom anatomischen Körper mit den sozialen und kulturellen, in alle gesellschaftlichen Bereiche hinein reichenden Konstruktionen von Geschlecht zu tren-

---

62 Peter Gay, Die zarte Leidenschaft. Liebe im bürgerlichen Zeitalter, München 1987, nimmt im beginnenden Paradigmenwechsel noch eine Sonderstellung ein, da dieser Historiker hier kulturgeschichtliches und psychoanalytisches Know-how miteinander verknüpft hat, um das bürgerliche Gefühlsinventar des 19. Jahrhunderts zu erkunden. Das geschieht alles in allem in Form seiner fünfbändigen Erfahrungsgeschichte, die – neben der Liebe („Die zarte Leidenschaft") – von der Sexualität („Erziehung der Sinne") über den Aggressionstrieb („Kultur der Gewalt"), die Selbsterforschung („Die Macht des Herzens") bis zum Umgang mit der Kunst („Bürger und Bohème") reicht.
63 Vgl. z. B. Heide Wunder, „Er ist die Sonn', sie ist der Mond". Frauen in der Frühen Neuzeit, München 1992, 80–88.
64 Gestrich, Neuzeit, wie Anm. 52, 487 f, u. a. Bezug nehmend auf Medick/Sabean, Emotionen, wie Anm. 48.
65 Hausen, Familie, wie Anm. 46, 69.

nen, auf der theoretischen wie auf der forschungspraktischen Ebene: „Gender is a constitutive element of social relationships based on *perceived* differences between the sexes",[66] formulierte die US-amerikanische Historikerin Joan W. Scott explizit.

Gisela Bocks und Barbara Dudens früher Text „Arbeit aus Liebe – Liebe als Arbeit" signalisiert bereits im Titel die provozierende Kraft, die in wissenschaftlicher Analyse entlang einer so verstandenen Kategorie Geschlecht hinsichtlich der Liebesthematik liegen konnte.[66] Die beiden Autorinnen kritisierten hier – beispielgebend für viele spätere Studien zur Stellung ‚der Frau' in den bürgerlichen Gesellschaften –, dass die unbezahlte Hausarbeit, wie sie sich im Kapitalismus seit dem 17./18. Jahrhundert etabliert habe, „fast nie Gegenstand der Wissenschaft und schon gar nicht der Wissenschaft von der Geschichte" war. Als Arbeit konnte sie vor allem deshalb unsichtbar gemacht werden, weil sie wirkmächtig „als *labor of love*, ‚Arbeit aus Liebe', ‚Liebesdienst', nicht als *work (for money)*" gewertet wurde:

> In der herkömmlichen Institution der Ehe und Familie übereignet die Frau neben der physischen Arbeitskraft auch ihre Sexualität dem Mann auf die Zeit des Lebens bzw. der Ehe; ihre Tätigkeit entstammt der Liebe und wird durch Liebe entlohnt – auch wenn die Fakten oft eine bitterere Sprache sprechen und auf dem Heiratsmarkt nicht nur Liebe gegen Liebe, sondern Liebesarbeit gegen Unterhalt getauscht wird.[67]

Über diese Debatten um die unbezahlten reproduktiven Arbeiten von Frauen hinaus gehend, verschob sich dann der Fokus von den strukturellen Grundmustern geschlechtsspezifischer Lebens- und Liebeswelten in der bürgerlichen Moderne zur Erforschung der historischen Dimension weiblicher Reproduktionsfähigkeiten (Schwangerschaft, Geburt, Verhütung, Abtreibung) und zu einer Geschichte des weiblichen Körpers beziehungsweise ganz grundsätzlich zur historischen Verfasstheit von Körperlichkeiten[68] – bis hin zu einer De-Naturalisierung der Körpergeschichte durch einen eng mit dem Namen Judith But-

---

66 Joan W. Scott, Gender: A Useful Category of Historical Analysis, in: American Historical Review, 91 (1984) 1053–1075, 1067 (Hervorh. im Orig.).
66 Gisela Bock u. Barbara Duden, Arbeit aus Liebe – Liebe als Arbeit. Zur Entstehung der Hausarbeit im Kapitalismus, in: Frauen und Wissenschaft. Beiträge zur Berliner Sommeruniversität für Frauen, Juli 1976. Berlin 1977², 118–199.
67 Bock/Duden, Arbeit, wie Anm. 66, 119 u. 121.
68 Vgl. v. a. die paradigmatische Studie von Barbara Duden, Geschichte unter der Haut. Ein Eisenacher Arzt und seine Patientinnen um 1730, Stuttgart 1991², sowie in der Folge z. B.: L'Homme. Z. F. G., 5, 1 (1994), Körper; Maren Lorenz, Leibhaftige Vergangenheit. Einführung in die Körpergeschichte, Tübingen 2000; Philipp Sarasin, Reizbare Maschinen. Eine Geschichte des Körpers 1765–1914, Frankfurt a. M. 2001; Maria Mesner u. Verena Pawlowsky, Kinder kriegen. Generativität als historisches Thema, in: Johanna Gehmacher u. Maria Mesner Hg., Frauen- und Geschlechtergeschichte. Positionen, Perspektiven, Innsbruck/Wien/München 2003, 221–236; ÖZG. Österreichische Zeitschrift für Geschichtswissenschaften, 15, 1 (2004), Bodies/Politics.

ler[69] verbundenen dekonstruktivistischen Ansatz. Dieser stellte – wenn auch innerhalb der feministischen Geschichtsforscherinnen nicht unwidersprochen[70] – die Annahme eines unveränderlichen, essentiellen biologischen geschlechtlichen Körpers, an dem das kulturelle Geschlecht *gender* sozusagen andocken würde, in Frage und versteht diesen vielmehr selbst als historisch und kulturell konstruiert.

Eine differenzierte Darstellung der aktuellen Körper- wie der damit eng verbundenen Sexualitätsgeschichte ist an dieser Stelle weder passend noch möglich. Deutlich werden sollte vielmehr, dass trotz der Thematisierung von Körper und Sexualität als Inbegriffen von Intimität auch von der historischen Frauen- und Geschlechterforschung Liebe und Liebesbeziehungen in einem unmittelbaren und direkten Sinn lange Zeit nicht wirklich in den Blick genommen wurden – womit wir wiederum bei der eingangs zitierten Bilanz von Edith Saurer aus dem Jahr 1997 angelangt wären.[71] Im Gegensatz dazu war Widerstand für feministische Historikerinnen von Anfang an von hoher Relevanz, und zwar sowohl als Inhalt als auch – wie schon gezeigt – als Grundhaltung gegenüber dem Forschungsgegenstand: Galt es doch, die Geschlechterverhältnisse und Geschlechterbeziehungen in ihren jeweiligen sozialen und historischen Wirklichkeiten zu analysieren und damit den Ausblendungen und Verzerrungen einer androzentrischen Wissenschaftstradition entgegenzuwirken. Mit „disziplinierter Disziplinlosigkeit", wie es in der Einleitung des ersten Heftes der „Feministischen Studien" formuliert wurde, das im Herbst 1982 mit dem Titel „In den Brüchen der Zeit" erschien,[72] war es für die Konstituierung der feministischen Wissenschaften wichtig, sich der eigenen Traditionen in Widerständigkeit zu vergewissern. Die Biographien, inhaltlichen Forderungen und Organisationen jener Protagonistinnen der Frauenbewegungen aus dem 19. und frühen 20. Jahrhundert, die sich als „radikal" definiert hatten und die es wieder zu entdecken galt, dienten dabei gewissermaßen als Vorbild. Dazu zählten die Frauen der Französischen Revolution ebenso wie die frauenbewegten Aktivistinnen der Revolution von 1848/49;[73] außerdem führten die wissenschaftlichen Suchbewegungen nach potentiellen

---

69 Judith Butler, Das Unbehagen der Geschlechter, Frankfurt a. M. 1991; dies., Körper von Gewicht. Die diskursiven Grenzen des Geschlechts, Berlin 1995.

70 Barbara Duden, Geschlecht, Biologie, Körpergeschichte. Bemerkungen zu neuer Literatur in der Körpergeschichte, in: Feministische Studien, 2 (1991), 105–122; Seyla Benhabib, Judith Butler, Drucilla Cornell u. Nancy Fraser, Der Streit um Differenz. Feminismus und Postmoderne in der Gegenwart, Frankfurt a. M. 1993; Identifikation und Phantasie. Zur Konstruktion von Geschlechterdifferenz. Diskussion mit Judith Butler, in: L'Homme. Z. F. G., 6, 1 (1995), 78–97.

71 Vgl. Saurer, Liebe, wie Anm. 2. Als Ausnahmen von dieser Tendenz vgl. etwa Carola Lipp, Liebe im Proletariat, in: Eva Pampuch u. Max Zihlmann Hg., Gesammelte Liebe. Ein Lesebuch, München 1988, 152–171; Ute Daniel, Die Liebe, das Klima und der Kosmos. Das revolutionäre Potential des Privatlebens in der Utopie des Frühsozialisten Charles Fourier, in: Karin Hausen u. Heide Wunder Hg., Frauengeschichte – Geschlechtergeschichte, Frankfurt a. M./New York 1992, 89–98.

72 Feministischen Studien, 1, 1 (1982), In den Brüchen der Zeit, 3.

73 Exemplarisch sei hier herausgegriffen: Gerlinde Hummel-Haasis Hg., Schwestern zerreißt eure Ketten.

,Müttern' und ,Großmüttern', die den eigenen Idealen entsprochen hätten, schon früh in die Zeit des Nationalsozialismus und zur Konstruktion der ,Widerstandskämpferin' als erhoffter oppositioneller Identifikationsfigur.[74]

Der leitmotivisch dahinter stehende heldenhafte und überhöhte Widerstandsbegriff, definiert durch politische Ausrichtung und Militanz,[75] war jedoch von Beginn an von einem „anderen Blick"[76] begleitet. Je vielfältiger sich die Frauen- und Geschlechterforschung verschiedensten Facetten von Frauenleben und geschlechtsspezifischen Handlungsspielräumen näherte, desto offensichtlicher wurde, dass eindimensionale Parameter dem Anspruch auf Erkenntniszuwachs nicht genügen konnten. Die 1981 erstmals veröffentlichte Publikation „Listen der Ohnmacht", die Beiträge „Zur Sozialgeschichte weiblicher Widerstandsformen" versammelte,[77] signalisierte einen grundsätzlichen Perspektivenwechsel. Nicht nach einem „einzigen wilden Kampfmythos" wurde gesucht, sondern der Widerstandsbegriff wurde auf spontane Widerspenstigkeit – individuelle wie kollektive –, auf nonkonformes Verhalten, auf Leistungsverweigerungen im Rahmen asymmetrischer Herrschaftsbeziehungen, auf offen rebellische und still verweigernde Aktionsformen ausgedehnt.[78] Programmatisch erklärten die beiden Herausgeberinnen Claudia Honegger und Bettina Heintz: „Widerstand beginnt da, wo alltägliche Rollenerwartungen nicht mehr erfüllt werden."[79] Dieser Definition entsprachen, um wenigstens zwei Beispiele zu nennen, „Rebellische Weiber" in den Arbeitervierteln französischer Städte des 19. Jahrhunderts wie auch die klassische „Frauenkrankheit" des 19. Jahrhunderts, die „Weibliche Hysterie", die sich, wie an Geschlechtsrollenkonflikten in amerikanischen Familien dargestellt wurde, als Instrument der Verweigerung lesen lässt.[80] Dieses Verständnis von Widerständigkeit als einem Pol weiblicher Handlungsspiel-

---

Zeugnisse zur Geschichte der Frauen in der Revolution von 1848/49, München 1982; Helga Grubitzsch, Hannelore Cyrus u. Elke Haarbusch Hg., Grenzgängerinnen. Revolutionäre Frauen im 18. und 19. Jahrhundert. Weibliche Wirklichkeiten und männliche Phantasien, Düsseldorf 1985.

74 Vgl. z. B. Karin Berger, Elisabeth Holzinger, Lotto Podgornik u. Lisbeth N. Trallori, „Der Himmel ist blau. Kann sein." Frauen im Widerstand, Wien 1985.

75 Vgl. zur Differenzierung des NS-Widerstandsbegriffes in der Historischen Frauen- und Geschlechtergeschichte, Christl Wickert, Widerstand und Dissens von Frauen – ein Überblick, in: dies. Hg., Frauen gegen die Diktatur – Widerstand und Verfolgung im nationalsozialistischen Deutschland, Berlin 1995, 18–31.

76 Gisela Bock, Historisches Fragen nach Frauen. Historische Frauenforschung: Fragen und Perspektiven, in: Karin Hausen Hg., Frauen suchen ihre Geschichte, München 1983, 22–62, 24.

77 Claudia Honegger u. Bettina Heintz Hg., Listen der Ohnmacht. Zur Sozialgeschichte weiblicher Widerstandsformen, Frankfurt a. M. 1984.

78 Heintz u. Honegger, Zum Strukturwandel weiblicher Widerstandsformen im 19. Jahrhundert, in: dies. Hg., Listen, wie Anm. 78, 7–68, 7 ff.

79 Heintz/Honegger, Strukturwandel, wie Anm. 78, 10.

80 Exemplarisch herausgegriffen: Michelle Perrot, Rebellische Weiber. Die Frau in der französischen Stadt des 19. Jahrhunderts, in: Honegger/Heintz, Listen, wie Anm. 77, 71–98; Carroll Smith-Rosenberg, Weibliche Hysterie. Geschlechtsrollen und Rollenkonflikt in der amerikanischen Familie des 19. Jahrhunderts, in: Honegger/Heintz, Listen, wie Anm. 77, 276–300.

räume zwischen Anpassung und Widerstand ist bis heute Leitkultur der gesamten Frauen- und Geschlechterforschung geblieben.

5. Dimensionen und Schattierungen von Liebe und Widerstand: die Beiträge

Der vorliegende Sammelband enthält 26 Beiträge von 28 Autorinnen und Autoren aus Österreich und Deutschland, Bulgarien, Italien, der Schweiz und den USA. Gegenüber der Tagung wurde der Band noch etwas erweitert, auch um einen Aufsatz von Edith Saurer, die so wiederum teil hat an der hier vorgenommenen Auffächerung des Themas entlang verschiedener Disziplinen der Geschichts-, Sozial- und Kulturwissenschaften. Wir intendieren damit deren Dialog, ohne die Vielstimmigkeiten, Diskrepanzen und Differenzen in oder zwischen den einzelnen Fächern und Ansätzen zum Verschwinden bringen zu wollen. Aus diesem Grund haben wir uns für eine Gliederung entschieden, in der die Beiträge entlang übergreifender Dimensionen und Schattierungen des Themas gebündelt werden.

Dem weiten Bereich Sexualität ordneten wir zwei Schwerpunkte zu – „Homo/Sexualitäten und Liebe" und „Jugend, Sexualität und Rebellion". Mit beidem sind Themenfelder markiert, in denen der Sexualität immer besondere gesellschaftliche wie individuelle Brisanz zukam; das machen alle hier versammelten Beiträge deutlich. So Helmut Puff, der in die Mitte des 17. Jahrhunderts führt und den von der Forschung bislang negierten Zusammenhang von Herrschaft und „Sodomiterey" sowie „ketzerie" – zeitgenössisch für gleichgeschlechtliche Liebe und Unzucht mit Tieren – untersucht. Am Beispiel der von seiner Verwandtschaft in Gang gesetzten Absetzung des ausschweifend lebenden Fürsten Pappenheim durch ein Reichshofsratverfahren zeigt Puff auf, wie sich die sexuelle und die politische Dimension in der sozialen Ordnung der Zeit kreuzten. Die beiden anderen Beiträge desselben Abschnitts beschäftigen sich mit lesbischer Sexualität und Liebe im 20. Jahrhundert – einem auch in der Literaturwissenschaft doppelt marginalisierten Thema, wie Julia Neissl ausführt. Sie analysiert die Darstellung lesbischer Beziehungen in der österreichischen Literatur am Beispiel der Autorinnen Maria Janitschek, Ingeborg Bachmann und Karin Rick, die auch für verschiedene Abschnitte des 20. Jahrhunderts stehen. Neissls leitmotivische Frage nach der Widerständigkeit in den Texten dieser schreibenden Frauen spiegelt die politische Aufladung der Frauenliebe durch die Neue Frauenbewegung in den letzten dreißig Jahren. Wie sie, hat auch Sandra Eder ihren Beitrag zur gleichgeschlechtlichen Frauenliebe aus einer *queer perspective* verfasst. Er handelt von den USA, wo die in den 1950er Jahren veröffentlichten *Lesbian Pulps* weite Verbreitung fanden. Diese stellten eine Art von ‚Trivialliteratur' in Taschenbuchform dar und waren gekennzeichnet durch den Doppelcharakter, autonom und *fait social* gleichzeitig zu sein. Im Spannungsfeld von Normalität und Abweichung fungierten *Lesbian Pulps* subversiv als positive Projektionsfläche und Trägerinnen sonst nicht zugänglicher Informationen.

Ganz anders entwarf man Liebe und Sexualität im Kontext jenes „kollektiven Menschen", den die staatssozialistische Ideologie des 20. Jahrhunderts mit ihrem totalitären Zugriff auf das Private propagierte. Hier wurde, massenhaft verbreitet über offizielle Jugendzeitschriften, Literatur oder Filme, öffentliche Transparenz von Liebesemotionen und Intimität verlangt, was Kristina Popova aus Bulgarien am Beispiel der dortigen sozialistischen Jugendbrigaden der 1950er und 1960er Jahre beschreibt. Insbesondere für die zweite Hälfte dieses Zeitraums verweist sie auf eine auffallende, widerständige Diskrepanz zwischen den offiziellen „Masken" der Jugendlichen und ihren Sehnsüchten nach einem persönlichen Freiraum für Liebe und Sexualität – was die bulgarische Jugend jener Zeit durchaus mit ihrer Generation in anderen europäischen Ländern verband. Getragen von ähnlichen Bedürfnissen, begann die Jugend des ‚Westens' damals jedoch offen zu rebellieren, wobei sie sich auf neue Formen von Beziehungen und vor allem Sexualität jenseits der Zwänge der bürgerlichen Ehe- und Liebesmoral berief. Das untersucht Franz Eder in seinem Beitrag, der sich mit den Sexualitätsdiskursen und dem auch statistisch belegbaren Wandel der sexuellen Erfahrung in Österreich und Deutschland seit den 1950er Jahren, und dann vor allem im Kontext der „Sexuellen Revolution" der 68er-Generation, auseinandersetzt.

Selbstverständlich flechten weitere Beiträge des Bandes den Bereich Sexualität ebenfalls ein, als eine der inhaltlichen Dimensionen ist er mit den anderen ja stets verwoben. Dies gilt in besonderem Maße für die beiden Themenfelder „Liebe im Visier der Obrigkeit" und „Gegen Verbote lieben", die unter anderem die Dimension der Kontrolle, der mit institutionellem Zwang durchgesetzten Reglementierungen von Liebe und (außerehelicher) Sexualität beleuchten – und so letztlich wiederum auf die ‚Tyrannei der Norm' verweisen. Dass die zu diesem Zweck etablierten Machtapparate von den Betroffenen dennoch auch zur Verfolgung eigener Interessen genutzt werden konnten, zeigt Angiolina Arru, die Rom am Ausgang des Ancién Regime in den Mittelpunkt stellt. Dort oblag auch dem Vikariatsgericht als einem geistlichen Strafgericht die Ahndung von Verstößen gegen die Moral oder ‚Sittlichkeit' und Religion, was bei Frauen häufig mit Haft bestraft wurde. Anhand der Gerichtsakten zur Ermordung eines besonders strengen Richters im Jahre 1795, die sie als ein „Delikt aus Liebe" entschlüsselt, untersucht Arru die große Bedeutung von Beziehungsnetzen und die Möglichkeiten der Einflussnahme auf solche Verfahren und Strafen, die in diesem Falle blockiert schienen. Sie sensibilisiert damit auf ähnliche Weise für die Ergiebigkeit historischer Mikroanalysen wie Martin Schaffner in seinen als „Mitteilungen aus Paranoia City" paraphrasierten Überlegungen zu „Missglückte Liebe", in denen er für die Zeit um 1900 Justiz- und Sanitätsakten aus Basel auswertet. Sie wurden allesamt angelegt, nachdem den dortigen Behörden ein „auffälliges" oder „störendes" Verhalten eines Mannes oder einer Frau angezeigt worden war – was sich auch auf deren prekär gewordenes Liebesverhältnis beziehen mochte. Am Beispiel eines von beiden Streitparteien sehr verschieden dargelegten Ehekonflikts deutet Schaffner diese Quellen in ihrer textlichen Vielstimmigkeit und Vieldeutigkeit und schlägt ihre ‚performative', handlungsbezogene Lektüre vor.

Im Schwerpunkt „Gegen Verbote lieben" werden in verschiedenen Kontexten vor allem historische Ehehindernisse thematisiert, zu deren Umgehung oder Aufhebung die betroffenen Männer und Frauen sehr unterschiedliche Strategien anwenden mussten. Im Falle der kirchlichen Eheverbote aufgrund von Schwägerschaft und Blutsverwandtschaft blieb ihnen, wie Margareth Lanzinger anhand eines aus der Diözese Brixen für die Jahrzehnte von 1831 bis 1910 erhaltenen Aktenbestandes aufzeigt, nur durch mehrere Instanzen einzubringende Ansuchen um päpstlichen Dispens. Sie interpretiert die in solchen Gesuchen zum Ausdruck gebrachten Argumentationen und Strategien im Spannungsverhältnis von Liebe und Ökonomie, nicht ohne zuletzt auch die Debatte um den Inzest anzureißen. Somit lässt sich ihr Beitrag sehr gut neben jenem von Michael Mitterauer lesen, der – vergleichend zwischen unterschiedlichen europäischen Familiensystemen und Religionen – arrangierte endogame Heiraten im Wandel vom 18. Jahrhundert bis zur Gegenwart untersucht. Als primäre Quellen dienen ihm umfangreiche Selbstzeugnisse, die es auch erlauben, divergierende Haltungen der Generationen zu dieser kulturell stark verankerten Form der Eheschließung abzulesen. Während die Eltern in der Darlegung solcher Texte für traditionelle Heiratsnormen standen, forderten die Kinder ihr Recht auf eine selbst gewählte Liebesheirat ein, was eine Konkurrenzsituation zwischen zwei familialen Beziehungsmustern auf der Basis von Liebe darstellt. Ganz andere Hindernisse im Zusammenhang mit ihrem mehrdeutigen Befund „Begrenzt verliebt" erläutern Margarete Grandner und Ulrike Harmat für den Kontext der Doppelmonarchie Österreich-Ungarn. In ihrer westlichen Reichshälfte konnte nämlich laut Allgemeinem Bürgerlichen Gesetzbuch von 1811 eine nach katholischem Recht geschlossene Ehe nur durch den Tod gelöst werden, während es in Ungarn die Möglichkeit zur Scheidung gab. Das führte zu unterschiedlichen, mitunter geradezu grotesken Formen der Rechtsumgehung, was Grandner und Harmat am Beispiel des prominenten Falles der Ehe zwischen dem Schauspielerehepaar Alexander Girardi und Ida Helene Odilon darlegen.

Von Liebe wurde stets viel geschrieben, auf unterschiedlichste Art und Weise, auch wenn sich manche Genres oder Textformen dafür besonders anbieten mochten. Stellvertretend für dieses weite Feld, wird unter dem Fokus „Liebe schreiben" der Blick vor allem auf jene literarischen Genres gerichtet, die im 18. Jahrhundert zu zentralen Medien des Erschaffens und Erprobens unterschiedlicher Versionen eines neuen Liebeskonzeptes wurden. Wolfgang Müller-Funk expliziert anhand des Briefwechsels zwischen Clemens Brentano und Sophie Mereau die „Erfindung" des radikal-romantischen Anspruchs auf Liebe und wie sehr dieser unmittelbar mit dem in den bürgerlichen Mittel- und Oberschichten verbreiteten Medium „Brief" verbunden war; er entwickelt dabei jenes bis heute einflussreich gebliebene Erklärungsmodell zu einer Geschichte der Liebe weiter, das Niklas Luhmann in „Liebe als Passion" von 1982 vorgelegt hat. Auch die Literaturwissenschaftlerin Sigrid Schmid-Bortenschlager nimmt den Wandel des Liebeskonzepts in der Moderne zum Ausgangspunkt, diskutiert aber an Romanen wie Abbé Prevosts „Manon Lescaut", Samuel Richardsons „Pamela" und „Clarissa" sowie Denis Diderots „Jacques, der Fatalist" die Rolle dieser literarischen Gattung bei der Verbreitung und Durchsetzung dessen, was als bürgerliche Liebes- und Ehemoral das 19. und weitgehend auch noch das 20. Jahrhundert dominieren sollte. In letzteres führt dann der Beitrag von Birgit Wagner, die „Liebe schreiben" anhand zweier im 20. Jahrhundert berühmt gewordener Schriftstellerinnen aus Sardinien thematisiert. Sie zeigt, wie deren literarische Produktivität in ambivalenter Widerständigkeit zu ihrer sardischen Herkunftskultur durch die Liebe zu und die Eheschließung mit nichtsardischen Männern möglich wurde. Grazia Deledda, *die* Autorin des damals faschistischen Italiens, erhielt 1926 den Nobelpreis, und Maria Giacobbe wurde mit zahlreichen dänischen und italienischen Preisen ausgezeichnet.

Eine andere Gruppe von Beiträgen befasst sich mit sehr differenten Spielarten von „Liebe inszenieren". Im Zentrum stehen dabei Transformationen von geschlechtlicher Liebe, Mutter- und Schwesternliebe sowie Widerstand gegenüber Ideologien und Systemen: die Nation, der politische Propagandafilm, der Mutter- und der Frauentag. Johanna Gehmacher führt zunächst nach Frankreich im frühen 19. und nach Irland im frühen 20. Jahrhundert. Sie zeigt am Beispiel von Heinrich Heine sowie von William Butler Yeats und Isabella Augusta Persse auf, dass die emotionale Bindung an die Nation durch eine Verschiebung zwischenmenschlicher Gefühle auf diese bis heute so wirkmächtige Konstruktion funktioniert. Die Brücke bilden Allegorien und nationale Mythen. Gernot Heiß beschäftigt sich mit dem „Kino als moralische Anstalt" und schätzt die Wirkungsgeschichte des Mediums Film als zwiespältig ein – galt es doch in den 1920er Jahren als zugleich bildungspolitische und sittengefährdende Agentur. Die ‚suspekte', dem Film jedoch eingeschriebene Macht, durch Fiktion und Abstraktion reale Gefühle und konkretes Leben zu (re-)produzieren, wird von Heiß anhand des antifaschistischen Propagandafilms aus dem Jahr 1942 – „Casablanca" – diskutiert. Maria Mesner schließlich führt in ein anderes Wien des 20. Jahrhunderts, hin zur Politik und dem Selbstverständnis der Frauenorganisation der österreichischen Sozialdemokratie. Vor diesem Hintergrund behandelt sie differente Lieben zu Müttern und (Gesinnungs-)Schwestern und Widerstand gegen Geschlechterrollen, die in den öffentlich verhandelten, politisch und ideologisch aufgeladenen frauenspezifischen Feiertagen – dem Muttertag und dem Frauentag – vermittelt wurden.

Vor allem zwei Themenfelder des Bandes, nämlich „Liebe im/als Widerstand" und „‚Fremde' lieben", drehen sich um historische Konstellationen, die auf der Konstruktion eines diskriminierenden, menschenverachtenden Rassebegriffes basierten oder ‚das Fremde' anderweitig zum Objekt von Gewalt, Diskriminierung und Verfolgung machten. Das schloss allumfassend auch die Liebe ein und war deshalb untrennbar mit Widerstand verbunden – wie zunächst Birgitta Bader-Zaar darlegt. Ausgehend von im Kontext der Antisklavereibewegung publizierten Lebenserzählungen afroamerikanischer Sklavinnen und Sklaven des 19. Jahrhunderts, zu denen insbesondere die Aufzeichnungen von Harriet Jacobs gehören, erläutert Bader-Zaar den Stellenwert von Liebe für die betroffenen Menschen. Jenseits des gängigen Opferdiskurses deutet sie Liebe dabei auch als Widerständigkeit gegen die durch das System der Sklaverei stark beschränkten sozialen Beziehungen. Vor allem Letzteres verbindet ihren Beitrag mit jenem von Stefanie Schüler-Springorum, der ins Zentrum der jüdischen Widerstandsbewegung in Osteuropa während des Nationalsozialismus führt. Zum Teil ebenfalls auf der Basis von Selbstzeugnissen zweier betroffener Generationen, deren diesbezügliche Haltungen und Einstellungen sie miteinander vergleicht, spürt sie der Bedeutung von Liebe in den Geschlechterbeziehungen innerhalb der Ghettos und der so genannten „Familienlager" in den Wäldern nach. Wie Bader-Zaar, schreibt Schüler-Springorum dabei den vielfältigen Liebesweisen der von einem Gewaltsystem verachteten und verfolgten Frauen und Männer einen konstituierenden Faktor für die Aufrechterhaltung ihres Subjektstatus zu – was wiederum eine widerständige Dimension von Liebe im Nationalsozialismus darstellt, die auch Edith Saurer in ihrem Beitrag behandelt. Im Themenbereich „‚Fremde' lieben" fokussiert sie ihr langjähriges Interesse an interkulturellen und interethnischen Liebes- und Ehebeziehungen auf die bis vor kurzem von der Forschung kaum beachteten, durch die Nürnberger Gesetze von 1935 geschaffenen „Rasseschandeopfer" und den späteren Umgang der Republik Österreich mit ihnen. Aus den Aktenbeständen der nach 1945 in Wien eingebrachten Entschädigungsanträge der betroffenen Männer und Frauen gelingt es ihr, ungeachtet deren Formelhaftigkeit, einzelne Fälle von „jüdisch-arischen" Liebesbeziehungen zu dokumentieren, was nicht zuletzt Fragen zur Sprache einer (verbotenen) Liebe aufwirft. Dieses Forschungsproblem stellt sich indirekt auch für Martina Gugglberger, die sich mit einer besonderen Form von geächteter Liebe beschäftigt. Sie interpretiert dabei den degradierenden Umgang mit jenen Französinnen, denen während der Befreiung von der deutschen Besatzung 1944 und 1945 wegen ihrer Kontakte und Beziehungen zu Wehrmachtssoldaten öffentlich die Haare geschoren wurde, als – konstituierenden – Teil des wieder herzustellenden ‚Liebes'-Verhältnisses der Trias Nation, Geschlecht und Krieg, und zeigt so vor allem auch die symbolische Dimension der Kategorie Geschlecht auf.

Ergänzt werden alle diese thematischen Facetten von Liebe und Widerstand durch einige weitere Beiträge, die die Tagung eröffneten und auf verschiedenen Ebenen in ihr weit gefasstes Thema einführen sollten. Im Sammelband haben wir sie an den Beginn und an das Ende gruppiert, um ihn so gewissermaßen zu rahmen. Wir schließen thematisch mit drei Texten, die das Thema Liebe – auch erweitert um die Dimension der Ehe – im Wandel der Moderne diskutieren. Ernst Hanisch spürt der sich verändernden Rolle des Liebhabers im 20. Jahrhundert nach und darüber hinaus der ‚Natur' in der ‚Kultur'. Um zu eruieren, wie Liebe zu denken wäre, bezieht er neuere Erkenntnisse der Neurobiologie ein und fasst Liebe als „anthropologische Konstante" – die freilich immer dem historischen Wandel unterliege.

Karin Hausen nimmt in verschiedenen deutschen Zeitungen oder Zeitschriften veröffentlichte Heiratsannoncen zum Ausgangspunkt, um gesellschaftliche Transformationen seit dem letzten Drittel des 19. Jahrhunderts ebenso zu thematisieren wie sich verändernde Erwartungshaltungen an Liebe, Ehe und Beziehungen. Sie tut das aus einer Perspektive des Marktes und seiner Mechanismen von Angebot und Nachfrage, Konkurrenz und Preisen, und mit Blick auf die Verflechtungen von „Geld" und „Liebe". Ute Gerhard diskutiert vor dem Hintergrund der Entstehung des bürgerlichen Rechts die Ehe als Vertrag und Institution, die der Frau bis weit ins 20. Jahrhundert hinein das Aufgeben eigener Rechte aus Liebe abverlangten. Sie spannt dabei einen Bogen von den rechtsphilosophischen Diskussionen der Aufklärung und ihrer Umsetzung in einer patriarchalischen Rechtspraxis über die schon im 19. Jahrhundert einsetzenden kritischen Gegenstimmen bis hin zu ehe- und familiensoziologischen Befunden der Gegenwart, die sie für ausgewählte europäische Länder darlegt.

Von einem ungewöhnlichen, nämlich einem epistemologischen Ort aus nähern sich jene drei Beiträge dem Thema an, die die Publikation eröffnen und die Bedeutung von Liebe und Widerstand für die wissenschaftliche Erkenntnis thematisieren. Für sie sind die beiden Kategorien damit nicht Gegenstand der Forschung, sondern affektive Basis von Forschungshaltungen. Die Soziologin Gudrun-Axeli Knapp untersucht das für die feministische Diskurskonstellation als ‚heiße' – konflikttächtige, aber lebendige und produktive – Erkenntniskultur, die trotz ihrer heterogenen, auseinanderstrebenden Kräfte durch eine zentrale Qualität zusammengehalten werden: die politisierte Zuwendung zum eigenen Geschlecht, also Eigenliebe und Widerstand. Gleichfalls aus der Perspektive der Soziologie widmen sich Waltraud Kannonier-Finster und Meinrad Ziegler der Bedeutung von reflexiver Empathie für eine Erkenntnis fördernde Beziehung zwischen Subjekt und Objekt in der qualitativen Forschung. Ihr Konzept der „intellektuellen Liebe", das sie in Anlehnung an Pierre Bourdieu entwickeln, beruht dabei weniger auf emotionalen, sondern viel mehr auf kognitiven Prozessen. Es geht um eine spezifische Form eines analytischen Blicks, die die Besonderheit der Erforschten wahrnimmt und anerkennt, ohne darauf zu vergessen, sie im Kontext ihrer makrostrukturellen Zusammenhänge zu denken. Schließlich vertritt die Philosophin Herta Nagl-Docekal eine Disziplin, in der „Liebe" seit Jahrhunderten zu den zentralen Begriffen gehört. Ausgehend von der politischen Philosophie Hannah Arendts macht sie sich Gedanken darüber, inwieweit die Liebe über oppositionelles Potential verfügt und ob die philosophischen Variationen der Begriffe Liebe und Widerstand zugleich ein Denken der Möglichkeit einer politischen und sozialen Ordnung von Gleichen und zugleich jeweils individuell Besonderen sind.

6. Ausblick und Dank

Alles in allem behandeln die Beiträge dieses Bandes Liebe in ihren komplexen und vielfältigen sozialen, politischen, kulturellen oder symbolischen Verknüpfungen. Denn jedenfalls ist Liebe, wie Caroline Arni in ihrem schon zitierten Tagungsbericht resümiert, „in das Textil der symbolischen Ordnung so sehr eingewoben wie in das der sozialen und politischen Ordnung und das des persönlichen Verhältnisses der Einzelnen zur Welt, zu den Anderen und zu sich selbst. Und sie bezeichnet ein Gefühl, das nicht ‚eins' ist, soziale Beziehungsformen, die nicht ‚eine' Gestalt haben, Metaphern, die nicht ‚eine' Bedeutung haben."[81]

Kann beziehungsweise soll es daher auch so etwas wie eine Historiografie des Fühlens und des Empfindens der Liebe geben, ihrer weit ins Feld des Unbewussten reichenden „Verheißungen, Dämonen und Verwerfungen"?[82] Oder liegen hier die sinnvollen und notwendigen Grenzen von wissenschaftlichen, und damit analytisch-klassifizierenden Annäherungen an das, was Frauen und Männer im Erfahrungsraum Liebe bewegt? Vielleicht – so wollen wir abschließend fragen – ist letztlich nur die Poesie beziehungsweise die Kunst ganz generell, der adäquate, weil radikal-subjektive Ausdruck für diese Dimension? Statt eine Antwort darauf zu geben, sei zuletzt auf jene Fotocollage von Hannah Höch aus dem Jahre 1931 verwiesen, die zum visuellen Erkennungszeichen des Symposiums und des Sammelbandes wurde – und wohl mehr als alles andere die Ambivalenz und Komplexität des gewählten Themas zu versinnbildlichen vermag. Hannah Höch, geboren 1889 in Gotha, gestorben 1978 in Berlin, und über lange Zeit eine fast vergessene Künstlerin, entwickelte gemeinsam mit ihrem damaligen Lebensgefährten Raoul Hausmann am Beginn des 20. Jahrhunderts das dadaistische Prinzip der Fotomontage. Zum kulturellen und gesellschaftlichen Spektrum der Dada-Bewegung gehörte es, die tradierten Grenzziehungen zwischen den Geschlechtern in Frage zu stellen und den Auf- und Ausbruch aus gesellschaftlichen Konventionen zu thematisieren, der mit Widersprüchen und Ambivalenzen einherging.[83] Die Kulturkritik der Berliner Dada-Bewegung – der Hannah Höch angehörte – war durch Forderungen nach erotisch-sozialer Revolte geprägt, die der Psychoanalytiker Otto Gross seit 1910 in Bohèmekreisen propagierte. Die psychoanalytische Forderung nach einer Befreiung des Individuums aus gesellschaftlich determinierten Rollen prägten Hannah Höchs Liebes- und Beziehungsleben ebenso wie ihre künstlerischen Arbeiten. In vielen ihrer Collagen, so auch in „Liebe", verarbeitete sie ihre Kritik an politischen Verhältnissen und tra-

---

81 Arni, Liebe, wie Anm. 3, 269.
82 Arni, Liebe, wie Anm. 3, 269.
83 Hanne Bergius, Dada und Eros, in: Jula Dech u. Ellen Maurer Hg., Da-da zwischen Reden. Zu Hanna Höch, Berlin 1991, 61.

dierten Geschlechterrollen subtil verschlüsselt in groteske, absurde Mischwesen.[84] Mit ihren Werken, ihrer Lebenseinstellung und ihrem Lebensentwurf schien uns Hannah Höchs „Liebe" den inhaltlichen Rahmen des Symposiums wie der nunmehrigen Publikation auf eindrucksvolle Weise zu unterstreichen.

Unser Dank richtet sich an alle, welche das Symposium und das Entstehen des nun vorgelegten Sammelbandes unterstützt haben, sei es ideell, durch Mit- und Zusammenarbeit, oder in Form von finanzieller Unterstützung. Namentlich danken möchten wir insbesondere Nikola Langreiter für ihr umsichtiges und genaues Lektorat und Margareth Lanzinger für ihre so kompetente Übersetzungshilfe. Außerdem haben uns vor und während des Symposiums Gertrude Plöchl (grafische Gestaltung des Folders und des Plakats), Anton Tantner (Erstellung der Homepage) sowie Marlen Bidwell-Steiner, Friederike Butta-Bieck, Eva Erkinger, Lily Frysak, Li Gerhalter, Martina Gugglberger und Sabine Kock bei organisatorischen Aufgaben unterstützt. Die Panels wurden von Gert Dressel, Andrea Ellmeier, Josef Ehmer, Verena Pawlowsky, Edith Saurer, Wolfgang Schmale, Brigitte Schnegg, Gerald Stourzh und Ruth Wodak moderiert. Darüber hinaus geht unser Dank an Georg Winckler, Gabriele Moser und Martha Sebök seitens der Universität Wien, an Eva Knollmayer und Alois Söhn seitens des Ministeriums für Bildung, Wissenschaft und Forschung, sowie an Christian Ehalt, Susanne Strobl und Angelika Lantzberg seitens der Abteilung Wissenschaft der Stadt Wien.

---

84 Karoline Hille, Raoul Hausmann und Hannah Höch, Berlin 2000. (Leider fehlen in dem gut recherchierten Buch die Quellenangaben.)

Liebe,
Widerstand und Erkenntnis

Gudrun-Axeli Knapp

Liebe, Widerstand und Erkenntnisproduktion im feministischen Diskurs[1]

Liebe, Widerstand und Erkenntnis haben als *Gegenstände* feministischen Nachdenkens eine lange Tradition. Inspektionen der überkommenen Wissensordnungen haben gezeigt, in welchem Maße Metaphern von Liebe, Begehren, Eros, Vereinigung, Vermählung und Zeugung das philosophische Nachdenken über Erkenntnis ebenso wie die Entstehung der neuzeitlichen Wissenschaft begleitet haben.[2] Zusammenhänge zwischen Liebe, Widerstand und Erkenntnis wurden im Zuge einer kritischen Rekonstruktion der Geschlechterstruktur und des Androzentrismus der modernen Wissensordnungen reflektiert.[3] In kulturhistorischen und entwicklungspsychologischen Analysen wurde darauf hingewiesen, dass in den Idealen wissenschaftlicher Objektivität Erkenntnishaltungen normiert werden, die auf dem Disziplin gewordenen Widerstand gegen allzu viel Nähe zum Objekt basieren. Exemplarisch für diese Tradition feministischer Wissenschaftskritik ist Evelyn Fox Kellers Band „Liebe, Macht und Erkenntnis" von 1986. Unter Rückgriff auf Sigmund Freud und Jean Piaget verweist sie in ihren Überlegungen zur Sozio- und Psychogenese von „Objektivität" darauf, dass die Fähigkeit zur Unterscheidung und Trennung von Subjekt und Objekt, von Ich und Nicht-Ich, die Fähigkeit, Realität in einer objektivierenden Einstellung wahrzunehmen, psycholo-

---

1 Eine überarbeitete und erweiterte Fassung dieses Textes ist erschienen unter dem Titel Aporie als Grundlage: Zum Produktionscharakter der feministischen Diskurskonstellation, in: Gudrun-Axeli Knapp u. Angelika Wetterer Hg., Achsen der Differenz. Gesellschaftstheorie und feministische Kritik II, Münster 2003, 240–266.
2 Z. B. Susan Bordo, The Flight to Objectivity. Essays on Cartesianism and Culture, New York 1987; Sandra Harding u. Merill B. Hintikka, Discovering Reality. Feminist Perspectives on Epistemology and Metaphysics, Dordrecht/Boston/London 1983; Evelyn Fox Keller, Liebe, Macht und Erkenntnis. Männliche oder weibliche Wissenschaft, München 1986; Geneviève Lloyd, Das Patriarchat der Vernunft. ‚Männlich' und ‚weiblich' in der westlichen Philosophie, Bielefeld 1985; Carolyn Merchant, Der Tod der Natur. Ökologie, Frauen und neuzeitliche Naturwissenschaft, München 1987; Elvira Scheich, Naturbeherrschung und Weiblichkeit. Denkformen und Phantasmen der modernen Naturwissenschaften, Pfaffenweiler 1993 u. Londa Schiebinger, The Mind has no Sex? Women in the Origins of Modern Science, Cambridge 1991.
3 Georges Devereux, Angst und Methode in den Verhaltenswissenschaften, München 1978; Max Horkheimer, Zur Kritik der instrumentellen Vernunft, Frankfurt a. M. 1985; Christine Kulke Hg., Rationalität und sinnliche Vernunft. Frauen in der patriarchalen Realität, Berlin 1985; Elisabeth List u. Herline Studer Hg., Denkverhältnisse. Feminismus und Kritik, Frankfurt a. M. 1989; Brigitte Weisshaupt, Selbstlosigkeit und Wissen, in: Judith Conrad u. Ursula Konnertz Hg., Weiblichkeit in der Moderne. Ansätze feministischer Vernunftkritik, Tübingen 1986, 21–38.

gisch gesehen das Resultat eines langen und schmerzhaften Prozesses sei, in dem das Kind sich von der Mutter ablöse und individuiere.[4] Eine Liebe, die das Objekt als „Anderes", als Nicht-Identisches und als Getrenntes gelten lassen kann, entwickelt sich an Erfahrungen vom Eigensinn der Objekte und im Widerstand gegen Phantasmen narzisstischer Allmacht. Nancy Chodorow[5] und Jessica Benjamin haben aus psychoanalytisch-objektbeziehungstheoretischer Sicht mögliche Konsequenzen der unterschiedlichen Konfliktlagen hervorgehoben, mit denen kleine Mädchen und Jungen im Prozess einer Ablösung vom ersten Liebesobjekt konfrontiert sind, welches in der Regel die Mutter ist. Im Rückgriff auf ihre Überlegungen beleuchtet die Physikerin und Wissenschaftshistorikerin Fox Keller Parallelen zwischen bestimmten Aspekten in der männlichen Subjektkonstitution in westlichen Gesellschaften und der Organisation von Subjekt-Objekt-Trennungen, wie sie sich in den Autonomie- und Kontrollidealen in der Geschichte der modernen Wissenschaft herausgebildet haben. Die „Denkverhältnisse" der Moderne, so fassen Elisabeth List und Herlinde Studer pointiert zusammen, sind bestimmt von spezifischen Interdependenzen zwischen dem gesellschaftlichen Rationalitätsgefüge und entsprechenden psychischen Dispositionen: „Die enge Verknüpfung von Rationalität, Herrschaft und Kontrolle mit einem kulturellen Paradigma ‚rationaler Beherrschung', die den Habitus des Wissenschaftlers ebenso kennzeichnet wie den professionellen Stil in Politik und Wirtschaft, erweisen sich als zwei Seiten ein und derselben Medaille."[6]

In meinem Beitrag möchte ich Liebe und Widerstand nicht als Gegenstände der Wissenschaftsforschung und -kritik, sondern als *Aspekte* feministischer Erkenntnis beleuchten. Genauer gesagt: als Aspekte der feministischen Diskurskonstellation selbst. Um mein Argument konturieren zu können, werde ich strukturelle Gesichtspunkte in den Vordergrund stellen anstatt den feministischen Diskurs in seinen fachlich spezifischen Facetten und historischen Veränderungen nachzuzeichnen. Dabei ist mir bewusst, dass Begriffe und die Sachverhalte, auf die sie sich richten, immer einen zeitlichen Index haben. Sie reflektieren geschichtliche Erfahrungen und Verhältnisse, die in Bewegung sind. Feministische Wissenschaftlerinnen, inzwischen mehrerer Generationen, sind mit fachlicher, paradigmatischer und problemdefinierender Vielstimmigkeit in diesen Wandel verwickelt. Liebe, Widerstand und Erkenntnis konstellieren sich in einer gerade aufbrechenden Emanzipationsbewegung von Frauen, dem Entstehungskontext der Frauenforschung in den 1970er Jahren, anders als in der Gegenwart, in der die wissenschaftliche Avantgarde feministischer Theorie in den

---

4   „Im tiefsten Sinne ist es eine Funktion der kindlichen Fähigkeit zur Unterscheidung seines Selbst vom Nicht-Selbst, des ‚Ich' vom ‚Nicht-Ich'. Die Konsolidierung dieser Fähigkeit ist vielleicht die wichtigste Errungenschaft in der kindlichen Entwicklung." Fox Keller, Liebe, wie Anm. 2, 86.
5   Nancy Chodorow, Das Erbe der Mütter. Psychoanalyse und Soziologie der Geschlechter, München 1985.
6   Elisabeth List, Denkverhältnisse als Kritik, in: dies./Studer, Denkverhältnisse, wie Anm. 3, 7–34, hier 19.

USA als *post-feminist* bezeichnet wird, die Geschlechterforschung an vielen Universitäten zum „normalen" Lehr- und Prüfungsgegenstand geworden ist und unter den Suggestionen rhetorischer Modernisierung das öffentliche Bewusstsein anhaltender Ungleichheit zwischen den Geschlechtern zu verschwinden droht.[7] Inwieweit Veränderungen in den gesellschaftlichen und institutionellen Rahmenbedingungen des feministischen Diskurses im Einzelnen zu Relativierungen und Neubestimmungen meiner Einschätzung nötigen, ist eine Frage weiterer Diskussion.

Die Ausgangsbeobachtung, auf die ich mich stütze, ist Folgende. Wenn man die feministische Diskurskonstellation aus einer Vogelperspektive betrachtet, fällt zunächst auf, wie in sich heterogen sie ist: Frauen aus vielen Disziplinen, mit unterschiedlichen Paradigmen, politischen Überzeugungen, kulturellen und sozialräumlichen Hintergründen sind im Zeichen einer „feministisch" genannten Kritikperspektive in einen Kommunikationszusammenhang getreten. Er materialisiert sich in vielfältigen Formen, er konkretisiert sich in zerstreuten Netzen „füreinander erreichbarer Kommunikationen" (Luhmann), die mal lokalen oder insularen Charakter haben, dann wieder Querströme und verbundene Archipele bilden: in Lektüren, Diskussionsformen im World Wide Web, in mehr oder weniger transdisziplinären, institutionalisierten und mehr oder weniger länderübergreifenden Austauschprozessen, in unterschiedlichen Konstellationen von Wissenschaft und Politik, in einer explodierenden Zahl von Konferenzen und Events mit variierender Beteiligung, Zusammensetzung und Ausstrahlung. Auch die zeitlichen Strukturen dieser Kommunikation variieren von punktuellen Begegnungen bis hin zu institutionell verankerten kontinuierlichen Arbeitsprozessen.

Die feministische Diskurskonstellation ist konflikthaft und mit Fliehkräften verbunden, die diesen Kommunikationszusammenhang immer wieder zu sprengen *drohen* – aber es selten wirklich *tun*. Auf der einen Seite sind zunehmend arbeitsteilige Entwicklungen zu registrieren, etwa zwischen Feldern frauenpolitischer Professionalisierung und Wissenschaft, zwischen Disziplinen, zwischen metatheoretischen Diskussionen im Grundlagenbereich und empirischer Forschung. Andererseits gibt es etwas, das quer durch diese Spezialisierungen hindurch die Stränge dieses Netzwerks zusammenhält und unterschiedliche Positionen aufeinander orientiert, sodass immer wieder Räume entstehen, in denen man sich anregt und aneinander abarbeitet, anstatt sich gegeneinander indifferent zu verhalten. Movens und Medium solcher Abarbeitungsprozesse ist eine spezifische Aufmerksamkeit für einander.

Dieses *kohäsive* Moment, das – bei aller dissonanten Vielstimmigkeit – den feministischen Diskurs durchzieht, möchte ich etwas genauer ansehen.

Zunächst lässt sich feststellen dass der feministische Diskurs ganz zweifellos zu den

---

7 Angelika Wetterer, Rhetorische Modernisierung: Das Verschwinden der Ungleichheit aus dem zeitgenössischen Differenzwissen, in: Knapp/Wetterer, Achsen, wie Anm. 1, 286–320.

"heißen" epistemischen Kulturen gehört. Das macht seine Lebendigkeit und Produktivität aus, aber auch seine debattengenerierende Konfliktträchtigkeit. Immer wieder gab es Themen, die fächer-, länder- und richtungsübergreifend den Diskurs fokussierten und bestimmten. In vehementen Auseinandersetzungen wie der Täter/Opfer-Debatte der 1970er, der Gleichheits-/Differenz-Debatte der 1980er, der „Achsen der Differenz" der 1990er oder zur „postfeministischen Theorie" der Jahrtausendwende steht offenkundig mehr auf dem Spiel, als die wissenschaftliche Arbeit am zwanglosen Zwang des besseren Arguments. Es ist eine Leidenschaft darin, die anzeigt, dass es im öffentlichen Ringen um theoretische Differenzierung und Positionsbestimmung unterschwellig immer auch um Beziehungsfragen geht: um Fragen der Beziehung zu sich selbst, zu anderen Frauen und zu Männern. Die analytische Arbeit besteht zu einem guten Teil in der Rückvermittlung dieser „Beziehungsfragen" mit gesellschaftlich-historischen Verhältnissen und im Versuch, die eigene Erkenntnisposition darin zu situieren und zu reflektieren.

Ein Beispiel aus der ersten Phase der Frauenforschung ist die Täter/Opfer-Debatte. Es gab seinerzeit erheblichen Unmut, als Frigga Haug und Christina Thürmer-Rohr Ende der 1970er, Anfang der 1980er Jahre auf die schlichte Tatsache hinwiesen, dass Frauen nicht nur Opfer seien, sondern Mittäterinnen, indem sie einen aktiven Part bei der Reproduktion der Verhältnisse übernehmen, unter denen sie leiden. Von etlichen Aktivistinnen der Frauenbewegung, aber auch von einigen Frauenforscherinnen, wurde diese Intervention als Entradikalisierung der Patriarchatskritik, als Symptom einer Entsolidarisierung oder gar als „Seitenwechsel" aufgefasst. Dabei bedeutete sie in der damaligen Diskussion vor allem eine Öffnung von Forschungsperspektiven, durch die später viel genauer begriffen werden konnte, wie groß die Geschlechtsunterschiede sowohl im Opfer- als auch im Täterstatus in spezifischen Hinsichten sind.[8] Vergleichbaren Widerstand provozierte Lerke Gravenhorst mit einem Vortrag über „Private Gewalt von Männern und feministische Sozialwissenschaft", den sie Mitte der 1980er Jahre in der Sektion Frauenforschung in der Deutschen Gesellschaft für Soziologie hielt. Darin kritisiert sie das zugespitzte Bild vom „Mann auf der Straße" als potentiellem Misshandler, das in feministischen Analysen verbreitet war. Die Diskussion, die sie mit ihrer Frage auslöste „Wieviel an Unterschiedlichkeit, an Möglichkeit, an Widersprüchlichkeit von Männern lassen wir zu, wollen wir und können wir sehen?" ist in dem von Carol Hagemann-White und Maria Rerrich 1988 herausgegebenen Band „Frauen-Männer-Bilder" dokumentiert.[9] Man mag sich darüber streiten, inwieweit ihre Ausführungen zu diesem Thema gelungen waren. Symptomatisch für den Zusammenhang von Liebe, Widerstand und Erkenntnis sind jedoch das Echo und die Empörung, welche das bloße

---

8 Christina Thürmer-Rohr, Mittäterschaft und Entdeckungslust, Berlin 1989.
9 Lerke Gravenhorst, Private Gewalt von Männern und feministische Sozialwissenschaft, in: Carol Hagemann-White u. Maria Rerrich Hg., Frauen-Männer-Bilder, Bielefeld 1988, 12–25, 12.

Stellen dieser Frage hervorgerufen haben. Veronika Bennholdt Thomsen hat seinerzeit in einer heftigen Polemik in den „Beiträgen zur feministischen Theorie und Praxis" darauf geantwortet unter der Überschrift: „Geh zurück auf Los",[10] was soviel heißen sollte wie: Mit dieser Frage entradikalisierst du die feministische Thematisierung von Männergewalt gegen Frauen, du wirfst uns damit politisch zurück. Das polarisierende Potential dieser Konfrontation rührte vor allem von der engen Verflechtung rationaler Argumente mit identifikatorischen Parteinahmen und Abgrenzungsbedürfnissen. Indem Gravenhorst ihre Kritik gegen gewisse Homogenisierungen im feministischen Blick auf das „andere Geschlecht" artikulierte, ergriff sie rhetorisch implizit Partei für die männliche Seite. Zusammen mit dem rationalen Gehalt ihrer Intervention wurde eine emotionale Botschaft vermittelt, die als Einschränkung ihrer Solidarität empfunden worden war. Die Gegenkritik antwortete weniger auf die sachhaltige Aufforderung zur Differenzierung, sondern auf die subkutane Botschaft und positionierte sich rhetorisch im Gegenzug, indem das feministische „Wir" stark gemacht wurde. Beide Positionen in diesem Streit waren in einer Weise affektiv besetzt, die nur politisch-psychologisch nachzuvollziehen ist.[11] Spätere Differenzierungen in der Täter/Opfer-Debatte waren insofern nicht nur kognitive Leistungen, sondern sozialpsychologisch gesehen auch Resultat der Arbeit an eigenen emotionalen Besetzungen, Identifikationen, Projektionen und inneren Widerständen.

Zwei systematische Momente sind es, die gemeinsam die besondere Dynamik und „Hitze" im feministischen Diskurs begründen: Beim ersten handelt es sich um das Spannungsverhältnis zwischen Wissenschaft und politischem Kritik- und Veränderungsanspruch. Dieses Spannungsverhältnis ist zwar auf den ersten Blick nicht spezifisch für die feministische Konstellation.[12] Aber in der Frauen- und Geschlechterforschung haben wir eine

---

10 Veronika Bennholdt Thomsen, „Geh zurück auf Los", in: Beiträge zur feministischen Theorie und Praxis, 18 (1986), 82–91. Die Diskussion wurde in den Heften 19 und 20 der Beiträge zur feministischen Theorie und Praxis fortgesetzt.

11 Auch an den im feministischen Kontext nicht seltenen Konversionsphänomenen lässt sich die affektpolitische Dimension solcher Grenzziehungen studieren.

12 Die Diskussion darüber, ob Wissenschaft sich jeglicher wertenden Stellungnahme zu den Entwicklungen und Phänomenen, die sie analysiert, zu enthalten habe, ob sie politische Praxis anleiten könne, hat die Entstehungsgeschichte der Geistes- und Sozialwissenschaften von Anfang an begleitet. Berühmt geworden sind die über dieses Thema geführten Auseinandersetzungen wie der „Werturteilstreit", der in den 1890er Jahren im *Verein für Socialpolitik* begonnen und später zum Rücktritt von Max Weber aus dem Vorstand der *Deutschen Gesellschaft für Soziologie* führte, oder der „Positivismusstreit", der 1968 auf dem Frankfurter Soziologentag ausgefochten wurde. In dieser Debatte hatten Theoretiker der Frankfurter Schule die ordnungswissenschaftlich orientierte *Mainstream*-Soziologie und die „fliegenbeinezählende" *administrative research* der insgeheimen Komplizenschaft mit dem gesellschaftlichen Status quo bezichtigt und einer vehementen Kritik unterzogen, auf die die Gegenseite ebenso vehement antwortete. Einblicke in unterschiedliche Formen der Auseinandersetzung mit dem Spannungsverhältnis von „Erkenntnis und Interesse" (Jürgen Habermas), von „Engagement und Distanzierung" (Norbert Elias) geben u. a. Alex De-

charakteristische Verquickung von Erkenntnis und Interesse, die sie von anderen Formen kritischer Theorie und Forschung unterscheidet. Als Erkenntnissubjekte sind Frauen, die sich mit Fragen der Geschlechterordnung befassen, von ihrem Gegenstandsbereich anders *affiziert* und sie sind in diesem Bezugsfeld als „Betroffene" anders *situiert* als etwa die zumeist aus bürgerlichen Elternhäusern stammenden Studenten der ‚68er'-Bewegung im Verhältnis zur Arbeiterbewegung, auf die sich viele von ihnen politisch bezogen.

Für das Thema „Liebe, Widerstand und Erkenntnis" zentral ist der zweite Aspekt, auf den ich mich nun konzentrieren will: der unaufhebbare Widerspruch, die aporetische Grundstruktur des epistemischen und politischen Rahmens des feministischen Diskurses. Die strukturelle Aporie besteht in der Unverzichtbarkeit und gleichzeitigen Unmöglichkeit einer fundierenden Bezugnahme auf ein epistemisches und politisches Referenzsubjekt („Frauen"). Feministische Theorie, wenn sie die Geltungsgründe ihrer Kritik als *feministisch* ausweisen will, braucht diese Referenz. Aber: Wer oder was ist dieses Metasubjekt „Frauen"? Wer spricht von wo aus in wessen Namen? Was konstituiert das feministische „Wir"? Alle Versuche einer substantiellen Bestimmung dieser Grundlage stoßen auf Phänomene von Ungleichheit und Verschiedenheit innerhalb der weiblichen Genus-Gruppe, die zeigen, wie voraussetzungsvoll dieses in der Kritik mehr oder weniger explizit vorausgesetzte „Wir" ist. Feministinnen bewegen sich insofern in einer paradoxen Struktur: Die Politisierung des Erkenntnisinteresses entlang einer gesellschaftlich-kulturell und gattungsgeschichtlich grundlegenden Differenzbestimmung beinhaltet ein Moment des zeitweisen Absehens von Unterschieden innerhalb der Genus-Gruppen, von denen aber, sobald es um analytische und politische Konkretisierung geht, nicht abgesehen werden *kann*.

Als Sozialpsychologin interessieren mich das affektive Unterfutter, die kulturelle Brisanz und das Potential in dieser Konstellation. Meine These ist, dass dieses vergemeinschaftende „Wir" den Horizont einer politisierten Zuwendung zum eigenen Geschlecht formuliert, die sich aus Widerstand speist. Es basiert auf Formen der Eigenliebe, die sich bildet und artikuliert im Aufbegehren gegen mangelnde kulturelle Wertschätzung, gegen versagte Anerkennung, Marginalisierung und Ungleichheit. Bedürfnisse nach gleicher Geltung prallen immer wieder ab an den Maßgaben einer androzentrisch geprägten Geschlechterordnung, die auch die Liebe des anderen Geschlechts durchzieht. Ich verstehe Eigenliebe in einem weiten Sinne als das Sich-Selbst-Ernstnehmen von Frauen: vom eigenen Geschlecht nicht abzusehen, in der vermeintlichen Objektivität eines *view from nowhere*.

---

mirovic, Der nonkonformistische Intellektuelle. Die Entwicklung der Kritischen Theorie zur Frankfurter Schule, Frankfurt a. M. 1999; Hermann Korte, Einführung in die Geschichte der Soziologie, Opladen 1992; Wolf Lepenies Hg., Geschichte der Soziologie. Studien zur kognitiven, sozialen und historischen Identität einer Disziplin, 4 Bde., Frankfurt a. M. 1981.

Psychologisch gesehen umfasst die Zuwendung zum eigenen Geschlecht in der *imagined community*[13] des Feminismus sehr verschiedene Formen von Bindung. In unterschiedlichen Legierungen finden sich darin Identifikationen mit „meinesgleichen", die mit projektiven Grenzziehungen zum „Anderen" verwoben sind, narzisstische und erotische Besetzungen bis hin zu sublimeren Formen der Solidarität. Die Hinwendung zu anderen Frauen birgt in dieser politisch-epistemischen Konstellation ein doppeltes Versprechen: gleich zu gelten und mit vereinten Kräften und an vielen Baustellen an der Erkundung und Dezentrierung der androzentrischen Geschlechterordnung zu arbeiten. Dass es in der wissenschaftlichen Auseinandersetzung mit Fragen des Geschlechts nach wie vor eine ausgeprägte geschlechtliche Arbeitsteilung gibt, ist ein Indikator für das Gewicht der Eigenliebe und des Selbstinteresses in der Konstitution von Forschungsmotiven und der Orientierung der Kritik.

Das Moment der Gleichgerichtetheit von Interessen, das im notwendig vagen „Wir" des feministischen Diskurses unterstellt ist, ist kognitiv, emotional und normativ bedeutsam, aber es ist ein Stück weit auch fiktiv. Die Sprengkraft, die das entfalten kann, ist oft beschrieben worden. Zwar produziert die herrschaftsförmige „Versämtlichung" (Hedwig Dohm) von Frauen, wie sie sich etwa in der stereotypen Abstraktion von Individualität und der Deklassierung gegenüber der männlichen Genus-Gruppe manifestiert, immer wieder Anlässe und Anstöße, sich als widerständige Subjekte zu verbünden. Die kollektiven Selbstauslegungen, Sinngebungen und Legitimationen dieser widerständigen Praxis können aber selber neue, diesmal selbstverfasste, Formen der „Versämtlichung" erzeugen, etwa die Form einer stereotypen Positivierung von Differenz in Bildern von der friedfertigen Frau. Diese sind besonders prekär, wenn sie die Gestalt identitätspolitischer Entwürfe annehmen, die dazu neigen, Problemdefinitionen an Eigenschaftsdefinitionen zu binden. Zum einen, weil sie theoretisch oft in Form eines psychologischen Reduktionismus daherkommen, in dem Herrschaft und Ungleichheit im Geschlechterverhältnis letztlich zurückgeführt werden auf spezifische Ausprägungen männlicher und weiblicher Sozialcharaktere. Zum anderen erzeugen Vereigenschaftlichungen von „Differenz" als fixe Ideen über „Frauen" im Inneren der *imagined community* des feministischen „Wir" einen Homogenisierungsdruck, der dann immer wieder das aus sich ausstößt, was nichtidentisch ist. Was sind „Frauen"? Was sind „Feministinnen"? Wer gehört zum „Wir"? Wer definiert, was „uns" ausmacht?[14]

---

13 Benedict Anderson, Imagined communities. Reflections on the origin and spread of nationalism, London u. a. 2002.
14 Gudrun-Axeli Knapp, Die vergessene Differenz, in: Feministische Studien. Radikalität und Differenz, 6, 1 (1988), 12–32, 17; dies., Grundlagenkritik und stille Post. Zur Debatte um einen Bedeutungsverlust der Kategorie „Geschlecht", in: Bettina Heinz Hg., Geschlechtersoziologie, Sonderheft 21/2001 der Kölner Zeitschrift für Soziologie und Sozialpsychologie, 53–75.

Es ist bekannt, dass dies im Kontext der multiethnischen amerikanischen Gesellschaft, die von ihren partizipatorischen Traditionen und institutionellen Konventionen her die Politisierung kultureller Differenz begünstigt, spezifische Ausprägungen erfahren hat. So ist es denn auch nicht zufällig, dass die Auseinandersetzung mit den Fundierungen feministischer Kritik, hier mit besonderer Heftigkeit geführt worden sind. Der identitätspolitische Resonanzboden in der amerikanischen Diskussion um „race, class, gender, ethnicity etc." zeigt sich noch in den terminologischen Formen, in denen die Debatte geführt wurde: Die Terminologie ist ausgeprägt subjektbezogen und identitätstheoretisch akzentuiert. Gesellschaftlich-strukturelle Analysen der unterschiedlichen Achsen der Ungleichheit und objektivierbarer Interessensdivergenzen unter Frauen sind dagegen bislang vergleichsweise rar. Inzwischen mehren sich allerdings die Versuche, die Diskussion über die Interdependenzen zwischen unterschiedlichen Formen der Ungleichheit und deren Implikationen für feministische Kritik voranzubringen.[15]

Die Abarbeitung an den Fundierungen feministischer Kritik ist besonders entschieden mit den theoretischen Mittel der Dekonstruktion, der postmodernen Theorie und der *postcolonial theory* in Angriff genommen worden.[16] Aus diesem Kontext stammt der Begriff des Postfeminismus, der die Unhaltbarkeit eines geteilten Kritikhorizonts und den notwendigen Abschied von der alten Illusion „schwesterlicher" Liebe zu suggerieren scheint. Bei genauerem Hinsehen zeigt sich jedoch, dass auch Theoretikerinnen, die mit Verve und analytischer Schärfe die Problematisierung des „Wir" betrieben haben, noch in der Dekonstruktion dieser Voraussetzung an ihm festhalten. Auch ihnen ist das Dekonstruktions-Dilemma bewusst: Dekonstruktion greift die konzeptionellen Bedingungen der Möglichkeit verallgemeinerter Aussagen über Geschlechterrelationen und die Genus-Gruppe „Frauen" an. Damit unterminiert sie tendenziell den Rahmen, den Feminismus voraussetzt. Avancierte Theorie sucht Wege der Differenzierung, in denen das Dilemma nicht nach einer Seite hin aufgelöst, sondern ausgetragen wird. *Post-feminist theory* sollte daher nicht missverstanden werden als bezeichne das Wort eine Entwicklung „nach" dem Feminismus: Es handelt sich vielmehr um eine kritische Selbstreflexion der eigenen Grundlagen, der Identifikationen und Projektionen, die Zusammenhang stiften, und der blinden Flecken, von denen aus man sieht, was man bisher gesehen hat.[17] Dazu gehört, wie Judith Butler schrieb, die Entfaltung einer „Kritik jener Identitätskategorien … die von den zeitgenössischen Rechtsstrukturen [innerhalb derer sich auch feministische Theorie artikuliert, A. K.] erzeugt, naturalisiert und

---

15 Für einen Überblick: Gudrun-Axeli Knapp u. Angelika Wetterer Hg., Soziale Verortung der Geschlechter. Gesellschaftstheorie und feministische Kritik I, Münster 2001; dies., Achsen, wie Anm. 1.
16 Sybille Küster, Wessen Postmoderne? Facetten postkolonialer Kritik, in: Gudrun-Axeli Knapp Hg., Kurskorrekturen. Feminismus zwischen Kritischer Theorie und Postmoderne, Frankfurt a. M./New York 1998, 178–216.
17 Ann Brooks, Postfeminisms, London 1997.

verdinglicht werden."[18] Das „Wir" wird im Kontext einer grundlagenkritischen feministischen Theorie nicht mehr als stabiler und substantiell bestimmbarer Bezugspunkt vorausgesetzt im Sinne einer universellen solidarischen Gemeinschaft Gleichbetroffener, wie sie in den Aufbruchstagen der Frauenbewegung zuweilen entworfen wurde. Stattdessen wird es als strategisches Feld mit unterschiedlichen Reichweiten prozessualisiert, in dem es darum geht, die eigenen Aussagebedingungen, die Kontextbindung der Erfahrung und die Partikularität der eigenen Kritikperspektiven im Blick zu behalten, sie in Auseinandersetzung mit anderen zu situieren und zu relationieren.

In diesem Horizont verändert sich der Begriff des Widerstands. Widerstand gilt es nicht mehr nur zu leisten gegenüber den nach wie vor wirkmächtigen Mechanismen der Hierarchisierung im Geschlechterverhältnis. Auch Frauen sind untereinander in Strukturen von Ungleichheit, Ungleichartigkeit, Ungleichwertigkeit, Über- und Unterordnung verwickelt und durch sie getrennt. Das feministische Erkenntnisinteresse und die Frage nach den Einsatzpunkten widerständiger Praxis richten sich heute auf die Arbeit an dieser Komplexität.

Im Binnenbezug des feministischen Diskurses hat der Begriff des Widerstands neue Facetten gewonnen. Zuwendung zu Frauen und Eigenliebe im beschriebenen Sinne bezeichnen vermutlich nach wie vor eine Art motivationaler Arbeitsgrundlage feministischer Kritik. Aber Widerstand richtet sich nun deutlicher auch gegen Formen einer täuschenden Selbstaffirmation, gegen eine verkennende Liebe, die identitätspolitische Vereinnahmungen produziert und Ähnlichkeit zur Voraussetzung von Solidarität macht.

Ich bin von der aporetischen Struktur der feministischen Diskurskonstellation ausgegangen: der Unverzichtbarkeit und gleichzeitigen Unmöglichkeit einer Bezugnahme auf „Frauen" als epistemisches und politisches Referenzsubjekt. In der Kritik an Ungleichheit zwischen den Geschlechtern, in der Abarbeitung an einem falschen Universalismus überkommener Theorie und in dem Einklagen der Berücksichtigung von Differenz, behält feministische Theorie selbst noch ein universalisierendes Moment, eine Intention auf Verallgemeinerbarkeit. Gleichzeitig ist offenkundig, dass diese nur trägt, wenn sie verknüpft bleibt mit selbstreflexiven Wendungen auf die Partikularität der jeweils eigenen Perspektiven und dem spezifischen Geltungsbereich der zum Ausgang genommenen Erfahrungen und Verhältnisse.

Die feministische Auseinandersetzung über differente Subjektpositionen im Horizont einer gemeinsamen Kritik vermittelt Lehrbeispiele dafür, was Selbstreflexion im wissenschaftlichen Kontext heißen kann.[19] Feministische Wissenschaftlerinnen sind erfahren in

---

18 Judith Butler, Das Unbehagen der Geschlechter, Frankfurt a. M. 1991, 21.
19 Im Überblick: Mona Singer, Epistemologie situierten Wissens, Wien 2003 (Habilitationsschrift); dies., Feministische Epistemologien: Was folgt aus der feministischen „Identitätskrise"?, in: Knapp/Wetterer, Achsen, wie Anm. 1, 228–240.

der Kritik an tiefenstrukturellen Grundeinstellungen im überkommenen wissenschaftlichen Kanon der Disziplinen, die sich als Wahrnehmungsverengungen im Dienste der Legitimation von Ungleichheit zwischen den Geschlechtern erwiesen haben. In Sachen Kritik des Androzentrismus in der Wissenschaft haben sie gründlich gearbeitet, vor allem sich selbst aufgeklärt, sind aber im *malestream* auf beharrliche Grenzen der Lernbereitschaft gestoßen. In ihrem transnationalen Austausch über den systematischen Charakter von Ungleichheit im Geschlechterverhältnis haben sie dokumentiert, wie Androzentrismus die ethnozentrischen Blicke auf Ungleichheiten durchzieht, die heute in der Globalisierungsdiskussion entdeckt werden.[20] Von Anfang an waren feministische Wissenschaftlerinnen mehr als andere genötigt, sich mit Fragen nach der Geltung ihrer Theoreme auseinander zu setzen. Hinsichtlich der Fragen von Differenz und Ungleichheit, wie sie aus dem Inneren des feministischen „Wir" heraus und an die eigene Adresse artikuliert wurden und werden, ist ein Bewusstsein der Notwendigkeit von Perspektivwechseln entstanden, das die feministische Theorie auszeichnet.

In der jüngeren Diskussion um die gesellschaftliche Relevanz der Geistes- und Sozialwissenschaften ist die Fähigkeit zur Dezentrierung der eigenen Perspektive und zur kritischen Selbstreflexion im Zusammenhang mit Fragen von Internationalisierung und Interkulturalität zunehmend ins Zentrum gerückt. Der Philosoph Wolfgang Welsch hat die damit verbundenen Ansprüche an eine Wissenschaft „auf der Höhe der Zeit" auf einer etwas allgemeineren Ebene so formuliert: „Ein Diskurs, der das Niveau von Wissenschaftlichkeit hat, kann heute nur derjenige sein, der innerhalb (der) Doppelstruktur von Aussage und Aussagebedingungen operiert. ... Im Idealfall führt solche Bedingungstransparenz zur Konturierung der Grenzen und Ausschlüsse, die mit dem jeweiligen Bedingungsrahmen verbunden sind."[21]

Wenn diese Feststellung richtig ist, und einiges spricht dafür, dann kann man sagen, dass die Aporien der *imagined community* des Feminismus nicht, wie manche meinen, Indikatoren der Haltlosigkeit des feministischen Projekts sind. Das Zusammenspiel von Liebe, Widerstand und Erkenntnis, das wir in diesem Kontext dieser „heißen" epistemischen Kultur immer wieder erleben, erfordert und fördert die Herausbildung eines emotionalen und kognitiven Potentials von „Beziehungssinn und Unterscheidungsvermögen" (Oskar Negt), ohne die eine kosmopolitische Gesellschaft und eine ihr gemäße Wissenschaft nicht bestehen wird. Die feministische Konstellation entstand als ein Laboratorium der Aufstörung und des Arbeitens am Unterschied. Als Netzwerk Fächer, Länder und Praxisfelder übergrei-

---

20 Ulrich Beck, Macht und Gegenmacht im globalen Zeitalter. Neue weltpolitische Ökonomie, Frankfurt a. M. 2002, 57.
21 Wolfgang Welsch, Topoi der Postmoderne, in: Hans Rudi Fischer, Arnold Retzer u. Jochen Schweitzer Hg., Das Ende der großen Entwürfe, Frankfurt a. M. 1992, 35–55, 48.

fender Kommunikation ist sie noch immer eine Universität der vielen Orte, die etwas von dem lebendig hält, was der Name Universität bedeutet. Wenn es zutrifft, dass Egoismus, Gleichgültigkeit und Abschottung gegenüber Anderen im gesellschaftlichen Trend liegen, dann ist die feministische Konstellation, die im Bewusstsein der Nichtidentität der in ihr repräsentierten Erfahrungen und Interessen an der Möglichkeit *geteilter* Kritikperspektiven festhält, eine kulturelle Produktivkraft, die kostbar ist.

Waltraud Kannonier-Finster, Meinrad Ziegler

Liebe, Fürsorge und Empathie im soziologischen Verstehen

Wo in den Sozialwissenschaften die Grenzlinie zwischen Subjekt und Objekt der Forschung zu ziehen ist, und wie diese Grenze einerseits Beachtung verdient, andererseits aber auch Überschreitungen erfordert, stellt sich für empirisch Forschende immer wieder neu. Im folgenden Text greifen wir diese Frage auf, diskutieren sie unter Bezugnahme auf Konzepte von Evelyn Fox Keller und Pierre Bourdieu und werden schließlich auf Überlegungen zu einer Arbeitsweise hin geführt, bei der sich Forschende selbstvergessen in ihrem Gegenstand verlieren – ähnlich wie das in einer Gedichtzeile des amerikanischen Lyrikers Wallace Stevens beschrieben wird: „The house was quiet and the world was calm. The reader became the book …"[1]

Methodische Konstruktionen konstituieren soziale Forschungsbeziehungen

Die wissenschaftliche Arbeit ist bei ihrer Suche nach Erkenntnis daran gebunden, dass die Forschenden zu den Objekten ihrer Forschung und deren Welt in Beziehung treten. Das gilt in den Naturwissenschaften ebenso wie in den Sozialwissenschaften. Forschende konstruieren Anordnungen, die geeignet sind, darauf zu hören, was das Material zu sagen hat.

Solche Konstruktionen können Experimente in Labors sein, bei denen organische oder anorganische Substanzen zu bestimmten Reaktionen veranlasst werden sollen. Die Kontrolle aller Kontextbedingungen dient in diesem Fall dazu, den Sinn der reaktiven Antwort möglichst eindeutig verstehen zu können. Für die historische Forschung nimmt die Notwendigkeit, zum Objekt der Forschung in Beziehung treten zu müssen, die Form an, dass ihr Gegenstand gerade nicht das Vergangene ist, sondern nur jene Vergangenheiten zum Thema werden, die noch nicht vergangen sind. Die Geschichtswissenschaften beschäftigen sich demnach mit Spuren der Vergangenheit, die in die Gegenwart hinein wirken. Das Objekt, zu dem sie sich in Beziehung setzen, ist nicht die Vergangenheit, sondern die vergegenwärtigte Vergangenheit.[2] Die Soziologie ist in der vergleichsweise bequemen Lage, zu den Ob-

---

[1] Wallace Stevens, Der Planet auf dem Tisch. Gedichte und Adagia, englisch und deutsch, Stuttgart 1983, 140.
[2] Vgl. George H. Mead, The Philosopy of the Act, Chicago/London 1938.

jekten ihrer Forschung einen unmittelbaren Zugang zu haben. Die Forschenden teilen mit den Objekten der Forschung die Lebensform in Raum und Zeit und verfügen mit der Sprache auch über eine gemeinsame symbolische Welt, in der sie sich über Erfahrungen in dieser Lebensform austauschen können. Auf diesem Austausch beruhen die Bemühungen der soziologischen Forschung, das Denken und Handeln von Akteurinnen und Akteuren in den jeweiligen Zusammenhängen der sozialen Welt zu ergründen.

Bei allen diesen unterschiedlichen Zugängen zu den Objekten der Forschung gibt es eine Gemeinsamkeit: Die abstrakt gegebene Notwendigkeit, zwischen Subjekt und Objekt der Forschung eine Beziehung herzustellen, konkretisiert sich im Rahmen verschiedener methodischer Konstruktionen. Die für das wissenschaftliche Arbeiten bewährten Methoden dienen einem doppelten Zweck: Sie geben erstens den Subjekt-Objekt-Beziehungen eine je spezifische Gestalt und sie kontrollieren zweitens diese Beziehungen in der Weise, dass der Erkenntnisprozess objektivierbar wird. Die Funktion der Konstitution einer Subjekt-Objekt-Beziehung kommt dadurch zum Ausdruck, dass die methodischen Konstruktionen systematisch Erfahrungen organisieren, an denen sich das forschende Denken weiter entwickeln und schärfen kann. Die Funktion der Kontrolle wird dadurch wirksam, dass Fragen an die zu untersuchenden Objekte gerade so gestellt werden, dass von deren Antworten die Bestätigung, Falsifizierung oder Erweiterung des gegebenen Vorwissens erwartet werden kann.

Traditionell genießt in der wissenschaftlichen Forschung eine Epistemologie hohe Anerkennung, die Objektivität der Erkenntnis nur dann für erreichbar hält, wenn die elementare Verbundenheit zwischen Subjekt und Objekt gelöst oder zumindest negiert wird. Unter dem Eindruck dieses spezifischen Ideals von Objektivität entwickeln sich die Grundfragen der Methodologie vielfach in eine Richtung, die die Beziehung zwischen forschendem Subjekt und gegenständlichem Objekt als Problem betrachtet. Die in diesem Rahmen typische Fragestellung lautet: Ist die gewählte methodische Konstruktion geeignet, das Subjekt gegenüber dem Objekt der Forschung so zu trennen oder zu neutralisieren, dass eine objektive Perspektive ermöglicht wird?

Mit der traditionellen Schwerpunktsetzung in der methodologischen Diskussion ist eine Verengung der Perspektive verbunden: Es wird nur die Kontrollfunktion der Methoden bearbeitet und reflektiert. In unserem Beitrag wählen wir eine andere Perspektive. Wir gehen von der konstitutiven Funktion der Methoden für das Subjekt-Objekt-Verhältnis in der sozialwissenschaftlichen Forschung aus und versuchen, unter diesem Gesichtspunkt eine Sensibilität für die spezifische Logik zu fördern, mit der in den Sozialwissenschaften eine methodisch hergestellte Beziehung sowohl zu gestalten als auch zu kontrollieren ist. Diese Fragen werden im Rahmen einer kritischen Auseinandersetzung mit einigen methodologischen Grundsätzen der qualitativen Forschung behandelt.

Die Subjekt-Objekt-Beziehung in den Sozialwissenschaften

Bevor wir unmittelbar zum Thema kommen, erscheint es sinnvoll, die Besonderheit der Subjekt-Objekt-Beziehung in den Sozialwissenschaften in Erinnerung zu rufen.

Das Konzept des traditionellen Objektivismus stammt aus dem Bereich der Naturwissenschaften. Die sozialen Gegebenheiten der Forschung sind dort tatsächlich so, dass dieses Ideal von Objektivität grundsätzlich denkmöglich erscheint. Die Objekte der natürlichen Welt können als vollständig getrennt von der sozialen Welt betrachtet und als Dinge gesehen werden, die durch allgemeine Gesetze mit anderen Objekten mechanisch verbunden und unter diesem Gesichtspunkt von jeder subjektiven Eigenart befreit erscheinen. Allerdings widersprechen neuere Entwicklungen in den Naturwissenschaften dieser Sichtweise und betonen die Unmöglichkeit, den Standort der Beobachtenden gegenüber ihren Objekten völlig unberücksichtigt zu lassen.

In den Sozialwissenschaften wurden schon immer Zweifel an der Sinnhaftigkeit dieses naturwissenschaftlich orientierten Konzeptes für den eigenen Gegenstand geäußert.

Die besondere Situation der Sozialwissenschaften hängt damit zusammen, dass ihr Gegenstand zugleich Objekt und Subjekt oder – um in der Sprache von Emile Durkheim zu sprechen – zugleich Ding und Vorstellung ist.[3] Die Möglichkeit einer strikten Trennung zwischen beiden Momenten erscheint weder logisch noch realistisch. Im Unterschied zum Gegenstand der Naturwissenschaften haben die Objekte der Sozialwissenschaften Bewusstsein. Die sozialen Akteurinnen und Akteure handeln auf der Grundlage von Bedeutungen, die sie den Dingen ihrer Welt zuschreiben. Sie produzieren selbst Wissen und Sinn und bereichern so ihre materielle Realität durch eine symbolische Realität. Dieses symbolische Wissen hat praktische Wirkung und ist relevanter Bestandteil der sozialen Wirklichkeit. Alle Situationen, die Menschen als real definieren, sind auch real in ihren Konsequenzen.[4] Die soziale Wirklichkeit ist also kaum nur als objektive Realität zu denken. Schon ihre schlichte Beschreibung ist nur unter der Voraussetzung zu leisten, dass dabei Bezug auf jene subjektiven Bedeutungen genommen wird, die die handelnden Personen ihrem Verhalten geben.

Claude Lévi-Strauss hat die Konsequenzen dieses Umstandes für die Sozialwissenschaften einmal so erläutert:[5] Die Naturwissenschaften können in der Erkenntnis ihres Gegenstandes voranschreiten, ohne den subjektiven Vorstellungscharakter der Objekte zu berück-

---

3 Vgl. Emile Durkheim, Les Règles de la méthode sociologique, Paris 1895 [dt. Die Regeln der soziologischen Methode, Neuwied/Berlin 1965].

4 So das bekannte Theorem zur Bedeutung subjektiver Situationsdefinitionen; vgl. William I. Thomas, Person und Sozialverhalten, Neuwied/Berlin 1965.

5 Claude Lévi-Strauss, Introduction, in: Marcel Mauss, Sociologie et Anthropologie précédé d'une Introduction à l'oeuvre de Marcel Mauss par Claude Lévi-Strauss, Paris 1950 [dt. Einleitung in das Werk von Marcel Mauss, in: Marcel Mauss, Soziologie und Anthropologie. Band 1, Frankfurt a. M. 1989, 7–41].

sichtigen. Von der Chemie erwarten wir, dass sie Gestalt und Verteilung der Moleküle einer Erdbeere erklärt. Wir erwarten von ihr nicht unbedingt, dass sie obendrein auch noch ein Verständnis dafür schaffe, wie aus der spezifischen Anordnung der Moleküle ein einzigartiger Geschmack entstehe. Eine „totale" Chemie, die ihren Objektbereich nicht nur als materielle Tatsache, sondern als soziale Tatsache zu erforschen suche, müsste allerdings so weit gehen. Die Geschichte zeigt, dass die Chemie auch ohne diesen Anspruch Erkenntnisse vorzuweisen hat. Sie produziert ein Wissen, das sich alleine auf Beschreibungen und Unterscheidungen konzentriert, die den Objekten zukommen. Die subjektiven Funktionen von chemischen Eigenschaften lässt sie unberücksichtigt.

Der Umstand, dass auch in der Chemie Forschende zu ihrem Material in Beziehung treten, also eine kulturell bedingte Neugier und spezifische Interessen an diesem entwickeln, bleibt unbemerkt. Das Produkt einer Forschung, die auf der Trennung von Subjekt und Objekt beruht, kann, so Evelyn Fox Keller, bestenfalls eine „statistische Objektivität" für sich beanspruchen.[6] Als Alternative zu diesem Konzept formuliert sie eine „dynamische Objektivität". Diese suche nach Erkenntnis, in der an dem Wissen um die eigene Verbundenheit mit der erforschten Welt festgehalten wird. Im Rahmen dieses Konzepts entstehe Wissenschaft, bei der die Frage nach den praktischen Konsequenzen des forschenden Handelns und seiner Ergebnisse und nach der Verantwortung für den Bestand der gemeinsamen Welt der Subjekte und Objekte reflexiv mitgedacht werden könne.

In der Soziologie ist das reflexive Mitdenken der Beziehung zwischen Subjekt und Objekt unumgänglich. Jedenfalls nimmt sie nur einen Teil ihrer Möglichkeiten wahr, wenn sie an einer strikten Trennung zwischen diesen beiden Momenten der Forschung festhält. Für die Wissenschaften, die sich in die Erforschung von sozialen Tatsachen vertiefen, gilt die Forderung, das Objekt gleichzeitig von innen und von außen wahrzunehmen; das heißt: die Objekte sind nicht nur von ihrer dinglichen Seite, sondern auch von ihrer Vorstellungswelt und subjektiven Erfahrung her zu erfassen. Die grundsätzliche Möglichkeit für einen solchen empathischen Zugang zur Subjekthaftigkeit der Objekte wird üblicherweise damit begründet, dass zwischen Subjekt und Objekt der Forschung eine Gattungsähnlichkeit bestehe, also damit, wie Lévi-Strauss es formuliert, dass die Forschenden ebenso wie ihre Objekte „unabweisbar Menschen sind".[7]

Zusammenfassend lässt sich für die Sozialwissenschaften sagen: Nähe zu den erforschten Objekten herzustellen, ist ein notwendiger Bestandteil der sozialwissenschaftlichen Erkenntnis. Hergestellt wird diese Beziehung durch die jeweiligen methodischen Konstruktionen. Insofern ist es sinnvoll, diese Konstruktionen kritisch dahingehend zu reflektieren, welchen Modus der Subjekt-Objekt-Beziehung sie konstituieren.

---

6 Vgl. Evelyn Fox Keller, Reflections on Gender and Science, New Haven/London 1985 [dt. Liebe, Macht und Erkenntnis. Männliche oder weibliche Wissenschaft?, München/Wien 1986].
7 Lévi-Strauss, Einleitung, wie Anm. 5, 22.

Welche Logik konstituiert die Subjekt-Objekt-Beziehung in der qualitativen Forschung?

Der Bezugspunkt für die folgende Diskussion der spezifischen Logik bei der Konstruktion der Beziehung zwischen Subjekt und Objekt ist die eigene, soziologische Forschungspraxis. Wir arbeiten im Rahmen der hermeneutischen Wissenschaftstradition mit qualitativen Forschungsdesigns und Methoden. Die folgende Argumentation konzentriert sich deshalb auf das dabei zentrale Instrument, das offene und nicht-standardisierte Interview. Im Rahmen qualitativer Methodologie wird die grundlegende Bezogenheit zu den Objekten der Forschung explizit akzeptiert. Methodentechnische Trennungen zwischen Subjekt und Objekt, wie sie mit standardisierten Instrumentarien verbunden sind, werden vermieden. Der kritische Punkt, auf den wir uns im Folgenden beziehen werden, ist die Logik, die die Herstellung der Subjekt-Objekt-Beziehung begründet. In diesem Zusammenhang steht aus unserer Sicht auch in der qualitativen Forschungspraxis oftmals eine psychotechnische Logik im Vordergrund. Es wird von einer vermeintlich universellen Regelhaftigkeit für Nähe und Distanz in der alltäglichen Kommunikation ausgegangen. Offen bleibt die Reflexion auf die Geltung einer sozialen Logik, also darauf, dass soziale Beziehungen und die darin enthaltenen Möglichkeiten für die Herstellung von Nähe und Distanz auch sozial strukturiert sind.

Welche ist die grundlegende Konstruktion bei nicht-standardisierten Interviews?

Qualitative Forschungspraxis betont im Prozess der Datenerhebung die Kommunikativität der Situation. Die am alltäglichen Gespräch orientierte Anordnung soll den Interviewpartnerinnen und -partnern Raum und Zeit geben, ihre Erfahrungen zum Ausdruck zu bringen. Ebenso haben subjektive, innere Verarbeitungen und Vorstellungen gegenüber äußeren Ereignissen in diesen Berichten ihren Platz. Es dominiert die Überzeugung, dass durch die Herstellung dieser Gesprächssituation auch die traditionelle Trennung zwischen Subjekt und Objekt der Forschung aufgehoben sei. Im Gespräch treten Forschende mit dem Gegenüber in Beziehung. Auf dieser Grundlage könne sich die für Erkenntnis notwendige Nähe und Empathie entfalten.

Betrachten wir die gängige Praxis des qualitativen Forschungsinterviews genauer, wird jedoch sichtbar, dass diese methodische Anordnung nicht grundlegend mit der Struktur der traditionellen wissenschaftlichen Verhaltensbeobachtung bricht.

Siegfried Bernfeld hat die klassische Struktur wissenschaftlicher Beobachtung in einem Bild skizziert:[8] Der Wissenschaftler sei vergleichbar mit einem Jäger, der, nachdem er seine Köder ausgelegt hat, angespannt, unbeweglich und auch ein bisschen ungeduldig im Hinterhalt auf seine Beute lauere. Das offene, unstrukturierte Gespräch gesteht den „gejagten"

---

8 Vgl. seine Diskussion der Psychoanalyse als wissenschaftliche Methode: Siegfried Bernfeld, Psychoanalyse als Gespräch, in: Psyche, 32 (1978), 355–373 (Orig. 1941).

Objekten einen vergleichsweise breiten Bewegungsraum zu. Das dominierende Ziel ist, Informationen über die subjektive Vorstellungswelt der befragten Personen zu gewinnen. Mit scheinbar empathischen, aber neutralen Ermunterungen wird versucht, diesen einen spontanen Fluss von Erzählungen zu entlocken.[9] Die Beobachtenden verhalten sich abwartend. Ihr eigener „Reizwert" bleibt hinter einer Fassade der einladenden Freundlichkeit verborgen.

Es kann die Frage aufgeworfen werden, welche Auswirkungen diese Konstruktion einer sozialen Forschungsbeziehung auf die Ergebnisse hat. Welche Informationen gewinnen wir im Rahmen der skizzierten Anordnung? Welche Daten werden produziert? Und gegenüber welchen Informationen besteht eine grundsätzliche Wahrnehmungsschranke?

Eine erste Antwort auf derartige Fragen gibt uns Bertold Brecht. In seinen „Geschichten vom Herrn Keuner" beschreibt er die möglichen, und vermutlich nicht unwahrscheinlichen, Effekte einer solchen Interaktionsstruktur:[10]

> „Wir können nicht mehr miteinander sprechen", sagte Herr K. zu einem Manne.
> „Warum?" fragte der erschrocken.
> „Ich bringe in Ihrer Gegenwart nichts Vernünftiges hervor", beklagte sich Herr K.
> „Aber das macht mir doch nichts", tröstete ihn der andere. –
> „Das glaube ich", sagte Herr K. erbittert, „aber mir macht es etwas."

Forschende gehen vielfach davon aus, Nähe und Vertrauen zu den Objekten lasse sich gleichsam umstandslos herstellen, wenn einige therapeutisch orientierte Regeln der Kommunikation beachtet würden. In der entsprechenden methodischen Literatur wird auf die Bedeutung eines affirmativen Kommunikationsstils und Geduld beim Zuhören verwiesen, die Offenheit und Interesse signalisieren.[11] Tendenzen zu dominanten Verhaltensweisen seien ebenso zu vermeiden wie suggestive Fragestellungen oder bewertende Aussagen. Der dialogische Prozess des Interviews wird nur unter dem Aspekt reflektiert, dass trotz der sozialen Problematik der Situation – die darin besteht, dass zwei Fremde sich aufeinander einlassen – ein verwertbares Interviewmaterial entstehen könne. Die Forderung nach Empathie erscheint als ausschließlich psychologisch verstandenes Element im Rahmen von kommunikativen Techniken.

---

9   Vgl. exemplarisch die Anweisungen zum narrativen Interview bei Fritz Schütze, Biographieforschung und narratives Interview, in: Neue Praxis, 13 (1983), 283–293.
10 Bertold Brecht, Geschichten vom Herrn Keuner, Frankfurt a. M. 1971, 43.
11 Vgl. exemplarisch Christel Hopf, Die Pseudo-Exploration – Überlegungen zur Technik qualitativer Interviews, in: Zeitschrift für Soziologie, 7 (1978), 97–115; dies., Qualitative Interviews in der Sozialforschung. Ein Überblick, in: Uwe Flick u. a. Hg., Handbuch qualitative Sozialforschung. Grundlagen, Konzepte, Methoden und Anwendungen, München 1991, 177–182.

Die psychotechnische Logik

Die narrative Antwort Brechts kann durch eine zweite Antwort, die mehr dem Modus der rationalen Argumentation folgt, ergänzt werden: Die methodische Konstruktion, die in vielen qualitativen Interviewtechniken die Beziehung zwischen Subjekt und Objekt konstituiert, gehorcht in erster Linie einem psychotechnischen Verständnis der Interviewsituation und bricht nicht radikal mit dem traditionellen Wissenschaftskonzept. Qualitative Datenerhebung ist zwar in ihrer methodischen Struktur grundsätzlich offen angelegt. Die Forschenden sind bemüht, die Objekte als Subjekte zu betrachten, und lassen diese umfassend in ihrer Eigenart und Eigensinnigkeit zu Wort kommen. Allerdings ist das Verständnis von Subjektivität, das hier praxisleitend wird, durchaus gebrochen und widersprüchlich. Es beruht einerseits auf einem abstrakten Konstrukt von Subjektivität, die frei von sozialen Differenzen gedacht wird. Und andererseits zielen die methodischen Konstruktionen, in denen sich die Subjektivität entfalten soll, auf deren Instrumentalisierung und Kontrolle. So geht es bei der Technik des narrativen Interviews darum, bei den Interviewpartnerinnen und -partnern autobiographische Stegreiferzählungen „hervorzulocken"[12] und dabei auch die Taktik der Überrumpelung[13] anzuwenden, um die Erzählenden zu Mitteilungen anzuregen, die sie ansonsten in solchem Kontext nicht geben würden. Im Rahmen dieser methodischen Konstruktion ist die Spaltung zwischen Subjekt und Objekt lediglich psychotechnisch aufgehoben zu dem Zweck, eine bestimmte Datenstruktur zu produzieren, die den Forschenden für ihre analytischen Zwecke geeignet erscheint.[14] Letztlich werden die Interviewten nicht als denkende und handelnde Subjekte behandelt, sondern als Objekte, die sich in die stummen Zwänge des Erzählens verstricken sollen. Die Haltung der Forschenden in der sozialen Situation des Interviews erinnert an jene Struktur der objektivistischen Verhaltensbeobachtung, die Bernfeld beschreibt.[15]

---

12 Schütze, Biographieforschung, wie Anm. 9, 258.
13 Vgl. Fritz Schütze, Narrative Repräsentation kollektiver Schicksalsbetroffenheit, in: Eberhard Lämmert Hg., Erzählforschung. Ein Symposion, Stuttgart 1982, 568–590. Die Taktik der Überrumpelung dient dazu, bei den Interviewten tatsächlich eine spontane und unvorbereitete Stegreiferzählung auszulösen. Unter diesen Bedingungen soll sich die Wirkung der inneren Zugzwänge des Erzählens optimal entfalten. Einer dieser Zwänge, der Detaillierungszwang, bezieht sich darauf, dass der intendierte Sachverhalt einer erzählten Episode durch das Herausarbeiten entsprechender Einzelheiten erkennbar gemacht werden muss. Er trete vor allem dann in Kraft, wenn ein Interviewpartner keine Zeit zur Vorbereitung einer kalkulierten Erzählung habe: „Eine spezielle Vorbereitung der Erzählung durch den Informanten muss verhindert werden, da ansonsten das kalkulierte *Ausdenken* und *Vortäuschen* eines (so nicht stattgehabten) Ereignisablaufes möglich ist" (574).
14 Kritische Überlegungen dazu, ob die erzähltheoretischen Annahmen, die mit dem narrativen Interview verbunden werden, tatsächlich zutreffen finden sich in: Meinrad Ziegler, Das soziale Erbe. Eine soziologische Fallstudie über drei Generationen einer Familie, Wien/Köln/Weimar 2000, 251 ff.
15 Bernfeld, Psychoanalyse, wie Anm. 8, 358.

Eine dritte Antwort auf die Frage nach der spezifischen Gestaltung der Subjekt-Objekt-Beziehung durch methodische Anordnungen verweist darauf, dass die psychotechnisch kontrollierte Konstruktion zu kurz greift. Sie behandelt soziale Beziehungen und ihre Funktionsweisen wie universelle menschliche Grundbedürfnisse und übersieht, dass sich diese Bedürfnisse je nach sozialer Situation und Struktur unterschiedlich entfalten. Eingangs haben wir auf das Moment der Gattungsähnlichkeit dafür verwiesen, dass die notwendige Empathie für den Prozess des Verstehens grundsätzlich möglich wird. Derselben Gattung anzugehören, so wäre nun zu ergänzen, ist aber keine hinreichende Bedingung oder gar eine Garantie dafür, dass sich zwischen Subjekt und Objekt der Forschung eine produktive soziale Beziehung herstellen lässt. Unter Bezugnahme auf Aristoteles und David Hume hat sich Carlo Ginzburg mit der Frage beschäftigt, unter welchen Bedingungen Mitgefühl nicht nur möglich, sondern vor allem wahrscheinlich ist.[16] Demnach sollten wir keineswegs davon ausgehen, dass die Bedingung der Nähe die Möglichkeit des Mitgefühls immer fördert. Zu viel Nähe könne ebenso wie zu viel Distanz ein empathisches Mitfühlen stören, weil Nähe auch andere Affekte wie Hass und Neid hervorbringe. Auch die Verringerung der zeitlichen und räumlichen Distanzen alleine würde die sozialen Bedingungen für Mitgefühl nicht verbessern. An aktuellen Erfahrungen im Kontext der Globalisierung zeige sich, dass im Rahmen dieser Prozesse zwar die Koordination von übergreifenden Handlungen erleichtert und gefördert würde, zugleich aber werde dabei auch sichtbar, dass Kulturen und Strukturen des sozialen Gefälles dauerhafte Barrieren des empathischen Verstehens konstituieren.

Wenn wir die Beziehung zwischen Subjekt und Objekt der Forschung nicht nur alltagspraktisch als kommunikative Anordnung, sondern soziologisch als bewusste methodische Konstruktion reflektieren, dann stoßen wir auf die Wirkung bestimmter sozialer Regelmäßigkeiten, die soziale Beziehungen grundlegend strukturieren. Zwischen Frauen und Männern, zwischen Jungen und Alten, einander kulturell Fremden gibt es die Möglichkeit von Empathie, es gibt aber auch wirksame soziale Grenzen. Eine dieser Grenzen, die Forschende besonders gerne übersehen und unterschätzen, ist der Umstand der sozialen Kluft zwischen den Beteiligten, das Gefälle im Hinblick auf Status und Prestige. Ein balanciertes Verhältnis von Nähe und Distanz, wie es zu einer Beziehung im Forschungsprozess gehört, entfaltet sich unter ganz bestimmten sozialen Bedingungen. Spontaneität und psychologisches Geschick sind dabei nur am Rande von Bedeutung. Was es braucht, ist eine bewusste Konstruktion, die die gesellschaftliche Logik berücksichtigt, in deren Rahmen Nähe ebenso wie Distanz hergestellt werden.

---

16   Vgl. Carlo Ginzburg, Einen chinesischen Mandarin töten. Die moralischen Implikationen der Distanz, in: ders., Holzaugen. Über Nähe und Distanz, Berlin 1999, 241–260.

Die soziale Logik

Beispiele für eine solche Konstruktion finden wir in der Arbeit über das „Elend der Welt", die Pierre Bourdieu gemeinsam mit anderen herausgegeben hat.[17] Das Buch enthält etwa 50 Interviews, in denen mit Frauen und Männer aus unterschiedlichen sozialen Gruppen über Prozesse des sozialen Leidens und des Scheiterns vor dem Hintergrund einer zunehmenden Deregulierung von Wirtschaft und Gesellschaft in Frankreich gesprochen wird.

Ein entscheidendes Kriterium dafür, wer als Interviewpartner für bestimmte Interviewerinnen und Interviewer in Frage kam, war das der gesellschaftlichen Nähe.[18] Nicht zuletzt in persönlichen Bekanntschaften bereits vor dem Interview fand dieses Kriterium seinen Ausdruck. In dem Projekt wurden Interviewende speziell unter diesem Gesichtspunkt eingesetzt und ausgebildet. Die Beteiligten sollten in zentralen Lebensbereichen ähnliche Erfahrungen haben. Im Idealfall bedeutete das, dass eine Physikerin eine Physikerin, ein junger Lehrer einen anderen jungen Lehrer, ein Arbeitsloser einen Arbeitslosen interviewte.

Bourdieu betont einige Vorteile dieser methodischen Konstruktion; zwei davon sind:

Erstens: In Interviews haben Interviewende den Vorteil, die Regeln zu bestimmen, indem sie die Gesprächssituation arrangieren und bestimmte Anforderungen einbringen, was Thema des Gesprächs sein soll. Diese Asymmetrie verstärkt sich nochmals durch die Tatsache, dass in der Regel die soziale Position der Beteiligten ungleich ist. Das Kriterium der gesellschaftlichen Nähe sollte im Hinblick auf dieses soziale Gefälle einen partiellen Ausgleich schaffen.

Zweitens: Die gesellschaftliche Nähe, also der Beruf, die soziale und kulturelle Herkunft, die soziale Position, stellt ein gemeinsames Vorverständnis im Hinblick auf verbale und nicht-verbale Formen des Ausdrucks her. Die Beteiligten teilen soziale Kommunikationsformen, habituelle Dispositionen und Perspektiven und kennen die im jeweiligen Sozialraum gebräuchlichen Formen der Anerkennung.

Was ist der Effekt einer solchen Anordnung?

Es besteht die Chance, dass die Befragung den Charakter einer „Sozioanalyse zu zweit" annimmt.[19] Da den beiden Gesprächspartnerinnen oder Gesprächspartnern eine grundlegende Kenntnis der objektiven Lebensbedingungen gemeinsam ist, wird das reflexive Moment des Interviews betont. Im Gespräch wird nicht nur die Lebenssituation der Befragten zum Thema. Es fließen auch die Erfahrungen und Einschätzungen der Interviewenden zu den angesprochenen Lebensbereichen ein.

---

17 Pierre Bourdieu u. a., La misère du monde, Paris 1993 [dt. Das Elend der Welt. Zeugnisse und Diagnosen alltäglichen Leidens an der Gesellschaft, Konstanz 1997].
18 Pierre Bourdieu, Verstehen, in: ders. u. a., Elend, wie Anm. 17, 779–822.
19 Bourdieu, Verstehen, wie Anm. 18, 784.

Es ist klar, dass diese Form der Konstruktion von gesellschaftlicher Nähe nicht zur Norm für alle soziologischen Untersuchungen erhoben werden kann. Sie stellt ein Ideal dar, das in vielen Fällen nicht möglich ist. Unter diesem Gesichtspunkt diskutiert Bourdieu die Grundhaltung des Partei-Ergreifens für die Befragten. Die Interviewenden versetzen sich gedanklich an den Ort, den die Befragten im Sozialraum einnehmen. So können sie Nähe über unaufhebbare gesellschaftliche Distanzen hinweg herstellen.

Diese Haltung erinnert an die Forderung nach Empathie. Es geht dabei jedoch um mehr als um das Einfühlen in die Vorstellungswelt der anderen. Dazu kommt das Sich–Eindenken in das soziale und bestimmende Milieu des Gegenüber – und zwar so, dass der oder dem Befragten das Gefühl gegeben wird, mit gutem Recht das zu sein, was sie oder er ist.

Partei zu ergreifen heißt, Partei für das Faktische zu ergreifen. Diese Haltung beruht auf der Einsicht in die Existenzbedingungen und sozialen Mechanismen, die das Handeln, Denken und Fühlen der Befragten hervorgebracht haben. Das erfordert, die Probleme der anderen zu den eigenen zu machen, sich selbst zu vergessen und sich der Einzigartigkeit der besonderen Geschichte der Befragten zu unterwerfen. Bourdieu spricht – im Bewusstsein, dass diese Formulierung allen methodischen Regeln zu widersprechen scheint – von einer „Art der intellektuellen Liebe" und meint damit nicht eine emotionale Haltung, sondern eine Perspektive, einen bestimmten Blick auf die anderen.[20] Einen Blick, der die soziale Bedingtheit der Person und ihrer Geschichte anerkennt und annimmt, ähnlich wie wir uns in eine Ordnung fügen, die wir als natürlich annehmen.

Ein soziologisches Konzept von Empathie

Intellektuelle Liebe bedeutet eine Konversion des Blicks. Es wird versucht, die soziale Welt von anderen her zu sehen und die soziale Logik heraus zu arbeiten, die deren Denken und Handeln strukturiert. Bildhaft wird diese Haltung in einem Roman von Adolf Muschg beschrieben.[21] Der Protagonist des Romans, der pensionierte Gerichtsreporter Sutter, hatte die Fähigkeit, das „Gras in den Köpfen fremder Leute wachsen" zu hören. Sutter nutzte diese Fähigkeit selbstlos, ohne eigene Absichten. Er verband nicht das Motiv damit, andere zu manipulieren. Sie war für ihn eine Lebensbeschäftigung, vergleichbar mit der konzentrierten und zugleich distanzierten Haltung, die Katzen einnehmen, wenn sie Menschen betrachten.

---

20 Bourdieu, Verstehen, wie Anm. 18, 791.
21 Adolf Muschg, Sutters Glück, Frankfurt a. M. 2001.

> Seit seiner Kindheit hatte es zu Sutters Spielen gehört, sich in andere Leute zu versetzen, auch für die Betrachtung seiner selbst. Er genoss es, sich zur Karikatur zu entstellen und dem Unbekannten, der ihm in der Straßenbahn gegenüber saß, die Stichworte dazu frei Gehirn zu liefern. Sutter besaß das Talent, sich die Gedanken eines anderen zu machen, auch solche, die diesem noch gar nicht gekommen waren. Er war dann schon weiter im Text einer Lebensgeschichte als derjenige, dem sie zustieß. Sutter aber konnte sie kommen sehen. Dabei war er kein Prophet. Er sah nur die Palette dessen, was einer Person an Gedanken, Gefühlen, Erregungen zu Gebote stand, besser assortiert als diese selbst. Oft stellten sich seine Überblicke in Gedankenblitzen her, die einer Erleuchtung nahe kamen. Er sah die komplette Landschaft einer Persönlichkeit vor dem inneren Auge. Er konnte sie ausmachen, doch damit hatte es keine Eile; er ‚hatte' sie, die andere Figur.[22]

In Muschgs Beschreibung wird gesagt, worin wesentliche Momente einer solchen Konversion des Blicks bestehen. Es geht um die Fähigkeit, das eigene Denken ausschließlich darauf zu richten, die Denk- und Handlungsmuster einer oder eines anderen in ihrer eigenen Logik nachvollziehen und insofern verstehen zu können. Das Denken „in den Köpfen fremder Leute" erfordert, zumindest vorübergehend, die eigenen Maßstäbe, Denkmuster, Absichten einzuklammern. Zugleich ist es keineswegs notwendig, jenen, in deren Köpfen gedacht wird, auch emotional nahe zu sein oder sich verbunden zu fühlen. Wenn wir mit Menschen gemeinsame Werte und Überzeugungen teilen, wird es zweifellos leichter fallen, sich in sie einzudenken. Intellektuelle Liebe ist aber auch dort möglich, wo diese Übereinstimmungen nicht gegeben sind, denn sie beruht in erster Linie auf kognitivem Wissen, sozialer Erfahrung und einer analytisch-distanzierten Haltung. Sie ist nicht davon abhängig, gegenüber anderen Gefühle der Verbundenheit aufbringen zu können.

Aus einer soziologischen Perspektive könnten wir die Perspektive des Schriftstellers vielleicht nur dahin gehend ergänzen, dass die „Landschaft einer Persönlichkeit" sich nicht ausschließlich durch bestimmte individuelle Dispositionen des Denken und Fühlens gestaltet. Um im Bilde zu bleiben, wäre es sinnvoll, die Persönlichkeit selbst als Teil einer Landschaft zu sehen, deren Ausgestaltung nicht nur von den eigenen Trieben und Wurzeln, sondern ebenso von den strukturellen Gegebenheiten der topographischen Umgebung bestimmt wird. Diese strukturell ermöglichende, aber auch begrenzende Umgebung einer Person konstituiert eine spezifische soziale Logik des Denkens, Fühlens und Handelns. Gelingt es, diese Logik zu entschlüsseln, dann hören wir das Gras in den Köpfen anderer wachsen.

---

22 Muschg, Glück, wie Anm. 21, 230 f.

Wir halten dieses Konzept der intellektuellen Liebe für geeignet, den Begriff der Empathie für die Sozialwissenschaften weiter zu entwickeln und möchten erste Hinweise dazu geben, wie sich das darstellen könnte.

Drei Bausteine für ein solches soziologisches Konzept von Empathie lassen sich nennen:

Erstens: Aus der Psychoanalyse wissen wir, dass Empathie gerade dann nicht gelingt, wenn der innere und psychosoziale Bezugsrahmen des anderen übernommen wird.[23] Die eigene Identität, also das Bewusstsein und die Fähigkeit, eine andere oder ein anderer zu sein und als andere oder anderer zu denken, darf nicht verloren gehen. Identifikation mit dem Gegenüber bringt Empathie zum Erliegen und zerstört das erkenntnisfördernde Potential von Nähe.

Zweitens: Evelyn Fox Keller hat das traditionell manipulative Konzept von Wissenschaft als eines charakterisiert, dessen Erkenntnisbegriff auf der Spaltung zwischen Subjekt und Objekt beruht.[24] Im Rahmen dieses Konzeptes werden die Beziehungen zu den Forschungsobjekten so konstruiert, dass diese nur mehr als Träger von Daten in den Blick kommen. Demgegenüber wäre, so Keller, mit einem Erkenntnisbegriff zu arbeiten, der von der Differenz zwischen Subjekt und Objekt ausgeht. Diese Perspektive der Differenz ist für Keller insofern bedeutsam als sie einen spezifischen Respekt gegenüber den Objekten begründen kann, der die Voraussetzung dafür darstellt, diesen nicht nur unter dem instrumentalisierenden und manipulativen Interesse einer wissenschaftlichen Erkenntnis zu begegnen. In unserem Zusammenhang erscheint das Denken in der Perspektive der Differenz deshalb produktiv, weil diese uns dafür sensibilisieren kann, reflexiv mit dem sozialen Charakter der Beziehung zu den Objekten und der Situation des Interviews umzugehen. Die Forschungsbeziehung bleibt eine Situation, in der Daten erhoben und ausgetauscht werden und hat insofern notwendig instrumentellen Charakter. Zugleich handelt es sich aber auch um eine soziale Situation, in der die jeweils gegebenen Strukturen der Differenz die Prozesse des Austausches beeinflussen und damit auch die Daten, die in diesen Prozessen hervorgebracht werden.

Drittens: Wenn wir diese Beziehung im Kontext der Differenz zu denken versuchen, dann gewinnt jener Aspekt von Nähe an Gewicht, der dabei hilft, Verbundenheit nicht als Verschmelzung zu gebrauchen. Auch Keller spricht im Kontext des intensiven Interesses an anderen von Liebe und von Mitgefühl.[25] Sie meint eine Liebe, die Intimität gestatte, ohne die Unterschiedlichkeit zunichte zu machen. Diese Liebe erfordere die Fähigkeit, das Selbst vom anderen abzugrenzen. Die Konzentration auf die Objekte beruht auf der Anerkennung, dass diese nicht den Vorstellungen der Forschenden unterworfen sind und unterworfen sein

---

23 Vgl. Sigmund Freud, Massenpsychologie und Ich-Analyse, in: ders., Studienausgabe, Bd. IX, Frankfurt a. M. 1982 (Orig. 1921), 61–134.
24 Vgl. Fox Keller, Liebe, wie Anm. 6, 122 f.
25 Fox Keller, Liebe, wie Anm. 6, 175.

sollten. In diesem Sinn wird die intellektuelle Liebe zu einer Barriere, gegenüber den Objekten der Forschung subsumtionslogisch vorzugehen. Stattdessen kann sich bei den Forschenden ein Interesse und eine Neugier für die Besonderheiten des einzelnen Objektes entfalten. Aufmerksamkeit und Wahrnehmungsfähigkeit für die Bedürfnisse, Wünsche und Perspektiven der anderen bleiben aufrecht, auch wenn diese den eigenen theoretischen Vorstellungen zuwider laufen.

Viertens: Bourdieu verweist uns darauf, dass es bei einem soziologischen Begriff von Empathie nicht nur um Mit-Fühlen und um Abgrenzen, sondern auch um ein Ein-Denken in die soziale Bedingtheit von Biographie, Lebenserfahrung und soziale Praxis geht. Sich an die Stelle der oder des anderen zu versetzen, die Rollen-Übernahme, ist nicht in erster Linie eine emotionale, sondern eine intellektuelle Leistung. Das Verstehen und Ergründen der „inneren Notwendigkeit" einer Person wird kaum gelingen, wenn sich der Blick nur auf deren subjektive Besonderheit richtet.[26] Das spontane Wechselspiel von persönlichem Ausdruck und Eindruck muss erweitert werden durch den reflexiven Nachvollzug der Gründe für das „So-Sein" der oder des anderen. Diese Gründe sind eng mit dem spezifischen Ort, den die Person im Sozialraum einnimmt, verknüpft. Subjektivität lässt sich adäquat nur erfassen, wenn sie als sozial strukturierte Subjektivität erkannt wird. Jean-Paul Sartre hat für diese Dialektik die Formulierung geprägt, dass der Mensch charakterisiert sei, „durch das, was ihm aus dem zu machen gelingt, was man aus ihm gemacht hat, selbst wenn er sich niemals in seiner Vergegenständlichung erkennt."[27]

Nochmals: Die Differenz von Ein-Denken und Ein-Fühlen

In der methodologischen Diskussion qualitativer Forschung wird die Bedeutung von Empathie zwar grundsätzlich anerkannt, zugleich aber davor gewarnt, Prozesse des Verstehens zu eng an das Moment der empathischen Einfühlung zu binden. Wir versuchen, das Konzept einer soziologischen Empathie in diese Debatte einzuordnen, und hoffen, dass es dadurch an Schärfe gewinnt.

Zwei kritische Argumente stehen im Vordergrund dieser Diskussion.

Erstens: Konzepte, die die Bedeutung von Empathie im Forschungsprozess betonen, würden in die Gefahr geraten, die ebenso nötige Distanz oder Differenz zwischen Subjekt und Objekt der Forschung einzuebnen.

---

26 Vgl. Franz Schultheis, Deutsche Zustände im Spiegel französischer Verhältnisse. Nachwort zur deutschsprachigen Ausgabe, in: Bourdieu u. a., Elend, wie Anm. 17, 827–838.
27 Jean-Paul Sartre, Critique de la raison dialectique, Paris 1960 [dt. Marxismus und Existentialismus. Versuch einer Methodik, Reinbek b. Hamburg 1964, 75].

Zweitens: Es sei eine deutliche Grenze zwischen den lebenspraktischen Akten des Verstehens und dem wissenschaftlichen Verstehen zu ziehen. Der zentrale Stellenwert von Empathie für das Verstehen beziehe sich auf die Lebenspraxis. Im wissenschaftlichen Verstehen relativiere sich die Bedeutung von Empathie, weil im Zusammenhang mit der Aufgabe der Objektivierung das Moment der einfühlenden Nähe durch die distanzierende Analyse aufgebrochen werden müsse.

Konzepte, die für eine Verringerung der Distanz zwischen Subjekt und Objekt der Forschung plädieren, werden in der feministischen Methodologie vielfach in Anknüpfung an das Postulat der Parteilichkeit entwickelt, das Maria Mies in ihren „Methodischen Postulaten zur Frauenforschung" formuliert hat.[28] Dieses Postulat sollte das traditionelle Gebot der Wertfreiheit als Maßstab für Objektivität ersetzen. Parteilichkeit, so die Überlegungen von Mies, könne durch eine teilweise Identifizierung mit den Objekten der Forschung erreicht werden. In neueren methodologischen Diskussionen wird diese Forderung nun so verstanden, dass Parteilichkeit unmittelbar mit einer Neugestaltung der konkreten Beziehung zwischen Subjekt und Objekt verbunden sein solle. Die an bestimmte methodische Konstruktionen gebundene Arbeitsbeziehung zwischen den am Forschungsprozess Beteiligten hätte überzugehen in ein freundschaftliches Verhältnis zwischen Frauen.[29] Das Ergebnis eines in dieser Weise gestalteten Forschungsprozesses sei ein gegenseitiges Formen, das schließlich in die Hervorbringung eines gemeinsamen Produkts münden könne. Ilse Modelmog prägt für diesen Typus von Sozialforschung den Begriff der „mimetischen" Forschung, bei der der Wissenschaft die Aufgabe zukomme, die Selbstbeschreibungen der Interviewpartnerinnen aufzunehmen und nachzuzeichnen.[30] Zu Recht kann gegenüber einem solchen Forschungskonzept argumentiert werden, es bringe die Grenze zwischen Forscherin und Untersuchungsgegenstand zum Verschwimmen und führe, indem es die eigenen Interpretationen eng an die subjektiven Deutungen der Befragten anschließe, zu einer Aufgabe der kritischen Haltung.[31] Einer Forschung, die die grundlegende Spannung zwischen Wissenschaft und Lebenspraxis zugunsten der Lebenspraxis aufhebe, geht die Fähigkeit verloren, das lebenspraktisch und empirisch Gegebene zu objektivieren.

In eine ähnliche Richtung wird auch Kritik an Bourdieus Konzept der Konversion des Blicks geübt.[32] Dieses Konzept tendiere dazu, keine Unterscheidung zwischen den lebens-

---

28 Maria Mies, Methodische Postulate zur Frauenforschung – dargestellt am Beispiel der Gewalt gegen Frauen, in: Beiträge zur feministischen Theorie und Praxis, 1 (1978), 41–63.
29 Vgl. Ilse Modelmog, Empirische Forschung als Phantasietätigkeit, in: Ethik und Sozialwissenschaften, 2 (1991), 521–532.
30 Ilse Modelmog, Wissenschaft – und keine Romanze, in: Ethik und Sozialwissenschaften, 2 (1991), 561–567.
31 Vgl. Monika Wohlrab-Sahr, Empathie als methodisches Prinzip?, in: Feministische Studien, 11, 2 (1993), 128–139.
32 Vgl. Peter Schallberger, Das Verstehen des sozialen Leids, Referat anlässlich der Tagung „Reflexive Sozio-

praktischen Verstehensleistungen, die während der Datenerhebung, dem Interview, zu leisten sind, und den wissenschaftlichen Verstehensleistungen – oder Objektivierungen – zu machen, auf die es im nachfolgenden Prozess der Datenanalyse ankomme. In seinen methodischen Ausführungen fehle eine ausformulierte Methodik der Textinterpretation. Stattdessen erhebe er eine uneinlösbare Forderung, nämlich, dass die wissenschaftlichen Verstehensleistungen – im Sinne des Ein-Denkens in die soziale Bedingtheit der Person und ihrer Geschichte – bereits während des Interviews zu erfolgen haben.

Das von uns in Anlehnung an Bourdieu und Keller vorgeschlagene Konzept einer soziologischen Empathie richtet sich nicht darauf, die Grenze zwischen Subjekt und Objekt der Forschung einzuebnen, sondern betont im Gegenteil die Differenz zwischen beiden. Der Begriff der „Liebe" wird weder in einer romantischen Version als Verschmelzung noch als freundschaftliche Verbundenheit verstanden, sondern als eine – letztlich rationale – Übung in einer Selbst-Vergessenheit, die als Voraussetzung dafür zu verstehen ist, sich dem Gegenstand der Forschung mit aller Aufmerksamkeit öffnen und intellektuell ausliefern zu können, ohne sich in ihm zu verlieren.

Darüber hinaus legt das Konzept einer soziologischen Empathie es den Forschenden nahe, sich im Prozess des Interviews nicht nur „lebenspraktisch", sondern auch „wissenschaftlich" zu verhalten. Das bedeutet, dass in Forschungsgesprächen bewusst ein sozialwissenschaftlich-reflexiver Modus des Fragens und Nachfragens gewählt wird und die traditionell übliche Haltung der naiven und scheinbar unwissenden Neutralität aufgegeben wird. Die Interviewenden bringen ihr soziologisches Denken in das Forschungsgespräch ein. Sie bieten den Befragten einen Rahmen, in dem sie ihre eigenen Erfahrungen in eine Weise artikulieren können, wie sie das vielleicht im Kontext der eigenen Alltäglichkeit nicht tun. Möglicherweise werden dadurch Zusammenhänge zwischen Erfahrungen hergestellt, an die sie bisher nicht gedacht haben. Soziologische Empathie zielt nicht darauf, Freundschaft oder Komplizenschaft zwischen Subjekt und Objekt der Forschung herzustellen. Im Rahmen dieser methodischen Konstruktion geht es viel mehr auch darum, Unstimmigkeiten, Widersprüche und Brüche zur Sprache zu bringen, die dem individuellen Bestreben nach Herstellung von Kohärenz und Harmonie zuwider laufen können.[33] Es kann nicht davon ausgegangen werden, dass das Bemühen um Objektivierung im Forschungsgespräch den Befragten selbst in jedem Fall angenehm ist.

In diesem Zusammenhang stellt sich die Frage, ob aus der Anerkennung der Differenz zwischen Wissenschaft und Lebenspraxis auch die Schlussfolgerung zu ziehen ist, dass in der sozialen Situation des Interviews jede Form von wissenschaftlich begründeter Reflexivität

logie. Das gesellschaftliche Erbe Pierre Bourdieus" am Institut für Sozialforschung, Frankfurt a. M. im März 2002; www.soz.unibe.ch/personal/schallberger; Zugriff: 15. 12. 2003.
33 Vgl. Schultheis, Zustände, wie Anm. 26, 832.

als unerlaubte suggestive Intervention – und in diesem Sinn als „Kategorienfehler" – zu betrachten ist.

Diese Frage zu bejahen, würde bedeuten, in der methodischen Konstruktion des Interviews eine scharfe Trennung zwischen Subjekt und Objekt der Forschung vorzunehmen. Die Forschenden begegnen den Objekten ihrer Forschung auf einer instrumentellen Ebene. Die oben beschriebenen psychotechnischen Interventionen dienen der Hervorlockung von Datenmaterial. Wir vermuten, dass die Logik, die sich unreflektiert hinter dieser Konstruktion verbirgt, von der Überzeugung ausgeht, damit so etwas wie authentische Informationen über die Subjektivität der Objekte zu bekommen. Diese Überzeugung vergisst, dass auch dieser Modus einer distanziert-neutralen Begegnung mit den Befragten ein Konstrukt darstellt, und zwar ein Konstrukt, das von diesen – wie uns Brecht erzählt – durchaus als befremdlich erfahren werden kann.

Aus unserer Sicht ist diese Frage zu verneinen. Ein Wissen um die soziale Logik der subjektiven Bedingtheit kann in die Konstruktion eines Forschungsgesprächs einfließen, ohne dass damit der Inhalt der Berichte manipulativ beeinflusst wird. Im psychoanalytischen Kontext bezeichnet Bernfeld diese Form der Einflussnahme als „Ermöglichung von Bekenntnissen".[34] Wenn wir diesen Begriff für unseren Zusammenhang der sozialwissenschaftlichen Forschung adäquat übersetzen, bedeutet das, ein Gespräch so zu führen und Fragen so zu stellen, dass günstige Bedingungen für solche Informationen und Berichte seitens der Befragten geschaffen werden, die Relevanz für die Einsicht in soziale Kontexte enthalten, ohne damit die berichteten Inhalte selbst subsumtionslogisch zu determinieren.

Eine letzte Anmerkung zur Verteidigung eines soziologischen Konzepts von Empathie: Dieses Konzept bricht tatsächlich mit der auch in der qualitativen Forschungspraxis üblichen Vorstellung, der Prozess der Datenerhebung sei vom Prozess der Datenauswertung scharf zu trennen. Begründet wird diese Vorstellung damit, dass der lebenspraktische Handlungsdruck – in alltäglichen Situationen ebenso wie in der Situation des Interviews – ein methodisch kontrolliertes wissenschaftliches Verstehen nicht zulasse. Letzteres erfordere die Losgelöstheit von allen praktischen Zwängen, wie sie in der analytisch-interpretierenden Arbeit an den Interviewprotokollen gegeben sei.

Wir stehen dieser Vorstellung mit Skepsis gegenüber. Auf der einen Seite mythologisiert sie die Situation der wissenschaftlichen Arbeit, die sich keineswegs frei von Handlungszwängen darstellt.[35] Zum anderen unterschätzt sie die Notwendigkeit, auch im Prozess der

---

34 Bernfeld, Psychoanalyse, wie Anm. 8, 359 f.
35 Vgl. dazu: Herbert Altrichter, Waltraud Kannonier-Finster u. Meinrad Ziegler, Das Theorie-Praxis-Verhältnis in den Sozialwissenschaften, in: Helmut Heid u. Christian Harteis Hg., Verwertbarkeit. Ein Qualitätskriterium (erziehungs-)wissenschaftlichen Wissens, Wiesbaden 2005, 119–142.

Datenerhebung anspruchsvolle Leistungen des Verstehens erbringen zu müssen. Das soziologische Verstehen findet seinen Anfang in der Situation des Feldes.[36]

Die Bedeutung des Verstehens in der unmittelbaren Interaktionssituation des Forschungsfeldes wird in der psychoanalytischen Sozialforschung grundsätzlich anerkannt und mit einer begrifflichen Differenzierung wird ihr Rechnung getragen. In Anknüpfung an Alfred Lorenzer unterscheiden Thomas Leithäuser und Birgit Volmerg zwischen einem hermeneutischen Feld 1 – die Situation des Interviews – und dem hermeneutischen Feld 2 – der Situation der nachfolgenden Interpretation des Interviewprotokolls.[37] Die unmittelbare Teilhabe an den untersuchten Situationen im hermeneutischen Feld 1 diene keineswegs allein dazu, Daten zu sammeln, Interviews zu führen und andere technische Aufgaben der Datenerhebung zu vollziehen. In diesem Feld vollziehe sich ein Austausch von sprachlichen Informationen ebenso wie ein Austausch von Gesten, Gefühlen und Stimmungen. Auch Verwicklungen, Missverständnisse, Verweigerungen, die in der Situation oftmals das reflexive Bewusstsein der Beteiligten gar nicht erreichen, würden diesen Austausch begleiten. Leithäuser und Volmerg betonen, dass in der unmittelbaren Kommunikationssituation alle Beteiligten kontinuierlich Akte des Verstehens und der Interpretation leisten. Diese würden den Verlauf des Dialogs entscheidend beeinflussen. Im hermeneutischen Feld 2, der Situation der Auswertung, bestehe dann die Möglichkeit, den konkreten Fall anhand der transkribierten Texte extensiv unter einem breiteren Gesichtspunkt, etwa dem seiner sozialen Typik und Relevanz, zu interpretieren. Beide hermeneutischen Felder sind wechselseitig aufeinander bezogen.

Dieses psychoanalytisch orientierte Konzept betont die affektiven Aspekte des Verstehens und die psychodynamischen Prozesse von Übertragung und Gegenübertragung. Zweifellos sind dies relevante Moment des Interviewprozesses. Sie zielen aber auf einen anderen Aspekt des Verstehens wie das von uns beschriebene Konzept einer soziologischen Empathie. Das Verstehen im Sinn von Selbstvergessenheit und Ein-Denken in die besondere soziale Bedingtheit der oder des anderen, wie es Bourdieu diskutiert, beruht weniger auf emotionalen, sondern viel mehr auf kognitiven Prozessen. Es geht um eine spezifische Form eines analytischen Blicks, der die Besonderheit der Befragten wahrnimmt und anerkennt, darüber aber nicht vergisst, diese im Zusammenhang ihrer makrostrukturellen Zusammenhänge zu denken.

Abschließend ist noch darauf hinzuweisen, dass die Bemühungen um ein objektivierendes Verstehen, das bereits im Forschungsgespräch einsetzt, nicht jene Prozesse des wissen-

---

36 Vgl. Ziegler, Erbe, wie Anm. 14, 35 ff.
37 Vgl. Thomas Leithäuser u. Birgit Volmerg, Die Entwicklung einer empirischen Forschungsperspektive aus der Theorie des Alltagsbewusstseins, in: Thomas Leithäuser u. a., Entwurf zu einer Theorie des Alltagsbewusstseins, Frankfurt a. M. 1977, 11–159.

schaftlichen Verstehens ersetzen, die in einer nachfolgenden Phase der Auswertung stattfinden. Das hier skizzierte Konzept der soziologischen Empathie plädiert lediglich dafür, dass eine Datenerhebung, die sich an einer einfühlenden und zugleich objektivierenden Haltung der Forschenden orientiert, eine sinnvolle methodische Konstruktion sein kann und in einer spezifischen Weise eine Subjekt-Objekt-Beziehung herstellt, die den Befragten mit Anerkennung und Respekt begegnet.

Intellektuelle Liebe und Fürsorge

Wir kommen zum letzten Gesichtspunkt unserer Überlegungen: Wo hat der Begriff der Fürsorge seinen Platz in der soziologischen Methodologie?

Fürsorglichkeit ist eine Haltung, die aus unserer Sicht in engem Zusammenhang mit dem Konzept der intellektuellen Liebe steht. Es wurde gezeigt, dass dieses Konzept eine Orientierung dafür bieten kann, eine erkenntnisfördernde Beziehung zwischen Forschenden und den Objekten der Forschung auch über gesellschaftliche Grenzen hinweg herzustellen. Dabei ist es allerdings bedeutsam, Beziehungen nicht nur alltagspraktisch einfach „geschehen" zu lassen, sondern sie im Rahmen einer bewussten methodischen Konstruktion zu gestalten. Da in der Regel die soziale Nähe zwischen Subjekt und Objekt der Forschung nicht durch einen gemeinsamen Erfahrungsbereich gegeben ist, muss sie intellektuell erarbeitet werden. Es ist eine Binsenweisheit, dass die Herstellung von sozialen Beziehungen mit Arbeit verbunden ist. In der Forschungsarbeit wird diese einfache und praktische Wahrheit allerdings zumeist ignoriert. Wenn es jedoch gelingt, diese Ignoranz zu vermeiden, kommt wissenschaftliche Arbeit und methodische Konstruktion unmittelbar mit einer fürsorglichen Haltung in Berührung.

Fürsorgearbeit ist eine persönliche Dienstleistung für jemanden, die oder der nicht in der Lage ist, die betreffende Arbeit selbst zu tun.[38] Es geht also um eine Tätigkeit für andere – in der Verantwortung und Verpflichtung gegenüber diesen, weniger selbständigen und befähigten Mitgliedern der Gesellschaft. In diesem Sinn kann auch die intellektuelle Anstrengung, soziale Wirklichkeit von anderen her zu denken, als Dienstleistung betrachtet werden. Forschende handeln nach dem ethischen Leitmotiv, nicht verhören, sondern zuhören, nicht instrumentalisieren, sondern zur Verfügung stehen zu wollen.[39] Um diese spezifische Form von Dienstleistung erfüllen zu können, ist es erforderlich, jene Zurückhaltung und Neutralität aufzugeben, die von Interviewenden in der Regel gefordert wird. Damit ist kei-

---

38 Vgl. Kari Waerness, Fürsorgerationalität. Zur Karriere eines Begriffs, in: Feministische Studien extra: Fürsorge – Anerkennung – Arbeit, 18 (2000), 54–66.
39 Vgl. Schultheis, Zustände, wie Anm. 26, 829.

neswegs ein emotionales Engagement gemeint, sondern jene intellektuelle Haltung, die wir anhand des Konzepts einer soziologischen Empathie diskutiert haben.

Was diese Haltung praktisch impliziert kann nochmals am konkreten Gegenstand unserer bisherigen Reflexion, dem Interview, erläutert werden. Ausgegangen sind wir von dem Vorschlag, das Interview nicht als Jagdveranstaltung nach Informationen zu betrachten. Forschungsgespräche können auch als Dialoge angeordnet sein, in denen reflexive Prozesse des Verstehens über soziale Bestimmungen von individuellen Dispositionen und Prägungen zustande kommen. Diese Möglichkeit kann zu einer Realität werden, wenn Forschende sich in der Vorbereitung der Feldarbeit immer wieder die Frage stellen: Was brauchen die Befragten, um mit den Interviewenden ein gehaltvolles, vertiefendes Gespräch zu führen? Aus dieser Frage entsteht die Verpflichtung, alle Quellen auszuschöpfen, um sich vor einem Interview mit dem Lebens- und Sozialraum der anderen vertraut zu machen. Die Erarbeitung eines solchen Vorwissens über die Gründe des Andersseins sehen wir als eine Voraussetzung für ein gelingendes Interview und die nachfolgende analytische Aufarbeitung dessen, was die gesellschaftlichen Verhältnisse in diesem konkreten Fall bedingt haben.

Das Konzept einer soziologischen Empathie macht die Durchführung eines Interviews zu einer theoretisch und empirisch anspruchsvollen Tätigkeit. Damit steht dieses Konzept zu der verbreiteten Ansicht im Widerspruch, es sei im Grunde möglich, ein konkretes soziales Feld zu erforschen und die in diesem Feld praktisch Handelnden zu verstehen, ohne viel von der spezifischen sozialen Logik zu wissen, die dieses Feld beherrscht und strukturiert.[40] Und dieser Widerspruch regt zugleich dazu an, die traditionelle Aufspaltung zwischen theoretischen und empirischen Tätigkeiten in der Soziologie, wobei die erste als hochwertig und die zweite als bescheiden angesehen wird, zu hinterfragen.

Diese Überlegungen über den Zusammenhang von intellektueller Liebe und Fürsorgearbeit führen letztlich zur Frage nach der praktischen Bedeutung von sozialwissenschaftlicher Forschung. Bourdieu bemerkt in seinem Nachwort zur Arbeit am „Elend der Welt", dass das soziologische Wissen über die sozialen Mechanismen, die das Leben oft unerträglich machen, die Widersprüche nur sichtbar machen, nicht aber lösen könne.[41] Unabhängig davon, was dieses Wissen im Feld der Politik bewirken mag, für jene, die an diesen Widersprüchen leiden, eröffne es die Möglichkeit, ihr Leiden nicht als Folge des eigenen Verschuldens hinnehmen zu müssen.

---

40 Eine differenzierte Auseinandersetzung mit dieser Ansicht, einschließlich der offensichtlichen Paradoxien, die mit ihrer Kritik verbunden sind, findet sich in: Pierre Bourdieu, Méditations pascaliennes, Paris 1997 [dt. Meditationen. Zur Kritik der scholastischen Vernunft, Frankfurt a. M. 2001].
41 Pierre Bourdieu, Post-Scriptum, in: ders. u. a., Elend, wie Anm. 17, 825.

Herta Nagl-Docekal

Liebe als Widerstand: eine philosophische Konzeption

„Liebe" gehört seit Jahrhunderten zu den zentralen philosophischen Begriffen. Dass Hannah Arendts Dissertation – eingereicht im Jahr 1928 – den Titel „Der Liebesbegriff bei Augustin"[1] trägt, macht die historische Spannweite unmittelbar deutlich (wobei zudem zu bedenken ist, dass Augustinus seinerseits bereits die verschiedenen philosophischen Liebeskonzeptionen des antiken Denkens vor Augen hatte). Signifikant ist ebenso, dass Hegel seine Konzeption von Dialektik, und damit seine gesamte philosophische Systematik, als eine Theorie der Liebe verstanden hat. Im Blick auf diese diversen philosophischen Deutungen der Liebe von der Antike bis ins 20. Jahrhundert lässt sich auch verfolgen, dass es bei aller Unterschiedlichkeit des methodischen Zugangs und ungeachtet der jeweils spezifischen, auf den Zeitkontext bezogenen Problemstellung, dennoch bemerkenswerte Kongruenzen gibt. Hat etwas davon heute noch Relevanz?

Hannah Arendt wandte sich in den 1960er Jahren ihrer Dissertation erneut zu, um eine Drucklegung in englischer Sprache und in revidierter Form vorzubereiten. Zu diesem Zeitpunkt hatte sie einen wesentlichen Teil ihres Werkes – darunter auch bahnbrechende Studien zum Phänomen des Totalitarismus – bereits veröffentlicht, etwa ihre Bücher „Elemente und Ursprünge totaler Herrschaft" (1951), „Vita activa"(1958), „Über die Revolution" (1963) und „Eichmann in Jerusalem" (1963). Vor diesem Hintergrund befasste sie sich nun abermals mit der Deutung von „Liebe" bei Augustinus. Es ist interessant zu verfolgen, welche Akzente sie dabei im Vergleich zu ihrem ursprünglichen Text deutlicher herausarbeitete oder ergänzte, und wie damit ihre eigene Zugangsweise zu diesem Autor an Konturen gewann. Beachtung verdient auch, dass Arendt parallel zu dieser erneuten Beschäftigung mit ihrer Dissertation an ihren Schriften „Zwischen Vergangenheit und Zukunft. Übungen im politischen Denken" (1968) und „Menschen in finsteren Zeiten" (1968) arbeitete.[2] Die Tatsache, dass Arendt sich mit ihrem ersten Buch in so eingehender Weise erneut befasst hat, bildet ein nicht unwichtiges Indiz zugunsten der mehrfach vertretenen These, dass wesentliche Elemente der Konzeption des „Politischen", die in ihrem Gesamtwerk eine zentrale Stellung einnimmt, auf die Auseinandersetzung mit Augustinus zurück gehen. Neuere Forschungen

---

1   Gedruckt erschien diese Dissertation unter dem gleichen Titel in Berlin, 1929.
2   Es ist das Verdienst der englischsprachigen Neuausgabe, einen Textvergleich zwischen der ursprünglichen und der revidierten Fassung zu ermöglichen: Hannah Arendt, Love and Saint Augustine, ed. and with an Interpretive Essay by Joanna Vecchiarelli Scott and Judith Chelius Stark, Chicago/London 1996.

führen etwa vor Augen, wie weit die Kategorie der „Natalität", die Arendt in ihrem Werk „Vita activa" entfaltete, in der Dissertation bereits vorgebildet war.³ Unter dieser Perspektive sollen nun einige Überlegungen aus Arendts Augustinus-Buch skizziert werden, die zeigen, welche Relevanz Arendt der Augustinischen Interpretation von „Liebe" beimisst (wobei es freilich nicht möglich sein wird, auf die erwähnten Nuancierungsdifferenzen der einzelnen Fassungen des Buches einzugehen).

Zunächst arbeitet Arendt heraus, dass der menschlichen Gemeinschaft eine zweifache Bedeutung zukommt, und sie eignet sich in diesem Zusammenhang Augustins Unterscheidung von „civitas terrena" und „civitas Dei" an. Arendt thematisiert hier zuerst das Geborenwerden, sofern es sich als ein sowohl leiblicher als auch geschichtlicher Vorgang darstellt, durch den wir an einen bestimmten Platz in der Generationenkette gestellt sind.⁴ Dabei lenkt sie den Blick darauf, dass unser Leben beziehungsweise Überleben nur dadurch möglich ist, dass wir in eine menschliche Gemeinschaft eingebunden sind, die durch die Verflechtung der Partikularinteressen gekennzeichnet ist – durch ein „wechselseitiges Geben und Nehmen",⁵ wie Augustinus es ausdrückt. Zu den Elementen dieser gegebenen Gemeinschaft gehört auch ein Aspekt von Gleichheit, insofern alle Menschen das Schicksal der Endlichkeit teilen. Doch ist diese Art des Zusammenlebens nicht das letzte Wort. Wir wissen zugleich, dass wir nicht auf die biologischen und geschichtlichen Gegebenheiten eingeschränkt sind, sondern dass wir sie zu transzendieren vermögen. Arendt interpretiert in diesem Zusammenhang den Gedanken des „Nicht-von-dieser-Welt-Seins".⁶ Es sind vor allem Erfahrungen der Entfremdung, die uns die Möglichkeit eines Heraustretens deutlich machen. In diesen Erfahrungen werden die Einzelnen zunächst auf sich selbst zurückgeworfen, doch werden sie sich gerade in der Vereinzelung ihres Selbstseins bewusst. Arendt unterstreicht hier die Bedeutung der von Augustinus gewählten Formulierung: „Questio mihi factus sum".⁷ Die für sie entscheidende Frage geht nun dahin, wie ausgehend von dieser Vereinzelung eine andere Gemeinschaft aufgebaut werden kann, die nicht mehr von vorgegebenen Konditionen beziehungsweise vom System der Bedürfnisse abhängig ist, sondern sich

---

3   Ronald Beiner, „Love and Worldliness: Hannah Arendt's Reading of Saint Augustine", in: Larry May u. Jerome Kohn Hg., Hannah Arendt. Twenty Years Later, Cambridge, Mass./London 1996, 269–284. Ganz ähnlich argumentieren Joanna Vecchiarelli Scott u. Judith Chelius Stark, „Rediscovering Hannah Arendt" (Nachwort der Herausgeberinnen), in: Arendt, Love, wie Anm. 2, 115–212, wobei die beiden Autorinnen diese Kontinuitätsthese auch noch durch die letzten Arbeiten Arendts zu belegen suchen, insbesondere durch die Augustinus-Bezüge in den posthum – unter dem Titel „Life of the Mind" – veröffentlichten Gifford Lectures von 1973.
4   Arendt, Love, wie Anm. 2, 100 f.
5   Arendt, Love, wie Anm. 2, 101.
6   Arendt, Love, wie Anm. 2, 104.
7   „I have become a problem to myself", Arendt, Love, wie Anm. 2, 5. Vgl. Aurelius Augustinus, Confessiones X, 33, 50 (dt.: Bekenntnisse, München 1961, 200).

dem gemeinsamen Handeln der Menschen verdankt.[8] An diesem Punkt kommt der Begriff „Liebe" ins Spiel.

Indem Arendt jenen Gedanken Augustins nachgeht, die das Verhältnis der Einzelnen zu Gott – das „coram Deo esse"[9] – betreffen, entwickelt sie einen alternativen Begriff von Gleichheit: Wenn die Menschen ihre Endlichkeit transzendieren, sind sie nicht mehr bloß vom gleichen Schicksal betroffen, sondern Gleichheit wird für sie zum expliziten Thema. In diesem Sinne liest Arendt die Forderung der Nächstenliebe: „equality is made explicit in a definite sense. The explicitness of equality is contained in the commandment of neighborly love. The reason one should love one's neighbor is that the neighbor is fundamentally one's equal".[10] Anders gesagt: Aus der Entdeckung von Gleichheit in diesem Sinn erwächst eine Verpflichtung gegenüber den Mitmenschen, die die Einzelnen aus ihrer Vereinzelung herausführt. „Estrangement itself gives rise to a new togetherness, that is, a new being with and for each other"[11]. Diese neue Art des Miteinanderhandelns äußert sich in Form der kritischen Auseinandersetzung mit der bestehenden, vorgegebenen Gesellschaft. Die ursprüngliche wechselseitige Abhängigkeit wird nun ersetzt durch die Beziehung wechselseitiger Liebe[12]. Wenn aber die Verpflichtung dem Nächsten gegenüber darauf hinausläuft, gemeinsam gegen die alte Gesellschaft – „against the old society"[13] – vorzugehen, so bedeutet das, dass Arendt Liebe als Widerstand definiert.

In der näheren Erläuterung dieser Zusammenhänge arbeitet Arendt eine Differenzierung heraus, in der ein Grundgedanke ihrer politischen Philosophie angelegt ist: Sie erörtert den zugleich universalistischen und individualistischen Charakter der Liebe. Die universalistische Perspektive liegt darin, dass aus dem Begriff „Nächster" grundsätzlich niemand auszuschließen ist. Aufgrund der Gleichheit aller Menschen haben wir kein Recht auszuwählen: „Mutual love lacks the element of choice; we cannot choose our ‚beloved'".[14] Doch wäre es ein Missverständnis, dies im Sinne einer allgemeinen, dem Menschengeschlecht als ganzem geschuldeten Zuwendung zu verstehen.[15] Da die Liebe in der Vereinzelung ihren Ursprung hat, ist mit dem Ausdruck „Nächster" jeder/jede Einzelne als Individuum gemeint. „Love

---

8   Siehe das gesamte Kapitel „Part III. Social Life", in: Arendt, Love, wie Anm. 2, 98–112.
9   Arendt, Love, wie Anm. 2, 105.
10 Arendt, Love, wie Anm. 2, 106.
11 Arendt, Love, wie Anm. 2, 108.
12 „This new social life which is grounded in Christ, is defined by mutual love …, which replaces mutual dependence", Arendt, Love, wie Anm. 2, 108.
13 Arendt, Love, wie Anm. 2, 108.
14 Arendt, Love, wie Anm. 2, 110.
15 Arendt räumt freilich ein, dass manche von Augustins Überlegungen zur Nächstenliebe – bei Ausblendung ihres Kontextes – im Sinne einer „sublime indifference" gelesen werden könnten, d. h. dahingehend, dass mit dem Begriff des Nächsten nur die abstrakte Qualität des Menschseins, „not everyone in his concrete uniqueness", angesprochen ist. Vgl. Arendt, Love, wie Anm. 2, 43.

does not turn to humankind but to the individual, albeit every individual. In the community of the new society the human race dissolves into its many individuals."[16] Auf der letzten Seite ihrer Dissertation hält Arendt fest, dass mit Augustins Deutung des Einzelnen „coram Deo" nicht weniger geleistet ist als die Entdeckung der Individualität. „God is the source of each and every individual. It is at this point that the individual is discovered."[17] An genau diesem Punkt knüpft der Begriff der „Natalität" an, der in Arendts Konzeption des „Politischen" von so zentraler Bedeutung ist.[18] Auch dieser Begriff bezieht sich bekanntlich nicht auf die bloße Faktizität der leiblichen Geburt und der damit erfolgenden Positionierung in der Generationenkette, sondern darauf, dass die Einzelnen durch ihr Handeln einen Unterschied machen können. Demnach kommt mit jedem/jeder Einzelnen etwas Neues in die Welt; „it was for the sake of novitas … that man was created … he is able to act as a beginner".[19] Unter dieser Perspektive formuliert Arendt den Maßstab für die kritische Auseinandersetzung mit den jeweils gegebenen Verhältnissen: Eine Politik, die sich nicht dem Vorwurf aussetzen will, Menschen zu missachten, hat Arendt zufolge auf die Besonderheit der Einzelnen Bedacht zu nehmen und „Pluralität" zu ihrer Zielsetzung zu machen.[20] Es scheint somit nicht überzogen, wenn festgestellt wurde, Arendts Kritik der Moderne habe Augustinische Wurzeln.[21] An dieser Stelle eine Anmerkung: Die Ansicht, dass Augustins Denken auf die Welt der Moderne bezogen werden könne, vertrat auch Friedrich Engel-Janosi in seinem Buch „Die Wahrheit der Geschichte". (Er kam auf dieses Thema im Zuge seiner Auseinandersetzung mit dem Geschichtsdenken Chateaubriands zu sprechen.[22]) Doch zurück zu Arendt: Noch in einem ihrer letzten Essays – „What is Freedom?" (erschienen posthum, 1977) – spricht sie Augustinus die Leistung zu, die im Christentum angelegte neue Idee politischer Freiheit formuliert zu haben; es findet sich, schreibt sie, eine „valid political idea of freedom in Augustine".[23]

---

16 Arendt, Love, wie Anm. 2, 111.
17 Arendt, Love, wie Anm. 2, 111 f.
18 Die Bedeutung der Dissertation für diesen Grundgedanken Arendts erläutert auch: Julia Kristeva, Hannah Arendt, New York 2001, 44 ff.
19 Arendt, Love, wie Anm. 2, 55. Arendt verweist an dieser Stelle auf die Differenz der Begriffe „initium" und „principium".
20 Zur Bedeutung der Kategorie „Pluralität" bei Arendt siehe auch Herta Nagl-Docekal, Hoffen auf künftige Freiheit. Führt Hannah Arendts Konzeption des Politischen die Geschichtsphilosophie Kants weiter?, in: Johannes Rohbeck u. Herta Nagl-Docekal Hg., Geschichtsphilosophie und Kulturkritik, Darmstadt 2003, 231–262.
21 Vgl. Scott u. Stark, Rediscovering, wie Anm. 3, 115.
22 Friedrich Engel-Janosi, Studien zur Geschichtsschreibung der französischen Romantik, in: ders., Die Wahrheit der Geschichte, Wien 1973, 134.
23 Arendt, Hannah, What is Freedom?, in: dies., Between Past and Future: Eight Exercises in Political Thought, New York 1977, 167. Arendt nennt es auch „das Verdienst Augustins", dass er „höchst wahrscheinlich der geistige Urheber und sicher der größte Theoretiker christlicher Politik ist", in: dies., Zwischen Vergangenheit und Zukunft. Übungen im politischen Denken I, München 1994, 91.

Lässt sich die „neue Idee politischer Freiheit", die Arendt hier entdeckt und auf spezifische Art weiter entwickelt hat, für die heutige Debatte zu den „Ambivalenzen historischer Geschlechterbeziehungen" nutzbar machen? Zu dieser Frage schreibt Michael Walzer, einer der profiliertesten Gerechtigkeitstheoretiker der Gegenwart, in der jüngsten Ausgabe der „Literaturen": „Jüngst ist Arendt von Feministinnen wieder entdeckt worden, aus Gründen, die ich nicht verstehe".[24] Doch wenn hier etwas unverständlich ist, dann scheint es Walzers eigene Einschätzung zu sein. Dies nicht nur im Hinblick darauf, dass Arendt im Jänner 1933 – einige Monate vor ihrer Emigration aus Deutschland – in der Berliner Zeitschrift „Die Gesellschaft. Internationale Revue für Sozialismus und Politik" eine Rezension[25] zu Alice Rühle-Gerstels Buch „Das Frauenproblem der Gegenwart"[26] verfasst hat, in der sie unmissverständlich festhält, dass sie die in diesem Buch formulierte Kritik an der Benachteiligung von Frauen im Berufsleben und an der charakteristischen Doppelbelastung teilt. Gewiss: Arendt äußerte sich zur Frauenbewegung ihrer Zeit auch höchst vorbehaltlich, doch gab Bonnie Honig dazu mit gutem Grund zu bedenken, dass sich die heutige feministische Theorie wesentlich unterscheidet von jener, die Arendt zurückgewiesen hat.[27] Wenn heute frühere Annahmen einer geteilten weiblichen Identität sowie gynozentrisch orientierte politische Programme ihre Aktualität verloren haben, so liegt diese Entwicklung auf einer Linie mit Arendts Insistieren auf der Besonderheit aller Einzelnen. Überdies kann, wie die neuere feministische Forschung erwiesen hat, Arendts Konzeption des Politischen in vielfältiger Weise für den Entwurf alternativer Geschlechterverhältnisse herangezogen werden. So beziehen beispielsweise aktuelle Reformulierungen von „Staatsbürgerschaft" und „Öffentlichkeit" – die auf erneuerte demokratische Formen abzielen, die es ermöglichen, alle besonderen Lebenslagen in die politische Meinungsbildung und Entscheidungsfindung einzubringen, – immer wieder entscheidende theoretische Anleihen aus Arendts Plädoyer für „Pluralität".[28] Maßgeblich für die feministische Theoriebildung könnte Arendt auch damit werden, dass sie aufgrund ihrer Fokussierung der Einzelnen die Fragwürdigkeit einer Gerechtigkeitstheorie aufzeigt, die nur vom Nationalstaat her denkt: Arendts Auseinandersetzung mit der Situation der Flüchtlinge und Staatenlosen und ihre Forderung, dass die In-

---

24 Michael Walzer, Als Alliierte willkommen. Über Hannah Arendt und die Bedeutung ihres Werkes für das 20. und 21. Jahrhundert, in: Literaturen, 09 (2002), 29.
25 Arendts Rezension erschien in: Die Gesellschaft. Internationale Revue für Sozialismus und Politik, X, 1 (1933), 177–179. Dazu siehe: Ingeborg Nordmann, „Nachdenken an der Schwelle von Literatur und Theorie. Essayistinnen im 20. Jahrhundert", in: Gisela Brinker-Gabler Hg., Deutsche Literatur von Frauen, 2. Bd., München 1988, 364–379.
26 Dieses Buch war 1932 in Leipzig erschienen.
27 Bonnie Honig, Introduction: The Arendt Question in Feminism, in: dies. Hg., Feminist Interpretations of Hannah Arendt, University Park, PA 1995, 1–16.
28 Vgl. Seyla Benhabib, Hannah Arendt. Die melancholische Denkerin der Moderne, Hamburg 1998, bes. Kap. VI: „Vom Problem der Urteilskraft zur Öffentlichkeit", 272–342.

dividuen als solche Rechte haben müssen,[29] wären in feministisch motivierten Gerechtigkeitskonzeptionen noch näher auszugestalten.

Für die kritische Analyse der Moderne hatte bereits Hegel der „Liebe" zentrale Bedeutung beigemessen. Aus seiner komplexen Gesamtkonzeption kann hier nur herausgegriffen werden, inwiefern die Liebe auch für ihn über oppositionelles Potential verfügt. Als einer der ersten Kritiker zeigte Hegel neben dem fortschrittlichen Charakter des modernen Staates auch dessen Kosten auf Seiten der Individuen auf. Sowohl in rechtlicher als auch in wirtschaftlicher Hinsicht ist demnach ein abstrahierender Zugang zu Menschen zu verzeichnen: Die Einzelnen kommen entweder als Rechtssubjekte oder als Mitglieder der bürgerlichen Gesellschaft und ihres ökonomischen Systems in Betracht,[30] während ihre individuelle Besonderheit aus dem Blickwinkel des Allgemeinen ausgeblendet beziehungsweise „unterjocht"[31] wird. Im Zuge seiner Analyse liberalistisch geprägter Bedingungen[32] zeigt Hegel auch deren „atomistischen"[33] Zuschnitt auf, wobei er unter anderem erläutert, dass die Einzelnen, die jeweils „ihr eigenes Interesse zu ihrem Zweck haben",[34] die also nur „ihren selbstsüchtigen Zweck"[35] verfolgen, sich in Konkurrenz zueinander befinden. Die so charakterisierten Verhältnisse machen eine Gegenwelt erforderlich, die ihren Defiziten entgegenzuwirken vermag: Die öffentliche Sphäre, so Hegel, könnte ohne die private nicht bestehen. Die feministische Forschung der letzten Jahrzehnte hat vielfach erläutert, in welche gravierenden Probleme die geschlechtliche Konnotierung dieser beiden Sphären und die damit verknüpfte patriarchale Konzeption, die Hegel ebenso wie viele andere Autoren vertritt, führt.[36] Da dies heute als bekannt vorauszusetzen ist, kann der Blick auf einen anderen Aspekt gerichtet werden: Hegel charakterisiert die Relation zwischen den beiden Sphären

---

29 Die Bedeutung dieses Aspekts des Arendtschen Denkens unterstreicht auch: Axel Honneth, Die Chance, neu beginnen zu können, in: Literaturen, 09 (2002), 44 ff. Siehe auch: Sidonia Blättler, Zwischen Universalismus- und Nationalstaatskritik. Zum ambivalenten Status des Nationalstaats bei Hannah Arendt, in: Deutsche Zeitschrift für Philosophie, 48, 5 (2000), 691–707.
30 Zu Hegels Analyse der bürgerlichen Gesellschaft vgl. Ludwig Nagl, Gesellschaft und Autonomie. Historisch-systematische Studien zur Entwicklung der Sozialtheorie von Hegel bis Habermas, Wien 1983, 27–52.
31 Georg Wilhelm Friedrich Hegel, Phänomenologie des Geistes, hg. von Johannes Hoffmeister, Hamburg 1952, 320.
32 Vgl. Steven B. Smith, Hegel's Critique of Liberalism, Chicago/London 1991.
33 Demnach ist „das Allgemeine in die Atome der absolut vielen Individuen zersplittert, dieser abgestorbene Geist ist eine Gleichheit, worin alle als jede, als Personen gelten." Hegel, Phänomenologie, wie Anm. 31, 342.
34 Georg Wilhelm Friedrich Hegel, Grundlinien der Philosophie des Rechts, hg. von Johannes Hoffmeister, Hamburg 1955, 167.
35 Hegel, Grundlinien, wie Anm. 34, 165.
36 Vgl. Patricia Mills Hg., Feminist Interpretations of Hegel, University Park, PA 1996; Seyla Benhabib, Hegel, die Frauen und die Ironie, in: Herta Nagl-Docekal u. Herlinde Pauer-Studer Hg., Denken der Geschlechterdifferenz. Neue Fragen und Perspektiven der feministischen Philosophie, Wien 1990, 19–40.

keineswegs im Sinne einer schlichten Komplementarität, sondern als einen unausweichlichen Konflikt, den er als Antagonismus zwischen unterschiedlichen Mustern der praktischen Orientierung darstellt; er spricht vom Konflikt zwischen dem „menschlichen" und dem „göttlichen Gesetz". In diesem begrifflichen Rahmen erfolgt nun eine Thematisierung der Liebe, die deutliche Parallelen zu Arendts Überlegungen aufweist.

Auch für Hegel ist es „der Einzelne als solcher",[37] dem die Liebe sich zuwendet. Dabei geht es, wie er betont, nicht um die „Zufälligkeit ... irgendeiner Dienstleistung", sondern um den „ganzen Einzelnen",[38] das heißt um die individuelle Besonderheit in allen ihren Facetten. Dieser Bezug auf den „ganzen Einzelnen" schließt selbst noch dessen Tod ein, weshalb Hegel in diesem Kontext auch eine philosophische Theorie der Trauer und des Begräbnisses entwirft.[39] Durch das Sich-Einlassen auf andere Menschen wird – darin liegt eine weitere Übereinstimmung mit Arendt – ein alternativer sozialer Zusammenhang möglich: Indem die Einzelnen einander wechselseitig anerkennen, sind sie zu einem „Wir" verbunden, das zur atomistisch verfassten bürgerlichen Gesellschaft ein Gegenmodell darstellt. Das hat schon Max Horkheimer deutlich gesehen: „Die Entfaltung und das Glück des anderen wird in dieser Einheit gewollt. Dadurch entsteht der Gegensatz zwischen ihr und der feindlichen Welt und (sie) führt insofern ... zur Ahnung eines besseren menschlichen Zustands."[40] In eben dieser Ahnung liegt auch das Potenzial zum Aufbegehren gegen eine bloß auf abstrakte gesetzliche Regelungen gegründete Realität. Hegel erläutert dies anhand der Sophokleischen Antigone: Im Zeichen der am „göttlichen Gesetz" orientierten Liebe – in diesem Fall der Liebe der Schwester zu ihrem Bruder – fordert Antigone Kreon, den Vertreter des „menschlichen Gesetzes", heraus und sie setzt dafür selbst ihr Leben ein. Indem Hegel diesen „tragischen"[41] Konflikt erläutert, erscheint auch bei ihm Liebe als Widerstand. Die Relevanz für aktuelle Debatten liegt auf der Hand: Da Hegel die Zuwendung zum Einzelnen als Einzelnen ins Zentrum rückt, lässt sich seine Pointe auch auf andere Bindungen zwischen Individuen, die nicht der Konzeption der bürgerlichen Familie entsprechen, beziehen. Das Widerstandspotential der „verbotenen Liebe" spricht unter anderen Judith Butler in ihrer Antigone-Interpretation an.[42] So wird deutlich, dass von Hegel über Arendt bis

---

37 Hegel, Phänomenologie, wie Anm. 31, 320.
38 Hegel, Phänomenologie, wie Anm. 31, 321.
39 Hegel, Phänomenologie, wie Anm. 31, 323.
40 Max Horkheimer, Autorität und Familie (1936), in: ders., Kritische Theorie. Eine Dokumentation, 1. Bd., hg. von Alfred Schmidt, Frankfurt a. M. 1968, 346.
41 Antigone handelt demnach „in Gegensatz gegen das offenbare, das Gesetz des Staates ... – ein Gegensatz, der der höchste sittliche und darum der höchste tragische ... ist". Hegel, Grundlinien, wie Anm. 34, 155.
42 Judith Butler, Antigone's Claim. Kinship Between Life and Death, New York 2000. In diesem Buch setzt Butler sich auch mit Hegels Antigone-Deutung auseinander, die sie freilich gravierend unterbestimmt. Irrigerweise geht Butler davon aus, dass die Position Kreons mit derjenigen Hegels gleichzusetzen sei (siehe

heute der Diskurs darüber, wie die für die Moderne charakteristischen Widersprüche zu überwinden sind, nicht zum Abschluss gekommen ist: Liebe als Widerstand – und kein Ende.

Anm. 34); so bleibt unberücksichtigt, dass Hegel auf eine kritische Analyse der Moderne und auf eine Überwindung der als „tragisch" charakterisierten Konstellation abzielt. Hervorgehoben sei ferner, dass der von Hegel ins Auge gefasste Konflikt nicht darin besteht, dass bestimmte Formen des Privatlebens staatlich gefördert, andere hingegen kriminalisiert werden, sondern darin, dass Staat und Privatsphäre – eine wie auch immer gestaltete Privatsphäre – grundsätzlich in einem Spannungsverhältnis zueinander stehen. (Da es hier um rechtsphilosophische Überlegungen geht, kann die Frage, wie weit Hegels Antigone-Interpretation dem Sophokleischen Drama gerecht wird, außer Acht bleiben.)

Liebe
schreiben

Sigrid Schmid-Bortenschlager

Liebe, Sexualität und Ehe, Vernunft und Leidenschaft im Roman des 18. Jahrhunderts

Am Beginn der feministischen Literaturwissenschaft in den 1970er Jahren stand die von Kate Millett in *Sexual Politics*[1] initiierte Beschäftigung mit den Frauenbildern in der Literatur von Männern. Im deutschsprachigen Raum wurde diese Richtung in den ersten Konferenzen zur feministischen Literaturwissenschaft in Hamburg[2] zwar aufgenommen, sie verband sich aber bald mit einer anderen wichtigen Frage, mit der Suche nach vergessenen Schriftstellerinnen. In Texten von Frauen, so meinte man/frau, würde man ein unverfälschtes, authentisches Bild weiblichen Lebens finden. Doch schon eine der ersten wichtigen Studien, Sylvia Bovenschens *Imaginierte Weiblichkeit*,[3] markiert bereits im Titel diese Hoffnung als Illusion. Was wir in der Literatur finden, egal ob von Männern oder Frauen verfasst, ist (fast) nie eine Abbildung einer konkreten außerliterarischen Realität, es handelt sich dabei immer bereits um vielfach gebrochene Angst- und Wunschvorstellungen, die durch die literarischen Traditionen stark mitbestimmt sind. Eine Folge dieses Faktums ist, dass Frauen, die auf dem literarischen Markt Erfolg haben wollten, sich an die etablierten Muster halten oder aber in neue Gebiete vorwagen mussten. Eines dieser neuen Gebiete war im 18. Jahrhundert der Roman, der nicht nur von der Form her, sondern auch von den Inhalten, die in ihm diskutiert wurden, noch einen breiten Spielraum bot. Dabei diente der Roman auch als Diskussionsforum für die neue Organisation von Familie und Geschlechterrollen. Bovenschen zeigt in ihrer Studie sehr überzeugend, dass in der Literatur des 18. Jahrhunderts mehrere Frauenbilder nebeneinander existierten – die Gelehrte (exemplifiziert in Person und Werken von Anna Maria Schürmann), die Naiv-Natürliche (exemplifiziert in Person und Werken von Anna Luisa Karsch) und die Empfindsame (exemplifiziert in Sophie La Roches Romanfigur Frl. von Sternheim). Diese Rollen waren weitgehend intellektuelle Entwürfe, Konstrukte, die diskutiert wurden. Durch seine Popularität trug der Roman nicht unwesentlich dazu bei, dass diese Entwürfe in der sozialen Realität nachgeahmt wurden. Der Typ der Empfindsamen erwies sich dabei als der dominante, eine Erfahrung, die Sophie La Ro-

---

1 Kate Millett, Sexual Politics, London 1971 (Orig. 1969).
2 Ein Teil der Vorträge wurde im Argumente Verlag in Berlin publiziert: Inge Stephan u. Sigrid Weigel Hg., Feministische Literaturwissenschaft, Berlin 1984; dies. Hg., Die verborgene Frau, Berlin 1985.
3 Silvia Bovenschen, Die imaginierte Weiblichkeit. Exemplarische Untersuchungen zu literaturgeschichtlichen und literarischen Präsentationsformen des Weiblichen, Frankfurt a. M. 1979.

che selbst machen musste. Obwohl sie eine höfisch versierte und intellektuelle Frau war, wurde sie von der Publikumserwartung auch als Person in das Rollenmuster ihrer Heldin gezwungen, und so zeichnet der Herausgeber des Romans Christoph Martin Wieland in seinem Vorwort – im Einverständnis mit der Autorin – ein Bildnis der formal ungebildeten, natürlichen Frau, die aber über Herzensbildung verfügt. Ein Bild, das der Realität der Autorin in keiner Weise entspricht.

Im deutschen Sprachraum setzte sich, wie schon erwähnt, die Richtung der feministischen Literaturwissenschaft, die sich der Entdeckung von verdrängten und vergessenen Autorinnen widmete, weitgehend durch. Sie wurde in den späten 1980er Jahren ergänzt durch die Suche nach einem weiblichen Schreiben, einer écriture féminine.[4] Das Konzept stammt aus der französischen poststrukturalistischen Szene und sucht nun nicht mehr nach einem authentischen Frauenbild in den Texten von Autorinnen, sondern versucht vielmehr, in der Struktur ihres Schreibens Momente einer widerständigen Infragestellung aufzudecken, bis zur Auflösung des herrschenden (männlichen) Diskursmusters.

Der folgende Beitrag kehrt zum ersten hier kurz angerissenen Ansatz zurück, und versucht, die Geschlechts-Rollen-Muster im Roman des 18. Jahrhunderts in einem breiteren Kontext zu untersuchen. Er überschreitet dabei bewusst die Sprachgrenzen und bezieht sich auf Texte von Männern und von Frauen. Gemeinsam ist allen behandelten Texten, dass sie großen internationalen Erfolg hatten, und dass sie auch heute noch als Klassiker ihres jeweiligen Genres gelten.

Das 18. Jahrhundert markiert den Beginn der bürgerlichen Gesellschaft und parallel dazu auch den Beginn der Entwicklung des Romans zur dominanten literarischen Gattung[5].

Der Roman ist dabei gleichzeitig ein Medium der ‚Praxis ohne Sanktion' (Roland Barthes), also eine Möglichkeit des Probehandelns, wie auch Medium der Durchsetzung einer neuen Moral und Lebensform.

Die angebotenen Möglichkeiten der Darstellung sind zahlreich. Sie reichen vom Marquis de Sade mit *Justine* (1797) über John Clelands *Memoiren der Fanny Hill* (1749), die leidenschaftliche Liebe in Johann Wolfgang von Goethes *Werther* (1775) oder in Abbé Prévosts *Manon Lescaut* (1731) bis zur verfolgten Unschuld der Heldinnen in Samuel Richardsons Romanen *Pamela* (1743) und *Clarissa* (1749) und zur Verteidigung einer natürlichen Sinneslust bei Christoph Martin Wieland in *Don Sylvio* (1764) oder *Agathon* (1768) oder Henry

---

4   Zum Begriff der *écriture féminine* und generell zur Entwicklung der feministischen Literaturwissenschaft vgl. Jutta Osinski, Einführung in die feministische Literaturwissenschaft, Berlin 1998. Genauere Literaturangaben finden sich dort.

5   Zum Roman des 18. Jahrhunderts und zur literarischen Situation im 18. Jahrhundert bietet Rolf Grimminger Hg., Deutsche Aufklärung bis zur Französischen Revolution. 1680–1789, München 1980, sowohl eine ausgezeichnete Einführung als auch weiterführende Literatur.

Fieldings *Tom Jones* (1749) und bis zu Denis Diderots Darstellung des Siegs der neuen Moral in *Jacques, der Fatalist* (1796).

Das Muster, das sich letzten Endes jedoch durchsetzt, ist jenes, das als bürgerliche Ehemoral das 19. und weitgehend noch das 20. Jahrhundert dominieren wird.

Dabei ist das Motiv der verfolgten weiblichen Unschuld anfangs weniger ein Erziehungsprogramm als vielmehr eine Metapher für den Kampf des Bürgertums gegen den Adel.[6] Das adelige Modell der Verausgabung, der ungezügelten unmittelbaren Befriedigung, des Exzesses, wie es Georges Bataille[7] später analysieren wird, wird am ver- und entführten bürgerlichen Mädchen exemplifiziert. Das Bürgertum setzt dem Adel das Prinzip der Planung, des (Auf-)Sparens, der Vernunft entgegen. Der Adelige Verführer trifft zunehmend nicht mehr nur auf den – meist leicht zu überwindenden – Widerstand der Familie, sondern auch die Opfer gewinnen an Selbstbewusstsein, halten die Vorschriften der Religion, aber auch die der bürgerlichen Moral hoch, in der das Eheversprechen den Tauschwert für den Vollzug der Sexualität darstellt. Doch es gibt auch Ansätze, in denen die (religiös-moralisch motivierte) Fixierung auf Sexualität überwunden wird zugunsten des sich durchsetzenden ‚modernen' Konzepts, das persönliche Zuneigung und Wahlmöglichkeit, gesellschaftliche Egalität und sexuelle Attraktion zu vereinigen sucht.

Ich möchte diesen Wandel des Liebeskonzepts an drei konkreten Beispielen darstellen. Samuel Richardsons Romane *Pamela, or Virtue Rewarded* (1743) und *Clarissa or Virtue Regained* (1747/48) gehören zu den „Bestsellern" des Jahrhunderts. Da sie in Fortsetzungen erschienen sind, können wir auch – anhand der umfangreichen Korrespondenz Richardsons – zeitgenössische LeserInnen-Reaktionen beobachten, die die Brisanz des Themas der vom Adeligen verfolgten Unschuld des bürgerlichen Mädchens manifestieren.[8] Über Hunderte von Seiten hinweg verteidigt das Dienstmädchen Pamela, bei der Frau B. im Dienst, auch nach dem Tod ihrer Herrin erfolgreich ihre Unschuld gegenüber deren Sohn Mr. B., wobei unter Unschuld hier ganz konkret bereits das zu dieser Zeit von der Medizin gerade entdeckte Jungfernhäutchen[9] verstanden werden muss. Als letztes Verteidigungsmittel vor der Penetration verwendet sie erfolgreich die Ohnmacht, Mr. B. ist trotz allem ein edler Böse-

---

6 Besonders ausgeprägt im deutschsprachigen bürgerlichen Trauerspiel, so in Gotthold Ephraim Lessings *Emilia Galotti* (1772) oder Friedrich Schillers *Kabale und Liebe* (1783). Das Muster schimmert auch noch im Verhältnis Faust/Gretchen durch.

7 Georges Bataille, Der Begriff der Verausgabung, in: ders., Das theoretische Werk I, München 1975, 9–32; vgl. auch das Nachwort von Gerd Bergfleth, Theorie der Verschwendung in diesem Band, 289–405.

8 Vgl. dazu die Einleitung von Margaret A. Doody zur leicht zugänglichen gekürzten Penguin Ausgabe von *Pamela* aus 1982, 7–20, wo sich weitere Literaturangaben finden.

9 Anke Meyer-Knees, jungfernhäutchen und geschlechtslust. zeichencharakter der geschlechtsorgane und semiotik der geschlechter im medizinischen und gerichtsmedizinischen diskurs des 18. jahrhunderts, in: Jeff Bernard, Theresia Klugsberger u. Gloria Withalm Hg., Semiotik der Geschlechter, Stuttgart/Wien 1989, 327–340.

wicht, der sich niemals an einer bewusstlosen Frau vergehen würde. Der Lohn für Pamelas Tugend – Tugend im alten religiösen und im neuen bürgerlichen Sinn – ist denn auch letzten Endes der Trauschein: Mr. B. erkennt, dass er sein Ziel nicht anders erreichen kann – oder er wird durch ihre Tugend bekehrt, wie es im Buch heißt, und führt seine geliebte Pamela zum Traualtar. Schon den Zeitgenossen Henry Fielding veranlasste diese psychologisch nicht ganz überzeugende Handlungsführung zu einer ironischen Parallel-Geschichte *Shamela* – deutlich ist schon im Titel das Spiel mit dem Namen Pamela und shame, der Schande, die für Fielding eben nicht auf Seite des Verführers Mr. B. liegt, sondern in der berechnenden Schein-Tugend der Richardsonschen Heldin Pamela besteht. Und kein geringer als der Autor von *Lady Chatterly's Lover*, D. H. Lawrence, bezeichnet das Richardsonsche Tugend-Epos als pure Pornographie. Richardson selbst scheint die Problematik der Handlungsführung erkannt zu haben und lässt in der Quasi-Fortsetzung, in *Clarissa*, in der sich das Thema der verfolgten Unschuld wiederholt, die Geschichte diesmal – trotz der zahlreichen Leserinnenwünsche – nicht gut enden, hier kommt es zur Vergewaltigung und Clarissa stirbt an gebrochenem Herzen. Dieser gerechte Tod ist nicht zuletzt dadurch verursacht, dass Clarissa keineswegs nur passives Opfer der Verführung ist – wie Pamela, die als Dienstmädchen arbeitet, und so zum Objekt der Begierde wird –, sondern dass sie aktiv ihre Flucht aus dem Elternhaus betreibt, um einer von den Eltern gewünschten Ehe zu entgehen, und dass sie sich dazu der Hilfe ihres späteren Peinigers Lovelace bedient. So viel Auflehnung gegen die elterliche Vernunft und das Gebot der weiblichen Passivität kann beziehungsweise muss bestraft werden.

Die Romane Richardsons, erschienen 1740 und 1746, waren als Modelle für ein britisches bürgerliches Publikum gedacht und hatten als solche durchaus ihre Wirkung. Wie weitgehend sich dieses Modell durchsetzte, zeigt unter anderen der Roman von Denis Diderot *Jacques le fataliste*, in dem sich – als eines der wenigen traditionellen narrativen Elemente – die Geschichte der Madame Pommeraye findet, die als Einzelerzählung von keinem Geringeren als Friedrich Schiller 1785 für das deutschsprachige Publikum übersetzt worden ist. Diderots Roman erschien in der Zeitschrift *Correspondence littéraires* 1778 bis 1780, die sich an die europäischen Fürstenhäuser richtete und per Abonnement vertrieben wurde, also an ein dezidiert nicht-bürgerliches Publikum. In den Gesprächen zwischen Herr und Diener wird nicht nur dieses Herrschaftsverhältnis ausführlich diskutiert; Jacques, der Diener, geht soweit, unwidersprochen die Abhängigkeit des Herrn vom Diener zu postulieren, da ein Herr ohne Diener weder praktisch noch theoretisch eine Idee darstelle, während ein Diener ohne Herrn sehr wohl lebensfähig, und daher auch denkbar sei. Aber auch die Romanform selbst – als hierarchisch gegliederte Erzählordnung – wird in Frage gestellt. Immer wieder werden traditionelle Geschichten angekündigt, doch ihre Erzählung wird durch die verschiedensten Begebenheiten auf der gemeinsamen Reise wiederholt unterbrochen. Nur einmal erzählt eine Wirtin eine Geschichte zu Ende, eben die Geschichte der Madame de Pommeraye. In ihr, und damit im gesamten Roman, erweist sich das bürgerliche Ideal der Verbindung von Sexualität, Zuneigung und Ehe als siegreich, auch im adeligen Kreis, an den das französische Original gerichtet war. Schillers Übersetzung hingegen wendet sich an ein bürgerliches Publikum. Dass diese Geschichte in einen Roman eingebettet ist, der durchgehend Herrschaftsstrukturen problematisiert und als fiktionale Vorbereitung der französischen Revolution angesehen wird, trägt zur Wichtigkeit dieser Liebeshandlung und ihrer Bedeutung für die Zeitgenossen noch bei.

Kurz die Handlungsstruktur: Ein adeliges Liebespaar beschließt, die kurze leidenschaftliche Liaison in ein freundschaftliches Verhältnis umzuwandeln, was scheinbar auch problemlos gelingt. Doch die weibliche Partnerin fühlt sich durch diese Verfahrensweise – die sie nach außen hin perfekt mitspielt – zutiefst verletzt und sinnt auf Rache. Sie engagiert eine verarmte bürgerliche Witwe, die davon lebt, dass sie ihre Tochter Aisnon in Paris an Adelige vermietet, samt Tochter und verlangt von ihnen ein vorbildliches Leben in der Provinzstadt, in der sich auch ein Schloss ihres untreuen Marquis de Arcis befindet. Geschickt versteht sie es, in ihrem alten Liebhaber die Leidenschaft zu dem jungen Mädchen zu wecken und sich selbst als Vermittlerin anzubieten, um so die Kontrolle zu behalten. Durch den ständigen Wechsel von Angebot und Verweigerung bringt sie den Marquis von Arcis schließlich so weit, das junge Mädchen zu heiraten. Nach vollzogener Hochzeit und Hochzeitsnacht eröffnet Mme de Pommeraye dem Marquis die Vergangenheit der neuen Marquise – die Rache scheint gelungen: Aisnon gesteht alles, bricht vor dem Marquis zusammen und bereut bitter; der Marquis reist überstürzt ab – er kommt aber bereits nach 14 Tagen zurück, schickt die Schwiegermutter ins Kloster und zieht mit seiner Gattin aufs Land, um dort drei Jahre – die ihnen wie ein Tag vergehen, so heißt es im Text – zu warten, bis der Skandal sich gelegt hat und die beiden wieder in der Gesellschaft erscheinen können. Mme de Pommeraye habe ihm – so Arcis – den größten Dienst erwiesen, da sie die ideale Gattin für ihn gefunden habe.

In dieser Geschichte zeigt sich, dass die Leidenschaft de Arcis' für Aisnon nicht nur sexueller Natur ist, sondern dass sie auch ihrem Charakter gilt, dass es sich um erotische und sexuelle Attraktion plus Leidenschaft der Herzen handelt. Aisnon ist durch materielle Not und durch ihre Mutter zu Handlungen gezwungen, die ihrem Charakter nicht entsprechen, sie war lediglich eine gehorsame Tochter; und so kann es – bei Wegfallen der äußeren Hemmnisse und durch das Erkennen ihrer wahren Eigenschaften/Natur – zur glücklichen, idealen Ehe kommen; die Vergangenheit beider Ehepartner ist dabei unwichtig, sie setzen sich nicht nur über die Standesschranken, sondern auch über die gesellschaftliche – und die bürgerliche – Moral hinweg. Dass bei diesem positiven Ende die Geschlechterrollen nach dem neuen Muster klar verteilt sind, ist für dieses revolutionäre *happy end* wichtig: Der Marquis – obwohl der eigentlich Düpierte – trifft ab der Enthüllung die Entscheidungen, Aisnon ist passiv, wirft sich ihm zu Füßen, akzeptiert alle seine Entscheidungen im Voraus, und erweist sich durch diese Unterwerfung der Position als Marquise im neuen Muster des bürgerlichen Paares würdig. Mme de Pommeraye, die aktive Frau, die Rache nimmt, wird für dieses alte, adelige Konzept entsprechend bestraft. Sie hat nicht nur das neue bürgerliche Rollenbild durch ihre Rachsucht und die Egalität, ja Überlegenheit gegenüber dem Mann verletzt, sondern sie hat auch das alte adelige Modell, das die Liebe nur als rationales Spiel inszeniert, nicht erfüllt, indem sie sich durch den Verlust des Partners verletzt fühlt und eine persönliche Rache inszeniert, die über das Spiel mit den Machtpositionen hinausgeht und emotionale Qualitäten angenommen hat.

Wenn Diderot in seinem Roman für die höheren Stände einen Marquis das neue bürgerliche Liebes- und Rollenschema positiv erleben lässt, wenn er dies noch dazu in der Extremsituation der Umkehr einer im Prinzip ja geglückten Rache und Bloßstellung tut, dann passt dies einerseits in den Romankontext von *Jacques le fataliste*, in dem es ja um die Umkehr von Herrschaftsverhältnissen geht, es passt dies auch in die literarische Tradition der metaphorischen Darstellung des Kampfes zwischen Bürgertum und Adeligen um die Macht durch Liebes- und Heiratshandlungen

Zwischen der relativ offen als Verhaltensanweisung deklarierten *Pamela* von 1740 und dem auch als fiktionaler Sieg der bürgerlichen Liebesauffassung zu deklarierenden *Jacques le Fataliste* von 1778/80 liegt der äußerst einflussreiche Roman von Jean-Jacques Rousseau *Julie oder die Neue Héloïse* von 1761. Sein ursprünglicher Titel lautete *Lettres de deux amans habitans d'unes petite ville au pied des alpes*. Erst in der Auflage von 1764 wird der an den Briefwechsel (1616) des unglücklichen Liebespaares, den Abt Abelard und die Nonne Héloïse erinnernde Titel gewählt, der uns heute geläufig ist. Auch hier geht es um eine nicht erlaubte, nicht standesgemäße leidenschaftliche Liebesbeziehung von Julie zu ihrem Hauslehrer Saint-Preux, die hier allerdings im Sinne der aufklärerischen Vernunft gelöst wird: Julie heiratet standesgemäß Herrn de Wolmar und kompensiert ihre Liebe in der Arbeit für die ideale Gemeinschaft auf dem Gut Clarens, in die auch Saint-Preux, inzwischen von seiner Leidenschaft durch eine Reise geheilt, aufgenommen wird. Doch die Idylle ist gefährdet. Bei einem gemeinsamen Spaziergang von Julie und Saint-Preux fällt Julies Sohn ins Wasser, sie rettet ihn zwar, doch erholt sie sich von dieser Strapaze nie mehr, sie siecht dahin und schreibt noch auf dem Totenbett einen leidenschaftlichen Brief an Saint-Preux. Was in der zeitgenössischen Interpretation als Sieg der Vernunft über die Leidenschaft gepriesen worden ist, erscheint heutigen InterpretInnen viel eher als eine Unterdrückung einer Liebe, die zum mangelnden Lebenswillen und letztlich zum Tod der Protagonistin führt. Zwar unterwirft sich Julie vernünftigerweise dem Ideal der standesgemäßen bürgerlichen Liebe und Ehe, nicht zuletzt auf Drängen von Julies Vater, doch die Leidenschaft bleibt stärker. Sie versucht wohl, Saint-Preux zu vergessen, aber es gelingt ihr nicht, und sie stirbt letztlich an dieser verratenen Liebe. Interessant ist hier, dass Julie zwar das neue, passive Frauenideal, das ja nicht zuletzt durch Rousseaus Erziehungskonzepte massiv befördert worden ist, repräsentiert, dass sie aber zugleich bereits den – allerdings noch passiven – Widerstand, die Flucht in die Krankheit, antritt, die um 1900 in Literatur und Psychoanalyse so prägend werden wird. Wichtig ist, dass es sich bei der Liebe zu Saint-Preux nicht um bloße sexuelle Attraktion handelt, sondern dass es hier auch die Seelenverwandtschaft gibt, die eben zu einer idealen Ehe führen hätte können, während in der tatsächlich realisierten Ehe mit de Wolmar die sexuelle Leidenschaft völlig fehlt, die für ein glückliches eheliches Zusammensein auch notwendig ist. Nur der Standesunterschied verbietet die Bindung an Saint-Preux, und insofern ergibt sich hier ein fundamentaler Widerspruch im damals sicher revolutionären Gleichheitsgrundsatz – was bei der Rousseauschen Darstellung von Frauen durchaus typisch ist: Das ideale egalitäre Gemeinschafts- und Gesellschaftsmodell von Clarens basiert auf der Opferung von Julie zugunsten traditioneller Standeskonzepte; die Gleichheit gilt, ähnlich wie Rousseaus „natürliches" Erziehungskonzept, nur für Männer.

Wir können also drei Modelle unterscheiden: 1. Propagierung eines neuen Verhältnisses der Geschlechter zueinander in *Pamela,* die noch unter der relativ unglaubwürdigen Bekehrung des Herrn B. leidet, 2. Widerstand gegen die vernünftige Unterdrückung der unstandesgemäßen idealen Beziehung durch Flucht in die Krankheit in *Julie* und schließlich 3. Sieg des neuen Modells auch unter den ungünstigsten gesellschaftlichen Voraussetzungen in *Jacques le fataliste.* Dabei handelt es sich natürlich nicht um eine chronologische Abfolge. Daneben und danach gibt es unzählige fiktionale Varianten der Kombination der Elemente sexuelle Leidenschaft, Herzensverwandtschaft und bürgerliche Ehe.

Rufen wir uns einige der erfolgreichsten kurz ins Gedächtnis: In Abbé Prévosts *Manon Lescaut* (1731), heute eher durch die Oper bekannt, opfert de Grieux seiner *amour fou,* der unwürdigen Manon, seine gesamte Existenz; bezeichnenderweise können sie diese aus der Tristan und Isolde-Tradition stammende Liebe nur am *Non-Ort,* in den Kolonien, in New Orleans, kurz leben, bevor Manon, eingeholt von der Zivilisation, tragisch stirbt. Im Unterschied zu unseren bisherigen Beispielen fehlt allerdings Manon bei ihren diversen Verhältnissen zu reichen Liebhabern jedes Schuldbewusstsein, ihre sexuelle Promiskuität ist aufs engste mit materiellem Reichtum verbunden. Solange ihr de Grieux diesen – und die damit zusammenhängende gesellige Unterhaltung – bieten kann, liebt sie ihn nicht nur, sondern ist ihm auch treu. Ist seine Kasse leer, setzt sie ihr einziges eigenes Kapital, ihren Körper, ein, um sie wieder zu füllen und zu ihm zurückkehren zu können. Insofern verkörpert sie das alte adelige Ideal der Verausgabung, der unmittelbaren Erfüllung von Lust, die bürgerliche Sparsamkeit und Zukunftsplanung ist ihr – ökonomisch, sexuell und religiös/moralisch (als Angst vor der Strafe im Jenseits) – fremd, sie wird dadurch zum zerstörerischen Element in einer bürgerlichen Ordnung, denn ihre ist fundamentaler, natürlicher, quasi anti-gesellschaftlich.

Doch auch das Modell der verführten bürgerlichen Unschuld bleibt aktuell und wird in immer neuen Varianten vorgestellt. Goldsmiths *The Vicar of Wakefield* (1766) reiht sich in die Ironisierung des Schemas ein, obwohl er von den Zeitgenossen primär als empfindsamer Roman – also ernst – gelesen wurde. Auf Seite der Adeligen gibt es den guten alten Squire Thornhill, der sich bezeichnenderweise als verkleideter Bürgerlicher wie Harun al Raschid inkognito in sein Dorf begibt, um die wahren Verhältnisse in seinem Bezirk zu erkunden und um seinen Neffen auf die Probe zu stellen. Der Handlungsverlauf wird dadurch bestimmt, dass beide in je eine Tochter, Olivia und Sophie, des armen Pfarrers Dr. Primrose verliebt sind. Während aber der gute Onkel Sophie trotz des Standesunterschieds zu seiner Frau machen will und auch macht, wählt der promiske Neffe den Weg der Verführung, er täuscht Olivia eine heimliche Eheschließung vor und verlässt die Getäuschte bald danach. Ein wichtiger Unterschied zum gängigen Schema, er entspricht der zunehmenden Sentimentalisierung und Aufwertung der Familie, ist die Tatsache, dass der Vater in diesem Fall die Tochter nicht verstößt und verflucht, also nicht die Position des Gesetzes des Vaters repräsentiert, sondern dass er sich im Gegenteil aufmacht, die verlorene Tochter sucht und nach Hause zurückbringt. Das biblische Gebot der Liebe und Verzeihung siegt über die bürgerliche Moral. Der erfolgreiche Komödien-Autor Goldsmith geht allerdings noch einen Schritt weiter: Die vorgetäuschte Eheschließung des Neffen erweist sich im Nachhinein als gültig, denn der für die Rolle des Priesters schnell engagierte Schauspieler ist ein abtrünniger Priester. Der gute Adelige, Onkel des Bösewichts und inzwischen auch zukünftiger Schwager der Verführten, handelt nun ähnlich christlich und gleichzeitig auch aufklärerisch wie der Vater/Schwiegervater: Er enterbt zwar seinen Neffen und überträgt das Vermögen der jungen Frau, wobei er ihr aber freistellt, die Ehe aufzunehmen oder auflösen zu lassen. Da ihre Liebe ja echt war und ist, entscheidet sie sich für die Ehe und für die damit verbundene Aufgabe, den jungen Mann erzieherisch auf den rechten Weg zu bringen. Sollte ihre Liebe dazu nicht reichen, so ist seine ökonomische Abhängigkeit von ihr ein nicht zu unterschätzendes zusätzliches Erziehungsmittel. Goldsmiths Roman endet komödienhaft mit mehrfachen Hochzeiten, die die Standesgrenzen überschreiten – auch ein Sohn des Pfarrers heiratet eine reiche Adelige. Die bei Richardson durch Pamelas Tugendhaftigkeit erreichte Bekehrung des Bösewichts wird hier der Klugheit und der ökonomischen Macht der Frau anvertraut, die so – wenngleich mit externer Unterstützung – ihr Schicksal selbst in die Hände nehmen kann, nicht mehr nur passives Opfer ist.

Diese Steigerung der weiblichen Aktivität findet sich noch ausgeprägter im einzigen Roman in diesem Sample, der von einer Frau geschrieben worden ist, in der *Geschichte des Fräulein von Sternheim* (1771) von Sophie La Roche.

Die Romanheldin erhält von ihrem Vater eine ausgezeichnete Erziehung am Lande, und wird erst nach dessen Tod mit den Intrigen des Hofes bekannt, denen sie dann auch erliegt. Um den Nachstellungen des Fürsten zu entgehen, nimmt sie die Hilfe von Lord Derby an. Der wiederum hat nichts anderes als der Fürst im Sinn und macht sich die Frau ebenfalls durch eine vorgetäuschte Hochzeit – diesmal allerdings mit einem eindeutig falschen Priester

– gefügig. Als das Fräulein von Sternheim dies schließlich erkennt, verzweifelt sie nicht wie Clarissa, sondern flieht und beginnt unter falschem bürgerlichen Namen ein neues Leben als Gesellschaftsdame in Holland. Weitere Nachstellungen Derbys führen sie nach England. Aber was immer ihr geschieht, sie versucht sofort wieder aktiv zu werden, immer findet sie Leute, die ärmer sind als sie selbst und ihrer Fürsorge bedürfen. So widmet sie sich noch der Erziehung der Kinder ihrer Gefängniswärter und wird am Ende mit der Wiedergewinnung ihrer Freiheit, ihres Standes und mit einem ihrer würdigen Ehemann belohnt. Das Engagement der Sternheim spielt sich zwar durchaus im Rahmen des sogenannten weiblichen Bereichs der karitativen Fürsorge ab – und für heutige Leser ist ihre ständige Suche nach „Kandidaten" für ihre Wohltätigkeit manchmal mühsam –, dennoch ist der Unterschied zu den bisher geschilderten verführten Heldinnen auffällig: Der Verlust der sexuellen Unschuld ist nicht mehr ein katastrophaler Endpunkt, er muss auch nicht mehr, wie noch bei Goldsmith, durch die Heirat mit dem Verführer quasi repariert werden, sondern eine Frau kann auch allein überleben. Und ein wirklich liebender Ehemann kann – ähnlich wie bei Diderot – über die verlorene Jungfräulichkeit hinwegsehen.

Wie eingespielt das Muster der verführten Unschuld in der Literatur und im Denken des 18. Jahrhunderts bereits ist, zeigt sich nicht zuletzt daran, dass der Marquis de Sade dieses Erzählschema zur Demonstration seiner philosophischen Kritik an der Aufklärung benützt.

Im Roman *La nouvelle Justine ou les Malheurs de la vertu suivie de l'histoire de Juliette, sa soeur* (1797), der Titel bezieht sich auf Rousseau, verliert Justine, trotz Vergewaltigung, ihren christlichen Glauben an die Belohnung der Tugend und die Bestrafung des Lasters über Hunderte von Seiten der dauernden Enttäuschungen und sadistischsten Quälereien hin nicht. Die philosophischen Gespräche über die Tugend bilden den – gegenüber den sexuellen Schilderungen – umfangreicheren Teil des Romans, bis zum bitteren, zynischen Ende, als sie sich durch ihre Schwester, die durch Laster reich geworden ist, gerettet glaubt. Schließlich stellt sich auch die Natur – oder Gott – auf Seite der A- und Anti-Moral: Ein Blitz tötet die tugendhafte Justine und lässt ihre Peiniger und ihre lasterhafte Schwester Juliette am Leben.

Die angeführten Beispiele zeigen, wie das Motiv des verführten bürgerlichen Mädchens im literarischen Diskurs die verschiedensten Positionen im moralischen Diskurs der Zeit einnehmen kann:

Warnende Verhaltensanweisung bei Richardson, Proklamation des Erziehungsideals bei Goldsmith, wobei es hier der Mann ist, der durch die Frau erzogen werden muss, Darstellung von Unterwerfung und (passivem) Widerstand bei Rousseau, Darstellung des Siegs der Liebe bei Diderot mit *happy end*, bei Abbé Prévost mit tragischem Ende, Sieg der aufgeklärten Vernunft bei La Roche, Vernichtung eben dieser Vernunft bei de Sade.

Das neue bürgerliche Liebesideal, das selbstverständlich eine idealtypische, handlungsanleitende Konstruktion, keine gelebte gesellschaftliche Realität ist, dieses Ideal, das sexuelle und erotische Attraktion, intellektuelles Verständnis und emotionale Geborgenheit vereinigt, setzt sich in der Literatur langsam als Norm durch, als Norm, die allerdings auch mit ganz spezifischen Geschlechterrollen verbunden ist: Der Preis, den die (bürgerlichen) Frauen dafür zu zahlen haben, dass sie nicht mehr das Freiwild für die sexuellen Eskapaden der Adeligen sein müssen, ist die Aufgabe jeglicher außerhäuslichen Aktivität (die sowohl eine Mme de Pommeraye als auch eine Manon Lescaut, und selbst Pamela noch haben, ganz zu schweigen von einem Fräulein von Sternheim) und die totale Unterwerfung unter den – idealiter edlen und geliebten und ehrbaren – Ehemann. Der Sieg des bürgerlichen Ehe-Ideals ist mit dem Sieg der bürgerlichen Geschlechterrollen verbunden, gegen die die Frauen, sieht man von Einzelfällen ab, erst 100 Jahre später aktiv Widerstand leisten werden.

Angaben zu den Romanen:

John Cleland: *Memoirs of a Woman of Pleasure*, 1749, dt. 1906.

Denis Diderot: *Jacques le fataliste et son maître*, 1778–1780 in der *Correspondance littéraire* von Melchior Grimm, 1796 als Buchausgabe; dt. 1785, in *Thalia* von Friedrich von Schiller; Buchausgabe 1792.

Oliver Goldsmith: *The Vicar of Wakefield. A Tale. Supposed to Be Written by Himself*, 1766, dt. 1767.

Henry Fielding: *The History of Tom Jones, a Foundling*, 1749, dt. 1771.

Antoine Francois/Abbé Prévost: *Histoire du chevalier des Grieux et Manon Lescaut*, 1731, dt. 1756.

Sophie von LaRoche: *Geschichte des Fräuleins von Sternheim*, 1771.

Samuel Richardson: *Pamela or, Virtue Rewarded*, 1740, dt. 1743.

Samuel Richardson: *Clarissa, or The History of a Young Lady*, 1747/48, Erweiterte Ausgabe 1749, 1751, dt. in 6 Bänden 1748–1751.

Jean-Jacques Rousseau: *Julie ou La nouvelle Héloïse*, 1761, dt. 1761.

Marquis de Sade: *La nouvelle Justine ou les Malheurs de la vertu. Suivie de l'historie de Juliette, sa soeur*, 1797, dt. 1874. Erste vollständige deutsche Übersetzung 1990–2002 in 10 Bänden.

Wolfgang Müller-Funk

Die Erfindung der Liebe aus dem Medium des Briefes

Sophie Mereau und Clemens von Brentano

1. Theoretisches Reisegepäck: Niklas Luhmann

Niklas Luhmanns 1982 vorgelegtes Buch *Liebe als Passion*. „Zur Codierung von Intimität"[1] stellt bis heute eine enorme theoretische Herausforderung dar, nicht zuletzt im Hinblick auf die kulturelle Wende, von der in Luhmanns Untersuchung allerdings noch nicht die Rede ist. Nicht nur sticht im Vergleich mit anderen prominenten Autorinnen und Autoren – von Stendhal[2] über Roland Barthes[3] bis zu Julia Kristeva[4] und Emmanuel Levinas,[5] die mehr oder minder in der Tradition des Essayistischen und Fragmentarischen stehen – das systematische Vorgehen Luhmanns ins Auge, vielmehr entfaltet seine Studie am Beispiel der Liebe eine Theorie der Moderne.[6]

Luhmanns ‚kalter' Blick von Außen, der die Innenperspektive verweigert, ist verknüpft mit einem Anspruch, den ich als ‚stark' bezeichnen möchte. Das heißt, Luhmanns Systemtheorie der Liebe beansprucht für sich ein hohes Maß an explanativer und deskriptiver Kompetenz. Sie erklärt weniger den Mechanismus der modernen Liebe als solcher, sondern jenen sozialen Mechanismus, der sich in ihr und durch sie realisiert: den „Umbau des Gesellschaftssystems von stratifikatorischer in funktionelle Systemdifferenzierung".[7] Insofern ist Liebe der exemplarische Fall umfassender gesellschaftlicher Veränderung, in welcher der Extensivierung unpersönlicher Beziehungen die Intensivierung persönlicher Begegnung –

---

1 Niklas Luhmann, Liebe als Passion. Zur Codierung von Intimität, Frankfurt a. M. 1982.
2 Stendhal, Über die Liebe, Zürich 1981.
3 Roland Barthes, Fragmente einer Sprache der Liebe, Frankfurt a. M. 1988.
4 Julia Kristeva, Geschichten von der Liebe, Frankfurt a. M. 1989; vgl. Auch die Textsammlung von Claudia Schmölders Hg., Die Erfindung der Liebe. Berühmte Zeugnisse aus drei Jahrtausenden, München 1996.
5 Emmanuel Levinas, Die Zeit und der Andere, Hamburg 1984, 53–65.
6 Vgl. auch: Cornelia Klinger, Flucht, Trost, Revolte. Die Moderne und ihre ästhetischen Gegenwelten, München 1995, 105–143. Ausgangspunkt von Klingers Überlegungen ist das romantische Individuum, das sich selbst als Prinzip begreift. Auf Luhmanns Konzept geht Klinger leider nicht ein, obschon ihre illusionslose Perspektive durchaus überraschende Gleichklänge mit Luhmanns Diagnose hat.
7 Luhmann, Liebe, wie Anm. 1, 9. Im Grunde zielt Luhmanns Unterscheidung auf jene, die schon die Soziologie Simmels und die Philosophie Cassirers getroffen hat: den Wechsel von substanziellen Bestimmungen in funktionale Zusammenhänge.

kompensatorisch oder auch nicht – gegenübersteht. Durch die zwischenmenschliche Durchdringung (die „Interpenetration") werden Individualität und Intimität kommunikativ zugänglich und der diskursiven Beredsamkeit zugeführt. Im Gefolge der Liebe kommt es zu einer „Individualisierung des Affektmanagements".[8]

Wie für den soziologischen Funktionalismus charakteristisch, interessieren Luhmann nicht so sehr die Passionen und die Phänomenlagen der Liebe als solche, sondern er sieht in ihr ein symbolisches Feld beziehungsweise einen gesellschaftlichen Ort, an dem sich die Sozialisation des modernen Individuums sichtbar vollzieht. Wichtig an der Liebe wäre demnach weniger diese selbst, sondern vielmehr, dass das moderne Individuum mittels der Selbstfeier der Liebe Ansprüche geltend machen kann. Liebe rückt als „generalisiertes Kommunikationsmedium"[9] ins Blickfeld, mittels dessen sich Individualität gesellschaftlich ‚verwirklicht'. Die Liebe setzt Diskurse frei, die nicht mehr zu umgehen sind, ein Sprechen, in das systemlogisch und in überraschender Analogie zu Foucault ein Zwangsmechanismus eingebaut ist: „Es wird ein Systemtyp für Intimbeziehungen geschaffen, in dem es nicht erlaubt ist, Persönliches der Kommunikation zu entziehen."[10] Zwar erscheint die Liebe auch als eine Option des Individuums, sich seiner gesellschaftlichen Lasten und Verpflichtungen zu entziehen, aber gerade die Liebe, die dem Individuum soviel abverlangt, verdoppelt sich am Ende noch: Es ist also nicht bloß ein irdisches Vergnügen zu lieben, sondern die Auferlegung einer sozialen Verpflichtung, die der 25 Jahre alte, nach damaligem Recht gerade volljährig gewordene, Clemens Brentano auch in seinem Brief an die Geliebte, Sophie Mereau, vom 8. September 1803 erwähnt:

> Ich, das heißt Ich, wie ich eine Person in der Welt bin, befinde mich sehr übel, man begehrt allerlei von mir, man sagt mir, um sich selbst durch Reden die Zeit zu vertreiben, ich sei geistvoll, wizzig, ich hätte Talent, ich sollte doch schreiben, und man denckt gar nicht dran, daß ich dadurch in die größte Angst gerathe, ich weiß gar nicht mehr, waß ich thun soll, seit mich die Leute so in Eid und Pflicht genommen, ach Sophie glaube Du allein um Gotteswillen so Etwas nicht, glaube nur, daß ich ein einziges Talent in mir fühle, das, Dich unendlich zu lieben, alles um Dich zu verlassen, ganz nur an Dich zu glauben, und in Dir das Leben wieder zu finden.[11]

---

8 Luhmann, Liebe, wie Anm. 1, 16.
9 Luhmann, Liebe, wie Anm. 1, 15.
10 Luhmann, Liebe, wie Anm. 1, 15. Das lässt sich auch positiv formulieren, im Sinn einer Ausweitung der Kommunikationsmöglichkeiten: „Das personale Moment in sozialen Beziehungen kann nicht extensiviert, sondern nur intensiviert werden. Es werden, mit anderen Worten, soziale Beziehungen ermöglicht, in denen mehr individuelle, einzigartige Eigenschaften der Person und schließlich prinzipiell alle Eigenschaften einer individuellen Person bedeutsam werden." (Luhmann, Liebe, wie Anm. 1, 14)
11 B 31, 176; Wenn nicht anders vermerkt, werden die Briefe Brentanos nach der Frankfurt Brentanosaus-

Wie die moderne romantische Liebe immer im einzelnen enden mag: dass sie enttäuschend ist, liegt nicht an der persönlichen Befindlichkeit der jeweils Beteiligten, sondern an der Struktur von Individualität, wie sie im Brief Brentanos zutage tritt. Der Liebende wird von jenem Zwang eingeholt, dem er zu entfliehen trachtete: der Verantwortung, ‚Ich' zu sein, Talent zu zeigen, Rede und Antwort zu stehen, in Eid und Pflicht genommen zu sein. „Der Kampf gegen die gesellschaftliche Forderung ein Subjekt sein zu müssen", schreibt Dietmar Kamper in seinem Kommentar zu diesem Brief, sei „für den Romantiker nur zu bestehen, wenn er in einem ‚heiligen' Zusammenhang ausgefochten wird".[12]

Insofern die intime Liebe zunehmend zum Gegenstand verbaler Diskurse und non-verbaler Kommunikation wird, unterliegt sie auch den Spielregeln von Präsenz und Repräsentation. Die Liebe ist also nur insofern utopisch, als sie sich einen realen und symbolischen Raum schafft, der zunächst so nicht vorhanden war. Sie ist revolutionär, insofern sie gegen die Tradition und vormoderne „Codes der Liebe" – Formen der Versprachlichung und Spielregeln der Kommunikation gerichtet ist. In diesem Sinn ist Brentanos radikal-romantischer Anspruch an die Liebe, der auf ihn zurückfallen muss, im Sinne Luhmanns als modern anzusehen, als Begehren nach Individualität und Intimität – eine Sehnsucht, in der die neue Polarität von privatem Selbstsein und allgemeinem Weltentwurf zum Tragen kommt.

Wie alle Systematiker ist – erzähltheoretisch betrachtet – auch Luhmann ein panoramisch-olympischer Erzähler,[13] der das historische Schicksal der Liebe als ein lineares Narrativ fortgesetzter Individualisierung und Intensivierung beschreibt, und als einen Prozess, der vier Stadien auf verschiedenen Ebenen durchläuft, die einander bedingen:

- Phase 1 Vormoderne
  Idealisierung   Kenntnis der Eigenschaften des Objekts
- Phase 2 Klassik
  Paradox   Imagination
- Phase 3 Romantik
  Reflexion, Selbstreferenz Selbstrechtfertigung der Liebe
- Phase 4 Postromantik
  Problemorientierung   Problemerkennung und -lösung im Innenbereich

---

gabe, Bd. 29–31, hg. von Jürgen Behrens, Konrad Feilchenfeldt, Wolfgang Frühwald, Christoph Perels u. Hartwig Schultz, Frankfurt a. M. 1988–1991 zitiert. Die erste Zahl bezieht sich auf den betreffenden Band, die zweite auf die Seitenzahl.

12 Dietmar Kamper, Zur Geschichte der Einbildungskraft, Reinbek bei Hamburg 1990, 83.
13 Vgl. Wolfgang Müller-Funk, Die Kultur und ihre Narrative, Wien/New York 2002, 43–62: andere, auch wissenschaftliche denkbare Erzähltypen ist der vorsichtige, induktiv schließende teilnehmende Beobachter, der hypothetisch operierende Essayist, der betroffene und in seiner Perspektive befangene bzw. auf sie konzentrierte Erzähler, übrigens beiderlei Geschlechts.

Die Evolution der Passion Liebe verläuft sozial ungleich. Die Extravaganz der Liebe als neuer Code des Individuums erfasst zuerst die adligen Oberschichten. Spätestens seit dem Ende des 18. Jahrhunderts wird das Bürgertum zum Träger einer symbolisch generierten Liebe, die eine untergründige, bis heute nachwirkende Revolution gesellschaftlicher Verhältnisse impliziert. Die Evolution der Liebessemantik ist – so die Argumentationskette Luhmanns – eingebettet in die Entwicklung intimer Kommunikation.

Die „Evolution von Kommunikationsmöglichkeiten" verläuft eigentümlich zwiespältig und ist stets vom Scheitern bedroht. „Das In-der-Welt-des anderen-Vorkommen- und daraufhin-handeln-Können muß laufend reaktualisiert werden."[14] Die Liebe wird zum Motor von Individualisierung und Intimisierung, aber gerade die dadurch entstandene Subjektivität macht die neue intime Nahwelt im hohen Maße fragil, krisenanfällig und ortlos, ‚unvernünftig', stets permanenten Missverständnissen ausgesetzt. Die romantische wie nachromantische Liebe bleibt *per definitionem* unbegründbar und rein persönlich. „Die Schönheit der Geliebten ist jetzt nicht mehr notwendiger Tatbestand, auch nicht notwendige Einbildung, sie ist nicht mehr ein Grund, sondern für die Liebenden selbst eine Folge der Liebe." Diese kulminiert im Kampf um Anerkennung, in dem es darum geht, „den egozentrischen Weltentwurf des anderen zu bestätigen oder abzulehnen."[15] Die Liebe als Wunsch nach Intimität avanciert zum Selbstzweck: „Liebe bezieht sich auf Liebe, sucht Liebe, wächst in dem Maße, als sie Liebe finden und in sich selbst als Liebe erfüllen kann."[16]

Eine entscheidende Rolle dabei spielt die Sexualität, die mehr und mehr zum integralen Bestandteil des Liebesdiskurses wird. Moderne umschließt, wie Luhmann das nennt, „hochgradig organische Prozesse".[17] Sexualität, so könnte man sagen, ist Produkt und Produzent von Intimität und Individualisierung. Und sie modifiziert spätestens beim Übergang in Phase 3 und 4 den Charakter der Liebe als intime Beziehung: Luhmanns theoretischer Modellbaukasten lässt sich summarisch so zusammenfassen:

- Sexualität erzeugt Unmittelbarkeit und Nähe
- Sexualität gestattet keine „genaue Bilanzierung von Vorteilen und Nachteilen"
- Sexualität konstituiert Reflexivität des wechselseitigen Begehrens
- Sexuell imprägnierte Liebe ist nicht altruistisch[18]

---

14 Luhmann, Liebe, wie Anm. 1, 43 f.
15 Luhmann, Liebe, wie Anm. 1, 25 (Hervorhebung durch Luhmann).
16 Luhmann, Liebe, wie Anm. 1, 36.
17 Luhmann, Liebe, wie Anm. 1, 31.
18 Luhmann, Liebe, wie Anm. 1, 41–47, 137–151, 163–182.

Die „Codierung von (sexuell basierter) Intimität" setzt außerhalb der etablierten Ordnung ein: Mit all dem durchbricht die Sexualität den Schematismus von Egoismus/Altruismus ebenso wie die Hierarchisierung menschlicher Beziehungen nach dem Schema Sinnlichkeit/Vernunft.[19]

So wird die Sexualität zum entscheidenden Moment in der Evolution des „symbolisch generierten Kommunikationsmediums" Liebe, die zunehmend subjektiv wird, bis sie am Ende zum Kriterium ihrer selbst wird.

Die Einwände gegen solche makrologische Theorien sind ebenso sattsam bekannt wie das Unbehagen über einen Funktionalismus, der die Innenwahrnehmung jeglicher Dignität beraubt und den empirischen Befunden nicht standhält. Aber umgekehrt ermöglichen sie erst eine intelligente und unvermeidliche Sondierung und Fokussierung des historischen Quellenmaterials. In solch einem heuristischen Sinn möchte ich eine vierfache Modifikation des Luhmannschen Modells vornehmen, um es sodann an einem Fallbeispiel zu erproben. Die vier Modifikation beziehen sich auf:

- die Vorstellung eines linearen Ablaufes
- die Vernachlässigung der kulturellen Unterschiede
- die Ausblendung des Geschlechter-Aspektes
- die Frage der Medialität von Liebe

Zu Punkt 1: Soziologische und geschichtsphilosophische Stadienmodelle seit Comte, Hegel und Marx folgen der Logik linearen Erzählens.[20] Ein Geschehenselement löst das andere ab: das positive Wissen ersetzt die Religion, der Kapitalismus den Sozialismus oder, wie im Falle Luhmanns, die ‚objektive' Verstandesliebe die subjektive leidenschaftliche Liebesbeziehung. Mit den großen Erzählungen des Fortschritts haben solche Stationsdramen eben jene Linearität gemeinsam, die Kategorien wie Substitution und Verschwinden bevorzugt. Demgegenüber scheint Vorsicht geboten. Rückgriff auf (vermeintlich) bewährte beziehungsweise überholte Modelle sind immer möglich und denkbar: So lassen sich in den Liaisonen von heutigen kulturellen Leitfiguren wie Film-, Medien- und Sportstars die Verschränkung subjektiver, scheinbar selbstloser Strategien mit objektiven und berechnenden Kalkülen, die Verquickung romantischer und handfester Motive nachzeichnen.

Zu Punkt 2: Ganz augenfällig differiert die Geschichte diskursivierter und kommunizierter Liebe je nach kulturellem Kontext. So dürfte es zwischen dem französisch- und dem deutschsprachigen Diskurs sowie zwischen dem katholischen und dem protestantischen

---

19 Luhmann, Liebe, wie Anm. 1, 33.
20 Vgl. hierzu Hayden White, Auch Klio dichtet oder Die Fiktion des Faktischen. Studien zur Tropologie des historischen Diskurses, Stuttgart 1986, Kap. 3 u. 4, 64–122.

Kontext, nicht unerhebliche Differenzen geben – etwa im Hinblick auf Sinnlichkeit/Vernunft, Egoismus/Altruismus. Auffallend im deutschen Diskurs der Liebe im 18. und frühen 19. Jahrhundert ist die Affirmation von Gefühl und Leidenschaft bei gleichzeitiger sexueller Verschwiegenheit.[21] Diese kulturellen Unterschiede werden in unserem Fallbeispiel von Belang sein.

Zu Punkt 3: Luhmann geht zwar davon aus, dass es in der Kommunikationsform Liebe zwei alternierende Rollen gibt, die er mit Ego (Liebender) und Alter (geliebte Person) bezeichnet.[22] Obwohl es nahe liegt, in der Gegenüberstellung von aktivem Werben und passivem Erleben (geliebt werden) ein kulturell wirksames geschlechtsspezifisches Stereotyp zu vermuten, bleibt bei Luhmann die geschlechtliche Besetzung und Codierung dieser Rollen weithin außer Betracht. Die romantische Liebe könnte, so ließe sich hypothetisch sagen, auf einer tiefen Ambivalenz der Geschlechterkonstellationen beruhen: Sie impliziert Gleichheit im Gefühl und steigert zugleich das klassische Gegenüber von werbendem Mann und umworbener Frau.[23]

Zu Punkt 4: Luhmanns Verwendung des Terminus „Medium" (Liebe als „Kommunikationsmedium") ist zutiefst missverständlich. Denn Liebe an sich ist wohl kein Medium, tritt aber stets nur in diskursivierter Form und in medialer Realisierung auf, was auch Luhmann konzediert, wenn er davon spricht, dass die für die Liebe präferierten Texte und Textsorten (Brief, Roman, Traktat) keineswegs getreu die Sache selbst wiedergeben, sondern sie erst ‚operationalisierbar' machen. Bevorzugter Typus des Liebesdiskurses um 1800 ist der Brief, der eine eigene strukturelle und inszenatorische Logik in sich birgt.[24]

- Er impliziert eine Form von Ferne, da er die Abwesenheit des Adressaten voraussetzt, zuweilen sogar induziert. Um schreiben zu können, muss man sich entfernen.
- Er setzt einen bestimmten zeitlichen Rhythmus, einen Abstand zwischen Frage und Antwort, zwischen Werbung und Reaktion.
- Zeitlicher und räumlicher Abstand lassen auf beiden Seiten einen scheinbar gemeinsamen imaginären Raum entstehen. So ist die romantische Liebe mit ihren Projektionen

---

21 Als literaturwissenschaftliche Einführungen seien hier genannt: Annette C. Anton, Authentizität als Funktion, Stuttgart 1995; Elke Claus, Liebeskunst. Untersuchungen zum Liebesbrief im 18. Jahrhundert, Stuttgart 1993.
22 Luhmann, Liebe, wie Anm. 1, 26.
23 Zur feministischen Diskussion der romantischen Liebe, verweise ich auf folgende Untersuchungen: Barbara Becker-Cantino, Schriftstellerinnen der Romantik, München 2000; Regula Frankhauser, Des Dichters Sophia. Weiblichkeitsentwürfe im Werk von Novalis. Studien zur Literatur- und Kulturgeschichte, Köln/Weimar/Wien 1997. Weitere Literatur findet sich in: Marion Gattermann, Feminismus und Romantik. Das Frauenbild im Werk von Novalis, Wien (unveröffentl. Diplomarbeit) 2003.
24 Walter Uka, Brief, in: Werner Faulstich Hg. Grundwissen Medien, München 1998³, 114–132.

und Phantasien unmittelbar mit dem in den Mittel- und Oberschichten verbreiteten Schriftmedium „Brief" verbunden.
- Die Schriftlichkeit bringt auf Grund ihrer Nicht-Flüchtigkeit eine bestimmte Materialisierung der „Botschaft" mit sich, die charakteristische soziale Verhaltensmuster produziert: Festlegung, Verbindlichkeit, Bekenntnis, Authentizität, sprachliche Auskristallisierung des Ich, die Möglichkeit, Briefe zu sammeln und mit anderen auszutauschen.[25]
- Mit Schriftlichkeit hängt auch zusammen, dass fiktionale Literatur und Gebrauchstext Hand in Hand gehen, dass die belletristische Prosaliteratur zu Ende des 18. Jahrhunderts den Briefroman als Form favorisiert, während umgekehrt die Briefe, die einen bevorzugten persönlichen Absender haben, immer literarischer werden, um seine/ihre Besonderheit, Belesenheit und Bildung unter Beweis zu stellen.[26] Dass beide in diesem Sinn zu schreiben und durch das Schreiben hindurch zu fühlen imstande sind, macht sie – strukturell, ungeachtet des Fortbestandes alter Geschlechter-Stereotypen – zu Gleichen und Ebenbürtigen in einem diskursiven Kontext, der hochgradig aristokratisch und elitär ist, nicht der Genealogie, wohl aber dem geistigen Anspruch nach.

Im Medium des intimen Briefes gerät das Leben in der Tat zum Text und die Schreiber werden zu Rollenträgern, die programmatische Texte inszenieren, die in Abgrenzung zu einem anderen Briefroman geschrieben werden. Friedrich Schlegels Lucinde lässt sich als eine Antwort auf Goethes Briefroman Die Leiden des jungen Werther ansehen. Schlegels männlicher Protagonist Julius, der Romantiker schlechthin, will beide Rollen besetzen, die des leidenschaftlichen, unglücklichen Liebhabers und die des Lebensglück planenden Ehemanns. Er zielt auf eine Leidenschaft, die auf Dauer gestellt und stets nur durch Liebe legitimiert ist.[27] In diesem Briefwechsel sind alle vier Modifikationen, die an Luhmanns Modell vorgenommen wurden, von Belang: Die Kontrastierung und Verquickung von verschiedenen Liebescodes ist ebenso wichtig wie kulturelle Nuancen, die geschlechtliche

---

25 So sendet Clemens Brentano am Höhepunkt seines abermaligen Werbens um Sophie der Geliebten Briefe seiner Lieblingsschwester Bettine, mit der Bitte, die Geliebte möge seiner Schwester schreiben. In diesem Fall geht es darum seiner geplanten Heirat Anerkennung zu verschaffen und die Schwester für seine – in der Familie umstrittene – Liebesbeziehung zu gewinnen: „Ich schick dir hier Betinens Briefe, ich glaube mehrere davon haßt du noch nicht, ließ sie doch, und freue dich ihrer, wie glüklich wäre ich, wenn du in einem vollen Liebevollen Momente deines Herzens Betinen schriebst, so recht innig wie du mich liebst, würde ihr das eine Freude sein." (Vgl. B 31, 128) Dass Bettine aber nicht glücklich über die Beziehung des Bruders gewesen ist, erfahren wir aus dem zwei Wochen später verfassten Brief vom 4./5. August 1803 (B 31, 127).
26 Luhmann, Liebe, wie Anm. 1, 37: „Schon im 17. Jahrhundert weiß man: die Dame hat Romane gelesen und kennt den Code."
27 Luhmann, Liebe, wie Anm. 1, 43.

Codierung und die Indienstnahme der ästhetisch-theoretischen Möglichkeit des Mediums Brief.[28]

2. Eine unmögliche Geschichte:
Die Dame und ein Bohemien aus gutem Hause

Liebe definiert Luhmann als das Medium des Unwahrscheinlichen.[29] Aber es ist gibt doch Abstufungen des Unwahrscheinlichen bis hin zum Unmöglichen. Vermutlich stellt diese Unmöglichkeit für jenen, der in die Rolle des werbenden Ego schlüpft, nämlich den jungen Clemens Brentano, der als 20-jähriger zum Studium nach Jena kommt, einen besonderen Anreiz dar, die Frau an die er sich 1798 brieflich wendet, Sophie Mereau, für sich zu gewinnen und zu ‚erobern'.

Die Altera erscheint zunächst unerreichbar: Sie ist die Ehefrau eines etablierten Anderen und darüber hinaus eine bereits erfolgreiche Schriftstellerin, Freundin Schillers und Bekannte Goethes, die auch in deren Zeitschriften publiziert und zugleich einen eigenen Almanach herausbringt. Sie ist die erste Frau, die Philosophie studiert (bei Reinhold und Fichte), ein gesellschaftlicher, wenn auch infolge einiger Affären skandalumwitterter Star der verzweigten, aber gut überschaubaren Abendgesellschaften in Weimar, Jena und Umgebung.[30]

Er, der „Ego" (um in Luhmanns Terminologie zu bleiben), ist hingegen ein Studienanfänger, ein literarisch Namenloser, bestenfalls ein Talent, nach damaligem Recht noch nicht volljährig. Neben seinem Charme und seiner Überredungsgabe – hat er freilich zwei große Vorzüge: Er kommt aus einer erfolgreichen, katholisch-italienischen Einwandererfamilie,[31]

---

28 Ein Moment, das Bohrer übrigens völlig entgeht, vgl. Karl-Heinz Bohrer, Der romantische Brief. Die Entstehung ästhetischer Subjektivität, München 1987, 7–15.
29 Luhmann, Liebe, wie Anm. 1, 21.
30 Ich beziehe mich auf folgende monographische Untersuchungen: Katharina von Hammerstein, Sophie Mereau-Brentano. Freiheit – Liebe – Weiblichkeit. Trikolore sozialer und individueller Selbstbestimmung um 1800, Heidelberg 1994; Uta Fleischmann, Zwischen Aufbruch und Anpassung: Untersuchungen zu Werk und Leben der Sophie Mereau, Frankfurt a. M. 1989; Gisela Schwarz, Literarisches Leben und Sozialstrukturen um 1800. Zur Situation von Schriftstellerinnen am Beispiel von Sophie Brentano-Mereau, geb. Schubart, Frankfurt a. M. 1991; Friederike Fetting, „ich fand in mir eine Welt". Eine sozialgeschichtliche Untersuchung zur deutschen Romanschriftstellerin um 1800: Charlotte von Kalb, Caroline von Wolzogen, Sophie Mereau-Brentano, Johanna Schopenhauer, München 1992. Der Deutsche Taschenbuchverlag hat eine von Katharina von Hammerstein edierte und kommentierte dreibändige Werkausgabe vorgelegt, die die Romane Sophie Mereaus (*Das Blütenalter der Empfindung, Amanda und Eduard*), eine Auswahl der Gedichte und Erzählungen sowie einen Band mit Ego-Dokumenten enthält (Mereau, Sophie, Liebe und allenthalben Liebe. Werke und autobiographische Schriften in drei Bänden, München 1997).
31 Literatur zu Clemens von Brentano und zum biographischen Hintergrund: Hartwig Schultz, Die Frank-

deren Zusammenhalt überaus eng ist, der es binnen einer Generation gelungen war, die Spitze der Frankfurter Gesellschaft zu erklimmen. Zweitens konfrontiert er die ältere Frau, die in Kategorien einer intellektualisierten Gefühlskultur (Aufklärung und Empfindsamkeit) denkt, fühlt und schreibt, mit einem neuen Liebescode, dem romantischen. In gewisser Weise lässt sich der unerwartete Ausgang des Briefwechsels, die wenngleich langwierige, so doch erfolgreiche Werbung, auch als Triumph des romantischen über den klassischen Code (im Sinne Luhmanns) begreifen.

Es sind nicht nur ganz subjektive, irrationale Wahrnehmungen ihres Liebhabers, die Sophie attraktiv und erotisch erscheinen lassen, sondern auch ganz bestimmte neue kulturelle Wertsetzungen, die sie sozial als besonders attraktiv erscheinen lassen und die in Kontrast zu den üblichen Wertigkeiten stehen. In diesem Punkt gleichen sich die Fälle Clemens Brentano/Sophie Mereau, Friedrich Schlegel/Dorothea Veit und Friedrich Schelling/Caroline Schlegel aufs verblüffendste. Sie entsprechen dem folgenden Schema:

Sie	Er
erfahren	unerfahren
älter	jünger
gesellschaftlich etabliert	nicht gesellschaftlich etabliert
selbständig	unselbständig
verheiratet	unverheiratet
eigene Kinder	verspielt

Dass solche Beziehungen in einem bürgerlich-protestantischen Milieu Skandale hervorrufen, liegt auf der Hand. Erstaunlich daran ist nicht bloß, dass hier einem – wenigstens aus heutiger Sicht – modernen Typus von Frau männliche Bestätigung widerfährt, indem die selbstständige, in jeder Hinsicht erfahrene Frau als erotisch anziehend wahrgenommen und begehrt wird. Vielmehr ist es wenigstens in diesem ganz spezifischen Modell die um ihre Selbstanerkennung kämpfende Frau, die die Initiative in der Durchsetzung neuer Formen von Intimität und emotionaler Intensität übernimmt. Umgekehrt lässt sich sagen, dass der romantische Liebescode eines neuen Bildes von Frau bedarf: Werthers Lotte ist wenigstens nach romantischer Maßgabe ein erotisches Auslaufmodell: sie ist weder empfindsam noch etwa romantisch. Das wussten beide Briefpartner, Mereau und Brentano, die beide Friedrich Schlegels Lucinde gelesen hatten, in der der schüchterne und ungelenke jugendliche Julius die Sinnlichkeit weiblicher Maturität preist:

furter Brentanos, Stuttgart 2001; Klaus Günzel, Die Brentanos. Eine deutsche Familiengeschichte, Zürich 1993.

> Durch alle Stufen der Menschheit gehst du mit mir von der ausgelassenen Sinnlichkeit bis zur geistigsten Geistigkeit und nur in dir sah ich wahren Stolz und wahre weibliche Demut ...
>
> Die üppige Ausbildung ihres schönen Wuchses war für die Wut seiner Liebe und seiner Sinne reizender, wie der frische Reiz der Brüste und der Spiegel eines jungfräulichen Leibes.
>
> Die hinreißende Kraft und Wärme ihrer Umschließung war mehr als mädchenhaft; sie hatte einen Anhauch von Begeisterung und Tiefe, die nur eine Mutter haben kann.[32]

Man braucht kaum zu betonen, dass eine solche Hinwendung zur reifen und überlegenen Frau extravagant und im Kontext des Zeitgeistes nicht repräsentativ war. Mit der literarischen Avantgarde – in dem kleinen Fürstentum Weimar – etablierte sich im Zeitraum von 1770 bis ca. 1800 ein Laboratorium neuer Lebensformen und -inszenierungen. Die unwahrscheinliche Liebesgeschichte endete mit einem Doppelschlag: Sophie, die Lucinde Brentanos, ließ sich – es war die erste Scheidung in Weimar – von Superintendent Herder einvernehmlich scheiden, womit der Skandal seinen ersten Höhepunkt erreichte. Zuvor aber hatte sie Brentano, ihrem Julius, jeglichen Kontakt verweigert und ein Ende der Beziehung herbeigeführt. Eine überraschende Volte in einer endlosen Liebesgeschichte, die damit noch nicht ihr – fulminantes – Ende genommen hatte.

3. Der Triumph des ‚romantischen Codes' und seiner Strategien

Die erste Phase der Liaison zwischen Sophie Mereau und Clemens Brentano dauert vom Sommer 1798 bis Juli/August 1800.[33] Die zweite Phase ihrer Beziehung beschränkt sich auf einen kursorischen, insbesondere von Clemens betriebenen Briefwechsel. In diese Zeit, die erst mit der persönlichen Wiederbegegnung im Mai 1803 endet, fällt die Scheidung Mereaus (Juli 1801), ihr Rückzug aus der Gesellschaft sowie der Aufbau einer eigenen beruflichen Existenz als Schriftstellerin. Die dritte Phase, vom Mai 1803 bis zum Tod Sophies im Kindbett (Oktober 1806), umfasst so wichtige Ereignisse wie die Organisation eines gemeinsamen Lebens, den Streit um die Eheschließung, Sophies Schwangerschaften und die Reisen der bei-

---

32 Friedrich Schlegel, Lucinde, Frankfurt a. M. 1985, 21 u. 94.
33 Sophie Mereau-Brentano, Tagebuch 1800, Eintrag August 1800: „Festeres Verhältnis mit S. [Friedrich Schlegel]. Süße Lust. Gänzlich aufgehobner Umgang mit B [Brentano]". Dorothea Veit kommentiert das Ende der Beziehung in einem Brief an August Wilhelm Schlegel nicht ohne hämisch mit dem Namen der beiden zu spielen: „Ja, ja Meeräffchen hat dem Angebrannten eclatanten Abschied gegebe, so daß er nicht angebrannt, sondern abgebrannt ist". (Caroline und Dorothea Schlegel in Briefen, hg. von Ernst Wieneke, Weimar 1914, 331.)

den. In zwei aufeinanderfolgenden Perioden, verdichten sich die inneren und äußeren Ereignisse, werden die verschiedenen Kodierungen von Liebe explizit thematisiert: zwischen Dezember 1802 und Juli 1803 sowie von August 1803 bis Oktober 1803, als Sophie Mereau wegen ihrer Schwangerschaft den Widerstand gegen eine formelle/offizielle Eheschließung aufgibt.

Es ist vornehmlich die zeitweilige oder auch gänzliche Abwesenheit, die den Gebrauch des Mediums Brief aktiviert und den Raum des Imaginären, jenen Raum von Vorstellungen, Wünschen, Illusionen und Projektionen öffnet. In diesem Sinn ist Kommunikation niemals nur dual. Vielmehr ist die medialisierte Kommunikation in ihrer unüberwindlichen Eigenlogik stets als drittes Element im Spiel. Die kommunikative Rollenverteilung bleibt dabei stabil, um nicht zu sagen: monoton. Clemens ist der Agierende, der rhetorisch mit allen Mitteln Werbende, sie ist die Altera,[34] die Antwortende, die Reagierende, Erlebende, die seine ausführlichen Briefe mit Sätzen wie diesen kommentiert: „Ihre Briefe sind mir sehr lieb – am liebsten der letzte" (November 1799, I/14) oder: „Zwei von Ihren Briefen haben nicht das Glück mir zu gefallen." (November 1801, I/16) „Auch Ihre Briefe müssen sparsamer werden!" (November 1801, I/17). Die geschlechtsspezifische Rollenverteilung – männliches Ego/weibliches Alter – bedeutet nicht automatisch eine Asymmetrie der Machtkonstellationen zu Ungunsten der Frau: Schließlich ist sie es, die sich in ihrer Position als Altera entzieht, auf Distanz geht, Sein *Du* mit einem *Sie, junger Mann* respondiert, als die lebenserfahrene Dame von Welt, verheiratete Frau und Mutter Kommentare und gute Ratschläge gibt. Nicht selten unterlässt sie es, ihm überhaupt zu antworten oder untersagt die persönliche Kontaktaufnahme. Indem sie so re-agiert, hält sie den Briefkontakt aufrecht, ohne irgendeine Verpflichtung einzugehen.

Diese Situation führt zur Eskalation. Denn der Briefwechsel hat stets das telos, sich überflüssig zu machen und in eine ‚reale' Beegnung einzumünden. Clemens Brentano ersinnt neue Strategien und versucht, wie ein Spieler in einer Partie, in die Offensive zu gehen. Denn sein (vorerst) vergebliches Werben und das Scheitern der ersten Liaison führen ihm schmerzhaft deutlich vor Augen, dass es ihm nicht gelungen ist, sie ästhetisch zu ‚überwältigen'. Für diese Offensive bietet sich ein neuer Code an, jener, den wir im Anschluss an Luhmann als den romantischen bezeichnen möchten, wie er in Friedrich Schlegels Lucinde expressis verbis formuliert worden war. Pikantes Detail am Rand ist, dass sich Sophie Mereau nach dem Abbruch ihrer persönlichen Beziehung zu Clemens Brentano Friedrich Schlegel zuwendet und mit diesem eine seltsame gemeinsame Gefühlserotik zelebriert. Der neue romantische Code der Liebe, den Karl Heinz Bohrer als „Selbstillumination des Herzens" be-

---

34 Die Briefe Sophie Mereaus werden – wenn nicht anders vermerkt – nach folgender Ausgabe zitiert: Briefwechsel zwischen Clemens Brentano und Sophie Mereau, hg. von Heinz Amelung, Leipzig 1908. Bei der Datierung bin ich der Frankfurter Brentano-Ausgabe und der neueren Sekundärliteratur gefolgt.

zeichnet hat,³⁵ scheint gegenüber dem aufklärerisch-empfindsamen, wie ihn Sophie mit ihren zahlreichen Verehrern und zur Wut ihres Ehemannes praktiziert und diskursiviert, attraktiv und befreiend. Er impliziert eine Emanzipation der erotischen Gefühle von der Kontrolle geselliger Konvention und intellektueller Lenkung.

So verwandelt sich der Briefwechsel zwischen den beiden in eine Kontroverse über gegenläufige Codes der Liebe, in der Sophie die ältere konventionelle Empfindsamkeit, Clemens aber das romantische Projekt des Lebens und der Liebe als Kunstwerk vertritt. Es sind insbesondere die folgenden Momente, die diesen neuen romantischen Code charakterisieren und die Brentano beim zweiten Anlauf, eine intime Liebesbeziehung mit Sophie Mereau zu installieren, virtuos handhabt:

- Selbstreferenz und Selbstinszenierung
- Stellvertretung und rhetorisches Spiel
- Macht des Bildlich-Imaginären
- die falsche Gesellschaft und das Prestige des Gefühls
- Geheimnis und wahres Selbst
- Dialektik des poetischen Lebens: Liebe als Kunstwerk
- romantisches Begehren gegen aufgeklärte Empfindsamkeit
- Auflösungsphantasien
- Tautologie der Liebe: Liebe als religiöser Kult

Der vom 10. Dezember 1802 datierte Brief muss die in intimer Korrespondenz durchaus geübte und erfahrene Frau überrascht haben. Sein Absender und offizielle Briefschreiber ist nämlich nicht Clemens, sondern dessen jüngerer Bruder Christian, sein Stellvertreter, der Bote, der das Medium gleichsam als ein anderer personalisiert. Damit wird sinnfällig, dass private Briefe nicht nur zwei wechselseitige Leser haben, sondern potenziell mehrere: Geschwister, Freunde. In der triadischen Struktur brieflicher Kommunikation – Ego, Alter und Medium– ist also die Anwesenheit eines Dritten oder Dritter eingebaut, die an dem intimen Geschehen Anteil nehmen. Briefe und Bilder werden zu Fetischen eines neuen sozialen Raumes, zu Dingen, die sich auf Grund ihres subjektiven Wertes jeglichem Tausch entziehen und die die Identität des modernen Subjekts verbürgen. Unübersehbar ist zudem, wie wichtig für Clemens Brentano die eigene Familie ist: als Rückhalt, als sozialer, ökonomischer und psychologischer Bezugspunkt.

Durch die ‚stimmliche'³⁶ Rochade wird *Selbstreferenz* generiert. Das Zurücktreten hinter

---

35 Bohrer, Brief, wie Anm. 28, 62–75; vgl. auch 103–115; 164–179.
36 Erzähltechnisch besehen lebt der Brief von der Spannung zwischen der Stimme des Erzählers/Berichterstatters (Christian) und der Perspektive/Fokus (Clemens). Vgl. dazu: Mieke Bal, Narratology. Introduc-

das „Medium" des Bruders ermöglicht eine perfekte Selbstinszenierung und ein mehrschichtiges rhetorisches Spiel. Christian, der Stellvertreter, spricht nicht für sich selbst, sondern er ermöglicht es Dinge zu thematisieren, die der Werbende selbst nicht auszusprechen vermöchte, jedenfalls nicht zu seinem Vorteil.

Der Brief beginnt mit einer Reihe von Anfragen: Zunächst wird das Bild der Mutter, das Clemens der Geliebten geschenkt hatte, zurückerbeten. Diese paradoxe Bitte ist indes nicht so harmlos wie sie scheint. Denn Brentano hat dieses *Bild*, das er ja nicht wirklich zurückgeschickt bekommen möchte, verschenkt, weil Sophie ihn an seine früh verstorbene Mutter erinnert. Sie ist gleichsam umstellt von Bildern von Clemens, dem Bild seiner Mutter, dem Bild der Schwester Bettine, dem Bild der Schauspielerin in Düsseldorf, die Clemens an die abwesende Geliebte erinnert. Eigentlich möchte Clemens jene Beziehung wiederherstellen, die auf der bildlichen Gleichung der Mutter mit der sich entziehenden Geliebten beruht. So konstruiert das romantische Ego einen *imaginären Raum*, in den er seine Altera gleichsam fixiert – das verweist auf die Macht des Bildlich-Imaginären.

Dass der Bruder, Clemens, nicht selbst schreibt, hat mit dessen beunruhigenden „Zustand" zu tun, den Christian mehrfach in dem Brief erwähnt: „Er [Clemens, A. d. V.] ist zertrümmert; aber Madame die Ruinen sind noch immer so groß; daß ich das Weib nicht begreifen kann, das sie bewohnt."[37]

Dass es dem (einstigen) Geliebten schlecht geht, gilt im Kontext einer exaltierten, Gefühl zelebrierenden Kultur[38] durchaus als ein Argument: Sophie wird als Bewohnerin seiner Innenwelt für den emotionalen Zusammenbruch und damit für seinen Zustand verantwortlich gemacht, weil sie mit ihm zusammen diesen imaginären Raum des Gefühls erschaffen hat. In einer sentimentalen Kultur, in der das Gefühl eine so hohe Wertschätzung hat, ist die unglückliche Verfassung des Briefpartners von Belang. Wo Menschen durch gesellschaftlich inszenierte Gefühle verbunden sind, da wird das Gefühl zum Argument. Clemens und sein Bruder konnten also durchaus damit rechnen, dass dieses Argument Eindruck auf die Empfängerin machen musste.

Der durchkomponierte Brief lässt den Bruder dann selbst in einem raffinierten Zitat zu Wort kommen. Christian zitiert aus einem (wohl vorgeblichen) Brief des Bruders an ihn:

---

tion to the Theory of Narrative, Toronto 1997², 19 f, 43–75. Gérard Genette, Die Erzählung, München 1998².

37 BM 1, 34.
38 Vgl. Bohrer, Brief, wie Anm. 28, 108. Karl-Heinz Bohrer betont hier die programmatische Abkehr Brentanos vom „zweckrationalen Verhalten". Brentano entdecke „in der Adressatin das andere ihrer absehbaren Vernunft". Bohrer, der ästhetische und soziale Modernität voneinander abheben möchte, scheint mir die moderne Ökonomie zu übersehen, die im affektiven Tausch und Wettbewerb der Gefühle mit Sophie zum Tragen kommt.

Nicht wahr, lieber Christian, Du wirst mir immer gütig seyn, mich immer lieben, wenn Du auch siehst; daß ich ruhig und kalt durch die Welt irre, oder allein an dem kleinen Fleck verborgen lebe, ewig den Blick gerichtet zu ihr die mich getödet hat. Nichts, nichts kann die Erinnerung in mir vernichten.[39]

Sophie Mereau ist also die Ursache seines Leides, weil sie ihm ihre Liebe vorenthalten hat, die ihm doch eigentlich zusteht. Der Kunstgriff, den Bruder zum Absender zu machen, gestattet eine schmeichelhafte und einigermaßen schamlose Selbstinszenierung, wie sie schon in der Apotheose männlich-unglücklicher Einsamkeit anklingt. Clemens wird darin – über seine konkreten Eigenschaften hinaus – zum Inbegriff des romantischen Codes einer religiös gefassten und inspirierten Liebe:

Wahrheit, Madame, eine gränzenlose Rücksichtslosigkeit Wahrheit macht den heiligen Grund seines Characters; sie wird in ihm bis zu den Gefühlen des Augenblicks laut, und löst sich in der innern, tiefen Güte seines Herzens zu einer schönen Reflexion … Er [der äußere Beobachter, W. M.-F.] kann die Widersprüche seiner Sprache nicht lösen, und erspart sich die Mühe gar gern und gar leicht dadurch; daß er ihn für Characterlos oder für Leichtsinnig hält. Aber wer es so macht; der irrt; denn sein Character ist vielmehr so gewiß, so vollendet, so schön; daß er für die Welt beinahe zu zart, beynah zu tief ist.[40]

Das sind Bekenntnisse einer schönen männlichen Seele, die jedwede klassische Empfindsamkeit überbieten. Worauf es ankommt, ist, dass hier ein männliches Selbstbild geschaffen und entworfen wird, das sich gänzlich vom traditionellen unterscheidet. Ganz offenkundig gehen der brüderliche Werber wie sein Auftraggeber davon aus, dass dieses Selbstbild von Seiten der Altera als attraktiv bestätigt werden könnte. Denn zur Logik solcher symbolischen Selbstkonstruktionen gehört, dass sie Resonanz und Bestätigung hervorrufen. Der Brief ist tautologisch: Er spricht von der Liebe zur Liebe, von der Tautologie der Liebe.

Bei allem emotionalen Überschwang wird in diesem Brief keineswegs auf die egoistischen Anliegen des Bruders vergessen: den Ärger darüber, dass dessen Gedichte im Almanach der Schriftstellerin Mereau keine Berücksichtigung fanden, seine Eifersucht auf Schlegel. Geschickt flicht der Bruder auch Brentanos Flirt mit einer Schauspielerin ein, jener Schauspielerin, die ihn ganz und gar an die ferne Geliebte erinnert.[41]

---

39 BM I, 35.
40 BM I, 34.
41 Vgl. auch den Brief an den Bruder aus Düsseldorf, Anfang Dezember 1802: „Was mich besonders an das Theater feßelt, ist die Gestalt und die ganze Manier einer Schauspielerin die der Mereau biß auf den Kopf ganz gleicht, vortrefflich singt und spielt; ich liebe in ihr immer noch jenen Engel, und vermeide alle Gelegenheit sie zu sprechen, welche sie eifrig sucht, um meine Täuschung nicht aufzuheben." (B 29, 544)

Dass Sophie den wahren Absender kannte, beweist ihr promptes Antwortschreiben vom 12. Dezember, das sie direkt, ohne Umwege an Clemens richtet. Sie geht auf das Spiel mit dem Bild ein, das die Brüder Brentano eröffnet hatten, indem sie auf sein eigenes Bildnis verweist, es gleichsam ins rhetorische Spiel bringt, jenes Bild von Clemens, von dem sie befindet: „Mit gütiger Kunst hat er den Genius darinnen gezeigt und den Dämon verborgen."[42]

Damit formuliert die Frau einen konkreten Vorbehalt gegen den Geliebten, der augenscheinlich ihrer Beziehung im Wege steht. Dieser Einspruch ist ganz und gar un-romantisch. Er macht die Liebe – im Sinne Luhmanns – von Eigenschaften der Individuen abhängig. Die Liebe Brentanos allein ist für Sophie zunächst kein zwingendes Argument, auf sein Werben einzugehen. Im Gegenteil lehnt die Diva der Weimarer Empfindsamkeit die romantische Abgründigkeit („Dämon") ab. Mit ruhiger Distanz und überlegener Klugheit erklärt sie die Umstände der Nicht-Publikation seiner Beiträge und fordert ihn auf, seine Kritik an ihr nicht über Dritte zu formulieren, sondern direkt an ihn zu richten. Sophies Brief ist zwiespältig, Widerstand und Ermutigung halten sich die Waage. Die schnelle Antwort, die Interesse signalisiert, steht in auffälligem Widerspruch zum knappen und gemessenen Stil des Schreibens, das in keinem Wort auf die Liebesbekundungen des männlichen Ego eingeht.

Eine ausführliche Antwort Brentanos erfolgt dann mit dem nicht enden wollenden Brief vom 10. Jänner 1803, der die Erklärung von Liebe und Leidenschaft erneuert:

Ich hätte nicht von Ihnen erwartet, daß Sie mir je wieder schreiben würden, hätte mir es möglich geschienen, daß Sie meiner gedächten, so würde ich diese Weihnachten in Weimar gewesen sein, Sie zu sehen und Sie zu überzeugen, daß ich Sie ewig werde von meiner Leidenschaft hören lassen, wenn Sie sich gleich nie der Gefahr aussezzen, durch eine persönliche Unterhaltung mit mir überzeugt zu werden, daß ich liebenswürdiger bin, als Sie lieben können, daß meine Liebe zu Ihnen unverpflanzt aus ihrer ersten Wurzel fortgewachsen ist ...[43]

Diese Leidenschaft und Liebe ist es auch, die vornehmlich seine Liebenswürdigkeit verbürgt. Dass er und/oder sie liebenswert sind, hat also nicht mit bestimmten Eigenschaften zu tun, sondern ist Ausfluss und Ergebnis der Liebe. Der Briefverkehr etabliert einen gemeinsamen imaginären Raum und weist doch darüber hinaus. Die Liebe will, ungeachtet des Risikos, dass die Realität der Begegnung enttäuschend sein könnte, bestätigt sein. Wenn Julia Kris-

---

42 BM 1, 37.
43 B 31, 10.

teva den Liebenden als einen Narziss mit Liebesobjekt bezeichnet,[44] dann beschreibt sie nicht die Phänomenologie der Liebe schlechterdings, sondern jene, die unter dem Vorzeichen des Romantischen steht und die stets von der prosaischen Realität bedroht ist.

Wenn das männlich-romantische Ego nunmehr zum Angriff auf seine weiblich-empfindsame, aber unromantische Altera übergeht, so zunächst aus der schmerzhaften Erfahrung einer seinerzeit erlittenen Niederlage. Damals wenigstens konnte er – Brentano zielt recht ungeschminkt auf eine ‚masochistische' Seite in Moreau[45] – die „empfänglichen Punkte Ihres Wesens zum Mittel zu machen, Sie zu überwältigen" (B 31, 12). Die nunmehrige Korrespondenz will dies korrigieren, indem sie den Mann aus seiner misslichen Position als jungen Mann befreit, der sich in den Schatten der lebenserfahrenen Frau gestellt sah, die die Spielregeln diktierte. Brentanos Subjektivität verschafft sich ihre Geltung durch die Suggestion von Authentizität: Aufrichtigkeit, Wahrheit, Offenheit. Schon allein dadurch öffnet er einen neuen Raum des Intimen, in den einzutreten er sie bedrängt. Dass die Liebe nicht auf einem Verdienst der beteiligten Personen beruht, macht eine rückhaltlose Kritik der Liebespartner nicht nur möglich, sondern auch wahrscheinlich. Sie dient auch dem Zweck, einen gemeinsamen Code, eine gemeinsame Privatsprache der Liebe zu entfalten. Brentano ist es, der nach dem Scheitern der ersten engen Kontaktnahme nunmehr die Initiative ergreift, um seinen Code gegenüber dem spätaufklärerisch-empfindsamen der Frau durchzusetzen. Im Unterschied zur seiner – wenn auch unhöflichen – Wahrhaftigkeit ist ihre „coquette Sentimentalität" aus seiner Sicht eine Lüge, pure gesellschaftliche Konvention und Heuchelei. Das Scheitern ihrer Beziehung führt er darauf zurück, dass bei ihr nur ein konventioneller Flirt vorlag. Dieses überträgt er nun auch auf ihre Schriftstellerei:

> Sie sind oft zu dem Falle gezwungen worden, des Discurses halber zu reden, des Papieres halber zu schreiben, der Dichterinn wegen zu dichten, und so auch wohl des Gedächtnißes wegen sich meiner zu erinnern.[46]

Brentano steigert diese Kritik noch, wenn er den Argwohn hegt, dass Sophie ihre erotischen Tändeleien mit ihm und anderen jungen Männern hauptsächlich in der Absicht betreibt, Stoff für ihr literarisches Tun zu haben. In dieser Verschränkung von Literatur und Leben, wie sie Sophie als Briefschreiberin, im geselligen Verkehr und als Autorin pflegt, wird das Leben zum bloßen Mittel für eine gefällige Literatur und die Literatur zum Mittel das zugleich das Begehren dämpft. Dem stellt Brentano in einer dialektischen Volte des poetischen

---

44 Kristeva, Geschichten, wie Anm. 4, 102–133.
45 Vgl. „… ich kenne eine Stunde noch deutlich in der Sie mir sagten, ich thue Ihnen nicht die rechte Gewalt an, und darum liebten Sie mich nicht?" B 31, 12.
46 B 31, 11.

Lebens die Radikalität der Leidenschaften und die Authentizität der Gefühle gegenüber. Einige Monate später verkündet er das Programm einer Liebe, die radikales experimentelles Kunstwerk und nicht Mittel zum Zweck ist:

> Ich fühle täglich deutlicher, daß ich nur im fantastischsten, Romantischsten Leben Ruhe finden kann. Du mußt mir darum helfen, mußt mir dies Leben erfinden helfen, sonst muß ich sterben.[47]

Jetzt also verfügt Brentano über einen eigenen romantischen Code, in dem im Sinne einer zugespitzten Poetik des Lebens die Liebe, das erfüllte Leben zum Kunstwerk wird und „die Liebe nur mit der Liebe zu tun" hat.[48] Mit dieser Dialektik versucht Brentano die Konfusion, die zwischen Liebe und Kunst besteht, zu beseitigen. Mit seinem programmatisch romantischen Code trachtet er, Sophies Empfindsamkeit zu überbieten und sie zu „überwältigen". Im Lichte der ‚wahren' romantischen Liebe war ihr Betragen ein einziger Betrug:

> … ich sah, daß ich betrogen war, ich wuste es und glaubte es, aber ich litt prophetisch – eines der tiefsten Momente und mir das entscheidende Orakel meines Lebens ist ein Gespräch mit Ihnen, das erste in dem mich zum erstenmal ein ungalanter, convulsivischer Jammer in Ihrer Gegenwart, liebenswürdige Frau, auf Kosten Ihrer Kälte unterbrach, nun gieng mein Wizz in Wahnwizz über, und wäre ich weiter mein Herr gewesen, so war hier der Moment für die Kunst in der Liebe, von diesem Punkt aus hätte ich das Ganze unsres Umgangs zu einer ästhetischen Gewälttätigkeit über Sie bearbeiten können, ich hatte ja erfahren, daß körperlicher Schmerz Sie rührt.[49]

Der romantische Code ist es auch, der eine höchst paradoxe Form der Werbung möglich macht: die radikale Kritik an der geliebten Frau. In scharfem Kontrast zu traditionellen Formen des Werbens, die stets mit einem Repertoire des Lobens einhergehen, wird die schonungslose Kritik zum Ausweis der wahren Liebe. Sie kulminiert in dem Vorwurf, eine schlechte Künstlerin zu sein, nicht nur im Hinblick auf Mereaus literarisches Werk, das Gegenstand männlicher Eifersucht wird, sondern auch im Hinblick auf ihre Lebenskunst: „weil Sie eine schlechte Künstlerin sind, die über ein herrliches Werk hergefallen ist, über sich selbst." (B 31, 20).

Sophies wahres Wesen ist sozusagen durch die Welt der gesellschaftlichen Konventionen verschüttet und unter ihr begraben. Dass er um ihr Geheimnis, um ihr wahres Selbst weiß,

---

47   BM 1, 123.
48   B 31, 11.
49   B 31, 11 f.

stiftet eine Intimität mit einer ganz spezifischen Aura. Nur er ist im Besitz dieses kostbaren Geheimnisses und das prädestiniert ihn, ganz unabhängig von seinen Vorzügen oder Fehlern, zum wahren Liebenden und – in einer quasi-religiösen Geste – zum poetischen salvator, der seine Altera ihrer prosaischen Gefangenschaft entreißt:

> Wenn ich vertraulich stumm neben Ihnen auf dem Sopha saß, so ließ ich mein Aug über ihre Gestalt hinlaufen und suchte mir den Sehwinkel aus, der Ihnen am meisten schmeichelte, und Ihre einzelnen Häßlichkeiten verbarg, denn Sie sollten ja das Schönste werden, das mir werden konnte, ich sollte Sie ewig lieben, weil Sie es nur von mir verdienten, oder sogar von mir verdienten, denn keiner weiß, und von keinem wird gewust, ob er ins Leben geflucht oder gesegnet ist. So sah ich Sie von dem Punkte an, von dem Sie meiner Liebe ein Ganzes, und ein Eigenthum der Phantasie wurden; oft lächelte ich stillschweigend Ihrer Ohnmacht, wenn Ihr Wille sich regte und Sie durch irgend eine Bewegung Ihres Leibes oder Ihrer Seele reizend werden wollten, und ergözte mich stumm an dem Siege des unerkannten Gottes in Ihnen, aber sehr traurig ward ich, wenn Ihr Bestreben Liebreizend zu sein, heftiger war, denn daran erkannte ich die Verschiedenen schlechten Schulen durch die Sie von Ihrer Geschichte geführt worden waren, und in solchen Momenten wünschte ich Sie wären tod, damit der schlechte Stil zu Grund gehe, und das Göttliche gerettet sei.[50]

Die Liebe ist es also, die schön und liebenswert macht. Darin besteht für beide Seiten ihre heilende Kraft: für ihn wie für sie. Das wird deutlich, wenn Clemens Sophie in seinem Brief vom 4. September 1803, in dem er sie zum ersten Mal expressis verbis zu einer bürgerlichen Heirat überreden will, auffordert, ihn in „ein neues, schönres Leben" zu führen, und sie als sein „Leben" und seine „Seeligkeit" apostrophiert. Dass diese Aufladung der Liebe religiöse Dimensionen annimmt und die Liebesbriefe zu heiligen Objekten werden, liegt auf der Hand. „Die Liebe ist ein göttliches Wunder."[51]

> ... o hättest Du die Briefe nicht verbrannt, Sie waren alle an Gott, sie waren nicht Dein, Du hast die Gebete vernichtet und hast mir die Zunge ausgerissen.[52]

Sophies wahres und falsches Selbst werden symbolisch in die antike Figur der Psyche gefasst, die eine Ikone der klassizistischen Ästhetik darstellt, in deren falschen Bann er auch seine Geliebte sieht, die sich in ihrer Dichtung an die Restaurierung des Klassischen hält. Sie ist

---

50 B 31, 18.
51 B 31, 164–172.
52 BM 31, 107.

die honette Psyche selbst, die „raisonable Frau, die nur solche Briefe schreibt" und die ihre Subjektivität klassizistisch-objektivistisch zusammensetzt, während er, der Romantiker, lieber die echten Bruchstücke betrachtet.

Der Werbende wird zum leidenden Erlöser, zum „ewigen Jesuß am Oelberge, der seine bitteren Leiden voraussieht, und dem der Engel so oft den Kelch der Stärkung reicht".[53] Er führt seiner Geliebten ihr verfehltes Leben vor Augen, das sie daran hindert, wirklich zu lieben, ihn, versteht sich, den einzigen, der um ihren wahren verhüllten Wert und ihre doppelte Schönheit weiß. Die radikale Kritik ist mit einem schrankenlosen Liebesbekenntnis und dem Lob der eigenen Freimütigkeit gekoppelt. Beide sollen die Kritik zu einem Ausweis grenzenloser Liebe machen. In seiner Kritik an Sophie scheut Clemens auch nicht davor zurück, ihre Sexualmoral als „Liverei der Tugend" zu geißeln. Um dies zu tun, nimmt er einen Umweg über die Memoiren der französischen Aufklärungsschriftstellerin Hippolyt Klairon, die er mit großer Antipathie gelesen hat, weil sie eine „Pariser Schauspielerinn" ist, „die ihrem Leib kein Vergnügen versagt, und doch immer so tugendhaft wie eine Großmutter genannt sein will."[54]

Zwar reagiert Sophie auf diesen Brief mit knappem Spott und bewahrt im Gegensatz zu Brentano Distanz. Der Architekt des neuen kulturellen Raums einer erotisch getränkten Liebe, changiert indes federleicht zwischen dem Du und dem Sie. Aber immerhin, sie setzt den Briefwechsel fort, so daß er sich geschmeichelt fühlen kann; es bereitet ihm „Wollust", dass er sie „noch beleidigen kann."[55]

In einem Brief von Mitte Juni 1803 wird dann auch jener Kontrast deutlich, den Luhmann mit der Diskursivierung der Sexualität anspricht, die der romantischen Liebe zu ihrer Evidenzerfahrung verhilft. Gegen die empfindsame Tändelei setzt Brentano das Recht des Begehrens. In dem Brief, der in die Zeit fällt, in der Brentano zu einer intimen Beziehung mit Sophie zu kommen sucht, werden retrospektiv die Gründe für das Scheitern der früheren Beziehung und nebenbei bemerkt auch die Haltlosigkeit seiner eifersüchtigen Phantasien deutlich, die sie in die Nähe einer Kokotte gerückt haben:

Liebe Seele, lieber Leib, liebe Sophie, o eines nur glaube nicht von mir, daß ich frech sei, ich habe, was Du vielleicht vergessen hast, nur vier mahl von solchen Dingen mit Dir geredet, und nie war es mein Wille, die Natur hat es immer gewollt, einmahl war es in großen Schmerzen, da saßt Du auf dem Tisch in Jena, und ich bat Dich mit Beben, Du solltest keine Kinder mehr durch Mereau haben, da bat ich für Dich, das zweitemahl da lag ich im Walde in Deinem Schoos, Du hattest mich viel geküßt, und ich war unersätt-

---

53 B 31, 19.
54 B 31, 22.
55 BM 31, 47.

lich geworden, und bat Dich, Du solltest mich Dein Herz küßen laßen, da wardst Du ernst und versagtest mir es … das drittemahl, daß ich von solchen Dingen mit Dir sprach, war in der Verzweiflung, es war da Du mich verstießest, da sprach ich zu Dir: ob Du mir Deinen Leib für all das Elend um dich nicht geben wolltest, wenn Du ja doch mit Mereau bliebst, so wolle ich wiederkommen und wir wollten schlecht sein …[56]

Der Inhalt dieser Werbung, die in diesem Brief – diesmal erfolgreich – wiederholt wird, ist unzweideutig. Und wie die erotische Selbstinszenierung Sophies im Code der Empfindsamkeit das Begehren Brentanos anstachelt, so wird der romantische Code jenes neue Alphabet der Liebe, in der Sexualität einen festen Platz erhält.[57] Dass Sophie zunächst Brentanos Ansinnen abschlägig beantwortet, dürfte neben pragmatischen Gründen – ihre Ehe mit Mereau und die Angst vor einem außerehelichen Kind – auch mit ihrer Vorstellung von Liebe und Moral zusammenhängen. Diese setzt die reine Empfindung an die Stelle des Vollzugs und teilt das Leben zwischen realer Pflichterfüllung (sie bekam in der ersten Periode ihrer Beziehung mit Brentano noch ein Kind von Mereau) und schwärmerischem emotionalen Innenraum auf. Ihr ganzes frühes Tagebuch lässt sich in diesem Sinn als ein literarisches Gefühlsbarometer lesen, in dem die jeweiligen Gefühlswerte sorgsam festgehalten sind.

Nach der einvernehmlichen Trennung von ihrem Mann, die durch die Abwesenheit Brentanos gewiss erleichtert wurde, und die Absicherung ihrer Existenz mag das an sie ergangene Angebot einer poetisch-romantischen Liebe trotz der Jugendlichkeit des männlichen Ego attraktiv erscheinen, das Brentano seinerseits aus einer Mischung von pragmatischen und romantischen Motiven von vornherein als Heiratsantrag konzipiert hat. Rücksicht auf die konservative Familie und die Verwirklichung der Liebe als fortwährender Leidenschaft in einer Version von Ehe, die Ekstase und Dauer miteinander verbindet, gehen hier eine merkwürdige Koalition ein. Schon in dem Brief vom 10. Jänner 1803 hatte er en passant erwähnt, dass er demnächst 25 Jahre und damit volljährig und ehefähig würde. In jedem Fall war damit ein Wechsel von einem Liebescode in den anderen gegeben: dem Werben Brentanos zu entsprechen, bedeutet für Sophie die Übernahme von dessen Credo, dass die wahre Liebe die wahre Kraft in sich birgt, um alle Schwierigkeiten zu überwinden und sich wechselseitig zu erlösen. Als Sophie, drei Monate nach dem Wiedersehen mit Brentano, bemerkt, dass sie sich in anderen Umständen befindet, gibt sie ihren letzten Widerstand, Brentano zu heiraten, auf. Sie willigt in eine Ehe ein, die romantisch überhöht sein

---

56 B 31, 109.
57 Brentanos Haltung gegenüber der Sexualität bleibt zwiespältig, wenn er Sophies Abwehr seines sexuellen Verlangens ausdrücklich lobt (B 31, 110) und gleichzeitig mit der Idee spielt, der Liebhaber der verheirateten Frau zu werden. Umgekehrt äußert er sich gegenüber von Savigny pikiert über die „Infamie und Geilheit der Veit." (Brief vom 14. Juni an Karl von Savigny, B 31, 114)

und nur sich selbst zum Inhalt haben soll. An der wechselvollen Beziehung des Paares wird deutlich, wie zerbrechlich Bindungen sind, die – wenigstens programmatisch – nur mehr auf die eigene Subjektivität, die eigenen Leidenschaften und das eigene Begehren gegründet sind. Diese real-romantische Liebe wird zum Taumel zwischen imaginären Räumen und der Prosa eines Lebens, zu dem neben Fehlgeburten der Kampf um die eigene literarische Karriere und die Suche nach einem weiblichen Raum im romantischen Code der Subjektivität gehören. Die melancholische Briefzeile Sophies klingt einigermaßen prophetisch und ist zugleich durch und durch romantisch: „Kann ich nicht sterben, eh ich unglücklich werde?"

Das Medium dieses Konzepts aber sind der Brief und der Briefroman: „Sie haben einmal gesagt, meine Briefe geben einen Roman, ach Gott, wie weh das tat! Und jetzt ist diese Lust zu schreiben, an Sie zu schreiben."[58]

---

[58] BM I, 29.

Birgit Wagner

Das Meer überschreiten (überschreiben), aus Liebe

Grazia Deledda und Maria Giacobbe – zwei Schriftstellerinnen aus Sardinien

Grazia Deledda (1871–1936) und Maria Giacobbe (geb. 1928) sind Schriftstellerinnen aus Sardinien, die im Wesentlichen erst außerhalb ihrer Heimatinsel zu Berühmtheit gelangt sind: Grazia Deledda als ‚italienische' Autorin des (damals faschistischen) Staates Italien, Maria Giacobbe als ‚Exilautorin' in Dänemark; die eine erhielt 1926 den Nobelpreis, die andere zahlreiche dänische und italienische Literaturpreise. Der Weg zu nachhaltigem literarischen Erfolg führte bei beiden über den Entschluss, einen nicht-sardischen Mann zu heiraten und die Insel zu verlassen: zu lieben und zu schreiben – jenseits des Meeres, in Widerstand zu und zugleich in enger Verbundenheit mit der sardischen Herkunftsgesellschaft. Ihre je individuellen Wege kann man als allegorische Lebensreisen im Zeichen von Liebe und Widerstand deuten. Ihre Bedeutung gewinnen diese in Verbindung mit jenem kulturellen Kontext, in dem die jeweiligen Wege ihren Ausgangspunkt genommen haben.

In einer traditionalen Gesellschaft, wie sie in den ländlichen Gebieten Sardiniens bis in die zweite Hälfte des 20. Jahrhunderts hinein vorherrschte, wird die Eheschließung nicht nur durch kirchliche und weltliche Gesetze geregelt, sondern ebenso durch die informellen (ungeschriebenen), jedoch sozial verpflichtenden Normen der Tradition. Wesentlicher Parameter ist dabei neben der Kategorie Geschlecht der des Standes, lokaltypisch differenziert nach Hirten, Bauern und einem überwiegend kleinstädtischen Bürgertum. Diese sozialen Gruppierungen unterteilen sich ihrerseits in Familienclans mit Clan-Interessen. Das, was für Frauen erlaubt oder verboten war, ist daher standesspezifisch (und auch nach der sozio-ökonomischen Lage der Familie) zu differenzieren. Während die Hirtengesellschaft durch die lange saisonale Abwesenheit der Männer den Frauen mehr Autonomie und Handlungsspielraum einräumte und auch die bäuerliche Gesellschaft viele Tätigkeiten von Frauen außer Haus vorsah, blieben die (klein-) bürgerlichen und landadeligen Ehefrauen und Töchter tendenziell auf den Handlungsspielraum Haushalt beschränkt. Im Erbrecht besser gestellt als in anderen Gegenden Europas, behielten die sardischen Frauen ihren Geburtsnamen auch nach der Eheschließung bei. Sofern und solange sie ihre volkstümliche Tracht trugen, zwang sie diese zu einer strikt aufrechten Haltung; beim traditionellen Tanz wurden nur die Füße und die Beine bewegt, nicht aber die Hüften oder die Arme. Die Geschlechterverhältnisse sind in einer solchen (stratifizierten) Gesellschaft streng kodiert, der individuelle Spielraum ist kleiner als in ‚modernen' Gesellschaften, auch der des heutigen Sardinien.

Was bedeutet das für die Liebe? „In der Sprache des Inselinnern fehlt die ganze Bandbreite des Liebeswettstreits, der sinnlichen Grazie, der sanften Gefühle. Und die Frauen sind streng, nicht weil diese Strenge ihnen von einer äußeren Autorität aufgezwungen würde, sondern weil sie die Überzeugung verinnerlicht haben, dass ihre Würde und Sicherheit an die Befolgung von Regeln und Ritualen gebunden sind, die in Jahrtausenden der Belagerung und der Verteidigung entstanden sind", heißt es im Artikel über die „Frauenfrage" in der repräsentativen Sardinien-Enzyklopädie von Manlio Brigaglia.[1] Im von der Tradition garantierten und fortgeschriebenen Spiel von Regeln und Verhaltensmustern, von Wertvorstellungen und kollektiver Überwachung kann Liebe nur ein Akzidens, keine Notwendigkeit oder gar Prämisse für die Eheschließung sein. Freilich: auch in einer traditionalen Gesellschaft ist Liebe der Fluchtpunkt von individuellen Sehnsüchten und Projektionen, von kollektiven Mythen, wie sie exemplarisch die Literatur produziert und tradiert. Ausgerechnet Nuoro, die kleine Stadt, die im Herzen der sogenannten Barbagia, der gebirgigen und besonders traditionsverbundenen Region im Innern der Insel liegt, hat eine Autorin hervorgebracht, die die Liebe zum dunklen Zentrum ihres Erzählens gemacht hat.

Die Konstellation von Liebe, Schreiben und Schuld: Grazia Deledda

Das Erzählwerk der Nobelpreisträgerin Grazia Deledda gehorcht der alten Definition: *Un roman, c'est où il y a de l'amour* – die Liebe spielt hier nahezu ausnahmslos und fast obsessionell die Rolle des Antriebsmotors der jeweiligen narrativen Maschinerie. Sie ist jenes Agens, das in den erzählten Geschichten die Normen der Tradition auf der einen Seite und das Begehren der Individuen auf der anderen Seite zum Tanzen bringt; sie erzeugt äußere Konflikte, mitunter Mord und Totschlag, und innere Konflikte, die als Schuld- und Reuegefühle der Figuren zum Ausdruck gelangen. Lange Zeit hat man diese rekurrenten Motive mit der katholischen Prägung der Autorin in Zusammenhang gebracht, die Liebe nur im Zeichen der Sünde sehen könne. Neuerdings wird auch der Einfluss der italienischen positivistischen Strafrechtsschule und ihres biologischen Determinismus geltend gemacht; die Lektüre der einschlägigen Schriften über die endemische Kriminalität in Sardinien habe Grazia Deleddas deterministische Auffassung von Schuld zumindest mitfundiert.[2] Dies ist nicht auszuschließen, allerdings vernachlässigt diese Argumentation (männlicher Wissenschaftler) völlig die geschlechtsspezifischen Erfahrungen, die die junge Autorin in Nuoro (damals ein Städtchen mit zirka 10.000 Ein-

---

[1] Joyce Lussu, La questione femminile, in: Manlio Brigaglia Hg., La Sardegna, Bd. 2, Cagliari 1982, 165–170, 168. Übersetzungen aus dem Italienischen hier und in der Folge von der Verfasserin.

[2] Vgl. Luciano Marrocu, Società e cultura nella Sardegna di fine Ottocento: Note per una ricerca, in: Ugo Collu Hg., Grazia Deledda nella cultura contemporanea, Bd. 1: Grazia Deledda nella cultura sarda contemporanea, Nuoro 1992, 45–56; Giovanni Pirodda, L'attività letteraria tra Otto e Novecento, in: Luigi Berlinguer u. Antonello Mattone Hg., La Sardegna, Turin 1998, 1083–1128, 1095 f.

wohnern) gemacht hat. So hat bereits Maria Giacobbe argumentiert, dass die Schuldthematik bei Grazia Deledda weniger mit katholischer Mentalität als vielmehr mit dem Status der Autorin als Rebellin innerhalb ihrer Herkunftsgesellschaft zu tun habe.³ Die fiktiven Liebesgeschichten und fiktiven Schuldgefühle der Texte symbolisieren die reale Lebenssituation der Autorin, deren Schreiben von niemand Geringerem als der eigenen Mutter – als Vertreterin der kollektiven Norm – zur Sünde erklärt wurde. Liebe und Schreiben hängen auf diese Weise sehr eng zusammen; ich möchte in der Folge argumentieren, dass die Liebe in diesen Texten ein metaphorisches Substitut für das Schreiben und gerade deshalb ‚schuldhaft' wie dieses ist.

Wie kommt es zu dieser metaphorischen Austauschbarkeit von Liebe und Schreiben? Grazia Deledda wurde 1871 in Nuoro geboren. Ihr Vater gehörte der schmalen Schicht des städtischen Besitzbürgertums an; die Familie erlebt während der Kindheit und Jugend der Autorin einen sozialen Abstieg, der nicht untypisch für die Krise der alten patriarchalen Welt der Grundbesitzer ist, die nach der Einigung Italiens unerwartete Konkurrenz von ‚außen' erhielt. Unabhängig davon durfte Grazia, wie ihre Schwestern, nicht mehr als die vier Klassen der Grundschule besuchen, um danach in der im Agrarischen wurzelnden Familienökonomie unter der Aufsicht der Mutter und der Brüder tätig zu werden. Wie aber wird man mit solch geringen Bildungschancen Nobelpreisträgerin? Grazia Deledda wurde es unter Einsatz einer staunenswerten Energie, die sie zunächst in autodidaktische Lektüren und höchst mühsame Schreibversuche steckte. Die junge Frau, die bis zu ihrem 28. Lebensjahr Nuoro und seine nächste Umgebung nie verlassen hatte, konnte bereits mit 15 Jahren ihre erste Novelle in einer nuoresischen Zeitschrift unterbringen. In der Folge eroberte sie sich sukzessive sardische und kontinentalitalienische Publikationsmöglichkeiten; der erste Roman, *Stella d'Oriente*, erschien 1890, als die Autorin 19 Jahre alt war und im Status einer unverheirateten Tochter im elterlichen Haus lebte.

Das Landstädtchen Nuoro rühmte sich im späten 19. Jahrhundert einer blühenden Tradition der sardischsprachigen Poesie und hatte sich innerhalb Sardiniens den Ruf einer *piccola Atene* (eines kleinen Athens) erworben: Das heißt nun freilich nicht mehr, als dass die Stadt als ein Zentrum der sardischen Poesie galt, wofür sich außerhalb Sardiniens zu diesem Zeitpunkt niemand interessierte. Wie dieses Entstehen einer literarischen Stadttradition, als deren erste Spitze der vorwiegend auf Italienisch dichtende Sebastiano Satta⁴ gelten kann, mit einer höchst konfliktiven sozialen Realität und der Dekadenz der lokalen Oberschicht zeitgleich anzusetzen ist, kann man in einem Artikel von Giovanni Lilliu nachlesen.⁵ Lite-

---

3   Maria Giacobbe Harder, Grazia Deledda. Introduzione alla Sardegna, Mailand 1974, 50, 83.
4   Sebastiano Satta, der Dichter sozialistischer Inspiration, ist *nicht* identisch mit Salvatore Satta, einem anderen Generationsgenossen Grazia Deleddas und Sohn Nuoros, der posthum mit seinem Roman *Der Tag des Gerichts* (1980) auch im deutschen Sprachraum bekannt wurde.
5   Vgl. Giovanni Lilliu, L'ambiente nuorese nei tempi della prima Deledda, in: Studi Sardi, XXII (1971–72), 752–783.

ratur – in Form des traditionellen oralen Extemporierens bei Festen oder als gedruckte Poesie, wie im Fall des mit dem Sozialismus sympathisierenden Sebastiano Satta – war in diesem Kontext als ehrenvolle (Neben-)Beschäftigung von Familienvätern vorgesehen,[6] nicht aber als Haupt- und Brotberuf für junge Mädchen. Grazia Deledda konkurriert überdies nicht mit den Dichtern, sondern wählt jene Gattung, die seit ihrer Entstehung im Geruch des Anstößigen steht: sie schreibt Romane *où il y a de l'amour* – und verdient mit ihnen auch noch Geld.[7] Damit steht sie außerhalb der in ihrer Gesellschaft gültigen Geschlechterordnung, bewegt sich, katholisch gesprochen, im Nahbereich des Sündigen. Ihre Lage als zu verheiratende Tochter wird dadurch prekär und auch die Situation der unverheirateten Schwestern auf dem Heiratsmarkt in Mitleidenschaft gezogen. Dass Liebe in den Texten dieser Autorin immer verschwistert mit Schuld auftritt und als Normverletzung eine Metapher für die Normverletzung des eigenen literarischen Tuns ist, hat also in der Tat weniger mit Deleddas katholischer Prägung oder ihren nachweislichen Tolstoj-Lektüren als mit der ganz spezifischen Schreibsituation der Autorin zu tun.

Doch nicht nur die fiktionale, auch die reale Liebe wird im Leben der Grazia Deledda eng mit dem Schreiben verflochten bleiben. In der autobiographischen Schrift *Cosima* (1937) wird unter dem titelgebenden Decknamen und in der distanzierenden dritten Person die Lebensgeschichte der Autorin von der Kindheit bis zu jenem Zeitpunkt erzählt, an dem sie Sardinien den Rücken kehren wird. Dieser Bildungsroman, der eine Selbst-Bildung zum Inhalt hat, zieht zugleich eine Art „kulturelle Bilanz"[8] über die eigene Herkunftskultur. In ihr hat das Schreiben auf unentflechtbare Weise mit dem Lieben zu tun.

Die erste Liebe der jungen Cosima gilt einem jungen Mann aus Nuoro. Sie scheitert einerseits an dessen subalterner sozialen Stellung (was zeigt, wie sehr Cosima/Grazia die mikrosozialen Hierarchien Nuoros verinnerlicht hatte) und andererseits an – literarischer Konkurrenz. Cosima ist dem Freund im Schreiben nämlich überlegen:

> Gerade ihr zweideutiger Status als Schriftstellerin brachte ihr schließlich das Interesse des ganzen Städtchens und sogar der Umgebung ein. Fortunio war klug genug zu verstehen, dass sie alles auf eine Karte setzte: sie konnte verlieren, aber auch gewinnen. Er wusste sehr gut – viel besser als die Stadtbewohner – dass ein wahrer Künstler seiner Zukunft verpflichtet ist. Und in Cosima spürte er die Künstlerin; während er in allen Dingen der Enterbte war, auch in seinen intellektuellen Aspirationen.[9]

---

6 Auch Grazias Vater hat sich als extemporierender Dichter betätigt.
7 Vgl. dazu Giovanna Cerina, Deledda ed altri narratori. Mito dell'isola e coscienza dell'insularità, Cagliari 1992, insbesondere das Kap. „Il favoloso apprendistato di Cosima", 17–54.
8 Cerina, Deledda, wie Anm. 7, 20.
9 Grazia Deledda, Cosima, Mailand 2000, 82.

Einer solchen Liebe kann keine Zukunft beschieden sein, und Cosima, die von der Ferne träumt, muss auch in die Ferne lieben. Dazu dienen vorerst Brieffreundschaften mit umsichtig ausgewählten intellektuellen Korrespondenzpartnern „auf dem Kontinent", wie Italien aus sardischer Perspektive genannt wird. Doch Cosima will und wird sich die Ferne auch real erobern – ihr deklariertes Ziel ist Rom. Die erste größere Reise ihres Lebens führt die 28-jährige Schriftstellerin von Nuoro nach Cagliari, an das Meer, das, aus der Ferne als Streifen am Horizont gesehen, schon in der Kindheit ein vages, aber umso suggestiveres Glücksversprechen bedeutet hatte und nun endlich Realität wird. Sie fährt auf Einladung der Herausgeberin einer literarischen Zeitschrift und trotz „der Ängste der Mutter" und des „Brummelns des [Bruders] Andrea", sie wollen die Tochter und Schwester nicht allein fahren lassen. Eine unverheiratete Tochter und zugleich eine Autorin, die aufgrund ihrer steigenden Reputation in die Hauptstadt der Insel eingeladen wird: zwei Rollen prallen aufeinander und verlangen nach Lösung dessen, was unvereinbar scheint.

Aus der späten Rückschau – Deledda hat den Text *Cosima* 1936, in ihrem letzten Lebensjahr und schon an einer Todeskrankheit leidend, geschrieben – nimmt diese Fahrt die Züge einer Legende an: der Auszug der rebellischen Tochter, die Fahrt vom Berg hinunter in die Stadt am Meer, direkt in die Arme des schönen Prinzen, der sie erlösen wird – der sie befreien wird aus der nuoresischen Gefangenschaft, indem er sie heiratet und nach Rom entführt, wo sie immer schon hinwollte. Dort wird Grazia dann ein vergleichsweise mondänes Leben führen – und Roman für Roman, Novelle für Novelle schreiben, (fast) immer über Sardinien, mit wenigen Ausnahmen über die barbaricinische Gesellschaft ihrer engeren Heimat, in die sie selbst höchst selten real zurückkehren wird. Aus der (ambivalenten) Realität des Kindheitsraums wird so eine (gewählte) Fernliebe, eine Liebe, die durch Schreiben am Leben erhalten und immer wieder neu produziert wird.

Die Fahrt ins Freie, das entscheidende Ereignis im Liebes- und Schreibleben der späteren Nobelpreisträgerin, wird im Text sorgfältig inszeniert. Der Abschnitt beginnt, wie könnte es anders sein, unter dem Zeichen der Schuld. Cosimas Reise wird nämlich nur deshalb möglich, weil ihr für die Übersetzung eines ihrer Romane Geld überwiesen wird:

> Und da kam die Summe wirklich, wurde ihr auf der Post in Goldmünzen ausgezahlt, als ob es der Schatz des Elias wäre. Sie blickte sie fast erschrocken an und wagte sie nicht zu berühren, ließ sie in Banknoten umwechseln und legte einen Teil von ihnen auf ein Sparbuch; als aber die Mutter das Geld sah, blickte sie es nahezu scheel an: es schien ihr die Frucht einer Todsünde.[10]

Mit dem sündigen Geld, Frucht ihrer literarischen Tätigkeit, macht sich Cosima auf in die Hauptstadt der Insel. Nicht ohne Selbstironie heißt es aus dem Rückblick der Autobiographin:

---

10 Deledda, Cosima, wie Anm. 9, 128.

Wie das Rotkäppchen mitten im Wald vermeinte sie den Wolf zu treffen; aber im Grunde hoffte sie gut zurechtzukommen, da sie ein gutes Gewissen hatte, und der Schatten des Bösen glich den großen Schattengebilden der schon winterlichen Wolken, die aus den dunklen Bergen aufstiegen und die einsamen Täler entlang zogen, an deren Hängen der kleine Zug wie eine Spielzeugeisenbahn dahinfuhr.[11]

Wenn auch der Schatten des Bösen die Reisende begleitet – als das Bewusstsein der Normübertretung, die ihrer Lebenswahl zugrunde liegt – so weiß sie, dass ihre Fahrt ein Abschied vom alten Leben und der Beginn einer *Vita nuova* ist: „... Cosima hatte den Eindruck, dass die gesamte Landschaft aus Staunen über ihre eigene Beweglichkeit in Bewegung geraten war, dass sie zu einem neuen Leben aufgebrochen war."[12] Dass die Landschaft in Bewegung gerät, ist der visuelle Eindruck, den eine Eisenbahnreise produziert und der in vielen literarischen Zeugnissen dokumentiert ist. Dieses mediale Dispositiv wird hier mit einem psychischen in Verbindung gebracht: Die Landschaft bewegt sich zeitgleich und in Übereinstimmung mit Cosimas Metamorphose.

Das Neue Leben erwartet sie personifiziert in der Gestalt ihres späteren Ehemannes Palmiro Madesani auf dem Bahnhof von Cagliari, eine Szene, die aus dem Rückblick ins genuin Märchenhafte entrückt wird und die alte Geschichte von der Liebe auf den ersten Blick neu aktualisiert, als passierte sie das aller erste Mal in der Menschheitsgeschichte:

Und die erste Person, die sie erblickte, als der Zug in einem Bahnhof einfuhr, der mit seinem Palmengarten und einem leuchtendblauen Himmelsbogen im Hintergrund fast wie eine bewohnte Oase wirkte, war ein junger Mann, gekleidet in goldbraune Gewänder, mit einem wunderbaren Schnurrbart in derselben Farbe und langen, orientalisch geschnittenen Augen. Er sah sie an, als ob er sie kennen würde, und auch ihr schien es, als hätte sie ihn schon einmal gesehen: wo? das wusste sie nicht; und nach vielen Jahren verspürte sie noch einmal jenes geheimnisvolle Schwindelgefühl, das sie in der Kindheit – in der Adoleszenz schon seltener – in Gegenwart ihrer Großmutter ergriffen hatte.[13]

Zwei Seiten nach diesem entscheidenden Augenblick zeigen die allerletzten Sätze der Autobiographie Cosima dann, wie sie auf dem Balkon ihrer cagliaritanischen Gastgeberin steht und Kindern zuschaut, die ein für die Selbstkonstruktion der Autorin hochsymbolisches Spiel spielen: „Auf der noch hellen Straße spielten Kinder das Spiel vom Botschafter, der ge-

---

11 Deledda, Cosima, wie Anm. 9, 128 f.
12 Deledda, Cosima, wie Anm. 9, 129.
13 Deledda, Cosima, wie Anm. 9, 129 f.

kommen ist, um eine Braut zu holen: und sie fühlte sich in ihren Kreis versetzt, wie die kleine Braut, um die der Botschafter im Namen einer geheimnisvollen großen Persönlichkeit anhielt."¹⁴ Wenn man die Frage stellt, wer hier der Botschafter und wer die geheimnisvolle Persönlichkeit sein kann, so ist eine mögliche Lesart des Satzes jene, die im Botschafter Palmiro Madesani erkennt, der gekommen ist, um *la piccola sposa*, die kleine Braut, im Namen der und stellvertretend für die Literatur zu freien.

Für diese Lesart spricht im Übrigen auch das „geheimnisvolle Schwindelgefühl", das Cosima beim ersten Anblick Madesanis ereilt und das sie ansonsten immer mit der Figur ihrer Großmutter verknüpft hatte. In einem komplexen, über die gesamte Länge des Textes verteilten Netz von Anspielungen und Halbsätzen wird nämlich diese *nonna* als eine mythisch-magische Figur aufgebaut, die das Mädchen an eine *jana*, eine sardische Fee, erinnert. *Janas* sind, wie Grazia Deledda in einem anderen Roman erläutert, „kleine Feen, die während des Tages in ihren Felsenhäusern weilen, wo sie goldene Stoffe auf goldenen Webstühlen wirken", während sie nachts im Mondlicht tanzen.¹⁵ In der Gegenwart der *jana*-Großmutter wird Cosima wiederholt vom Gefühl einer onirischen, einer anderen Wirklichkeit ergriffen. Diese Empfindung wird von der Erzählerin später mit dem Prozess des Erinnerns in Verbindung gebracht, wodurch sie eine Parallele zur Proustschen *madeleine* herstellt: Während bei Proust die Sinnesempfindung (der Geschmack der in den Tee getauchten *madeleine*) als Auslöser eines individuellen Erinnerungsaktes von überwältigender Evidenz fungiert, ist es in *Cosima* eine Art kollektives Gedächtnis, das durch bestimmte Sinneseindrücke in dem Mädchen geweckt wird. Bei dem Schwindelgefühl handle es sich um „ein Aufsteigen und sofortiges Wiederabtauchen des im Unbewussten verbliebenen oder wiedergeborenen Vorlebens".¹⁶ So wird das mit der Großmutter verknüpfte Schwindelgefühl mit intensiven Begegnungen, gleichsam mythischen Verschmelzungen mit sardischer Geschichte und Urgeschichte in Zusammenhang gebracht, zum Beispiel mit dem Anblick urzeitlich anmutender bäuerlicher Werkzeuge oder den rituellen Klagen der Frauen bei der Olivenmühle. Die *nonna* und das Schwindelgefühl stehen somit für eine quasi-mythische Beziehung zur sardischen Identität, andererseits aber auch für die Geschlechterliebe. Denn während die Leser und Leserinnen von der strengen Mutter erfahren, dass sie sich „ohne Liebe"¹⁷ verheiratet hatte, war die Ehe der Großeltern eine Liebesehe:

> Jetzt, im Traum, erklärten sich [Cosima, B. W.] auf einmal viele Dinge; jener merkwürdige Schwindel ... den der Anblick der kleinen Großmutter zu Lebzeiten in ihr hervor-

---

14   Deledda, Cosima, wie Anm. 9, 131.
15   Grazia Deledda, Canne al vento, Mailand 1990 (Orig. 1913), 5. Die *janas* werden im Volksglauben prähistorischen Höhlengräbern, den sog. *domus de janas*, zugeordnet, die sich durch die Kleinheit ihrer Grabkammern auszeichnen – daher sind auch die janas *kleine* Feen.
16   Deledda, Cosima, wie Anm. 9, 11.
17   Deledda, Cosima, wie Anm. 9, 28.

gerufen hatte ... war die Erscheinung des träumerischen Geistes des Großvaters, dessen Bild die immer noch verliebte alte Dame auf der Pupille trug, ein Bild, das auch ihr eigenes Bild, das Bild der träumenden Cosima, war.[18]

An dieser Stelle schießen die Phänomene Liebe und Schreiben ganz frei von Schuld in der Epiphanie des Schwindelgefühls zusammen. Cosima, die von der autobiographischen Erzählerin von Kindesbeinen an als *piccola sognatrice*, als kleine Träumerin und Außenseiterin, stilisiert wird, macht sich im Traum den träumerischen Geist des Großvaters, die magische Verbundenheit der Großmutter mit der Vergangenheit *und* die Liebe der beiden großelterlichen Figuren zueinander zueigen. Das Anders-Sein als ‚die anderen', das Träumen und das Erinnern werden somit zur Matrix des Schreibens, die zugleich an die Liebe geknüpft ist. Die Selbstkonstruktion der Autobiographin findet über die Figur der Großmutter zu einer Selbstlegitimation: so wie die Großmutter, als *jana*, Goldstoffe wirken konnte, so kann sie, Cosima, Texte weben. Dass das Sardinien, das auf diese Weise im Lebenswerk der Grazia Deledda erzählt wird, ein statisches, oft im mythischen Jetzt verharrendes Kunstgebilde wird, sollte man der Autorin nicht, wie es vor allem von der älteren Kritik moniert wurde, als mangelnden Realismus vorwerfen (als ob Realismus eine legitime Forderung an die Literatur wäre). Sardinien, so wie es von Grazia Deledda erzählt wird, ist das Resultat einer sehr persönlichen Alchemie, die mit den Ingredienzien Liebe, magisch-mythischer Verbundenheit und realer Ferne arbeitet. Damit diese alchemische Operation möglich wurde, musste der Botschafter Madesani auftreten und um die Hand der *piccola sposa* anhalten. Er wird es der *jana* ermöglichen, sich ihrem Webstuhl zu widmen, ohne von Brüdern, Müttern und der Nachbarschaft behindert und kritisiert zu werden. Dass Grazia Deledda sich die *jana*-Identität der kleinen Großmutter angeeignet hat, ja sie erfolgreich *verkörpert* hat, wird im übrigen aus einem Zeugnis ihres Sohnes Franz deutlich, der im Rückblick die bereits tote Mutter so kennzeichnet: „Meine Mutter war eine Frau von kleinem Wuchs; sie hatte so winzige, schlanke und durchscheinende Hände, dass sie die einer kleinen Fee zu sein schienen."[19]

Schon 1890, mit 19 Jahren, hatte Grazia Deledda in einem Brief folgendes Vorhaben als ihren Lebensplan skizziert: „Bald werde ich 20 sein; mit 30 möchte ich das mir leuchtende Ziel erreicht haben, nämlich aus eigener Kraft und allein eine ganz und gar und ausschließlich sardische Literatur geschaffen zu haben".[20] Dies ist natürlich eine Naivität, wie ihre Biographin Maria Giacobbe anmerkt, andererseits aber als Vorgriff auf ein nur im Kopf existentes ‚Werk'[21] jener Energiemotor, der die, angesichts der Ausgangslage, schier unglaubliche Schreibleistung Grazia Deleddas in Gang hält.

---

18 Deledda, Cosima, wie Anm. 9, 122.
19 Franz, Mia Madre, in: Mario Giusa Romagna Hg., Onoranze a Grazia Deledda, Nuoro 1959, 37.
20 zit. nach Giacobbe Harder, Grazia Deledda, wie Anm. 3, 70.
21 Ein ‚Werk' ist, wie Foucault angemerkt hat, nichts Naturwüchsiges, sondern das Produkt einer Konstruk-

Ein Variante der Deledda-Konstellation: Maria Giacobbe

Maria Giacobbe, die Biographin aus Nuoro, ist selbst Autorin, auch wenn sie mit einem viel bescheideneren Anspruch auftritt. Ihre Bücher sind, so heißt es aus der Selbstsicht der Schreibenden, lediglich Zeugnisse und Zeitdokumente wie das *Diario di una maestrina* (1957, Tagebuch einer Dorfschullehrerin) oder die autobiographischen *Piccole cronache* (1961, Kleine Chroniken). Unbeschadet dieses niedriggehaltenen Anspruchs ist Maria Giacobbe, vor allem mit ihren letzten Büchern, eine bemerkenswerte Autorin, die eine äußerst elegante italienische Prosa schreibt.[22] Vielleicht sind die Bescheidenheitstopoi, die sie für ihr Schreiben findet, nichts anderes als eine Variante der Schuldthematik, die bei Grazia Deledda begegnet.

Nicht nur deswegen soll sie hier präsentiert werden, sondern auch, weil sich in ihrem Lebensweg die Deledda-Verflechtung von Schreiben und Lieben, Nah-Lieben und Fern-Schreiben, Fern-Lieben und Nah-Schreiben, auf verblüffende Weise wiederholt. Maria Giacobbe war, anders als Grazia Deledda, nicht die erste Widerständige in ihrer Familie, sie hatte vielmehr den Widerstand in ihrer Familientradition. Geboren 1928, hat sie ihre Kindheit und Jugend in Nuoro zur Zeit des italienischen Faschismus verbracht; ihre Eltern gehörten zu den wenigen Antifaschisten in der Stadt. Der Vater, Dino Giacobbe,[23] war ein lokaler Exponent des Partito Sardo d'Azione, der sich nicht der Gleichschaltung dieser Partei mit der faschistischen Partei beugte; 1937 musste er fliehen und verschwand für viele Jahre aus der Lebenswirklichkeit seiner Familie. Durch diese Umstände hat sich die Sehnsucht nach der Ferne früh in das Leben dieser Autorin eingeschrieben. Die Briefe des Vaters aus der Ferne erlauben der Tochter schon im Kindesalter einen ersten existentiellen Kontakt mit dem Schreiben, das das einzige Band zum geliebten Abwesenden wird: „Wer weiß, ob Papa mir gewisse Sachen gesagt hätte, die er mir jetzt schreibt. Aber Schreiben ist viel einfacher als Reden, denn wenn man allein ist und schreibt, denkt man nicht an den, der es lesen wird."[24] Das ist die Einsicht eines nachdenklichen Kindes, eines nachdenklichen und träumerischen Kindes. Auch die im Vergleich zu Grazia Deledda um zwei Generationen jüngere Autorin ist, in ihren autobiographischen Rückblicken, „ein eher merkwürdiges Mädchen",[25] ein Kind, das

---

tion, auch einer Selbstkonstruktion, wie ich hinzufügen möchte. Vgl. Michel Foucault, Was ist ein Autor?, in: ders., Schriften zur Literatur, Frankfurt a. M. 1991, 12 f.

22   Zu nennen sind hier v. a. folgende Erzählwerke: *Il mare* [Das Meer] (1997), *Gli arcipelaghi* [Archipele] (2001), *Maschere e angeli nudi* [Masken und nackte Engel] (1999). Vom Roman *Arcipelaghi* gibt es eine eindrucksvolle filmische Umsetzung des sardischen Filmemachers Giovanni Columbu.

23   Zu seinem politischen Lebensweg vgl. Dino Giacobbe, Tra due guerre, hg. von Maria und Simonetta Giacobbe, Cagliari 1999. Zum Aufstieg des Faschismus in Nuoro vgl. Santina Sini, Sardismo e fascismo a Nuoro dal 1919 al 1924, in: Luisa Maria Plaisant Hg., La Sardegna nel regime fascista, Cagliari 2000, 149–161.

24   Piccole Cronache, in: Maria Giacobbe, Diario di una maestrina/Piccole Cronache, Rom/Bari 1975, 177.

25   Maria Giacobbe, Maschere e angeli nudi. Ritratto d'un'infanzia, Nuoro 1999, 13.

sich über sein Anderssein definiert und aus der Gemeinschaft der Nuoresen ausgeschlossen weiß/glaubt. Das Mädchen geht übrigens im Elternhaus der Grazia Deledda, das mittlerweile einer ihrer Tanten gehört, aus und ein. Auch sie träumt vom Jenseits des Meeres, einer Ferne, die für sie die Züge eines deutlich mythisierten Nordens annimmt:

> ... schon seit meiner frühesten Kindheit, wenn ich die große Europakarte betrachtete, die über meinem Bett hing, hatte ich meine Sehnsucht nach dem Paradies immer wieder in Frankreich, in der Schweiz, in England lokalisiert. Den Garten Eden aber verlegte ich in die skandinavischen Länder, die, wie im Flug oder in einer eleganten Tanzfigur, den obersten Teil der Karte einnahmen und gleichsam den Plafond berührten. So nahe am Himmel ...[26]

Anders als Grazia Deledda, darf Maria Giacobbe eine mittlere Ausbildung durchlaufen, wenngleich zunächst im Schulsystem des Faschismus, und schließt mit dem Diplom einer Grundschullehrerin ab. Ihre Erfahrungen als blutjunge Dorfschullehrerin in der Barbagia hat sie in dem in Italien viel gelesenen Buch *Diario di una maestrina* festgehalten. Maria Giacobbe wird, genau so wie ihre *concittadina* Grazia Deledda, in späteren Lebensjahren berühmt werden, und zwar ebenfalls „auf dem Kontinent" – als eine im Ausland lebende Autorin nämlich. Sie heiratet den Lyriker und Übersetzer Uffe Harder und lebt seit 1957 in Dänemark (einem Land im Norden der Europakarte), wo sie mittlerweile eine lange Liste dänischsprachiger Bücher publiziert und zahlreiche, darunter höchst prominente dänische und italienische Literaturpreise gewonnen hat.[27] Es existieren mehr dänische als italienische Buchtitel dieser Autorin, die schon seit langem Dänisch schreibt und ihre italienischen Bücher selbst ins Dänische übersetzt, manchmal aber auch den umgekehrten Weg wählt.[28] Sie repräsentiert somit den in einer Welt der Globalisierung häufigen Fall einer zweisprachigen, bikulturellen Autorin, eine Conditio, zu der sie selbst folgende Meinung geäußert hat:

> In unserer Zeit planetarischer Migrationen, die auf der Weltbühne eine steigende Anzahl multikultureller und vielsprachiger Autoren nach sich gezogen hat, scheint mir das Nachdenken über die Hartnäckigkeit gewisser Bande mit einer Tradition, die man vielleicht überwunden zu haben glaubte, und über die Rolle, die diese Tradition auch als stilistische

---

26 Giacobbe, Maschere, wie Anm. 25, 215.
27 U. a.: Premio Viareggio Opera Prima (1957), Palma D'Oro Unione Donne Italiane (1957), Premio Villa San Giovanni (1967), Leone di San Marco-Ozieri (1978), Dansk Litteraturpris for Kvinder (1993), Beatrice-Prisen (1995), Premio Giuseppe Dessì (1995).
28 Information aus folgendem Selbstzeugnis: Maria Giacobbe, Paesaggi, personaggi, letteratura e memoria, in: Quaderni bolotanesi, 23 (1997), 21–30, 25.

Prägung in einem modernen literarischen Werk haben kann, ein über meinen Fall hinausgehendes Interesse zu besitzen.[29]

Nur ein einziges der italienischsprachigen Bücher, nämlich *Grazia Deledda. Introduzione alla Sardegna* (1974, Grazia Deledda. Sardinien zur Einführung), hat die Autorin übrigens mit dem Doppelnamen Maria Giacobbe Harder signiert – als müsse in diesem Fall der Abstand zwischen ihr und der Insel besonders markiert werden.

Die italienischen Texte sprechen ausnahmslos von Sardinien, häufig von Nuoro und der Barbagia: „eine Insel auf der Insel … ein winziger Ausschnitt der Welt",[30] zugleich aber auch „der *omphalos*, der heilige Nabel …, ein nicht mehr geographisches, sondern psychisches Zentrum".[31] Diese Texte sind das Produkt einer historisch und soziologisch geschulten Autorin, insofern weniger mythisierend als die Texte von Grazia Deledda, dennoch aber ebenfalls das Zeugnis einer identifikatorischen Liebe zu der Insel. Literarisch wird das durch die häufige Wahl einer kindlichen Perspektive möglich gemacht, aus der die Natur, die Menschen und ihre Gebräuche zugleich nah und fern erscheinen können. Eine solche Perspektive muss die späteren, nicht-sardischen Erfahrungen nicht an der Oberfläche sichtbar machen. Der Name ‚Harder' wird dadurch sozusagen vorübergehend eingeklammert und steht dann auch nicht mehr auf der Titelseite; im Übrigen ist es der sardische Brauch, der verheirateten Frauen die Beibehaltung ihres Vaternamens ermöglicht.

Die autobiographischen Schriften brechen am Ende der 1930er Jahre ab, so dass die Begegnung mit dem zukünftigen Ehemann und der Entschluss, Sardinien zu verlassen, nicht zum Schreibgegenstand werden. Es ist gewiss verlockend, sich den jungen Herrn Harder als nordischen Prinzen vorzustellen, der aus den Himmelsregionen der Europakarte herabgestiegen ist, so wie Palmiro Madesani für Grazia Deledda einen orientalischen Prinzen verkörpert hatte. Korrekter ist es, das Schweigen Maria Giacobbes über diesen Punkt zu respektieren.

Trennendes und Einendes: ein Meeresbild

Liebe ist in beiden Fällen, sowohl für Grazia Deledda wie auch für Maria Giacobbe, eine Form der Revolte gegen soziale und geschlechterspezifische Grenzen, eine Revolte, die die Emigration *und* zugleich die schreibende Identifikation mit der Herkunftsinsel möglich gemacht hat. Weggehen, um das Aufgegebene sagen/schreiben zu können: das ist gewiss eine Situation, aus der sehr viel – und auch sehr große – Literatur entstanden ist. Weggehen, um

---

29 Giacobbe Paesaggi, wie Anm. 28, 24.
30 Giacobbe Harder, Grazia Deledda, wie Anm. 3, 54.
31 Giacobbe, Paesaggi, wie Anm. 28, 28 f.

einem Ehemann zu folgen, ist ein in Geschichte und Gegenwart häufiges Frauenschicksal und nur selten ein Ausdruck autonomer Entscheidung. Im Fall der beiden sardischen Autorinnen handelt es sich jedoch um eine Konstellation, in der die Kategorien Geschlecht und kulturelle/regionale Identität auf eine spezifische Weise verknüpft werden und individuelle Lebens*entwürfe* eine besondere Rolle spielen: Beide sind Schriftstellerinnen, *bevor* sie gehen, beide werden im ‚Exil' ihrem Schreibgegenstand: Sardinien, genauer: der Barbagia, treu bleiben, ihn hartnäckig in ihrem Schreiben umkreisen und einkreisen. Es ist vielleicht kein Zufall, dass diese Autorinnen bis heute die einzigen erfolgreichen Schriftstellerinnen aus Sardinien geblieben sind (während es seit der Mitte des 20. Jahrhunderts eine ganze Reihe erfolgreicher Schriftsteller gibt): Offenbar mussten die beiden ihre *jana*-Webstühle einpacken und fern von sardischen Mythen, zugleich fern von sardischen Realitätszwängen, jenseits des Meeres wieder aufbauen.

Das Meer ist im Übrigen ein trennendes/einendes Element, das eine Konstante der Herausbildung sardischer Identität darstellt: identitätsstiftend, weil Insularität eben auf der geteilten Erfahrung des einen, umgrenzten Lebensraums beruht, und trennend, weil es so unübersehbar zwischen dem Eigenen und dem Fremden liegt. Dies gilt beispielsweise für den Schriftsteller Salvatore Mannuzzu, einen Autor aus der Generation Maria Giacobbes, dessen Lebensmittelpunkt die Stadt Sassari war und ist, obwohl er in beruflichen und politischen Funktionen lange in Rom gelebt hat. Was er über das Meer sagt – jenen Streifen am Horizont, der das Mädchen Cosima/Grazia am Ende des 19. Jahrhunderts zum Träumen brachte und den sie schlussendlich überschritten hat, ebenso wie, ein halbes Jahrhundert später, Maria Giacobbe – was Mannuzzu über das Meer der Sarden sagt, das möge hier das Schlusswort sein:

… das Meer steht für das, was Sardinien bedeutet, vielleicht für seinen dauerhaftesten und zutreffendsten Sinn: das Meer, tiefer noch als es von Natur aus ist, liegt immer dazwischen (wie zwischen dem Reden und dem Tun). Nicht zu leugnender Beweis für die Tatsache, dass es ein Hier und ein Dort gibt: und eine Ferne, eine Trennung ohne Ende. Es ist wahr, man sieht das Meer in Sardinien oft gar nicht, es scheint einer zweitrangigen Geschichte anzugehören und wird gegenwärtig zu einem touristischen Badeartikel, der wie alle Waren schnell verbraucht, verdaut und in Abfall verwandelt werden kann. Aber im hintersten Winkel des kleinsten Dorfs im Innern der Insel, wo das Meer Tausende Kilometer weit weg zu sein scheint, während es doch in Wahrheit ganz nahe ist, wo es so scheint, als hätte es nie ein Meer gegeben, auch dort wäre nichts so, wie es ist, wenn es das Meer nicht gäbe: jenen unsichtbaren, schrecklichen, geheimnisvollen Graben, von dem seit Jahrtausenden das Geschick abhängt.[32]

---

32 Salvatore Mannuzzu, Finis Sardiniae (o la patria possibile), in: Berlinguer/Mattone, Sardegna, wie Anm. 2, 1223–1244, 1225.

Grazia Deledda [Unordnung und frühes Leid]

Alles schien ihnen Schutz zu gewähren: die Leichtigkeit, mit der sie Briefe wechseln konnten, die gemeinsame Straße, die Nähe ihrer Gärten. Wenn bekannt wurde, dass Andrea mit Freunden beim Kartenspiel oder mit einer Frau war, Santus betrunken eingeschlafen und die Mutter und die Schwestern bereits zur Ruhe gegangen waren, erstere noch im Schlaf vom Schleier ihres Leids und ihrer Gebete eingehüllt, letztere in ihren immer noch unschuldigen Träumen gewiegt, gelang es Fortunato trotz seiner Behinderung, über das Mäuerchen in Cosimas Garten zu steigen und, ganz außer Atem und voller Leidenschaft, seine kleine Freundin im Schatten eines schützenden Winkels zu treffen, seine Freundin, die in ihrer Verwirrung und Wortlosigkeit das Gespenst ihrer selbst zu sein schien. Sie ließ sich von ihm küssen und fühlte die Wärme seines Körpers, das Beben und Keuchen eines gefesselten Helden, die ohnmächtige Gewalt, mit der er sie hätte besitzen und mit sich nehmen wollen; doch eine kühle, fast bösartige analytische Kraft hielt sie in dieser Art Kampf der Sinne gegen sich selbst und gegen den anderen aufrecht, und sie ging müde, angeekelt und von Demütigung und Gewissensbissen verbittert daraus hervor.[33]

Maria Giacobbe [Liebe und Widerstand]

Meine Angst, nicht geliebt zu werden, und die daraus rührende Schwierigkeit, tatsächlich geliebt zu werden, und mein hochmütiger Verzicht, etwas zu tun, um jene Liebe zu bekommen, von der ich früher angenommen hatte, das sie mir quasi naturgesetzlich zustünde und dass es daher *ungerecht* sei, wenn sie mir nicht spontan zuteil wurde, all diese Gefühle entstanden vielleicht gemeinsam mit dem Bewußtsein, einer Minderheit ungerecht verfolgter Gerechter anzugehören. In diesem stolzen Bewußtsein gründeten ihre widerständigen Wurzeln.

Doch gewiss wurde das schlimmer und zu einem unheilbaren Trauma, als Papa, der für mich ohne den geringsten Zweifel der *Beste auf der ganzen Welt* war, jener, an dessen Liebe ich nie gezweifelt hatte, vor die Wahl gestellt wurde, sich für *mich* oder „die Notwendigkeit, die Freiheit, die Gerechtigkeit und die eigene Menschenwürde zu verteidigen", zu entscheiden, und sich offensichtlich für *die Freiheit, die Gerechtigkeit und die Würde* entschied und *für immer* fortging und mich in einer feindseligen und kränkungsreichen Welt zurückließ, wo ohne ihn Trauer und Hoffnungslosigkeit den gleichbleibenden Beigeschmack fast jeder Stunde bildeten.[34]

---

33 Deledda, Cosima, wie Anm. 9, 87 f.
34 Giacobbe, Maschere, wie Anm. 25, 84.

Liebe
inszenieren

Johanna Gehmacher

Die Nation lieben

Zur Darstellung und Herstellung eines Gefühls

Patriotismus, Vaterlandsliebe

Die emotionale Verbundenheit mit Land und Kultur, in die man geboren ist, die Bereitschaft, der Nation, der man angehört, sein Glück, ja das eigene Leben zu opfern – das von den Begriffen Patriotismus und Vaterlandsliebe eröffnete Bedeutungsfeld verweist auf eine breite Palette von Gefühlen. In der politischen Sprache der Moderne scheinen die beiden Termini als gängige Topoi auf. Sie werden ins Spiel gebracht, wo – oft schwer erbringbare – Leistungen von den Einzelnen für die Allgemeinheit gefordert werden, aber auch, wenn es um die Legitimation sonst kaum rechtfertigbarer politischer Handlungen geht. An die Stelle religiös legitimierter Unterordnung unter ein Herrscherhaus tritt in der Folge der großen Revolutionen am Ende des 18. Jahrhunderts die säkulare Religion der Nation als bindende Kraft politischer Einheiten.[1] Sie fungiert als Vehikel und Brennpunkt unterschiedlichster Vorstellungen von der Gesellschaft: die Beschwörung nationaler Gemeinschaft wird im 19. und 20. Jahrhundert zur privilegierten Form der Legitimation von politischen Forderungen und Gesellschaftsentwürfen, zu einer zugleich leeren und überdeterminierten Redefigur, die ihre Glaubwürdigkeit nicht zuletzt daraus gewinnt, dass scheinbar alle an ihr partizipieren. Die Nation ist, wie Benedict Anderson postuliert hat, eine Erfindung der jüngeren Geschichte – eine Einheit, die allerdings nicht bloß die Kopfgeburt einiger weniger sondern ein von vielen Menschen imaginiertes – und emotional besetztes – Ganzes ist.[2] Jenseits der Diskussion um das tatsächliche Alter dieser Form, Gesellschaft zu denken und zu leben – Anthony D. Smith hat auf lange zurückreichende Kontinuitätslinien des Konzeptes hingewiesen und Anhänger der Modernisierungsthese wie Anderson oder Ernest Gellner scharf kritisiert[3] – ist hervorzuheben, dass es nicht zuletzt ein *Gefühl* ist, das die Beweislast für die

---

1   Eric Hobsbawm bezieht sich in diesem Zusammenhang auf Rousseaus Begriff der „Bürgerreligion". Vgl. Eric J. Hobsbawm, Nationen und Nationalismus. Mythos und Realität seit 1780, Frankfurt a. M./New York 1990, 103. Dieter Langewiesche charakterisiert die moderne Nation als „Säkularreligion" und sieht darin eine zentrale Abgrenzung zu mittelalterlichen Formen der Nation. Vgl. Dieter Langewiesche, Nation, Nationalismus, Nationalstaat in Deutschland und Europa, München 2000, 34.
2   Benedict Anderson, Die Erfindung der Nation. Zur Karriere eines folgenreichen Konzept, Frankfurt a. M. 1996.
3   Anthony D. Smith, National Identity, Reno/Las Vegas/London 1991, 71; Ernest Gellner, Nationalismus und Moderne, Hamburg 1995.

Existenz von Nationen trägt. Das „tägliche Plebiszit" aller (männlichen) Bürger, an das der Theoretiker der Staatsnation Ernest Renan 1882 an der Pariser Sorbonne den Bestand einer Nation gebunden hatte,[4] ist nicht vorstellbar als bloß rationales Kalkül der Vor- und Nachteile – ein solches würde wohl eher in vielfältig geteilte Loyalitäten und Netzwerke münden – sondern nur als eine von Emotionen getragene und mit einem Versprechen auf Dauer verbundene Entscheidung – als ein Bekenntnis. Aber auch dort, wo Nation über scheinbar objektive Kriterien wie Kultur, Sprache oder Abstammung begründet wird – so etwa im politisch lange zerrissenen Deutschland des 19. Jahrhunderts – ist der Appell an die Liebe und Zustimmung jener, die sich als „Deutsche" fühlen sollten, eine zentrale Figur der politischen Rhetorik.[5] Die Liebe zur Nation steht in einer komplexen Beziehung zur Gewalt, durch die politische Einheiten hergestellt werden: sie legitimiert gewaltsame Strategien in nationalen Einigungs- und Sezessionsbewegungen, transzendiert diese aber auch, wenn Gesellschaften ihre Existenz über das Zugehörigkeitsgefühl ihrer Mitglieder und nicht über ihren gewaltsamen Gründungsakt legitimieren.

Vergangene Gefühle sind – wie alles Vergangene – nur über die Vermittlung ihres in Texten, Objekten und Bildern geronnenen Ausdrucks zugänglich. Ihre spezifische Qualität verführt allerdings leicht zum Kurzschluss der dekontextualisierenden Einfühlung in Bilder des Vergangenen oder aber zu einer – ebenfalls auf Vergegenwärtigung basierenden – Abwehrreaktion. Die eigene Positioniertheit ist daher von zentraler Bedeutung für den Forschungsprozess.[6] Für neuere geschlechtergeschichtliche Thematisierungen des Nationalismus sind nicht zuletzt die Widersprüche und Interferenzen zwischen der Gebrochenheit des Nationalgefühls in nachfaschistischen Gesellschaften und der Renaissance des Nationalismus in postsozialistischen Staaten in spezifischer Weise bedeutsam geworden.[7] Im Aufeinandertreffen der so unterschiedlichen Perspektiven wird die historische Bedingtheit beider Positionierungen sichtbar und Nationalismus kann als zugleich irritierend und erklärungsbedürftig wahrgenommen werden.

Die emotionale Bindung an eine national legitimierte politische Einheit zählt – wenn auch in vielen Gesellschaften des 20. Jahrhunderts in sublimierter und relativierter Form –

---

4   Ernest Renan, „Qu'est-ce qu'une Nation?" Conférence faite en Sorbonne le 11 mars 1882, in: Enest Renan et l'Allemagne. Textes recueillis et commentés par Èmile Buré, New York 1945, 165–203.
5   Zentrale Bedeutung erlangte in diesem Zusammenhang die Kultur der Nationalfeste; vgl. dazu Langewiesche, Nation, wie Anm. 1.
6   Hobsbawm beschwört die Abstinenz (vom Nationalgefühl) – deren Grenzen ihm allerdings verschwimmen – als Grundlage historischer Befassung mit Nationalismus. Vgl. Hobsbawm, Nationen, wie Anm. 1, 24. Demgegenüber fordert Nira Yuval-Davis in Abgrenzung zu einer scheinbar neutralen universalistischen Perspektive die Reflexion über die eigene Positioniertheit zum Gegenstand. Vgl. Nira Yuval-Davis, Gender and Nation, London u. a. 1997, 125–133.
7   Vgl. dazu u. a. Johanna Gehmacher, Elizabeth Harvey u. Sophia Kemlein Hg., Zwischen Kriegen. Nationen, Nationalismen und Geschlechterverhältnisse in Mittel- und Osteuropa 1918–1939, Osnabrück 2004.

zu den politischen Fundamenten der Moderne. Gleichwohl sind die damit verbundenen Gefühle nicht ohne weiteres nachvollziehbar: was brachte und bringt Menschen dazu, die Bindung an eine abstrakte Allgemeinheit über ihre persönlichen Interessen und Gefühle zu stellen? Wie lässt es sich erklären, dass Menschen für eine Nation leben, arbeiten und auch sterben? Nationalistische Narrative, so die Ausgangsthese dieses Aufsatzes, kreisen darum, die Gefühle plausibel und glaubhaft zu machen, die die je spezifische Nation tragen. Weit verbreitet ist in diesem Zusammenhang die Darstellung eines Wechsels des Liebesobjektes: geschlechtliche Liebe wird – häufig unter dramatischen Umständen – transformiert in Liebe zu einem Vaterland, zu einer Nation. Anspruch und Funktionsweisen dieser spezifischen rhetorischen Figur sind Gegenstand dieses Aufsatzes. Wenn also im Folgenden Strategien und Motive der (literarischen) Darstellung von Gefühlen gegenüber Abstraktionen wie Vaterland oder Nation im Zentrum stehen, so soll die Analyse nicht bei der Auseinandersetzung mit Abbildungen historischer Gefühle stehen bleiben. Vielmehr soll gezeigt werden, dass – und in welcher Weise – eine spezifische Form der *Darstellung* von Gefühlen ein zentrales Mittel ihrer *Herstellung* ist.

Im Folgenden möchte ich Überlegungen dazu vorstellen, wie in zwei sehr unterschiedlichen Kontexten des frühen 19. und des beginnenden 20. Jahrhunderts die Bindung an die Nation als Liebe dargestellt und glaubwürdig gemacht wurde. Präsentiert werden zwei literarische Beispiele – ein Napoleon und Frankreich idealisierendes Gedicht Heinrich Heines und ein der irischen Nationalbewegung gewidmetes Theaterstück von W. B. Yeats und Augusta Persse Gregory –, in denen diese spezifische Form der Liebe in affirmativer Weise gestaltet wird. Dabei soll es weniger um eine literaturwissenschaftliche Analyse gehen – so bleiben literarhistorische Kontexte ebenso wie die literarische Form der Texte weitgehend unbeachtet –, sondern um den Einsatz bestimmter in der politischen Rhetorik des Nationalismus weit verbreiteter Metaphern, die Argumentationsbrücken zwischen sehr unterschiedlichen Erfahrungsräumen herstellen. Das Motiv der Bedingungslosigkeit der Liebe zur Nation, die mit ihr verbundenen Todes- und Auferstehungsphantasien, vor allem aber die Funktion von Vorstellungen geschlechtlicher (und auch familialer) Liebe bei der Herstellung von Patriotismus und Vaterlandsliebe lassen sich, wie ich glaube, an diesen Beispielen besonders gut zeigen. Sie stehen in ihrer zeitlichen und geographischen Differenz für die weite Verbreitung und die Dauerhaftigkeit einer spezifischen, auf Geschlechterbildern basierenden Metaphorik des Nationalismus und seiner performativen Strategien. Darüber hinaus sind sie miteinander allerdings nur durch mein Interesse an ihnen verbunden – durch die Irritation die sie für mich darstellen. Die Kontexte, in denen sie stehen – das nachrevolutionäre Frankreich am Beginn des 19. Jahrhunderts und das nationale Erwachen in Irland um die Wende zum 20. Jahrhundert – unterscheiden sich ebenso grundlegend wie der – in beiden Texten nicht explizit verwendete – Begriff der Nation, auf den sie Bezug nehmen. Heines Gedicht spiegelt und thematisiert die zunehmende Bedeutung der Identifikation mit einer imaginären Gemeinschaft der Nation, doch die Überzeichnung lässt sich auch als ironisierende Distanznahme lesen. Der Einakter von Yeats und Gregory hingegen steht im Kontext einer nationalistischen Bewegung und ist explizit mit dem Ziel geschrieben, Liebe zu Irland zu erwecken: die Bilder, die hier entworfen werden, dienen vor allem der Herstellung dieses Gefühls. Daher wird die Auseinandersetzung mit diesem zweiten Text im Folgenden auch den breiteren Raum einnehmen.

„Begrab mich in Frankreichs Erde"

Der Lyriker, Essayist und Dramatiker Heinrich Heine wurde 1797 in ein aufgeklärtes jüdisches Elternhaus in Düsseldorf geboren. Wenn der marxistische Literaturwissenschaftler Georg Lukács ihn in durchaus problematischer Weise als den „am meisten deutsche[n] Dichter des 19. Jahrhunderts"[8] bezeichnet hat, so ist damit nicht nur die Bedeutung emotionaler Bezugnahmen auf „Deutschland" in Heines Werk angesprochen, sondern auch seine lebenslang konflikthafte Beziehung zu der so bezeichneten heterogenen kulturellen und politischen Formation. Heines Werke – viele davon von explizitem politischem Engagement getragen – wurden 1835 zuerst in Preußen, dann im gesamten Deutschen Bund verboten. 1856 ist Heinrich Heine nach jahrzehntelangem Exil in Paris gestorben. Wenn es um Patriotismus und die Liebe zu einem national codierten Vaterland geht, so erscheint er als ein in mehrfacher Hinsicht ambivalenter Dichter. Während die von ihm popularisierte Figur der Lorelei, die die Rheinschiffer in den Tod lockte, einen zentralen Platz im Kabinett deutscher nationalistischer Sehnsuchtsbilder erhielt, galt der Autor den nationalen Kreisen immer als verdächtig – ein kritischer Intellektueller jüdischer Herkunft fern der Heimat, dem man nicht trauen wollte. Heine entwickelte sich nach einer kurzen Phase religiösen Nationalismus im Kontext seiner in den Jugendjahren vollzogenen Konversion zum Protestantismus zum scharfen Kritiker jeglicher Deutschtümelei.[9] Manche seiner im Exil verfassten Heimwehgedichte – „Ich hatte einst ein schönes Vaterland …" hebt ein besonders markantes unter ihnen an[10] – sind gleichwohl Liebeserklärungen an das Land, aus dem er vertrieben worden war, und partizipieren zugleich aktiv an der (Re-)Formulierung eines deutschen Nationalcharakters.[11]

---

8   Gegorg Lukács, Heinrich Heine als nationaler Dichter (1935, Auszug), in: Helmut Koopmann Hg., Heinrich Heine, Darmstadt 1975, 24–31, 31.
9   Volkmar Hansen, Heinrich Heine, in: Walther Killy Hg., Literaturlexikon, Berlin 1998
10 Heinrich Heine, Sämtliche Schriften in zwölf Bänden, hg. v. Klaus Briegleb, Frankfurt a. M. u. a. 1981, Bd. 7, 370.
11 Inge Wild, „O, Deutschland, meine ferne Liebe". Exil, Eros und Gender in Gedichten Heinrich Heines, in: Gudrun Loster-Schneider Hg., Geschlecht – Literatur – Geschichte II. Nation und Geschlecht, St.

Die hier vorgestellte Romanze „Die Grenadiere" gilt Frankreich, Heines Exilland. Sie ist im Kontext seiner Auseinandersetzung mit französischer Kultur zu lesen aber auch als Ausdruck seiner Napoleonverehrung. Das Gedicht erinnert an den Rückmarsch französischer Soldaten aus russischer Kriegsgefangenschaft nach dem gescheiterten Russlandfeldzug des napoleonischen Heeres 1812. Deutschland erscheint darin als Ort der Handlung aber auch als Passage, als Zwischenstation auf dem Weg zu einem anderen Ziel.

Die Grenadiere (Heinrich Heine)

Nach Frankreich zogen zwei Grenadier,
Die waren in Russland gefangen.
Und als sie kamen ins deutsche Quartier,
Sie liessen die Köpfe hängen.

Da hörten sie beide die traurige Mär:
Dass Frankreich verloren gegangen,
Besiegt und zerschlagen das grosse Heer –
Und der Kaiser, der Kaiser gefangen.

Da weinten zusammen die Grenadier
Wohl ob der klägliche Kunde.
Der eine sprach: Wie weh wird mir,
Wie brennt meine alte Wunde!

Der andere sprach: Das Lied ist aus,
Auch ich möcht mit dir sterben,
Doch hab ich Weib und Kind zu Haus,
Die ohne mich verderben.

Was schert mich Weib, was schert mich Kind,
Ich trage weit bessres Verlangen;
Lass sie betteln gehn, wenn sie hungrig sind –
Mein Kaiser, mein Kaiser gefangen!

Ingbert 2003, 79–99, 87. Inge Wild verwendet den Begriff „Heimwehlyrik" für jene Gedichte, in denen „Klischees und reziproke Wahrnehmungsstereotypen einerseits ironisch zitiert" werden, die „andererseits aber durchaus als Sehnsuchtstopoi [dienen] und ... in ihrer mentalitätsgeschichtlichen und individuell eingeprägten Relevanz ernstgenommen" werden; vgl. ebd. 80 f.

Gewähr mir, Bruder, eine Bitt:
Wenn ich jetzt sterben werde,
So nimm meine Leiche nach Frankreich mit,
Begrab mich in Frankreichs Erde.

Das Ehrenkreuz am roten Band
Sollst du aufs Herz mir legen;
Die Flinte gib mir in die Hand,
Und gürt mir um den Degen.

So will ich liegen und horchen still,
Wie eine Schildwach, im Grabe,
Bis einst ich höre Kanonengebrüll
Und wiehernder Rosse Getrabe.

Dann reitet mein Kaiser wohl über mein Grab,
Viel Schwerter klirren und blitzen;
Dann steig ich gewaffnet hervor aus dem Grab -
Den Kaiser, den Kaiser zu schützen.

Heinrich Heine hat die Romanze „Die Grenadiere", die in der Vertonung von Robert Schumann einen breiten Bekanntheitsgrad erreichte, 1822, also nach der endgültigen Niederlage und dem Tod Napoleons in der Verbannung auf St. Helena, veröffentlicht. Der Text verweist auf eine Zeit, als eine Rückkehr und „Wiederauferstehung" des Revolutionskaisers nach dem gescheiterten Russlandfeldzug noch bevorstand: aus dem Exil in Elba kehrte Napoleon in einem triumphalen Marsch auf Paris zurück, bevor er in der Schlacht bei Waterloo seine endgültige Niederlage erlebte. Das Gedicht evoziert vergangene Zukunft, was seinen melancholischen Grundton verstärkt, zugleich aber auch eine mögliche Wiederholung des Auferstehungsaktes nahe legt und Napoleon als mythisierte Figur in die Nähe anderer auf Wiederkehr wartender ‚Volkskaiser' wie etwa Friedrich Barbarossa rückt.[12] Der junge Heine, der mit den Idealen der Französischen Revolution im französisch regierten Düsseldorf aufgewachsen war, empfand das nach dem Rückzug der napoleonischen Armee in seiner Heimatstadt eingesetzte preußische Regime nach einer kurzen Phase nationalistischer Begeisterung als Bedrückung.[13] Das trotzige Bekenntnis zu den Freiheitsidealen der Revolution steht

---

12 Zum narrativen Verfahren der Mythisierung vgl. Wulf Wülfing u. a., Historische Mythologie der Deutschen 1798–1918, München 1991, 8f. Zu Napoleon als neuem Barbarossa vgl. ebd. 58 (FN 206).
13 Hansen, Heine, wie Anm. 9.

im Zentrum vieler seiner Texte und wird in den „Grenadieren" in der Feier der bedingungslosen Liebe zu Frankreich und dem Kaiser zum Ausdruck gebracht.

Frankreich spielt in Heines schriftstellerischem Werk eine wichtige Rolle. Vor allem in den politischen Essays, die er in deutschsprachigen wie französischen Journalen veröffentlichte, hat er viel zur Verständigung zwischen deutscher und französischer Kultur beigetragen.[14] Im gegenrevolutionären Deutschland war solcher Einsatz freilich wenig willkommen, wie das Verbot von Heines Schriften zeigte.[15] Während er in vielen seiner Gedichte das Stereotyp vom Rationalismus französischer Zivilisation und der Emotionalität deutscher Kultur ironisierte und doch zugleich auch weiterschrieb,[16] liegt in den „Grenadieren" alle Leidenschaft und emotionale Kraft bei den französischen Soldaten, deren Liebe für ihren Feldherrn und ihr Land idealisiert wird.

Die Kraft der Liebe zum Kaiser und der Grande Nation wird in diesem Jugendgedicht Heines zum einen durch ihren Fortbestand auch und gerade in der Niederlage – „*mein Kaiser, mein Kaiser gefangen*" – zum Ausdruck gebracht: das Bild evoziert ‚reine' – von keinerlei materiellen Interessen getrübte – Liebe. Andererseits dient der Verweis auf die – in alltäglichen Lebenswelten leichter nachvollziehbare – geschlechtliche und die väterliche Liebe als Kontrastbild, um die Außergewöhnlichkeit und Stärke der Liebe zu Napoleon und Frankreich darzustellen: „*Was schert mich Weib, was schert mich Kind, ich trag weit bessres Verlangen…*": der Kaiser und sein Land erscheinen damit als das wertvollere Liebesobjekt, obwohl – oder gerade weil – dieses Verlangen in den Tod führt.

An die Stelle der Verpflichtung im familiären Beziehungsfeld tritt jene gegenüber Napoleon und Frankreich. Die Liebe zur Nation erscheint durch diese Ersetzung vergleichbar der Liebe zu „Weib" und „Kind" – Heines „bessres Verlangen" nach einem fernen Idol erklärt sich mit Bezug auf und in Differenz zu dieser Liebe – und zugleich als unvergleichlich. Erscheint die Liebe zur Nation solcherart der heterosexuellen Liebe eines Mannes zu einer Frau gleich- und entgegengesetzt, so ist darin nicht nur die weibliche Allegorisierung der Nation[17] sondern auch die exklusive Beziehung männlicher Bürger zu ihr angelegt.[18]

Das verloren gegangene Frankreich und der gefangene Kaiser erscheinen in Heines Gedicht als eine Einheit. Verlustgefühl und Hingabe beziehen sich auf beide gleichermaßen und die Bilder der Nation und ihres Heerführers stützen sich gegenseitig ab. „Frankreichs Erde" bindet den Kaiser und seine Grenadiere als gemeinsamer Ausgangsort wie als gemeinsames Ziel zusammen. Napoleon ist dabei jedoch nicht als monarchische Verkörpe-

---

14 Hansen, Heine, wie Anm. 9.
15 Hansen, Heine, wie Anm. 9.
16 Wild, Deutschland, wie Anm. 11, 81, 99.
17 Wild, Deutschland, wie Anm. 11, 84.
18 Maurice Agulhon, La représentation de la France: quelques réflexions sur l'image feminine en politique, in: Marie-Claire Hoock-Demarle Hg., Femmes – Nations – Europe, Paris 1995, 12–17.

rung seines Landes positioniert (als leerer Signifikant im Sinne von „Der König ist tot, es lebe der König") sondern entzündet als Kaiser des Volkes die Liebe zu Frankreich und zelebriert sie vor. Der Hegelschüler[19] Heine, der in Napoleon den „Weltgeist" wirken sah, thematisierte mit dem von ihm entworfenen Beziehungsfeld das zugleich so prekäre und erfolgreiche Konzept des Bonapartismus. Der sich selbst krönende militärische Anführer, der den durch Gott legitimierten, mit seinem Volk in einem mystischen Körper verbundenen Monarchen ablöst, kann nicht sein ohne die Zustimmung des Volkes, dessen absoluter Souverän er gleichwohl ist. Solange Napoleon getragen ist von der Liebe der Massen, braucht er auch für die extremsten Handlungen keine andere Legitimation als diese Liebe, ohne sie ist er völlig machtlos. Der Rahmen dieses Bestätigungsverhältnisses ist die Liebe zu Frankreich. Die Nation fungiert als gemeinsames Ziel, das über singuläre Interessen hinausweist und der beschriebenen Allianz ein Ziel verleiht.[20]

„They shall be alive forever"

Eine ähnliche Ersetzung zwischenmenschlicher Liebe durch die viel abstraktere Liebe zu einer Nation und ihrem Repräsentanten, wie sie Heine in seinem Gedicht entwirft, findet in dem von William Butler Yeats und Isabella Augusta Persse Gregory gemeinsam verfassten Einakter „Cathleen ni Houlihan", einem für die irische Nationalbewegung geschriebenen Propagandastück statt. Die Geschlechtercodes sind in diesem 1902 – 80 Jahre nach den „Grenadieren" – in Irland veröffentlichten Werk in signifikanter Weise verschoben.

Der 1865 geborene Yeats und die um 13 Jahre ältere Augusta Persse Gregory sind zentrale Persönlichkeiten der irischen literarischen Renaissance um die Wende zum zwanzigsten Jahrhundert. Der spätere Literaturnobelpreisträger Yeats, in Dublin als Sohn einer wohlhabenden protestantischen anglo-irischen Familie geboren, verbrachte eine Teil seiner Jugend in London. Wie auch andere Protagonisten und Protagonistinnen der irischen Renaissance war er eng mit der Londoner Künstlerbewegung der ‚Decadence' verbunden, die gegen eindimensionale Muster männlicher Identität rebellierte.[21] Yeats, der sich bereits in seinen jungen Jahren dem Mystizismus zuwandte und sich insbesondere für visionäre und utopische Traditionen in der Literatur interessierte, entsprach – wie auch Heine vor ihm – nicht dem

---

19 Hansen, Heine, wie Anm. 9.
20 Zu Heine als Anhänger des Bonapartismus vgl. Hansen, Heine. Zu Heines Auseinandersetzung mit Napoleon insbesondere im zweiten Teil der „Reisebilder" vgl. Wülfing, Mythologie, wie Anm. 12, 33–41.
21 Adrian Frazier, Queering the Irish Renaissance, in: Anthony Bradley u. Maryann Gialanella Valiulis Hg., Gender and Sexuality in Modern Ireland. Amherst 1997, 8–38, 11: „Like the other Decadents, some of the Irish aesthetes were ‚engaged in a ‚passive protest' against an imperialist ethic that championed the principles of duty, sacrifice, and self-sufficiency.'"

Ideal nationalistischer Männlichkeit.[22] Sein Engagement für den irischen Nationalismus wird in biographischen Darstellungen meist in enge Verbindung – wenn nicht in einen kausalen Zusammenhang[23] – mit seiner unglücklichen Liebe zu der um ein Jahr jüngeren Propagandistin der irischen Nation, Maud Gonne gebracht: „Irish traditional and nationalist themes and the poet's unrequited love for Maud Gonne, a beautiful and ardent revolutionary" seien Gegenstand von vielen seiner Gedichte und Theaterstücke.[24] Mit seiner Förderin Lady Gregory verband Yeats unter anderem das Interesse für irische Geschichte und alte irische Legenden, deren Themen und Motive in viele seiner Gedichte und Dramen Eingang fanden.

Isabella Augusta Persse Gregory, 1852[25] im County Galway in eine irische Landbesitzersfamilie geboren, begann ihre Karriere als Übersetzerin irischer Legenden und als Dramatikerin erst relativ spät in ihrem Leben; das Zusammentreffen mit Yeats im Jahr 1898, mit dem sie bald eine enge Freundschaft verband, spielte dabei eine wichtige Rolle.[26]

Die Gründung eines irischen Nationaltheaters, das 1904 im Abbey Theatre in Dublin eine Heimat fand, ging wesentlich auf ihre Initiative zurück. Gemeinsam mit Yeats und einigen anderen war sie Gründerin und über viele Jahre aktive Managerin dieser zentralen Institution im irischen literarischen Leben. In den ersten Jahren probte und spielte die Irish National Theatre Company an verschiedenen Spielorten – Ziel war es nicht nur, irischnationale Stücke aufzuführen, sondern auch einen eigenen Theaterstil zu entwickeln.[27] Gregory zitiert Briefe von Yeats, um ihre aktive Rolle beim Schreiben eines der ersten Theaterstücke für dieses Unternehmen zu belegen. Für „Cathleen ni Houlihan" scheint Yeats zwar die Idee gehabt zu haben, die volkstümlichen Dialoge aber steuerte Lady Gregory auf seine

---

22 Zur zentralen Funktion eines spezifischen Männlichkeitsideals für bürgerliche Gesellschaft und nationalistische Ideologie vgl. George L. Mosse, Nationalism and Sexuality. Middle-Class Morality and Sexual Norms in Modern Europe, New York 1985; Ute Frevert, Die kasernierte Nation. Militärdienst und Zivilgesellschaft in Deutschland, München 2001.
23 Britannica – guide to the Nobel Prizes: Yeats, William Butler;
    http://search.eb.com/nobel/ micro/648_91.html; Zugriff: 25. 9. 2002.
24 Yeats, William Butler, in: Ecyclopedia. The 1911 Edition;
    http://8.1911encyclopedia.org/Y/YEATS_WILLIAM_BUTLER; Zugriff: 25. 9. 2002: „When Yeats joined in the Irish nationalist cause, he did so partly from conviction, but mostly for love of Maud." Vgl. dazu auch: Deirdre Toomey, Labyrinths: Yeats and Maud Gonne, in: dies. Hg., Yeats and Women, Houndsmill u. a. 1997, 1–40.
25 Abweichend von diesem mehrfach zitierten Datum wird auch das Geburtsjahr 1959 angegeben; vgl. „Gregory, Lady Augusta", in: The Columbia Encyclopedia, Sixth Edition, 2001;
    http://www.encyclopedia.com/html/G/GregoryA1.asp; Zugriff: 25. 9. 2003.
26 Zu Augusta Persse Gregory vgl. „Gregory, Augusta, Lady", in: Encyclopedia Britannica;
    http://www.britannica.com/eb/articla?eu=38815; Zugriff: 25. 9. 2003; Mary Lou Kohfeldt, Lady Gregory. The Woman behind the Irish Renaissance, New York 1984; C. K. Innes, Woman and Nation in Irish Literature and Society, 1880–1935, New York u. a. 1993, 144–164.
27 Augusta Persse Gregory, Our Irish Theatre. A Chapter in Autobiography, New York 1913, 8 f.

Bitte hin bei.²⁸ Augusta Persse Gregory reüssierte in der Folge mit einer Reihe von Stücken – meist im ländlichen Milieu situierten Komödien –, die sie für das Abbey Theatre schrieb.²⁹

Der 1902 uraufgeführte Einakter „Cathleen ni Houlihan"³⁰ stellt Shan Van Vocht, eine Frauenfigur irischer Legenden, ins Zentrum der Handlung und bringt sie in Verbindung mit einem für die irische Nationalbewegung bedeutenden historischen Ereignis: dem – erfolglosen – republikanischen Aufstand unter Wolfe Tone und Robert Emmet 1798. Die ihres Landes (der „four green fields", also Irlands) beraubte Cathleen ni Houlihan zieht in dem Stück von Yeats und Gregory als eine arme alte Frau – Shan Van Vocht – umher und bringt mit ihren Liedern junge Männer dazu, ihr Glück und ihr Leben für sie zu geben. Das Stück spielt im Westen Irlands, in Killala, wo 1798 ein französisches Expeditionscorps landete, um den irischen Aufstand gegen Großbritannien zu unterstützen. Das – gescheiterte – Unternehmen, das einen hohen Blutzoll unter den Aufständischen forderte, wurde später als Beginn der irischen Unabhängigkeitsbestrebungen idealisiert.

Das kurze Theaterstück, dessen Handlung in einer einzigen Szene gebündelt ist, thematisiert wie Heines Gedicht die Liebe zur Nation anhand eines Objektwechsels. Cathleen ni Houlihan besucht als alte Frau ein Haus, in dem gerade während der französischen Landung Hochzeitsvorbereitungen stattfinden; Michael, der Bräutigam, wird von einem Besuch bei der wohlhabenden Familie der Braut Delia zurück erwartet, sein jüngerer Bruder Patrick freut sich auf den ihm von Delia versprochenen kleinen Hund. Die Eltern treffen letzte Vorbereitungen und preisen das Glück ihres Sohnes, als die liedersingende Alte auftaucht und dem eben heimgekehrten Michael Tod und Verderbnis aber auch ewigen Ruhm verspricht, wenn er ihr folgt: „It is a hard service they take that help me. ... They that have red cheeks will have pale cheeks for my sake... They shall be remembered for ever, /They shall be alive for ever ..." Michael verlässt betört Braut und Familie, um Cathleen ni Houlihan zu dienen. Durch das Fenster sieht der kleine Patrick am Ende der Szene Cathleen als junges Mädchen mit dem Gang einer Königin davongehen – ein Geist, der sich von der menschlichen Liebe nährt und sich daran verjüngt.³¹

---

28 Gregory, Theatre, wie Anm. 27, 82; Gregory zitiert eine Widmung W. B. Yeats'.
29 Gregory, Lady Augusta, wie Anm. 26.
30 William B. Yeats, Cathleen ni Houlihan, in: ders., Plays for an Irish Theatre, Bd. 2, London 1904. Die Mitautorschaft von Lady Gregory wird in den gedruckten Ausgaben des Stückes nicht genannt, sie ist u. a. durch die zitierte Widmung (Fn 28) belegt; vgl. dazu auch: James Pethica, „Our Kathleen": Yeats's Collaboration with Lady Gregory in the Writing of Cathleen ni Houlihan, in: Toomey, Yeats, wie Anm. 24, 205–222; Innes, Woman, wie Anm. 26, 44–48.
31 Yeats, Cathleen ni Houlihan (Zitate nach: http://cathleen-ni-houlihan.blogspot.com/; Zugriff: 30. 3. 2004). Zum Bild der sich an der Liebe der Menschen nährenden Gespenster vgl. Franz Kafka, Briefe an Milena, erw. u. neu geord. Ausg., hg. von Jürgen Born u. Michael Müller, Frankfurt a. M. 1983, 315 f: „Geschriebene Küsse kommen nicht an ihren Ort, sondern werden von Gespenstern auf dem Wege ausgetrunken. Durch diese reichliche Nahrung vermehren sie sich ja so unerhört." Vgl. dazu auch Angelika Eb-

William Butler Yeats hat die Herausgabe des Einakters zur Aufführung an die Mitwirkung von Maud Gonne in der Rolle der Cathleen gebunden.[32] Ihre Verkörperung der Irland symbolisierenden Hauptfigur spielte mit Gonnes Bekanntheit nicht nur als glühende Verfechterin der nationalen Unabhängigkeit Irlands, sondern auch mit ihrer Zugehörigkeit zur sozialen Elite und ihrem Ruf als außerordentliche Schönheit. Wenn sie Armut und Hässlichkeit der Shan Van Vocht im Lumpenkostüm repräsentierte, so wussten alle im Publikum um das Aussehen und die politische Bedeutung der Darstellerin. Wenn im Stück das aus dem Fenster blickende Kind Patrick den königlichen Anblick der forteilenden Cathleen verkündete, beglaubigte das allgemeine ‚Wissen' um die Schönheit und Bedeutung Maud Gonnes die propagandistische Botschaft: die für Irland gebrachten Opfer würden in eine glorreiche Zukunft nationaler Freiheit führen. Maud Gonne, deren Erfolg als politische Rednerin nicht zuletzt in Verbindung mit ihrer Ausbildung als Schauspielerin gesehen wurde, war sich der Bedeutung ihrer eigenen Fama als öffentliche Figur für den Erfolg des politischen Stückes wohl bewusst. Als Shan van Vocht trat sie über den Zuseherraum auf die Bühne und adressierte das Theaterpublikum frontal – als ob sie, wie eine Zeitgenossin beobachtete, eine politische Rede auf der Strasse hielte.[33]

Maud Gonne, 1866 als Tochter eines britischen Offiziers in England geboren und – den Stationierungen ihres Vaters folgend – teilweise in Irland aufgewachsen, führte in ihren jungen Jahren das Leben einer Angehörigen der britischen Oberschicht.[34] Nichts deutete darauf hin, dass sie sich später so bedingungslos für die irische Nationalbewegung einsetzen würde. Nach dem Tod ihres Vaters trat sie ein ansehnliches Erbe an, das sie auf lange Sicht finanziell unabhängig machen sollte[35] und als wesentliche Grundbedingung ihres lebenslangen politischen Engagements wie ihrer unkonventionellen Lebensführung angesehen werden muss. Spätestens ab ihrem zwanzigsten Lebensjahr, als sie mit Lucien Millevoye, einem Anhänger des nationalpopulistischen und antisemitischen französischen Generals Boulanger, ein romantisches Bündnis gegen das britische Empire schloss[36] verstand sich Gonne als

recht, Brieftheoretische Perspektiven von 1850 bis ins 20. Jahrhundert, in: dies. u. a. Hg., Brieftheorie des 18. Jahrhunderts. Texte, Kommentare, Essays, Stuttgart 1990, 239–256, 247.

32 Maud Gonne MacBride, Im Dienste einer Königin. Eine Frau kämpft für Irland, Bremen 1939, 190. Im Folgenden wird nach der deutschen Übersetzung zitiert, die nur ein Jahr nach der englischen Originalausgabe erschien und deren Kapitelabfolge wiedergibt. In der von A. Norman Jeffares und Anna McBride White erstellten kommentierten Neuauflage wurden einige Kapitel mit dem nicht näher belegten Hinweis auf Maud Gonnes ursprüngliche Intention umgestellt; vgl. A. Norman Jeffares u. Anna MacBride Hg., The Autobiography of Maud Gonne, A Servant of the Queen, Chicago 1994.
33 Antoinette Quinn, Cathleen ni Houlihan Writes Back, in: Anthony Bradley u. Maryann Gialanella Valiulis Hg., Gender and Sexuality in Modern Ireland, Amherst 1997, 39–59, 46; Margaret Ward, Maud Gonne. Ireland's Joan of Arc, London u. a. 1990, 73 f.
34 MacBride, Königin, wie Anm. 32, 25 f, Ward, Maud Gonne, wie Anm. 33, 2–7, 31–35.
35 MacBride, Königin, wie Anm. 32, 63; vgl. Ward, Maud Gonne, wie Anm. 33, 14.
36 MacBride, Königin, wie Anm. 32, 67; vgl. Ward, Maud Gonne, wie Anm. 33, 15. Zu General Boulanger

Irin. Mit großer Bestimmtheit und Beharrlichkeit suchte sie ein Feld, in dem sie sich für ihre Überzeugung einsetzen konnte, wiewohl sie mit dem Ausschluss von Frauen aus der gesamten irisch-nationalen Bewegung konfrontiert war.[37]

Im Irland der 1880er Jahre verbanden sich Kampagnen zur Verbesserung der ökonomischen und rechtlichen Situation der irischen Landbevölkerung, die großteils als Pächter einer schmalen Landbesitzerschicht lebten, mit der Forderung nach einer politischen Autonomie Irlands. Der unter anderem mit Pachtboykotten geführte Kampf der 1879 gegründeten (und 1881 verbotenen) „Irish National Land League" gegen die wirtschaftliche Ausbeutung der Landbevölkerung wurde verstanden als Kampf gegen die britische Herrschaft. Die Irische Partei im britischen Parlament erhob die – von den britischen Liberalen unterstützte – zentrale Forderung nach „Home Rule", also nach der politischen Autonomie Irlands, deren Durchsetzung mehrfach am Widerstand der Konservativen im britischen Parlament scheiterte.[38]

Maud Gonne begann ihre politische Karriere am äußersten Rand des Landes wie der Bewegung: sie reiste in die nordwestliche irische Provinz Donegal, um als Zeugin auf die massenhaften Delogierungen bäuerlicher Pächterfamilien aufmerksam zu machen. Der Kampf gegen die für die Landbevölkerung desaströse Politik der Vertreibung sollte in den Folgejahren zum Zentrum ihrer politischen Aktivitäten werden. Die unabhängige junge Frau wurde zu einer bekannten Rednerin – bei Streikaktionen am Land, in Wahlkampagnen für das britische Parlament, aber auch auf Vortragsreisen in England, den USA und Frankreich, bei denen sie für die Unabhängigkeit Irlands auftrat und um internationales Interesse wie um finanzielle Unterstützung für die irische Nationalbewegung warb. In den 1890er Jahren begann sie sich zudem vehement für irische Gefangene in britischen Gefängnissen einzu-

---

vgl. Paul Pasteur, Von Boulanger zu Le Pen. Populismus und Nationalpopulismus in Frankreich, in: Gabriella Hauch u. a. Hg., Populismus. Ideologie und Praxis in Frankreich und Österreich, Innsbruck u. a. 2002, 45–62.

37 Keiner der Vereine, die sich für die Förderung irischer Kultur, gegen die Ausbeutung der irischen Landbevölkerung, für eine eigene irische Verwaltung oder für die Unabhängigkeit des Landes von Großbritannien einsetzten, nahm Frauen auch nur als Mitglieder auf. Eine kurzfristige und erfolgreiche Organisierung von Frauen in der „Ladies Land League" während des Verbots der „Irish National Land League" Anfang der 1880er Jahre wurde nach der Reorganisation der „Land League" schnell wieder aufgelöst. Vgl. Rosemary Cullen Owens, Smashing Times. A History of the Irish Women's Suffrage Movement 1898–1922, Dublin 1984, 28. Maud Gonne kritisierte dies in ihrer Autobiographie, indem sie in strategischer, freilich auch beschönigender Weise männlichen Protagonisten der Bewegung das Bedauern über diese Auflösung in den Mund legte. Vgl. MacBride, Königin, wie Anm. 32, 97, 103. Zur Marginalisierung von Frauen in der irischen Nationalbewegung vgl. Margaret Ward, Unmanageable Revolutionaries. Women and Irish Nationalism, London 1983, 248.

38 John O'Beirne Ranelagh, A Short History of Ireland, Cambridge 1994, 134–141. Grundlegend zur Geschichte der nationalistischen Bewegung in Irland: George D. Boyce, Nationalism in Ireland, London 1982.

setzen, die wegen ihrer zum Teil gewaltsamen irisch-nationalen Aktivitäten des Hochverrats angeklagt worden waren.[39]

Die bald als „Irlands Jeanne d'Arc" bekannte Propagandistin[40] hatte spätestens ab 1890 ihren Lebensmittelpunkt nach Frankreich verlegt,[41] wo auch ihre Tochter aus der intimen Verbindung mit Lucien Millevoye aufwuchs.[42] Ab 1897 gab Gonne in Paris eine eigene Zeitschrift, „L'Irlande Libre", heraus.[43] Wie sehr sie aber regelmäßig auch in Irland präsent war, beweisen nicht nur die Berichte über ihre Aktivitäten im Kampf gegen die Zwangsräumungen, sondern auch ihre Anwesenheit bei der Gründung der irisch-nationalen Frauenorganisation, der „Inghinidhe na hEireann" (Töchter von Erin) im Jahr 1900. Der Verein verknüpfte nationale Erziehung und Unterhaltungskultur mit Kampagnen zum Kauf irischer Produkte – auf kultureller wie auf ökonomischer Ebene war das Ziel der Boykott alles Britischen.[44] Maud Gonne wurde zur ersten Präsidentin gewählt.[45]

Die Inghinidhe legten den Schwerpunkt ihrer kulturellen Aktivitäten auf Abende mit irischen Liedern, *laterna magica* Vorführungen sowie Theaterstücke mit irischen Themen – zum Teil in irischem Dialekt oder in gälischer Sprache. Sie experimentierten mit theatralischen Formen wie den *tableaux vivants*, in denen sie symbolische Szenen aus der irischen Vergangenheit mit Rezitationen, Gesangsvorträgen und Musik verbanden, oder den von ihnen entwickelten *ceilidhes* – Konzerten gälischer Lieder und Musik, die in der Szenerie einer irischen Bauernküche aufgeführt wurden. Die von ihnen produzierten Theaterstücke verarbeiteten Themen der irischen Sagenwelt. Die Inghinidhe erkannten früh die Bedeutung des Theaters für die Nationalbewegung und machten es zu einem Zentrum ihrer Propagandatätigkeit. Sie positionierten ihre Veranstaltungen als Gegenangebot zur populären englischen Unterhaltungskultur und wirkten maßgeblich an der Entwicklung des irischen Nationaltheaters mit.[46] 1902 sponserten sie die Uraufführung von „Cathleen ni Houlihan", das in vielen Punkten – in der Szenerie der bäuerlichen Küche, der Verwendung einer irischen Legende sowie der symbolischen Aufladung alter Lieder – an die von den Inghinidhe entwickelten Inhalten und Formen anknüpfte.[47]

Das Stück verknüpfte über die Cathleen-Legende die Vorstellung von der Fremdherrschaft mit dem Bild von Ausbeutung, Armut und Beraubung. Die in eine Aufstandsge-

---

39 MacBride, Königin, wie Anm. 32, 169–177; Ward, Maud Gonne, wie Anm. 33, 36.
40 Ward, Maud Gonne, wie Anm. 33, 55.
41 Ward, Maud Gonne, wie Anm. 33, 86.
42 Ward, Maud Gonne, wie Anm. 33, 176.
43 MacBride, Königin, wie Anm. 32, 266.
44 Maria Luddy, Women in Ireland, 1800–1918. A Documentary History, Cork 1995, 300.
45 Margaret Ward, In Their Own Voice. Women and Irish Nationalism, Dublin 1995, 19; Ward, Revolutionaries, wie Anm. 37, 50; MacBride, Königin, wie Anm. 32, 190.
46 Quinn, Cathleen, wie Anm. 33, 42 f.
47 Quinn, Cathleen, wie Anm. 33, 44.

schichte transformierte irische Sage appellierte an das Publikum, sich dem Kampf für die nationale Unabhängigkeit anzuschließen. Die Liebe zur irischen Nation, die sie erwecken sollte, fand ihren Ausdruck im dramatischen Wechsel des Bräutigams von seiner Braut Delia zu Cathleen, der mythischen ihres Reiches beraubten Herrscherin. Der Einakter erwies sich als jenes aufrüttelnde Werk mit klarer Botschaft, das Maud Gonne von Yeats gefordert hatte[48] und Cathleen wurde bald zu einer zentralen Referenzfigur der irisch-nationalen Bewegung, zu einem Symbol für Irland, dessen Bedeutung bis in die Gegenwart andauert.[49]

Das Spannungsfeld, in dem das Theaterstück positioniert war, kommt nicht zuletzt in den unterschiedlichen Versionen der Autorisierung und Inanspruchnahme des Textes zum Ausdruck. So unterschlug Yeats am Programmzettel der Uraufführung wie auch in späteren Zitierungen die Autorschaft von Lady Gregory,[50] die ihrerseits in ihrer Autobiographie in einem diplomatischen Balanceakt ihren bedeutenden Beitrag am Text hervorstrich ohne einen Konflikt mit Yeats deutlich werden zu lassen.[51] Die Beteiligung der Inghinidhe na hEireann an der ersten Produktion des Stückes verschwieg Lady Gregory ihrerseits. „Ihr" irisches Theater war jenes der Irish National Theatre Society, nicht das ebenfalls am Beginn der irischen Theaterbewegung stehende Engagement der Frauenorganisation der Inghinidhe, die sich bald von der Theatre Society distanzieren sollte. Den Beitrag Maud Gonnes zum Erfolg des Stückes schätzte Gregory gering ein. „Ein Weib und eine Stimme" mussten, so die Doyenne des irischen Theaters nicht ohne Verachtung, für die Verkörperung der Shan Van Vocht/Cathleen genügen.[52] Maud Gonne wiederum beschrieb Lady Gregory in ihrer Autobiographie wenig respektvoll als „queer little old lady", die es sich zur Aufgabe gemacht habe, W. B. Yeats' Texte abzutippen, und gab der wohlhabenden Gönnerin der jungen Dichter der irischen Renaissance die Schuld an Yeats' Abkehr vom irischen Befreiungskampf.[53] W. B. Yeats sollte später mit Bezug auf den gescheiterten Osteraufstand 1916 sein tiefes Unbehagen darüber zum Ausdruck bringen, dass er das Geschehen, an dem er mit dem Stück partizipierte, nicht in der Hand hatte: „Did that play of mine/ Send out certain men the English shot?"[54]

Der Erfolg des Theaterstückes war, so belegen zeitgenössische Berichte, nicht zuletzt mit der Verkörperung der Titelfigur Cathleen durch Maud Gonne verbunden: „In her, the youth of the country saw all that was magnificent in Ireland. She was the very personifi-

---

48 Ward, Maud Gonne, wie Anm. 33, 39, 73.
49 Quinn, Cathleen, wie Anm. 33, 45.
50 Quinn, Cathleen, wie Anm. 33, 47.
51 Gregory, Theatre, wie Anm. 27, 8 f.
52 Quinn, Cathleen, wie Anm. 33, 45.
53 Jeffares/MacBride, Autobiography, wie Anm. 32, 320–323.
54 William B. Yeats, The Man and the Echo, Poem. Zu Yeats' Auseinandersetzung mit dem Osteraufstand vgl. Innes, Woman, wie Anm. 26, 75–92.

cation of the figure she portrayed on the stage",⁵⁵ schrieb eine begeisterte Zuseherin nach der Vorstellung über Gonne. Cathleen gewann Bedeutung über den Bezug zur realen Figur Maud Gonne.⁵⁶ Dies betraf sowohl Gonnes politischen Einsatz als auch Yeats unerwiderte Liebe, an deren Stelle sein in diesem Stück zum Ausdruck gebrachtes Engagement für die nationale Bewegung trat. Der für die Handlung des Stückes zentrale Wechsel des Liebesobjekts – von der Braut Delia zu Cathleen/Irland – war eine verzerrte Spiegelung der 'Geschichte' des Autors W. B. Yeats mit der ersten Hauptdarstellerin, die einen Heiratsantrag des Dichters zurückgewiesen hatte.

Nicht zuletzt die von Yeats in seinen Gedichten öffentlich gemachte Verehrung für Maud Gonne, deren Bild er mit dem Irlands untrennbar verknüpfte, war die Ursache dafür, dass Maud Gonne selbst zu einer mythischen Figur wurde.⁵⁷ Gonne galt als „ungekrönte Königin" Irlands schon bevor sie die Figur der Cathleen auf der Bühne spielte: „Uncrowned, save by a nation's love, our island's maiden queen" nennt sie M. Barry Delaney schon 1896 in einem Huldigungsgedicht.⁵⁸ Befreundete Aktivisten der Nationalbewegung riefen Gonne nicht bei ihrem Vornamen sondern „Queen", oder „Queenie".⁵⁹ Gonne beförderte die Mythisierung ihrer Person überdies durch theatralische Selbstinszenierungen, wenn sie in wallenden Kleidern begleitet von riesigen Hunden auftrat.⁶⁰ Ihr politischer Handlungsraum war von einer grundlegenden Spaltung bestimmt – in Irland repräsentierte sie ein idealisiertes Bild, den größeren Teil ihrer Zeit aber verbrachte sie in Frankreich, wo sie journalistisch arbeitete und ein privates Leben führte, das die irische Öffentlichkeit kaum geduldet hätte. Wie sehr diese Stilisierung eines weiblichen Ideals der Nation auch Ausdruck ihrer politischen Überzeugung war, wurde deutlich, als Maud Gonne und die Inghinidhe nur ein Jahr nach der Uraufführung von „Cathleen ni Houlihan" in einen heftigen Konflikt mit der Irish National Theatre Society über die angemessene Darstellung von Frauenfiguren im nationalen Theater gerieten. Anlass der Auseinandersetzung war ein Stück von John M. Synge, dessen realistische – und vordergründig unpolitische – Zeichnung der Unterdrückungs- und Gewalterfahrungen einer verheirateten Frau und ihres Ausbruchs aus der Ehe die Funktionärinnen der Inghinidhe so sehr empörte, dass sie aus Protest die laufende Aufführung verließen. In einer öffentlichen Kontroverse forderten sie ein Theater, das Frauenfiguren schuf, die in der nationalen Befreiungsbewegung als Identifikationsfiguren dienen konnten.⁶¹ Nicht zuletzt diesen Kriterien sollte Maud Gonne später in ihrer eigenen Autobiogra-

---

55 Zit. n. Ward, Maud Gonne, wie Anm. 33, 74.
56 Quinn, Cathleen, wie Anm. 33, 45; Innes, Woman, wie Anm. 26, 48.
57 Innes, Woman, wie Anm. 26, 129.
58 Zit. n. Innes, Woman, wie Anm. 26, 136.
59 Innes, Woman, wie Anm. 26, 131.
60 Innes, Woman, wie Anm. 26, 131.
61 Quinn, Cathleen, wie Anm. 33, 47–51.

phie folgen, wenn sie ihr Leben darin als Werk im Dienste der Königin Cathleen zeichnete.[62]

Gespensterliebe

In beiden hier skizzierten Werken – den „Grenadieren" und der „Cathleen" – fungiert als Angelpunkt der erzählten Geschichte eine symbolisch aufgeladene Figur, die – halb menschlich, halb der Geisterwelt zugehörig – die auf Menschen gerichteten Gefühle auf sich zieht und auf einen abstrakten Zweck umleitet. Maurice Agulhon stellt die Inszenierung der in der französischen Revolution geborenen Figur der Marianne in einer vergleichbaren Position dar, wenn er meint, die weiblichen Reize der Allegorie Frankreichs wären bei der Einforderung der Dienste der Soldaten im republikanischen Volksheer nicht ohne Nutzen – so habe etwa das Bild der vom gewalttätigen deutschen Michel bedrohten Marianne als zarte Maid an männliche Gefühle appelliert, die der Nation zugute gekommen wären.[63]

Was ich mit diesem Beispiel deutlich machen möchte: Cathleen als geschlechtliche Liebe bindende Symbolfigur für Irland und Napoleon als über alles geliebte Personifikation Frankreichs sind keine Einzelerscheinungen. Sie sind im Kontext von allegorischen Figuren und Geschlechtermetaphern zu interpretieren, die für die Herstellung emotionaler Bindung an eine Nation von zentraler Bedeutung sind.[64] Benedict Anderson weist auf die geschlechtlichen und familialen Metaphern zur Beschreibung von Nationen hin, die Vorstellungen von Zugehörigkeit garantieren.[65] Anne McClintock analysiert solche Metaphern als kulturelle Projektionen, die einer gegenseitigen Abstützung von familialen wie nationalen Hierarchien und Machtverhältnissen dienen.[66] Sie weist darüber hinaus darauf hin, dass in dem Maß, als die Familienmetapher zur Produktion nationaler Ursprungserzählungen benützt wurde,

---

62 Zum Verhältnis von Nationalität, Geschlecht und Auto/biographie vgl. Johanna Gehmacher, De/Platzierungen – zwei Nationalistinnen in der Hauptstadt des 19. Jahrhunderts, in: Werkstatt Geschichte, 32 (2003), 6–30.
63 Agulhon, Représentation, wie Anm. 18. Wenn Maurice Agulhon an anderer Stelle meint, Allegorien wie jene Frankreichs seien bloß zufällig – dem grammatikalischen Geschlecht des Begriffs, den sie verbildlichen, folgend – weiblich, so stellt dies einen Widerspruch in seiner Argumentation dar, der hier nicht weiter verfolgt werden kann.
64 Zu weiblichen Allegorien der Nation vgl. u. a. Mosse, Nationalism, wie Anm. 22, 90–113.
65 Anderson, Erfindung, wie Anm. 2, 144.
66 Väterliche Gewalt lässt sich so als Abbild politischer Institutionen rechtfertigen während im Gegenzug die postulierte „Natürlichkeit" innerfamiliärer Hierarchien die Institutionalisierung politischer Hierarchien legitimiert. McClintock knüpft hier an eine Bemerkung Frantz Fanons an: „… the characteristics of the family are projected onto the social environment"; „Militarisation and centralization of authority in a country automatically entail a resurgence of the authority of the father"; vgl. Frantz Fanon, Black Skin,

die Familie zum privaten Raum und damit als Institution von der Macht der männerbündisch organisierten Nation ausgeschlossen wurde: „The family became, at one and the same time, both the organizing figure for national history and its antithesis."[67]

In allgemeinsten Worten also: keine Nation ist herzustellen und aufrechtzuerhalten ohne die emotionale Bindung einer ausreichenden Zahl von Menschen an sie. Das Geschlechterverhältnis – in Andersons und McClintocks Beispielen definiert als ein familiales Verhältnis – stützt diese Bindung metaphorisch ab. Dieser Vorgang hat gravierende Folgen für die gelebten Beziehungen zwischen Menschen als geschlechtliche Wesen. Denn an die Stelle menschlicher Bezugspersonen (wie Weib und Kind oder Braut) treten gespenstische Figuren (Napoleon, Cathleen), die bedingungslose Liebe ohne Gegengabe fordern. Diese Figuren sind durchaus unterschiedlicher Herkunft. So steht Cathleen in einem gewissen Sinn zwischen dem mythisierten Kaiser und der Allegorie der Marianne. Die letztere hat – bloß ein Bild, gemalt oder aus Stein – keine Geschichte als Individuum, wohingegen der Napoleonmythos auch in seinen absurdesten Blüten auf ein gelebtes Leben verweist, in dem freilich immer wieder die Logik der spektakulären, symbolischen Aktion handlungsleitend ist.

Cathleen ni Houlihan steht demgegenüber außerhalb historischer Kontexte: sie kann in jedem Zeitalter auftreten, sich in eine alte Frau oder ein junges Mädchen verwandeln – doch zum Unterschied von Marianne kann sie sprechen und handeln. Ihre Entwicklung zum Symbol für Irland ist daher nicht als Verbildlichung eines abstrakten Begriffes zu beschreiben, sondern vielmehr als Isolation einer Figur aus einer Geschichte, deren Name als eine Art geheimer Code eingesetzt wird, um ein ganzes Bündel von – zum Teil divergenten – Forderungen anzusprechen.

Bei all den beschriebenen Differenzen trifft sowohl für Napoleon wie für Cathleen in den hier vorgestellten literarischen Beispielen zu, dass sie – sei es als mythisierte oder als symbolische Figur – jeweils für *etwas* stehen: sie stehen für eine Nation im Sinne einer Verknüpfung von bestimmten politischen Prinzipien, eines (bestehenden oder intendierten) Ensembles von Institutionen, einer Bevölkerung und eines Territoriums – wenn auch in ganz unterschiedlicher Weise. In beiden Fällen verbinden sich zwei integrierende Versprechen: Freiheit – nationale Unabhängigkeit im einen, politische Freiheiten im anderen Falle – und Zugehörigkeit, Bindung. Für die Einlösung dieser Versprechen wird in beiden Fällen ein Einsatz gefordert, und zwar der Einsatz des eigenen Lebens. Damit ist zugleich ein gemeinsames Charakteristikum nationaler Projekte bezeichnet: ein spezifisches Verhältnis von sehr allgemeinen Versprechen und hohem geforderten individuellen Einsatz.

White Masks, London 1986, 141–143, zit. nach Anne McClintock, „No longer in a Future Heaven": Gender, Race, and Nationalism, in: dies. u. a. Hg., Dangerous Liaisons. Gender, Nation, and Postcolonial Perspectives, Minneapolis/London 1997, 93.
67 McClintock, Heaven, wie Anm. 66, 91.

Wie aber wird dieser Einsatz hergestellt, durchgesetzt? Es ist Teil des kulturellen Selbstverständnisses national verfasster Gesellschaften, dass ihre (männlichen) Bürger bereit wären, für politische Prinzipien – für die Nation, für das Vaterland, für die Freiheit – zu sterben. Diese Tatsache wird gerne als Beleg für die Kraft des nationalen Gedankens herangezogen. Freilich ist die Herstellung dieses Selbstverständnisses selbst dasjenige, was zu untersuchen ist. Die emotionale Bindung an eine Nation wird, so die These dieses Aufsatzes, nicht zuletzt dadurch hergestellt, dass zwischenmenschliche Gefühle über den Umweg allegorischer, mythisierter oder symbolischer Figuren auf die abstrakte Formation Nation verschoben werden. Die hier vorgestellten Beispiele illustrieren dies.

In beiden Fällen tritt die Liebe zur Nation an die Stelle einer anderen Liebe: „What wedding are you talking of?" fragt der Bräutigam nachdem er in den Bann von Cathleen geraten ist. Und der gedemütigte Grenadier vergisst im Gedanken an den gefangenen Napoleon Weib und Kind. Diese andere, größere Liebe nährt sich zum einen aus einer spezifischen Verknüpfung von Todesphantasie und Auferstehungsversprechen, die der Mühsal und den begrenzten Hoffnungen des realen Lebens gegenübergestellt werden: ehrlos und versehrt soll Heines Grenadier nach Frankreich zurückkehren – da phantasiert er sich in ein Ehrengrab in Frankreichs Schoß, in dem er Schildwache hält bis zur gloriosen Auferstehung. „They shall be alive forever" verspricht Cathleen jenen, die für sie sterben und zieht den Bräutigam in jenem Moment an sich, als er mit der bevorstehenden Hochzeit an den Kreislauf des Lebens und damit an seine eigene Sterblichkeit erinnert wird. Vor allem aber nährt sich die Liebe zur Nation an jener geschlechtlichen – und in den gewählten Beispielen auch familialen – Liebe, an deren Stelle sie tritt. Das Begehren und die emotionalen Potenzen zwischenmenschlicher Beziehungen gehen über die vermittelnden Figuren Cathleen und Napoleon auf sie über. Diese Figuren treten allerdings nicht in direkte Konkurrenz mit Weib, Kind oder Braut, sondern sie funktionieren als leere Gefäße, die jeglichen Affekt aufzunehmen und in ein patriotisches Gefühl zu transformieren vermögen. Und so legt Yeats nicht nur darauf wert, dass die bekannte und von ihm lebenslang verehrte Schönheit Maud Gonne die Rolle der Cathleen übernimmt, er hält es auch für unabdingbar, dass sie als hässliche, arme alte Frau auf die Bühne tritt – nur so ist zu vermeiden, dass sie bloß als schönere, jüngere Konkurrentin der rechtmäßigen Braut erscheint.

Das Besondere der Liebe zur Nation und ihre besondere Tiefe wird in ihrer Zwecklosigkeit – in religiöser Terminologie: Reinheit – ausgedrückt: sie wird dargestellt als Liebe zu einem gefangenen entmachteten Kaiser, zu einer aller ihrer Besitztümer beraubten alten Frau. Verstärkt wird die Größe dieser Entscheidung in beiden hier vorgestellten Geschichten durch eine Parallelfigur, die eine andere Möglichkeit repräsentiert: der kleine Bruder Patrick, der nur an seinen Hund denkt und unempfänglich für Cathleens Lieder bleibt – und der andere Grenadier, der seine Sorge um Weib und Kind nicht aufgibt, stehen für dieses Beharren auf dem früheren Begehren. Die persönlichen Bindungen und Wünsche der Einzelnen bleiben damit als andere Seite eines Spannungsbogens erhalten, der auch das Konzept der Nation kennzeichnet – es verbindet den Anspruch auf individuelles Glück und das Opfer für ein allgemeines Prinzip miteinander.

Die Diskurse, mit denen nationale Identitäten hergestellt werden, können im Einzelnen höchst unterschiedlich sein, doch die Geschlechterverhältnisse spielen dabei immer eine Rolle.[68] Dabei sollten die jeweiligen Bezugnahmen nicht nur als normative Setzungen zur Regulierung der Geschlechterverhältnisse gelesen werden. Nicht zuletzt geht es dabei auch – wie die beiden vorgestellten Beispiele zeigen – um eine paradigmatische Umlenkung von Emotionen. Dabei wird in einem ersten Schritt die Emotion aus dem Geschlechterverhältnis abgezogen und auf eine aus der alltäglichen Welt herausgehobene Figur (hier: Cathleen, Napoleon) umgelenkt. Von dieser wird die emotionale Energie auf die Nation oder ein ähnlich konstituiertes Allgemeines weitergeleitet. Die Existenz von Allegorien, symbolischen oder mythisierten Figuren im Kontext nationalistischer Diskurse kann als mögliches Indiz für solche Transformationen gelesen werden, die zwischenmenschliche Gefühle in Liebe zu einer Nation verwandeln. Als These wäre zu formulieren, dass solche ‚außerweltlichen' Figuren, die die Liebe zu einer Nation darstellen wie auch herstellen sollen, eine zentrale Funktion bei der Befestigung nationaler Identitäten haben.

Die Kritik am Nationalismus hat nicht zuletzt am Konzept der ‚Reinheit' der Liebe (zum Vaterland, zur Nation) angesetzt: sie hat – auf den unterschiedlichsten Ebenen – nachgewiesen, dass sich hinter dem Bild der selbstlosen Liebe sehr wohl Interessen verbergen und dass diese Interessen immer partikulare sind: der Krieg nützt den Einen, während die Anderen einen Tod für Ideale sterben, die diesen Nutzen nur kaschieren. Doch die historischen und zeitgenössischen Versionen dieser Kritik können das Bild der ‚reinen' Liebe selbst nicht zerstören. Der Nachweis partikularer Interessen – von ‚Verunreinigungen' – bezieht sich immer auf konkrete Beispiele, die als defizitäre Varianten die Idee eines ‚reinen' patriotischen Opfers nur verstärken. Ebenso affirmativ ist jene Kritik, die auf das durch nationalistische Hingabe vernichtete individuelle Glück und auf die vielen im Namen einer Nation gestorbenen Tode verweist: beides ist – dies zeigen die zitierten Beispiele – in die Feier der Liebe zur Nation bereits integriert und gilt als Beweis für die ‚Reinheit' dieser Liebe. Immer noch bevölkern die Nachfahren von toten Kaisern, beraubten Prinzessinnen und ähnlichen Geistern das politische Imaginarium. Eine umfassende Analyse der Geschlechterverhältnisse, auf die sich diese Bilder stützen, ist daher unabdingbar, um die Idee der Liebe zu einer Nation zu dekonstruieren.

---

68 Vgl. dazu: Silke Wenk, Gendered Representations of the Nation's Past and Future, in: Ida Blom u. a. Hg., Gendered Nations. Nationalisms and Gender Order in the Long Nineteenth Century, Oxford/New York 2000, 63–77.

Gernot Heiß

L & W – das Kino als moralische Anstalt

1. Schauspiel und Film

Im Jahre 1784 hielt Friedrich Schiller in Mannheim eine öffentliche Vorlesung zum Thema „Was kann eine gute stehende Schaubühne eigentlich wirken?", die in der späteren Druckfassung den Titel „die Schaubühne als moralische Anstalt betrachtet" trägt. Die Argumente, die er in der Einleitung den Gegnern des Theaters in den Mund legt, könnten dem Spiel der Schatten auf der Kinoleinwand und ihren Stars gelten:

> Die meisten eurer dramatischen Schilderungen, und selbst die am meisten gepriesenen, was sind sie anders … als feine versteckte Giftmischerei, künstlich aufgeputzte Laster, weichliche oder großsprechende Tugenden? – Eure Repräsentanten der Menschheit, eure Künstler und Künstlerinnen, wie oft [sind sie] Brandmark des Namens den sie tragen, Parodien ihres geweihten Amtes, wie oft Auswurf der Menschheit? Eure gerühmte Schule der Sitten, wie oft nur die letzte Zuflucht des gesättigten Luxus? … Thalia eine Spaßmacherin des Pöbels, oder Staubleckerin an sehr kleinen Thronen?[1]

Ganz im Gegensatz zu solchen Urteilen weist Schiller in seinem Plädoyer für das Theater diesem eine der Religion vergleichbare sittliche Kraft zu. Er übertrug auf das Theater, was andere der Religion zuschrieben: mit der Behauptung, die Religion sei „eines Staates festeste Säule", ohne sie würden „die Gesetze selbst ihre Kraft verlieren", würde „die Schaubühne von ihrer edelsten Seite vertheidigt." Schiller schreibt der Religion und dem Theater gleichermaßen eine Kraft und Wirkung zu, die das aktive sittliche Handeln betrifft, direkt zu der Menschen Herz geht und „durch das Sinnliche allein so unfehlbar" ist. Es wäre eine „Verstärkung" für Religion und Gesetz, das heißt für die sittliche Ordnung, „wenn sie mit der Schaubühne in Bund treten, wo Anschauung und lebendige Gegenwart ist, … wo das menschliche Herz auf den Foltern der Leidenschaft seine leisesten Regungen beichtet, alle Larven fallen, … und die Wahrheit unbestechlich … Gericht hält."[2]

---

[1] Was kann eine gute stehende Schaubühne eigentlich wirken? Eine Vorlesung gehalten zu Mannheim in der öffentlichen Sitzung der kurpfälzischen deutschen Gesellschaft am 26sten des Junius 1784. Von F. Schiller, Mitglied dieser Gesellschaft, und herzogl. Weimarischen Rath, in: Schillers Werke. Nationalausgabe, 20: Philosophische Schriften, erster Teil, Weimar 1962, 87–100, Anm. 139–145, 89.

[2] Schiller, Schaubühne, wie Anm. 1, 91: Die Kraft der Religion auf einen großen Teil der Menschen sei da-

Wenn keine Moral mehr gelehrt wird, keine Religion mehr Glauben findet, wenn kein Gesez mehr vorhanden ist, wird uns Medea noch anschauern, wenn sie die Treppen des Pallastes herunter wankt, und der Kindermord jetzt geschehen ist. Heilsame Schauer werden die Menschheit ergreifen, und in der Stille wird jeder sein gutes Gewissen preißen, wenn Lady Makbeth, eine schreckliche Nachwandlerin, ihre Hände wäscht, und alle Wohlgerüche Arabiens herbeiruft, den häßlichen Mordgeruch zu vertilgen.[3]

Die Schaubühne ist … eine Schule der praktischen Weißheit, ein Wegweiser durch das bürgerliche Leben, ein unfehlbarer Schlüssel zu den geheimsten Zugängen der menschlichen Seele.[4]

Richtige Begriffe, geläuterte Grundsätze, reinere Gefühle fließen von hier durch alle Adern des Volkes; der Nebel der Barbarei, des finstern Aberglaubens verschwindet, die Nacht weicht dem siegenden Licht.[5]

Die Probleme gleichen sich: wie es den deutschen Klassikern darum ging, dem Schauspiel und der Bühne die Weihen der edlen Kunst zu geben, so wird seit den Anfängen der Kinematographie vielerorts gefordert, den Film als Kunst anzuerkennen beziehungsweise ihn weg von der ‚niedrigen Volksbelustigung' in die Sphären der Kunst zu erheben. Wie Friedrich Schiller die Schaubühne „als eine moralische Anstalt betrachtet", so wird seit der Frühzeit des Films verlangt, das Kino zu einem Institut der sittlichen Erziehung des ‚Volkes' zu machen. Der Shakespeare oder Lessing des Films wird herbeigesehnt; gegen die „entsittlichenden" Produktionen und die Möglichkeiten, die sich in den dunklen Zuschauerräumen bieten, wird nicht nur polemisiert, es werden auch Maßnahmen zur radikalen Veränderung des Mediums (seiner Themen und ihrer Darbietung) und zur Kontrolle der Kinosäle verlangt.

Nach dem Ersten Weltkrieg, als es aus unterschiedlichen Perspektiven um einen ‚neuen Menschen', um die Neugestaltung der Gesellschaft ging, forderten Publizisten und Volksvertreter verschiedenster politischer Couleur die Verstaatlichung der Filmproduktion und der Kinos; es waren nicht nur ‚Linke', die hier das neue Kino der Sowjetunion zum Vorbild

hin, wenn wir ihr das Sinnliche nehmen, „wenn wir ihre Bilder … vertilgen," meint Schiller, „wenn wir ihre Gemählde von Himmel und Hölle zernichten – und doch sind es nur Gemählde der Phantasie, Räzel ohne Auflösung, Schreckbilder und Lokungen aus der Ferne."

3   Schiller, Schaubühne, wie Anm. 1, 92.
4   Schiller, Schaubühne, wie Anm. 1, 95.
5   Schiller, Schaubühne, wie Anm. 1, 97 f; Schiller bringt als Beispiel: „Noch ehe uns Nathan der Jude, und Saladin der Sarazene beschämten … ehe noch Joseph der Zweite die fürchterliche Hyder des frommen Hasses bekämpfte, pflanzte die Schaubühne Menschlichkeit und Sanftmuth in unser Herz, die abscheulichen Gemählde heidnischer Pfaffenwuth lehrten uns Religionshaß vermeiden – in diesem schrecklichen Spiegel wusch das Christenthum seine Flecken ab."

hatten. Die Forderung nach Verstaatlichung oder wenigstens Kommunalisierung der Kinos wurde schon im Sommer 1918 in Budapest,[6] im Dezember 1918 in Oslo[7] oder im Dezember 1919 in Wien vorgebracht.[8] Von einer Vergesellschaftung erwarteten sich sozialistische wie konservative Politiker in moralisch-pädagogischer Hinsicht eine Wende zum Positiven.

Auch in Österreich dominierten in den ersten Jahren nach Kriegsende Ablehnung und bildungspolitische Forderungen den öffentlichen Diskurs um Film und Kino. Wie bereits seit den Anfängen des Mediums waren sich die ‚Massenkultur'-SkeptikerInnen und MoralistenInnen über alle Parteigrenzen hinweg in der scharfen Kritik des kommerziellen Produkts und der Forderung nach strenger sittlicher Kontrolle der Filme und der Kinoräume einig. Es wurde gegen das Kino als Ort der Verdummung, Entsittlichung und Verrohung der Massen polemisiert.[9] Von einigen der Diskussionsteilnehmer wurden einem unter anderen Bedingungen produzierten und programmierten Film Bildungsqualitäten zugebilligt.[10] Mit den technischen Einrichtungen des Kriegspressequartiers wurden bis 1923 in der Österreichischen Filmhauptstelle (Wirtschafts-) ‚Propaganda- und Kulturfilme' produziert – womit „nach dem langjährigen theoretischen Kampf gegen den schlechten Film jetzt auch ein praktischer folgen" sollte.[11]

Um die häufigen Angriffe gegen das Kino als Ort der Kultur- und Sittenlosigkeit abzuwehren, wollten die Kinobesitzer „Pornographie und Nudität ... vom Kino fernhalten"; in einer Plenarsitzung ihres Verbandes am 20. November 1918 beschlossen sie, mit der Regierung das Einvernehmen zu suchen und „die Einführung einer Geschmackszensur zu ver-

---

6   Vgl. Die Verstaatlichung der Kinos in Ungarn, in: Der Kinobesitzer, 2, 41/42 (24. 6. 1918), 2 f.; Der Bolschewismus in Ungarn, in: ebd., 2, 43 (1. 7. 1918), 5; Die Kinovorlage in Ungarn. Ein Gutachten des Prof. Szászy-Schwarz, in: ebd., 2, 46 (22. 7. 1918), 3 f.

7   Vgl. Zdenek Štábla, Data a fakta z dj in čs. kinematografie 1896–1945, 1, Praha 1988, 254.

8   Zum Antrag der Abgeordneten Dr. [Hans] Angerer, Dr. [Karl] Ursin und Genossen, betreffend die Einbringung eines Kinogesetzes, Wien 4. 12. 1919, Nr. 529 der Beilagen zum Stenographischen Protokoll der Konstituierenden Nationalversammlung der Republik Österreich, 1919 und 1920, III, Wien 1920.

9   Viele Beispiele zur Film- und Kinokritik vor und nach dem Ersten Weltkrieg: Werner Michael Schwarz, Kino und Kinos in Wien. Eine Entwicklungsgeschichte bis 1934, Wien 1992, 25–66; Monika Bernold, Kino. Über einen historischen Ort weiblichen Vergnügens und dessen Bewertung durch die Sozialdemokratische Partei, Wien 1918–1934, (unveröffentl. Diplomarbeit) Wien 1987, 110–115.

10 Paul Wengraf, Allerweltsverdummungstrust Kino, in: Arbeiter-Zeitung, 26. 10. 1919, Morgenblatt, 2 f, zit. nach Schwarz, Kino, wie Anm. 9, 43.

11 Anregung zur Gründung durch das Sozialministerium, zit. nach Schwarz, Kino, wie Anm. 9, 45; vgl. auch Isabella Ackerl, Die deutsch-österreichische Filmhauptstelle. Der Film als staatliches Propagandainstrument zu Beginn der Ersten Republik. Referat zur Tagung „Beiträge zur Verwaltungsgeschichte der Ersten Republik" Oktober 1985 (unveröffentl. Manuskript). Zur genannten Ausrichtung der Produktion der Österreichischen Filmhauptstelle ist allgemein zu bemerken, dass in der Diskussion Kultur-, Lehr- und Dokumentarfilme (auch als Propagandafilme für staatliche Maßnahmen oder für die Wirtschaft) den Spielfilmen positiv gegenübergestellt wurden, die die Moral des Volkes schädigen würden.

langen".¹² Ein Jahr später wurde in der Konstituierenden Nationalversammlung von Abgeordneten der Großdeutschen Partei gefordert, die Regierung möge ein Kinogesetz vorlegen, „worin der staatlichen Aufsichtsbehörde das Recht der strengsten Überprüfung ... und ... der Beschlagnahme der den guten Ton, die Sittlichkeit und das deutsche Volksempfinden verletzenden Filme, Kinoprogramme und Ankündigungen in Zeitungen oder durch Maueranschläge eingeräumt" werde. Begründet wurde dieser Antrag mit einem „verderblichen Einfluss" des Kinos in seiner gegenwärtigen verdummenden und verrohenden Form auf die Jugend und auf die „Volksseele" und mit der Absicht, das Kino zu einer „Bildungsstätte ... für unser ganzes Volk" zu machen, wozu als „gründliche Abhilfe ... die Verstaatlichung der Kino- und Filmindustrie sowie des Zeitungsankündigungswesens ..., zum mindesten eine strenge Überwachung seitens des Staates" vorgeschlagen wurde. Der Film sollte zu einem Instrument werden, das zum besseren Verständnis der Menschen beitrage, er sollte „die Schönheiten unserer Heimat und die deutsche Arbeit ... das Schaffen unserer Meister, Dichter, Musiker und Denker ..., hunderttausende schaffende Arbeiter und Bürger" zeigen, und nicht wie bisher das Leben von „Weiberhelden, Dirnen, Abenteurer[n] und Verbrecher[n]".¹³

Die Zuweisung dieses Antrags an den Ausschuss für Unterricht und Erziehung¹⁴ könnte die Planung eines Zensurgesetzes im Unterrichtsministerium eingeleitet haben, die 1921 zu einem Entwurf mit einer ähnlichen, etwas erweiterten Zielsetzung führte: Jede Filmvorführung sollte verboten werden, wenn sie – wie es hier und allgemein in staatlichen Zensurvorschriften heißt – die öffentliche Ruhe und Ordnung, das religiöse Empfinden, das Ansehen des Landes oder seine Beziehungen zu anderen Staaten gefährdet oder verletzt; außerdem wurde auch das Verbot von Filmen verlangt, die „verrohend oder entsittlichend ... wirken" und „unwahre Vorstellungen vom Leben ... verbreiten", womit ausdrücklich die Darstellung einer im Luxus lebenden städtischen Gesellschaft gemeint war.¹⁵

Nachdem diese Vorschläge, das überaus erfolgreiche Volksvergnügen¹⁶ zu regulieren und

---

12 Der Kinobesitzer, 2, 59/60 (14. 12. 1918), 4, zit. nach Ida Wickenhauser, Die Geschichte und Organisation der Filmzensur in Österreich 1895–1918, Wien (Dissertation) 1967, 116 u. Siegfried Mattl, Beiträge zu einer Geschichte des Körpers, Wien (Habilitationschrift) 1994, 273.

13 Antrag, wie Anm. 8.

14 45. Sitzung der Konstituierenden Nationalversammlung für Deutschösterreich, 10. 12. 1919, Stenographische Protokolle 1919, 1262.

15 Mattl, Geschichte, wie Anm. 12, 275 f; zit. Österreichisches Staatsarchiv, Allgemeines Verwaltungsarchiv, Unterricht Fasz. 471a Zl. 1.204/1921; vgl. ebd., 287 ff u. 301.

16 Der nie wieder erreichte Höhepunkt des Kinobesuchs war in Österreich 1928 zu verzeichnen: [Ludwig Gesek], Das Produktionspotential Österreichs vor dem Jahre 1938, in: Filmkunst. Zeitschrift für Filmkultur und Filmwissenschaft, 107 (Oktober 1985), 10 nennt für Wien: 1928 29,392.205 Besucher und 32,609.200 Schilling Umsatz, 1933 28,036.494 Besucher und 30,219.220 Schilling Umsatz, 1937 26,435.391 Besucher und 26,619.951 Schilling Umsatz.

das Kino in eine moralische Anstalt umzuwandeln, zu keinem Ergebnis führten, verfuhr der österreichische Gesetzgeber nach dem alten Prinzip einer ‚Moralsteuer'. Wenn das ‚Übel' schon nicht zu vermeiden war, sollte es als Einnahmenquelle genützt werden, um ‚Gutes' zu tun: Die Kinolizenzen oder ein Teil der Einnahmen wurden an gemeinnützige Vereine vergeben, und die Kinos wurden mit Sonderabgaben (Invaliden- und Lustbarkeitsabgabe) belastet.

Noch mehr Stimmen als zum Plan, das Kino zur Erziehungsinstitution umzugestalten, finden sich nach dem Ersten Weltkrieg zum Projekt, dem Film einen Platz unter den Künsten zu erobern.[17] In den dreißiger Jahren gab es in Wien (wie weit verbreitet in Europa) ernsthafte Bemühungen um eine Förderung des künstlerisch wertvollen Films sowie um einen wissenschaftlichen Umgang mit dem nicht mehr ganz neuen Medium: In einem "vorbereitenden Komitee" zur Gründung einer *Gesellschaft der Filmfreunde Österreichs* – mit der Adresse des Soziologen und Kunsthistorikers, sowie Repräsentanten der *United Artists* in Österreich Arnold Hauser – saßen neben diesem auch der Regisseur Ernst Angel,[18] der Komponist Ernst Krenek, die Schriftsteller Robert Musil[19] und Carl Zuckmayer, der Psychologe Karl Bühler.[20] Diese *Gesellschaft für Filmfreunde* hatte, einer Selbstdarstellung zu-

---

17 Béla Balász, Der sichtbare Mensch oder die Kultur des Films (Wien 1924), in: ders., Schriften zum Film, 1, Budapest/München/Berlin 1982, 45–143, 45–48, fordert deshalb eine theoretische Beschäftigung mit Kinematographie.
18 Seine Kurz-Verfilmung von Kleists „Der zerbrochene Krug" (1934, mit Karl Paryla) wurde zwar preisgekrönt, aber – bereits vor der vertraglichen Fixierung der rassistischen Bedingungen für den Export österreichischer Filme nach Deutschland, die ab 1934 zwischen den österreichischen Filmindustriellen und der Reichsfilmkammer und 1936 zwischen dem Vertreter des österreichischen Handelsministeriums mit der Reichsfilmkammer eingegangen wurden – in Deutschland nicht zugelassen und deshalb kaum aufgeführt. Zu seinem Sonderkurs an Wiener Volkshochschulen "Wir lernen Film-Sehen!" und zu dieser ersten Ära der Gesellschaft der Filmfreunde ausführlicher: Gerald Trimmel, Die Gesellschaft der Filmfreunde Österreichs. Aus der Pionierzeit der Filmerziehung und Filmpädagogik in Österreich, Wien 1996, 15–23; vgl. auch Angels scharfe Kritik am Stil von „Das Cabinett des Dr. Caligari" von 1920: Ernst Angel, Ein „expressionistischer" Film, in: Anton Kaes Hg., Kino-Debatte. Texte zum Verhältnis von Literatur und Film 1909–1929, Tübingen 1978, 134 ff.
19 Vgl. auch Murray G. Hall, Musil – ein Gründungsmitglied der ‚Gesellschaft der Filmfreunde Österreichs', in: Musil-Forum, 2 (1976), 26–28.
20 Weitere Mitglieder waren der Kulturpolitiker Viktor Matejka, der Direktor der Kunstgewerbeschule Max Feller, der Rechtsanwalt Hugo Wolf, der ehemalige Direktor der städtischen Sammlungen Hermann Reuther, der Präsident des Vereins der österreichischen Filmkaufleute Carl Imelski und der Wiener Vizebürgermeister Fritz Lahr: Gesellschaft der Filmfreunde an die Filmkonferenz, Wien, 12. 5. 1936, Österreichisches Staatsarchiv, Archiv der Republik, Handel 581c 1936 K. 3651 Zl. 100.791-WPA/36; 2 Beilagen erklären die Zielsetzungen der Gesellschaft und geben eine Programmvorschau. Sie umfasst englische Dokumentarfilme aus der Produktion der GPO Film Unit: Filme von Paul Rotha, John Grierson, Alberto Cavalcanti, u. a. „Night Mail" (1936, von Grierson, mit Musik von Benjamin Britten), „Coalface" (1935, Alberto Cavalcanti), „Songs of Ceylon" (1935, von Basil Wright). Weiters sollten „Hej Rup!" „des in Österreich noch nie gesehenen Komikerpaars Voscovech und Verich" (Jan Werich u. Jiří Voskovec; Regie Mar-

folge, das Ziel, „dem Verständnis, der Erforschung und der Kritik des Films eine zentrale Stelle [zu] bieten"; „wertvolle" Werke wurden vorgeführt und am Psychologischen Institut der Universität Wien wurde über „Ausdruck und Darstellung im Film" geforscht.[21] Während die gängige Produktion von den „Filmgewaltigen" und ihren wirtschaftlichen Interessen bestimmt war, erwartete man sich vom Angebot „wertvoller" Filme eine langsame Verbesserung des "Wert- und Geschmacksurteil[s] der Massen" und auf diese Weise – im Umweg über die Eintrittskarte – einen Druck auf die Produzenten zur Hebung der künstlerischen Qualität.[22]

2. Empathie und kritische Vernunft – am Beispiel von „Liebe" und „politischem Widerstand" im Film

Für Friedrich Schiller ist – im einleitend zitierten Text – das Publikum über die Bewegung der Gefühle, das heißt über seine seelische Ergriffenheit vom Geschehen auf der Bühne zum Licht der Vernunft zu führen. Seele und Geist, Gefühl und Vernunft, Affekte und klare Gedanken stehen für ihn nicht in Widerspruch. Wenn auch Wahrnehmungspsychologen weiterhin vehement die Trennung von logischer Gedankenführung und emotionaler Bewertung im ordnenden Verstehensprozess (in der Empathie) verwerfen,[23] so scheint doch, wie so manche ganzheitliche Gewissheit, auch die Grundüberzeugung, Ratio und Emotion

---

tin Frič, ČS 1934) gezeigt werden, sowie der holländische „Avantgardefilm" „Lentelied" (1935, von G. W. den Bok oder – wahrscheinlich – 1936, von Simon Koster). Die Auswahl, die durchwegs Arbeiten von sozial engagierten bis linkssozialistischen Filmschaffenden enthält, mag im Kontext des autoritären Ständestaats verwundern; im zeitgenössischen Filmdiskurs spielten aber europaweit ‚Realismus' und dokumentarischer Film die zentrale Rolle.

21 Karl Bühler, Notwendigkeit der theoretischen Besinnung, in: Neue Freie Presse, 10. 2. 1937, 17. Als Vorbild wurde die Filmakademie in Hollywood genannt und als Vortragsprogramm: Carl Zuckmayer, Meine Arbeit am Film; G. W. Pabst, Hollywood und wir; Karl Bühler, Sprache und Film (über die Ergebnisse einer Serie von Untersuchungen zum Thema „Ausdruck und Darstellung im Film" am Psychologischen Institut der Wiener Universität unter der Leitung von Käthe Wolf).

22 Vgl. Joseph Gregor, Kampf um den Film, in: Neue Freie Presse, 6. 3. 1937, 1 ff: der Theaterwissenschaftler Joseph Gregor, der sich bereits in der Zwischenkriegszeit wissenschaftlich mit dem Film beschäftigte, zitiert hier eine amerikanische Publikation, deren Autor mit der Ankunft eines „Messias" des Films rechnet, der, wie Shakespeare das Theater, diese moderne Gattung zur Kunst erheben würde. Vgl. Bühler, Notwendigkeit, wie Anm. 21, 17, der die Situation des Films „mit der Theaterkrise … zu der Zeit Lessings" vergleicht. Filmthema wird die Erneuerung des deutschsprachigen Theaters durch die Schauspielerin Friederike Karoline Neuber 1941 in dem Bavaria-Film „Komödianten" in der Regie von G.W. Pabst.

23 Zur holistischen Sicht des Zusammenhangs der rationalen und emotionalen Elemente im Prozess der Wahrnehmung, der ‚Erfahrung', des Verständnisses aufgrund von gedanklich-emotionaler Simulation, vgl. Torben Grodal, Moving Pictures. A New Theory of Film Genres, Feelings, and Cognition, Oxford 1997, v. a. Einleitung.

würden eine Einheit bilden, seit der Klassik weitgehend verloren gegangen zu sein. Die Cinéphilen schwärmen zwar vom ‚Realismus' des Mediums, von der kulturellen Wende der „begrifflichen" Kultur des Buches zur „visuellen Kultur", zum „sichtbaren Menschen",[24] sowie vom wahrhaftigen Miterleben und Mitfühlen, von der Sinnlichkeit eines Kinoerlebnisses, das über soziales Verständnis hin zur Aufklärung und zur Prägung der moralischen Einstellung führen würde, aber vielen Intellektuellen war und ist das Kino eine Kultstätte der Sinne zu Lasten der kritischen Vernunft. Eben die von Friedrich Schiller gepriesene Eigenschaft des Schauspiels, die es mit dem Film teilt, nämlich die ‚Macht', Gefühle im Publikum zu steigern, tiefe Betrübnis, höchste Freude, Angst und Empörung über das Geschehen auf der Bühne beziehungsweise auf der Leinwand in den Zuseherinnen und Zusehern wachzurufen, stößt im 20. Jahrhundert selbst bei Kulturphilosophen auf schärfste Kritik.[25] – Das mag man für berechtigte Skepsis gegenüber dem Kulturkonsum oder aber für eine Entgleisung elitären Denkens halten.

Die Pädagoginnen und Pädagogen sowie die Politikerinnen und Politiker, die zur Wahrung und Steuerung der ‚Volksmoral' Film und Kino kontrollieren wollen, beurteilen jedoch Gefühlsregungen je nach Anlass der empathischen Identifikation mit zweierlei Maß, was ich nun am Beispiel der Darstellung von „Liebe" und von „politischem Widerstand" im Film zeigen werde.

Die Verherrlichung von Weiberhelden und Dirnen, ihrer nächtlichen Vergnügungen und Orgien, ihres städtischen Luxuslebens, sowie schamlose Nacktheit, und noch mehr die Darstellung sexueller Erregung standen und stehen quantitativ wohl im Zentrum der Zensurbemühungen. Die auf die Moral bedachten Pädagoginnen und Pädagogen, Seelsorger, Politikerinnen und Politiker, Polizisten etc. richten ihren sittlich besorgten Blick vor allem auf die Darstellung von ‚Liebe', wovon nur die ‚reine' Liebe ins Bild kommen sollte, oder die schrecklichen Dramen, die sich aus einem ‚Sündenfall' schicksalhaft entwickelten. Nicht ins Bild kommen sollte die offenbar ‚schmutzige' Sexualität, auch wenn es sich um die alltäglichen Praktiken des Beischlafs handelt.

---

24 Balász, Mensch, wie Anm. 17, 51–58 (Kapitel „Der sichtbare Mensch"): der Film würde „den unter Begriffen und Worten verschütteten Menschen wieder zu unmittelbarer Sichtbarkeit hervorheben" und damit auf die „Ausdrucksformen" im „gewöhnlichen Verkehr miteinander" zurückwirken, zu einer neuen „Kultur im Körper" führen.
25 Vgl. Max Horkheimer u. Theodor W. Adorno, Dialektik der Aufklärung. Philosophische Fragmente, Gesammelte Schriften, 3, Frankfurt a. M. 19963, 147 f. („Kulturindustrie. Aufklärung als Massenbetrug"), wo es um den ‚täuschenden' Realismus der Bilder, um die Bilderflut und Empathie geht, die im Fall des Films nach Horkheimer und Adorno klare, kritische eigene Gedanken verhindern (vgl. das Zitat unten im Text und in der Anm. 34); vgl. auch Paul Thibaud, Cinéma et culture de l'image, in: Hors Cadre 5: L'École-Cinéma. École ou cinéma: qui vaincra?, Saint Denis 1987, 9–16, der ebenfalls die Problematik der visuellen Überflutung des passiven, unkritischen Zuschauers aufgreift.

Stimmen gegen die ‚Unsittlichkeit' des im Kino Gezeigten, die in Österreich in den Jahren nach 1918 zu hören und zu lesen waren, wurden bereits zitiert. Aufgrund dieser Besorgnis, der Sorge um die moralische Erziehung der Jugend vor allem, wurden in Österreich Theater und Film weiterhin (und bis 1926 auch mit Zustimmung des Verfassungsgerichtshofes) zensuriert, obwohl die Zensur während der Österreichischen Revolution aufgehoben worden war.[26] Während nach dem Willen der ‚öffentlich Verantwortlichen' nichts ins Bild kommen durfte, was zur ‚Unmoral' – das heißt Sexualität – anregen hätte können, scheint das Publikum in dieser Beziehung immer schon ganz andere Interessen gehabt zu haben – jedenfalls nach Meinung der Produzenten.[27] In der Erwartung hoher Gewinne inspirierten letztere die Filmemacher zu einem wahren Feuerwerk von Einfällen, um mit einer Vielfalt erotischer Andeutungen oder mit Dramen, in denen unter dem Mantel der Bestrafung der Sünde einiges gezeigt werden konnte, die Zensoren und das Publikum gleichermaßen zufrieden zu stellen.

Anders war es mit der Darstellung von politischem Engagement, ja von Heldentum, das nicht nur von Moralisten und von Propagandisten unterschiedlicher Weltanschauungen zur Erziehung zum ehrenhaften, opferbereiten Menschen und Staatsbürger gefordert, sondern (wohl aufgrund der dramaturgischen Möglichkeiten dieser Erzählungen) in vielen Fällen auch vom Publikum geschätzt wurde und wird. Kaum ein Film verzichtet auf die Liebesthematik und auch das Wort Widerstand *(resistance)* kommt im International Filmindex des British Film Institute (Bfi) in den meist lächerlich kurzen Synopsen von über 200 Filmen vor.

In vielen Filmen seit dem Ersten und vor allem seit dem Beginn des Zweiten Weltkrieges sind Liebe und politischer Widerstand kombiniert und davon soll im Folgenden kurz die Rede sein. Die gewählten Beispiele zeigen einen Ausgang dieser Kombination, der für das Publikum, dem nur das Verlangen nach einen happy end zugeschrieben wird, wenig zufrieden stellend sein müsste: In Billy Wilders US-Propagandafilm „Five graves to Cairo" (1943) findet der britische Panzeroffizier nach Kriegsende in der nordafrikanischen Wüste, am Ort ihres gemeinsamen Widerstandes gegen General Rommel, nur mehr das Grab der geliebten, von Anne Baxter gespielten ‚süßen' Französin. In Roberto Rossellinis „Rom offene Stadt" („Roma Cittá aperta", I 1945) wird der Held von seiner drogenabhängigen

---

26 Die Zensur war in Österreich durch den Beschluss der Provisorischen Nationalversammlung vom 30. Oktober 1918, der durch den Artikel 149 des Bundes-Verfassungsgesetzes vom 1. Oktober 1920 zum Verfassungsgesetz erklärt wurde, aufgehoben. Die Behörden stellten sich jedoch auf den Standpunkt, die Aufhebung gelte nur für die Pressezensur, und der Verfassungsgerichtshof vertrat in seinem Urteil am 16. Dezember 1919 vorerst die gleiche Auffassung.

27 Vgl. zum „producer-authorship": Sue Harper, Studying popular taste. British historical films in the 1930s, in: Richard Dyer u. Ginette Vincendeau Hg., Popular European Cinema, London/New York 1992, 101–111, 102.

Freundin an die Nazis verraten. In Fritz Langs Film „Mantel und Degen" („Cloak and Dagger", US 1946) muss der Held seine Geliebte (das Paar wird von Lilli Palmer und Gary Cooper gespielt) in dem von den deutschen Soldaten besetzten Italien zurücklassen; der italienische Widerstand braucht ihre Dienste, zu denen sexuelle Beziehungen zu deutschen Offizieren gehören, um diese auszuhorchen. In Jiří Menzels 1967 mit dem Auslandsoscar ausgezeichneten Verfilmung einer Geschichte von Bohumil Hrabal „Scharf beobachtete Züge" („Ostre sledovanè vlaky", CZ 1966) stürzt sich der junge Bahnbeamte im Glück über sein erstes erfolgreiches sexuelles Erlebnis mit einer großen Menge Dynamit auf einen deutschen Waffentransport.[28]

In dieser Hinsicht besonders erstaunlich ist der Dauererfolg der Darstellung von Liebe und Widerstand gegen den Nationalsozialismus am Ende des antifaschistischen Propagandafilms „Casablanca" (US 1942, Regie Michael Curtiz; 1943 mit drei Oscars ausgezeichnet). Obwohl sich Ilsa Lund-Laszlo / Ingrid Bergman zuletzt eindeutig für ihre Liebe, für Richard ‚Rick' Blain / Humphrey Bogart entschieden hatte, arrangiert Rick im letzten Augenblick, dass Ilsa nicht mit ihm in die Freiheit fliegt, sondern mit ihrem Ehemann, dem Helden des Widerstands Victor Laszlo / Paul Henreid. Woher kommt diese nachhaltige, das heißt die auch nach dem Sieg über das nationalsozialistische Deutschland anhaltende Wertschätzung der Kinogeherinnen und Kinogeher für einen Film, dessen Schluss so sehr zum Nachteil der Liebe (die doch angeblich das Hauptanliegen und Herzensthema das Kinopublikums aller Generationen ist) und zugunsten des Engagements für den Widerstand ausfällt? Wie ist der bleibende Erfolg dieses Films in einer Zeit zu erklären, in der das dort geforderte Opfer des persönlichen Glücks zugunsten des Sieges der freien Welt nicht mehr auf der Tagesordnung steht?[29] Sind es doch ‚ewige Werte', die ohne Einfluss der Tagespolitik stets breites Interesse finden und das Publikum in jene sittlichen Gefühlsbewegungen versetzen, die es nach Friedrich Schiller zum Licht der Vernunft führen? Kann vom Film eine kathartische Wirkung erwartet werden?

Um die Wirkung von Filmen beim Publikum sowie deren Ursachen zu ergründen, das heißt in der Rezeptionsforschung, sind wir auf Hypothesen angewiesen. Diese können kaum empirisch überprüft, sondern weitgehend nur an ihrer Plausibilität gemessen werden

---

28 In der Synopsis des Films im International Filmindex des Bfi wird vermieden, auf das Hauptproblem des jungen Helden bzw. auf das ‚eine' Hauptthema der Filmerzählung, die „eiaculatio praecox", hinzuweisen. Nach der ‚samtenen Revolution' erzählte Bohumil Hrabal, er habe die antifaschistische Widerstandsgeschichte mit der Geschichte des sexuellen Problems verbunden, um durch die prüde Zensur in der kommunistischen Tschechoslowakei zu kommen.

29 Obwohl es nach dem 8. Mai 1945 in Europa um den Wiederaufbau, den Blick in die Zukunft und drei Jahre später auch um Antikommunismus ging, füllten bis in die 1960er Jahre die Filme über den Terror der SS und den Widerstand des nationalen Helden die Programme etwa der französischen Kinos; Pierre Sorlin, European Cinemas, European Societies 1939–1990, London/New York 1991, 70–80 gibt genaue Angaben zu den Wellen dieses Genres in Italien, Frankreich, Großbritannien und Deutschland.

– trotz empirischer psychologischer Versuche und neben dem Zählen der Eintrittskarten.[30] Auch meine nun folgenden hypothetischen Annahmen zu den Gründen für die anhaltende Wertschätzung, die der Film „Casablanca" genießt, basieren auf Plausibilität; die so entwickelte These wird uns schließlich auch wieder zum Kino als Erziehungsinstitut zurückbringen. Es geht also darum, danach zu fragen, welche ‚guten' Argumente es für den Erfolg eines Films geben könnte, der dem Leben, dem Alltag beziehungsweise der Lebenserfahrung entrückt ist und dessen Ausgang sich der Traumerfüllung – dem *happy end* des Liebespaars – versperrt. Auch wenn „Casablanca" über weite Strecken die Identifikation mit den Liebenden und ihren Emotionen bedient, und das in einer – genregemäß auf das Liebesmelodram bezogen – sehr aufwühlenden und variantenreichen Ausgestaltung, so ist und bleibt die Akzeptanz des Schlusses – die Aussage des Propagandafilms – zu diskutieren.

„Casablanca" ist keinesfalls das einzige Hollywoodprodukt der Kriegs- und Nachkriegsjahre, in dem die Verbindung von Liebe und Widerstand im Verzicht auf die Liebe gipfelt, und das bringt uns zu seiner Einordnung – zum Genrefilm und seinem Erfolg beim Publikum.

‚Widerstand' ist ein recht vielfältiges Filmthema. Er begegnet uns etwa als Widerstand des Proletariats gegen Ausbeutung, als einsamer Widerstand des Westernhelden gegen Räuber- und Mörderbanden, die friedliche Bürger terrorisieren, oder als Widerstand des Polizisten gegen die korrupten Vorgesetzten, der Filmheldinnen und -helden gegen den Terror des organisierten Verbrechens. Hierbei geht es um bestimmte Filmgenres (wie den Western, den Kriminalfilm, den Spionagefilm). Meine These zum Erfolg des Liebesverzichtsmotivs ist nun, dass es in allen diesen Genrefilmen auf die spezifische Ausführung von Bekanntem und Erwartetem, auf die kleine Variation ankommt, dass diese Filme in einem dem Publikum bekannten, artifiziell konstruierten Rahmen des Genres gesehen werden. Ihre Wirkung steht daher in keinem direkten Bezug zu ‚realem', widerständigem Handeln im Alltag. „Casablanca" hat in einer Kombination des Liebesmelodrams und des Propagandafilms eine auf Spannung zielende Dramaturgie.

Was bedeutet das in Bezug auf moralische und politische Erziehung? Ob von vielen Menschen, die „Casablanca" gesehen und geliebt haben, eine größere Opferbereitschaft zu erwarten ist als vor ihrem Kinoerlebnis? Meine These zur Genregebundenheit der Aufmerksamkeit des Publikums würde einer erzieherischen Wirkung wohl widersprechen. Und empirische Untersuchungen über die (langfristige) Änderung der Einstellung der Besucherinnen und Besucher einer Vorführung des Hollywood Melodrams brächten – ähnlich jenen zur Aggressionssteigerung beziehungsweise zum Aggressionsabbau durch Gewalt im Film – vielleicht auch keine zufrieden stellend klaren Ergebnisse. Zum einen könnte das Filmereignis die Hochschätzung eines Opfers für die ‚freie Welt' unterstreichen und den

---

30   Vgl. Michèle Lagny, De l'Histoire du cinéma. Méthode historique et histoire du cinéma, Paris 1992, 213 f.

Stellenwert bestärken, den diese im Wertesystem unserer Gesellschaft hat. Andererseits dürfte unter dem Blickwinkel des Genrekinos das Interesse des Kinopublikums ein sehr abstraktes sein, das sich an den melodramatischen Wendungen orientiert und die moralische Botschaft für politisches Handeln im ‚Leben' stark in den Hintergrund treten lässt.

Damit komme ich zurück zu Schiller und zur klassischen Literatur: Vieles spricht für eine Wirkung des Mediums, die in die entgegen gesetzte Richtung dessen geht, was Schiller für das Theater erhofft, erwartet, gesehen und beschrieben hat; ein Blick auf den heutigen Fernsehkonsum verstärkt diesen Eindruck. Dazu noch einmal ein „klassischer" Text, den ich mit dem, was dort über die Wirkung der Geschichtsschreibung (beziehungsweise Geschichtserzählung) gesagt wird, wiederum auf Film und seine ‚Geschichten' beziehe. Friedrich Nietzsche beschreibt in „Vom Nutzen und Nachteil der Historie für das Leben" zwar auch die Notwendigkeit des historischen Gedächtnisses, Hauptthema seines Textes ist aber die Polemik gegen die Bildung seiner Zeit, gegen das Überhandnehmen der Historie, die „Übersättigung ... in Historie" in der Hochblüte des Historismus.[31] Nietzsche nimmt das Goethe-Zitat: „Übrigens ist mir alles verhasst, was mich bloß belehrt, ohne meine Tätigkeit zu vermehren oder unmittelbar zu beleben" zum Motto. Während Schiller in seinem Plädoyer für die Schaubühne ‚das Volk' durch Konfrontation mit (historischen) Helden und Bösewichten (als reale Erfahrung), durch Miterleben zu sittlichem Denken und Handeln bringen will, sieht Nietzsche darin die Gefahr der völlig Lähmung des Einzelnen in seinem Handeln: „... alle Grenzpfähle sind umgerissen, und alles, was einmal war, stürzt auf den Menschen zu." Für das Bewegungsbild würde das etwas umformuliert bedeuten: Alles was einmal war und was menschenmöglich – und manchmal unmöglich, aber denkbar – ist, stürzt auf die Kinobesucherinnen und -besucher ein. „Soweit zurück es ein Werden gab", so Nietzsche weiter, „so weit zurück, ins Unendliche hinein, sind auch alle Perspektiven verschoben. Ein solches unüberschaubares Schauspiel sah noch kein Geschlecht, wie es jetzt die Wissenschaft des universalen Werdens, die Historie, zeigt: freilich aber zeigt sie es mit der gefährlichen Kühnheit ihres Wahlspruches: *Fiat veritas pereat vita*. ... Der moderne Mensch schleppt zuletzt eine ungeheure Menge von unverdaulichen Wissenssteinen mit sich herum, die dann bei Gelegenheit auch ordentlich im Leibe rumpeln, wie es im Märchen heißt. ... Das Wissen, das im Übermaße ohne Hunger, ja wider das Bedürfnis aufgenommen wird, wirkt jetzt nicht mehr als umgestaltendes, nach außen treibendes Motiv und bleibt in einer gewissen chaotischen Innenwelt verborgen."[32]

---

31 Friedrich Nietzsche, Vom Nutzen und Nachteil der Historie für das Leben, Basel 1984, 44; vgl. auch 5: "Nur soweit die Historie dem Leben dient, wollen wir ihr dienen: aber es gibt einen Grad, Historie zu treiben, und eine Schätzung derselben, bei der das Leben verkümmert und entartet: ein Phänomen, welches an merkwürdigen Symptomen unserer Zeit sich zur Erfahrung zu bringen jetzt ebenso notwendig ist, als es schmerzlich sein mag."
32 Nietzsche, Nutzen, wie Anm. 31, 35 f.

Für das Laufbild hieße das, falls wir uns auf ‚das Leben' als das aktive, voll nietzscheanisch-titanischer Tatkraft einlassen: Wir verlieren uns gleichsam im Sammelsurium der miterlebten und mit gelebten Geschichten und büßen unsere Fähigkeit ein, in und aus der Gegenwart unmittelbar zu empfinden und zu handeln.[33] Ähnlich meinen auch Max Horkheimer und Theodor W. Adorno den Film kritisieren zu müssen:

„Die Verkümmerung der Vorstellungskraft und Spontaneität des Kulturkonsumenten heute braucht nicht auf psychologische Mechanismen erst reduziert zu werden. Die Produkte selber, allen voran das charakteristischste, der Tonfilm, lähmen ihrer objektiven Beschaffenheit nach jene Fähigkeiten. Sie sind so angelegt, daß ihre adäquate Auffassung zwar Promptheit, Beobachtungsgabe, Versiertheit erheischt, daß sie aber die denkende Aktivität des Betrachters geradezu verbieten, wenn er nicht die vorbeihuschenden Fakten versäumen will."[34]

So drängt sich die Frage auf, ob die Identifikation mit Heldinnen und Helden und mit dem Sieg von Moral und Gerechtigkeit nur kompensatorisch ist, diese Filmgeschichten nur dazu da sind, um die Zuschauerinnen und Zuschauer mit der Fiktion zufrieden zu stellen, die eigene Macht- und Bedeutungslosigkeit vergessen zu lassen. Um diesem pessimistischen Schluss zu entkommen, könnten wir als Kompromiss annehmen, dass das Miterleben den Einen in dieser oder jener Situation ruhig stellt, die Andere hingegen aktiviert; wir könnten am Ende jede und jeden die Frage persönlich und autonom[35] entscheiden lassen: ob sie beziehungsweise er sich – in Variation zu Nietzsche – für den Widerstand gegen die Flut von Bildern entscheidet und für ‚das Leben', oder für die Liebe – von der ‚persönlichen Lektüre' bis zur Hingabe an diese Bilderwelt.

---

33 Nietzsche, Nutzen, wie Anm. 31, 41, zitiert Grillparzer: „Wir empfinden mit Abstraktion, wir wissen kaum mehr, wie sich die Empfindung bei unseren Zeitgenossen äußert; wir lassen sie Sprünge machen, wie sie sie heutzutage nicht mehr machen. Shakespeare hat uns Neuere alle verdorben."

34 Horkheimer/Adorno, Dialektik, wie Anm. 25, 147 f: Der Film, schreiben sie vor der zitierten Stelle, wolle „streng die alltägliche Wahrnehmungswelt wiedergeben". „Je dichter und lückenloser ihre Techniken die empirischen Gegenstände verdoppeln, um so leichter gelingt heute die Täuschung, daß die Welt draußen die bruchlose Verlängerung derer sei, die man im Lichtspiel kennenlernt." So ließe er „der Phantasie und dem Gedanken der Zuschauer keine Dimension mehr übrig ..., in der sie im Rahmen des Filmwerks und doch unkontrolliert von dessen exakten Gegebenheiten sich ergehen und abschweifen könnten, ohne den Faden zu verlieren ..."

35 Die Genre-These impliziert ja auch eine Distanzierung der Zuschauerin und des Zuschauers vom Geschehen auf der Leinwand, indem die visuelle Wahrnehmung im Vergleich mit Konstruktionsparallelen bzw. im Rahmen von Konstruktionsmustern, also in Abstraktionen erfolgt. Außerdem betonen einige FilmtheoretikerInnen in der Nachfolge des Literaturtheoretikers Hans Robert Jauß die Rolle der Rezipientin bzw. des Rezipienten als „sinnkonstituierenden Faktor": das Publikum würde je nach individueller Betroffenheit, nach unterschiedlichen politischen, sozialen, genderspezifischen Interessen das Gesehene einer individuellen ‚Lektüre' unterziehen.

Maria Mesner

Mutterliebe und/oder feministischer Widerstand?

Zur normativen Aufladung von Frauen-Feiertagen

Die folgenden Überlegungen kreisen um die Frage, wie sich Frauenbilder und ihr normativer Gehalt in Österreich von den 1920er zu den 1950er Jahren veränderten. Gleichsam meine Lupe wird dabei eine Geschichte sein, die davon handelt, wie sozialdemokratische Funktionärinnen in den ersten Jahren der Zweiten Republik versuchten, den Internationalen Frauentag gegen den Muttertag zu behaupten, wie sie aber dieses Bestreben angesichts eines ihnen vehement entgegenwehenden „Zeitgeistes" und vielleicht auch mangels eigener Überzeugung aufgaben. Ich konzentriere mich deswegen auf das sozialdemokratische Milieu, weil ich davon ausgehe, dass dort während der ersten Hälfte des 20. Jahrhunderts die wesentlichen Verschiebungen in der Konzeption der Geschlechterrollen stattfanden. Der katholisch geprägte Strang der Frauenbilder und der entsprechenden Geschlechternormen wies zumindest seit dem Ende des 19. Jahrhunderts eine starke Kontinuität auf.[1] Die Geschlechterbilder des Deutschnationalismus hingegen waren in der Zeit nach dem Zweiten Weltkrieg vor allem durch die im Nationalsozialismus erfolgte Auflösung des nationalen Organisationszusammenhangs nicht politikmächtig, sie hatten daher kaum einen nachvollziehbaren Einfluss auf die öffentliche Rede in der Zweiten Republik.

Reproduktion und Produktion: geschlechtsspezifische Spannungsverhältnisse

Die Moderne ließ das bis dahin geltende Geschlechter-Arrangement unter anderem deshalb brüchig werden, weil sich die hauswirtschaftlichen Zusammenhänge von Produktion und Reproduktion auflösten.[2] Immer mehr Frauen arbeiteten nicht mehr als Dienstbotinnen in den Haushalten der sozialen Oberschichten, sondern in wesentlich anonymeren Fabriken. Erwerb und Reproduktion wurden zu getrennten, wenn auch stark interdependenten Bereichen, die vor allem an Frauen, denen reproduktive Aufgaben im hegemonialen Ge-

---

1 Vgl. dazu Gabriella Hauch, Vom Frauenstandpunkt aus. Frauen im Parlament 1919–1933, Wien 1995, 79.
2 Grundlegend dazu Gisela Bock u. Barbara Duden, Arbeit aus Liebe – Liebe als Arbeit: Zur Entstehung der Hausarbeit im Kapitalismus, in: Frauen und Wissenschaft. Beiträge zur Berliner Sommeruniversität für Frauen. Juli 1976, hg. von der Gruppe Berliner Dozentinnen, Berlin 1977, 118–199.

schlechter-Arrangement ausschließlich zugeschrieben wurden, verschiedene, häufig konfligierende Ansprüche stellten. Außerhäusliche Erwerbsarbeit einerseits und Kinderbetreuungsarbeit andererseits standen vor allem in Bezug auf (Ehe-)Frauen mit Kindern aus unteren sozialen Schichten in einem komplexen Spannungsverhältnis zu einander, das sowohl individuelle Lebensgestaltung als auch normativ aufgeladene Debatten seither prägt(e).

Grob und vereinfacht formuliert dominierten im 19. und 20. Jahrhundert zwei konkurrierende Lösungsmuster für dieses Dilemma die öffentlichen Debatten: Der eine Entwurf ging von einer naturhaften Differenz zwischen Männern und Frauen aus, die sich in unterschiedlichen, zu einander komplementär gedachten Rollen in der Familie widerspiegelte und in die Dichotomien Reproduktion und Produktion, privat und öffentlich gefasst werden kann.[3] Aus dem imaginierten Modell des idealen Geschlechterverhältnisses folgten direkte Handlungsanleitungen für die politische Praxis: Die Aufgabe der Politik war es in diesem geschlechterpolitischen Konzept, die gesellschaftlichen Rahmenbedingungen zu schaffen, die Männern und Frauen die Erfüllung ihrer ihnen wesenhaft eigenen Bestimmung ermöglichen sollten. Gesellschaftliche Konflikte resultierten aus der Störung dieser als natürlich gedachten Ordnung. Frauen fühlten sich – so lautete eine der Antworten auf die herrschende Geschlechterverhältnisse in Frage stellende erste Frauenbewegung – nur benachteiligt, weil sie im Erwerbsleben stünden. Die konsequente Forderung und gesellschaftliche Norm lautete daher, dass es den Frauen ermöglicht werden sollte, sich ausschließlich ihren reproduktiven Aufgaben zu widmen – durch so genannte Familienlöhne beispielsweise: Dieses in Österreich vor allem in Kreisen der katholischen Soziallehre vertretene Konzept[4] forderte Löhne für (Ehe-)Männer, die hoch genug zu sein hätten, um eine Familie zu ernähren und damit Erwerbsarbeit von Ehefrauen obsolet zu machen.

Die Gegenposition dazu wurde innerhalb der sozialdemokratisch und kommunistisch organisierten ArbeiterInnenbewegung vertreten: Sie sah in der Erwerbsarbeit von Frauen eine konsequente Folge der Industriegesellschaft, der sich auch verheiratete Frauen und solche mit Kindern nicht entziehen konnten. Sich etwa ergebende Friktionen – zum Beispiel die „Überlastung" der Frauen oder eine „Vernachlässigung" der Familie[5] – mussten behoben werden. Das sei, dieser Gesellschaftskonzeption zufolge, die Aufgabe der Politik. Die PropagandistInnen dieses Modells versuchten das Dilemma zwischen weiblicher Reprodukti-

---

3   Siehe dazu, noch immer grundlegend Karin Hausen, Die Polarisierung der „Geschlechtscharaktere" – Eine Spiegelung der Dissoziation von Erwerbs- und Familienleben, in: Werner Conze Hg., Sozialgeschichte der Familie in der Neuzeit Europas, Stuttgart 1976, 368–393.
4   Eine der wenigen Ausformulierungen dieses Konzepts, die allerdings erst aus der Mitte des 20. Jahrhunderts stammt, findet sich bei Albert Niedermeyer, Wahn, Wissenschaft und Wahrheit. Lebenserinnerungen eines Arztes, Innsbruck/Wien/München 1956, 317–319.
5   Minna Lachs, Die psychologische Situation der berufstätigen Mutter, in: Die Zukunft, 7 (1953), 206.

ons- und Erwerbsarbeit aufzulösen, ohne die herrschenden Geschlechterverhältnisse in Frage zu stellen: Zeitweilige Unterbrechungen der Erwerbsarbeit durch Frauen während der Schwangerschaft und in der ersten Zeit nach der Geburt von Kindern sowie die „Technisierung der Haushaltsarbeit"[6] sollten es ermöglichen, die kleinfamiliäre Rollenverteilung trotz der Erwerbstätigkeit der Ehefrauen unangetastet zu lassen.[7]

In der ebenfalls dichotom organisierten politischen Welt der Ersten und der beginnenden Zweiten Republik waren die beiden Positionen klar der katholisch-konservativen respektive der sozialdemokratischen Partei zuzuordnen. Der Muttertag einerseits und der Internationale Sozialistische Frauentag andererseits können als Ausdruck der beiden Konzepte verstanden werden. Die Konkurrenz der „Frauenfesttage", die beide ins Frühjahr fielen, möchte ich analysieren und interpretieren als Ausdruck unterschiedlicher, konfligierender Frauenbilder. Dabei werde ich versuchen, verschiedene gesellschaftliche Bereiche mit einander in Beziehung zu setzen: Ich setze dort an, wo die öffentliche Debatte um Mutter- und Frauentag angesiedelt war, also im politischen Bereich im engeren Sinne, genauer: innerhalb der Nachkriegs-SPÖ, eingebettet in die politische Kultur[8] der ersten Jahre der Zweiten Republik unter den Bedingungen der großen Aufbau-Koalition und der ihr eigenen Konfliktbewältigungsmechanismen.

„Frauen-Fest-Tage"

Der Muttertag wurde in Österreich erstmals in den 1920er Jahren offiziell begangen.[9] Er war zu Beginn des Jahrhunderts in den USA entwickelt worden[10] und hatte sich von dort aus schnell über verschiedene europäische Länder, unter anderem Deutschland verbreitet. Von dort aus war das Ritual nach Österreich gekommen. Neben den BlumenhändlerInnen, die

---

6   Anneliese Hitzenberger, Positive Bevölkerungspolitik in Österreich, in: Die Frau, 8, (1945), 16. Ähnliche Formulierungen finden sich im Aktionsprogramm 1947 und im Vorentwurf zum Parteiprogramm 1957. Im Parteiprogramm 1958 lautet die Passage allgemeiner.
7   Siehe dazu Maria Mesner, Die „Neugestaltung des Ehe- und Familienrechts". Re-Definitionspotentiale im Geschlechterverhältnis der Aufbau-Zeit, in: Zeitgeschichte, 5–6 (1997), 186–206.
8   Kultur ist dabei umfassend zu verstehen als „ein System von Gedanken und Zeichen und Assoziationen und Verhaltens- und Kommunikationsweisen". – Ernest Gellner, Nationalismus und Moderne, Berlin 1991, 16.
9   Siehe dazu Alexander Boesch, Das Muttertagsreden. Einführung in den Muttertag und das Muttertagsreden des politischen Katholizismus in Österreich, in: Produkt Muttertag. Zur rituellen Inszenierung eines Festtages. Begleitbuch zur Ausstellung Produkt Muttertag, 6. April bis 4. Juni 2001, Österreichisches Museum für Volkskunde, Wien 2001, 27–51, 27.
10 Hartwig Knack, Die amerikanische Provenienz des Muttertags. Ein Rückblick, in: Produkt, wie Anm. 9, 53–59.

ihr recht offensichtliches Geschäftsinteresse im Auge hatten, machten in Österreich vor allem die katholische Kirche und ihre Organisationen den Muttertag zu „ihrer" Sache. Der Muttertag diente als Anlass, den Problemen der Gegenwart in unzähligen Feiertagsreden und -artikeln den katholisch-konservativen Gesellschaftsentwurf entgegenzustellen. Wenn nur die Mütter die ihnen von Gott und Gesellschaft zugedachte Rolle im Haus wahrnehmen würden, könnte der gesellschaftliche Niedergang, der sich im Zerfall der Familien, im Rückgang der Geburtenzahlen und im drohenden Aussterben des ganzen Volkes manifestiere, aufgehalten werden.[11] Obwohl die zu Hause für ihre Familie sorgende Mutter symbolhaft aufgeladen im Zentrum der Muttertagsfeiern stand, gab es durchaus einen Zusammenhang zwischen der Zunahme außerhäuslicher Erwerbsarbeit von Frauen und der Mütterverehrung: Karin Hausen hat zurecht auf die Gleichzeitigkeit zwischen der im „Muttertag" manifestierten lauthalsen Mütterverehrung und der zunehmenden Unmöglichkeit, den Anforderungen, die an Mütter gestellt werden, individuell zu genügen, hingewiesen.[12]

Die Sozialdemokratinnen und Sozialdemokraten standen dem Muttertag von Anfang an zwiespältig gegenüber: Einerseits lehnten sie ihn ab als „Heerschau der Klerikalen" und kritisierten seine Scheinheiligkeit, da die realen, durch Haus-, Erwerbs- und Betreuungsarbeit mehrfach belasteten Mütter ein ganzes Jahr lang missachtet würden.[13] Wenn als Publikum solcher Reden oder Schriften aber Frauen vermutet wurden, waren die Worte weniger eindeutig: „Gewiß soll jede Gelegenheit, der Hüterin unserer Tage Freude zu bereiten, dankbarst ergriffen werden", hieß es da zum Beispiel Anfang Mai 1928 in einem sich an Frauen wendenden sozialdemokratischen Massenblatt.[14] Es sei aber auch wichtig, an diesem Tag politische Forderungen zu stellen, die die Erleichterung des Lebens von zum Beispiel ledigen Müttern zum Ziel hätten. Darüber hinaus sollten gerade die Mütter in ihrer Rolle als Bewahrerinnen und Hüterinnen der Gesellschaft diese zu mehr Frieden und mehr Menschenliebe ermahnen.

---

11 Nur exemplarisch für diese seit der Wende zum 20. Jahrhundert sowohl in konservativ-katholischen als auch in deutsch-nationalen Milieus immer wieder auftauchenden Topoi sei hingewiesen auf einige Artikel, die in den ersten beiden Jahren nach dem Zweiten Weltkrieg in der katholischen Zeitschrift „Die Furche" erschienen, z. B. Bevölkerungspolitik und städtische Wohnbauprobleme. Eine Untersuchung und ein Vorschlag, in: Die Furche, 2, 15 (13. April 1946), 4 f; Franz Ritschl, Warnende Zeichen, in: Die Furche, 2, 20 (18. Mai 1946), 1 f; Anton Burghardt, Anmerkungen zur Bevölkerungspolitik, in: Die Furche, 2, 29 (20. Juli 1946), 5; „Gefährlicher Bruch", in: Die Furche, 2, 51 (28. Dezember 1946), 3; zur Orientierung der öffentlichen Rede nach dem Ersten Weltkrieg siehe Maria Mesner, Geburten / Kontrolle. Reproduktionspolitiken in Österreich und in den USA im 20. Jahrhundert, Wien (Habilitationsschrift) 2003, 357–360.
12 Karin Hausen, Mütter zwischen Geschäftsinteressen und kultischer Verehrung. Der „Deutsche Muttertag" in der Weimarer Republik, in: Gerhard Huck Hg., Sozialgeschichte der Freizeit. Untersuchungen zum Wandel der Alltagskultur in Deutschland, Wuppertal 1982, 249–280, 280.
13 Muttertag oder Heimwehrtag?, in: Arbeiterzeitung, 12. Mai 1929.
14 Adele Bruckner, Zum Muttertag, in: Die Unzufriedene. Eine unabhängige Wochenschrift für alle Frauen, 12. Mai 1928, 3.

Das Pendant beziehungsweise der Widerpart zum Muttertag in der tief gespaltenen politischen Kultur der Ersten Republik war der Sozialistische Internationale Frauentag, der in Österreich seit 1911 begangen wurde.[15] Während sich der Muttertag „privat-familiär" in dem Sinne gab, dass individuelle Mütter geehrt und zumindest symbolisch Familien als der Ort des Ehrens vorgestellt wurden, war der Frauentag explizit und definitiv politisch. Er war Anlass, sogenannte „frauenpolitische" Forderungen zu stellen, politische und gesellschaftliche Gleichberechtigung, zum Beispiel im Eherecht, zu verlangen, aber auch Regelungen, die auf erwerbstätige Frauen allgemein oder erwerbstätige Mütter im Besonderen zielten, zum Beispiel den Ausbau des Mutterschutzes.

Während der Muttertag 1945 in Kontinuität bewahrt und von der Ersten zur Zweiten Republik über die beiden Faschismen hinweg überdauert hatte, galt das nicht für den Frauentag. Sozialdemokratische und kommunistische Frauen nahmen den Strang aber kurz nach Kriegsende wieder auf – und stießen dabei, zumindest in den ersten Nachkriegsjahren, auf öffentlichen Widerhall und Zuspruch: Immerhin 35.000 Menschen nahmen 1947 an der Abschlusskundgebung des Frauentags am Wiener Rathausplatz teil.[16] Auch wenn diese aus heutiger Perspektive hoch erscheinende Zahl nicht unbedingt nur auf individuelle Begeisterung und Zustimmung zurückzuführen ist, sondern vielleicht auch auf die hohe Mobilisierungskraft der Sozialistischen Partei verweist, ist aus solchen Publikumszahlen doch auf die Popularität des Frauentages zu schließen.

Die Kritik am Muttertag hielten die sozialdemokratischen Funktionärinnen zunächst aufrecht: Das Fest sei geprägt von Scheinheiligkeit und Profitinteressen, hieß es weiterhin. Gabriele Proft, Vorsitzende der SPÖ-Frauen, bereits vor 1933 politisch sozialisiert und seit 1908 Angestellte der sozialdemokratischen Frauenorganisation, „warnt(e) vor der Übernahme bürgerlicher Ideen wie es zum Beispiel der Muttertag ist. … Unsere Aufgaben liegen auf einem anderen Gebiet, wir haben einzig und allein dafür zu sorgen, dass die Frauen politisch erwachen. Wir haben den Frauentag …".[17] Es zeichnete sich allerdings bereits in den ersten Nachkriegsjahren ein Dilemma ab: Der „Gedanke des Muttertages (habe) Wurzel geschlagen in der Bevölkerung"[18], er habe „eine hohe Bedeutung erlangt" und sei „in allen Gesellschaftsschichten populär"[19], geben beispielsweise die Protokolle des „Frauenzentralkomitees", des zwischen den zweijährlich stattfindenden „Frauenkonferenzen" höchsten Gremiums der sozialdemokratischen Frauen, die Stimmung wieder. Schon 1947 begannen

---

15 Susanne Feigl, „Die besondere Arbeit unter den Frauen". Organisation und Agitation, in: Beharrlichkeit, Anpassung und Widerstand. Die Sozialdemokratische Frauenorganisation und ausgewählte Bereiche sozialdemokratischer Frauenpolitik. 1945–1990, hg. vom Dr.-Karl-Renner-Institut, Wien 1993, 115.
16 Feigl, Arbeit, wie Anm. 15, 115.
17 Protokoll der Sitzung des Frauenzentralkomitees (der SPÖ), 11. November 1946 (Gabriele Proft).
18 Protokoll der Sitzung des Frauenzentralkomitees, 29. Mai 1946 (Marianne Pollak).
19 Protokoll der Sitzung des Frauenzentralkomitees, 29. Mai 1946 (Ferdinanda Floßmann).

Abb. 1: Titelseite „Die Frau", 1950, 19 (11. Mai 1950)

die SozialdemokratInnen schließlich, eigene Feste unter dem Titel „Wir rufen die Mütter!" zu organisieren. „Mütter", also Frauen in einer ganz spezifischen, ihre möglicherweise vorhandenen anderen Identitäten und Interessen ausblendenden Rolle wurden auch im Kontext sozialdemokratischer Politik-Kommunikation zu einer wichtigen Zielgruppe. „Frauen" hingegen wurden in der sozialdemokratischen Rhetorik immer als von Familien- und Erwerbsarbeitsaufgaben mehrfach belastet, aber auch vielschichtiger repräsentiert. 1950 erschien dann die erste Muttertagsnummer der sozialdemokratischen Frauenzeitschrift – mit einem Titelbild, das die Einheit von Mutter und Kind beschwor (siehe Abb. 1): Die Aufmerksamkeit der dargestellten Frau konzentriert sich auf das Kleinkind in ihrem Arm. Dieses, nicht die Frau, richtet einen offenen, direkten Blick auf den Betrachter oder die Betrachterin, oder auch auf die Welt.

Dass diese Modifizierung des sozialdemokratischen Frauenbildes durchaus im Sinne der sozialdemokratischen Parteiführung lag, zeigt ein bemerkenswerter Vorgang: 1951 machte das Zentralsekretariat der SPÖ, das heißt jene Stelle, die die alltäglichen Aktivitäten der Partei bestimmte und organisierte, der Frauenorganisation den Vorschlag, doch Frauen- und Muttertag sowie den Tag des Kindes zusammenzulegen und im Herbst zu feiern – also auf den Tag des Kindes zu verlegen. Die Begründung dafür war so pragmatisch als die Nachrangigkeit von „Frauenbelangen" selbstverständlich voraussetzend: Die Festtage im Frühjahr würden dem wichtigsten sozialdemokratischen Feiertag, dem 1. Mai, Konkurrenz machen und sollten daher besser verlegt werden. Die Quellen verzeichnen keine Empörung über diesen Vorschlag, sondern durchaus Gesprächsbereitschaft bei den sozialdemokratischen

Funktionärinnen: Sie wollten immerhin diskutieren, Frauen- und Muttertag zusammenzulegen. Letztlich bewiesen zwar die Tradition und mit ihr der Frauentag doch ein zu großes Beharrungsvermögen, viele prominente sozialdemokratische Politikerinnen sprachen sich aber für die Zusammenlegung aus.

Ein Grund für diese Kompromissbereitschaft dürfte die marginalisierte und defensive innerparteiliche Position der Frauenorganisation[20] gewesen sein: Daher war von großer Bedeutung, dass die Muttertagsfeiern – im Gegensatz zu den meisten anderen „Frauenangelegenheiten", zum Beispiel dem Frauentag – auf Zustimmung auch der Genossen stießen: „Bei den Mütterehrungen tun die Genossen begeistert mit", stellte die Tiroler Funktionärin Maria Hagnleitner Anfang der 1950er Jahre in einer Sitzung fest.[21] Auch Marianne Pollak, die in Wien lebte und arbeitete, erzählte davon, dass die „Mütterehrungen" insgesamt „so beliebt geworden …" seien.[22] Ganz anders nahmen die Funktionärinnen die Reaktion der Parteimitglieder auf den Frauentag wahr: „Der Sinn des Frauentages wird nicht ganz erfasst",[23] hieß es, oder: Die „jüngere Generation (habe) keine Beziehung zum Frauentag".[24]

Trotz aller geäußerten Bedenken wurden die Frauentagsveranstaltungen weitergeführt – paradoxerweise wohl aus einem gewissen sozialdemokratischen Konservativismus heraus. Bis in die siebziger Jahre waren die Frauentage so ein internes Ritual im sozialdemokratischen Jahreszyklus, mit lokalen und zentralen Veranstaltungen, auch wenn, so lassen die Protokolle an manchen Stellen erkennen, die Begeisterung mancher Funktionärin für diese Veranstaltungen nicht sehr groß war. Als die SPÖ-Frauen 1952 die Einsparung des bis dahin üblichen „zentralen" Plakats und dessen Ersetzung durch kleinere Wandzeitungen beschlossen, erfolgte das ohne Gegenstimme.[25] Die Wandzeitungen, die nun in den Schaukästen hingen, sprachen meist allgemein vom Frieden. Das unterschied sie zwar nicht von den größeren und grafisch eindrucksvolleren Plakaten zuvor. (Erinnert sei nur an das bekannte Plakat von Victor Slama aus dem Jahr 1949, auf dem eine Gruppe von Frauen die Weltkugel davon abhält, in den Abgrund zu stürzen.) Die Anrufung des Friedens geriet aber mehr und mehr zur Floskel, die immer unkonkreter und inhaltsärmer wurde. Während beispielsweise das Frauentagsplakat 1948 noch klar auf die Verluste an Menschen-, vor allem Männerleben

---

20 Der Genauigkeit halber ist hier festzuhalten, dass die Bezeichnung „Frauenorganisation" in Bezug auf die Sozialdemokratie zwar in den Quellen und in der Historiographie gebräuchlich ist und daher auch hier verwendet wird. Statutarisch war (und ist) die „Frauenorganisation" aber keine eigenständig handlungsfähige Organisation, sondern lediglich ein „Referat" der SPÖ, das heißt, sie verfügt beispielsweise formal über kein eigene Rechtspersönlichkeit und Budgethoheit. – Siehe dazu Feigl, „besondere Arbeit", wie Anm. 15, 51.
21 Protokoll der Sitzung des Erweiterten Frauenzentralkomitees, 4. Juni 1952 (Maria Hagnleitner).
22 Protokoll der Sitzung des Frauenzentralkomitees, 24. Februar 1953 (Marianne Pollak).
23 Protokoll der Sitzung des Frauenzentralkomitees, 10. Mai 1951 (Hedy Keim).
24 Protokoll der Sitzung des Frauenzentralkomitees, 10. Mai 1951 (Schella Hanzlik).
25 Protokoll der Sitzung des Erweiterten Frauenzentralkomitees, 24. Juni 1952.

Abb. 2: Plakat Internationaler Sozialistischer Frauentag 1948; Quelle: Plakat Archiv Stiftung Bruno Kreisky Archiv 101/0/0/0/218
Abb. 3: Plakat Internationaler Sozialistischer Frauentag 1950; Quelle: Plakat Archiv Stiftung Bruno Kreisky Archiv 102/0/0/0/10
Abb. 4: SPÖ-Wandzeitung, 163 (1962); Quelle: Plakat Archiv Stiftung Bruno Kreisky Archiv 100/0/0/0/163

durch die beiden Weltkriege Bezug nimmt (Abb. 2), kann der Stacheldraht, gegen den auf dem Plakat von 1950 für Menschlichkeit und Frieden Stellung bezogen wird, bereits ebenso auf den sich etablierenden eisernen Vorhang wie auf die Konzentrationslager verweisen (Abb. 3). Auf der Wandzeitung des Jahres 1962 schließlich fordern nur umrisshaft sichtbare, ins Nichtssagende entpersönlichte Frauengesichter „Lasst uns in Frieden leben!" und „Kampf dem Atomtod!" (Abb. 4)

Geschlechterkrise und Familienidyll

Wenn diese Geschichte als Brennglas für die Analyse der Veränderung der normativen Vorstellungen vom Frau-Sein um die Mitte des vergangenen Jahrhunderts dienen soll, stellt sich die Frage, wie sie zu interpretieren ist. Die feministische Forschung und die Historiographie, die sich mit den Veränderungen der Geschlechterverhältnisse befasst, hat für Österreich, aber auch für andere Gesellschaften des europäischen und darüber hinaus des nord-atlantischen Zusammenhangs[26] bisher festgestellt, dass es im Anschluss an die Nachkriegskrise der Geschlechterbeziehungen zu einer „Normalisierung des Ehe- und Familienlebens" gekommen sei, und zwar unter „Rückgriff auf bewährte Lebensformen".[27] Die fünfziger Jahre des 20. Jahrhunderts wurden als „Jahrzehnt eines aggressiven konservativen Rollbacks"[28] beschrieben, weil viele Autorinnen in der Nachkriegskrise der Geschlechterbeziehungen Macht- und Einflusspotenziale für Frauen vermuteten, die in den fünfziger Jahren nicht realisiert worden wären. Statt zu deren Nutzung sei es zu einer „Restauration der traditionellen Kernfamilie"[29] gekommen.

Ich möchte diesen Befund in zweierlei Hinsicht modifizieren: Erstens, kann meines Erachtens nicht von einer Restauration beziehungsweise Normalisierung gesprochen werden. Erst in der Zeit nach dem Zweiten Weltkrieg wurde die Lebensform „Familie"[30] in den mitteleuropäischen Gesellschaften, deren materieller Lebensstandard niedriger als in den USA war, für (fast) alle Bevölkerungsgruppen realisierbar. Eine „Familie" gründen zu können

---

26 Daniel T. Rodgers spricht in seinem inspirierenden Buch „Atlantic Crossings" von einer „nord-atlantischen" Welt, als deren Grenzen er Berlin und San Francisco benennt. Für diesen Raum registriert er einen regen ökonomischen und kulturellen Austausch, vor allem in der Phase zwischen den 1870er Jahren und dem Zweiten Weltkrieg. Ich möchte dem hinzufügen, dass diese Sphäre des politischen und kulturellen Austauschs auch noch für die Jahrzehnte nach dem Zweiten Weltkrieg in vielerlei Zusammenhängen, u. a. in geschlechterpolitischer Hinsicht, von besonderer Bedeutung war. Vgl. Daniel T. Rodgers, Atlantic Crossings. Social Policies in a Progressive Age, Cambridge, Mass./London 1998, 4.

27 Siehe zum Beispiel Erika Thurner, Die stabile Innenseite der Politik. Geschlechterbeziehungen und Rollenverhalten, in: Thomas Albrich u. a. Hg., Österreich in den Fünfzigern, Innsbruck/Wien 1995, 53–66, hier 54.

28 Wiederum nur stellvertretend Ingrid Bauer, Eine Chronologie abnehmender weiblicher Bescheidenheit. Die Sozialdemokratische Frauenorganisation in Salzburg 1945 bis 1990. Nicht nur ein Fallbeispiel, in: Beharrlichkeit, Anpassung und Widerstand. Die Sozialdemokratische Frauenorganisation und ausgewählte Bereiche sozialdemokratischer Frauenpolitik. 1945–1990, 233–274, 241.

29 Merith Niehuss, Kontinuität und Wandel der Familie in den 50er Jahren, in: Axel Schildt u. Arnold Sywottek Hg., Modernisierung im Wiederaufbau. Die westdeutsche Gesellschaft der 50er Jahre, Bonn 1993, 316–334, 334.

30 Mit diesem Begriff, der unter Anführungszeichen gesetzt wird, um ihn zu historisieren, ist nicht allgemein eine Gruppe von Menschen gemeint, die freiwillig mit längerfristiger Perspektive zusammenleben, sondern ein spezifisches, zeittypisches Modell. Im Zentrum von „Familie" steht ein verheiratetes, heterosexuelles Paar, also ein Mann und eine Frau, denen spezifische geschlechtsspezifische Attribute, Aufgaben und Eigenschaften, also Geschlechterrollen und korrespondierende Geschlechtercharaktere zugewiesen wer-

wurde daher von vielen Menschen als „sozialgeschichtliche Errungenschaft"³¹ begriffen. Nicht das Familienmodell an sich, sondern die Tatsache, dass es für die große Mehrheit der Bevölkerung vom Ideal zur greif-, häufig auch tatsächlich lebbaren Realität geworden war, ist gesellschaftlich eine Innovation und keine Rückkehr zu Vergangenem.

Zweitens gebe ich zu bedenken, dass die kriegsbedingte Irritation des Geschlechter-Arrangements als Begründung für eine Flucht der Frauen in den privaten Raum der bürgerlichen Familie kaum ausreichen kann. Der Erste Weltkrieg, der zweifellos auch eine Krise der Geschlechterverhältnisse provozierte, führte nicht zu einer ähnlichen Hegemonie dieser „Familienidylle", die ja in den 1950er Jahren nicht auf die öffentlich repräsentative Ebene beschränkt blieb, sondern tatsächlich lebensweltlich zur unumstritten dominanten Lebensform wurde.

Es stellt sich also die Frage, warum sich die „Familie" als Lebensmodell in den 1950er und 1960er Jahren auf so allgemeine und nahezu alle Bevölkerungsgruppen und -schichten erfassende Weise durchsetzte. Ein Grund mag sein, dass lebensreformerische Entwürfe, Ideen, Ansätze der Ersten Republik, die um mögliche Alternativen zur bürgerlich-katholischen Familie samt deren Rollenaufteilung kreisten, durch die beiden Faschismen – zumindest was die kollektive öffentliche Ebene angeht – verloren gingen.

Hegemonial waren diese Vorstellungen auch in den 1920er und 1930er Jahren ohnehin nicht gewesen: Betrachtet man beispielsweise den Wohnbau des Roten Wien, stößt man auf Wohnungsgrundrisse, die vor allem für Familien bestehend aus Mutter, Vater und (nicht zu vielen) Kindern gedacht waren. Dass die Reproduktionsaufgaben innerhalb der Kleinfamilie angesiedelt waren, daran ließ der kommunale Wohnbau keinen Zweifel.³² Auch vor 1934 wies das sozialdemokratische Frauenideal deutliche Aspekte eines „Hausfrauen"- und „Mutter"-Bildes auf, in dem Frauen Reproduktionsaufgaben und die dazugehörige „Mutterliebe" per Geschlecht zu- und eingeschrieben wurde. Das zeigen zum Beispiel sozialdemokratische Argumentationsmuster in Bezug auf spezielle Arbeiterinnenschutzbestimmungen eindeutig.³³ Beschränkungen der zulässigen Arbeitszeit wurden dem Gleichheitsprinzip folgend konsequent für alle ArbeitnehmerInnen ohne Unterschied des Geschlechts gefordert. Seit der Gründung des „Frauen-Reichskomités" 1898 wurde geschlechtsspezifischer Arbeiterinnenschutz in den politischen Aktivitäten aber wichtiger. Dieser sei nämlich

---

den: Der Idealtypus in den ersten Jahrzehnten der Zweiten Republik war das „Familienerhalter-Hausfrauen-Modell", wobei eine „Familie" ohne Kinder eigentlich keine war. Inwiefern dieser öffentlich hegemonial repräsentierte Idealtypus in den privaten Lebensformen unter Umständen zum „Familienerhalter-Zuverdienerinnen-Modell" wurde, ist für Österreich noch nicht umfassend untersucht.

31 Thurner, Innenseite, wie Anm. 27, 56.
32 Reinhard Sieder, Zur alltäglichen Praxis der Wiener Arbeiterschaft im ersten Drittel des 20. Jahrhunderts, Wien (Habilitationsschrift) 1988, 438 f.
33 Siehe dazu detaillierter Mesner, Geburten, wie Anm. 11, 165–171, 195–200.

Abb. 5: Fritz Mackensen, Der Säugling; in Frauentag 1914, 11.
Abb. 6: Titelseite „Frauentag 1926"

nicht ein Schutz der Frau, er ist vor allem ein Schutz der Mutter. Die Frau hat die wichtigste Funktion der Gesellschaft zu versehen, sie muß die kommende Generation zur Welt bringen. Von der Gesundheit und Lebenskraft, die diese neugeborenen Kinder mitbringen, hängt die Entwicklung des Volkes und der Menschheit ab. Daran hat nicht nur die Frau, nicht nur die Arbeiterschaft, sondern die gesamte Menschheit ein Interesse.[34]

Die Ambivalenz sozialdemokratischer Frauenbilder und damit des Geschlechterkonzeptes sei exemplarisch mit einigen bildlichen Repräsentationen belegt, die allesamt aus anlässlich eines Frauentages erschienen Broschüren stammen. Bereits in einer der ersten österreichischen Publikationen zu einem Frauentag aus dem Jahr 1914 nimmt das Bild einer Frau in einer ruhig-idyllisch wirkenden Szene eine zentrale Stelle ein. Die Frau stillt ein schon etwas älteres Kind und richtet ihre ganze Aufmerksamkeit darauf (Abb. 5). Auch auf dem zum Frauentag 1926 erschienen Frauentagsheft steht eine Mutterfigur zentral: Eine in einer Blumenwiese stehende Frau, in deren Hintergrund rauchende Fabrikschlote und Zinskasernen zu erkennen sind, hebt ein Kleinkind in die Höhe, wie der Sonne entgegen. Die Augen der Frau sind – etwas entrückt wirkend – auf das Kind gerichtet (Abb. 6). Mit solchen Darstel-

---

34 Gesammt-Parteitag der Socialdemokratie Oesterreichs in Brünn (vom 24. September 1899), Wien o. J., 13.

Abb. 7: Titelseite „Frauentag 1933"
Abb. 8: Titelseite „Frauentag 1925"

lungen hob sich die österreichische Frauentags-Ikonographie nicht von den innerhalb der europäischen Sozialdemokratien üblichen Frauen-Bildern ab. Jay M. Winter stellt fest: „… the imagery of women in socialist iconography has been idealized, passive, and maternal, rather than realistic, active, and liberated from traditional conventions of the nature of womenhood."[35]

Die Ambivalenz, Widersprüchlichkeit, manchmal Unentschiedenheit sozialdemokratischer Frauenbilder zeigt sich beispielsweise innerhalb ein und derselben, nur wenige Seiten starken Publikation, in der sich Anselm Feuerbachs klassizistisch-historisierend dargestellte, an eine Adelige erinnernde „Mutter mit spielenden Kindern"[36] ebenso fand wie die Skulptur einer „Bergmannswitwe"[37], die den Kopf eines Kindes an sich drückt, also beides Darstellungen, die anlässlich eines Frauentages Mütterlichkeit ins Zentrum rücken. Auch in den Forderungen des entsprechenden Frauentags zeigt sich der schwierige Spagat zwischen den unterschiedlichen Frauenaufgaben:

---

35 Jay M. Winter, Socialism, Social Democracy, and Population Questions in Western Europe: 1870–1950, in: Population and Development Review; Supplement to vol. 14: Population and Resources in Western Intellectual Traditions, 122–146, 133.
36 Frauentag 1925, hg. vom Frauenreichskomitee, Wien 1925, 3.
37 Frauentag, wie Anm. 36, 5.

> Der Frauentag ist der hohe Festtag, an dem die Frauen ihre Fahne enrollen und ihre Forderung proklamieren.
> Für der Menschheit höchstes Glück, für der Kinder leibliches und geistiges Wohlergehen, für das sorglose geachtete Alter aller, die ihre Kräfte verbraucht haben in redlicher Arbeit. Für den Mutterschutz. Für gerechte, gleiche Arbeitsbedingungen der Frauen. Für die Reform des bürgerlichen Rechtes. Für den Frieden unter den Völkern.[38]

Vor allem in der Zwischenkriegszeit sind anlässlich von Frauentagen noch andere Repräsentationen zu finden, die nicht mit dem Mütterlichen in Beziehung stehende Aspekte von Weiblichkeit ins Bild rücken: So verwies die soldatisch wirkende Fahnenträgerin des Jahres 1933 deutlich auf das sich zuspitzende gesellschaftliche Klima der beginnenden 1930er Jahre (Abb. 7). Auf eine weiblich gedachte Genealogie, aber nicht unbedingt auf Familie verweist das Titelblatt der Frauentagsbroschüre aus dem Jahr 1925 (Abb. 8), auf der drei Frauengenerationen in idealisierter Weise dargestellt und im Dreieck angeordnet sind. Im Bildvordergrund ist die jüngste Frau, die der ältesten, etwas über ihr angeordneten zugewandt ist. Im Bildzentrum steht – an eine Madonna erinnernd und in perspektivischer Hinsicht eigentlich zu groß – die mittlere Frauengeneration. Diesem Bild ist folgender Text beigestellt:

> Drei Generationen grüßen den Frauentag:
> Die alte Frau, Erfahrung und Wissen um schweren Kampf in den Zügen.
> Die blühend junge Frau in der Vollkraft des Schaffens.
> Das junge Mädchen, dem Kampf für Freiheit und Recht erst die Zukunft bedeutet.
> Sie feiern vereint im Zeichen der roten Nelke den Frauentag![39]

Diese wenigen, etwas erratischen Beispiele müssen hier genügen, um Folgendes zu belegen: Auch vor 1934 (re-)präsentierten sozialdemokratische Frauentagsbilder maternalistische Aspekte, sie waren aber wesentlich heterogener, ambivalenter, daher mitunter mit mehr Potenzialen individuellen Handelns ausgestattet, als das nach Krieg und Faschismen der Fall sein sollte.

Nach Kriegsende sind die normativen und die repräsentativen Bilder verengt und konzentriert auf die reproduktiven Aufgaben der Frauen. Auch in der öffentlichen Rhetorik ist eine deutliche Verengung der repräsentierten Frauenbilder zu Gunsten der eindeutigen und eindimensionalen „Mutterrolle" zu beobachten.

Bei näherer Betrachtung der gesellschaftlichen Entwicklung in Österreich ist das nicht überraschend: Zumindest in den öffentlichen Diskursen war weibliche Erwerbsarbeit – mit

---

38 Frauentag, wie Anm. 36, 2.
39 Frauentag, wie Anm. 36, 2.

der mehr als ambivalenten Ausnahme des die letzten Kräfte für den Krieg mobilisierenden Nationalsozialismus – während der ersten beiden Drittel des 20. Jahrhunderts kaum positiv konnotiert. Es waren vor allem die SozialdemokratInnen gewesen, die sich als VertreterInnen der erwerbstätigen Frauen gefühlt hatten. Für sie stand zwar – grundsätzlich unverändert seit Ende des 19. Jahrhunderts – die Faktizität, Berechtigung, aber auch ökonomische Notwendigkeit weiblicher Erwerbsarbeit nicht in Frage. Die Vertretenen wurden von den FunktionärInnen als Arbeiterinnen, als Frauen ohne Ausbildung, an ungesunden, anstrengenden Arbeitsplätzen gedacht. Die Position gut ausgebildeter Frauen in Arbeitsverhältnissen, die zwar auch dem Gelderwerb dienen, aber darüber hinaus eine wesentliche Rolle in der persönlichen Lebensgestaltung spielen, war in Österreich – im Unterschied zu anderen Ländern, beispielsweise den USA – öffentlich nicht oder zumindest kaum repräsentiert. Als signifikant für diese Haltung sei Gabriele Proft zitiert, die bereits 1925 – übrigens anlässlich des Frauentages – schrieb:

> Ach ja, wie gern würden so viele (Frauen) ihren Familien „dienen". Für einen Mann, der ihnen eine bescheidene, sichere Existenz ermöglicht, für arbeits- und lebensfrohe Kinder sorgen, wäre vielen von ihnen eine schöne Lebensaufgabe. Aber heute haben wir 210.000 Arbeitslose. Ein Familienerhalter bekommt für eine fünfköpfige Familie den Höchstbetrag von 182.000 Kr. als wöchentliche Arbeitslosenunterstützung. Da wird das „Dienen" zur Unmöglichkeit.[40]

Fast scheint es, als wäre die Utopie, die Proft hier als Vision „vieler" Frauen beschreibt, zur Leitvorstellung der Geschlechterpolitik der Nachkriegszeit geworden. Diese war unter anderem von den im Vergleich zur Ersten Republik günstigen ökonomischen Bedingungen des „österreichischen Wirtschaftswunders" geprägt. Nachdem die größten Schäden des Zweiten Weltkriegs beseitigt waren, war die Etablierung eines neuen Politikfeldes, nämlich von „Familienpolitik", eine der ersten gesellschaftspolitischen Innovationen. „Familienpolitik" war der gemeinsame Nenner, in dem sich sowohl katholisch-konservative als auch sozialdemokratische Geschlechterkonzepte und Bevölkerungspolitiken wiederfanden. Kinderbeihilfen und Mutterschutzfristen wurden fixiert beziehungsweise ausgeweitet, eine Karenzmöglichkeit eingeführt, um der „Mutterliebe" auf die Sprünge zu helfen: Ziel war die Hebung der Geburtenrate und die Senkung der Säuglingssterblichkeit. Es waren die Mütter und ihre liebende Obsorge, die beides zu Wege bringen sollten. Das Dilemma zwischen Betreuungs- und Erwerbsarbeit wurde auf der politischen Ebene dahin gehend aufgelöst, dass den Frauen nahegelegt wurde, für die Betreuung der Kinder zumindest temporär ihre Erwerbsarbeit aufzugeben. Für viele der Adressaten und Adressatinnen bedeuteten die

---

40 Gabriele Proft, Zurück ins Haus, in: Frauentag, wie Anm. 36, 5.

dadurch – und durch den ökonomischen Aufschwung – eröffneten Möglichkeiten wohl genau jene „bescheidene, sichere Existenz", von der Gabriele Proft 1925 gesprochen hatte.

Die historischen Quellen lassen den Schluss zu, dass eine solche Existenz tatsächlich für viele wünschenswert war. Die empirischen Daten zu den Lebensverläufen zeigen, dass der Spagat zwischen Erwerbs- und Betreuungsarbeit in vielen individuellen Lebensverläufen aufgegeben wurde. Die bis dahin im internationalen Vergleich hohe Frauenerwerbsquote in Österreich sank in den 1950er Jahren. Eine Begründung mag Irene Bandhauer-Schöffmanns Feststellung sein, dass das geschlechterpolitische Resultat der Nachkriegssituation eher „Überlastung" gewesen sei denn „Emanzipation".[41] In dieser Situation erschien vielleicht – im grundsätzlichen frauenspezifischen Dilemma der industrialisierten Moderne zwischen Betreuungs- und Erwerbsarbeitsaufgaben – der Rückzug auf eine der beiden Aufgaben attraktiv. Nach wie vor war zwar weibliche Erwerbstätigkeit in vielen Familien eine ökonomische Notwendigkeit, die – übrigens bald wieder steigende[42] – Berufstätigkeit verheirateter Frauen war aber in diesem Gesellschaftsentwurf eine vielleicht notwendige, aber der Priorität „Familie" zweifellos unterzuordnende „Nebenbeschäftigung". Zur weiblichen Bestimmung wurde in den 1950er und 1960er Jahren – und zwar für alle Frauen – die Mutterschaft, *die* weibliche Symbolfigur wurde – sieht man von den pejorativ gezeichneten „alleinstehenden Frauen", die der „Männermangel" als Folge der höheren Männersterblichkeit durch die beiden Weltkriege produzierte,[43] – die Mutter. Daneben gab es, zumindest in den öffentlichen Bildern, kaum mehr Platz für andere Frauenrollen. Zwar statteten sozialdemokratische und katholische Projektionen „Hausfrauen" und „Mütter" durchaus mit divergierenden Attributen, Eigenschaften und Handlungsräumen aus.[44] Den Bildern ist aber gemeinsam, dass sie Weibliches außerhalb des Hausfraulichen und Mütterlichen nicht oder jedenfalls nicht positiv zeigten.

---

41   Irene Bandhauer-Schöffmann, Weibliche Wiederaufbauszenarien, in: Wolfgang Kos u. Georg Rigele Hg., Inventur 45/55. Österreich im ersten Jahrzehnt der Zweiten Republik, Wien 1996, 201–231, 205.
42   Siehe dazu ausführlicher Edith Saurer, Schweißblätter. Gedankenfetzen zur Frauengeschichte in den fünfziger Jahren, in: Gerhard Jagschitz u. Klaus-Dieter Mulley Hg., Die „wilden" fünfziger Jahre. Gesellschaft, Formen und Gefühle eines Jahrzehnts in Österreich, St. Pölten/Wien 1985, 42–52, 46; Maria Mesner, Frauensache? Die Auseinandersetzung um den Schwangerschaftsabbruch in Österreich, Wien 1994, 83 f.
43   Maria Mesner, „Frauenüberschuß" und „alleinstehende Frauen". Zur Konstruktion einer Existenz des Mangels, in: Siglinde Clementi u. Alessandra Spada Hg., Der ledige Un-Wille. Norma e contrarietà. Zur Geschichte lediger Frauen in der Neuzeit, Wien/Bozen 1998, 27–45.
44   Siehe zu sozialdemokratischen Hausfrauen-Bildern Brigitte Lichtenberger-Fenz, „Frauenarbeit mehrt den Wohlstand". Frauen und das „Wirtschaftswunder" der 50er Jahre, in: Zeitgeschichte, 19, 7–8 (1992), 224–240; neuerdings auch: Ingrid Bauer, Americanizing/Westernizing Austrian Women: Three Scenarios from the 1950s to the 1970s, in: Günter Bischof u. Anton Pelinka Hg., The Americanization/Westernization of Austria, New Brunswick/London 2004, 170–185, hier 173–176; oder Monika Bernold u. Andrea Ellmeier, Konsum, Politik und Geschlecht. Zur „Feminisierung" von Öffentlichkeit als Strategie und Paradox. in: Hannes Siegrist u. a. Hg., Europäische Konsumgeschichte. Zur Gesellschafts- und Kulturgeschichte des Konsums (18.– 20. Jahrhundert), Frankfurt a. M./New York 1997, 441–466.

Abb. 9: SPÖ-Wandzeitung, 143 (1960); Quelle: Plakat Archiv Stiftung Bruno Kreisky Archiv 100/0/0/0/143

Die Geschichte von Frauentag und Muttertag zeichnet diese Einengung und Fokussierung von Frauen- auf Mutterbilder nach. Auch wenn der Frauentag – zumindest in der sozialdemokratischen und kommunistischen Feiertagskultur – weiter existierte, war die Symbolik beider Festtage bald ununterscheidbar. Als Hinweis darauf soll das Plakat zum 50-jährigen Jubiläum der Gründung des Internationalen Sozialistischen Frauentags dienen (Abb. 9): In starker Ähnlichkeit des Titelblattes der ersten „Muttertags-Nummer" von „Die Frau" kost eine Mutter ihr Kind und drückt es an sich. Ihre ganze Aufmerksamkeit hat sie darauf gerichtet, das Kind schaut aus dem Bild heraus, stellt so gleichsam den Kontakt zur „Welt" her. „Glück der Familie – Frieden der Welt!" heißt die Parole, die sowohl als politische Forderung als auch als auf den Punkt gebrachte Gesellschafts-, vor allem Geschlechterkonzeption gelesen werden kann.

Frauentag und Muttertag wurden als Termine im Kalender nicht zusammengelegt, dazugehörige Slogans und Ikonographie aber, das sollte hier gezeigt werden, schon. Bis in die frühen 1970er Jahre war „Mutterliebe" zentraler öffentlich repräsentierter Aspekt weiblicher Existenz. Erst die Umwertung der Geschlechterrollen im Zuge der autonomen Frauenbewegungen der sechziger und siebziger Jahre sollte das ändern. Die Mitglieder der „autonomen" Frauenbewegung eigneten sich den traditionellen Festtag im März an und nutzten ihn als Anlass, ihre Identitäten und normativen Setzungen zu (re-)präsentieren. Das sich so darstellende feministische „Wir" suchte seine Fundierung und Legitimation – zumindest in Österreich – vorerst weniger in familienorientierten Bildern, denn in frauenspezifischen Netzwerken:[45] Es waren eher „Freundinnen", (noch) keine „Mütter",[46] die da am 8. März durch die Straßen zogen und den öffentlichen Raum für sich in Besitz nahmen.

---

45 Gabriella Hauch, „Wir, die viele Geschichten haben …". Zur Genese der historischen Frauenforschung im gesellschaftlichen und wissenschaftlichen Kontext, in: Johanna Gehmacher u. Maria Mesner Hg., Frauen- und Geschlechtergeschichte. Positionen/Perspektiven, Innsbruck u. a. 2003, 21–35, 22ff.

46 In den 1980er Jahren wurde die „neue Mütterlichkeit" ein wichtiger Topos von Teilen der „autonomen" Frauenbewegung. Siehe dazu beispielsweise Ursula Pasero u. Ursula Pfäfflin Hg., Neue Mütterlichkeit: Ortsbestimmungen, Gütersloh 1986; oder kritisch: Elisabeth Beck-Gernsheim, Vom Geburtenrückgang zur neuen Mütterlichkeit? Über private und politische Interessen am Kind, Frankfurt a. M. 1988.

Homo/Sexualitäten und
Liebe

Helmut Puff

Sodomie und Herrschaft – eine Problemskizze: Das Verfahren Pappenheim contra Pappenheim (1649–1651)

Caspar Godtfridt, Eltister Reichs-Erbmaschallh auch Graff und Herr zu Pappenheimb, [habe] sich wider Gott vnd alle natürliche erbarkeit so weit vergriffen vnd vergangen …, das er sich derwegen … der Administration seines bißher getragenen ReichsErbmarschalchen Ambt, vnd aller vnd ieder von vnß vnd dem Heÿl[igen] Reich empfangenen Lehen vnd privilegien ganz vnfähig gemacht.[1]

Mit diesen wohlgesetzten Worten ließ Philipp Graf zu Pappenheim im Jahr 1649 das Verfahren gegen seinen älteren Bruder, Caspar Gottfried (1591–1651), auf Amtsenthebung vor dem Reichshofrat in Wien einleiten.[2] Im gleichen Atemzug übernahm Philipp die Führung der Amtsgeschäfte und setzte sich damit an die Stelle Caspar Gottfrieds, welcher der Grafschaft Pappenheim seit 1639 vorgestanden hatte.[3] Pappenheim – ein an der Altmühl, in der Nähe von Eichstätt gelegenes Territorium (im heutigen Freistaat Bayern) – wurde im Seni-

---

1 Wien, HHST (Haus-, Hof- und Staatsarchiv), RHR (Reichshofrat), Antiqua 563/9, Pappenheim contra Pappenheim 1649–1651, Eröffnung des Verfahrens, 2. Juni 1649, 3. Weitere Akten befinden sich in München, Bayerisches Hauptstaatsarchiv, Personenselekt Cart. 287 Pappenheim (Kopie eines Briefes aus Wien vom 18. Januar 1650). Mein Dank für wichtige Anregungen geht an Klaus van Eickels sowie an Susanne Hafner (University of Texas) und die Frühneuzeit-Reading Group an der Duke University.
2 Die Grafen von Pappenheim gehörten zur typischen Klientel des Reichshofrats. Den Forschungen Eva Ortliebs zufolge wurden 80–90 % der Verfahren vor dem Reichshofrat von reichsunmittelbaren Territorien wie Pappenheim aus angestrengt; 30 % waren Adlige. Vgl. Eva Ortlieb, Reichshofrat und kaiserliche Kommissionen in der Regierungszeit Kaiser Ferdinands III. (1637–1657), in: Wolfgang Sellert Hg., Reichshofrat und Reichskammergericht. Ein Konkurrenzverhältnis, Köln 1999, 47–81, hier 64. Gottfried Heinrich Graf zu Pappenheim gehörte außerdem in den 1620er Jahren dem Gremium selbst an. Vgl. Hans Schwackenhofer, Die Reichserbmarschälle, Grafen und Herren von und zu Pappenheim, Treuchtlingen 2002, 222.
3 Wien, HHST, RHR, Antiqua 563/9, 3–6 (Brief an Ferdinand III., datiert auf 2. Juni 1649). In diesem Brief informierte Philipp den Kaiser, dass er Amt und Würden angetreten habe, und bat ihn darum, mit der Grafschaft belehnt zu werden mit dem Hinweis, die anderen erbberechtigten Familienmitglieder Wolfgang Philipp (1618–1671) und Franz Christoph (1621–1678) hätten ihr Einverständnis erklärt. Unter den Akten befindet sich keine Antwort des Kaisers. Philipp insistierte in einem späteren Schreiben darauf, das Reichserbmarschallsamt auf einem Reichstag ausüben zu dürfen (ebd., 10 f), was darauf schließen lässt, dass man in Wien auf die Anfrage nicht reagierte.

orat verwaltet. In dieser Erbschaftsform fällt, ohne Rücksicht auf den Familienzweig, dem Ältesten unter den erbfähigen männlichen Familienmitgliedern der gemeinsame Besitz zu.⁴

Der zentrale, wenn auch bei weitem nicht einzige Anklagepunkt des von Philipp mit Unterstützung seiner Vettern Wolfgang Philipp und Franz Christoph gegen Caspar Gottfried von Pappenheim lancierten Verfahrens lautete auf „Sodomiterey". Im Zusammenhang der Anklage sind damit gleichgeschlechtliche Sexualhandlungen und Sex mit Tieren gemeint. Darauf spielt das im obigen Zitat enthaltene Wort „unfähig" an. Die Rechtsnorm der „incapacitas" (Unfähigkeit) umschreibt körperliche Beeinträchtigungen, die einen Herrscher für die Ausübung eines Amtes „unfähig" machen: Verstümmelung, Taubheit, Blindheit, Kastration, Gebrechlichkeit, etc. Im Pappenheim-Verfahren ging es jedoch nicht um physische Versehrtheit des Fürsten, sondern um einen weiteren Bestandteil dieses Rechtsgrundsatzes, nämlich um Ketzerei. Damit sind Handlungen bezeichnet, mit denen ein Herrscher sich außerhalb der christlichen Gemeinschaft stellte. Weltliche Herrschaft wurde schließlich auf Gottes Schöpfungsplan zurückgeführt. Ein Ketzer auf dem Thron – der Rechtsgrundsatz wird vor allem an Königen diskutiert – bedrohte demzufolge diese christliche Grundlegung politischer Ordnung und sollte deswegen seiner Herrschaft enthoben werden.⁵ Um die Absetzung Caspar Gottfrieds voranzutreiben, bedienten sich die an der Herrschaft unbeteiligten Pappenheimer also einer ungeheuerlichen (und deshalb wirkungsvollen) Anklage gegen einen amtierenden Fürsten, des Vorwurfs der „Sodomiterey".

Im Unterschied zum viel diskutierten Widerstandsrecht gegen den Tyrannen auf dem Thron,⁶ geht es im Pappenheim-Verfahren demnach um die rechtsförmige Absetzung eines Fürsten. Dabei handelt es sich naturgemäß um einen seltenen Rechtsvorfall. In der Regel schützte das Machtgefälle zwischen Fürst und Untertan den amtierenden Herrscher vor

---

4   Deswegen heißt es in dem Dokument, Caspar Gottfried habe „als Eltister" das Lehen „von uns", das heißt von den verschiedenen an der Herrschaft beteiligten Linien und erbfähigen Personen, empfangen. Zur Geschichte der Grafschaft Pappenheim vgl. Schwackenhofer, Reichserbmarschälle, wie Anm. 2; Wilhelm Kraft, Das Urbar der Reichserbmarschälle von Pappenheim, München 1929, Nachdruck: Aalen 1974. Die in Schwackenhofer zitierten Studien von Haupt Graf zu Pappenheim (z. B. Die frühen Pappenheimer Marschälle vom XII. bis zum XVI. Jahrhundert, Würzburg 1927) waren mir nicht zugänglich. Zu Pappenheim vgl. Jürgen Maiwald, Pappenheim, Weißenburg 1978; Thomas Schauerte, Burg Pappenheim. Die Stammburg der Reichserbmarschälle des Heiligen Römischen Reiches Deutscher Nation, Braubach 1998.

5   Zur wechselvollen Geschichte dieses Grundsatzes in Theorie und Praxis mittelalterlichen Rechts (unter besonderer Berücksichtigung der Kanonistik und literarischer Darstellungen) vgl. Edward Peters, The Shadow King. *Rex inutilis* in Medieval Law and Literature, New Haven 1970; ders., Deposition of Rulers, in: Joseph R. Strayer Hg., Dictionary of the Middle Ages, New York 1984, 157–161.

6   Vgl. die klassischen Studien von Fritz Kern, Gottesgnadentum und Widerstandsrecht im früheren Mittelalter (1914) [Kingship and Law in the Middle Ages, übers. v. S. B. Chrimes, Oxford 1939]; Konrad Bund, Thronsturz und Herrscherabsetzung im Frühmittelalter, Bonn 1929 sowie Thomas Brückner, Widerstandsrecht, in: Lexikon des Mittelalters, Bd. 9, Zürich 1998, Sp. 64–66.

einer Anklage wegen „Unfähigkeit".[7] Im Seniorat dürfte deshalb eine Voraussetzung für diese durchaus ungewöhnliche Anklage gegen den Pappenheimer Senior zu suchen sein; die Pappenheimer waren einander sowohl geographisch wie vom Alter her nahe. Philipp und seine Mitankläger wussten nicht nur bestens über die Herrschaft Bescheid, Philipp konnte sogleich die Position Caspar Gottfrieds einnehmen, als dieser vor dem drohenden Verfahren das Weite suchte.

Bis dato hat sich die Geschichtswissenschaft erst in Ansätzen der Herausforderung gestellt, Herrschaft und Sodomie zusammenzudenken. Wer diesen Problemzusammenhang erfassen will, wird fast ausschließlich auf einzelne Herrscher und Herrscherinnen verwiesen: Richard Löwenherz und Edward II. von England, Heinrich III. und Marie Antoinette von Frankreich. An diesen und anderen Herrscherpersönlichkeiten wird in der Geschichtsschreibung Sodomie im Kontext von Herrschaft diskutiert. Im Folgenden möchte ich am Beispiel des Pappenheim-Prozesses für einen Perspektivenwechsel plädieren. Meines Erachtens ist es an der Zeit, die Relation Herrscher und Sodomit um die Relation Herrschaft und Sodomie zu ergänzen. Mit anderen Worten, eine individualhistorische Herangehensweise soll um eine konzeptorientierte erweitert werden.

Wo immer das Sexualverhalten von Herrschern und Herrscherinnen thematisiert wird, wirkt das Paradigma der Sittengeschichte nach. Sittengeschichtler banden und binden den Sexus an das Bild einer historischen Person; es sind deren mehr oder weniger verborgenen Eigenschaften, welche interessieren. Die historischen und politischen Dimensionen sexuellen Verhaltens liefern allenfalls das Kolorit für solche Individualporträts. Von der Auffassung einer historisch stabilen, personengebundenen Sexualität hat sich die von Michel Foucault und anderen initiierte, diskursorientierte Geschichte der Sexualität entfernt. Über Foucaults „Sexualität und Wahrheit", jener Einleitung zu einer Fragment gebliebenen Geschichte der Sexualität, haben Sexualitätshistoriker und -historikerinnen jedoch zugleich eine bestimmte Vorstellung von Macht rezipiert: Macht nistet demnach in den Verästelungen der Diskurse, in den Begriffen. Sie ist nicht allein an der Spitze der Gesellschaftspyramide oder in den politischen Institutionen zu suchen. Laut Foucault kommt es darauf an zu wissen,

> in welchen Formen, durch welche Kanäle und entlang welcher Diskurse die Macht es schafft, bis in die winzigsten und individuellsten Verhaltensweisen vorzudringen, welche Wege es ihr erlauben, die seltenen und unscheinbaren Formen der Lust zu erreichen und auf welche Weise sie die alltägliche Lust durchdringt und kontrolliert – und das alles mit Wirkungen, die als Verweigerung, Absperrung und Disqualifizierung auftreten können,

---

7 Karl Schnith, Herrscherabsetzung, in: Lexikon des Mittelalters, Bd. 4, München 1989, Sp. 2181 f; vgl. Rolf Lieberwirth, Amtsvergehen, in: Adalbert Erler u. Ekkehart Kaufmann, Handwörterbuch zur deutschen Rechtsgeschichte, Berlin 1964, Sp. 157 f. Siehe unten, Abschnitt III, zu vergleichbaren Fällen.

aber auch als Anreizung und Intensivierung; kurz man muss die „polymorphen Techniken der Macht" erforschen.[8]

Es ist dieses Verständnis von Macht, welches der Historiographie von der Geschichte der Sexualität (wie anderen Wissenszweigen) entscheidende Impulse geliefert hat. Und es ist vor allem diese Auffassung, welche die Sexualitätsgeschichtsschreibung geprägt hat. Ein Ansatz, der die Macht in ihrer diskursiven Zerstreutheit thematisiert, ist indes nicht inkompatibel mit hierarchisch gedachten Machtkonfigurationen; in der geschichtswissenschaftlichen Praxis findet die Fusion beider Auffassungen denn auch regelmäßig statt. Meine Ausführungen wollen daher den Weg freimachen für grundsätzliche Überlegungen zum Komplex von Macht und Sodomie.

Das sittengeschichtlich-sexologische Paradigma

Aus der Perspektive der Sittengeschichte stehen Herrscher- oder Herrscherinnendasein und sexuelle Transgressionen jeglicher Couleur einander nahe.[9] In den sogenannten ‚Galerien berühmter Männer und Frauen', jenen Baedekern einer Geschichte der Erotik, bilden anzügliche Anekdoten unverzichtbare Lesekost.[10] Autoren solcher ‚Galerien' behandeln bevorzugt Herrscher- und Herrscherinnenpersönlichkeiten. In einer Art historischer Schlüssellochperspektive breitet man deren angebliche erotische Vorlieben und Laster aus. Kleopatra, Katharina die Große und Marie Antoinette waren die viel besprochenen exotischen Herrscherinnen oder „women worthies" (Natalie Zemon Davis); Alexander der Große, Caesar, Friedrich der Große und Napoleon dürften die Hitliste ihrer männlichen Kollegen angeführt haben.

Das Aufkommen dieses Genres nichtakademischer Geschichtsschreibung fällt zusammen mit dem Aufkommen jenes folgenreichen ideologischen Konstrukts, das seit dem ausgehenden 18. Jahrhundert das Private und das Öffentliche auseinander zu dividieren und das

---

8   Michel Foucault, Sexualität und Wahrheit. Der Wille zum Wissen, Frankfurt a. M. 1983, 21 f.
9   Sittengeschichte ist ein weitgehend unerforschter Literaturbestand. Sittengeschichtliche Publikationen lassen sich bis in das späte 18. Jahrhundert zurückverfolgen. Texte, die die Sittengeschichte im Titel führen, decken jedoch ein weites Spektrum zwischen ernsthaften akademischen Arbeiten und Veröffentlichungen ab, die lediglich unterhalten wollen. Zu den Autoren gehören Max Bauer, Paul Englisch, Ludwig Friedländer, Eduard Fuchs, Magnus Hirschfeld, Herbert Lewandowski, Hans Licht, Hans Ostwald, Johannes Scherr. Vgl. auch Hans Christoph Ernst, Freiherr von Gagern, Die Resultate der Sittengeschichte, Frankfurt a. M. 1808–1822; Stuttgart 1835–1837.
10 Vgl. z. B. die in den 1920er Jahren in Paris von Ernest Flammarion herausgegebene Reihe „Leurs amours" mit einer Fülle von Einzelbänden über das Liebesleben berühmter Männer und Frauen.

Politische vom Geschlechtlichen zu trennen suchte.[11] Der subversive Kitzel solcher Publikationen besteht also nicht allein darin, die Grenzen des Anstands zu umspielen, sondern auch darin, zusammenzuführen, was in der akademischen Geschichtsschreibung meist fein säuberlich aussortiert worden ist – Geschlechtliches und Sexuelles. Sittengeschichtler, einem vor-historistischen Geschichtsverständnis verhaftet, entrichten dafür einen hohen Preis: die Geschichtlichkeit ihres Gegenstands nämlich. Die ‚Galerien berühmter Männer und Frauen' stellen in der Regel ein prästabiliertes Klassifikationssystem von Begehrensformen und erotischen Praktiken zur Schau – eine Matrix, in der sich der Leser oder die Leserin trotz historischer Distanz spiegeln kann.

Fin-de-siècle Sexologen nahmen sich ausgiebig des in der damaligen sittengeschichtlichen Literatur verfügbaren Wissensreservoirs an. Hier sei etwa an die historischen Auslassungen eines Richard von Krafft-Ebing oder die Schriften Iwan Blochs erinnert.[12] Zugleich erweiterte die Sexologie jedoch den Radius der Sittengeschichte um die im Entstehen begriffene Psychiatrie. Gaston Vorbergs Abhandlung zu Friedrichs des Großen „sex life" bringt beispielsweise die Quellenanalyse mit dem Vokabular der Psychiatrie zusammen, ohne dabei eine nicht-akademische Leserschaft zu vergraulen oder mehr als eine Verbeugung vor den universitär bestallten Historikern zu machen.[13] „Das Studium des Sexuallebens berühmter Männer, insbesondere von Herrschern: Kaisern, Königen usw., liegt noch sehr im argen," schreibt Numa Prätorius (Pseudonym für Eugen Wilhelm)[14] vor dem Hintergrund dieser als neu annoncierten Kreuzung von Psychopathologie und Historie.[15] Die Dokumentenfülle der im Verlauf des 19. Jahrhunderts zugänglich gewordenen Staatsarchive machte dieses exemplarische Studium vormodernen Sexuallebens überhaupt erst möglich. Die Berühmtheit der Herrscher und Herrscherinnen sicherte zugleich den Absatz dieser Schriften auf dem Buchmarkt. Die Sexualwissenschaft der Jahrhundertwende war schließlich eine Disziplin weitgehend ohne universitäre Heimstatt.[16]

---

11 Dazu z. B. Bonnie Smith, The Gender of History. Men, Women, and Historical Practice, Cambridge, Mass. 1998.
12 Richard von Krafft-Ebing, Psychopathia sexualis, München 1993 (Orig. 1886); Iwan Bloch, Die Prostitution, Berlin 1912.
13 Gaston Vorberg, Der Klatsch über das Geschlechtsleben Friedrichs II. Der Fall Jean-Jacques Rousseau, Bonn 1920/21.
14 Bernd-Ulrich Hergemöller, Eugen Wilhelm, in: Mann für Mann. Ein biographisches Lexikon, Frankfurt a. M. 2001, 737 f.
15 Gaston Vorberg, Das Liebesleben Ludwigs XIII. von Frankreich, Bonn 1919/1920, 5.
16 Lucy Bland u. Laura Doan Hg., Sexology in Culture. Labelling Bodies and Desires, Chicago 1998; Harry Oosterhuis, Stepchildren of Nature. Krafft-Ebing, Psychiatry, and the Making of Sexual Identity, Chicago 2000.

Die historische Biographie ist ein weiteres Genre am Grenzrain akademischer Beschäftigung mit der Geschichte – ein Genre, welches wie die ‚Galerien berühmter Männer und Frauen' oft den besagten Trennungsversuch von Erotik und Politik unterläuft. Im Gefolge der Psychoanalyse und verwandter Theoreme erwartet die Leserschaft von Lebensgeschichten erotische Plots und Subplots. Der heute, zumindest im deutschen Sprachraum, weitgehend vergessene Lytton Strachey bahnte in seinen Biographien von Königin Elizabeth I. und Queen Victoria den Weg für eine Erneuerung der Biographie als eine auf breite Publikumswirkung zielende Gattung.[17] In bewusster Opposition gegen den für obsolet erklärten Viktorianismus hat Strachey, Politisches bei Seite lassend, den Sexus zum Zentrum seiner ziselierten Darstellungen gemacht und dabei die „sexuellen Zwischenstufen" wirksam thematisiert.[18]

Die Markierung des Sexuellen als privat und personengebunden hält trotz vielfältiger Herausforderungen bis heute vielfach in der historischen Literatur Stand. Die Konzentration auf das sexuelle Verhalten Einzelner und die damit einhergehende Vorstellung des Sexuellen als Ausdruck einer Persönlichkeit ist nach wie vor wirkmächtig.[19] Vor allem deswegen muss das sittengeschichtlich-sexologische Paradigma unser Interesse beanspruchen. In einer Biographie von Friedrich de la Motte-Fouqué schreibt Arno Schmitt den ebenso bedenkenswerten wie launigen Satz: „Friedrich [der Große] hat keine Kinder hinterlassen, warum ist egal."[20] Aber ist es tatsächlich egal? Das anhaltende Raunen über die erotischen Vorlieben des Preußenkönigs lässt das Gegenteil vermuten.

Das Absetzungsverfahren gegen Caspar Gottfried von Pappenheim

Im Fall Pappenheim fußte die Anklage auf zwei Rechtsmitteln. Erstens beriefen Philipp und seine Mitankläger sich auf den Pappenheimschen Burgfrieden von 1580.[21] Dort war festgelegt, dass ein Nachkomme, der wider „glimpff vnd Ehr handle", das heißt gegen Ehrbarkeit und guten Namen verstoße, seiner Erbrechte verlustig gehen solle. Zweitens wurde die Constitutio Criminalis Carolina von 1532 angeführt, derzufolge die „unkewsch wider die natur"

---

17 Emil Ludwig war einer der Autoren, der in den 1920er Jahren vom Aufschwung der Gattung im deutschen Sprachraum profitierte.
18 Zu diesem Zusammenhang vgl. Troy Patrick Gordon, Uncommon Companions. Cross-Sex Friendship and the Stories of Modernism, Ann Arbor (Dissertation) 2001.
19 Vgl. z. B. Michael B. Young, King James and the History of Homosexuality, New York 2000.
20 Arno Schmitt, Fouqué und einige seiner Zeitgenossen. Biographischer Versuch, Frankfurt a. M. 1975, 65.
21 Dieser Burgfrieden, dessen Fassung von 1580 im *Instrumentum publicum* zitiert wird, geht auf den Ewigen Burgfrieden von 1373 zurück. Er ist zum Teil in Kraft, Urbar, wie Anm. 4, 47 (Fn. 126) abgedruckt.

bestraft werden müsse;[22] von der in der Carolina geforderten Strafe an Leib und Leben ist vor dem Reichshofrat allerdings zunächst nicht die Rede. Man unterstrich diese Punkte mit dem Appell, dass man „zu abwendung allerhand Landplagen [das Delikt] nit vngestrafft" lassen könne.[23] Diese und ähnliche Formeln waren bei Personen geringeren Stands vor Gericht verbreitet; in Bezug auf einen Adligen und Würdenträger des Heiligen Römischen Reichs sind sie geradezu unerhört.[24] Es handelt sich dabei um einen Gedankengang, welcher individuelles Sexualverhalten an das Schicksal der Gemeinschaft rückbindet (wie es im Fall der Sodomiter seit dem Codex Justiniani üblich war). Der Kommissionsbericht mit der Beweisaufnahme im Fall Pappenheim nimmt denn auch die Verbindung zwischen dem anstößigen Verhalten des Grafen und den ernsten Folgen seines Handelns für die Entourage, das Territorium und die Herrschaft Pappenheim in den Blick.

Die Ergebnisse der Ermittlungen sind im so genannten *Instrumentum publicum* übermittelt, einem umfangreichen Untersuchungsbericht, welcher zwecks Entscheidungsfindung in der Sache Pappenheim contra Pappenheim erstellt wurde. Wie in anderen Verfahren, die eine Informationsaufnahme vor Ort erforderlich machten, betraute der Reichshofrat in Wien eine Kommission mit der Leitung der Untersuchung.[25] Daneben waren aber wohl auch besondere Interessen Kaiser Ferdinands III. im Spiel. Schließlich hatten die Pappenheimer Fürsten mit dem Erbmarschallamt eine der höchsten Würden des Reiches inne. Gottfried Heinrich Graf zu Pappenheim (1594–1632) hatte zudem als Feldherr der katholischen Liga der kaiserlichen Partei im Dreißigjährigen Krieg große Verdienste erwiesen.[26]

Als Kommissionsleiter standen Bischof Marquard von Eichstätt und Christian Markgraf von Brandenburg einem Gremium von Rechtsexperten und Würdenträgern vor.[27] Die Kommissionsmitglieder verhörten eine große Anzahl von Zeugen und Zeuginnen in der Sache; die Protokollmitschriften wurden dann für den umfangreichen Abschlussbericht von ca. 175 Seiten redigiert und zusammen mit einem Stapel von Schrift- und Beweisstücken nach Wien geschickt. In der Regel strebten solche Kommissionen eine Schlichtung der

---

22 Wien, HHST, RHR, Antiqua 563/9, Kommissionsbericht, Art. 9 und 10 (im Folgenden zit. als Antiqua 563/9). Vgl. Arthur Kaufmann Hg., Die Peinliche Gerichtsordnung Kaiser Karls V. von 1532 (Carolina), Stuttgart 1995, 81.
23 Antiqua 563/9, ohne Seitenbezeichnung, Brief der Kommission an Ferdinand III. vom 3. Juni 1650.
24 Helmut Puff, Sodomy in Reformation Germany and Switzerland 1400–1600, Chicago 2003, 87–102.
25 Unter Ferdinand III. (1637–1657) wiesen etwa zehn Prozent der Verfahren vor dem Reichshofrat eine Kommission auf. Vgl. Ortlieb, Reichshofrat und kaiserliche Kommissionen, wie Anm. 2, 63.
26 Er gehörte dem Treuchtlinger Zweig der Pappenheimer an, während Caspar Gottfried der Alzesheimer Linie entstammt.
27 Antiqua 563/9, 5–8. Ortlieb hat errechnet, dass während der Regierungszeit Ferdinands III. zehn Prozent der Kommissionsmitglieder Kleriker waren. Vgl. Ortlieb, Reichshofrat und kaiserliche Kommissionen, wie Anm. 2, 69.

Streitfälle an.²⁸ Aber genau das sollte im Fall Pappenheim contra Pappenheim nicht geschehen.

Besagtes *Instrumentum publicum* stellt umfangreiches Material zu einer Geschichte der Sexualitäten bereit, hier verstanden als eine Geschichte sexuellen Verhaltens wie sexueller Diskurse. Zugleich handelt es sich um ein rhetorisch wohlformuliertes und politisch wohlkalkuliertes Dokument, dessen Konstruiertheit keinem Zweifel unterliegen kann. Dass die Sodomieanklage gelegen kam, muss jedoch nicht heißen, dass die Anschuldigungen erfunden waren. Das ist sogar wenig wahrscheinlich. Vielmehr wird deutlich, dass im Verlauf der Untersuchung bestehende Verdachtsmomente gegen den Grafen aufgebauscht und systematisch ausgebaut wurden. Die Grenze zwischen Dichtung und Wahrheit wird sich in diesem Fall kaum klären lassen. Wichtiger erscheint es, das Gedanken- und Argumentationsgebäude des *Instrumentum publicum* selbst zu untersuchen. Deshalb sollen in einem ersten Schritt die ‚Tatsachen' beschrieben werden, wie sie aus dem Kommissionsbericht hervorgehen; in einem weiteren Schritt werden dann Kontexte thematisiert, welche den Verlauf des Verfahrens erhellen.

Nach einheitlicher Aussage von sämtlichen Befragten hatte Caspar Gottfried jungen Männern nachgestellt: Dienern, Knechten, Lehrjungen sowie dem 18jährigen Sohn des Bürgermeisters von Pappenheim. Einer der Befragten erklärte sich das Tätscheln des Grafen mit einem Irrtum; dieser habe wohl gemeint, „weilen Jch kheinen barth, Jch seÿe ein Weibs Bildt".²⁹ Caspar Gottfried bediente sich Mittlern und Amtspersonen, um die Jungen auf seine Stube zu bestellen. Er ging ihnen an den Latz, er küsste sie, er entblößte sich und drängte andere, dasselbe zu tun. Einige Male ist von Oralverkehr die Rede. Am ausführlichsten zitiert ist die Aussage des Mühlknechts Mathes Kältz. Der Graf habe mit ihm tun wollen, sagte er, „wie man es in Hispania vnnd Jtalia mache" (das heißt ihn anal penetrieren), und angefügt, dass dort die „Knecht auch dergleichen thuen müesten."³⁰

Im Fall der Willfährigkeit versprach Caspar Gottfried den Objekten seines Interesses ein sorgloses Leben.³¹ Er behauptete, ‚es' – typischerweise wird eine ausdrückliche Benennung des Akts in diesem Dokument umgangen – sei keine Sünde, als ein Bediensteter, mit dem der

---

28 Eva Ortlieb, Im Auftrag des Kaisers. Die kaiserlichen Kommissionen des Reichshofrats und die Regelung von Konflikten im Alten Reich (1637–1657), Köln/Wien/Weimar 2001; dies., Gerichtsakten und Parteiakten. Zur Überlieferung der kaiserlichen Kommissionen des Reichshofrats, in: Anette Baumann u. a. Hg., Prozessakten als Quelle. Neue Ansätze zur Erforschung der Höchsten Gerichtsbarkeit im Alten Reich, Köln/Weimar/Wien 2001, 101–118.
29 Antiqua 563/9, Kommissionsbericht, 123 r (Aussage Conrad Köhler).
30 Antiqua 563/9, Kommissionsbericht, Art. 45 (Aussage Mathes Kältz).
31 Vgl. Wolfram Schneider Lastin u. Helmut Puff, „Vnd solt man alle die so das tuend verbrennen, es bliben nit funffzig mannen jn Basel." Homosexualität in der deutschen Schweiz im Spätmittelalter, in: Helmut Puff Hg., Lust, Angst und Provokation. Homosexualität in der Gesellschaft, Göttingen 1995, 79–103, 95.

Graf Sex gehabt hatte, zur Beichte gehen wollte. Laut Protokoll beschwichtigte Caspar Gottfried: Was sie getan, wäre „ain Kurzwail und Narrethey".[32] Wer nicht willens war, dessen Widerstand sollte mit Gewaltandrohungen gebrochen werden – so jedenfalls die Aussagen. Wer sich dagegen willfährig erwies, wurde belohnt. Dieses hier zusammenfassend vorgestellte Verhaltensmuster ließ sich über einen Zeitraum von ungefähr zwanzig Jahren zurückverfolgen.

Bei der Sodomieanklage im Sinne gleichgeschlechtlichen Verhaltens geht es indes nicht allein um sexuelle Übergriffe, welche mehr oder weniger wahllos junge Männer im Umfeld des Grafen getroffen zu haben scheinen. Die Aussagen zu diesem Verfahrenspunkt kulminieren in Artikeln des *Instrumentum*, welche Caspar Gottfried von Pappenheim die unangemessene Bevorzugung von Untergebenen, eine Favoritenwirtschaft also, nachweisen wollen. Der Graf hatte demnach Paul Halffepapp, einen Diener, und Georg Ehrhard Baldauf, einen Schreiber, wie Personen von Stand ausstaffiert. Sukzessive teilte er mit ihnen Bett und Kutsche. Eine Person gab an, man könne nicht wissen, was die beiden dort miteinander getan hätten.[33] Diese Günstlinge wurden angeblich mit Geschenken und Aufmerksamkeiten überhäuft. Von kostbaren Kleidern, Schmuck und Pferden ist die Rede. Halfepapp soll eine Petschaft im Wert von 125 Gulden erhalten und einen 500 Gulden-Ring getragen haben; außerdem feierte er Hochzeit auf Schloss Pappenheim.[34] Kein Wunder also, wenn man ihn auf einem Reichstag für einen Sohn des Erbmarschalls hielt. Solche Gunstbezeugungen zogen den Neid anderer im Haus Pappenheim auf sich und zerrütteten die Finanzen der Grafschaft nachhaltig; so jedenfalls lautet die Argumentation der Kommission. Der Abschlussbericht dokumentiert, wie diese von den Pappenheimer Untertanen als ungehörig notierte Überschreitung der Standesgrenzen die soziale Deutungsmaschinerie in Gang brachte. Teilen von Bett und Kutsche waren einerseits traditionelle Gunstbezeugungen, andererseits waren solche Gesten alles andere als eindeutig. Diese Uneindeutigkeit gab dem Verdacht Raum, die Kumpaneien wären erotisch motiviert.[35]

In Bezug auf Sex mit Tieren sind die Aussagen eher vage. Von Hunden in den Privatgemächern des Grafen ist die Rede, aber auch von Pferden, die Caspar Gottfried mehrfach aufgesucht habe. Er habe „auf einem Bundt Stroh gestandten, vnndt vor der Mahlerin [Name eines Pferds – H.P.] die Hosen herunden gehabt."[36] Die Anklage lief in diesem Punkt weitgehend auf einen Indizienbeweis hinaus.

---

32 Antiqua 563/9, Kommissionsbericht, Art. 42 (Aussage Georg Fischer).
33 Antiqua 563/9, Kommissionsbericht, Art. 59, 129 v/130 r.
34 Antiqua 563/9, Kommissionsbericht, 131.
35 Bezeichnend ist hier die Aussage des Bürgermeisters von Pappenheim, Georg Spörl, dessen Narrative aus der Aneinanderreihung der vermeintlichen Favoriten Bedeutung gewinnt: „also hab er Zeug … einen starckhen argwohn gehabt, daß der Baldtauff mit Herrn Grauen gleichfalls in dergleichen Händeln interessiert"; Antiqua 563/9, Kommissionsbericht, Art. 66, 134 v.
36 Antiqua 563/9, Kommissionsbericht, Art. 50. Das „vor" ist durch den Blickpunkt des Beobachters defi-

Die Verbindung zwischen Homosexualität und Bestialität entspricht dabei einer gedanklichen wie begrifflichen Konvention. Das „vicium sodomiticum" oder das „contra naturam" bezeichnet in einschlägigen theologischen Abhandlungen und in der Rechtsliteratur eine Reihe von sexuellen Akten, deren Verbindendes darin liegt, dass sie allesamt das göttliche Schöpfungsgebot missachten (nach moderner Vorstellung haben sie wenig miteinander gemein). Dazu zählen auch Geschlechtsverkehr mit Tieren und gleichgeschlechtliche sexuelle Akte. Das volkssprachliche „ketzerie" – ein verbreiteter Ausdruck für die fraglichen Delikte – bezeichnet ebenfalls beide Arten des Sexualverhaltens.[37] Im Kontext des *Instrumentum publicum* unterstreicht die Verbindung beider „Sodomitereyen" jedenfalls die grenzenlose Verderbtheit des Grafen.

Manche der Befragten meinten die Verwerflichkeit der gräflichen Handlungen an äußeren Merkmalen zu erkennen. So etwa versuchte der Graf regelmäßig, das Geschehene (ob es zum Sexualakt gekommen war oder nicht) zu vertuschen oder seine Umgebung auf Stillschweigen zu verpflichten. Die mehrfach rapportierte Präsenz von Geistern warf außerdem ein schlechtes Licht auf den Grafen. Bezeichnenderweise habe er sich, so zumindest zwei Aussagen, vor solchen Erscheinungen nicht gefürchtet.[38] Des weiteren deutete die Kommission die Flucht des Grafen als ein Schuldeingeständnis, trotz der brieflichen Beteuerungen desselben, er sei nicht geflohen.[39] Und der Bürgermeister der Ortschaft Pappenheim gab schließlich zu Protokoll, Caspar Gottfried habe ihm gegenüber seine Schuld eingestanden (auch wenn nicht deutlich wird, auf welche Anklagen sich dieses Eingeständnis bezogen haben soll).[40]

Die Aussagen sind auffällig detailliert wiedergegeben. Aufgrund des Malefiz-Charakters der Anschuldigungen – es ging um Leben oder Tod – zitierten Zeugen jedoch vor allem die Fama und verdächtigten in erster Linie Verstorbene oder solche Personen sexueller Akte, deren Aufenthaltsort unbekannt war. So schützte man sich und andere vor möglichem Schaden an Leben und Gut. Nur ein einziger Zeuge gestand, wenn auch erst nach mehreren Verhören und Anwendung der Folter, dem Grafen zu Willen gewesen zu sein.[41]

Zugleich thematisiert der Kommissionsbericht, dass man die Übergriffe des Grafen in Pappenheim tatkräftig verbalisiert hatte. Was da hinter vorgehaltener Hand über den Grafen verlautete, war alles andere als schmeichelhaft. Ein Schreinergeselle hatte sich vernehmen

---

niert; gemeint ist, er stand hinter dem Pferd, also so, dass der Befragte nicht genau sehen konnte, was vor sich ging.
37 Puff, Sodomy, wie Anm. 24, 13 f.
38 Antiqua 563/9, Kommissionsbericht, Art. 46 (Mathes Kältz).
39 Antiqua 563/9, Kommissionsbericht, Art. 78. Der undatierte Brief Caspar Gottfrieds sowie andere Bittschreiben (u. a. eines vom 23. September 1650) sind der Akte Antiqua 563/9 beigegeben. Caspar Gottfried unterschrieb einen dieser Briefe mit „unschuldig gefangener".
40 Antiqua 563/9, Kommissionsbericht, Art. 78, 150 r. Art. 74 behauptet, dass er seinem Beichtvater die Sodomie gestanden habe; dieser verweigerte allerdings Standes wegen die Aussage.
41 Antiqua 563/9, Kommissionsbericht, 124 r (Aussage Hans Keck).

lassen, dieser sei ein „Kuhficker" („khüebrauther") und nicht einem Graf zu vergleichen; vielmehr sei er „ein ... Schelm".[42] Von einem anderen Diener hielt man die Aussage im Protokoll fest, er wolle sich gern verbrennen lassen, wenn man den alten Grafen mit ihm verbrenne.[43] Einer weiteren Person zufolge kannte die sexuelle Lust des Grafen keine Grenzen: Er habe es mit „Mann- und Weibs Persohnen vnnd so gahr auch mit viech" getrieben – der Hinweis auf heterosexuelle Übergriffe wurde jedoch nicht weiter aufgenommen; für die Absetzung eines Fürsten mag sie nicht genügend Schlagkraft besessen haben.[44] Es kam sogar zu einer Konfrontation, in deren Verlauf die „Sodomiterey" offen benannt wurde – ein ernstzunehmender Friedensbruch.[45]

Die Kommission behauptete, etliche der beeidigten Zeugen hätten mit eigenen Augen (,de proprio visu') gesehen, wie Caspar Gottfried „daß abschewliche Laster der Sodomiterey mit Menschen vndt Vieh verüebt habe".[46] Demgegenüber berufen sich die meisten Befragten auf die Augenzeugenschaft anderer und vor allem aufs Hörensagen, die „gemaine Sag" oder „gemaines geschray" also, welches angeblich sogar Kindern bekannt war.[47] Im Rahmen der Untersuchung gilt dieses Geflecht von Gerüchten und ,on dits' jedoch nicht als unzuverlässiges Geschwätz. Ganz im Gegenteil: Gerade die viele Personen umfassende Publizität der Vorwürfe untermauert die Anklage und illustriert zugleich die zerrütteten Verhältnisse in der Grafschaft Pappenheim – Verhältnisse, die, so der Ton des *Instrumentum*, nur durch gerichtliches Einschreiten wieder ins Lot gebracht werden konnten.

Die Rechnung der Klagepartei schien aufzugehen. Der Kommissionsbericht hatte die Anschuldigungen der Kläger nicht nur bestätigt, sondern sogar noch erweitert und durch eine Fülle von Details konkretisiert. Insgesamt fügt sich das *Instrumentum* in der Sache Pappenheim zu einem sorgfältig orchestrierten Gesamtbild. Die einzelnen Anschuldigungen gewinnen erst im Zusammenhang des Berichts ihre eigentliche Überzeugungskraft. Seine Anlage folgt dem Muster der Aggravation, das heißt dessen 78 Punkte werden je nach Schweregrad aufgefächert.[48] Aus unsicheren Fakten und vorsichtigen Aussagen entstand so ein beeindruckendes Argumentationsgebäude, in dem ein Element das andere erhellt.

---

42 Antiqua 563/9, Kommissionsbericht, Art. 42 (Aussage Andreas Erb). Vgl. ebd., Art. 69, 137 v.
43 Antiqua 563/9, Kommissionsbericht, Art. 56, 126 v–127r.
44 Antiqua 563/9, Kommissionsbericht, ad Art. 46 (Aussage Mathes Kältz). Laut Schwackenhofer, Erbmarschälle, wie Anm. 2, 190, war Caspar Gottfried mit „Christ. von Steinach" (ohne Angabe von Lebensdaten) verheiratet. Es handelt sich um Margaretha Christiane von Steinach (auch Steineck oder Steinrück). Das Paar hatte vier Kinder, 3 Töchter und einen Sohn; Sohn und eine Tochter starben im Kindesalter. Von Caspar Gottfrieds Ehefrau ist im *Instrumentum* nicht die Rede.
45 Antiqua 563/9, Kommissionsbericht, Art. 73, 143 r; der Vorfall passierte ca. 1646 in Weissenburg.
46 Antiqua 563/9, Brief der Kommission, 3. Juni 1650.
47 Antiqua 563/9, Kommissionsbericht, Art. 42 (Aussage Andreas Erb); ebd., Art. 51 (Michael Auerhammer); besonders jedoch ebd., Art. 72.
48 Am Ende der Aufstellung stehen Flucht und angebliche Geständnisse des Grafen, welche die zuvor be-

Dieses Konstrukt konnte seine Wirkung kaum verfehlen. Im Gefolge der unter dem Namen Westfälischer Frieden bekannt gewordenen Friedensverträge und dem Ende des Dreißigjährigen Kriegs machte sich allenthalben Ordnungswille breit. Grafschaft und Ort waren in der Tat von den Auswirkungen des Kriegs schwer getroffen. Belagerungen durch schwedische Truppen in den Jahren 1632 und 1633 hatten großen Schaden angerichtet. Wie in vielen anderen Kommunen, lagen also auch in Pappenheim 1648 Stadt und Burg darnieder, die Bevölkerung hatte schwere Verluste erlitten und die wirtschaftliche Produktivität war praktisch zum Erliegen gekommen.[49] Diese Erfahrung von Verarmung und Elend muss den Vorstellungen von Luxus und Verschwendung im gräflichen Haushalt eine tiefe Resonanz verliehen haben.

Die Kriegsnachwehen verschärften darüber hinaus familiäre Spannungen, die schon zuvor bestanden hatten. In der ersten Hälfte des 17. Jahrhunderts fanden bezeichnenderweise mehrere Auseinandersetzungen um den gräflichen Besitz ihren Weg in die Gerichte.[50] Konfessionelle Differenzen mögen den Konflikt weiter zugespitzt haben, auch wenn deren genaue Konturen im Unklaren bleiben: Während die Pappenheimer 1563 zum lutherischen Glauben übergetreten waren, konvertierten mehrere Familienmitglieder im 17. Jahrhundert wieder zum Katholizismus (wobei die Bevölkerung protestantisch blieb).[51] Ohne diese drängenden ökonomischen Probleme und konfessionellen Spannungen hätten die Pappenheimer sich wohl kaum auf einen so radikalen Ausweg wie ein Verfahren gegen den amtierenden Reichserbmarschall wegen ‚Herrschaftsunfähigkeit' eingelassen. Mit diesem Mittel suchte man dem, was man als durch das Versagen des Herrschers verursachte Herrschaftskrise deutete, beizukommen.[52]

---

handelten Punkte validieren (Art. 73–78). Sex mit Tieren (47–55) und homosexuelle Akte sind ineinander verwoben (44–46, 56–58). Art. 1–43 führen ihn als einen fahrlässigen Herrscher vor. Bezeichnend ist, dass die Favoritenwirtschaft spät eingeführt wird (59–67).

49 Maiwald, Pappenheim, wie Anm. 4, 10; Schwackenhofer, Reichserbmarschälle, wie Anm. 2, 232–239. Ein persönlicher Brief Caspar Gottfrieds von 1632 über die verzweifelte Situation seiner Familie aus dem Jahr 1632 in Wien, HHST, RHR, Antiqua 563/10. Weitere Nachrichten in: Johann Looshorn, Geschichte des Bistums Bamberg, Bd. 6, Bamberg 1906, Neudr.: Neustadt a. d. Aisch 1980, 12, 55, 67, 73, 76, 175, 184, 186, 191, 196, 208, 211, 233, 239, 278. Diesen Hinweis verdanke ich Peter Engerisser, der eine Studie zu Bamberg im Dreißigjährigen Krieg vorbereitet.

50 Schwackenhofer, Reichserbmarschälle, wie Anm. 2, 231; HHST, RHR, Antiqua 563/1–3, 6–7, 10–11. Besonders aufschlussreich in diesem Zusammenhang ist Faszikel 10, über Caspar Gottfrieds Versuch, an Bamberg abgegangene Güter seiner Frau wieder in: Pappenheimschen Besitz zu bringen.

51 Schwackenhofer, Reichserbmarschälle, wie Anm. 2, 217–221, 231, 241–247. Die Frontlinien im Fall Pappenheim verlaufen allerdings nicht entlang konfessioneller Unterschiede. Unter den drei Familienmitgliedern, die das Verfahren gegen Caspar Gottfried in Gang setzten, finden sich Anhänger des katholischen wie des evangelischen Glaubens.

52 Als Oberschultheis hatte sich Caspar Gottfried große „Verdienste" in der Hexenverfolgung im Bistum Bamberg zwischen 1628 und 1632 erworben. Inwiefern die daraus möglicherweise entstandenen Konflikt-

Die juristische Wahrheitsfindung entfaltete sich somit in einer (familien-)politisch hochexplosiven Atmosphäre. Ein Zeuge beispielsweise erschien erst nach mehreren Vorladungen; eine Schwester des Grafen habe ihn bedroht, er solle „solche Sachen über den Grafen nicht ausgeben", führte er als Erklärung an.[53] Selbst Bischof Marquard von Eichstätt hatte versucht, sich dem Auftrag, die Kommission zu leiten, mit dem Hinweis auf seinen Stand zu entziehen (gab aber im selben Atemzug zu erkennen, dass es für den Verdacht der „Sodomiterey" ausreichend Material gäbe).[54]

Die politische und die sexuelle Dimension dieses Verfahrens überkreuzen sich dabei in Bezug auf eine zentrale Ordnungskategorie, die Haushaltung im umfassenden, das heißt im Sinn sozialer Ordnung. Obrigkeitliche Polizeiaufgaben, Rechtsprechung, Steuereintreibung wie die Erfüllung der dem Grafen vom Reich zufallenden Aufgaben lagen dem *Instrumentum* zufolge in Pappenheim im Argen. In summa, Caspar Gottfried Graf von Pappenheim war „ein böser Administrator vndt über Haußhalter".[55] Man kann den Kommissionsbericht deswegen auch als Vexierbild eines barocken Fürstenspiegels verstehen. Caspar Gottfried von Pappenheim gab seinen Untertanen nicht nur ein schlechtes Beispiel. Sein Fehlverhalten rührte an den Grundlagen von Herrschaft an sich. Nicht zufällig zeichnete die Kommission ein Bild, in dem Mores wie Finanzen in Unordnung geraten waren (die Schulden beliefen sich auf 13466 fl.).[56] Sein Verhalten auf einem Reichstag trieb diese Mischung politischen und sexuellen Fehlverhaltens auf die Spitze; Gerüchten zufolge war Caspar Gottfried in flagranti mit einem Bediensteten ertappt worden.[57] Maßlosigkeit, Verschwendung und Zügellosigkeit beherrschen somit die Logik des Kommissionsberichts. Die Denkfigur des Exzesses – bei der die „Sodomiterey" als extremer Ausdruck eines haltlosen Charakters erscheint – organisiert und strukturiert die Argumentation.[58]

---

linien eine Rolle im Verfahren Pappenheim contra Pappenheim gespielt haben, geht aus dem *Instrumentum publicum* nicht hervor.

53 Antiqua 563/9, Kommissionsbericht, Art. 48.
54 Antiqua 563/9, Blatt 5–8 (Brief des mit der Inquisition vom Kaiser beauftragten Kaplans Marquard Bischof zu Eichstätt, 7. September 1649).
55 Antiqua 563/9, Kommissionsbericht, Art. 42. Vgl. Isabel Hull, Sexuality, State, and Civil Society in Germany, 1700–1815, Ithaca 1996, 34–36 (mit weiterführender Literatur).
56 Antiqua 563/9, Kommissionsbericht, 25–39. Vgl. Hans Hattenhauer, Das Heilige Römische Reich als Konkursverwalter, Münster 1997: Hattenhauer bedient sich der Grafschaft Pappenheim als eines Beispiels für den Bankrott von Territorien; er behandelt den Zeitabschnitt unmittelbar vor Ende des Heiligen Römischen Reiches. Der Abstieg des Hauses hatte allerdings schon vorher eingesetzt.
57 Antiqua 563/9, Kommissionsbericht, Art. 59–64.
58 Theo van der Meer, Sodoms zaad in Nederland. Het ontstaan van homoseksualiteit in de vroegmoderne tijd, Nijmegen 1995, 166–178. Vgl. auch Helmut Puff, The Sodomite's Clothes. Gift-Giving and Sexual Excess in Early Modern Germany and Switzerland, in: Anne L. McClanan u. Karen Rosoff Encarnación Hg., The Material Culture of Sex, Procreation, and Marriage in Premodern Europe, New York 2002,

Das *Instrumentum publicum* dokumentiert ein reges Geflecht von Sozialbeziehungen zwischen Burg und Stadt Pappenheim. Die Kommission nahm demgegenüber einen anderen Herrschertypus ins Visier: den selbstherrlichen Fürsten. Caspar Gottfried erscheint als sich ohne Rücksicht auf Recht oder Herkommen gebärdender *princeps tyrannicus,* der durch sein rücksichtsloses Verhalten die Grundlagen des fürstlichen Haushalts und damit des gesamten Gemeinwesens zerrüttet hatte.[59]

In der Staatstheorie des 17. Jahrhunderts wird im Gefolge Jean Bodins die Vorstellung zementiert, der Herrscher stehe über den Gesetzen; er sei, um eine gängige Formulierung aufzunehmen, *legibus solutus.* Die Stoßrichtung der Anklage im Verfahren Pappenheim contra Pappenheim bemüht deswegen eine andere Ebene. Der Herrscher mag zwar über den Gesetzen stehen (obwohl eine solche staatstheoretische Position die tatsächlichen Verhältnisse in Pappenheim wohl kaum beschreiben würde), an die Natur und an das aus der natürlichen, das heißt göttlichen Ordnung abgeleitete Naturrecht bleibt er unter allen Umständen gebunden. Hier entfaltete die „Sodomiterey" als ein Verstoß „gegen die Natur" par excellence ihre außerordentliche Sprengkraft; sie sollte den Fürst jeglicher Herrschaft für „unfähig" erweisen.[60]

Der der „Sodomiterey" und anderen Fehlverhaltens bezichtigte Graf war derweil nicht auffindbar. Ungefähr zu dem Zeitpunkt, als sein jüngerer Bruder die Anklage beim Reichshofrat einreichte (2. Juni 1649), muss Caspar Gottfried seiner Grafschaft den Rücken gekehrt haben (das genaue Datum seines Verschwindens lässt sich nicht erheben).[61] Sein Aufenthaltsort war jedoch unschwer zu ermitteln. Im Schloss seines Schwiegersohns Franz Wilhelm von Dalberg wurde der flüchtige Graf am 8. Juni 1650 aufgegriffen. Man stellte ihn unter strengen Hausarrest, zunächst in Prag, dann in Eger. Nicht einmal den beiden Töchtern des Grafen wurde der Besuch gestattet; ihre Petitionen, die Haftbedingungen zu verbessern, verhallten, so scheint es, ungehört – sehr zum Leidwesen des Grafen, der sich lautstark über die Behandlung seiner Person beschwerte.

Nur wenige Tage, nachdem der Bericht in Wien eingetroffen war, am 1. Juli 1650, traf man beim Reichshofrat eine Entscheidung über das weitere Vorgehen in der Angelegenheit. Diese prompte Antwort spricht für ein außerordentliches Interesse am Verfahren. Dem Schreiben zufolge autorisierte der Kaiser eine Gerichtsverhandlung auf der Basis der Constitutio Criminalis Carolina. In Anbetracht des Kommissionsbefunds heißt das nichts an-

---

251–272. Den Hinweis auf van der Meer in diesem Zusammenhang verdanke ich Jakob Michelsen, Gleichgeschlechtliche Sexualität im frühneuzeitlichen Hamburg. Lebensrealitäten, Wahrnehmung und Verfolgung, Hamburg (Magisterarb.) 2003.
59 Zur Nähe der Figur des Tyrannen zum Sodomiten, vgl. Puff, Sodomy, wie Anm. 24, 44, 137 f, 146, 152.
60 Kern, Kingship, wie Anm. 6, 72.
61 Laut Art. 78 des Kommissionsberichts war der Graf 1649, nachdem ihn Bruder und Vettern der Sodomie beschuldigt hatten, aus Pappenheim aufgebrochen, mit der Ankündigung, er wolle seinen Namen vor dem Kaiser reinigen.

deres, als dass ein Todesurteil in Aussicht stand. Die Ungewöhnlichkeit dieses Vorgehens wird besonders deutlich, wenn man sich klarmacht, dass die Mehrzahl der Verfahren vor dem Reichshofrat auf einen Vergleich hinauslief; Adlige waren außerdem nur selten einem Verfahren auf Leben oder Tod ausgesetzt. Allerdings behielt sich der Kaiser die letztgültige Entscheidung vor; er verfügte, dass das Urteil nicht öffentlich gemacht werden solle und die Richter weitere Weisungen aus Wien zu gewärtigen hätten (womit eine Begnadigung zumindest in den Rahmen des Möglichen rückte).

Die Gerichtsverhandlung gegen Caspar Gottfried wurde auf März 1651 angesetzt. Aus diesem Anlass überführte man den Grafen in die Stammburg der Pappenheimer. Doch genau zu dem Zeitpunkt, als das Gericht zusammentrat – die Richter waren bereits in Pappenheim eingetroffen – verstarb Caspar Gottfried am 8. April 1651. Sein Tod kam so überaus gelegen, dass sich der Verdacht nicht von der Hand weisen ließ, man habe dem Ableben des Grafen nachgeholfen.[62] Schenkt man jedoch dem Obduktionsbericht Glauben, den der umgehend aufgebotene Hofmedicus des Bischofs von Eichstätt erstellte, besteht wenig Anlass für Zweifel an der Natürlichkeit dieses Todes.[63] Es waren wohl eher die Arrestbedingungen, über die sich der Graf wiederholt beschwert hatte, und der Kummer um die erlittene Schmach, die sein Ableben beschleunigt hatten.

„Ich kenne meine Pappenheimer" heißt es sprichwörtlich und oft mit einem spöttischen Unterton.[64] Offensichtlich entspricht das nur bedingt der Wahrheit. Wir kennen sie jedenfalls nicht genug, „unsere" Pappenheimer. Die Forschungsliteratur bezieht sich nur an wenigen Stellen auf das Verfahren gegen Caspar Gottfried – und das trotz des ungewöhnlichen Zuschnitts der Sache Pappenheim contra Pappenheim, sowohl was die de facto-Absetzung eines Fürsten als auch was die Funktion des Sodomievorwurfs in diesem Zusammenhang anbelangt. Hans Schwackenhofers 2002 erschienene Studie zitiert lediglich aus der historischen Abhandlung eines Nachfahrens Caspar Gottfrieds, Haupt Graf zu Pappenheim; die Passage lässt die historischen Tatsachen hinter den Sprachregelungen der Psychopathologie verschwinden. Dort ist nämlich von „fataler Verwirrung im Triebleben (Sodomie)" die Rede.[65]

---

62 Johann Alexander Döderlein, Historische Nachrichten Von dem Ur-alten Hochpreißlichen Hauß der ... Herren und Grafen zu Pappenheim, Schwabach 1739, 366. Der Grund des bei Döderlein genannten Arrests und „supçons" auf Gift bleibt ungenannt.

63 Antiqua 563/9, Obduktionsbericht von Laurentius Ruosch (Anhang) sowie die Korrespondenz aus der Feder Marquards von Bamberg (13 f).

64 Bei Friedrich Schiller bezieht sich Wallensteins „Daran erkenn' ich meine Pappenheimer" auf den Vetter des hier behandelten Caspar Gottfried, den militärisch gewieften, skrupellosen Haudegen Gottfried Heinrich und seine kaisertreuen Kürassiere. Vgl. Friedrich Schiller, Wallensteins Tod, in: Sämtliche Werke, Bd. 2, München 1966, 475. Gottfried Heinrich und Caspar Gottfried entstammten verschiedenen Linien des Geschlechts. Zu diesem Pappenheimer vgl. Schwackenhofer, Reichserbmarschälle, wie Anm. 2, 210–239.

65 Schwackenhofer, Reichserbmarschälle, wie Anm. 2, 186. Vgl. Haupt Graf zu Pappenheim, Die frühen Pap-

Barbara Stadlers 1991 erschienene Studie „Pappenheim und die Zeit des Dreißigjährigen Krieges" lohnt dagegen eine eingehendere Betrachtung, gerade im Hinblick auf das Nachwirken der Sittengeschichte. Dort wird das Verfahren gegen Caspar Gottfried folgendermaßen beschrieben: „Nachdem des Marschalls päderastische Neigungen ruchbar geworden waren, hatten ihn die anderen Angehörigen in Familienhaft auf Burg Pappenheim genommen."[66] Was vor den Reichshofrat gebracht wurde und Gegenstand familiärer Konflikte war, erscheint hier als konzertierte Intervention zur Rettung der Familienehre. Das Unbestimmte des Ausdrucks „päderastische Neigungen" verlagert das Unbestimmte der historischen Überlieferung dabei zugleich in den persönlichen Bereich. Dass der Hausarrest im Kontext von Auseinandersetzungen um die Herrschaft Pappenheim stand, mithin die politische Dimension der „Sodomiterey", wird unterschlagen. Dafür ist auch der Kontext privaten Glücks oder Unglücks bezeichnend, in dem der Hinweis auf Caspar Gottfrieds Absetzung erscheint. „Bei den übrigen Angehörigen des Feldmarschalls finden sich nicht viel glückliche Lebensläufe", schreibt Stadler.[67] Caspar Gottfried liefert der Verfasserin somit nur ein Exempel. Die Autorin hat indes die Formel von Glück und Unglück des Hauses Pappenheim nicht selbst geprägt. Sie entstammt einer umfangreichen genealogischen Schrift, die Johann Alexander Döderlein 1739 über die Pappenheimer veröffentlicht hat.[68] Dort war es jedoch um das territoriale Glück gegangen, nicht um das Lebensglück.

Frühneuzeitliche Fürsten im Geruch der Sodomie

„Tous les cas sont spéciaux" lautet eine der Grundregeln der klassischen Philologie. Lokalhistorisch besehen, verweist das hier dargestellte Verfahren auf Amtsenthebung Caspar Gottfrieds Graf von Pappenheim auf Fakten, Ereignisse, Rechtsformen und soziale Beziehungen, die sich der Vergleichbarkeit entziehen. Ein solcher Zugang ist und bleibt unverzichtbar, gerade im Hinblick auf frühneuzeitliche Eliten unter Sodomieverdacht. Sex als Waffe wurde von bestimmten Personen auf bestimmte Zusammenhänge in Anschlag gebracht.

Darüber hinaus aber gilt es, den Faden zu erkennen, der diesen Fall mit anderen verknüpft. Den Sodomieanklagen gegen Führungsschichten eignet eine Logik. Man könnte sie eine Logik der Extreme nennen. Wer an der Spitze der Pyramide steht, begeht demnach extreme Verbrechen und Sünden, oder: Es kann zumindest hilfreich sein, ihn oder sie der-

penheimer Marschälle, Zweiter Teil der Hausgeschichte, zit. lt. Schwackenhofer, Reichserbmarschälle, wie Anm. 2, 96.
66 Barbara Stadler, Pappenheim und die Zeit des Dreißigjährigen Krieges, Winterthur 1991, 757.
67 Stadler, Pappenheim, wie Anm. 66.
68 Döderlein, Nachrichten, wie Anm. 62, 335.

gleichen zu verdächtigen. Wie im Fall Pappenheim contra Pappenheim verfügten allerdings nur Standesgenossen über die juristische Schlagkraft, um eine solche Anklage einem Gericht unterstellen zu können.

In der ersten für das Reich bekannten Hinrichtung wegen des *vicium sodomiticum* ließ Rudolf von Habsburg 1277 einen *dominus de Haspisperch* verbrennen; es muss sich hier um einen Adligen gehandelt haben (der aber möglicherweise kein Herrscher war), wahrscheinlich um Hermann von Habesberg, einen jüngeren Bruder Bertholds II., Bischof von Würzburg (1274–1287).[69] Ob man weiters an das posthume Verfahren des französischen Königs Philipp des Schönen gegen Papst Bonifaz VIII. denkt[70] oder das von König Jakob II. von Aragon initiierte Sodomieverfahren gegen Graf Pons Hugo IV. von Ampurias zitiert,[71] der Kontext solcher Verfahren ist in der Regel ein politischer (wobei der Kern des Politischen in jedem Einzelfall zu bestimmen wäre). Emma Mages hat jüngst den Fall des Konrad von Murach bekannt gemacht, der nach seiner Gefangennahme im Jahr 1466 bekannte, mehrmals und über einen langen Zeitraum den „handell der vngenanten sunde mit mannespersonen zu vermischen wider menschliche natur" begangen zu haben. Er bezahlte nicht mit seinem Leben, sondern mit der Rückgabe eines zum Eigengut gewordenen Lehens an seinen Lehensherrn, Pfalzgraf Otto II. von Pfalz-Mosbach.[72]

Nicht alle Adligen waren jedoch vor der Todesstrafe geschützt. Der elsässische „Ketzerritter" Richard Puller von Hohenburg sah sich im Verlaufe eines abenteuerlichen Lebens mehreren Rechtsverfahren ausgesetzt, in denen Standesgenossen ihn mittels gut begründeter Anklagen auf Sodomie, Betrug und Mord um seine Besitzungen brachten. Er versuchte in der Folge, mit Unterstützung der Stadt Zürich einige dieser Güter wiederzuerlangen. Daraufhin wurden er und sein Knecht Anton Mätzler 1482 als Sodomiter entdeckt und auf dem Zürcher Fischmarkt verbrannt – gerade rechtzeitig, um den Ausbruch von Konflikten mit anderen Ständen der Eidgenossenschaft und mit der Stadt Strassburg zu verhindern.[73] Im Zusammenhang der religiösen Auseinandersetzungen des 16. Jahrhunderts verdächtigten

---

69 Puff, Sodomy, wie Anm. 24, 17 f. Was hier mit vicium sodomiticum gemeint ist, bleibt im Dunkeln der Formulierung.
70 Jean de Coste Hg., Boniface VIII en procès. Articles d'accusation et déposition des témoins (1303–1311), Rom 1995.
71 James A. Brundage, The Politics of Sodomy. Rex V. Pons Hugh de Ampurias (1311), in: Joyce E. Salisbury Hg., Sex in the Middle Ages, New York 1991, 239–246.
72 Emma Mages, Die Rücknahme der Pfandschaft Tännesberg 1466. Das Verfahren gegen Konrad von Murbach wegen der „ungenannten Sünde", in: Zeitschrift für bayerische Landesgeschichte, 62 (1999), 201–212, 206.
73 Vgl. Heinrich Witte, Der letzte Puller von Hohenburg. Ein Beitrag zur politischen und Sittengeschichte des Elsasses und der Schweiz im 15. Jahrhundert sowie zur Genealogie des Geschlechts der Püller, Strassburg 1896. Diese Publikation wurde von Numa Praetorius [= Eugen Wilhelm] (siehe Fn. 14) für das „Jahrbuch für sexuelle Zwischenstufen", einer Zeitschrift des wissenschaftlich-humanitären Komitees, zu-

Polemiker protestantischer Couleur die Kurie und das Papsttum der Sodomie (wobei die genauen Implikationen dieses Vorwurfs oft im Unklaren blieben). Eine der gravierendsten sexuellen Sünden wurde damit auf die obersten Ränge der katholischen Kirche projiziert; der katholische Priester von nebenan wurde dagegen lediglich der Hurenwirtschaft verdächtigt.[74] In einem vergleichbaren Zusammenhang steht wohl auch das in Form von Flugschriften gut dokumentierte Geraune um Heinrich III., welches die Favoritenwirtschaft des französischen Königs aufs Korn nahm.[75]

Die Absetzung von Königen beruhte demgegenüber so gut wie nie auf der Sodomieanklage. Die Herrschaft Edwards II. von England kam zu einem Ende, als eine parlamentsähnliche Versammlung in Abwesenheit des Königs zusammentrat und Edward zwang, die Krone an seinen unmündigen Sohn abzutreten. Dieser Königswechsel ist als „eine verwirrende Mischung von Absetzung und Abdankung" bezeichnet worden.[76] Natalie Fryde spricht demgegenüber von einem Präzedenzfall, bei dem die Magnaten unter Mithilfe einer Volksversammlung eine Absetzung ins Werk setzten.[77] Zum ersten Mal, so Sandra Raban, war „ein gekrönter Monarch abgesetzt worden, der Form nach wenn auch nicht rechtens."[78] Wie dem auch sei, man kann den Vorwurf, Edward habe seinen Peers die Gesellschaft von Favoriten (oder wie es später heißen würde, „minions") vorgezogen, durchaus in die Liste der Gravamina hineinlesen, welche die Londoner Versammlung gegen den König vorbrachte.[79] Aber erst in späteren Chroniken oder in Christopher Marlowes Schauspiel „Edward II" hat man diesen Verdacht *in eroticis* ausbuchstabiert.[80]

---

sammengefasst und als „Ein homosexueller Ritter des 15. Jahrhunderts" 1912 veröffentlicht. Wieder abgedruckt in: Wolfgang Johann Schmidt Hg., Jahrbuch für sexuelle Zwischenstufen. Eine Auswahl aus den Jahrgängen 1899–1923, 2 Bände, Frankfurt a. M. 1983/1984, Bd. 2, 176–199. Zu diesem Adligen jetzt Christine Reinle, Konflikte und Konfliktstrategien eines elsässischen Adligen, in: Kurt Andermann Hg., „Raubritter" oder „Rechtschaffene vom Adel"? Aspekte von Politik, Friede und Recht im späten Mittelalter, Sigmaringen 1997, 89–113.

74 Puff, Sodomy, wie Anm. 24, 124–166.
75 Keith Colwyn Cameron, Henri III. A Maligned or Malignant King? Aspects of the Satirical Iconography of Henry de Valois, Exeter 1978; David Teasley, The Charge of Sodomy as a Political Weapon in Early Modern France. The Case of Henry III in Catholic League Polemic, 1585–1589, in: Maryland Historian, 18 (1987), 17–30; Katherine B. Crawford, Love, Sodomy and Scandal. Controlling the Sexual Reputation of Henri III, in: Journal of the History of Sexuality, 12 (2003), 512–542; Michael Wintroub, The „Black Legend" of Henri III. Gendering the New Men in Early Modern France (im Erscheinen).
76 Michael Prestwich, The Three Edwards. War and State in England, 1272–1377, London 1980, 98.
77 Natalie Fryde, The Tyranny and Fall of Edward II, 1321–1326, Cambridge 1979, 195–206, 200.
78 Sandra Raban, England under Edward I and Edward II, Oxford 2000, 151 (Übersetzung, H. P.).
79 Harold Frederick Hutchison, Edward II. The Pliant King, London 1971, 138. Ähnlich in: Mary Saaler, Edward II, 1307–1327, London 1997, 137; vgl. auch Anthony Goodman, A History of England from Edward II to James I, London 1977, 161–163.
80 Vgl. Klaus van Eickels, Affaire personelle, coup d'Etat ou rétablissement de l'ordre? La chute de Piers Gaveston, favori et mignon d'Edouard II d'Angleterre, in: ¿Golpes de Estado a fines de la Edad Media? Fu-

Die deutlichste Parallele zum Verfahren Pappenheim contra Pappenheim ist allerdings das spektakuläre Gerichtsverfahren gegen Mervin Touchet, den Second Earl of Castlehaven, der im Jahr 1631 wegen Vergehen wie Vergewaltigung und Sodomie hingerichtet wurde. Zwar lassen sich unschwer eine ganze Anzahl Unterschiede zwischen beiden Verfahren benennen, doch sind die beiden Fälle vergleichbar im Hinblick auf zentrale Denkkategorien. In ihrer anregenden Darstellung kommt Cynthia Herrup denn auch zu dem Schluss: Die Auflösung patriarchaler, das heißt hierarchischer Sozialstrukturen stand im Zentrum des juristisch-sozialen Interesses, nicht die sexuellen Übertretungen wie Vergewaltigung und „Sodomiterey".[81]

Man kann die Geschichte der Sexualität so schreiben, als stünde an deren Ende nicht mehr das Sexuelle, sondern etwas ganz anderes: Idolatrie, Häresie, Falschmünzerei, politischer Verrat oder eben die Sorge um Patriarchat und Herrschaft. Diese Darstellungsweise erfreut sich zu Recht großer Beliebtheit. Lesern und Leserinnen wird mittels einer solchen Enthüllungsstrategie der Eindruck vermittelt, sie hätten einen Erkenntnisfortschritt gemacht. Und die Annahme über die grundsätzliche Andersartigkeit der Frühen Neuzeit findet obendrein noch eine willkommene Bestätigung: Damals ging es eben nicht um Sex wie in der Moderne, sondern um etwas ganz Anderes.

Demgegenüber ist festzuhalten: Erst der Sodomieverdacht verlieh den politisch-finanziellen Anschuldigungen gegen Caspar Gottfried von Pappenheim jenes Gewicht, das zu seiner Arretierung und zur geplanten Prozesseröffnung führte. Der Sexus transportierte in diesem Verfahren ein durchaus explosives Gemisch von politisch-finanziellen Missständen in der Grafschaft einerseits und sozial-sexuellem Fehlverhalten des Grafen andererseits. Auf die sexuellen Anschuldigungen hätte die Anklage demnach unter keinen Umständen verzichten können. Sie lieferten das entscheidende Bindeglied zwischen individuellem Handeln und den Legitimationsmodi frühneuzeitlicher Herrschaft. Und auf diese intrikate Verbindung von Sexuellem und Politischem sollten auch Historiker und Historikerinnen von heute nicht verzichten.

---

damentos de poder político en la Europa Occidental (im Erscheinen); Danielle Clark, „The Sovereign's Vice Begets the Subject's Error." The Duke of Buckingham, „Sodomy" and Narratives of Edward II, 1622–28, in: Tom Betteridge Hg., Sodomy in Early Modern Europe, Manchester 2002, 46–64. Zur Darstellung Edwards in der Historiographie als „homosexuell" vgl. die eindringlichen Bemerkungen von Klaus van Eickels, Vom inszenierten Konsens zum systematisierten Konflikt. Die englisch-französischen Beziehungen und ihre Wahrnehmung an der Wende vom Hoch- zum Spätmittelalter, Stuttgart 2002, 194–198.

81 Cynthia Herrup, A House in Gross Disorder. Sex, Law, and the 2nd Earl of Catslehaven, New York 1999.

Julia Neissl

Widerständiges Lieben?

Zur Darstellung lesbischer Beziehungen in der Literatur

Lange Zeit waren Frauenfreundschaften als leidenschaftlich romantische Brieffreundschaften gedeutet worden. Erst mit dem zunehmenden Interesse am „Phänomen Homosexualität" im 19. Jahrhundert von medizinischer, sexualwissenschaftlicher und juridischer Seite begann man Freundinnenschaften in einem neuen Licht zu sehen. Durch die Verwissenschaftlichung in diesen Diskursen entstand ein anderes Bild von weiblicher Sexualität und eine damit einhergehende Pathologisierung von Frauenbeziehungen. Die Bewertung von Homosexualität als Krankheit hatte zur Folge, dass sie – nach Meinung einiger Wissenschafter – nicht mehr strafrechtlich verfolgt werden sollte, sondern dass Homosexuelle als „kranke" Menschen stigmatisiert wurden.[1]

Die „wissenschaftlichen" Vorstellungen von lesbischen Frauen werden in verschiedenen Abhandlungen über Sexualität deutlich. So beschreibt Carl Westphal in einer Publikation aus dem Jahr 1869 eine lesbische Frau als psychopathisch[2] und begründet dies mit „typischen" Verhaltensweisen in der Kindheit der Patientin, da sie sich Knabenkleider anzog und ihr Spielverhalten als männlich zu bewerten sei. Weiters stellt er bei ihr frühe erotische Wünsche, Masturbation und sexuelle Phantasie sowie eine Abneigung gegenüber Männern fest.[3] Um die Jahrhundertwende herrschen Vorstellungen über die Angeborenheit beziehungsweise Vererbung von Homosexualität (Richard von Krafft-Ebing) und Klischees von frau-

---

[1] Vgl. Barbara Gissrau, Die Sehnsucht der Frau nach der Frau. Psychoanalyse und weibliche Homosexualität. München 1997, 19 ff.
[2] Vgl. Lilian Faderman. Köstlicher als die Liebe der Männer. Romantische Freundschaft und Liebe zwischen Frauen von der Renaissance bis heute, Zürich 1990, 259.
[3] Vgl. Hanna Hacker, Männliche Autoren der Sexualwissenschaft über weibliche Homosexualität (1870–1930), in: Rüdiger Lautermann Hg., Homosexualität. Handbuch der Theorie- und Forschungsgeschichte, Frankfurt a. M./New York 1993, 134 f. Wichtig für die Diagnose und Pathologisierung waren auch die Untersuchungen Krafft-Ebings (Psychopathia sexualis, Stuttgart 1882), der Frauen, die nur Gefühle gegenüber anderen Frauen empfanden (ohne sexuelle Aktivitäten), für geisteskrank erklärte. Weiters meinte er, dass lesbische Frauen durch ihre männliche Kleidung und ihren männlichen Lebenswandel erkennbar seien; vgl. Jörg Hutter, Die gesellschaftliche Kontrolle des homosexuellen Begehrens. Medizinische Definitionen und juristische Sanktionen im 19. Jahrhundert, Frankfurt a. M./New York 1992, 126. Er bestärkt Westphals Thesen bezüglich der Sexualität lesbischer Frauen, unterscheidet jedoch zwischen einer angeborenen und einer temporären Anomalie. So entwickelt er zwei Kategorien: die „echt Invertierten" und die „normalen", wobei erstere Anzeichen von Männlichkeit aufweisen würden und häufig neurotisch veranlagt seien, letztere vorpubertäres, homosexuelles Verhalten an den Tag legen, durch den richtigen

enliebenden Frauen als Wesen mit männlichen Charaktereigenschaften vor.[4] Lesbische Frauen galten als angriffslustig und stereotype Darstellungen parallelisierten immer wieder emanzipierte Frauen und Lesben.[5] Diese gesellschaftlich transportierten Bilder sind für die Textanalysen insofern wichtig, als sie für die Autorinnen offensichtlich als „Schablone" für die Gestaltung ihrer literarischen Figuren wirksam waren. Im Laufe des 20. Jahrhunderts – mit einer im städtischen Bereich ausgeprägten Lesbenkultur in den 20er Jahren, der Zerstörung derselben durch den Nationalsozialismus und dem neuerlichen Entstehen subkultureller Räume mit der Neuen Frauenbewegung – verändern sich diese Vorstellungen nur langsam.

Blinde Flecken – im Sinne einer fehlenden wissenschaftlichen Auseinandersetzung – werden auch in der literaturwissenschaftlichen Tradition deutlich: Im Gegensatz zur Diskussion im angloamerikanischen Raum, wo sich eine lesbische Literaturwissenschaft bereits in den 1970er Jahren etablierte[6] ist in den deutschsprachigen Ländern von dieser Diskussion wenig bemerkbar. Eine weitere Differenz ist dabei in der Behandlung männlicher beziehungsweise weiblicher Homosexualität zu sehen, da die lesbischen Frauen neben der häufig vernachlässigten Kategorie „Frau" nun auch noch mit der Ausgrenzung durch ihre „Randzonen-Sexualität" konfrontiert sind.[7] Analog zu den „heterosexuellen" Wissenschaften wurden weibliche Positionen auch in der Beforschung der Homosexualität von der männlichen Norm ausgehend definiert. Eine Konsequenz, die sich in der literarischen Positionssuche bemerkbar macht, ist die fehlende Tradition, für die zum Teil auch das gesellschaftliche Ver-Schweigen und die Kontrolle des Literaturbetriebs verantwortlich sind.[8] Neben einigen wenigen Diplomarbeiten und Dissertationen, die lesbische Beziehungen in Texten von Autorinnen fokussieren, ist der erste große Überblick über Texte und erzähleri-

---

Mann jedoch sofort in die heterosexuelle Normwelt zurückkehren würden; vgl. Faderman, Liebe, wie Anm. 2, 261 ff. Die Auffassung der vererbten Homosexualität blieb sehr lange bestehen, auch Ellis Havelock („Studies in the Psychology of Sex: Sexual Inversions, Philadelphia 1897) vertrat diesen Denksatz. Interessant ist sowohl für diese Autoren als auch für die Überlegungen Sigmund Freuds, dass sie jeweils oft nur eine Patientin als „Untersuchungsmaterial" hatten, ihre Thesen leiteten sich hingegen zum Großteil von den Aussagen über homosexuelle Männer ab.

4 Vgl. Gerburg Treusch-Dieter, Das Schweigen der Frauenbewegung zur lesbischen Frage, in: Rüdiger Lautermann Hg., Homosexualität. Handbuch der Theorie- und Forschungsgeschichte, Frankfurt a. M./New York 1993, 56 f.
5 Vgl. Hanna Hacker, Zonen des Verbotenen: Die lesbische Codierung von Kriminalität und Feminismus um 1900, in: Barbara Hey, Ronald Pallier u. Roswith Roth Hg., queerdenken. weibliche/männliche homosexualität und wissenschaft, Innsbruck 1997, 43.
6 Vgl. Renée Hoogland, Lesbische Literaturwissenschaft, in: Rüdiger Lautermann, Homosexualität. Handbuch der Theorie- und Forschungsgeschichte. Frankfurt a. M./New York 1993, 366–374.
7 Vgl. Madeleine Marti, Hinterlegte Botschaften, Stuttgart, 1992, 23.
8 Vgl. Marti, Botschaften, wie Anm. 7, 26.

sche Tendenzen 1992 von Madeleine Marti publiziert worden.[9] In ihrer chronologischen Darstellung wird deutlich, dass das literarische Schaffen zu diesem Themenkomplex zwei Höhepunkte erlebt hat: die erste Blütezeit gab es in den 1920er Jahren im Kontext einer liberaleren Bewegung und dem Entstehen einer eigenen Subkultur vor allem in den Großstädten Berlin und Wien, der zweite gesellschaftspolitische Kontext, der das Schreiben über/von Lesben gefördert hat, war die Neue Frauenbewegung.

Österreichische Autorinnen haben sich vergleichsweise wenig mit lesbischen Beziehungen beziehungsweise Figuren beschäftigt. So sind neben dem Text von Maria Janitschek, den ich später noch behandeln werde, in den 1920er Jahren vor allem Romane von Grete von Urbanitzky[10] zu nennen. Im Unterschied zur Entwicklung in der BRD gibt es dann einige kürzere Prosatexte unmittelbar nach dem Zweiten Weltkrieg, die weibliche Homosexualität darstellen. Die Auswirkungen der Frauenbewegung auf die Textproduktion bilden sich erst in den späten 1980er beziehungsweise verstärkt in den 1990er Jahren in der Literatur österreichischer Autorinnen ab.[11]

In meinem Beitrag möchte ich anhand einzelner Texte von Maria Janitschek, Ingeborg Bachmann und Karin Rick – quasi in einem Streifzug durch das 20. Jahrhundert – der Frage nachgehen, ob die Darstellungen lesbischer Liebespaare in der Literatur österreichischer Autorinnen als Widerstandsformen erscheinen und gegen wen sich dieser Widerstand richtet. Anders formuliert: Wird die homosexuelle Liebe in der Literatur „politisch" gedacht als Gegenmodell zur heterosexuellen Norm oder nur als (pubertärer) Fluchtpunkt gestaltet und damit innerhalb eines männlich dominierten sexualwissenschaftlichen Diskurses integrierend angelegt? Hinsichtlich der literarischen Konzeption der Autorinnen interessiert außerdem die Frage, in wie fern diese in den Stereotypen der jeweiligen gesellschaftlichen Positionen verhaftet sind, ob sich die Entstehungszeit der Texte insofern spiegelt. Also ob sich – beispielsweise – um die Jahrhundertwende die Theorie der Vererbung und Zuschreibungsklischees wie etwa jene von Carl Westphal wiederfinden oder ob später – im Kontext der Neuen Frauenbewegung Anfang der 1970er Jahre – liberale und differenziertere Darstellungen lesbischer Paare entstanden sind. Außerdem gilt es zu beobachten, ob die lesbische Liebe als „Gegenmodell" den heterosexuellen Reglementierungen zu entkommen vermag.

---

9   Vgl. Marti, Botschaften, wie Anm. 7.
10 Grete von Urbanitzky, Der wilde Garten, Leipzig 1927.
11 Texte unmittelbar nach 1945 sind neben Ingeborg Bachmanns „Ein Schritt nach Gomorrha", München-Zürich 1996 (Orig. 1957), Marlen Haushofer, Eine Handvoll Leben, München 1993 (Orig. 1955) oder Hertha Kräftner, Agatha Fragment, in: dies., Kühle Sterne, Klagenfurt/Salzburg 1997 (Orig. 1950/51). Die Texte ab den 1980er Jahren sind Großteils Kurztexte in Anthologien, die vom Wiener Frauenverlag/Milena Verlag ediert wurden, Autorinnen sind dabei, neben Karin Rick, zum Beispiel Sylvia Treudl, Sporenstiefel halbgar. Liebesgeschichten, Wien 1990 oder Helga Pankratz, Amore, Wien 1998.

Widerständiges Lieben I: der Kampf gegen die Adoptivmutter

Maria Janitschek thematisierte in der Erzählung *„Neue Erziehung und alte Moral"* bereits 1906 eine lesbische Beziehung. Der Text handelt von der sexuellen Entwicklung eines Mädchens, welches unter besonderen Bedingungen (wie ein Knabe) sozialisiert wurde – bis zu dem Zeitpunkt, als ihre weibliche Körperlichkeit das Begehren der Männer weckt. Dabei beschreibt Janitschek, wie in ihren anderen Texten auch, das Entstehen einer eigenen, weiblichen Lust, die im wissenschaftlichen Diskurs des 19. Jahrhundert noch unbekannt schien und an der Wende zum 20. Jahrhundert als neue Entdeckung galt.

Janitscheks Erzählung spielt auf einem ländlichen Gutshof – im Gegensatz zu allen anderen Texten dieser Zeit, die lesbische Beziehungen thematisieren und die meist in Städten oder quasi außerhalb der Gesellschaft, in männerlosen Räumen (Internat, Kloster) oder im „einsamen" Süden situiert sind. Für das Erleben von Sexualität bietet Seffis Dachkammer mit einem Hauch von Geheimnis und Versteck die richtige Umgebung. In dieser Kammer ist das Mädchen seit ihrem 17. Geburtstag von den Stiefbrüdern separiert – das Verbot der Adoptivmutter bezieht sich auf das Betreten dieses Raumes: Die sieben Stiefbrüder dürfen Seffi in ihrem Zimmer nicht besuchen, und als die Beziehung zu ihrer Freundin Agathe zu eng wird, soll auch diese ins Wohnzimmer verbannt werden. Berührungen finden immer heimlich, im Dunkeln, in der verbotenen Kammer statt.

Während in der Beschreibung der heterosexuellen Begegnungen mit den Brüdern der Blick auf die Brüste der Schwester dominiert, diese immer wieder versuchen, ihre Brust zu streicheln und sie zu küssen,[12] fehlen solche „realistischen" Details in der Beschreibung der lesbischen Sexualität. „Sie streichelte sie und liebkoste sie und ergriff ihre ineinander verkrampften Hände."[13] Agathe umarmt Seffi, die daraufhin ruhig einschläft, und so schlafen sie „Brust an Brust".[14] In einer der heterosexuellen Szenen hingegen heißt es: „Er beugte sich auf ihr Gesicht und während seine Rechte ihre wunderschönen Brüste zusammenpreßte, drückte er seine Lippen auf ihren überraschten Mund."[15] Ein qualitativer Unterschied ergibt sich auch in der Wahl der Verben: Während in der Szene mit den beiden Mädchen Assoziationen wie „friedlich" evoziert werden, erscheint das männliche Begehren eher fordernd bis gewalttätig. Dies zeigt sich verstärkt in einer anderen heterosexuellen Begegnung: „Das Hemd stand ihr auf der Brust offen. Die zwei weißen, starrenden Kegel waren noch voller geworden. Aus der kleinen, braunen Ebene reckte sich ein winziger, rosaroter Knopf auf. ‚Das war früher auch nicht da.' Ruprechts Hand fuhr grob über das Knöspchen."[16] An die-

---

12 Maria Janitschek, Neue Erziehung und alte Moral, in: Die neue Eva. Leipzig 1906³, 126, 133, 139.
13 Janitschek, Erziehung, wie Anm. 12, 144 f.
14 Janitschek, Erziehung, wie Anm. 12, 145.
15 Janitschek, Erziehung, wie Anm. 12, 126.
16 Janitschek, Erziehung wie Anm. 12, 139.

sen Textstellen zeigt sich, dass der heterosexuelle Code durch Blicke[17] bestimmt ist, der lesbische Code hingegen als ein System von Gesten zu umschreiben wäre. Lesbische Sexualität wird mit der Beschreibung des Austauschs von Zärtlichkeiten als harmlose Freundinnenbeziehung dargestellt, die nicht als Kritik oder Alternative zur heterosexuellen Beziehung konstruiert ist, sondern eher als einzige Möglichkeit scheint, Körperlichkeit zu erleben und dem Verbot der Adoptivmutter zu widerstehen. Die Darstellung der heterosexuellen Szenen überwiegt quantitativ und ist mit deutlicheren sprachlichen Bildern ausgestaltet als die der homosexuellen. Schließlich wird neben der ‚Auflehnung gegen die Adoptivmutter' auch ganz deutlich, dass die Beziehung zu Agathe als ‚Notlösung' konzipiert ist. So endet die Erzählung mit einem Dialog zwischen Seffi und ihrer Adoptivmutter, in dem das Mädchen anklagend formuliert:

„Nackt alles sehen und kennen lernen, war dein Wahlspruch. Mutter ich bin jung und kräftig; eines Tages habe ich das Verlangen verspürt, das jedes Naturgeschöpf in sich trägt. Mein glühendes Liebesbedürfnis zu erwidern, haben sich mir junge Arme geöffnet, aber da hast du mir dein Halt zugerufen. Eine Dirne wäre ich, wenn ich der Natur folgte … und mit Schlägen und Schimpf jagtest du mich aus deinem Hause. Mutter", sie legte die bebenden Lippen an das Ohr der Frau, „du selbst bist's, die mich in die Arme der Freundin getrieben hat …".[18]

Klischeevorstellungen, die im Text transportiert werden, sind das knabenhafte Aussehen und Verhalten der Protagonistin Seffi, die als wildes „Bubenmädel"[19] vorgestellt wird. Auch die Abkürzung des Namens ist typisch für eine lesbische Textproduktion dieser Zeit, in der Frauen vorwiegend als burschikose und knabenhafte Wesen auftreten.[20] Im Vergleich zu späteren Texten, in denen weibliche Homosexualität thematisiert wird, lassen sich damit einige Tendenzen benennen, die noch lange wirksam bleiben: Im Mittelpunkt steht nicht die Beziehung der beiden Frauen, sondern zentral sind die verschiedenen Männergestalten und

---

17 Auch die Problematik für Autorinnen über Sexualität zu schreiben, wird dabei sichtbar. Denn das männliche Blickverhalten, die Subjekt-Objekt-Aufteilung in der Konstruktion von betrachten und betrachtet werden, ist Teil der Sozialisation von Frauen – genauso wie ein Sprechen/Schreiben außerhalb der normierten (männlich geprägten) Sprache nicht möglich ist. Zu dieser paradoxen Situation nimmt etwa Elfriede Jelinek in einem Interview Stellung: „Das ist ja die Perfiderie oder die Gespaltenheit und Zerrissenheit: dass man den männlichen Blick hat und eh als Mann schreibt, weil man es als Frau nicht schreiben kann – ohne aber ein Mann zu sein." Elfriede Jelinek im Interview mit Alice Schwarzer „Ich bitte um Gnade", in: Emma, 7 (1989), 51.
18 Janitschek, Erziehung, wie Anm. 12, 149 f.
19 Janitschek, Erziehung, wie Anm. 12, 112.
20 Vgl. Claudia Kuderna, Anders als die anderen – Die Thematisierung weiblicher Homosexualität in ausgewählten Romanen der Zwischenkriegszeit, Wien (Diplomarbeit) 1994, 60 ff.

ihr Verhältnis zur Protagonistin, die lesbische Beziehung wird dabei zu einer Nebenhandlung. Die homoerotische Variante der Sexualität ist für Seffi eine Flucht aus der heterosexuellen Annäherung, die sie jedoch nicht aus Zweifel an den Männern beziehungsweise aus Kritik am Patriarchat hinter sich lässt, sondern weil das Damoklesschwert „Schwangerschaft" über ihrem Kopf schwebt und ihre Adoptivmutter den Umgang mit den Brüdern untersagt. Die kontrollierende Adoptivmutter, die in ihrer Position als Vertreterin für das „Gesetz des Vaters"[21] funktionalisiert wird, wird dabei zur Person, gegen die sich der Widerstand Seffis richtet. Agathe gilt als Ersatzobjekt für Seffis Begehren und außerdem ist sie eine „Busenfreundin" für die Pubertät. In dieser Entwicklungsphase waren den damaligen Vorstellungen entsprechend enge Freundinnenschaften nicht beängstigend, sondern vielmehr Teil der Pubertät.[22]

Widerständiges Lieben II: Auswege aus der ‚Verdammnis' Ehe

Für den deutschsprachigen Raum in der Zeit nach 1945 konstatiert Madeleine Marti[23] eine österreichische Tradition der Thematisierung lesbischer Beziehungen, die sehr früh an die Vorkriegstexte anschließt. In den Texten *„Eine Handvoll Leben"*[24] von Marlen Haushofer (1955) und *„Ein Schritt nach Gomorrha"* von Ingeborg Bachmann (1956/57) werden Traditionen in der Gestaltung lesbischer Beziehungen fortgesetzt.

In Bachmanns Erzählung wird das Werben der jungen Künstlerin Mara um die Ehefrau Charlotte vorgeführt, wobei weniger die lesbische Beziehung als Möglichkeit dargestellt, als vielmehr Kritik am Patriarchat und den Normen heterosexueller Verhältnisse geübt wird. Charlotte ist eine ambivalente Frau, die zwischen den von ihr verlangten Verhaltensnormen und ihrem eigenen Begehren, welches an einigen Stellen durchaus als ein lesbisches zu beschreiben ist, hin- und hergerissen wird. Dennoch siegt in ihr – nach psychoanalytischer Klassifizierung – der Typ der virilen Frau, die zwar in der heterosexuellen Sexualität keineswegs befriedigt ist, andere Frauen jedoch ablehnt[25] und Beziehungen zu Männern auf rein

---

21 Vgl. Jacques Lacan, Funktion und Feld des Sprechens und der Sprache in der Psychoanalyse, in: Schriften I, Berlin/Weinheim 19964, 119.
22 Sigmund Freud, Über die Psychogenese eines Falles von weiblicher Homosexualität (1920), in: ders., Zwang, Paranoia und Perversion, Frankfurt a. M. 1973, 277.
23 Bei Marti, Botschaften, wie Anm. 7, findet sich im Anhang ein sehr umfassendes Textverzeichnis für den Zeitraum nach 1945, wobei Kuderna zurecht darauf hingewiesen hat, dass Madleine Marti weder Kurztexte noch Texte in Anthologien berücksichtigt hat; vgl. Kuderna, Thematisierung, wie Anm. 20, 43.
24 Bei Marlen Haushofer handelt es sich um die Liebe zwischen pubertierenden Mädchen (wie schon bei Maria Janitschek) in einem männerlosen Raum, hier dem Internat, bzw. um die unerwiderte Liebe zu einer Lehrerin.
25 „Charlotte sah Frauen gerne an; sie rührten sie häufig oder erfreuten ihre Augen, aber sie vermied, wo es

intellektueller Basis bevorzugt. In ihrer Geschlechterrolle schwankt sie zwischen ihrer Realität, in der sie als pflichtbewusste Gattin gesellschaftlichen Pflichten ebenso nachgeht wie den heimkehrenden Ehemann am Bahnhof abholt, und Imagination, dabei nimmt sie in ihren lesbischen Phantasien gegenüber Mara immer die überlegene „Männerposition" ein und trifft alle Entscheidungen. Charlotte präsentiert sich als pflichtbewusste Gattin und legitimiert das Verhältnis mit Mara für sich quasi als Mutter-Tochter-Beziehung, dies zeigt sich unter anderem im wiederholten Gebrauch des Nomen ‚Kind' als Bezeichnung für Mara (zum Beispiel „furchtsames Kind"[26]). Mara entspricht dieser Verniedlichung in ihren Zärtlichkeiten, Dinah Dodds wertet dies als erste Strategie ihrer Verführungskunst.[27] Barbara Gissrau bezeichnet auf der Basis ihrer psychoanalytischen Interviews mit Lesben und Heteras die Mutter-Tochter-Beziehung als ursprünglichsten und das erotische Kontinuum hinsichtlich weiblicher Beziehungen auslösenden Faktor.[28] Dies ist vermutlich auch die einzige Denkmöglichkeit von gleichgeschlechtlicher Beziehung, die sich Charlotte zugesteht. Sie entlarvt das Verhalten Maras, ihren „Singsang voller Unverstand"[29] als weibliches Verhalten, als ihr eigenes Verhalten gegenüber Männern. Damit stellt sie den Prototyp einer „Sich-selbst-verdoppelnden Frau" im Weigelschen Sinne dar:[30] die Frau, die sich in der anderen Frau spiegelt und dabei ihr eigenes Ich als ein Anderes erkennt. Denn „in Mara erblickt Charlotte sowohl das vertraute Ich, das ganz auf das männliche Begehren ausgerichtete Weibchen, das sie jetzt, weil sie es als eine entfremdete Identität sehen lernt, verabschieden möchte, als auch ein anderes, vergessenes Ich, das jedoch als bedrohlich erscheint und eine entfremdende Identität in sich trägt."[31] Charlotte sieht jede Beziehung nur in der Polarisierung männlich-weiblich. In einer ihrer Phantasien imaginiert sie sich gegenüber Mara als

---

ging, Gespräche mit ihnen. Sie fühlte sich geschieden von ihnen, von ihrer Sprache, ihrem Kreuz, ihrem Herz." Ingeborg Bachmann, Ein Schritt nach Gomorrha, in: Sämtliche Erzählungen, München/Zürich 1996, 209.

26   Bachmann, Schritt, wie Anm. 25, 190.
27   Vgl. Dinah Dodds, The Lesbian Relationship in Bachmann's ‚Ein Schritt nach Gomorrha'", in: Monatshefte für deutschen Unterricht, deutsche Sprache und Literatur, (1980), 432.
28   Vgl. Gissrau, Sehnsucht, wie Anm. 1, 146 ff.
29   Bachmann, Schritt, wie Anm. 25, 199.
30   Ingeborg Dusar bezieht sich hier auf die Schriften der Literaturwissenschafterin Sigrid Weigel, die unter anderem in dem Text „Der schielende Blick" (erschienen in Inge Stephan u. Sigrid Weigel, Die verborgene Frau, Berlin 1983, 83–137) mit der Metapher der „sich selbst verdoppelnden Frau" auf die „Doppelexistenz der Frau, die in der symbolischen Ordnung als ‚beteiligt und ausgegrenzt' zugleich erscheint" verweist; vgl. Ingeborg Dusar, Choreographien einer Differenz, Köln/Weimar/Wien 1987, 197. Bezug genommen wird dabei auf die Position innerhalb einer (männlich) definierten Norm, die es auch im Schreibprozess bei Bachmann nicht zu durchbrechen gelingt. „Für das Selbstverständnis der Frau bedeutet das, daß sie sich selbst betrachtet, indem sie sieht, dass und wie sie betrachtet wird, d.h. ihre Augen sehen durch die Brille des Mannes." Weigel, Blick, s. o., 85.
31   Vgl. Dusar, Choreographien, wie Anm. 30, 197 f.

männlicher Part, was ihr eigenständiges Denken und Handeln sowie die Unterordnung der anderen ermöglicht. Diese Geschlechterrollenumkehr impliziert eine Kritik an den herrschenden Geschlechterverhältnissen und die Erkenntnis, was der Protagonistin all die Jahre in Männerbeziehungen fehlte.[32]

Körperlichkeit findet auch in der Erzählung von Ingeborg Bachmann vor allem in Berührungen und Gesten ihren Ausdruck. In der Wohnung greift Mara nach Charlottes Arm[33] und im Treppenhaus stützt Charlotte die betrunkene Mara. Im öffentlichen Raum (Straße/Bar) finden die einzigen beidseitig initiierten Berührungen statt. Zuerst auf der Straße: „Sie hielten einander an den Händen",[34] und dann in der Bar: „Sie spürte den Druck von Maras harten Fingern und erwiderte ihn, ohne zu wissen warum und ohne es zu wünschen."[35] Das lesbische Begehren verwirrt Charlotte, sie hat keinen passenden Code für das Verhalten in dieser Situation zur Verfügung:

> Die Küsse, die der kleine Mund gab, die Locken, die geschüttelt wurden über Charlotte, der kleine Kopf, der an ihren Kopf stieß, – alles war soviel kleiner, gebrechlicher, nichtiger, als je ein Kopf, je Haar, je Küsse gewesen waren, die über Charlotte gekommen waren. Sie suchte in ihren Gefühlen nach einer Anweisung, in ihren Händen nach einem Instinkt, in ihrem Kopf nach einer Kundgebung. Sie blieb ohne Anweisung.[36]

Charlotte kann über eine mögliche lesbische Beziehung nur in Pronomen-Ersetzungen denken: „Ja, so war das. Das war es."[37] Die Liebe zu einer Frau ist nicht artikulierbar, die heterosexuellen Normierungen bleiben dominant. Auswege existieren nur spielerisch als Ausnahmezustand oder auf der Ebene der Phantasie. Die widerständige Haltung und die kritische Einstellung gegenüber ihrer Ehe scheint individuell auf den einen Mann gerichtet und weniger als ‚politische' Haltung der Präferenz der Homosexualität konstruiert zu sein. Der Widerstand richtet sich also gegen den einen Ehemann – aber die Lösung findet sich nicht in der Liebe zu einer Frau.

Die Nähe-Distanz-Veränderungen sind im Text zusätzlich durch die wechselnde Anredeform „Du" und „Sie" gekennzeichnet. Das vertrauliche „Du" verwendet Mara erstmals, nachdem sie sich in der Bar nähergekommen waren. Diese Nähe schaffende Anrede bleibt bis zur Schlussszene, wo Charlotte aus ihren „Träumen" erwacht und die beiden Frauen schlafen gehen: „Nein, sagte Charlotte heiser. Bleib. Trink mit mir. Ich komme vor Durst

---

32 Bachmann, Schritt, wie Anm. 25, 201.
33 Vgl. Bachmann, Schritt, wie Anm. 25, 189.
34 Bachmann, Schritt, wie Anm. 25, 190.
35 Bachmann, Schritt, wie Anm. 25, 192.
36 Bachmann, Schritt, wie Anm. 25, 195 f.
37 Bachmann, Schritt, wie Anm. 25, 192.

um. Bleib doch. Nein nicht mehr, sagte Mara. Ich kann nicht mehr trinken, nicht mehr gehen, stehen. Tot bin ich – – – So schicken Sie mich doch schon fort!"[38] Die Distanzierung muss wiederhergestellt werden, damit der Ehemann am nächsten Tag nach Hause kommen kann.

Auf einer Metaebene findet in Charlottes Imagination über eine mögliche lesbische Beziehung auch die Auseinandersetzung mit der Normierung durch Sprache statt und sie weiß, dass sie für sich selbst eine neue Sprache schaffen müsste, um neuen Realitäten adäquat begegnen zu können.[39] Es gelingt ihr jedoch nicht, da sie diese Erneuerung nur durch die Negation der alten Sprache definieren könnte.[40] Die eigene Körperlichkeit/Sexualität und die Sprache werden bei Ingeborg Bachmanns Text jedoch eng miteinander verwoben dargestellt, ein Scheitern auf der Benennungsebene führt konsequenterweise zu einem Scheitern der lesbischen Lebensmöglichkeit. Der innere Widerstand gegen die internalisierte Normierung auf heterosexuelle Liebe ist zu gering, um alternative Lebensmodelle zu versuchen.

Bachmann verwendet das weibliche Begehren als Ausgangspunkt für die Reflexionen einer Frau über die Veränderung der Geschlechterverhältnisse im heterosexuellen Raum. Im Zentrum steht dabei nicht die Darstellung lesbischer Liebe, sondern eine Kritik an der Institution Ehe und ihren hierarchisierenden engen Strukturen. Die Darstellung ist insofern zwar programmatisch hinsichtlich eines Überdenkens gesellschaftlicher Normen, die Ausgestaltung der lesbischen Beziehungsmöglichkeit zeichnet der Text hingegen sehr vage als Phantasie, die nicht umsetzbar ist, als ein Bedürfnis, welches keine „Sprache" hat. Das Motiv der lesbisch Liebenden stellt die Autorin dabei vor ein Artikulationsproblem: Wie können Frauen ihr Begehren ausdrücken und wie kann ein Modell der Gleichberechtigung im Sinne einer Subjekt-Subjekt-Beziehung gestaltet sein, wenn es nicht patriarchalischen Regeln folgt.[41] Damit bietet Bachmann keine Lösung aus den heterosexuellen Strukturen auszubrechen, sondern in der Imagination Charlottes findet eine „simple Übertragung" von heterosexuellen Normen auf lesbische Beziehungsmuster statt.[42]

Schon der Titel der Erzählung verweist auf einen der Intertexte dieser Erzählung. Gomorrha ist verbunden mit Assoziationen wie Ekstase und Befreiung, aber auch Verdammnis.[43] „Die biblischen Städte Sodom und Gomorrha galten als Schauplätze von Perversionen, von der ungebändigten homosexuellen Liebe, von wilder Ekstase und Rausch, in denen die Grenzen des ‚Normalen' überschritten wurden. Als solche bedrohten sie die göttlich ge-

---

38 Bachmann, Schritt, wie Anm. 25, 213.
39 Bachmann, Ein Schritt, wie Anm. 25, 205.
40 Vgl. Christa Gürtler, Schreiben Frauen anders? Untersuchungen zu Ingeborg Bachmann und Barbara Frischmuth, Stuttgart 1983, 279.
41 Vgl. Marti, Botschaften, wie Anm. 7, 385.
42 Marti, Botschaften, wie Anm. 7, 105.
43 Vgl. Dusar, Choreographien, wie Anm. 30, 193.

wollte Ordnung aus dem Alten Testament, die den Menschen ein Leben als Mann und Frau in der Gemeinschaft der Ehe vorschreibt."[44] Zwischen diesen sehr konträren Positionen spielt sich das Innenleben von Charlotte ab; als gleichberechtigte Lebensform erscheint die lesbische Beziehung dabei nicht – der Widerstand gegen die heterosexuelle Norm ist temporär.

Widerständiges Lieben III: Beziehungsinterne Kämpfe

Zur Darstellung lesbischer Beziehungen in Texten deutschsprachiger Autorinnen nach 1945 liegt eine – bereits mehrmals zitierte – Arbeit von Madeleine Marti vor, die einige zentrale Tendenzen dieser Texte herausarbeitet: Marti stellt fest, dass seit den 1970er Jahren ein breiteres Spektrum an Themen geboten wird (Homophobie der Gesellschaft, aussichtslose Liebe zu einer Hetera, bewusster „politischer" Wechsel von heterosexueller zu homosexueller Beziehung), die Palette der Figuren vergrößert wird, jedoch werden die Lesbenbeziehungen fast immer idealisiert. Vergleicht man diese literarischen Entwicklungen mit dem psychoanalytischen Stufenmodell von Barbara Gissrau,[45] dann ergibt sich eine Parallelisierung: die Literatur der 1970er Jahre zu diesem Thema fällt in die Phase der Selbsterforschung und Akzeptanz der eigenen Homosexualität. In den 1980er Jahren stehen komplexere Themen im Zentrum einiger Texte.[46] Die Protagonistinnen treten nun verstärkt in allen Berufsgruppen auf, das heißt es gibt erwachsene, berufstätige Frauen, die nicht mehr nur Lehrerinnen sind und das Alter der Frauenfiguren in den Texten wird insgesamt zunehmend variabel. Wichtig wird vor allem, dass Lesben nun nicht mehr nur als Nebenfiguren oder als einsame Akteurinnen auftreten, sondern in einem eigenen sozialen (lesbischen) Umfeld situiert sind und agieren.[47] Diese Analogie zur psychischen Identitätsfindung nach dem Modell von Gissrau ist in Texten aus Österreich erst in den 1990er Jahren beobachtbar; sie wäre die letzte, integrierte Phase der Entwicklung zu einer eigenständigen lesbischen Identität beziehungsweise Sexualität.

---

44 Dusar, Choreographien, wie Anm. 30, 203.
45 Die Entwicklung in Richtung eines eigenständigen lesbischen Lebensstils verläuft nach Gissrau über vier Etappen:
1.Erkenntnis der eigenen, nicht-heterosexuellen Bedürfnisse und der verinnerlichten Homophobie (dies kann zu verdeckter Homosexualität in einer heterosexuellen Beziehung führen); 2. Selbsterforschungsphase: lesen, Annäherung an eine lesbische Subkultur, etc.; dabei unterscheiden sich drei weiterführende Varianten a) Feststellung: ich bin nicht lesbisch; b) Ablehnung der eigenen Lust; c) Auseinandersetzung mit eigener und gesellschaftlicher Homophobie; 3. Akzeptanz: Aufhebung der Isolation; 4. Integration: selbstverständlicher offener Umgang mit eigener Homosexualität, d.h. auch offen zu dieser Lebensform zu stehen (gegenüber der Familie, im Berufsleben, etc.); vgl. Gissrau, Sehnsucht, wie Anm. 1, 230–237.
46 Marti, Botschaften, wie Anm. 7, 141.
47 Marti, Botschaften, wie Anm. 7, 206.

Folgende Textanalyse soll die eben skizzierten Beobachtungen Martis aufgreifen und zeigen, welche Tendenzen in den 1990er Jahren prägend wirksam werden. *„Cote d'Azur. Zwei Frauen – eine Liebesgeschichte"* (1993) lautet der Titel der Erzählung von Karin Rick. Und der Titel liefert zugleich eine prägnante Inhaltsangabe des Textes. Zwei Frauen weilen auf Urlaub in Südfrankreich, geschildert wird ihr Beziehungsleben in einer dem Alltag fernen Umgebung und Situation. Das Erzählprogramm ist bestimmt durch den Wechsel von leidenschaftlichen, genießerischen Tagen und Auseinandersetzungen, die auf einer oberflächlichen Ebene die Urlaubsgestaltung der zwei Frauen, beim genaueren Betrachten aber das prinzipielle Nähe-Distanz-Verhältnis der beiden betreffen.

Der Untertitel der Erzählung macht auf ein neues Selbstverständnis lesbischer Beziehungen aufmerksam: Es bedarf keiner metaphorischen beziehungsweise biblischen Assoziationen (wie bei Ingeborg Bachmanns *„Ein Schritt nach Gomorrha"*), um eine Bewertung homosexueller Liebe vorzunehmen. Zwei Frauen vertreten ihren sexuellen Lebensstil in aller Öffentlichkeit und müssen sich auch gegenüber der Gesellschaft nicht rechtfertigen. Sie leben ein alternatives Modell, ohne damit die Ehe als normierte Form angreifen beziehungsweise sich von dieser überhaupt abgrenzen zu müssen. In Bezug auf die Nichtanwesenheit der heterosexuellen Norm im Text (Reaktionen heterosexueller Menschen finden sich kaum) ist auch auf den Raum hinzuweisen, da der Süden, die Fremde und Weite als offener Raum konnotiert werden, wo alles möglich ist. Auch die Wiener Autorin Helga Pankratz betont im Nachwort zu dieser Erzählung deren spezifische Offenheit: „Bemerkenswert problemlos nehmen sich diese zwei Frauen ihr Recht auf unbeschränkte sinnliche Freude heraus: unverhohlen, unverstohlen, un-heimlich, ‚out of the closet', vor den Augen der ganzen Welt benehmen sie sich sichtbar und offensichtlich als Verliebte."[48] Pankratz interpretiert dies als Immunität von Liebenden gegenüber ihrer Umgebung und nicht als Utopie einer offenen Gesellschaft.

In einer anderen Lesart wird hier aber auch ein lesbisches Selbstverständnis vor Augen geführt, welches das Stadium der Isolation beziehungsweise die Asylierung in subkulturellen Räumen überschritten hat und sich gegenüber der Umwelt offen zeigen kann. Diese Öffentlichkeit ist als Ort konzipiert, wo die beiden Frauen nach dem vorhin zitierten Modell von Gissrau quasi auf der vierten Stufe der psychoanalytischen Entwicklung von „lesbischsein" – der Integration der eigenen Homosexualität – gedacht sind:[49] Zärtlichkeiten und Berührungen werden in der Öffentlichkeit mit einem neuen Selbstverständnis gelebt.

Die Dimension von Widerstand ist in dieser Beziehungskonstellation von einer ganz anderen Art und Qualität als in den beiden vorher analysierten Texten: nachdem eine kriti-

---

48 Helga Pankratz, Nachwort, in: Karin Rick, Cote d'Azur. Zwei Frauen – eine Liebesgeschichte, Wien 1993, 56.
49 Vgl. Gissrau, Sehnsucht, wie Anm. 1, 230 ff.

sche Haltung zur Heterosexualität beziehungsweise der Widerstand gegen einen Ehemann nicht nötig sind, rücken hier die Widerstände zwischen den beiden Frauen in den Vordergrund. Interessant scheint mir, dass die viel beschworene Aufhebung der einseitigen hierarchischen Geschlechterverhältnisse, des oben/unten, aktiv/passiv, männlich/weiblich bei der sehr offenen Beschreibung von Sexualität in gleichgeschlechtlichen Beziehungen (scheinbar) nicht funktioniert. Deutlich zeigt sich in mehreren Textstellen eine Rollenverteilung, die der hierarchisierenden heterosexuellen entspricht. So bleibt zum Beispiel die Opposition von Kopf/Körper (Verstand/Gefühl) aufrecht, wenn Felicitas das Bewusstsein der ‚männlichen' Ich-Erzählerin in der sexuellen Vereinigung „durchdringt". „Und dieser Körper ist wie eine Verlängerung, eine Erweiterung, ein Größerwerden meines eigenen. Es gibt keine Möglichkeit davon satt zu werden."[50] Die Frage bleibt offen, ob die sprachliche Ebene mit Wörtern wie „durchdringen", „Verlängerung" und „Vergrößerung" des eigenen Körpers als Manifestationen des weiblichen Penisneides zu deuten sind, oder ob die Suche nach einer eigenen, anderen Sprache der Sexualität bereits aufgegeben wurde.

Resümee

Ein vergleichender Blick zeigt, dass bis in die 1980er Jahre der dominante Bezugsrahmen in den Texten wie zum Beispiel von Maria Janitschek und Ingeborg Bachmann die Heterosexualität ist. Lesbische Beziehungen werden als pubertäre Flucht oder spielerischer Ausbruchsversuch aus der Ehe gestaltet und sind als Ausnahmesituationen konzipiert, die nur von beschränkter Dauer sind. Gleichgeschlechtliches Lieben wird dabei nicht bewusst im Sinne emanzipatorischer Frauenpolitik – wie etwa später die Politisierung sexueller Lebensformen durch die Neue Frauenbewegung – eingesetzt, sondern als Widerstandsform gegen die Mutter, die Körperlichkeit in jedem Fall verbietet, beziehungsweise gegen den Ehemann. In der Konzeption der Figuren und der Darstellung der Beziehungen sind die Autorinnen den Bildern ihrer Zeit verhaftet, das zeigt sich deutlich in den Texten der ersten Hälfte des Jahrhunderts in der Maskulinisierung der lesbischen Frauen, der Verwendung von männlichen Kurznamen-Formen sowie der „Ausnahmesituationen", die als Rahmen der Erzählungen fungieren, oder in der „Exotik", die durch KünstlerInnenmilieus oder die Gestaltung von Fremdheit – durch das Verlassen alltäglicher/gewohnter Lebensräume – produziert wird.

Erst in den letzten zwei Dekaden des 20. Jahrhunderts zeichnet sich in Texten österreichischer Autorinnen eine Änderung ab. Lesbisch leben wird seither als alternative Lebensform konzipiert – allerdings bei Rick mit dem pessimistisch stimmenden Nuance, dass

---

50 Rick, Cote d'Azur, wie Anm. 48, 15.

auch hier das Verständnis der Liebenden füreinander nicht uneingeschränkt gesichert ist und in der literarischen Konzeption herrschen nicht-egalitäre und hierarchische Beziehungsmuster, quasi der Werkzeugkasten heterosexueller Beziehungen, vor.

Zusätzliche Textstellen

Maria Janitschek, Neue Erziehung und alte Moral, in: Die neue Eva. Leipzig 1906[3]
1. Textstelle, 125 ff. Seffi mit einem ihrer Stiefbrüder in ihrer Kammer:
> „Gute Nacht", erwiderte sie [Seffi, J. N.] harmlos und vor Schlaf blinzelnd. Er sah sie eigentümlich an. „Hör mal, Seffi, ich riegle ein wenig die Thüre zu, ja? Wir haben schon so lange nicht mehr geplaudert." „Meinetwegen." Während er den Riegel vorschob, richtete sie sich ein wenig auf. Ihre jungen, schlanken Formen zeichneten sich deutlich unter der dünnen Decke ab. Er setzte sich dicht an sie und schob seinen Arm unter ihren Kopf. „Seffi willst du mir nicht einmal einen Kuss geben?" „Einen Kuss?" Sie schlug eine helle Lache an. „Schrei nicht so", flüsterte er ärgerlich, „gleich werden alle andern da sein. Du bist wirklich zu dumm." Er strich ihr über die Wangen, über das Kinn, dann zauderte er und glitt von ihrem Hals über die konisch geformten, starrenden Brüste. Erst blickte sie ihn verwundert über diese ihr fremde Berührung an, dann sagte sie etwas gedrückt: „Nein, du bist heute komisch, lass ... das." „Aber weshalb denn?" Er beugte sich auf ihr Gesicht, und während seine Rechte ihre wunderschönen Brüste zusammenpresste, drückte er seine Lippen auf ihren überraschten Mund.

2. Textstelle, 144 f. Seffi mit ihrer Freundin Agathe in ihrer Kammer:
> Sie streichelte sie und liebkoste sie und ergriff ihre ineinander verkrampften Hände. Was denn los wäre? Es stände doch alles aufs beste, alle hätten sie lieb, Agathe, sei ihr besonders zugethan. Bei den letzten Worten presste sie sich an Seffi und umschlang sie innig. In diesem Augenblick wurde Seffi ruhig und schloss die heißen Lider. Ein bleicher, zärtlicher Schein huschte über ihr Gesicht. Brust an Brust schlummerten sie ein.

Ingeborg Bachmann, Ein Schritt nach Gomorrha, in: Sämtliche Erzählungen. München/Zürich 1996
1. Textstelle, 190 f. Charlotte mit Mara in der Bar:
> Von Unsicherheit befallen, sah Charlotte sich in dem luftlosen und heißen Vorraum der Bar um. Mara hielt ihr die Tür ins Innere auf. Wieder war alles rot. Nun waren auch die Wände rot, höllenrot ... Es wurde lustlos getrunken und getanzt; trotzdem hatte Charlotte das Gefühl, in einem Höllenraum gelandet zu sein, gebrannt und leiden gemacht zu werden von ihr noch unbekannten Torturen. Die Musik, der Stimmenlärm folterten

sie, denn sie hatte sich unerlaubt aus ihrer Welt entfernt und fürchtete entdeckt und gesehen zu werden von jemand, der sie kannte. ... Aber sie ging nicht – doch das wusste sie erst später ganz deutlich –, weil sie keinen Augenblick lang das Gefühl hatte, daß Mara tanzte, um zu tanzen, oder dass sie mit jemand hier tanzen oder hierbleiben oder vergnügen wollte. Denn sie sah immerzu her, führte ihren Tanz nur auf, damit Charlotte hinsah.

2. Textstelle, 195 f., die beiden Frauen in Charlottes Wohnung, spät in der Nacht:
Du lügst. Du hast mich gerufen, hast mich kommen lassen zu dir, hast mich mitgenommmen noch einmal in der Nacht, und jetzt ekelt dir vor mir, jetzt willst du's nicht wahrhaben, daß du mich gerufen hast zu dir! Ich hätte dich . . . Hast du mich nicht eingeladen? Was hat das bedeutet? Charlotte weinte. Sie konnte die Tränen, die so plötzlich kamen, nicht mehr aufhalten. Ich lade viele Menschen ein. Du lügst. Maras nasses Gesicht, naß noch, während sie schon zu lachen begann, presste sich gegen Charlottes Gesicht, zärtlich, warm und ihrer beider Tränen vermischten sich. Die Küsse, die der kleine Mund gab, die Locken, die geschüttelt wurden über Charlotte, der kleine Kopf, der an ihren Kopf stieß, – alles war soviel kleiner, gebrechlicher, nichtiger als es je ein Kopf, je Haar, je Küsse gewesen waren, die über Charlotte gekommen waren. Sie suchte in ihren Gefühlen nach einer Anweisung, in ihren Händen nach einem Instinkt, in ihrem Kopf nach einer Kundgebung. Sie blieb ohne Anweisung. ... So also waren ihre eigenen Lippen, so ähnlich begegneten sie einem Mann, schmal, fast widerstandslos, fast ohne Muskel – eine kleine Schnauze nicht ernst zu nehmen. Küß mich nur einmal, bettelte Mara. Nur ein einziges Mal.

Karin Rick, Cote d'Azur. Zwei Frauen – eine Liebesgeschichte. Wien 1993
1. Textstelle, 15, Reflexion der Ich-Erzählerin in der Nacht:
Unsere vielen Streite, unsere Konflikte haben meine Liebe nicht zum Abklingen gebracht. Ich bin eine Rückfalltäterin. Wie eine Schallmauer habe ich auf dieser Reise die Grenze überschritten, hinter der ich mich noch von ihr getrennt betrachten konnte. Ich bin jetzt in einem Universum, in dem ich nichts anderes tun kann, als ihren Körper zu berühren, zu streicheln, zu küssen, schon am Morgen beim Erwachen. Und dieser Körper ist wie eine Verlängerung, eine Erweiterung, ein Größerwerden meines eigenen. Es gibt keine Möglichkeit, davon satt zu werden. Sie ist manchmal eine leidenschaftliche Primadonna, dann das kleine Streichelwesen, dann die Kindfrau mit dem trotzigen Befehl: „Liebhaben die Feli!"

2. Textstelle, 28, weitere Überlegungen der Ich-Erzählerin über Beziehungsmuster:
Wenn sie ganz auf sich selbst vergißt und nur an mich denkt und gleichzeitig heimlich davon überzeugt ist, selber zu kurz zu kommen und von mir vernachlässigt zu werden, kann ich ihre Anstrengungen nie wettmachen.

3. Textstelle, 49 f. Nähe-Distanz und der Besitzgedanke im Beziehungsleben:
In ihrer Stimme satte, schlaftrunkene Geilheit, ihre Hand fällt schwer, wie zufällig, auf meine Brüste, ihre Arme umschlingen mich wieder. „Zeig mir einmal wie du mich wegstößt, zeig's mir einmal", sagt sie wollüstig. Ich rolle sie weg von mir, sie kommt kichernd wieder zurück. „Willst du mich auf Distanz halten, das gelingt dir nicht..." ... „In Wien werden wir uns eine Woche lang nicht sehen, da wirst du erst draufkommen, wie schön wir es hier gehabt haben", sage ich. Sie antwortet nicht. Ihr Kopf bleibt unbewegt auf meiner Schulter liegen, ich hebe ihr Gesicht zu mir, es ist voller Tränen. Sie ist von einer unbeschreiblichen Schönheit und Sanftheit, wenn sie weint, das Gesicht in meiner Halsgrube vergräbt, die Nase schutzsuchend in mein Ohr steckt. Ihre Augen wieder Velours und Dunkelheit, entrückt. Sie ist nicht mehr von meinem Hals wegzubewegen. Ich streichle sie verzweifelt und dennoch in dem glücklichen Bewußtsein, sie ganz für mich zu haben.

Sandra Eder

Lesbian Pulps Revisited[1]
Über die Beharrlichkeit des Geschlechts und das Scheitern von Konstruktionen

> Die Reproduktion heterosexueller Konstrukte in nicht-heterosexuellen Zusammenhängen hebt den durch und durch konstruierten Status des sogenannten heterosexuellen „Originals" hervor. Denn Schwulsein verhält sich zum Normalen *nicht* wie die Kopie zum Original, sondern eher wie die Kopie zur Kopie. Die parodistische Wiederholung des „Originals" … offenbart, daß das Original nichts anderes als eine Parodie der Idee des Natürlichen und Ursprünglichen ist.[2]

Begehren, Sexualität und Liebe werden zumeist im Raster von Kategorien und Einteilungen wie „männlich" und „weiblich", „heterosexuell" und „homosexuell" gedacht. Diese Kategorien werden noch immer oft als rigide feststehend betrachtet und weniger als fließend und ambivalent. Auch unsere Sicht der Vergangenheit wird nur allzu oft dieser Inflexibilität und diesem Mangel an Komplexität unterworfen. Vor allem aber werden diese Kategorien als binär betrachtet, selbst in der Dekonstruktion wird der inhärente Essentialismus der Kategorien nicht befriedigend aufgelöst. Hier kann eine „queer perspective" einen hilfreichen Zugang bieten. Sie basiert auf der Idee, dass (sexuelle) Identitäten nicht feststehend und singulär sind und ihre Kategorisierung permanent in Frage gestellt werden muss. „Homosexuelle" sind genauso wenig eine homogene Gruppe wie „Frauen" oder auch „Heterosexuelle". Queer Theory fordert dazu auf, jede Idee von feststehenden Kategorien in Frage zu stellen und die Konstruktionsarbeit, die in der Etablierung dieser Kategorien steckt, aufzuzeigen und zu analysieren. So wird, ohne jemals reelle Unterdrückung und hegemoniale Zusammenhänge zu ignorieren, auch der Frage nachgegangen, warum diese binären Kategorien so wichtig sind. Denn das Beharren auf diesen Kategorien und ihren Differenzierungen sagt mehr über die Norm aus als über deren sogenannte Abweichungen. Daher ist das Ziel einer „queer perspective" immer die Dekonstruktion des „Normalen". Noch werden allzu oft die

---

1 Dieser Aufsatz basiert auf meiner von Edith Saurer betreuten Diplomarbeit „Lesbian Pulps Revisited". Die Konstruktion von Sexualitäten und Geschlechtern in populärer Literatur der USA, 1950–1962, Wien 2000. An dieser Stelle möchte ich Edith Saurer nochmals von ganzem Herzen für ihre Unterstützung und ihre inspirierenden Anregungen danken.
2 Judith Butler, Gender Trouble. Feminism and the Subversion of Identity, New York 1990 [dt. Das Unbehagen der Geschlechter, Frankfurt a. M. 1991, 58].

falschen Fragen gestellt: So geht es darum, warum und wie Menschen von Normen abweichen und nicht, warum es für uns so wichtig ist, diesen Normen zu entsprechen. Hinterfragt werden sollte zum Beispiel also nicht, warum manche Menschen in ihrem Gender-Verhalten abweichen, sondern warum es so wichtig ist, nur einem klar definierbaren Geschlecht anzugehören.[3]

Nun zeigen aber gerade die Schwierigkeiten, diese Normen zu konstruieren die Unvollständigkeit und Widersprüchlichkeit dieser Konstruktionsarbeit. Dadurch erschließt sich auch ein weiteres Spektrum von Widerstand als man auf den ersten Blick erwarten würde. Denn nicht zuletzt ist das Scheitern des Versuches der Normierung selbst ein Element des Widerstands, da es ihn erst ermöglicht. In diesem Sinn eröffnet die „queer perspective" einen neuen Blick auf die Geschichte der Sexualitäten und weist auf Formen widerständigen Handelns und Perioden des Aufbegehrens hin, die konventionelleren Betrachtungsweisen verschlossen bleiben müssen. In der Folge betrachte ich das Beispiel der *Lesbian Pulps* aus dieser „queer perspective".

Das Phänomen *Lesbian Pulps*

Nach dem Zweiten Weltkrieg und speziell in den 1950er Jahren brachte die US-amerikanische Taschenbuchindustrie unzählige, schnell geschriebene und billig produzierte Paperbacks heraus, die von gleichgeschlechtlichen Beziehungen zwischen Frauen handelten[4] – die *Lesbian Pulp Novels*. Diese Taschenbücher sind vergleichbar mit den im deutschsprachigen Raum existierenden Trivial- oder Schundromanen, bei denen es auch eigene Genres gibt wie etwa den Ärzte- oder den Heimatroman. Durch die Veröffentlichung von Paperbackoriginalen nahmen die Manuskripte einen direkten Weg von den Autorinnen und Autoren über den Verlag zum Verkaufsstand in den Drugstores, Supermärkten, Busstationen und Zeitungsständen in unmittelbarer Nähe der Konsumentinnen und Konsumenten. Dadurch waren sie erstens billiger als Nachdrucke von bereits in Hardcover erschienen Werken und zweitens unterliefen sie die herkömmlichen Mechanismen der Qualitätskontrolle und ver-

---

3   Vgl. Jonathan Katz, The Invention of Heterosexuality, New York 1996, 15 ff.
4   Romane, die sich mit männlicher Homosexualität beschäftigten, erreichten nicht die Auflagenzahlen der *Lesbian Pulps*. Erst ab Mitte der 1960er Jahre – mit Ende des *Golden Age* – wurden solche Romane vermehrt und ökonomisch erfolgreich publiziert, siehe Laurence Miller, The „Golden Age" of Gay and Lesbian Literature in Mainstream Mass-Market Paperbacks, in: Paperback Parade, 47 (1997), 41; ders., Adult-oriented Gay and Lesbian Paperbacks During the Golden Age, in: Paperback Parade, 49 (1997), 26–45; für eine Bibliographie (4.470 Titel) siehe: Tom Norman, American Gay Erotic Paperbacks: A Bibliography, Burbanks 1994 (unveröffentlicht).

Vin Packers *Spring Fire* war das erste Buch mit lesbischen Inhalt in der Gold Medal Reihe. Das Cover gab dezent Hinweise auf den Inhalt. „A story once told in whispers now frankly, honestly written." © Vin Packer, Springfire, New York 1954 (Original 1952) (Copyright 1952 by Fawcett Publications, Inc.), Coverpainting by Barye Phillips.

mieden damit eine mögliche Zensur.[5] Der millionenfache Erfolg dieser Veröffentlichung von Taschenbüchern mit erotischem, lesbischen Inhalt in den frühen 1950er Jahren, speziell Tereska Torres *Women's Barracks*[6] und Vin Packers *Springfire*[7] initiierte einen wahren *Lesbian Pulp*-Boom. Hunderte *Lesbian Pulps* wurden von verschiedenen Verlagen veröffentlicht, oft extrem unterschiedlich in Qualität und Inhalt. Innerhalb des Genres gab es immer

---

5 Der Büchermarkt änderte sich mit den in großen Massen für Soldatinnen und Soldaten gedruckten Taschenbüchern, oft Nachdrucke berühmter Werke, sowie mit der Zunahme rein für den Taschenbuchmarkt geschriebener Romane (diese werden als Originalmanuskripte bezeichnet), die durch ihre niedrigen Produktionskosten und ihr neuartiges Distributions- und Marketingsystem ökonomisch sehr erfolgreich waren. Amy Villarejo beschreibt diese Innovationen und die ökonomischen Auswirkungen in: dies., Forbidden Love: Pulp as Lesbian History, in: Ellis Hanson Hg., Outtakes: Essays on Queer Theory and Film, London 1999, 321.

6 Tereska Torres, Women's Barracks, London 1972 (Orig. 1950).

7 Vin Packer, Springfire, New York 1954 (Orig. 1952).

wiederkehrende Themenbereiche wie lesbische Frauen in verschiedenen Institutionen (Colleges, Reformschulen, Militär, Gefängnis), Dreierbeziehungen zwischen zwei Frauen und einem Mann und die lesbische Subkultur (Greenwich Village, die lesbische Barszene, *Butch/Femme*[8]).

Generell wird zwischen zwei Formen der Pulps unterschieden: Es gab die *Golden Age Lesbian Pulps*[9] – qualitativ hochwertigere Taschenbücher, die oft auch sympathisierende und/oder lesbische Autorinnen hatten – und sogenannten *Sleaze*, reißerisch und schlecht geschriebene Schundheftchen. Diese erzählten vor allem von drogensüchtigen, inzestuösen, alkoholkranken, sadistischen, mörderische Lesben wobei diese Attribute beliebig kombinierbar sind. Die meisten der schnell und billig produzierten Taschenromane waren Teil der herrschenden Diskurse über weibliche und männliche Homosexualität und Geschlechterbilder. Sie waren höchst kommerzielle Produkte der Populärkultur, und zielten zuallererst auf die erotische Stimulierung eines männlichen heterosexuellen Publikums.[10] Zudem hatten beinahe alle Pulps auf Wunsch der Verlage eine so genannte „moralische Botschaft" – ihre homosexuellen Charaktere mussten am Ende entweder zur Heterosexualität zurück finden und/oder bestraft werden.

Eine Analyse dieser Quellen erfordert die Kontextualisierung der Texte bezüglich der massiven Umwälzungen infolge des Zweiten Weltkrieges, welche sich sowohl ökonomisch als auch ideologisch auf die Gesellschaft auswirkten. Der Eintritt der USA in den Zweiten Weltkrieg im Dezember 1941 und die damit verbundene Mobilisierung der US-amerikani-

---

8   *Butch/Femme* bedeutete vereinfacht dargestellt, dass in einer lesbischen Beziehung eine Partnerin eine „maskuline" (*Butch*) und die andere eine „feminine" (*Femme*) Rolle einnahm. *Butch/Femme* wurde als eine Form des Widerstandes lesbischer Frauen gegen ihre Unterdrückung interpretiert; vgl. z. B.: Elizabeth Lapovsky Kennedy u. Madeline D. Davis, Boots of Leather, Slippers of Gold: The History of a Lesbian Community, New York 1994, 183 ff und Joan Nestle, A restricted country, New York 1987, 100 ff; aber auch als eine stereotype Verinnerlichung herrschender Geschlechterverhältnisse; vgl. z. B.: Sheila Jeffreys, Butch and Femme: Now and Then, in: Lesbian History Group Hg., Not a Passing Phase: Reclaiming Lesbians in History. 1840–1985, London 1989, 158–188.
9   Dieser Begriff wurde von Barbara Grier geprägt, die in den 1950er Jahren regelmäßig Rezensionen der neuesten *Lesbian Pulps* in *The Ladder*, der Zeitschrift der ersten weiblichen Homophilenorganisation in den USA, den *Daughters of Bilitis,* schrieb.
10 Die Autorinnen waren sich dieser Intention sehr wohl bewusst: „Who was I writing for? Well, my intended market was the girls themselves, but I found out the hard way that my real audience was the drooling male: The ‚one-handed reader'"; Marion Zimmer Bradley, Those Wonderful Lesbian Pulps: A Roundtable Discussion, part I., in: San Francisco Bay Area Gay & Lesbian Historical Society Newsletter, 4, 4 (Summer 1989), 1–4, 4; Paula Christian äußert sich ähnlich: „… in the late ‚50's and early ‚60's publishers sold these novels to, as they put it, ‚truck driver mentality.' Men who purportedly wanted to know ‚what we did in bed' were the principal buyers of these books … The editorial attitude was that anything between two men was far too odious to risk for publication; but what went on between two women, at least men would be curious about"; Paula Christian, Those Wonderful Lesbian Pulps: A Roundtable Discussion, part I., in: San Francisco Bay Area Gay & Lesbian Historical Society Newsletter, 4, 4 (Summer 1989), 1–4, 4.

schen Gesellschaft brachte zahlreiche Veränderungen im Alltagsleben und in den Verhaltensweisen der Bevölkerung mit sich. Millionen von Männern verließen ihre Jobs und traten in die Armee ein oder wurden eingezogen. Auch einige hunderttausend Frauen dienten beim Militär, davon 140.000 beim Women's Auxiliary Army Corps (seit 1943 Women's Army Corps), 100.000 bei den Navy WAVES, 23.000 bei den Women Marines und 13.000 bei der Küstenwache SPARS.[11] Mehr als 15 Millionen Zivilistinnen und Zivilisten migrierten in die großen industriellen Zentren des Landes, um die leeren Stellen beziehungsweise die von der Rüstungsindustrie neu geschaffenen Arbeitsplätze zu besetzen. Die Kriegsjahre schufen für Frauen, die – vielfach zum ersten Mal – auf den Arbeitsmarkt strömten, eine neue Situation der Unabhängigkeit, brachten jedoch keine emanzipatorische Entwicklung mit sich. Die durchaus radikalen Veränderungen im Geschlechterverhältnis wurden – zumindest von offizieller Seite – als zeitlich begrenzt betrachtet. So betonte das *Office Of War Information (OWI)* in seiner Rekrutierungskampagne, dass Frauen nur als vorübergehende Arbeitskräfte gedacht waren, welche die im Militär dienenden Männer ersetzen sollten. Sie wurden für die gleiche Arbeit auch geringer entlohnt. Die Diskurse der Kriegszeit zeigen, dass keine tiefgreifende gesellschaftliche Veränderung, sondern eher eine temporäre Fluktuation einer schon länger andauernden Neuverhandlung von Geschlechterrollen stattfand.[12]

Diese gesellschaftlichen Umwälzungen förderten jedoch die Entwicklung einer substantiell neuen erotischen Situation, die sich besonders auf die Artikulation einer homosexuellen Identität und das Entstehen einer homosexuellen Subkultur auswirkte. Junge Amerikanerinnen und Amerikaner fanden sich zum ersten Mal losgelöst von ihren Familien und ihrem sozialen Umfeld, oft in einer nach Geschlechtern getrennten Umgebung. Dadurch entstand die Möglichkeit, mit einer sich schnell entwickelnden urbanen, homosexuellen Subkultur, die ihre Wurzeln in den 1920er und 1930er Jahren hatte, in Kontakt zu kommen.[13] Auch im Militär wurde Homosexualität besonders in Bezug auf männliche Rekruten intensiv diskutiert.[14] Obwohl von Anfang an versucht wurde, Homosexuelle aus dem Militär auszusortieren, schuf der hohe Personalbedarf kurzzeitig ein Klima der relativen Toleranz. Zudem waren die Methoden des Militärs, die nach dem offensichtlichsten *Zeichen* für Homosexualität suchten, größtenteils ineffektiv. Homosexualiät wurde zumeist über (äußere) Indikatoren wie Abweichung von der Geschlechterrolle und körperliche Devianz

---

11 Vgl. Allan Berube, Coming out under Fire. The History of Gay Men and Women in World War Two, New York 1990, 28; John D' Emilio, Sexual Politics, Sexual Communities. The Making of a Homosexual Minority in the United States 1940–1970, Chicago 1983, 27.
12 Vgl. Melissa Dabakis, Gendered Labor. Norman Rockwell's Rosie the Riveter and the Discourse of Wartime Womanhood, in: Barbara Melosh Hg., Gender and American History since 1890, London 1992, 182–204.
13 Vgl. D'Emilio, Politics, wie Anm. 11, 23–39.
14 Vgl. Berube, Coming out, wie Anm. 11, 8–66.

definiert, das heißt „Femininität" bei Männern und „Maskulinität" bei Frauen. Weibliche Homosexualität spielte daher eine marginale Rolle, zum Teil, weil ihre Existenz einfach nicht (an-)erkannt wurde, zum Teil, weil es einen Bedarf an Frauen gab, die bereit waren in den Truppen zu dienen. Zusätzlich war „Maskulinität" bei Frauen im Militär willkommen, sollten sie doch Arbeiten verrichten, die als inhärent „maskulin" betrachtet wurden – im Gegensatz zu „Femininität" bei Männern, die als Zeichen für Homosexualität betrachtet wurde und sie für den Militärdienst disqualifizierte.[15]

Die 1940er brachten keine größere Toleranz gegenüber Homosexualität mit sich: Die sozialen Veränderungen waren bloß Effekte einer gesellschaftlichen Ausnahmesituation und mit Ende des Krieges begannen soziale Kontrollmechanismen wieder besser zu greifen. Das Klima des Kalten Krieges und die US-amerikanische Feindseligkeit gegenüber politischen Dissidentinnen und Dissidenten im Inland waren dann der Hintergrund für neue Attacken gegen Homosexuelle und „andere Perverse". Obwohl sich die Annahme, dass Homosexuelle die nationale Sicherheit gefährden würden, auf keine wie auch immer gearteten Beweise stützen konnte, wurden sie in der Dämonologie der McCarthy Ära zu einer ähnlich großen Bedrohung wie die kommunistische stilisiert. Als 1950 Homosexualität unter Staatsangestellten zum politischen Thema wurde, setzte der Senat eine Untersuchungskommission ein, die noch im selben Jahr einen Bericht über die Anstellung von Homosexuellen und anderen „sexuell Perversen" im Staatsdienst publizierte.[16] Dieser Bericht stellte unter anderem fest, dass Homosexuelle eine Bedrohung für die nationale Sicherheit darstellen würden, und daher für den Staatsdienst nicht geeignet wären. Die „homosexuelle Bedrohung"[17] blieb während und nach der McCarthy Ära ein öffentliches Thema, das nicht nur von den politischen Autoritäten, sondern auch von den Medien thematisiert und diskutiert wurde. Es scheint, dass je mehr „abweichendes Sexualverhalten" verdammt und homosexuelle Menschen stigmatisiert wurden, desto mehr war das Thema in wissenschaftlichen, politischen

---

15 Siehe Gudrun-Axeli Knapp: Unterschiede machen: Zur Sozialpsychologie der Hierarchisierung im Geschlechterverhältnis, in: Regina Becker-Schmidt u. dies. Hg., Das Geschlechterverhältnis als Gegenstand der Sozialwissenschaften, Frankfurt a. M./NewYork 1995, 163–194. Zu Maskulinität als erwünschtes Merkmal bei Soldatinnen vgl. auch Lillian Fadermann, Odd Girls and Twilight Lovers. A History of Lesbian Life in Twentieth-Century America, New York 1991, 123; zur Rolle lesbischer Frauen im Militär siehe 120–125; für eine Analyse der Situation homosexueller Menschen im Militär während des Zweiten Weltkriegs vgl. Allan Berube, Marching to a Different Drummer: Lesbian and Gay GIs in World War II, in: Martin Dubermann, Martha Vincinus and George Chauncey Jr. Hg., Hidden from History: Reclaiming the Gay and Lesbian Past, London 1991, 383–394; zur Rolle der Psychiatrie im Militär vgl. Berube, Coming out, wie Anm. 11, 149–174.

16 U. S. Senate, 81st Congress, 2nd sess., Committee on Expenditures in Executive Departments, Employment of Homosexuals and Other Sex Perverts in Government, in: Mark Blasius and Shane Phelane, We are Everywhere: a Historical Sourcebook of Gay and Lesbian Politics, New York 1997, 241–251.

17 Vgl. D' Emilio, Politics, wie Anm. 11, 43.

und populären Diskursen präsent:[18] Die Psychiatrie betrachtete „sexuelle Abweichungen" als (Geistes-)Krankheit und diskutierte verschiedene Erkennungszeichen von und Heilungsmethoden für Homosexualität. Zeitungen brachten Augenzeugenberichte über das angeblich ausschweifende „Unwesen" der Homosexuellen Amerikas.[19] Sogar die Kinsey Reports, welche eigentlich die herrschenden moralischen Auffassungen über Sexualität in Frage stellten, indem sie die sexuelle Praxis der US-Amerikanerinnen und US-Amerikaner untersuchten und unter anderem Homosexualität nicht als Devianz, sondern als Teil des menschlichen Sexualverhaltens verstanden, wurden als Beleg für die Gefahr, die der Gesellschaft durch sexuelle „Perversion" drohe, betrachtet.[20]

Die exploitativen und reißerischen Aspekte der *Lesbian Pulps*, sowie die negativen Stereotype, die sich in den Texten finden, verführen dazu die Texte als Teil einer Repressionsgeschichte von Sexualität im Allgemeinen und Homosexualität im Speziellen zu betrachten. Ich möchte an dieser Stelle jedoch eine andere Lesart vorschlagen, eine „queer perspective", die nicht nur die Komplexität der tatsächlichen Rezeption der *Lesbian Pulps* in Betracht zieht, sondern auch eine genauere Analyse der Texte anstrebt. Eine solche Perspektive gibt den verschiedenen Ebenen der Texte mehr Raum und vermeidet, die US-amerikanische Gesellschaft der 1950er Jahre nur als zutiefst autoritär und hierarchisch strukturiert zu begreifen. Damit möchte ich keinesfalls den Konservativismus, die multiplen Formen der Unterdrückung und Verfolgung von politischen und sexuellen Dissidentinnen und Dissidenten und das geradezu paranoide Klima der Abschreckung, welches die US-amerikanische Nachkriegszeit so sehr geprägt hat, leugnen oder als gering erachten. Es gibt jedoch keinen

---

18 Vgl. Michel Foucault, Histoire de la sexualité, Bd. 1, La volonté de savoir, Editions Gallimard 1976 [dt. Der Wille zum Wissen. Sexualität und Wahrheit, Bd. 1, Frankfurt a. M. 1977].

19 In den späten 1940er und frühen 1950er Jahren zum Beispiel publizierten zwei Reporter des mächtigen Hearst Zeitungskonzerns eine Serie von sensationsgierigen Berichten (Confidential Books) über verschiedene US-amerikanische Städte für den New Yorker Daily Mirror, in dem sie die Schlussfolgerungen des Senatsreports mit den Statistiken der Kinsey Studie kombinierten und Homosexualität mit Subversion verbanden; vgl. D'Emilio, Politics, wie Anm. 11, 43; Neil Miller, Out of the Past: Gay and Lesbian History from 1869 to the Present, New York 1995, 276–278.

20 Vgl. D'Emilio, Politics, wie Anm. 11, 37. Kinseys Methode (er führte persönliche Interviews mit mehr als 10.000 weißen Amerikanerinnen und Amerikanern) und seine extrem sachliche, wissenschaftliche Sprache boten eine (relativ) entmoralisierte Analyse US-amerikanischen Sexualverhaltens. Seine Bücher erreichten eine große Auflage; „Kinsey" wurde zum Alltagswort – zum Synonym für Sexualität und Sexualbefreiung. Kinsey wurde von vielen Seiten heftig kritisiert und angegriffen, was bei der gesellschaftlichen Brisanz seiner Ergebnisse nicht weiter erstaunt, immerhin zeigte er die Divergenz zwischen sexuellem Ideal und Realität deutlich auf. Für viele homosexuelle Männer und Frauen war die Publikation der Kinsey Reports ein positiver Einschnitt, zeigten sie doch, dass Homosexualität ein häufigeres Phänomen als angenommen war und förderten damit die Bildung eines Gruppenbewusstseins; vgl. D'Emilio, Politics, wie Anm. 11, 33–37. Das Konzept, dass Homosexuelle eine unterdrückte Minderheit seien, und sich daher organisieren müssten, um Minderheitenrechte einzufordern, wurde erstmals 1951 formuliert, und zwar in Donald Webster Cory, The Homosexual in America, New York 1951.

monolithischen Diskurs, sondern die hegemonialen Diskurse sind stetig durchzogen von Widersprüchen, Brüche und Widerständen. Schließlich waren die 1950er auch die konstituierenden Jahre für die spätere Bürgerrechtsbewegung. Im Zuge dessen entstand die erste dauerhafte, anfänglich radikale, bald konservative, homophile Bewegung der USA, die heute als Wurzel der radikalen *Gay Liberation* Bewegung der späten 1960er und der 1970er Jahre gilt.[21] Die systematische Verfolgung und Unterdrückung, ebenso wie die besonders seit Ende des Zweiten Weltkrieges wachsende, homosexuelle Sub- beziehungsweise Barkultur und die vehemente öffentliche Diskussion waren Faktoren, die sich auf das Entstehen eines homosexuellen Gruppenbewusstseins und einer homosexuellen Identität auswirkten.[22]

Eine „Queer Perspective"?

Wie kann nun eine „queer perspective" auf die Lesbian Pulps aussehen? Zwei Aspekte der *Lesbian Pulps* sind hier jedenfalls bemerkenswert: Zum einen ihre zuerst unbeabsichtigte Funktion als informationsverbreitendes und identitätsstiftendes Medium und zum anderen die subversive Lesart durch ein weibliches und vor allem lesbisches Publikum. Die *Pulps* gaben ihren Leserinnen nicht nur die Möglichkeit, ihr Begehren zu benennen und zu realisieren, dass es noch andere Frauen gibt, die ähnlich empfinden, sondern sie boten zudem – wie auch immer gefilterte – Informationen über die mögliche Existenz von lesbischen Frauen und eines lesbischen Lebensstils, welche einigen dieser Frauen, besonders jenen in ländlichen Gebieten und Kleinstädten, anders schwer zugänglich gewesen wären. Es fand sich somit auch ein weibliches und vor allem lesbisches Lesepublikum, das die *Lesbian Pulps* mit Hingabe las und Briefe an die Verlage und Autorinnen schrieb.

---

21 The Mattachine Society und The Daughters of Bilitis, siehe D'Emilio, Politics, wie Anm. 11, 60 ff, 101 ff.; Jonathan Ned Katz, Gay American History: Lesbians and Gay Men in the USA, New York 1978, 611–651 und Del Martin and Pyllis Lyon, Lesbian/Woman, San Francisco 1972.

22 Sowohl die Entwicklung als auch die Sichtbarkeit der homosexuellen Subkulturen sind nach Geschlecht unterschiedlich. Dies ist nicht nur ein spezielles methodisches Problem im Zusammenhang mit der US-amerikanischen Nachkriegszeit, sondern ein generelles. Man möge nur die geschlechtsspezifische Leerstelle in Foucaults berühmten Satz, „Der Sodomit war ein Gestrauchelter, der Homosexuelle ist eine Spezies" (Foucault, Wille, wie Anm. 18, 58) bedenken; vgl. Helmut Puff, Männergeschichten/Frauengeschichten. Über den Nutzen einer Geschichte der Homosexualitäten, in: Hans Medick u. Anne-Charlott Trepp Hg., Geschlechtergeschichte und Allgemeine Geschichte: Herausforderungen und Perspektiven, Göttingen 1998, 127–169. Es existiert eine unterschiedliche Sozialgeschichte weiblicher und männlicher Homosexualität; vgl. Jeffrey Weeks, Discourse, Desire and Sexual Deviance: Some Problems in a History of Homosexuality, in: Kenneth Plummer Hg., The Making of the Modern Homosexual, New Jersey 1981, 76–111, 106; zur Differenz weiblicher Homosexualität vgl. Leila J Rupp, „Imagine My Surprise": Women's Relationships in Mid-Twentieth Century America, in: Martin Duberman u. a. Hg., Hidden from History: Reclaiming the Gay and Lesbian Past, London 1991, 395–410.

Ann Bannon erzählt in einem 1983 geführten Interview über die Briefe, die sie als Reaktion auf ihre *Lesbian Pulps* bekommen hatte:

> I got a lot of letters. They were very touching, most of them, very supportive. ... Many of them – the essential message was, ‚Thank God, I'm not alone. These are my feelings, too.' And many would describe their lives - they weren't trained writers, but their – these were stories from the heart. ‚How will I cope with this?' ‚Now what will I do?' ... I did write back. I think I got back to everybody. (Hundreds of letters came in over the five or six years the books were coming out). And I tried to be comforting and I tried to be reassuring. At least I could say, ‚you are not alone.' ... The books did come out in other languages. There was a Portuguese edition in Brazil, a Norwegian edition and a Dutch edition. So I began to get letters I couldn't read.[23]

In der kanadischen Filmdokumentation *Forbidden Love* aus dem Jahr 1992, welche unter anderem anhand von Interviews Lebensausschnitte nordamerikanischer Lesben in den 1950er und 1960er Jahren zeigt, erzählt Lois M. Stuart aus Toronto, Kanada, wie die Lektüre der *Lesbian Pulps* sie zur Erkenntnis und Benennung ihrer eigenen sexuellen Identität führte und berichtet vom Einfluss der *Lesbian Pulps* auf ihr Bild des lesbischen Lebens:

> I got married when I just turned twenty-one. I got involved with a friend, basically it was a friendship, and she had come across all these wonderful novels. These lesbian novels. And she said, ‚I'd like you to read this book. I have a great book.' She gave me one and then she gave me another one, and another one. By now I was sort of getting hooked on these stories and at some point she sort of confessed, ‚Well, I think I'm like that.' And I totally freaked out and said ‚Oh no! Not like THAT!' – whatever THAT was, ‚cause it was a new experience to me. But eventually I sort of thought, ‚Maybe I am like THAT, too.' Ultimately we got together and I just left my husband and I sort of took on a new life. At one point we thought, well, obviously all the lesbians live in New York, in Greenwich Village, at least the books say that's where they all live. So we decided we had to go and find THE LESBIANS. So I put on what I thought was my best butch clothing, cause we thought they are all butch and femme. And I put on my red blazer and a tie and shirt and dark pants and my lover wore a dress and off we went to Greenwich Village to look for THE LESBIANS. And we asked taxi drivers ... and went here and there. I don't

---

23 Ann Bannon, A Writer of Lost Lesbian Fiction Finds Herself and Her Public (Interview), in: Off Our Backs, 13, 11 (Dezember 1983), 12.
24 Aerlyn Weissman u. Lynne Ferme Regie, Forbidden Love: The Unashamed Stories of Lesbian Lives, 1992, 85 min., produziert vom National Film Board of Canada, Videotape.

know, we never found them ... there wasn't THE LESBIANS, that we were looking for, they just weren't there, or we couldn't find them, or we didn't recognize them, cause they weren't wearing butch and femme things.[24]

Wie rezipierte demnach das weibliche Publikum die Handlungen der *Lesbian Pulps*, die negative Stereotypen reproduzierten? Die engen formalen Vorgaben der Verlage sahen ein für die Protagonistinnen negatives Ende vor, welches die herrschende Vorstellung von gleichgeschlechtlichen Beziehungen erfüllte. Ann Bannon beschreibt dies in der Dokumentation *Forbidden Love*:

> There was some kind of retribution that was essential at the end, so that you could let them have some fun in the meantime and presumably entertain the reader. But it was not to go unpunished, so at the end of a story like that one of the women or both had to die or be essentially shipped out of the country or undergo some calamity that would break her heart or break her spirit or end her life. If there was one good thing that came out of Gold Medal Books leaving me to my own devices, I think it was that I didn't have to do that. My women survived. They loved hard and they lost hard, but they won a few and they didn't die.[25]

Autorinnen wie eben Ann Bannon[26] oder auch Valerie Taylor,[27] Paula Christian[28] und Claire Morgan (alias Patricia Highsmith)[29] versuchten, die Restriktionen und Guidelines der Verlage zu umgehen und ihre Protagonistinnen am Ende des Buches nicht zu bestrafen, ihren Charakteren einigen Raum für Selbstachtung, Hoffnung und Rechtfertigung zu lassen. Gleichzeitig konnten aber selbst diese Autorinnen, und somit ihre Texte, ihrem sozialen und kulturellen Kontext nicht entkommen, trotz ihrer teilweise erklärten, besten Intentionen reproduzierten sie den obligatorischen homosexuellen Selbsthass der Zeit. Dennoch zeigt die Rezeption der Pulps durch lesbische Frauen aber, dass die Texte auf teilweise subversive Art gelesen und individuell dekodiert wurden. Negative Stereotypen konnten leicht identifiziert und vielleicht auch ignoriert werden. Oder wie es eine Zeitzeugin ausdrückt: „Wir wussten,

---

25 Weissman/Ferme, Love, wie Anm. 24.
26 Ann Bannon, Odd Girl Out, New York 1957; I am A Woman, Tallahassee 1989 (Orig. 1959); Women in the Shadows, Tallahassee 1989 (Orig. 1959); Journey to a Woman, Tallahassee 1989 (Orig. 1960); Bebbo Brinker, Tallahassee 1989 (Orig. 1962).
27 Valerie Taylor schrieb u. a.: Whisper Their Love, Greenwich, Conn. 1957; A World Without Men, New York 1963; Return to Lesbos, New York 1963; Journey to Fulfillment, New York 1964.
28 Z. B.: Edge of Twilight, New York 1959.
29 Claire Morgan, The Price of Salt, New York 1952.

dass die Geschichten immer schlecht ausgehen mussten, aber zumindest hatten sie etwas Spaß in der Mitte des Buches."[30]

Die Produktions- und Rezeptionsgeschichte der Pulps deutet darauf hin, dass während der 1950er und frühen 1960er Jahren in den USA Sexualitäten und Geschlechter nicht nur innerhalb hierarchischer Strukturen von Expertinnen und Experten diskutiert wurden, sondern auch außerhalb davon und auf interaktive Arten. Daher indizieren diese Diskurse, obwohl geprägt durch die Zeit, in der sie geschrieben wurden, die Existenz einer anderen – vielleicht sogar subversiven – Lesart von Sexualitäten und Geschlechtern.

Konstruktionsarbeit

Die interessantesten Aspekte der *Lesbian Pulps* aus einer „queer perspective" stellen jedoch die Konstruktionsarbeit, die in diesen Texten geleistet wird und das Scheitern dieser Bemühungen dar. Die *Lesbian Pulps* organisieren sich entlang der Dichotomie homosexuell/heterosexuell. Zur gleichen Zeit, als enormer legaler und sozialer Druck gegen jede Art von physischer und psychischer Devianz und „Perversion" ausgeübt wurde, gab es auch einen intensiven Diskurs über Sexualität und ihre „Abweichungen". Wie ich bereits ausgeführt habe: Je mehr Homosexualität verdammt und Homosexuelle stigmatisiert wurden, desto mehr beschäftigten sich wissenschaftliche, politische und populäre Diskurse mit diesem Thema. Ein solches Szenario entspricht dem, was Michel Foucault als Anreizung zu Diskursen beschreibt.[31] Es scheint, als gebe es die Aufforderung exzessiv und endlos über Sexualitäten zu sprechen und dem neuen Hohepriester der US-amerikanischen Gesellschaft, dem Psychoanalytiker, zu beichten und von ihm angehört zu werden.[32]

Diese exzessive Beschäftigung mit dem Thema muss als Konstruktionsarbeit des „Normalen" gesehen werden. So definiert sich die Norm dadurch, dass sie nicht das „Andere" ist. Um die Kategorie „heterosexuell" zu definieren, müssen alle Spuren von „Homosexualität" von ihr abgegrenzt werden. Erst die unentwegte Darstellung des „homosexuellen" Körpers

---

30   Persönliches Gespräch mit Jo, Jänner 1998, Los Angeles.
31   Foucault, Wille, wie Anm. 18, 27–49.
32   Ein Subgenre der *Lesbian Pulps* stellen pseudomedizinische Taschenbücher dar, in denen sich medizinische Fallgeschichten, reißerische Insiderstories und die klassischen Texte der Sexologen Seite an Seite wiederfanden. Marijane Meaker zum Beispiel, Autorin von zahlreichen *Lesbian Pulps,* schrieb unter dem Pseudonym Ann Aldrich bzw. Vin Packer auch pseudowissenschaftliche Fachbücher über weibliche Homosexualität. Ihre bekanntesten Titel waren neben dem bereits erwähnten Springfire, wie Anm. 7; We Walk Alone, Greenwich, Conn. 1955; We, Too, Must Love, Greenwich, Conn. 1958; Carol In A Thousand Cities, Greenwich, Conn. 1960 u. We Two Won't Last, Greenwich, Conn. 1963.

und „seiner ansteckenden Abartigkeit"[33] schafft eine heterosexuelle Norm und einen geschlechtlich zuordenbaren Körper. So wird Heterosexualität als das definiert, was sie nicht ist, und eine starre, fixe und angeblich natürliche Kategorie geschaffen, deren Logik dennoch nicht funktioniert, weil Gender, Körper und Begehren sich ihr nicht so einfach beugen.

Daher spielt Sex beziehungsweise Gender immer eine zentrale Rolle in den *Lesbian Pulps*, die zwei essentiell heterosexuelle Geschlechter voraussetzen.[34] Die Texte versuchen daher, Gender auch innerhalb der gleichgeschlechtlichen Partnerinnenschaft in Bezug auf Andersgeschlechtlichkeit zu definieren. Dieses Beharren auf einer heterosexuellen Logik des Begehrens und die Leichtigkeit, mit der die Protagonistinnen in den Texten ihre Gender-Rollen ändern, deuten sowohl auf die hegemoniale Bedeutung der Erhaltung dieser Logik wie auch auf die Fragilität der Idee einer binären Geschlechter-Opposition hin. Um es einfach auszudrücken: Die Texte versuchen die heterosexuelle Geschlechter-Logik auf das gleichgeschlechtliche Paar zu übertragen, weil Begehren nur im Rahmen von Heterosexualität imaginiert werden kann. Hier wird in den Texten eine seltsam veraltet wirkende Strategie angewandt: im Gewande der *Butch/Femme* Konstellation verbirgt sich nur allzu oft das Inversionsmodell, die Gegenüberstellung von angeborener und imitierter Perversion.[35] Der Grundgedanke des Inversionsmodells ist, dass Sexualität geschlechtsspezifisch sowohl im Ausdruck wie in der Objektwahl sei. Das bedeutet, dass sich männliches Begehren nicht nur

---

33   Diese Ansteckungsgefahr ist ein wiederkehrendes Motiv in der Thematisierung sexueller und politischer Devianz: „[T]he presence of a sex pervert in a Government agency tends to have a corrosive influence upon his fellow employees. These perverts will frequently attempt to entice normal individuals to engage in perverted practices. This is particularly true in the case of young and impressionable people who might come under the influence of a pervert ... One homosexual can pollute a Government office"; U. S. Senate, 81st Congress., 2nd sess., Committee on Expenditures in Executive Departments, Employment of Homosexuals and Other Sex Perverts in Government, in: Blasius/Phelane, Everywhere, wie Anm. 16, 244.

34   Als Gender definiere ich jene psychologischen Eigenschaften und Verhaltensformen, die mit „Maskulinität" und „Feminität" in Verbindung gebracht werden, inklusive des jeweiligen Selbstbilds. Sex steht für das jeweilige sog. „biologische" Geschlecht, d. h. die weiblichen bzw. männlichen Charakteristika des Körpers, wie z. B. Chromosome oder Genitalien. Diese Unterscheidung ist mehr als Instrument einer Analyse zu sehen, denn als ihr Ergebnis. Im Übrigen verwende ich weiterhin Geschlecht als Überbegriff für sex/gender. In den *Lesbian Pulps* wird zumeist biologisches und soziales Geschlecht als einander bedingend gedacht.

35   Interessanterweise finden sich meist zwei, einander eigentlich widersprechende Erklärungsmodelle in denselben Texten. Parallel zum Inversionsmodell nach Havelock Ellis wird auch mit einer populären Version der psychoanalytischen, auf Freud basierenden Krankheitstheorie (*sickness theory model*) argumentiert. Homosexualität wird demnach erklärt als das Resultat a) eines nicht gelösten Ödipus Komplexes, b) als eine neurotische Verhaltensform, die sich in der frühen Kindheit entwickelt hatte und/oder c) als die Konsequenz einer traumatischen Erfahrung mit dem anderen Geschlecht. Für eine genauere Analyse siehe Eder, Pulps, wie Anm. 1, v. a. Kapitel 3.1. *„I was made that way!"* – Erklärung und Rechtfertigung.

qualitativ vom weiblichen unterscheidet,[36] sondern auch die Ausrichtung dieses sexuellen Begehrens sei geschlechterspezifisch. In dieser Logik ist „eine Frau zu begehren" ein zutiefst „maskulines" und „einen Mann zu begehren" zutiefst „feminines" Empfinden. Homosexuelle seien nun Menschen, die eine angeborene Tendenz dazu hätten, konstitutionell dem jeweils anderen Geschlecht näher zu sein. Durch diese Prämissen wurde die Suche nach geschlechtlichen Abweichungen homosexueller Menschen inspiriert und die Hypothese von einem „dritten", zwischen dem männlichen und weiblichen Pol liegenden Geschlecht formuliert.[37] In den Texten wird, dieser Logik folgend, eine der zwei Partnerinnen als „maskulin" definiert – als eine, die von sich denkt, sie sei in Wirklichkeit ein Mann, eine, die „maskuline" Eigenschaften und „maskulines" Begehren habe, während ihr „feminines" Gegenstück eine „wirkliche" Frau sei. Letztere ist normalerweise auch diejenige, die am Ende des Textes gerettet und in die Sicherheit heterosexueller Normalität zurückgebracht werden kann. Die „wahre" Homosexuelle bleibt in den Erzählungen der *Lesbian Pulps* in einer angeborenen und daher unveränderlichen Homosexualität zurück. Wenn nun aber die Homosexualität der femininen Protagonistin nicht als *imitierte* Perversion dargestellt wird, sondern als permanente Präferenz, so scheint die Logik vollends auf der Strecke zu bleiben. Die Übertragung der herkömmlichen Geschlechterdichotomie auf das homosexuelle Paar verschlingt sich mit den verschiedenen Erklärungsansätzen zu einem schier undurchschaubaren Dickicht voller Widersprüche. So fragt die maskuline Protagonistin in Ann Bannons *Beebo Brinker*:

> Jack, what makes a feminine girl like that gay? Why does she love other girls, when she's just as womanly and perfumed as the girl who goes for men? I used to think that all homosexual girls were three-quarter boys.[38]

Ann Bannons Serie von fünf *Lesbian Pulps*, in denen immer wieder dieselben drei Protagonistinnen, Laura, Beth und Beebo, präsentiert werden, ist ein interessantes Beispiel.[39] Gender ist eine höchst instabile Kategorie in diesen Texten. Im ersten Pulp *Odd Girl Out* (1957) ist Laura der feminine Teil einer lesbischen Beziehung mit der sexuell erfahrenen und aktiveren Beth.

---

36 Das wäre z. B. die Einteilung menschlicher Sexualität in männlich = aktiv und weiblich = passiv.
37 Vgl. Nelly Oudshoorn, Female or Male: The Classification of Homosexuality and Gender, in: J. De Cecco and D. A. Parker Hg., Sex, Cells, and Same-Sex Desire: The Biology of Sexual Preference, New York 1995, 79–86.
38 Ann Bannon, Bebbo Brinker, wie Anm. 26, 51.
39 Ann Bannons sechstes Buch, The Marriage, Greenwich, Conn. 1960, handelt von Laura und Jack Manns Ehe und wurde nicht wie die anderen fünf Romane von NAIAD Press in den 1980er Jahren wiederveröffentlicht.

Homo/Sexualitäten und Liebe

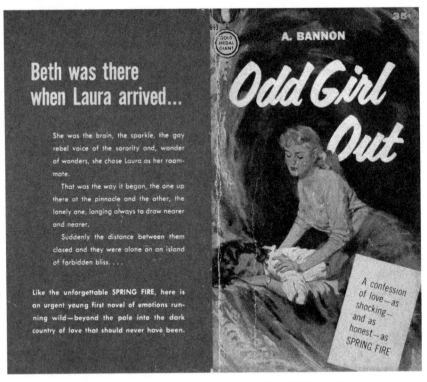

„A confession of love – as shocking- and as honest- as SPRING FIRE" Ann Bannons *Odd Girl Out* verweist in der Covergestaltung auf den erfolgreichen Vorgänger und damit auf den zu erwartenden Inhalt. ©Ann Bannon, Odd Girl Out, New York 1957 (Copyright 1957 by Fawcett Publications, Inc.), Coverpainting by Barye Phillips.

> [Laura] looked down at herself and nothing seemed wrong. She had breasts and full hips like other girls. She wore lipstick and curled her hair. Her brow, the crook on her arms, the fit of her legs – everything was feminine … She thought that homosexual women were great strong creatures in slacks with brush cuts and deep voices; unhappy things, standouts in a crowd. She looked back at herself, hugging her bosom as if to comfort herself, and she thought, "I don't want to be a boy. I don't want to be like them. I'm a *girl*. I *am* a girl. That's what I want to be. But if I'm a girl why do I love a girl?"[40]

Am Ende verlässt Beth jedoch Laura, um einen Mann zu heiraten, während Laura sich in ihr lesbisches Schicksal fügt. In *I Am a Woman* (1959) versucht Laura in New York auf eigenen Füßen zu stehen und fühlt sich unsagbar angezogen von ihrer heterosexuellen und übe-

---

40 Bannon, Girl , wie Anm. 26, 64.

raus femininen Mitbewohnerin Marcie. Sie umwirbt Marcie mit aktivem „maskulinen" Begehren. Im Zuge dieses Handlungsstrangs ändert sich auch die Darstellung von Lauras Gender-Identifikation. Interessanterweise geht mit dieser Wandlung auch eine Modifikation des eigenen Körperbilds anheim:

> Laura climbed out of the tub and dried herself, looking in the mirror as she did so. She had never liked the looks of herself very well. It still amazed her to think that this slim white body of hers; this tall, slightly awkward, firm-fleshed body, had been desirable to someone once. She studied herself. She was not remarkable. She was not lush and ripe and sweet-scented. On the contrary, she was firm and flat everywhere, with long limbs and fine bones.[41]

Lauras Verwirrung lässt sie nach ihrer eigenen Geschlechteridentität fragen, beziehungsweise ist es Jack, ihr homosexueller Freund, der sie mit der Ambivalenz der Geschlechter konfrontiert:

> [Beth] was quite boyish.' [Laura] felt a little embarrassed suddenly, putting it this way. ‚Marcie's very feminine.'
> 'What are you?'
> Laura stared at him over the rim of her glass. ‚What am I?' she repeated, confusedly. ‚Do I have to be anything? I don't know.' …
> Now, in a new world, with new people, she wasn't sure what she was. With Marcie she felt aggressive and violent. Here in the Cellar [gay bar], with so many eyes on her, she felt timid.
> Jack grinned at her. ‚You're a boy,' he said. ‚With Marcie, anyway. My friend [Beebo] won't like that.'
> Laura put her glass down. ‚I'm a girl,' she said. ‚Don't look at me that way.'
> Jack put his head back and laughed. ‚Correction,' he said. ‚You're a girl. Why don't you move down here where you don't have to be either?'[42]

Der letzte Satz dieses Textbeispiels deutet eine freie Wählbarkeit des Geschlechts an, die bemerkenswert ist. Zwar bezieht sich Jack auf die subkulturellen (*Butch/Femme*) Codes der lesbischen Barszene, dennoch drücken seine Worte eine interessante Beliebigkeit und einen spielerischen Umgang mit den Geschlechterrollen aus. Am Ende des Romans kommt Laura mit Beebo zusammen, der „ultimativen" „maskulinen" Greenwich Village Butch.

---

41 Bannon, Woman, wie Anm. 26, 21.
42 Bannon, Woman, wie Anm. 26, 66 f.

Women in the Shadows (1959) folgt der *Butch/Femme* Beziehung zwischen Beebo und Laura. Beebo hat als einziger Charakter eine gleich bleibende Genderidentität, sie ist in den vier von fünf Büchern, in denen sie vorkommt, „maskulin". Lauras Gender Identifizierung dagegen schwankt und wechselt mit dem Kontext ihrer Beziehungen: Sie ist „femme" mit Beebo (für sie lässt sich Laura die Haare wachsen), und „maskulin" mit Tris, ihrem neuen Schwarm. Am Ende des Buches heiratet Laura Jack, den homosexuellen Freund von Beebo, und sie wird schwanger durch künstliche Befruchtung. Jack und Laura fühlen sich durch diese Heirat und durch ihre Rolle als Eltern, als ob sie endlich zu ihrer wahren Bestimmung als echter „Mann" und echte „Frau" gefunden hätten. Da sich aber zugleich ihre sexuelle Orientierung niemals ändert, wirft dieses seltsame Arrangement einen bedeutsamen Schatten des Zweifels auf den angeblich fixen Status heterosexueller Norm.

Journey to a Woman (1960) führt uns wieder auf die Spuren von Beth, Lauras verlorener Liebe aus *Odd Girl Out*. Beth ist nun verheiratet, hat zwei kleine Kinder und lebt mit ihrem Mann in einem kalifornischen Vorort. Trotz der Erfüllung aller gesellschaftlichen Anforderungen an eine Frau (Ehe und Mutterschaft) ihrerseits fühlt sie sich immer noch nicht als „richtige" Frau. Die Kinder fallen ihr auf die Nerven und sie kann keine emotionale Bindung zu ihnen entwickeln. Sex mit dem Ehemann ist durchwegs unbefriedigend. Sie träumt immer öfter von Laura. Schließlich beginnt sie sexuelle Beziehungen zu anderen Frauen zu suchen, zuerst zu Vega, der emotional gestörten Schwester des Geschäftsfreund ihres Mannes, später zu der New Yorker Autorin Nina. Letztere definiert Beth nach einer gemeinsamen Liebesnacht als „maskulin":

> „You know what you'd be if you let yourself go?" Nina said playfully into her ear. „You'd be a butch. You'd cut your hair off real short and live in the Village. Oh, yes, you would. Don't smile. And I'll bet that's exactly what you will do, too. You won't be interested in me very long. Not after you find out how many beautiful women will be interested in *you*."[43]

Auch nachdem sie ihren Ehemann verlassen hat und für einen kurzen (sexuellen) Moment wieder mit Laura vereinigt ist, ist sie die aktivere und „maskuline." Am Ende kommt sie mit Beebo zusammen und wird im Text sogleich feminisiert, um die heterosexuelle Logik aufrechtzuerhalten. Bannons letztes Pulp *Beebo Brinker* (1962) spielt zeitlich vor *Odd Girl Out* und beschreibt Beebos Werdegang, nachdem sie als junges Mädchen vom Land nach Greenwich Village gekommen war, lange bevor sie Laura und Beth traf. In diesem Text wird das Inversionsmodell wahrscheinlich am Konventionellsten als Erklärung für Homosexualität angewandt. Eine Analyse wird dadurch erschwert, dass die Kategorien Sex und Gender ständig vermischt werden. So wird der Wunsch nach Unabhängigkeit und/oder einer Kar-

---

43 Bannon, Journey wie Anm. 26, 121.

riere und die Ablehnung von Mutterschaft als essentieller Ausdruck von „Männlichkeit" gewertet.

„Your body is boyish, but there's nothing *wrong* with it." His voice was reassuring. „Nothing, except there's a boy inside it," she said. „And he has to live without all the masculine trimmings other boys take for granted. Jack, long before I knew anything about sex, I knew I wanted to be tall and strong and wear pants and ride horses and have a career ... and never marry a man or learn to cook or raise babies. Never." "That's still no proof you're gay," he said.[44]

Beebos weibliche „Maskulinität" und Pats (Jacks Liebhaber) männliche „Femininität" dienen als Argument für das Inversionsmodell. Beebo begehrt durchwegs feminine Frauen und stellt sich bald jene Frage, die das Inversionsmodell nur holprig beantworten kann: „What makes a feminine girl gay?" Pat jedoch, der „feminine" männliche Homosexuelle, begehrt Beebo in ihrer lesbischen „Maskulinität". So verwirrend dieser Plot klingen mag, in der Gender-Verwirrung des Romans macht all dies auf seltsame Weise Sinn. Sex und Gender sind keine sich bedingenden starren Kategorien. Oder wie es die Haushälterin von Beebos neuester Eroberung, dem Hollywood-Filmstar Venus, so prägnant ausdrückt: "The dark young gentleman [Beebo] was a female and the blond young gentleman [Pat] was a lady, if you know what I mean, ma'am."[45]

Wenn nun „Maskulinität" schwer festzumachen ist in diesen Texten, wenn „Maskulinität" und „Femininität" leicht und mehrfach ausgetauscht werden können, um die heterosexuelle Balance im Text zu erhalten, und wenn nun Begehren sowohl nach dem „maskulinen" wie auch dem „femininen" Part der lesbischen Partnerinnenschaft immer ein Verlangen nach dem weiblichen Körper ist, dann wird ein völlig instabiles Element innerhalb dieser Kategorien offenbart. Judith Halberstam argumentiert in ihrem Buch *Female Masculinities* über Drag King Performances in New York,[46] dass „normale Maskulinität", also eine „Maskulinität", die als weiß, heterosexuell und bourgeois definiert ist, als wahrhaftig und natürlich, als etwas, dass „einfach existiert beziehungsweise ist", konstruiert wird und daher nur schwer ohne Übertreibung dargestellt/performed werden kann.[47] Die erwünschte und geforderte Norm ist damit, im Gegensatz zu Femininität oder zu marginali-

---

44 Bannon, Bebbo Brinker, wie Anm. 26, 50.
45 Bannon, Bebbo Brinker, wie Anm. 26, 140.
46 Drag Kings sind, sehr vereinfacht und verkürzt, (lesbische) Frauen, die sich in Männerkleidung hüllen und ähnlich wie Drag Queens, jedoch – wie Halberstam argumentiert – mit anderen Mitteln, „Männlichkeit", zumeist in einer Art Performance, theatralisch (und oft parodistisch) darstellen. Im Mittelpunkt dieser Performance steht die Theatralität von „Maskulinität"; vgl. Judith Halberstam, Female Masculinity, Durham/London 1998, 231–266.
47 Halberstam, Masculinity, wie Anm. 46, 234 f.

sierter Maskulinität (ethnisch beziehungsweise der Arbeiterklasse zugehörig), die „natürliche" Gegebenheit, von der alles andere abweicht. Indem weiße heterosexuelle Maskulinität, welche zumeist als frei von Kennzeichen verstanden wird, in den Drag King Shows „als performativ und nicht natürlich" gezeigt wird, wird nicht nur der Essentialismus von Sex und Gender untergraben, sondern auch die Hegemonie weißer männlicher Heterosexualität unterminiert.[48] Maskulinität und Heterosexualität werden als Kopien ohne Original entlarvt.

Halberstams Vorstellung von Maskulinität als eine instabile und reagierende Kategorie, als ein unfertiges Erzeugnis, ist mehr als hilfreich für eine „queer perspective" der *Lesbian Pulps*. Ähnlich wie die von Halberstam beschriebenen Drag King Performances, machen sie eine heterosexuelle Genderlogik sichtbar, die sich als natürlich versteht, jedoch endlos wiederholt und nacherzählt werden muss, um sich zu etablieren. In einem Narrativ, in dem homosexuelles Begehren im Zentrum steht, muss der Rahmen heterosexuellen Begehrens durch das Modell der Inversion wieder eingeführt werden. Wenn sich nun diese Inversion mit dem jeweiligen Kontext des Begehrens ändert, und wenn die Texte gleichzeitig niemals leugnen können, dass sie im Kern immer von gleichgeschlechtlichem Begehren handeln, einem Begehren von weiblichem Körper zu weiblichem Körper, dann mag Maskulinität zwar stabil sein (wie in Beebos Fall) oder fließend (wie bei Laura und Beth) oder angeboren (wie bei Jack und Pat), sie sind aber jedoch immer als Drag Performances und nicht als feststehende Identitäten gekennzeichnet. Das Beharren, die Anstrengung und das Scheitern des Versuches die Geschlechterdichotomie auf das gleichgeschlechtliche Paar zu übertragen, legt die investierte Konstruktionsarbeit offen. Die Anstrengung zeugt von der ideologischen Wichtigkeit dieser binären Kategorien, das Scheitern eröffnet Möglichkeiten des Widerstandes.

In diesem Sinne berücksichtigt eine „queer perspective" auf Quellen wie die *Lesbian Pulps* die Komplexitäten der Erfahrungen, Auswirkungen und Möglichkeiten, die sie umgeben. Vor allem aber erzeugt sie ein Blickfeld, das sich den konstruierten Normen verweigert. Sie erschließt Handlungsräume anstatt Grenzen zu ziehen, und dekonstruiert Kategorien anstatt neue zu erzeugen. Sie führt mögliche Handlungsspielräume in Aspekte und Perioden der Sexualitätsgeschichte ein, in der Formen von Widerstand auf den ersten Blick nicht erkennbar sind. So wird dem Repressionsnarrativ nicht mehr einfach gefolgt, ohne Repression an sich zu leugnen, und eine Perspektive geschaffen, die multiple Identitäten mit einbezieht und gleichzeitig die hegemonialen und hierarchischen Strukturen innerhalb und zwischen festgesetzten Kategorien analysiert.

---

48 Halberstam, Masculinity, wie Anm. 46, 231–242.

Liebe
im Visier der Obrigkeit

Angiolina Arru

Die Ermordung eines Richters – ein Delikt aus Liebe

Das Gericht als Ort der Vermittlung und Einflussnahme, brüchiger Allianzen und wechselnder Strategien (Rom 1795)*

Das Verbrechen und die ersten Ermittlungen

Im Jahr 1795 wurde der Richter Alessandro Biagioli in Rom durch einen Dolchstoß in den Rücken ermordet, als er gegen Abend in Begleitung eines Dieners die Treppe seines Wohnhauses hinab stieg. Er war Mitglied des Tribunals des Vikariats, eines geistlichen Strafgerichts, wie es sie in katholischen Gebieten üblicherweise gab.[1] Diesem Gericht oblag es, Verstöße gegen die Moral und die Religion zu ahnden und damit den Lebenswandel der Männer und Frauen zu überwachen.[2] In Rom hatte der Kardinalvikar des Papstes, einer der höchsten geistlichen Würdenträger, den Vorsitz inne.

Die Ermittlungen über den schwerwiegenden Mordfall wurden dem Strafgericht des Gouverneurs anvertraut, einem weltlichen Gericht, das für sämtliche Allgemeindelikte[3] zuständig war. Der Verdacht fiel als erstes auf etliche Unterzeichner von Bitt- und Verteidigungsschriften, die an den ermordeten Richter adressiert worden waren und in denen Ehemänner oder Liebhaber um die Haftentlassung ihrer Frauen beziehungsweise Geliebten oder zumindest um die Herabsetzung des ihnen auferlegten Strafausmaßes ersucht hatten. So mutmaßte ein Zeuge am Tag nach dem Mordfall gegenüber den Richtern: „Dem Gericht liegen doch alle Gesuche und Bittschriften auf, die der Wachmann Elmi [geschrieben hat], um die Gnade der Freilassung seiner Frau zu erlangen, und weil … alle diese Verteidigungsschriften dem Herrn Richter Biagioli übergeben worden sind, hat er Rache verübt". Obwohl dessen Frau einen „skandalösen Umgang" mit einem gewissen Kaufmann gepflogen habe, habe ihr Mann „mehrere Personen zur Unterstützung bewegen können", die sich

---

* Ich danke Margareth Lanzinger für die Bearbeitung der deutschen Übersetzung.
1 Das Tribunal des Vikariats entspricht den geistlichen Gerichten auf Diözesanebene, denen der Bischof vorstand. In Rom ist der Papst zugleich auch der Bischof, das Gericht aber war einem Vikar unterstellt. Die geistlichen Gerichte wurden in Italien erst mit der Einigung von 1861, das Tribunal des Vikariats in Rom erst mit dem Ende des Kirchenstaates im Jahr 1871 aufgelöst.
2 Zu diesem Gericht – das auch für die Verbrechen zuständig war, die Juden betrafen – vgl. die Studie von Domenico Nicola Cuggiù, Della giurisdittione e prerogative del card. Vicario [Von der Jurisdiktion und den Vorrechten des Kardinalvikars], die in einem von Domenico Rocciolo herausgegebenen Band erscheinen wird.
3 Dazu zählen Morde, Eigentumsdelikte etc.

für ihre Entlassung aus dem Gefängnis einsetzten. Darüber hinaus habe er eine große Menge Fisch an einen gewissen Ort gebracht – dies als Belohnung beziehungsweise, je nach Perspektive, als Bestechung für deren Engagement. Ein eindeutiges Indiz für die Schuld dieses Mannes – behauptete der Zeuge weiter – sei die Tatsache, dass er diesen Todesfall nicht bedauert habe, im Gegenteil: „[E]r hat gegessen und getrunken ..., denn mit dem Tod Biagiolis [gibt es] eine Hürde [weniger], die der Freilassung seiner Frau im Wege steht."

Das Gericht beschränkte seine Ermittlungen aber nicht auf diesen ersten Tatverdächtigen, sondern ließ alle Personen ausfindig machen und verhaften, die auf irgendeine Weise vergeblich versucht hatten, sich in die Gunst des Richters zu setzen. In einem dieser Haftbefehle hieß es: „Giuseppe Troiani, Besitzer mehrerer Herbergen ..., hat öfters ernstlich und glaubwürdig damit gedroht ..., Biagioli zu töten, weil es ihm ein großes Anliegen war, [seine] Geliebte frei zu bekommen, und weil er aber sehen musste, dass seine Bemühungen durch das Werk von Biagioli zunichte gemacht wurden."[4]

Wir haben es hier also zweifelsohne mit einem besonders wachsamen und strengen Richter zu tun. Aus den Akten des Vikariatsgerichts geht hervor, dass er seine Kontrollfunktion insbesondere in Hinblick auf das Verhalten und den Lebenswandel von Frauen sehr umfassend wahrgenommen hat. Die von ihm in seinen letzten Lebensjahren eingeleiteten Prozesse betrafen mit über 56 Prozent in der Mehrzahl Frauen, die wegen „unsittlichen Lebenswandels" angeklagt wurden. Die Verfahren endeten fast immer mit einer Verhaftung und ließen – wie aus dem bislang Geschilderten deutlich wird – keinen Raum für Einflussnahmen oder Übereinkünfte. Die Anklageerhebungen für männliche Straftaten (Vergewaltigungen, Gewalttaten, aber auch Beleidigungen) hatten dem gegenüber weit öfter nur Geldstrafen zur Folge oder die Verpflichtung zu einer Arbeit, die von „gesellschaftlichem Nutzen" war, etwa in sozialen Einrichtungen.[5] Auch hier war die Handhabung durch Biagioli aber deutlich strenger als bei anderen Richtern üblich.

Seine rigide Amtsführung wurde von Familien und kirchlichen Kreisen auch bewusst ausgenutzt, indem sie sich mit Klagen direkt an ihn wandten. So hieß es beispielsweise in einer wenige Tage vor dem Mord eingereichten Bittschrift: „Die Aufmerksamkeit, die Euer Ehren bei der Verfolgung der öffentlichen Ärgernisse obwalten lässt, hat die Beschwerdeführer dazu bewogen, Ihnen zur Kenntnis zu bringen, dass eine gewisse Vincenza Andreotti ... ihren Lebenswandel nicht geändert hat ... und dadurch in der gesamten Nachbarschaft [nach wie vor] Anstoß erregt."[6]

---

4 Archivio di Stato di Roma (ASR), Tribunale criminale del Governatore, 1795–1796, n[umero]. 2009–2010, „Homicidii in odium officii iudicis".
5 Archivio Storico del Vicariato di Roma (ASVR), Tribunale del Vicario, Decreta, 1792, n. 74.
6 ASVR, Tribunale criminale del Vicario, 1795, n. 325.

Allzu konsequente Strenge in der Repression und ein Übermaß an Unnachgiebigkeit gegenüber Vermittlungs- und Interventionsversuchen von außen konnten für die Betroffenen jedoch ein unerwartetes Hindernis in einem Justizwesen darstellen, dessen Flexibilität und Mediations-Charakter ganz offensichtlich allgemein bekannt waren.

Untersuchungen aus den Bereichen der Sozialgeschichte und der Historischen Anthropologie haben in den letzten Jahrzehnten sehr genau die Konflikthaftigkeit sozialer Beziehungsgefüge und die Mechanismen der Rechtsprechung im Ancien Régime analysiert.[7] Das Vorhandensein mehrerer Gerichte, die für dieselbe Materie zuständig waren, die Bezugnahme auf eine „natürliche" und höhere Ordnung ungeschriebener Gesetze in der Auslegung der Rechtsnormen und damit die Inkohärenz zwischen den verschiedenen Rechtsordnungen gaben den Richtern große Entscheidungsfreiheit. Gleichzeitig eröffneten sich gerade deswegen auch für all jene, die vor Gericht standen oder auf irgendeine andere Weise mit Recht zu tun hatte, weite Spielräume,[8] um Vermittlungspfade zu finden, die Auslegung der Gesetze zu beeinflussen und die Rechtsordnungen elastischer zu gestalten.[9] Das Aushandeln im Umfeld der Gerichte, der Richter oder der Notare und die Kompetenzen, die Individuen in der Gerichtspraxis einsetzten, konnten umgekehrt – wie neuere und innovative Untersuchungen von Historikerinnen gezeigt haben[10] – auch zu Modifikationen der Normen und der Rechtspraxis und damit zu neuen und günstigeren Regelungen für alle Betroffenen führen.

---

7 Vgl. z. B. den Band der Quaderni Storici, 101 (1999) zum Schwerpunktthema „Procedure di giustizia" [Rechtsverfahren]; vgl. auch die Nummer 6 der Annales ESC (1992), zum Thema: „Droit, histoire, sciences sociales" und den Sammelband von Renata Ago Hg., The Value of the Norm. Il valore delle norme, Roma 2002.

8 Vgl. dazu die Einleitung von Renata Ago, Introduzione/Introduction, in: Ago, Value, wie Anm. 7, 6–33; vgl. auch das soeben erschienene Buch von Simona Cerutti, Giustizia sommaria. Pratiche e ideali di giustizia in una società di Ancien Régime (Torino XVIII secolo) [Standrecht. Rechtspraktiken und -ideale in einer Gesellschaft des Ancien Régime (Turin im 18. Jahrhundert)], Milano 2004, vor allem die Einführung, 11–32. Klassisch dazu ist der Aufsatz von Simon Roberts, The Study of Disputes: Anthropological Perspectives, in: John Bossy Hg., Disputes and Settlements. Law and Human Relations in the West, Cambridge 1983, 1–24. Vgl. außerdem Paolo Prodi, Una storia della giustizia. Dal pluralismo dei fori al moderno dualismo tra coscienza e diritto [Eine Geschichte der Justiz. Vom Pluralismus der Gerichte zum modernen Dualismus zwischen Gewissen und Recht], Bologna 2000. Für die Neuere Geschichte vgl. Luc Boltanski, L'amour et la justice comme compétence. Trois essais de sociologie de l'action, Paris 1990.

9 Vgl. Renata Ago, Una giustizia personalizzata. I tribunali civili di Roma nel XVII secolo [Eine personalisierte Justiz. Die Zivilgerichte in Rom im 17. Jahrhundert], in: Quaderni Storici, 101 (1999), 389–412. Zum Problem der Vermittlung vgl. auch die kürzlich erschienenen Beobachtungen von Giovanni Levi, Reciprocidad Mediterranea, in: Hispania, 60 (2000), 103–126; jetzt auch auf italienisch erschienen: ders., Reciprocità mediterranea [Mediterrane Reziprozität], in: Ago, Value, wie Anm. 7, 37–72.

10 Vgl. dazu den kürzlich erschienenen Aufsatz von Angela Groppi, Une ressource légale pour une pratique illégale. Les juifs et les femmes contre la corporation des tailleurs dans la Rome pontificale (XVII–XVIII siècles), in: Ago, Value, wie Anm. 7, 137–162. Vgl. auch Anne Montenach, Esquisse d'une économie de

Vermitteln und Einfluss nehmen im Umfeld des Gerichts

Beim geistlichen Vikariatstribunal in Rom kam dem Aushandeln mit den Richtern durch Vermittlung und Einflussnahme eine besondere Bedeutung zu. Denn hier wurde über Sachverhalte entschieden, die dehnbar waren und offen für subjektive Interpretationsspielräume: wie ein ehrbarer Lebenswandel aussah und wo dessen Grenzen verliefen, ob jemand hätte imstande sein müssen, einem Liebeswerber zu widerstehen, ob eine Vergewaltigung vorlag, ob ein Bericht über Misshandlungen der Wahrheit entsprach, ob eine heimliche oder verbotene Liebesbeziehung bestand.

Der erste Schritt in den Ermittlungen wegen „unsittlichen Lebenswandels" bestand, sowohl wenn es um Männer als auch wenn es um Frauen ging, fast immer darin, Informationen beim Pfarrer einzuholen. Dieser wurde so zu einem Angelpunkt in der Vermittlung zwischen dem sozialen Umfeld und den Richtern. Diese Praxis war charakteristisch für das Vikariatsgericht bis zu seiner Aufhebung im Jahr 1871. „Im November 1854" – schrieb beispielsweise ein römischer Pfarrer – „ist bei Euer Hochwürden, Seiner Exzellenz dem Herrn Kardinalvikar, eine Bittschrift ... im Namen von Anna Androni gegen den bereits genannten Achille eingereicht worden, weil dieser sie entjungfert hat ... Doch ist die selbe Bittschrift zur Information auch an den hochwürdigen Pfarrer von San Rocco weitergeleitet worden ..., der sie als unbegründet zurückgewiesen hat ... Er hat sie [Anna Androni, A. A.] in ihr Elternhaus zurückgeführt und die Aussöhnung mit den Eltern erwirken können."[11] Dieser Fall wurde damit bereits im Vorfeld der Gerichtsbarkeit gelöst.

Wie sich in den Akten des Vikariatsgerichts an einzelnen Fällen zeigt, konnte die Verbindlichkeit von Seiten des Vaters oder des Ehemannes, die Tochter beziehungsweise die Ehefrau wieder in deren Haus aufzunehmen, den Ausgang eines wegen „unsittlichen Lebenswandels" angestrengten Prozesses positiv beeinflussen oder – wie im obigen Fall – so-

---

l'illicite. Le marché parallèle de la viande à Lyon pendant la Carême, in: Ago, Value, wie Anm. 7, 103–136. Zum Zivilrecht vgl. die Untersuchung von Simona Feci, Cambiare città, cambiare norme, cambiare le norme. Circolazione di uomini e donne e trasformazione delle regole in antico regime [Wechsel in eine andere Stadt, Wechsel in einen anderen Rechtsraum, Veränderungen im Recht. Mobilität von Männern und Frauen und die Transformation von rechtlichen Regelungen im Ancien Régime], in: Angiolina Arru u. Franco Ramella Hg., L'Italia delle migrazioni interne. Donne, uomini, mobilità in età moderna e contemporanea [Das Italien der Binnenmigrationen. Frauen, Männer und Mobilität von der Frühen Neuzeit bis zur Gegenwart], Roma 2003, 1–32.

11 Archivio Segreto Vaticano (ASV), Tribunale criminale del Vicario, 1854, vol[ume]. 5, b. 113. Ein anderes Dokument aus demselben Jahr zeigt noch klarer die zentrale Rolle der Pfarrer: „Die Rechtswege, auf denen das Öffentliche konstituiert wird", so gab ein Armenanwalt im Zuge eines Prozesses Mitte des 19. Jahrhunderts an, „sind die Berichte der Pfarrer oder der Angehörigen der Gerichtspolizei, aber keiner von letzteren tritt dann im Prozess auf ... Was beweist, dass das öffentliche Ärgernis gar nicht existiert." ASV, Tribunale criminale del Vicario, 1854, vol. 5, b. 126.

gar dahin wirken, dass ein Prozess gar nicht erst zustande kam. So schrieb Mitte der 1790er Jahre ein römischer Pfarrer auf Drängen der Bewohner seiner Pfarre hin an das Vikariatstribunal in Rom, „Ich bitte darum, so schnell wie möglich und unter Androhung der Verhaftung und strengen Bestrafung die folgenden beiden jungen Frauen vorzuladen …, um sie aufzufordern, entweder zu ihren Ehemännern zurückzukehren … oder bei ihren Eltern zu leben." Der Pfarrer bat das Tribunal zudem, dass eine Frau aus seiner Pfarre, die wegen Raufhändeln verhaftet worden war, nur dann aus der Haft entlassen werden sollte, wenn sie „den Eltern übergeben wird, worum ich bereits ersucht habe und hiermit neuerlich ersuche".[12]

Das Wichtigste für einen Erfolg von Versuchen des Vermittelns und Einflussnehmens war aber die umfassende Kenntnis der Funktionsweise des gesamten Justizapparates sowie der (im Falle des Rechtsstatus der Frauen besonders ausgeprägten) Inkohärenzen zwischen verschiedenen rechtlichen Bestimmungen und nicht zuletzt der Zusammensetzung eines Gerichts. Trotz unterschiedlicher Zuständigkeitsbereiche der verschiedenen Gerichte folgte die Praxis, nach denen die Angeklagten einem bestimmten Gericht zugewiesen wurden, nicht immer strikten institutionellen Vorgaben.[13] In einer im Jahr 1797 beim Vikariatsgericht eingereichten Verteidigungsschrift wird behauptet: „[U]nd [man sagt], dass der Vikariatsrichter stets dem Drängen des anderen Gerichts, welches diese schuldigen Leute beschützt, nachgegeben hat und dies [sicher] auch dieses Mal tun wird."[14] Man befürchtete hier also, dass sich der Vikariatsrichter dem Druck der dringlichen Empfehlungen von Seiten der Eltern der Angeklagten beugen und den Fall einem weltlichen Gericht überlassen würde, das mildere Strafen verhängte. Der Grad der „Gerechtigkeit" eines Gerichts hing dabei nicht nur von der spezifischen Struktur eines Tribunals ab (also zum Beispiel davon, ob es sich um ein weltliches oder ein geistliches handelte), sondern auch vom Beziehungsnetz, über das die Akteure und Akteurinnen verfügten, sowie von ihrer Fähigkeit, mit einem für

---

12 ASR, Tribunale criminale del Governatore, 1795–1796, n. 2009–2010, wie Anm. 4. Der Brief des Pfarrers ist in die letzten Seiten des Prozesses eingefügt.
13 Zu den verschiedenen Zuständigkeitsbereichen der Gerichte im Ancien Régime, und zu den unterschiedlichen Logiken im Justizwesen vgl. Cerutti, Giustizia, wie Anm. 8, insbes. die Kapitel 4 und 5. Simona Cerutti unterscheidet strikt die Logiken der verschiedenen Tribunale (im Bereich der Zivilgerichtsbarkeit). Für Rom lassen sowohl die Quellen zur Zivil- als auch zur Strafjustiz hingegen auf einen flexibleren Gebrauch und eine weniger differenzierte Logik der Justiz in den verschiedenen Gerichten schließen. Vgl. dazu auch den Aufsatz Ago, Una giustizia, wie Anm. 9. Zu betonen ist, dass die Frage, vor welches Gericht jemand kam, besonders dann wichtig war, wenn es sich um Juden handelte. Vgl. Simona Feci, Tra il tribunale e il ghetto: le magistrature, la comunità e gli individui di fronte ai reati degli ebrei romani nel Seicento [Zwischen Gericht und Ghetto: die Richter, die Gemeinschaft und die Individuen in Zusammenhang mit Straftaten der römischen Juden im 17. Jahrhundert], in: Quaderni Storici, 99 (1998), 575–599.
14 ASV, Tribunale criminale del Vicario, 1797, vol. 3, n. 45.

ihren Fall kompetenten Richter in Beziehung zu treten. So hieß es in einem Dokument des Vikariatstribunals aus den 1830er Jahren: „Als die Verschwörer erkannten ..., dass sie vom Erzbischöflichen Ministerium keinen günstigen Ausgang [in ihrer Sache, A. A.] erwarten konnten ..., wandten sie sich an die Zivilkurie und beauftragten eine Person, dort für sie entsprechende Vorkehrungen zu treffen."[15]

Die historische Forschung hat sich in den letzten Jahren ausführlich mit den Prozessen der Frontenbildung zwischen Konfliktparteien, mit der Konstruktion von sozialen Netzwerken und mit deren Bedeutung für die sozialen Logiken von Gemeinwesen und Gruppen befasst. Zu denken ist dabei unter anderem an die Studien zur Migration, die insbesondere darauf aufmerksam gemacht haben, welche Bedeutung Beziehungssystemen beizumessen ist – etwa um Motivationen des Wegziehens, Wege und Destinationen des Zuziehens, die Karrieren oder auch das Scheitern von Immigranten und Immigrantinnen erklären zu können.[16] Darüber hinaus ist aber auch an Untersuchungen zu denken, die sich mit der Frage auseinander gesetzt haben, wie durch Solidaritäten und Beziehungsgeflechte, die sich um einen Gerichtsfall herum formiert haben, nicht nur Aktionen zur Verteidigung von Angeklagten gegenüber den Richtern gesetzt werden konnten, sondern auch regelrechte Akte der Legitimierung oder (Re-)Integration von Personen, die sich durch ihr Verhalten außerhalb einer Gemeinschaft gestellt hatten oder zu dieser noch gar nicht dazugehörten.[17]

Mir scheint aber auch wichtig, einem anderen, bislang wenig untersuchten Aspekt von Mechanismen des Vermittelns und Intervenierens nachzugehen und auf diesem Wege den Katalog von Fragen, die an Gerichtsquellen zu stellen sind, auszuweiten. Denn im Verlauf einer individuellen oder kollektiven Biografie konnten Fronten auch zerbröckeln, Allianzen sich verschieben, konnte der Beistand von bestimmten Personen wegfallen, und die Vermittler konnten ihre zentrale Rolle einbüßen. Solche Fälle geben Aufschluss über die Auswirkungen der genannten Veränderungen auf zwischenmenschliche Beziehungen, das so-

---

15 ASV, Tribunale criminale del Vicario, 1836, vol. 4, n. 92.
16 Vgl. dazu die Nummer 106 (2001) der Quaderni Storici zum Thema „Migrazioni" [Migrationen], v. a. die Einführung von Angiolina Arru, Josef Ehmer u. Franco Ramella, Premessa, 3–23. Vgl. auch das kürzlich erschienene Buch Arru/Ramella, L'Italia, wie Anm. 10, insbes. den Aufsatz von Franco Ramella, Immigrazione e traiettorie sociali in città: Salvatore e gli altri negli anni sessanta [Immigration und Lebenswege in der Stadt: Salvatore und all die anderen in den 1960er Jahren], 339–385.
17 Vgl. Douglas Catterall, „Secondo il resoconto di sua madre che ancora abita a Oostenhuysen": migranti e politiche della migrazione nella società urbana nordeuropea [„Laut Bericht seiner Mutter, die noch in Oostenhuysen lebt": Migranten und Migrationspolitik in der nordeuropäischen städtischen Gesellschaft], in: Quaderni Storici, 106 (2001), 25–57; ders., Translating Lives in Public in Early Modern Rotterdam, in: Ago, The Value, wie Anm. 7, 73–102. Vgl. auch die Fälle, die zitiert sind in Domenico Rizzo, Forestieri nelle pratiche di giustizia: opportunità e rischi (Roma, XVIII-XIX secc.) [Fremde vor Gericht: Möglichkeiten und Risiken (Rom im 18. und 19. Jahrhundert)], in: Arru/Ramella, L'Italia, wie Anm. 10, 133–159.

ziale Gefüge und nicht zuletzt – was uns in Zusammenhang mit dem Mordfall Biagioli hier interessiert – auf Liebesbeziehungen.

Das Aufrollen der weiteren Ermittlungen zum Mordfall Biagioli soll diesen Aspekt der Instabilität und Veränderlichkeit von Netzwerken und Allianzen klären helfen.

Vermittlungsversuche und Kriterien der Liebeswahl

Hauptangeklagter in diesem Prozess war – nach der Freilassung der ersten Verdächtigen – Filippo Moni, „Kutscher des Königlichen Abgesandten seiner Majestät, des Königs von Sardinien". Er war der Polizei bereits aus früheren Prozessen, die wegen Ehebruchs gegen ihn angestrengt wurden, bekannt. Moni war verheiratet und hatte einen Sohn; seine damalige Geliebte, Maria Loggi, war zum Zeitpunkt des Mordes in den römischen *Carceri Nuove* – dem „Neuen Gefängnis" – eingesperrt. Gemäß den Aussagen eines gut unterrichteten Zeugen soll die Ermordung Biagiolis die Folge des „Hasses Filippos auf den erwähnten Herrn Richter, der drei oder vier Tage vor besagtem Mord seine Geliebte Maria Loggi hatte einkerkern lassen", gewesen sein. Wie der Zeuge weiter berichtete, habe diese Frau im Gefängnis behauptet, mit Sicherheit zu wissen, dass ihr Liebhaber Filippo den Richter Biagioli umgebracht habe, da er befürchtete, dass „besagter Richter sie nach San Michele verlegen würde", in eine Besserungsanstalt für Frauen, in dem ein sehr strenges Reglement herrschte.[18]

Die Strenge der Gefängnisordnung war aber nicht der einzige Maßstab, um den Grad des Leidens beziehungsweise der Erträglichkeit einer Haftstrafe zu bewerten. Andere Elemente waren für die Bedingungen einer Haft und die Aussichten auf Begnadigung mitbestimmend. Ein zentraler Punkt war in diesem Zusammenhang das Wissen darum, wer in der Lage war, innerhalb der Gefängnismauern zu intervenieren, entweder zu helfen, Gesuche voranzutreiben oder auch – wie im Fall von Biagioli – zu behindern und so das Ende einer Haftstrafe oder aber deren Verlängerung oder Verschärfung zu erwirken. Ein solcher Antrag auf Strafverschärfung findet sich beispielsweise im Schreiben eines gewissen Angelo Pergolini, dessen Frau wegen „liederlichen Lebens" eingekerkert war. „Nachdem seine Frau Anna Maria", schrieb er, „auf Befehl des Tribunals Seiner Exzellenz wegen ihres unsittlichen Lebenswandels inhaftiert worden ist", und er in einer anderen Bittschrift „Seine Exzellenz" bereits darum ersucht hatte, „dass seine verderbte Frau in die Besserungsanstalt San Michele a Ripa eingesperrt werde", hat er seinen Wunsch bislang nicht erfüllt gesehen, im Gegenteil

---

18 ASR, Tribunale criminale del Governatore, 1795–1796, n. 2009–2010, wie Anm. 4. Zur Geschichte der Gefängnisse in Italien und zur Institutionalisierung der spezifischen Frauenhaft vgl. Simona Trombetta, Punizione e carità. Carceri femminili nell'Italia dell'Ottocento [Bestrafung und Barmherzigkeit. Frauengefängnisse in Italien im 19. Jahrhundert], Bologna 2004.

der Frau wird in den *Carceri Nuove*, wo sie sich zur Zeit befindet, von vielen ihrer Komplizen geholfen, darunter auch von dem nur allzu bekannten Pietro Zecchini, seines Zeichens offizieller Informant des Strafgerichts des Gouverneurs, „der beteuert hat, sie um jeden Preis befreien und aus dem Gefängnis führen zu wollen …" Unter diesen Umständen wendet er sich nun erneut an die Barmherzigkeit des Richters, damit dieser anzuordnen geruhe, dass sie in die oben erwähnte Besserungsanstalt eingesperrt werde.[19]

Die Maßstäbe, nach denen ein Gefängnis beurteilt wurde, lassen sich sehr deutlich aus den Akten herauslesen: Ob ein Haftort als günstig galt, war nicht sosehr vom mehr oder weniger strengen Reglement abhängig, sondern vielmehr von den Möglichkeiten, die sich für die Inhaftierten dort boten, Beziehungen nach Draußen aufrecht zu erhalten und mit Personen in Kontakt zu treten, die Einfluss auf die Amtsträger aus dem Kreis der Richter und der Gefängnisverwaltung ausüben konnten. Deshalb war es entscheidend, in einem bestimmten Gefängnis und nicht in einem anderen inhaftiert zu sein, und ebenso entscheidend war es, von einem bestimmten Richter vernommen zu werden und nicht von einem anderen. Der Prozess gegen Maria Loggi ist ein gutes Beispiel für diese Logik, die vor allem nach der Ermordung des Richters Alessandro Biagioli zum Tragen kommt.

Maria Loggi, die Geliebte des Kutschers Filippo Moni, war Biagioli wohlbekannt, da er sie mehrfach schon wegen Unsittlichkeit hatte festnehmen lassen.[20] Sie lebte von ihrem Mann getrennt, empfing Männer in ihrer Wohnung („darunter Juden", wie es in einer der vielen von den Nachbarn eingereichten Klageschriften heißt), und vielleicht war Filippo Moni an den Profiten aus dieser Aktivität beteiligt. Die letzte Verhaftung von Maria Loggi war die unmittelbare Folge einer langen Bittschrift gewesen, welche die Pfarrgemeinde an Biagioli gerichtet hatte.

Unter den Dokumenten, die von den Bemühungen zeugen, sie wieder aus dem Gefängnis frei zu bekommen, finden wir zunächst eine Bittschrift der „armen und im Alter fortgeschrittenen und behinderten" Mutter von Maria Loggi. Ihre Tochter sei völlig unschuldig, beteuerte die Frau in diesem Schreiben, sie sei in ihrer eigenen Wohnung verhaftet worden, wo sie sich ganz allein und auch ohne Licht aufgehalten habe. Außerdem sei sie völlig mittellos und werde mit dem Lebensnotwendigen von der Bittstellerin versorgt; sie frage sich also, „ob der unbestechlichen Justiz vielleicht falsche Informationen gegeben worden sind".[21] Die Bittschrift der Frau endete mit dem Versprechen an die Richter, ihre Tochter wieder zu sich zu nehmen, sollte sie aus dem Gefängnis entlassen werden.

---

19   ASV, Tribunale criminale del Vicario, 1797, vol. 2, n. 13.
20   ASVR, Tribunale del Vicario, Decreta, 1793. Maria Loggi kannte nicht nur das Vikariatstribunal, sondern auch die verschiedenen römischen Gefängnisse, da sie dort „andere Male eingekerkert war", wie man aus dem Bericht eines Wärters der *Carceri Nuove* weiß. ASR, Tribunale criminale del Governatore, 1795–1796, n. 2009–2010, wie Anm. 4, 226.
21   ASR, Tribunale criminale del Governatore, 1795–1796, n. 2009–2010, wie Anm. 4.

Aber offensichtlich reichten die Versprechungen einer Mutter in einem solchen Fall nicht aus. Es galt also, einen anderen Weg zu finden, um Maria Loggi aus dem Gefängnis zu holen. Die von ihrem Geliebten Filippo Moni im Laufe seiner Tätigkeit als Kutscher hoher Herren geknüpften Beziehungen stellten für sie dabei ein wertvolles Hilfsmittel dar. Denn aus den Aussagen eines Gefängniswärters geht hervor, dass Filippo Moni im Umfeld der *Carceri Nuove* bekannt war oder zumindest Zugang zu einigen Kommunikationskanälen in das Innere des Gefängnisses hatte. „Wir haben bemerkt", gab ein Wärter an,

> dass besagter Filippo zu den Gitterfenstern des Gefängnisses gekommen ist und dort nicht nur mit ihr gesprochen hat, sondern ihr auch Geld und Essenswaren mitgebracht hat; die hat besagter Filippo in den Beutel gegeben, den die gefangenen Frauen aus dem Fenster herunterlassen, das zur Frauenabteilung gehört. Ich habe mich auch gewundert, Filippo etwa fünf Mal zu sehen, wie er besagte Maria sogar während der heißen Tageszeit besucht hat, aber es wurde mir gesagt, dass er ihr Liebhaber sei und eine Leidenschaft für sie habe. Ich bin mir dessen ganz sicher, weil ich, wie schon gesagt, gesehen habe, wie er gekommen ist und wie er sie mit Namen gerufen und sich lange dort aufgehalten hat. Und ich habe auch von anderen Wärtern erfahren, dass sie ihn gesehen haben ... und die anderen gefangenen Frauen haben gesagt, dass er auch nachts komme, um ihr von der Straße aus zuzupfeifen und mit ihr zu sprechen.[22]

Es ist offensichtlich, dass es eines Liebesverhältnis zu seiner Aufrechterhaltung der Kontaktmöglichkeiten bedurfte, und die Verlegung von Maria Loggi in ein anderes Gefängnis hätte das um die *Carceri Nuove* aufgebaute Beziehungsgewebe außer Kraft gesetzt, das diese Form der Zuwendung ermöglichte und ihm auch erlaubte, eine schützende Hand über sie zu halten.

Ihr Verhältnis mit Filippo bildete für Maria Loggi aber nicht die einzige Ressource. Im Gefängnis hatte die Frau jemanden kennen gelernt, der nur eine sehr kurze Haftstrafe zu verbüßen hatte und ihr eine Alternative bot, indem er ihr die Versorgung – für eine getrennt lebende Frau von existenzieller Bedeutung – versprach: „So könnt ihr erkennen, wie groß meine Leidenschaft für Euch ist", schrieb ein gewisser Giovanni Fiorentini in einem seiner ersten Liebesbriefe,

> und wie sehr mich Eure Schönheit schmerzt ... Ich hinke, bin auf einem Auge blind und an einem Arm verkrüppelt durch einen Schlag ..., aber wenn wir uns sehen könnten ... Ihr dürft nicht glauben, dass ich wie Filippo bin, der auf Eure Kosten gelebt hat, ich bin jung, ohne Frau und Kinder, und ich bin Fremder, kein Römer, und wenn ich mich nicht

---

22 ASR, Tribunale criminale del Governatore, 1795–1796, n. 2009–2010, wie Anm. 4.

in der Lage fühlen würde, etwas für Euch ausrichten zu können, würde ich mich nicht [für Euch, A. A.] einsetzen ... Meine Geliebte, meine süße Liebe, mit einem echten Kuss, den ich Euch gebe auf diese roten Lippen – [ich schreibe das], damit Ihr jetzt auch wisst und spüren könnt, wohin.[23]

Auf dem römischen Heiratsmarkt stellten die zugewanderten Männer, und das nicht nur im 18. Jahrhundert, eine große Konkurrenz für die einheimischen Männer dar, ein Umstand, dessen sich Giovanni Fiorentini sehr wohl bewusst war. Aufgrund ihrer sehr großen Zahl (sie war fast doppelt so hoch wie die der zugewanderten Frauen)[24] war Rom von der Geschlechterproportion her eine männlich dominierte Stadt. Frauen hatten also eine große Auswahl an Partnern, wobei Alter und Beruf der Männer, ihre Beziehungsnetze und ihre Liebe sorgfältig gegeneinander abgewogen wurden. Für Maria Loggis Verehrer waren das Angebot zur Bestreitung des Lebensunterhalts, seine Arbeitskraft und Treue die ‚Ingredienzien' (die seiner Ansicht nach typischer für einen Fremden als für einen Römer waren), mit denen er sie von den reellen Chancen einer Liebesbeziehung überzeugen wollte.

Einen Beruf auszuüben, einer Frau angemessenen Unterhalt bieten zu können und ihr treu zu sein, waren sicherlich keine Eigenschaften, die nur von Fremden zu erwarten waren, wie Giovanni Fiorentini offensichtlich behauptet. Doch spielte er in seinen Briefen auf Kriterien an, die auf dem städtischen Heiratsmarkt tatsächlich positiv bewertet wurden – wie offensichtlich auch in Liebesverhältnissen. Neuere Untersuchungen zeigen, dass die Fremden, denen es gelang, einheimische Frauen zu heiraten, im Allgemeinen diejenigen waren, die in den städtischen Pfarren eine längerfristig stabile Niederlassung aufwiesen, also diejenigen, die gewissermaßen zu „Stadtbürgern" wurden. Das Kriterium des stabilen Aufenthaltes in einem Wohnviertel scheint bei der Wahl eines Bräutigams wichtiger gewesen zu sein als dessen geographische Herkunft.[25] In stabilen Verhältnissen zu leben, nicht nur bezogen auf die Stadt, sondern kleinräumiger auf eine Pfarre, ein Wohnviertel, bedeutete, kontrollierbar zu sein in Hinblick auf seine beruflichen Aktivitäten, die Ressourcen, über die man verfügte, und damit auch in Hinblick auf seine Möglichkeiten und Kapazitäten, eine Frau zu erhalten. Auf diese zentralen Punkte bezog sich auch der Verehrer von Maria Loggi in seinem Brief. Auf jeden Fall aber galt die Ausübung eines Berufs als eine wichtige Garantie für diejenigen, die sich – wie auch Maria Loggi, wie wir gleich sehen werden –

---

23   ASR, Tribunale criminale del Governatore, 1795–1796, n. 2009–2010, wie Anm. 4. Alle Briefe, die Maria offensichtlich aufbewahrt hatte, wurden bei ihrer Verhaftung beschlagnahmt und den Prozessakten beigefügt.

24   Vgl. dazu Angiolina Arru, Zuwanderung, Heiratsmarkt und die soziale Konstruktion der Stadtbürgerschaft. Rom im 18. und 19. Jahrhundert, in: Josef Ehmer, Tamara Hareven u. Richard Wall Hg., Historische Familienforschung. Ergebnisse und Kontroversen, Frankfurt a. M. 1997, 103–122.

25   Arru, Zuwanderung, wie Anm. 24.

sehr wohl bewusst waren, dass sie das Recht hatten, von einem Ehemann unterhalten zu werden.

An diesem Punkt spielte die Frau ihre Karten geschickt zwischen den beiden Männern aus. Sie verwehrte sich nicht gegen die Briefe und die Versprechungen ihres neuen Freiers und wies die Proteste und Drohungen ihres Liebhabers Filippo Moni zurück, der offensichtlich von dieser neuen Beziehung wusste. „Es handelt sich um Verdrehungen des Einen wie des Anderen", rechtfertigte sich Maria Loggi in einem beinahe unleserlichen Brief an Filippo Moni,

> mir war es ja unmöglich, einen Schritt hier heraus zu tun, und Ihr beleidigt mich, indem Ihr behauptet, dass ich mit anderen beisamman war. … Aber so wie ich es sehe, bleibt mir nichts anderes übrig, als mich meinem Schicksal zu ergeben, dann werdet Ihr wohl zufrieden sein … Leb wohl, leb wohl, wenn wir uns hier nicht wiedersehen, werden wir uns im Paradies wiedersehen.[26]

Durch Biagiolis Tod scheinen sich jedoch neue Möglichkeiten auf der Vermittlungsebene mit dem Gericht eröffnet zu haben, und dabei kamen nun Filippo Monis Beziehungsnetze zum Einsatz. Zwei Tage nach dem Tod des Richters schrieb jemand an Maria Loggi: „Denkt Euch, der Abt wird alles regeln …, aber Geld ist dafür notwendig … Famiani [der Richter, der nun Biagiolis Stelle einnahm, A. A.] hat gesagt, er wisse nichts [von dem Fall, A. A.], aber der Abt hat ihm alles zur Kenntnis gebracht, und Famiani hat zu ihm gesagt, dass am Freitag in der Kongregation darüber gesprochen wird."[27] Die Logiken, nach denen Einflussnahme und Vermitteln bei Gericht funktionierte, wurden durch den Mordfall – in diesem Fall durch ein Delikt aus Liebe – also neu bestimmt.

Das für die angekündigte Intervention von Seiten des Abtes benötigte Geld, trieb Filippo Moni auf. Unter den beim Angeklagten beschlagnahmten Dokumenten fand sich nämlich ein Schuldschein, für den er in der fraglichen Zeit eine Hose und zwei Decken für einige Scudi verpfändet hatte. Die Wahl Marias zwischen dem Fremden und dem, der als Vermittler zu agieren vermochte, war damit entschieden. „Ich freue mich sehr", schrieb Giovanni Fiorentini in einem seiner letzten Briefe an Maria Loggi, „eine solche Neuigkeit zu hören, nämlich die von Eurer Freiheit …, doch bin ich fast vor Schmerz gestorben bei Euren Worten, … mein süßes Gut, mein reicher Schatz …" Und am Rand des Briefes steht geschrieben: „Lest ihn und behaltet ihn im Herzen, wenn Dir meine Liebe zusagt … Von dem, der Dich so treu liebt, leb wohl, leb wohl, der arme unglückliche Verliebte." Auf der Rückseite des Briefes ist ein großes durchbohrtes Herz gezeichnet, mit einem letzten Gruß

---

26 ASR, Tribunale criminale del Governatore, 1795–1796, n. 2009–2010, wie Anm. 4, 101.
27 ASR, Tribunale criminale del Governatore, 1795–1796, n. 2009–2010, wie Anm. 4.

noch versehen: „Traurige Liebe, ich werde Dich nicht vergessen, mein teures Gut, von dem, der Dich so treu liebt, der arme unglückliche Verliebte Giovanni Fiorentini ... Leb wohl, 1795."[28]

Wie sich eine Verteidigungsstrategie ändern kann

Die Freiheit war allerdings nur von kurzer Dauer: Maria Loggi wurde vom Gouverneurstribunal als Komplizin und Zeugin Filippo Monis bald darauf wiederum verhaftet. Und die weiteren Abläufe verkomplizierten sich: Die Richter waren nun andere, Filippo Monis Beziehungsnetze vermochten hier nicht mehr zu helfen. Der Kontakt zur Außenwelt war unterbrochen; es bestand keine Möglichkeit mehr, Wege der Vermittlung zu finden – daher war diese neue Haftstrafe viel härter zu ertragen als jene zuvor.

An diesem Punkt zerbrach die Komplizenschaft des Paares gegenüber der richterlichen Amtsgewalt: Maria entschloss sich nun für eine andere Taktik.[29] Sie trug die Papiere, welche die wesentlichen Momente ihrer Biographie dokumentierten, stets bei sich; diese konnte sie nun für ihre neue Verteidigungsstrategie einsetzen, wobei sie die Widersprüche ausnutzte, welche die Rechtslage von Frauen kennzeichnete: Ihnen wurde eine Position der Schwäche und Abhängigkeit zugewiesen, die ihnen in manchen Situationen jedoch Macht und Stärke verleihen konnte, insbesondere durch das Einfordern von gesetzlichen Ansprüchen. Maria Loggi hatte jahrelang einen Brief aufbewahrt, in dem sie das Tribunal darum ersucht hatte, sie mit ihrem Mann wieder zusammenzuführen. Andernfalls wollte sie eine Alimente zugesprochen erhalten – auf die sie nach dem geltenden Gesetz Anspruch hatte. In dieser Supplik an die Vikariatsrichter heißt es: „Maria Gentili [dies ist der Nachname ihres Ehemannes, A. A.], Frau des Nicola, Geflügelhändler ..., die aus San Michele entlassen worden ist, wo sie, wohl aufgrund einer Vorsichtsmaßnahme des Tribunals ein Jahr lang eingesessen ist, damit sie, fern von ihrem Mann, nicht Gefahren ausgesetzt sei, [ersucht darum, dass], dieser sich mit der Bittstellerin vereinige, oder, wenn er weiterhin hartnäckig bleibt, zu einer monatlichen Zahlung verpflichtet werde ..., um so die Bittstellerin vor den vielen Gefahren zu bewahren ..., denen sie aufgrund von Armut ausgesetzt wäre."[30]

Maria Loggi hatte auch eine Privaturkunde aufbewahrt, die den Wert der Mitgift bescheinigt, die sie ihrem Mann bei der Hochzeit übergeben hatte, sowie die Pfandbriefe, mit denen sie sich das Geld beschafft hatte, um ihren Unterhalt selbst zu bestreiten. Sie war von

---

28   ASR, Tribunale criminale del Governatore, 1795–1796, n. 2009–2010, wie Anm. 4.
29   Zu den Möglichkeiten und Fähigkeiten der Frauen, sich vor Gericht zu verteidigen, vgl. das Buch von Garthine Walker, Crime, Gender and Social Order in Early Modern England, Cambridge 2003.
30   ASR, Tribunale criminale del Governatore, 1795–1796, n. 2009–2010, wie Anm. 4.

ihrem Stiefvater, dem zweiten Mann ihrer Mutter, mit Mitgift ausgestattet worden, was ebenfalls in Form einer Privaturkunde schriftlich festgehalten worden war, gemäß des in Rom herrschenden streng geregelten Mitgiftsystems. Das von der Angeklagten aufbewahrte Dokument listet die in ihrem Wert geschätzten Gegenstände genau auf: eine Perlenkette, ein Paar Ohrringe, ein goldener Ring im Wert von vier Scudi, eine Schachtel mit Silberknöpfen im Wert von zwölf Scudi, ein gebrauchtes Kleid im Wert von zwei Scudi, aber auch ein „vornehmes" Kleid zu sechs Scudi und schließlich vierzig Scudi an Bargeld sind darin angeführt. Alles in allem handelte es sich dabei um eine kleine Mitgift mit einem Gesamtwert von zweihundert Scudi, dennoch stellte sie ein Instrument dar, mit dem bestimmte Rechte verbunden waren.[31]

Eine Frau ohne Ehemann, ohne Alimente und ohne Mitgift konnte, wenn sie mit entsprechenden Dokumenten versehen war, nach herrschender Rechtslage – da ein Ehemann im Fall einer Trennung zum Unterhalt und zur Rückgabe der Mitgift verpflichtet war – vor Gericht gewisse Ansprüche geltend machen und auch in Bezug auf die Verfehlungen, die sie begangen hatte, mit Nachsicht rechnen. Insofern befand sich Maria Loggi in einer besseren Position als Filippo Moni. Dieser Umstand mochte Maria Loggi schließlich auch veranlasst haben, einen eigenen Weg zu ihrer Verteidigung einzuschlagen und ihren Geliebten anzuklagen. Vor den neuen Richtern sagte sie aus: „Er hat immer ein liederliches Leben geführt, was Frauen angeht, aber auch, weil er oft handgreiflich geworden ist. Obwohl man sagt, dass andere den Richter Biagioli getötet haben könnten, habe ich mir sofort gedacht, dass er es gewesen ist, und das glaube ich immer noch."[32] Ihre Anklage bedeutete einen Umbruch der Bündnisse und leitete eine einsame, aber überzeugende Verteidigungslinie ein.

Die Akten geben uns keine Auskunft darüber, ob Filippo Moni und Maria Loggi verurteilt worden sind. Die zu den Gerichtsurteilen dieser Jahre überlieferten Dokumente sind sehr lückenhaft. Denn im Februar 1798 – kurz nach Beendigung der ersten Phase des Prozesses – besetzten die Franzosen Rom und zu den ersten revolutionären Handlungen gehörte die Abschaffung des Vikariatstribunals.

In der darauf folgenden kurzen Zeitspanne von etwas mehr als einem Jahr (die Franzosen verließen Rom im März 1799) wurde zwar keine Reform der Zivil- und Strafgesetzgebung durchgeführt, doch wurden Frauen in dem von den Franzosen neu eingesetzten weltlichen Gericht nicht mehr wegen unsittlichen Lebenswandels belangt. Es handelt sich daher um eine sehr interessante Zeit, für die es sich lohnen würde, die Praktiken der Frauen so-

---

31 Zur Frage des Werts der Mitgift in Rom im Ancien Régime und zu den Eigentumsrechten, die eine Mitgift nach sich zog, vgl. Angiolina Arru, „Schenken heißt nicht verlieren". Kredite, Schenkungen und die Vorteile der Gegenseitigkeit in Rom im 18. und 19. Jahrhundert, in: L' Homme. Z.F.G., 9, 2 (1998), 232–251.
32 ASR, Tribunale criminale del Governatore, 1795–1796, n. 2009–2010, wie Anm. 4.

wohl im Rahmen des Zivil- als auch des Strafrechts zu untersuchen sowie die neuen Widersprüche, die sich bei den weltlichen Gerichten, vor allem in Prozessen zu Familienkonflikten auftaten.[33]

Das alte Vikariatstribunal wurde allerdings mit der ersten und zweiten Restauration nach den französischen Besetzungen 1799 und 1814 wieder eingesetzt. Und es führte über Jahrzehnte bis zu seiner endgültigen Auflösung im Jahr 1870 – mit dem Ende des Kirchenstaats und der Einigung Italiens – in Rom die Praxis der Ermahnungen und Gebote, des Vermittelns und Intervenierens fort. Diese spezifische Verfahrensweise beeinflusste die weitere Geschichte der italienischen Justiz sehr stark. Denn auch weiterhin fanden sich jene immer in einer schwachen Position, die – wie der in Maria Loggi verliebte Fremde – als Ressourcen nur ihre Arbeitskraft und ihre Liebe anzubieten hatten, nicht aber über Beziehungsnetze und Möglichkeiten der Einflussnahme verfügten. Die Mechanismen des Intervenierens und Vermittelns machten die Beziehungsgefüge gleichzeitig aber auch aber prekär und die Entscheidung für die eine oder andere Seite fragil und unsicher, vor allem, wenn es sich dabei um eine Liebesbeziehung handelte.

---

33 Bislang liegen noch keine Studien zur Ehetrennung und zur Praxis der Straf- und Zivilgerichtsbarkeit in dieser Zeit im Kirchenstaat vor. Sehr interessant wäre in Zusammenhang, mit den erfolgten rechtlichen Umbrüchen die Widersprüchlichkeit einiger Reformen zu rekonstruieren. Die Gerichtsakten zeigen zum Beispiel, dass Frauen, die vom Vorwurf des Ehebruchs freigesprochen worden waren, eher zu ihren Ehemännern zurückkehrten als zu ihren Eltern. Denn die Institution der Mitgift wurde in jenen Jahren nicht reformiert, und auf eine Trennung folgte nicht mehr – allenfalls in Ausnahmefällen – die Rückgabe der Mitgift und die Verpflichtung von Seiten des Ehemannes, Alimente und Unterhalt zu zahlen. Vgl. dazu Angiolina Arru, Il viaggio di un'amante e l'albero della libertà [Die Reise eines Liebhabers und der Freiheitsbaum], in: Maria Stella u. Andreina De Clementi, I viaggi delle donne [Die Reisen von Frauen], Napoli 1995, 29–33. Allgemein zur Zeit der französischen Besatzung Luigi Fiorani u. Domenico Rocciolo, Chiesa romana e rivoluzione francese 1798–1799 [Die Kirche in Rom und die Französische Revolution 1798–1799], Roma 2004.

Martin Schaffner

„Missglückte Liebe" oder Mitteilungen aus Paranoia City

Eine Lektüre von Justiz- und Polizeiakten aus dem Staatsarchiv Basel, 1894 bis 1908

Im Frühling 1941 schrieb Simone Weil in ihr Notizbuch die folgenden Sätze:

> Le monde est un texte à plusieurs significations, et l'on passe d'une signification à une autre par un travail. Un travail où le corps a toujours part; comme lorsqu'on apprend l'alphabet d'une langue étrangère, cet alphabet doit rentrer dans la main à force de tracer les lettres.[1]

Simone Weil lebte damals in Südfrankreich, wohin sie mit ihrer Familie vor der deutschen Wehrmacht geflüchtet war, in der Hoffnung, später über Spanien nach England weiter zu reisen. Sie vertiefte sich in die Vorstellungen der Katharer, Manichäer und Gnostiker, kümmerte sich um die Lebensbedingungen der ausländischen Internierten in den Lagern um Marseille, nahm Verbindungen auf zur Résistance, suchte und fand Arbeit auf einem Bauernhof in der Ardèche. An all dies denkt man, wenn man den Satz in ihrem „Cahier" liest, den sie durch einen Strich am Rand besonders gekennzeichnet hat: die Welt ein Text, mit mehreren Bedeutungen; die Arbeit, die nötig ist, um von einer Bedeutung zu einer anderen zu gelangen; eine Arbeit, an welcher der Körper beteiligt ist.

Aber die Formulierung, die „Welt" und „Text" gleichsetzt (lange bevor sich die Kulturwissenschaften diese Rede aneigneten), suggeriert eine Kohärenz von beidem, die Simone Weils Cahiers fremd ist, denn ihre (nicht zur Veröffentlichung bestimmten) Notizbücher füllte sie ohne erkennbares Ordnungsprinzip mit Einfällen, Gedanken, kurzen essayartigen Abhandlungen und Zitaten; das ergibt eine faszinierende Lektüre, entlang von Denkbewe-

---

[1] Simone Weil, Cahiers I (1933–1941). Oeuvres complètes VI, Paris 1994, 295.
„Die Welt ist ein Text mit mehreren Bedeutungen, und durch eine Arbeit geht man von einer Bedeutung zu einer anderen über. Eine Arbeit, an der der Körper immer Anteil hat; genauso, wie wenn man das Alphabet einer Fremdsprache lernt, dieses Alphabet durch das Schreiben der Buchstaben in die Hand dringen muss".
Simone Weil, Cahiers/Aufzeichnungen. Erster Band, hg. und übersetzt von Elisabeth Edl u. Wolfgang Matz, München, 1993, 182f; vgl. die biographischen Angaben in der Einleitung zu dieser Edition.
Für Anregungen und Kritik danke ich Ingrid Bauer (Salzburg), Nada Boskovska (Zürich), Gabriele Brandstetter (Berlin), Cyrilla Gadient, Heiko Haumann, Stefan Nellen und Claudia Töngi (Basel).

gungen, die sich immer wieder selbst befragen. Simone Weils eigener Text folgt keinem literarischen Muster, gibt sich nicht als Selbstzeugnis, sondern präsentiert sich als eine Folge von Fragmenten, deren Beziehung zueinander sich nicht leicht nachvollziehen lässt. Er repräsentiert schon rein formal die Bedeutungsdiversität, der sich die Französin aussetzte, und durch die sie sich ihren eigenen Weg bahnte. Gerade diese Qualität, die mangelnde Geschlossenheit, macht ihren Text interessant. Was die eben zitierten Sätze angeht, so ist es weniger die apodiktische Kürze, die sie auszeichnet, als die Spannung, die sie herstellen zwischen „le monde" (in der Einzahl) und „significations" (in der Mehrzahl). Der einen Welt wird eine Pluralität von Bedeutungen zugeordnet. Und diese erschließen sich nur durch harte Arbeit: „un travail où le corps a toujours part".

Die Vorstellung, die mit der einen Welt und zugleich mit ihrer Vieldeutigkeit rechnet, umreißt prägnant und sehr genau, was zugleich eine Grunderfahrung und die ständige Aufgabe jeder historischen Wissenschaft ist: die hartnäckige Suche nach fremdem Sinn und die schwierige Arbeit der Übersetzung. Meine Suche nach „Mitteilungen aus Paranoia City" stellt eine Übung auf diesem Feld dar.

Die Texte, von denen hier die Rede ist, sind amtlicher Herkunft, serielle Produkte alltäglicher administrativer Praxis. Es handelt sich um handschriftlich überlieferte Dokumente der Justiz- und Sanitätsverwaltung, die, als Personendossiers gebündelt, im Basler Staatsarchiv aufbewahrt werden.[2] Die Texte aus den Jahren 1894 bis 1908 repräsentieren die routinierte Regelhaftigkeit des administrativen Prozedere, sind geschrieben im Medium der Verwaltungsprosa, von Amtspersonen, die zwar namentlich bekannt, aber heute vergessen sind.

Ein Verfahren, wie es diese Fallakten dokumentieren, wurde in Gang gesetzt, wenn Verwandte, Bekannte oder eine Amtsperson der Behörde (meistens der Polizei) das auffällige, störende Verhalten eines Mannes oder einer Frau anzeigten. Daraufhin veranlasste die zuständige Polizeidienststelle eine genaue Abklärung durch einen Polizisten. Dieser hatte darüber ein Protokoll zu verfassen, auf Basis dessen über das weitere Vorgehen entschieden wurde. War der Fall gravierend genug, wurde eine medizinische Untersuchung durch den Amts- oder Stadtarzt angeordnet. Auch dieser Vorgang, die amtsärztliche Untersuchung, produzierte ein Dokument, den „Physikatsbericht", das heißt ein amtsärztliches Gutachten. Außer dem Polizeibericht und dem medizinischen Gutachten enthalten die Fallakten einzelne weitere Papiere wie die Korrespondenz mit Amtsstellen, Angehörigen und, sehr selten, Briefe der betroffenen Frauen und Männer selbst. Zwischen der Anzeige und der Einweisung in die Irrenanstalt verliefen meist nur wenige Tage, manchmal nur Stunden. Das Verfahren dokumentiert die Verrechtlichung der ‚Irrenfrage' um 1900 und das hohe Maß an bürokratischer Effizienz, das die staatliche Verwaltung um 1900 erreicht hatte. Und es

---

2   Staatsarchiv Basel (StaBS), Sanitätsakten T 13.1. Einzelne Geisteskranke 1894–1912, und Justizakten, Protokoll des Civilgerichts. Kammer für Ehe und Waisensachen 1896, Bd. 2.

brachte ein Textmaterial hervor, das es erlaubt, das auffällige Reden und Handeln, derentwegen die Dossiers angelegt wurden, anders wahrzunehmen als damals, es als Mitteilung zu lesen, seine Bedeutung zu verstehen. Wie dies möglich ist, zeige ich anhand eines besonders gut dokumentierten Falles.

Polizeiprotokolle

Am 18. Juli 1894, einem Mittwoch, spricht beim Sekretär der Polizeidirektion Basel eine Frau vor. Sie drückt Besorgnis über den Zustand ihres Ehemannes aus, gibt an,

> … ihr Mann sei in letzter Zeit dem Trunke ergeben und leide wahrscheinlich an Verfolgungswahn, indem er sich von vielen Personen verfolgt fühle und gestern die Mittagssuppe ab dem Tisch genommen und wahrscheinlich habe nach Gift untersuchen lassen. Er sei unruhig, hauptsächlich während der Nacht, könne nicht schlafen und errege sein Geisteszustand Bedenken. … Von einem Arzt wolle er nichts wissen.[3]

Der Beamte, der sie anhört und ihre Aussage protokolliert, notiert ferner, „… im März dieses Jahres habe sie, die Frau, gegen den Mann wegen Misshandlung bei der Abteilung für Strafsachen Klage erhoben, doch auf Drängen und Bitten des Beklagten den Strafantrag wieder zurückgezogen". Die Frau, Lina Müller, ist dreißig Jahre alt, stammt aus Waldkirch im Großherzogtum Baden (das an die Schweiz und Basel grenzt), ist also zugewandert. Sie ist seit acht Jahren verheiratet.[4]

Der Bericht äußert sich weder zu den Motiven noch zu den Absichten der Frau und lässt sich auf drei Punkte, auf drei Mitteilungen an die Behörden reduzieren: die Trunksucht des Mannes, seine Krankheit, der Ehekonflikt. Dem Beamten erscheint die Klage der Frau gravierend genug, um sie näher zu untersuchen. Der Mann, Ernst Müller, wird für den folgenden Morgen um acht Uhr zur Einvernahme aufgeboten.

Das Protokoll seiner Vernehmung folgt dem üblichen Muster dieser Textsorte und unterscheidet sich in bestimmten Aspekten formal und inhaltlich vom Bericht, den die Frau beim gleichen Beamten deponiert hat. Zuerst werden die Angaben zur Person notiert. Ernst Müller, geboren am 18. Oktober 1856, also 38 Jahre alt, ist von Beruf Frisör, stammt aus der Kleinstadt Büren an der Aare im Kanton Bern, auch er ist also zugezogen, in Basel niedergelassen seit 1883, Vater zweier Kinder im Alter von fünf und acht Jahren, „noch nie bestraft". Müller gibt Folgendes zu Protokoll:

---

3 Polizeirapport vom 18. 7. 1894. StaBS, Sanitätsakten T 13.1, wie Anm. 2.
4 Die Namen der Hauptbeteiligten sind anonymisiert. „Müller" ist ein fiktiver Name.

> Ich war in letzter Zeit immer sehr aufgeregt und hatte Grund zu der Annahme, dass mir meine Frau das Essen mit Gift vermischt habe. Das war auch der Anlass, dass ich die Suppe vom Tisch wegnahm und durch Dr. K. untersuchen liess. Der Chemiker fand jedoch kein Gift darin. Meine Frau kann mich nicht leiden, gibt sich mit meinen Gesellen und auch mit dem Maler H., der beim Stadttheater angestellt ist, ab, behandelt mich überhaupt nicht als Mann und will von mir nichts wissen. Das ist auch der Anlass, dass ich hier und da aus Verdruss und Verzweiflung ein Glas zu viel nehme. Unser eheliches Verhältnis kann auf diese Art nicht länger mehr andauern und beabsichtige ich, auf Scheidung zu klagen. Verwirrt bin ich nicht, doch infolge der vorkommenden Unannehmlichkeiten in letzter Zeit sehr aufgeregt.[5]

Zwar handeln beide Texte vom Ehestreit, aber primär dokumentieren sie eine andere Realität, nämlich den unmittelbaren Kontext, in dem sie entstanden sind. Das erste Protokoll gibt den Bericht wieder, den die Frau aus eigener Initiative, auf ihre Weise kommuniziert hat, eine Sprechsituation, auf die der Modus der indirekten Rede verweist. Das zweite beruht auf der Vernehmung des polizeilich dafür aufgebotenen Mannes, einer Situation, welche der Modus der direkten Rede repräsentiert. Innerhalb der gleichen Textsorte (des polizeilichen Protokolls) bezeichnet also die sprachliche Differenz einen grundlegenden Unterschied im sozialen Kontext oder ‚Rahmen', aus dem das Sprachmaterial stammt. Das Konzept des ‚Rahmens' hat Gregory Bateson als erster verwendet, in einem berühmt gewordenen Aufsatz über die Affen im Zoo von San Franzisko,[6] und Erving Goffman hat es in einem zwanzig Jahre später erschienen Buch weiterentwickelt.[7] Die Rahmenanalyse ist interessant, weil sie sich auf die Schnittstelle zwischen sozialer Organisation und sprachlicher Repräsentation bezieht und damit zwei Dimensionen verknüpft, welche die Historiographie mit ihrer Tendenz zu intradisziplinären Grenzziehungen trennt. ‚Sozialer Rahmen' heißt so viel wie ‚Wahrnehmungs-' oder ‚Interpretationsschema', ist ein Schema, das die „Lokalisierung, Wahrnehmung, Identifikation und Benennung" von Handlungen ermöglicht, also Orientierungsgrundlagen bildet, der „Organisation von Erfahrung" dient.[8]

Die Ehegatten Müller artikulieren auf der Polizeidirektion in vergleichbaren, aber deutlich unterschiedlichen Handlungskontexten zwei Versionen eines Konfliktgeschehens. Sie stellt die Trunksucht und vor allem die Krankheit ihres Mannes in den Vordergrund, er da-

---

5   Vernehmungsprotokoll vom 19. 7. 1894. StaBS, Sanitätsakten T 13.1, wie Anm. 2.
6   Gregory Bateson, A Theory of Play and Fantasy, in: ders., Steps to an Ecology of Mind, New York 1972, 177–193 [Eine Theorie des Spiels und der Phantasie, in: ders., Ökologie des Geistes, Frankfurt a. M. 1981, 241–260].
7   Erving Goffman, Frame Analysis. An Essay on the Organization of Experience, New York 1974 [dt. Rahmen-Analyse. Ein Versuch über die Organisation von Alltagserfahrungen, Frankfurt a. M. 1980].
8   Goffman, Rahmen-Analyse, wie Anm. 7, 31 und 22 (zweites Zitat).

gegen den Konflikt, den er mit ihr hat, mit klarer Schuldzuweisung an die Frau. Warum und worüber auch immer sich die beiden entzweit haben, vor der Instanz des Polizeibeamten ist es ein Streit um ein Deutungsmuster: Verfolgungswahn gegen Ehebruch. Welchem der beiden Ehegatten der Behördenvertreter mehr glaubt, ist in den Akten nicht vermerkt, wohl aber der Entscheid, der Physikus, also der Stadtarzt, werde „um die Untersuchung des Müller und bezüglichen Bericht ersucht".[9] Damit ist aus dem privaten Unglück des Ehepaars ein öffentlicher Fall geworden, mit unmittelbaren Konsequenzen für Müller. Noch am gleichen Morgen wird er von zwei Polizisten angehalten, in das Untersuchungsgefängnis eingewiesen, sogleich vom Amtsarzt untersucht und danach von den gleichen Polizisten per Droschke in die Irrenanstalt verbracht.

Das Physikat, der amtsärztliche Dienst, war 1884 und 1885 reorganisiert und ausgebaut worden. Fast gleichzeitig hatte die Stadt am äußersten Rand ihres Gebietes eine neue Irrenanstalt errichtet, die als eine der modernsten der Zeit galt und in Reiseführern als Sehenswürdigkeit aufgelistet war. Wie viele andere Städte Europas durchlief Basel in den Jahrzehnten vor 1900 eine Phase rasanten demographischen Wachstums, städtebaulicher Entwicklung und beschleunigter Modernisierung der staatlichen Organisation und Verwaltung. Neben der Aufsicht über das Gesundheitswesen hatte das Physikat gerichtsmedizinische Funktionen und führte von den Behörden angeordnete Untersuchungen durch. In den Beständen des Staatsarchivs Basel findet sich eine Vielzahl von amtsärztlichen Gutachten in Dossiers über auffällig gewordene Frauen und Männer. Diese Berichte variieren stark in Umfang und Inhalt und stellen insgesamt ein vielschichtiges Textmaterial dar.

Der mit 19. Juli 1894 datierte Bericht des Physikus Dr. Lotz folgt strikt jenen Regeln, die für die Textsorte des amtsärztlichen Gutachtens gelten. Auf die Angaben zu physischen Merkmalen („von untersetzter Statur, geröthetes Gesicht, Temperatur normal, Puls 96") und zur früheren Krankengeschichte („eine Lungenentzündung und ein Beinbruch im Knabenalter") folgt, was Müller dem Arzt auf dessen Frage nach seinem Befinden in letzter Zeit erzählt hat. Der Physikus notiert die Vergiftungsgeschichte und protokolliert Müllers Aussagen zum Konflikt mit der Ehefrau:

Mit der Frau könne er nicht mehr leben … Er hört die Frau mit andern flüstern, z. B. „jetzt lebt der Kaib noch und ist gesünder als vorher". Die Frau halte es auch mit andern; während er letzte Woche todtkrank auf dem Kanape lag, hörte er draussen, wie es seine Frau mit einem anderen hatte; es kommt auch vor, dass Nachts einer an ihre Thüre klopft, wenn sie denken, er schlafe …

---

9   Vernehmungsprotokoll vom 19. 7. 1894, wie Anm. 5.

In der Zusammenfassung des Arztes fällt der Wechsel von indirekter zu direkter Rede auf. In der protokollierten Erzählung markiert dieser Wechsel, ein sprachliches Indiz, die besondere Bedeutung der folgenden, der direkten Aussage: „Er hört die Frau mit andern flüstern". Es ist eine Bedeutungsverstärkung und verweist nicht auf den Erzähler, sondern auf die redigierende Hand des Arztes, auf einen medizinischen Code, und bezeichnet ein klinisches Symptom. Tatsächlich stellt der Amtsarzt am Ende des Gutachtens fest: „Müller leidet an einer mit Hallucination des Gehörs verknüpften Geistesstörung", woraus er folgert: „und bedarf daher der Versorgung in der Irrenanstalt".[10]

Ehekonflikt

Ich frage danach, was ich – dank der Fragen und dem Bericht des Amtsarztes – weiter über den Konflikt zwischen den Ehegatten erfahre. Es ist nicht meine Absicht, dieses Gutachten als eines in einer langen Serie gleichartiger Texte genauer zu untersuchen und auf der Schnittstelle medizinischer und juristischer Diskurse zu verorten. Drei Beobachtungen geben zu denken. (1) Der Arzt bekräftigt und verstärkt das Deutungsmuster der Frau (die bei der Polizei von „Verfolgungswahn" sprach) und pathologisiert den Konflikt. (2) Die Darstellung Müllers unterstreicht die Tiefe des Zerwürfnisses mit seiner Frau. Dafür steht weniger der Griff nach dem topischen Motiv der vergiftenden Ehefrau als vielmehr das Insistieren auf ihrem mit Beispielen belegten Fremdgehen. (3) Evident und dennoch heraushebenswert ist die Krankheit des Mannes, ausgedrückt in folgenden Symptomen: „er schlafe aufgeregt", „zittere, dass er nicht habe arbeiten können", habe „nicht mehr recht athmen" können, die „Glieder fühlten sich seifig an".[11] Es geht um Schmerz, dessen emotionale Dimension im Text des Beamten kaum spürbar wird, und nicht anders zu deuten ist denn als Erfahrung von Leiden.

Der *Fall* Ernst Müller besteht aus einem Bündel von Aktenstücken aus den Jahren 1894 bis 1904, die *Fallgeschichte* entsteht durch die Redaktion des Erzählers von heute. In einer Zeit, da die ‚Irrenfrage' diskutiert, das ‚Irrenwesen' verrechtlicht wird, dokumentieren die Akten die bürokratische Praxis (deren Teil sie sind) im Umgang mit verhaltensauffälligen Menschen. Man kann sie auf behördliche Maßnahmen und Strategien hin lesen, diskursanalytisch ihre politische Logik und ihren sozialen Sinn untersuchen und sie im Kontext gesellschaftlicher Normalisierungsprozesse deuten. Doch nicht um bürokratisches Handeln, um diskursive Praxis oder Biopolitik geht es mir hier, sondern um den Beziehungskonflikt

---

10 Physikatsbericht vom 19. 7. 1894. StaBS, Sanitätsakten T 13.1, wie Anm. 2.
11 Physikatsbericht, wie Anm. 10.

eines Mannes und einer Frau, denen das Textmaterial eine Stimme gibt und die Fallgeschichte den Resonanzraum.

Zwei Jahre nach den Vorfällen des Sommers 1894 wird Ernst Müller wieder aktenkundig. Am 4. September 1896 reicht er, vertreten durch einen Anwalt, bei der zuständigen Kammer des Zivilgerichts Basel eine Scheidungsklage gegen seine Frau ein. Über den Prozess existiert ein ausführliches Protokoll, in dem neben dem Kläger und der Beklagten und ihren Anwälten eine Reihe von Zeuginnen und Zeugen zu Wort kommen.[12] In seiner Sitzung vom 14. Oktober befragt das Gericht die direkt Beteiligten und die von den Parteien als Zeugen aufgebotenen Nachbarinnen und Nachbarn. Ich habe für meine Untersuchung diejenigen ihrer Aussagen ausgewählt, welche die Beziehung zwischen den Ehegatten und zwischen der Ehefrau und anderen Männern ansprechen.

Aus der Sicht des Mannes beging die Frau Ehebruch, vernachlässigte ihre Pflichten im Haushalt und in seinem Geschäft (dem Frisörsalon) und sorgte schlecht für die zwei Kinder, den neunjährigen Knaben und das siebenjährige kranke Mädchen. Die Aussagen der von ihm bezeichneten Zeugen drehen sich ausschließlich um den Vorwurf des Ehebruchs. Eine Nachbarin sagt: „Frau Müller hat ein Verhältnis mit anderen Herren". Die Beklagte wurde gesehen, wie sie bald mit dem einen, bald mit dem anderen „spricht", „zusammen spaziert", „in seidener Taille bei ihm sitzt", „nachts um elf Uhr herum in den ‚Anlagen', „um ein Uhr nachts" im Garten des Wirtshauses saß. Vom einen der Männer wird berichtet, dass er Frau Müller „kolossal freundlich grüsse, dass man meinen könnte, sie wäre seine Geliebte", „ihr den Arm gab", „nachts gegen elf Uhr zu ihr hinaufging". Auch vom andern heißt es, er gehe mit ihr spazieren, sitze jeden zweiten Abends bis spät mit ihr im Wirtshaus. Man höre, wie die Männer früh morgens die Treppe hinuntergingen und das Haus der Müller verließen. Eine Zeugin bemerkt: „Im Küchengässlein [wo Ernst und Lina Müller wohnen und arbeiten] spricht man allgemein von diesen Verhältnissen".

Aus der Sicht Lina Müllers treffen diese Behauptungen nicht zu; sie hat zu den beiden Männern „nur ein freundschaftliches Verhältnis unterhalten und keinen Ehebruch getrieben". Drei Frauen und ein Mann, alle wohnhaft in der gleichen Gasse wie die Beklagte, bestätigen ihre Version. Auch die zwei Männer, im Gericht anwesend, beteuern, „sie hätten ein blosses Freundschaftsinteresse ... für Frau Müller", wie sich der eine ausdrückt. Auch die übrigen Vorwürfe bestreitet sie: „In Haushaltung und Geschäft habe sie alles besorgt, was für sie zu tun war und es trotz der Wirtshausgewohnheiten des Klägers doch zu einer ordentlichen Haushaltung gebracht". Die Zeugen der Frau rücken einen anderen Punkt ins Zentrum: Sie sagen aus, die beiden hätten sich häufig und heftig gestritten: „Wir hörten argen Spektakel bei Müllers, ich ging hinüber und bat um Ruhe und fand die Ehegatten Mül-

---

12 Protokoll des Civilgerichts vom 14. 10. 1896. StaBS, Justizakten.

ler im Streit. Müller riss seine Frau an den Haaren". In der Klagebeantwortung des Anwalts der Frau ist von „Streit", „Streitigkeiten", „Skandalszenen" die Rede und davon, dass der Kläger „seine Frau in brutaler Weise misshandle".[13]

Das Protokoll des Gerichts, das ich mit einem Interesse lese, als ob ich selbst die Zeugen befragt hätte, folgt anderen sprachlichen Konventionen als das Protokoll der Polizei oder das Gutachten des Stadtarztes. Es orientiert sich an den Kategorien des Eherechts und den prozeduralen Regeln des Verfahrensrechts und simuliert eine Symmetrie zwischen den am Konflikt Beteiligten, d.h. einen Aushandlungsprozess, den die Parteien als gleichberechtigte Partner bestreiten. Nicht weil ich den Aussagen im Protokoll Authentizität zuschreiben würde, ist das Protokoll interessant, sondern weil es, in Inhalt und Form, Teil dieses Prozesses ist und eine ‚performative, eine handlungsbezogene Lektüre' erlaubt, die den Konflikt, die Beziehung zwischen den Ehegatten, in ein besonderes Licht rückt.

Die performative Lektüre, ein dem Verhandlungsprotokoll angemessenes Verfahren, achtet weniger auf die Semantik der sprachlichen Äußerungen als auf deren Handlungsaspekt.[14] Meine Leseweise geht also nicht nur der Bedeutung von Worten und Formulierungen nach, sondern liest und versteht diese auch als Handlungsablauf, um so Beziehungsverhältnisse zu erschließen. Im sozialen Rahmen der Gerichtsverhandlung agieren Kläger und Beklagte in Anwesenheit von Richtern, Anwälten, Zeuginnen und Zeugen das Verhältnis aus, in dem sie zueinander stehen. Sie sagt: „Geld gab mir mein Mann in letzter Zeit nicht mehr viel, ich musste es ihm oft nachts, wenn er schlief, nehmen". Überhaupt sei sie „wie eine Magd gehalten worden". Er erwidert: „Vor drei Jahren verzieh ich meiner Frau, als sie vor mir auf den Knien lag. Mit D. [einem ihrer Liebhaber] trank ich seiner Zeit im Flügelrad" [der Wirtschaft]. In der Öffentlichkeit des Gerichts streiten sie über ihre Beziehung, die nicht dem geltenden Muster entspricht. Nicht respektiert ist die Dominanz des Mannes, nicht die Rolle der Frau. In aller Öffentlichkeit zeigt sich die Ehefrau spät nachts mit anderen Männern und stellt ihn damit bloß. Er setzt sich gegen sie nicht durch, weder mit verbaler noch mit physischer Gewalt. „Sie behandelt mich überhaupt nicht als Mann", wie er schon 1894 dem Polizeibeamten sagt.[15] Er trinkt mit ihrem angeblichen Liebhaber ein Glas, macht sich also zum Komplizen des Geliebten seiner Frau, die er hasst, weil sie ihn weder liebt noch ihm gehorcht. Jenseits prozessualer Taktik und der Sprache des Rechts legt die performative Lektüre den Kern des Zerwürfnisses frei: die Stärke der Frau und die Schwäche des Mannes.

---

13   Protokoll des Civilgerichts, wie Anm. 12.
14   Zum gegenwärtigen Stand der Diskussion um den Performanzbegriff, Uwe Wirth Hg., Performanz. Zwischen Sprachphilosophie und Kulturwissenschaften, Frankfurt a. M. 2002.
15   Vernehmungsprotokoll vom 19. 7. 1894, wie Anm. 5.

Paranoia

Die Fragen, von denen ich ausging, beziehen sich auf das Lesen von Akten, auf Verfahren der Mikroanalyse und auf das Erzählen einer Fallgeschichte, vor allem aber auf das Missglücken von Liebe. Die drei in Verwaltungskontexten entstandenen Gutachten und Protokolle von 1894 und 1896 dokumentieren Situationen, in denen eine Frau und ein Mann in instabilen Lebenslagen auf das ihnen unbekannte Terrain ausgemessener Diskursfelder geraten, sich darauf orientieren und artikulieren müssen. Alltagssprache steht gegen Diskursmacht. Der reflektierende Leser von heute nutzt dies auf seine eigene Weise, um seinerseits und jenseits der psychologischen Sicht (die seine Lebenswelt durchdringt) den Konflikt zu beschreiben und zu deuten, der die beiden entzweit. Im Kontext des Falles, den ich beschreibe, missglückt die Liebe, weil der Mann schwach ist und die Frau stark – ein Verhältnis, das mit dem sozialen Modell der Ehe kollidiert. Die Liebe missglückt, weil der Mann seine sexuelle Schwäche weder mit wirtschaftlicher Stärke noch mit sozialem Prestige kompensiert. Dass er dies nicht schafft, er, der vom Land in die Stadt zog, um voranzukommen (wie es die geltende Mobilitätsideologie versprach), muss ihn am meisten geschmerzt haben. Im Spiel, das wir ‚Liebe' nennen, verfügte er über keine guten Karten.

Doch mit dieser „Mitteilung" ist der Fall Müller nicht abgeschlossen, und auch mein eigener Text endet nicht hier. Denn im Dossier liegt noch anderes Material: zum einen ein vollgeschriebenes Schulheft im Quartformat, und zum andern ein Brief, der sich darauf bezieht.[16] Es sind faszinierende Dokumente, denn sie stammen von Müllers eigener Hand. Das Heft enthält die ausführliche Erzählung des Unglücks, das den Verfasser getroffen hat, womit nicht der Konflikt mit seiner Frau und die Scheidung gemeint sind, sondern der Zerfall der Gesundheit, die Zerstörung der beruflichen Existenz, und der Verlust des Vermögens. Der Text ist datiert von 1903, Müller selbst nennt ihn „Klageschrift", denn er hat versucht, ihm die korrekte Form eines juristischen Schriftsatzes zu geben, und ihn an den Untersuchungsrichter und einen Gerichtspräsidenten adressiert. Es geht ihm darum nachzuweisen, wer sein Unglück verschuldet hat, und diese Menschen der Strafjustiz zuzuführen. Doch nicht auf dieses Selbstzeugnis – denn als das muss man es lesen – gehe ich hier ein, sondern auf den Begleitbrief, den er am 20. Oktober 1904 zusammen mit einer Kopie seiner „Klageschrift" dem Polizeihauptmann zugestellt hat. Ohne es zu wollen oder zu wissen, sicherte er damit deren Archivierung, sodass wir die Schriftstücke heute lesen können.

Neben den Protokollen und dem Gutachten stellt dieser Brief das fünfte Dokument in der Serie von Texten dar, in denen ich nach „Mitteilungen aus Paranoia City" suche. Ich lese den Brief, als ob er an mich gerichtet wäre, was heißt: nicht als Komplize des Polizeihauptmanns, sondern mit jener Mischung von Empathie und Distanz, welche funktionierende

---

16 StaBS, Sanitätsakten T 13.1, wie Anm. 2.

Kommunikation ermöglicht. Solche Komplizenschaft haben Historikerinnen und Historiker nicht immer vermieden.[17] Der Brief respektiert die Konventionen der Textsorte: Der Schreiber verfügt über die nötigen Wendungen und das gängige Vokabular und kennt die Regeln von Grammatik, Syntax und sogar der Orthographie, auch wenn sie nicht durchgehend befolgt werden. Müller verweist zuerst auf seine „Klageschrift" und bittet den Adressaten, sie „unbedingt durch zu studieren und lesen, damit Sie einen Begriff davon erhalten, für was ich die unten folgende Verwarnung gegen diese Herren Missethäter bei Ihnen déponiere". Dann ist von seinen Feinden die Rede: „Seit lezter Zeiten, werde ich wieder Tag & Nächte von den Herren entsendeten Hypnohsen so geplagt, gequält & gepeinigt … dass ich mich nicht mehr länger schweigend zu sehend, Schweigen kann. So fühle ich mich gezwungen bei Ihnen, Hülfe zu suchen, um dieser Pein zu verwahren, Abhülfe zu suchen schaffen". Mit Beispielen belegt er, wie diese Herren ihn bei der Berufsarbeit stören, sodass er sie aufgeben muss, wie sie ihn am Schlafen hindern, krank machen, vergiften wollen. Am Schluss ersucht Müller „höflichst und auf den Knien bittend Herrn Hauptmann diese unten angegebenen Herren, durch Einen von Ihren Polizei Männer, Verwarnungen, zu beordern". Dann folgen die Namen von vier Männern, bei denen diese „Verwarnungen … vorzunehmen" sind.[18]

Es ist ein bewegender Text, denn unüberhörbar ist das Leiden, das sich in ihm ausdrückt. Man kann ihn lesen, indem man ihn auf die kleinen oder größeren Abweichungen von der syntaktischen, grammatikalischen oder orthographischen Norm hin untersucht (und so etwa die Verwirrung der Zeitstufen oder die Unklarheiten über das grammatikalische Subjekt konstatieren). Aber wenn man ihn als Mitteilung begreift, muss man in erster Linie die klaren Hinweise aufnehmen, die der Briefschreiber explizit kommuniziert, nämlich die Namen von Müllers Peinigern: Benennt er reale Personen? Wer sind sie? Stehen sie zu ihm in Beziehung?

Diese Fragen führen über zugleich mühevolle und packende Recherchen, ohne die historische Forschung nicht auskommt, zu überraschend eindeutigen Antworten. Der Anführer der Verfolger, die Müller mittels Hypnose aus der Ferne quälen, entpuppt sich als stadtbekannter Immobilienmakler, an den der Kranke am Ende seiner Berufsexistenz sein Haus verloren hat. Im Wahn, der sich in ihm aufgebaut hat, artikuliert Müller konkrete Interessen, die Realität von Erfahrungen. Die Erfahrung nämlich, dass auch in einer modernen Gesellschaft, in der politische Entscheidungen demokratisch legitimiert sind und eine Mobilitätsideologie Geltung hat, einer den propagierten und erträumten Aufstieg nicht schaffen, sondern in Abhängigkeiten oder unter die Räder geraten kann.

---

17 Vgl. Renato Rosaldo, From the Door of His Tent. The Fieldworker and the Inquisitor, in: James Clifford u. George E. Marcus Hg., Writing Culture. The Poetics and Politics of Ethnography, Berkeley 1986, 77–97.
18 Brief vom 20. 10. 1904. StaBS, Sanitätsakten T 13.1, wie Anm. 2.

Müller war freilich kein Einzelfall. In der Stadt Basel lebten um 1900 viele Menschen, die durch ‚seltsames' Benehmen auffielen. Eine 58-jährige alleinstehende Frau, die nicht mehr arbeiten wollte und sich in ihrer Mansarde einschloss, sagte dem Amtsarzt, „die Leute im Haus plag[t]en sie, sie rede[t]en ‚Mist', sie wisse nicht warum, wahrscheinlich, um sie zu ärgern ...". Der Arzt schloss auf eine „mit Gehörshalluzinationen verknüpfte Geistesstörung".[19] Ein 39-jähriger Mann behauptete, er „spüre die Electricität in allen Gliedern", und fügte hinzu, „viele Menschen würden so durch eine grosse Maschine electrisch gemacht; dann würden sie von Eisen angezogen und müssten alle eisernen Gegenstände vermeiden ...". Der Physikus diagnostizierte eine „alcoholische Psychose mit Wahnideen, namentlich auch mit Halluzinationen".[20] Über einen anderen Mann, einen 41-jährigen Chemiearbeiter, der in der Fabrik durch fromme Reden und Gewaltbereitschaft auffiel, notierte er: „Er führt eine Menge aus dem Zusammenhang gerissene und missverstandene Bibelstellen an, welche die Teufelsbesessenheit seiner Mitarbeiter ... bekunden soll". Der Mann sei geistesgestört, hielt der Arzt fest und „leide an Paranoia (Verrücktheit)".[21] – Um die dreißig Personen, deren Diagnose auf „Paranoia" lautete, nahm die Heil- und Pflegeanstalt Friedmatt während der 1890er Jahre jedes Jahr auf, wobei Männer und Frauen zahlenmäßig ungefähr gleich vertreten waren.

Verstehensprozesse

Doch weder die psychiatrische Diagnostik und ihre Geschichte noch die Fragen der Pathogenese stehen im Zentrum meiner Überlegungen, sondern der Mitteilungswert der Sätze, die ich zitiert habe. Zur Mitteilung werden sie in zweifacher Weise. Auf der Handlungsebene der polizeilichen und der gerichtlichen Befragung, sowie der amtsärztlichen Untersuchung schafft der soziale Rahmen einen Raum für geregelte (oder ritualisierte) Interaktion und damit auch für die Mitteilungen, welche die Vertreter der Instanzen und die Betroffenen austauschen. Der Darstellungsmodus der Protokolle und Gutachten reflektiert und verdichtet auf der Ebene des Textes den sozialen Rahmen und ermöglicht damit die performative Lektüre. Diese nutzt für ihre mikrohistorische Untersuchung die diskursanalytische Einsicht, wonach Sprechakte (wie Handlungen und Handlungssequenzen auch) nicht einfach bewusstem Kalkül entspringen, sondern von Möglichkeitsbedingungen und Autorisierung abhängen. Damit ist nicht die Aufforderung zu Rede und Antwort gemeint, die Polizisten, Richter und Amtsärzte in Verhör und Befragung an auffällig gewordene

---

19 Physikatsbericht vom 18. 4. 1893. StaBS, Santitätsakten T 13.1, wie Anm. 2.
20 Physikatsbericht vom 9. 12. 1908. StaBS, Sanitätsakten T 13.2, wie Anm. 2.
21 Physikatsbericht vom 7. 4. 1908. StaBS, Sanitätsakten T 13.2, wie Anm. 2.

Frauen und Männer richteten, sondern die Ermächtigung, die in ihren Sprechakten angelegt ist. Denn (um Judith Butler zu zitieren) „was der Sprechakt … tut, ist, das Subjekt in einer untergeordneten Position zu konstituieren", und er ermächtigt es damit zugleich zur Rede, was auch für das ‚paranoide' Subjekt gilt.[22] Die Diagnose von ‚Paranoia' eröffnet der Frau und den Männern, um deren Fallgeschichten es hier geht, Artikulations- und Handlungsfelder ‚legitim paranoiden' Redens und Handelns – Felder, deren Grenzen zwar evident sind, aber deren Möglichkeiten sie voll nutzten.

Auf der Ebene des historiographischen Textes, seinerseits nichts anderes als eine Art Protokoll, entsteht die Mitteilung in einem Verstehensprozess, der die Alterität differenter Weltdeutung erschließen will, und zwar im Text- und Sprachmaterial aus der alltäglichen Praxis der Verwaltungsbehörden. Die zentrale Mitteilung in den Berichten des hypnosegeplagten Ernst Müller, des elektrisch geladenen Mannes so gut wie der von Stimmen verfolgten Frau besteht in der Bezeichnung von Abhängigkeit, von Machtverhältnissen, gegen welche Leute wie sie nicht aufkommen. In einem schmerzhaften Prozess, an dem ihr Körper beteiligt war, gewannen sie eine andere Sicht auf die gleiche Welt, in der Angehörige und Nachbarn lebten, Polizisten auffällige Frauen und Männer befragten, der Amtsarzt Gutachten schrieb und die Kranken ins Irrenhaus einwies. Die Stadt ist eben ein Text mit vielen Bedeutungen.

---

22   Judith Butler, Excitable Speech. A Politics of the Performative, New York 1997, 18 [dt. Hass spricht. Zur Politik des Performativen, Berlin 1998, 33].

Gegen Verbote
lieben

Margareth Lanzinger

„Neigung, Liebe, leider Leidenschaft war es ..."[1]

Kirchliche Heiratsverbote im Spannungsfeld zwischen Ökonomie, Moral und Inzest – eine Fallgeschichte

„Neigung, Liebe" und „Leidenschaft" – diese drei Begriffe aus dem Titel meines Beitrages bringen unterschiedliche Gefühlsintensitäten zum Ausdruck. Mit der Leidenschaft war die höchste Stufe erreicht, zugleich eine Grenze überschritten. Denn aus ihr folgte „fleischliche Versündigung", und diese wog im Fall des Alois Hernegger und der Rosa Degetz doppelt schwer: Sie galt als „Blutschande", da ihre Liebe unter die kirchlichen Eheverbote fiel. Das Titelzitat stammt aus einem von mehreren Dispensansuchen, die Alois Hernegger und Rosa Degetz aus Sillian, im heutigen Osttirol gelegen, um die Mitte des 19. Jahrhunderts an das fürstbischöfliche Konsistorium in Brixen gerichtet haben, um dennoch eine Heiratserlaubnis zu erlangen.[2] Auf ein erstes vergebliches Schreiben im Jahr 1855 folgten weitere Anläufe. Das Problem des Paares lag darin, dass sie miteinander verschwägert waren: Der Bräutigam war der Bruder des verstorbenen Ehemannes der Braut. Eine solche Verbindung galt nach kanonischem Recht als verboten, denn Schwägerschaft stellte ebenso wie Blutsverwandtschaft ein Ehehindernis dar.

Prinzipiell konnte ein Ehehindernis dieser Art bei entsprechender Begründung durch das Instrument einer Dispens[3] aufgehoben werden. Doch äußerte sich bis über die Mitte des 19.

---

1 Diözesanarchiv (DIÖA) Brixen, Konsistorialakten 1859, Faszikel 5 A, Römische Dispensen, Fall Alois Hernegger und Rosa Degetz.
2 Räumlich umfasste die Diözese Brixen im Wesentlichen Teile des heutigen Südtirol (Pustertal, oberes Eisacktal, oberer Vintschgau), Osttirol, den Großteil Nordtirols und Vorarlberg sowie einige angrenzende Gebiete. Sie war in so genannte Dekanate eingeteilt. Die Tiroler Dekanate im 19. Jahrhundert waren Brixen, Bruneck, Taufers, Innichen, Lienz, Windisch Matrei, Ampezzo, Enneberg, Buchenstein, Stilfes, Matrei, Innsbruck, Hall, Schwaz, Fügen, Flaurling, Imst, Zams, Mals und Breitenwang. Vorarlberg war ein Vikariat mit Sitz in Feldkirch und ebenfalls in Dekanate eingeteilt. Zur Einteilung der Diözese vgl. Fridolin Dörrer, Der Wandel der Diözesaneinteilung Tirols und Vorarlbergs, in: Beiträge zur Geschichte Tirols. Festgabe des Landes Tirol zum Elften Österreichischen Historikertag in Innsbruck vom 5. bis 8. Oktober 1971, Innsbruck 1971, 141–170. Für das 19. Jahrhundert vgl. auch das Kapitel von Josef Fontana, Die Neuordnung der Bistümer, in: ders. u. a. Hg., Geschichte des Landes Tirol, Bd. 2, Bozen 1998, 613–620. Im Rahmen meiner Dissertation habe ich vornehmlich mit dem Material des Dekanates Innichen gearbeitet, welches das östliche Pustertal im heutigen Südtirol und den westlichen Teil des angrenzenden Osttirol umfasste. Vgl. Margareth Lanzinger, Das gesicherte Erbe. Heirat in lokalen und familialen Kontexten, Innichen 1700–1900, Wien/Köln/Weimar 2003, 312 ff.
3 Dispens bedeutet in diesem Zusammenhang die Befreiung von einem Ehehindernis.

Jahrhunderts besonders massiver Widerstand von Seiten des Brixner Konsistoriums gegen Eheschließungen im ersten Grad der Schwägerschaft.[4] Die Chancen auf einen positiven Ausgang standen für Alois Hernegger und Rosa Degetz daher schlecht. Viel Hartnäckigkeit und gute Argumente waren notwendig, um doch noch etwas in dieser Sache zu bewegen. Dabei taten sich Spannungsfelder auf: zwischen gebotener Demut und Forderungen, christlichen Tugenden und Sünde, zwischen Ökonomie und Moral, Liebe und Inzest. Wie die beteiligten Personen innerhalb dieses Rahmens agiert und auf welche Kalküle und Strategien sie gesetzt haben, soll entlang der von Mal zu Mal etwas um- und neu modellierten Figuration der Begründung nachgespürt werden. Zum besseren Verständnis des Ablaufes folgt zuvor ein kurzer Blick auf den rechtlich-administrativen Kontext der damaligen Dispenspraxis.

Ehedispensen im rechtlich-administrativen Kontext

Als dispenspflichtig galten nach kanonischem Recht der zweite, dritte und vierte Grad der Blutsverwandtschaft (Konsanguinität) und der erste bis vierte Grad der Schwägerschaft (Affinität). Diese Regelung wurde im Rahmen des vierten Laterankonzils von 1215 festgelegt und blieb im kanonischen Recht bis zum Jahr 1917 in Kraft.[5] Grundlage dafür boten die Inzestregeln aus den Büchern Levitikus und Deuteronomium des Alten Testaments, die in den ersten frühchristlichen Jahrhunderten weiter ausgeformt und sukzessive ausgedehnt worden waren.[6]

---

4 In einem ähnlich gelagerten Fall der Jahre 1843/44 gibt das fürstbischöfliche Ordinariat an, „daß gemäß der vielfältigen Verhandlungen mit dem Päpstlichen Stuhle in derley Dispensangelegenheiten selbst bey den *triftigsten* Dispensgründen und *nachdrücksamsten* Empfehlungen Dispensationen in so nahem Grade durchaus nicht mehr zu erlangen seyen und dazu alle diesfälligen Einschreitungen vom Päpstlichen Stuhle zurückgewiesen worden sind." Hier blieb es bei der Ablehnung des Ansuchens. DIÖA Brixen, Konsistorialakten 1844, Faszikel 5 A, Römische Dispensen, Fall Joseph Bacher und Christina Fill (Hervorhebungen im Original unterstrichen). Allgemein äußerte das Ordinariat wiederholt Klagen über eine allzu leichtfertige Dispenspraxis und mahnte, restriktiver vorzugehen. Schon im Jahr 1832 folgte beispielsweise auf eine „Beschwerde über leichtsinnigen Umgang mit diesen Vorschriften im Bregenzer Wald" die Anweisung, dass „die Dispense in nahen Graden nur selten und aus wichtigen Gründen, bei Personen von hohem Range zu ertheilen" seien. DIÖA Brixen, Konsistorialakten 1832, Faszikel 5 C, Verschiedenes über Ehesachen. Dispensansuchen waren mit relativ hohen Kosten verbunden; diese wurden jedoch sozial gestaffelt.

5 Vgl. dazu Jack Goody, Die Entwicklung von Ehe und Familie in Europa, Frankfurt a. M. 1989, 149ff; Michael Mitterauer, Christentum und Endogamie, in: ders., Historisch-Anthropologische Familienforschung. Fragestellungen und Zugangsweisen, Wien/Köln 1990, 41–85.

6 „Die Ehe mit der Witwe des Bruders wurde erstmals auf der Synode von Neocäsarea (314/25) verurteilt, die mit der Schwester der verstorbenen Frau auf der Synode von Elvira 307." Mitterauer, Christentum, wie Anm. 5, 46.

Die Erteilung der Ehedispensen in den nahen Graden fiel in die Kompetenz des Papstes. Dazu zählten der zweite Grad der Blutsverwandtschaft, gegeben bei einer beabsichtigten Heirat zwischen Cousin und Cousine, und der erste und zweite Grad der Schwägerschaft, wenn etwa ein Witwer die Schwester oder die Cousine der verstorbenen Frau heiraten wollte oder umgekehrt, eine Witwe den Bruder oder Cousin des verstorbenen Mannes.[7] In den weiter entfernten Graden war der Bischof für die Dispenserteilung zuständig. Ab Mitte des 19. Jahrhunderts gingen entsprechende Vollmachten an die Dekane über, die einem größeren, mehrere Pfarren umfassenden Kirchensprengel (Dekanat) vorstanden.[8]

Den Eheverboten in der Schwägerschaft lag der so genannte *una-caro*-Gedanke zugrunde, dem zufolge ein Paar nach kirchlicher Auffassung durch einen sexuellen Akt zu „einem Fleisch" wurde; damit waren die Verwandten des Einen auch Verwandte des Anderen. Blutsverwandtschaft und Schwägerschaft galten in der Folge als gleichwertig, und eine sexuelle Beziehung in dieser Konstellation – in der zeitgenössischen Diktion – gleichermaßen als „Blutschande".

Trotz des grundsätzlichen Verbots solcher Ehen waren Heiratsvorhaben in den nahen Graden der Verwandtschaft und Schwägerschaft im 19. Jahrhundert keine Seltenheit. Wie verschiedene Studien zu europäischen Regionen gezeigt haben, kam es ab dem ausgehenden 18. Jahrhundert vielmehr zu einem massiven Anstieg,[9] wenn auch nicht überall.[10] Innerhalb der Diözese Brixen ist in Hinblick auf die zahlenmäßige Entwicklung ebenfalls zu differenzieren. Ein verbreiteter Erklärungsansatz für die Zunahme von Eheschließungen in den nahen Graden der Verwandtschaft – hauptsächlich zwischen Cousins und Cousinen –

---

7   Unter Affinität fielen auch Stiefeltern- und Stiefkinder-Beziehungen.
8   Die Dekane durften nun u. a. im dritten und vierten Grad dispensieren. Sie waren dabei angewiesen zu beachten, dass eine Dispens „ohne rechtmäßige Begründung unwirksam" sei, dass sie „erst nach einer Prüfung der Kenntnisse der Ehehindernisse erfolgen" durfte und dass die „Gründe umso stärker sein [mussten], je näher der Verwandtschaftsgrad" lag. Schließlich wurde auch der Rat erteilt, „daß der Dispensator beim 4. Grad zwar nicht blindlings dispensieren, jedoch auch nicht zu ängstlich sein soll". DIÖA Brixen, Konsistorialakten 1854, Faszikel 5 C, Verschiedenes, Erläuterungen zu den Dekanalvollmachten, von kanonischen Ehehindernissen zu dispensieren. Dabei handelt es sich um eine gedruckte Aussendung, die an alle Dekanalämter der Diözese ging.
9   Vgl. Gérard Delille, Famille et propriété dans le Royaume de Naples (XVe–XIXe siècle), Rome/Paris 1985, 369f; Jean-Marie Gouesse, Marriages de proches parents (XVIe –XXe siècle). Esquisse d'une conjoncture, in: Le modèle familial Européen. Normes, déviances, contrôle du pouvoir. Actes des séminaires organisés par l'École française de Rome et l'Università di Roma, Roma 1986, 31–61; Jon Mathieu, Verwandtschaft als historischer Faktor. Schweizer Fallstudien und Trends, 1500–1900, in: Historische Anthropologie, 10, 2 (2002), 225–244, 238 ff; David Warren Sabean, Kinship in Neckarhausen, 1700–1870, Cambridge 1998, 414 u. 431 ff; Edith Saurer, Stiefmütter und Stiefsöhne. Endogamieverbote zwischen kanonischem und zivilem Recht am Beispiel Österreichs (1790–1850), in: Ute Gerhard Hg., Frauen in der Geschichte des Rechts. Von der Frühen Neuzeit bis zur Gegenwart, München 1997, 345–366.
10 Vgl. Martine Segalen, Marrying Kinsmen in Pays Bigouden Sud, Brittany, in: Journal of Family History, 2 (1986), 109–130.

stellt einen Zusammenhang zur Erbpraxis der Besitzaufteilung zwischen den Kindern her. So sieht David Sabean, ausgehend von seinen Forschungsergebnissen in Württemberg, zwar keinen direkten Konnex in dem Sinn, dass auf diesem Wege stabile Besitzeinheiten erhalten werden sollten, wohl aber, dass sich so Verbände formierten, die den Fluss von Besitz und Ressourcen lenkten.[11] Gérard Delille hat das Ansteigen der Zahl von Eheschließungen zwischen Verwandten in dem von ihm untersuchten italienischen Raum im 19. Jahrhundert unter anderem als Reaktion auf die Einführung von erbrechtlichen Bestimmungen interpretiert, die gleiche Erbanteile für alle Kinder vorsahen.[12] Eine solche Rückbindung an Erbpraxis und Besitzstrukturen könnte auch für Unterschiede innerhalb der Diözese Brixen eine Erklärung bieten. Denn in den Realteilungsgebieten im Westen lag die Zahl von Dispensen – nicht zuletzt durch wiederholte Mahnungen und Beschwerden von Seiten des Konsistoriums erkennbar – höher als im Osten, wo mittlere und größere Besitzeinheiten (ab 10 ha) zwischen 40 und 60 Prozent ausmachten.[13]

Die konkrete Abwicklung von Dispensansuchen verlief in den einzelnen Diözesen unterschiedlich, wie ein Vergleich mit Wien/Niederösterreich zeigt.[14] Hier agierte die Landesregierung auf Basis des Josephinischen Ehegesetzes von 1783 in diesen Belangen als zentrale Stelle, jedoch unter Einbeziehung der kirchlichen Behörden.[15] Die Ansuchen setzten „Winkelschreiber, Rechtsanwälte, gebildete Honoratioren" auf.[16] In der Diözese Brixen spielten hingegen Kirche und Geistlichkeit durch das gesamte 19. Jahrhundert hindurch die Hauptrolle in der Abwicklung von Dispensangelegenheiten. Auch die vom Josephinischen Ehegesetz vorgenommene und vom Allgemeinen Bürgerlichen Gesetzbuch (ABGB) von 1811 aufgegriffene Reduktion der Dispenspflichtigkeit auf den zweiten Grad[17] hatte kaum Einfluss

---

11 Vgl. Sabean, Kinship, wie Anm. 9, 414.
12 Vgl. Delille, Famille, wie Anm. 9, 369 f. Ähnlich auch bei Raul Merzario, Terra, parentela e matrimoni consanguinei in Italia (secoli XVII–XIX), in: Marzio Barbagli u. David I. Kertzer Hg., Storia della famiglia italiana 1750–1950, Bologna 1992, 253–272; ders., Land, Kinship and Consanguineous Marriage in Italy from the Seventeenth to the Nineteenth Century, in: Journal of Family History, 15 (1990), 529–546. Merzario kommt zum Ergebnis, dass über Ehen in der Blutsverwandtschaft Auswirkungen von Gesetzen gegengesteuert wurde, die der lokalen Praxis einer auf kollektivem Eigentum basierenden Gesellschaft widersprachen.
13 Vgl. Ergebnisse der landwirtschaftlichen Betriebszählung vom 3. Juni 1902 in den im Reichsrate vertretenen Königreichen und Ländern. Bearbeitet von dem Bureau der k. k. statistischen Zentralkommission, Wien 1909, zit. nach Jon Mathieu, Geschichte der Alpen 1500–1900. Umwelt, Entwicklung, Gesellschaft, Wien/Köln/Weimar 1998, Tabelle A.5, 214 f.
14 Bisher liegen einige punktuelle Forschungsergebnisse zu diesem Themenkomplex vor. Vergleiche zwischen der katholischen und protestantischen Eheverbotspraxis hat Jon Mathieu für die Schweiz gezogen; vgl. Mathieu, Verwandtschaft, wie Anm. 9, 234 ff.
15 Vgl. Saurer, Stiefmütter, wie Anm. 9, 351 f.
16 Saurer, Stiefmütter, wie Anm. 9, 355.
17 Saurer, Stiefmütter, wie Anm. 9, 351. Nicht ins ABGB aufgenommen wurden auch die Dispensen *ex co-*

auf die dortige Praxis. Das Konsistorium orientierte sich weiterhin am kanonischen Recht. Die Statthalterei in Innsbruck kam zwar als Zwischenstation auf dem Postweg vor und erteilte auch auf bischöflichen Vorschlag hin die Erlaubnis, aussichtsreiche Fälle nach Rom weiterzuleiten. Doch gewinnt man insgesamt den Eindruck, dass damit lediglich formal der Vorschrift der Absegnung Genüge getan wurde. Die wesentlichen Schritte liefen vom Ortspfarrer über den zuständigen Dekan an das fürstbischöfliche Konsistorium, welches über die Weiterleitung der Ansuchen an den Papst letztlich bestimmte. Dispensangelegenheiten wurden hier also vergleichsweise streng gehandhabt. Der Ausgang eines solchen Ansuchens war daher stets ungewiss, und das Procedere relativ aufwendig.

Für die päpstlichen Dispensen der Diözese Brixen ist der damit verbundene Schriftverkehr für die Jahrzehnte von 1831 bis 1910 erhalten geblieben.[18] Die Akten beginnen in der Regel mit einer ersten Anfrage von Seiten des Ortspfarrers beim zuständigen Dekan, wie im konkreten Fall vorzugehen sei und ob Aussicht auf eine positive Erledigung bestünde. Der Dekan leitete seinerseits Fragen und Berichte an das fürstbischöfliche Ordinariat in Brixen weiter. In jenen Fällen, die aussichtsreich schienen, erhielt er die Erlaubnis, das sogenannte Matrimonialexamen aufzunehmen. Dabei handelte es sich um einen an zwei Zeugen sowie an Braut und Bräutigam – meist in dieser Reihenfolge – gerichteten Fragenkatalog, mit dem Informationen zu den Personen, zur allgemeinen Lebenssituation des Brautpaares und über die im Kontext wesentlichste Frage nach den Begründungen für eine beabsichtigte Ehe-

---

pula illecita (aus unerlaubtem Beischlaf), d. h. auf voreheliche sexuelle Kontakte begründete Schwägerschaftsverhältnisse. Das wurde dann aktuell, wenn später eine Ehe mit dem Bruder bzw. der Schwester oder dem Cousin bzw. der Cousine der damaligen PartnerIn geschlossen werden sollte. Diese Fälle wurden in Brixen ebenfalls weiterhin behandelt, und zwar unter der Rubrik „geheime Ehehindernisse" (Ehedispensen *in occultis*). Die Geistlichen sahen sich immer wieder auch mit Uneindeutigkeiten konfrontiert und mussten sich bei höherer Stelle oder mittels einschlägiger Literatur über die Faktizität eines solchen Ehehindernisses informieren. In einem Fall etwa war zu klären, ob auch eine *copula imperfecta*, bei einem Koitus interruptus, eine Affinität begründen konnte oder nicht. Der Dekan berief sich in dieser Frage auf die Moraltheologen, namentlich auf Petro Scavini (1790–1869), die „sagen, daß auch die copula imperfecta angemeldet werden soll". DIÖA Brixen, Konsistorialakten 1881, Faszikel 22 A, Römische Ehe-Dispensen, Nr. 33. Dabei ging es um ein so genanntes geheimes Ehehindernis: Der Bräutigam hatte sich mit der Tochter des Halbbruders der Braut „fleischlich versündigt", so dass zwischen dem Brautpaar nun ein Schwägerschaftsverhältnis vorlag. Unter die geheimen Ehehindernisse fielen auch Keuschheitsgelübde, die vor einer dann doch beabsichtigten Heirat ebenfalls mittels einer Dispens gelöst werden mussten. Zu diesem Komplex vgl. Margareth Lanzinger, Hüter der Ehe. Geschlechterbeziehungen als Verhandlungsgegenstand des fürstbischöflichen Konsistoriums in Brixen im 19. Jahrhundert, in: Siglinde Clementi Hg., Der andere Weg. Beiträge zur Frauengeschichte der Stadt Brixen vom Spätmittelalter bis ins 20. Jahrhundert, Brixen 2005, 170–200.

18 Die einzelnen Faszikel der Konsistorialakten gliedern sich in der Regel in drei Gruppen: A „Römische Dispensen", die in die Zuständigkeit des Papstes fielen, B „Dispensen in occultis", in denen es um die geheimen Ehehindernisse ging (siehe Anm. 17), und C „Varia de matrimonio" oder „Verschiedenes über Ehe". Die genauen Bezeichnungen der drei Serien variieren in den einzelnen Jahren.

schließung in der nahen Verwandtschaft oder Schwägerschaft ermittelt wurden.[19] Auch in den Briefen und Berichten selbst kamen ökonomische, familiale und persönliche Belange der Dispenswerber zur Sprache. Besonders umfangreich gestaltete sich die Korrespondenz, wenn aus Brixen eine ablehnende Haltung signalisiert wurde, das Brautpaar dennoch auf seinen Heiratsabsichten beharrte und neuerlich Anläufe machte – wie Rosa Degetz und Alois Hernegger.

Von der Ökonomie zur Moral – und retour

Der erste an das fürstbischöfliche Konsistorium in Brixen gerichtete Antrag dieses Brautpaares findet sich im Faszikel des Jahres 1855 unter „Verschiedenes über Ehe" eingeordnet. Der Ortspfarrer schildert darin zunächst die Situation von Rosa Degetz: Das einzige Kind der Witwe, ein 17-jähriger Sohn, sei noch lange nicht im Stande, das Haus zu führen und das einträgliche Fuhrwerk zu betreiben. Als zweiten Punkt gab der Pfarrer an, dass ihr ziemlich großer Besitz mehr als zur Hälfte verschuldet sei. Als ideale Lösung in dieser Problemlage wurde die – allerdings verbotene – Ehe mit dem Bruder des ersten Mannes der Rosa Degetz anvisiert. „Der Schwager sei ein braver Mensch, der immer im Hause war, wisse das ganze am besten durchzuführen und bringe dem infizierten Hauswesen 3.000 fl [Gulden] zu", hieß es diesbezüglich. Aus Brixen kam auf diese Anfrage hin die Antwort, dass das Ansuchen „wegen gänzlichen Mangels kanonischer Dispensgründe abweislich befunden werden muss".[20]

Diese so genannten „kanonischen Dispensgründe" umfassten eine Palette an offiziell akzeptierten formelhaften Begründungen für Eheschließungen in der Verwandtschaft und Schwägerschaft. Dazu gehörten etwa *angustia loci* (Enge des Ortes),[21] *incompetentia dotis*

---

19 Ein solches Examen musste vor jeder Eheschließung abgelegt werden. Wie ein Vergleich zwischen den Fragekatalogen nahe legt, unterschied sich jedoch ein ‚normales' Brautexamen von dem hauptsächlich auf die Verwandtschafts- bzw. Schwägerschaftskonstellation konzentrierten Matrimonialexamen im Kontext von Dispensansuchen. Vgl. die Instruktionen für das Brautexamen im „Appendix" des Manuale Sacrum ad usum sacerdotum Dioecesis Brixinensis, Brixen 1906 (1886), 241–243, 402–410. Eine gleich betitelte ältere Ausgabe von 1838 ist in den einzelnen Punkten wesentlich kürzer gehalten und durchgängig in Latein, so auch der Abschnitt „Modus examinis Matrimonialis" (175–189). Zeugen, Bräutigam und Braut mussten auf ihre Aussagen einen Eid ablegen.

20 Vgl. DIÖA Brixen, Konsistorialakten 1855, Faszikel 5 C, Verschiedenes über Ehe.

21 In Dispensansuchen aus dörflichen Kontexten ist auch die *angustia loci*, die Enge des Ortes, fast ubiquitär als Erklärung dafür anzutreffen, warum sich kein anderer Mann oder keine andere Frau zum Heiraten fand. Die Angabe dieses Grundes allein reichte als Argument bei bischöflichen Dispensen aus, im 3. und 4. Verwandtschaftsgrad, nicht aber in den nahen Graden. Vgl. dazu auch die Mikrostudie von Raul Merzario über die Diözese Como, die diesen Dispensgrund im Titel trägt: Raul Merzario, Il paese stretto. Strategie matrimoniali nella diocesi di Como (secoli XVI–XVIII), Torino 1981; vgl. auch ders., Land, wie Anm. 12.

(Unzulänglichkeit der Mitgift), *aetas superadulta sponsae* (fortgeschrittenes Alter der Braut) sowie das Fehlen anderweitiger Heiratschancen, der Erhalt des Erbes für die Nachkommen, drohende Armut für eine Witwe mit Kindern, Gefahr für Sitte und Anstand oder das Erregen eines öffentlichen Ärgernisses.[22] Keiner der für eine Eheschließung im ersten Grad der Schwägerschaft ausreichend relevanten Punkte schien aus Sicht des Konsistorium im Fall der Rosa Degetz und des Alois Hernegger erfüllt. Denn je näher der Grad der Verwandtschaft oder Schwägerschaft lag, umso gewichtiger musste die Begründung sein.

Weitere Schreiben gingen in der Folge zwischen Sillian, Innichen, wo sich das zuständige Dekanalamt befand, und Brixen hin und her. Schließlich wurde die Erlaubnis erteilt, ein Matrimonialexamen aufnehmen zu dürfen.[23] Wie bereits erwähnt, handelte es sich dabei um eine Befragung von zwei Zeugen sowie von Bräutigam und Braut durch den Dekan. Der damit verbundene neuerliche Antrag langte im Folgejahr 1856 ein – dieses Mal unter die Römischen Dispense gereiht.[24] Der erste der beiden Zeugen führte darin an:

> Vermög gerichtlicher Abhandlung hat sich herausgestellt, daß der Sohn des verstorbenen Anton Hernegger und der Bittstellerin das Anwesen seines Vaters vermöge vieler Schulden nicht behaupten und die Wirthschaft darauf nicht fortführen könne, wenn aber dessen Onkel Alois Hernegger die Mutter des obigen Sohnes, Rosa Degetz, heurathen kann, so kann auch mit Hilfe des Vermögens des Onkels Alois Hernegger, welches zum Theile im Betrage von 1.500 fl [Gulden] schon in dieser Wirthschaft liegt, das Anwesen hier dem Sohn erhalten, die Wirthschaft ordentlich fortgeführt und mit der Zeit dem Sohne übergeben werden. Es ist klar, daß der Bittsteller Alois Hernegger, welcher im Stande ist die Wirthschaft recht gut zu leiten, wie ers schon durch die Jahre wegen der Kränklichkeit seines Bruders (derselbe war vom Schlage gerührt) bewiesen hat; um jedes Gerede und jeden bösen Verdacht zu vermeiden, im ledigen Zustande diese nicht mehr fortführen könnte, also das Haus verlassen müßte, besonders da seine Heiratsanträge allgemein bekannt sind.[25]

---

22 Manche der kanonischen Gründe – wie die Frage der Mitgift und des Alters – waren ausschließlich auf Frauen bezogen; vgl. dazu auch Saurer, Stiefmütter, wie Anm. 9, 356 f. Die allgemeine Gültigkeit erstreckte sich auf den gesamten katholischen Raum, unabhängig von regionalen Kontexten. Die *aetas superadulta sponsae* etwa war generell ab 24 angesetzt – und wurde so auch im Dekanat Innichen wann immer möglich, als einer der Gründe genannt, wiewohl das durchschnittliche Erstheiratsalter für Frauen hier im 19. Jahrhundert bei etwa 30 Jahren lag; vgl. Lanzinger, Erbe, wie Anm. 2, 134.
23 Darin wurde auch angekündigt, dass es nicht ganz billig werden würde: Da „von einer Armuth der Dispenswerber keine Rede sein kann, so werden sich die Taxen wahrscheinlich auf ca. 250 fl RW [Gulden Reichswährung], vielleicht 300 fl RW [Gulden Reichswährung] belaufen." DIÖA Brixen, Konsistorialakten 1856, Faszikel 5 A, Römische Dispensen.
24 Vgl. DIÖA Brixen, Konsistorialakten 1856, Faszikel 5 A, Römische Dispensen.
25 DIÖA Brixen, Konsistorialakten 1856, Faszikel 5 A, Römische Dispensen.

Die Aussagen der anderen drei Befragten paraphrasierten lediglich die Aspekte, die der erste Zeuge bereits aufs Tapet gebracht hatte. Im Vergleich zum ersten Schreiben verdichtete und verstärkte sich hier zum einen das ökonomische Argument rund um Vermögen und Arbeit. Zum anderen wurde mit der öffentlichen Wahrnehmung eine zusätzliche Ebene eingezogen – markiert durch Begriffe wie „Gerede", „Verdacht" und „allgemein bekannt". Doch auch dieses Ansuchen wurde mangels ausreichender kanonischer Gründe zurückgewiesen.

Auf den 11. Mai 1857 ist ein nächstes Schreiben an das fürstbischöfliche Konsistorium datiert, als dessen Absender Alois Hernegger persönlich firmiert.[26] Es gliedert sich in fünf Abschnitte: In Punkt eins wird die schon bekannte Schuldenproblematik zu Lasten des Sohnes der Witwe abgehandelt. Im Fall der Erlangung der Dispens will der Bräutigam ihr und ihrem Sohn sein Vermögen in der Höhe von 3.000 Gulden schenken, dem Neffen und gesetzlichen Besitznachfolger würde damit das Erbe gesichert. In Punkt zwei schlägt der Schreiber dann einen deutlich schärferen Ton an und signalisiert Widerstand, wenn er meint: „Ich gehe nicht vom Haus." Als Argument führt er an: Ein Knecht würde mehr kosten. Im dritten Punkt konstatiert er, dass er keine andere zur Frau wolle als seine Schwägerin – und dies ist der Auftakt zur rhetorischen Steigerung in den nächsten beiden Punkten:

4. Neigung, Liebe, leider Leidenschaft war es, daß wir uns oft und oft fleischlich versündigten, so,
5. daß meine Schwägerin nicht mehr zweifelt, sondern seit 7 Wochen aus Merkzeichen wahrscheinlich glaubt, jedoch noch nicht versichert ist, dass sie von mir schwanger ist und sie sagt, der Verdruß, mich nicht heirathen zu können, bringe sie in große Schwermuth, und im schwangeren Zustand sicher in solche Schwermuth, daß die Leibesfrucht Schaden leiden muß.

Schon jetzt ist unser Betragen, weil wir viel mahl auch wegen Geschäften allein zu reden haben, den Hausleuten bedenklich, und in welchen üblen Ruf und in welche Schande kommen wir in kurzer Zeit? …

Unser Leben ist traurig, ja trauriger als jene [es] haben, die nicht katholisch sind.[27]

---

26   Falls Alois Hernegger diesen Brief tatsächlich selbst geschrieben hat, ist zu vermuten, dass er bezüglich Inhalt und Aufbau sachkundige Unterstützung erhalten hat, eventuell vom lokalen Pfarrer oder vom zuständigen Dekan. Offiziell waren die Geistlichen allerdings aufgerufen, „den Werbern keine Hoffnung auf Erlangung einer Dispens [zu] machen". Und „noch viel weniger" sollte „ihnen zu diesem Zwecke ein Vorschub geleistet werde[n]", DIÖA Brixen, Konsistorialakten 1860, Faszikel 5 C, Verschiedenes über Ehe, an das General-Vikariat Feldkirch gerichtetes Schreiben.
27   DIÖA Brixen, Konsistorialakten 1859, Faszikel 5 A, Römische Dispensen.

Die dezenten Andeutungen der früheren, von den Geistlichen unterzeichneten Schreiben, hat der in eigener Person sprechende Verfasser nun hinter sich gelassen. Auf Aspekte der Ökonomie und Arbeitsorganisation, auf ein eher vages „Gerede" als ein weiteres Argument ist damit eine dritte Stufe gefolgt: die „fleischliche Versündigung" – eventuell mit den Folgen einer Schwangerschaft und der unausbleiblichen „Schande". Damit war der äußerste Punkt des vorhandenen Repertoires erreicht. Doch vollzog der Schreiber gleichzeitig eine Art Gratwanderung, indem er sich Rückzugsmöglichkeiten offen hielt: Das geäußerte „leider" in Zusammenhang mit „Leidenschaft" kann die in solchen Fällen immer wichtige Bereitschaft zur Reue implizieren, und die Schwangerschaft wurde im Ungewissen belassen.[28]

Diese gleich mehrfachen Steigerungen blieben nicht ohne Wirkung. Das Antwortschreiben aus Brixen ließ gewisse Perspektiven in Richtung einer positiven Erledigung durchscheinen, nannte aber auch Bedingungen:

> Die im Gesuche unter Punkt 1 gemachte Zusicherung des Bittstellers zugunsten des Anton Hernegger, Sohnes der Bittstellerin, ändert die früheren Angaben hinsichtlich der Vermögensverhältnisse dermaßen günstig, daß sie im Bittgesuche nach Rom angeführt werden dürfen und vom H[ei]l[igen] Vater sicher berücksichtigt werden. Auch das Bekenntnis Punkt 5 wird den apostol[ischen] Stuhl zum Mitleid bewegen, jedoch *nur*, wenn die *copula* nicht in der Absicht geschehen ist, um leichter die Dispens zu erlangen und wenn die Bittsteller ihre Sünde wahrhaft bereuen und sich als gehorsame Kinder der h[eiligen] Kirche erweisen … Das Dispensgesuch läßt aber auch leider auf eine solche Gesinnung der Bittsteller schließen, welche, wenn sie sich erwahren sollte, ein Einschreiten in Rom unmöglich machen oder wenn die Bittsteller nachhin eine solche an den Tag legen sollten, das allenfalls erlangte Dispensmandat unausführbar machen würde.[29]

Empörung hatten vor allem zwei Aussagen des Schreibens hervorgerufen: zum einen, dass Hernegger seine Weigerung, aus dem Haus auszuziehen, allein mit einem „zeitlichen Schaden", nämlich einem finanziellen, in Zusammenhang brachte, so als ob „das eigene Seelenheil aber und das Ärgerniß in der Gemeinde gar nicht zu berücksichtigen wäre[n]". Zum anderen nahm das Ordinariat Anstoß an dem oben zuletzt zitierten Satz: „Ja die beyden

---

28 Aus den Kirchenbüchern der Pfarre Sillian ist keine uneheliche Geburt ersichtlich. Für diese wie auch für die weitere aus dieser Quelle bezogene Information danke ich Josef Wieser, der die Kirchenbücher des Dekanates Sillian digital erfasst hat. Dies schließt eine tatsächliche Schwangerschaft zwar nicht gänzlich aus, bestärkt aber doch gewisse Zweifel an der Aussage.
29 DIÖA Brixen, Konsistorialakten 1856, Faszikel 5 A, Römische Dispensen, Hervorhebung im Original unterstrichen. Die einzelnen Schriftstücke zu diesem Fall wurden in drei Akten – der Jahre 1855, 1857 und 1859 – abgelegt und nicht immer in chronologischer Reihenfolge zugeordnet.

Dispenswerber gehen so weit, daß sie sich mit den Akatholischen vergleichen und das Los derselben glücklich schätzen."³⁰

In weiterer Folge wurde der zuständige Dekan in Innichen in einer umfassenden Auflistung an Auflagen unter anderem angewiesen:

1. Durch das Pfarramt Sillian zu erheben, welcher Verdacht auf den Bittstellern wegen ihres Umganges dermalen laste und ob derselbe der Gemeinde wirklich schon zum Ärgerniß gereiche.
2. Sollen die Bittsteller vor das Dekanalamt vorgerufen, über ihre Gesinnung vernommen und nöthigen Falls strengstens zurecht gewiesen werden.
3. Sind sie über die Absicht ihres blutschänderischen Umganges zu befragen und in die Kenntniß zu setzen, daß sie, sofern sie die Erleichterung der Dispens beabsichtigt hätten und dies verschweigen würden, die allfällige Dispens null und nichtig wäre.
4. Ist ihnen strengstens aufzutragen, daß der Bittsteller sogleich die Wohnung der Bittstellerin verlasse und daß sie allen sündhaften Umgang meiden, denn nur unter dieser Bedingung wird man ihre Bitte dem H[ei]l[igen] Stuhle vorlegen.³¹

Zuletzt wurde Alois Hernegger und Rosa Degetz signalisiert, dass ihnen, wenn sie sich „vernünftig und folgsam zeigen" würden, „das Einschreiten in Rom in Aussicht gestellt werden" könne. Allerdings sei ihnen „noch insbesondere zu bedeuten, daß die allfällige Dispensvollmacht nicht exequiert werden könnte, wenn sie nochmals *copula carnali* [der fleischlichen Vereinigung] sich versündigen würden".³²

Wie diese sehr detaillierten Vorschreibungen schon vermuten lassen, wurde die Dispens dann im Jahr 1859, und zwar am 28. Februar, tatsächlich erteilt – vier Jahre nach der ersten dokumentierten Anfrage.³³ Mit dem positiven Bescheid waren nochmals Auflagen und Kontrollanweisungen verbunden: Den Heiratswilligen sei

ernstlich zu bedeuten, daß sie nicht nur allen sündhaften, gefährlichen Umgang, sondern bis zu ihrer Verehelichung überhaupt jede unnöthige Zusammenkunft vermeiden müssen. Sie sind ausdrücklich zu befragen, ob sie sich seither wohl nicht mehr *copula ince-*

---

30 DiÖA Brixen, Konsistorialakten 1856, Faszikel 5 A, Römische Dispensen.
31 DiÖA Brixen, Konsistorialakten 1856, Faszikel 5 A, Römische Dispensen.
32 DiÖA Brixen, Konsistorialakten 1856, Faszikel 5 A, Römische Dispensen.
33 Dem ersten schriftlichen Niederschlag eines Heiratswunsches in der Verwandtschaft oder Schwägerschaft ging ein mündliches Procedere voraus: Die Heiratswilligen mussten zuerst dreimal beim Ortspfarrer anfragen, der sie ebenso oft „pflichtgemäß" abweisen musste und erst beim vierten Mal auf das Anliegen eingehen durfte. Ob es sich dabei um ein eher formales Ritual handelte oder um eine tatsächlich wirksame Abwehrstrategie, lässt sich nicht beantworten.

stuosa [inzestuöse Vereinigung] versündigt haben. Sollten sie aber doch gefallen sein, so wolle möglichst genau die Zeit der letzten Versündigung angegeben werden.

In Rot geschrieben und damit besonders hervorgehoben ist schließlich der folgende Vermerk, mit dem der Schwenk von der Moral wieder zurück zur Ökonomie vollzogen wird: „Es muß die Garantie gegeben werden, daß Hernegger das Vermögen gut verwaltet."[34] Viel Zeit für „unnöthige" Zusammenkünfte blieb nicht. Alois Hernegger und Rosa Degetz heirateten bereits am 8. März 1859, eine Woche nach Erteilung der Dispens und nach einmaligem Aufgebot. Sie hatten auch um eine Dispens vom zweiten und dritten Aufgebot angesucht. Alois Hernegger ist im Trauungsbuch als „Hausbesitzer" tituliert.[35]

Kalküle und Strategien

Das Argumentationsspektrum für Dispensansuchen war durch das festgeschriebene Repertoire an kanonischen Gründen abgesteckt. Jedoch beschränkten sich die Geistlichen nicht darauf, sondern ließen ausführlichere Situationsschilderungen einfließen.[36] Einzelnen erfolgversprechenden Aspekten verliehen sie durch strategische Akzentuierung ein besonderes Gewicht. Ihr Erfahrungswissen war gleichermaßen mitentscheidend für den Ausgang eines Ansuchens wie ihre Solidarität mit den Bittstellern. Doch gab es Fälle, in denen es für die Geistlichen nicht ganz leicht war zu entscheiden, auf welchem Argument sie aufbauen sollten. Vor allem in den nahen Dispensgraden konnten ökonomische Belange größerer Tragweite eine gute Chance auf Erfolg bieten.

So hatte auch im Fall Degetz-Hernegger aus der Sicht des fürstbischöflichen Konsistoriums die Vermögenssicherung für den Neffen und Erben in Form einer Schenkung den Wendepunkt dargestellt. Die Ankündigung, dass der Onkel dem „infizierten Hauswesen" 3.000 Gulden zubringen beziehungsweise – wie im nächsten Schreiben formuliert –, dass er mit seinem Vermögen, wovon 1.500 Gulden auf dem Haus lagen, das Erbe des Neffen erhalten helfen würde, hatte nicht ausgereicht. Bei dieser zuletzt genannten Summe handelte es sich sehr wahrscheinlich um das nicht ausbezahlte Erbe des Alois Hernegger. Die darüber hinaus angeführten ökonomischen Argumente zielten auf kaum zu ersetzende Vorteile

---

34 DIÖA Brixen, Konsistorialakten 1859, Faszikel 5 A, Römische Dispensen.
35 Vgl. Trauungsbuch Sillian, Tom. VI, fol. 58 (nach Wieser, wie Anm. 28).
36 André Burguière konstatiert hingegen für das von ihm herangezogene französische Quellenmaterial eine überwiegend stereotype, eng an den vordeterminierten offiziellen kanonischen Gründen orientierte Argumentationsweise, die über eine quantitative Erfassung der vorgebrachten Aspekte hinaus kaum Auswertungen zulässt. Vgl. André Burguière, „Cher Cousin": Les usages matrimoniaux de la parenté proche dans la France du 18e siècle, in: Annales Histoire, Sciences Sociales, 52, 6 (1997), 1339–1360, 1346 f.

im Bereich der Arbeitsorganisation ab: Der Sohn könne das Gewerbe noch nicht alleine weiterbringen, der Schwager sei mit den Arbeitsabläufen hingegen bestens vertraut und ersetze eine Arbeitskraft, die ansonsten eingestellt und bezahlt werden müsste.

Diese Argumentationslinien sind typisch für Eheschließungen zwischen Schwägerin und Schwager. Vielfach handelte es sich bei der Kombination Witwe-Schwager um die zugeheiratete Frau des einstigen Hauserben und einen jüngeren, noch ledigen Bruder desselben. Teil dieses Musters war auch, dass der Bruder oft im Haus wohnte, weil er auch schon zu Lebzeiten des Mannes im Betrieb mitgearbeitet hatte oder weil er aus Anlass des Todesfalles beziehungsweise bei vorangegangener Krankheit bereits zuvor als Unterstützung der Witwe und deren Kinder zu Hilfe kam – wie im skizzierten Fall. Die einschlägige Sozialisation und die Existenzbasis aus der Perspektive des Mannes, die finanzielle und betriebliche Konsolidierung aus der Perspektive der Witwe sowie der Umstand, dass sich beide aus alltäglichen Kontexten heraus gut kannten, ließen solche Helfer in schwieriger Lage quasi als ideale Ehepartner erscheinen. Lebensweltliche Logik und eine solide Vertrautheit koinzidierten. Materielle Interessen und Emotionen konnten ineinander übergehen[37] – wie hoch dabei die Kalküls- und wie hoch die Gefühlsanteile zu veranschlagen sind, ist aus diesem strategisch angelegten Quellenbestand nicht zu erschließen. Für Alois Hernegger bot sich – unter dem Aspekt der Lebensplanung – jedenfalls eine unerwartete Chance. Er war zwanzig Jahre jünger als sein verstorbener Bruder Anton: der eine 1822, der andere 1802 geboren. Ein größerer Altersunterschied bestand auch zwischen Alois Hernegger und Rosa Degetz: Bei der Heirat war er 36 und sie 49 Jahre alt.[38]

Ganz darauf verlassen, dass die Schenkung als Argument ausreichen würde, konnte sich der Verfasser des offensiven Briefes jedoch nicht. Also setzte er auf eine zweite Schiene – mit „Neigung" und „Liebe" als Auftakt. Diese allein konstituierten aus Sicht der Kirche zwar keine hinlängliche Begründung für einen Heiratswunsch in der nahen Verwandtschaft oder Schwägerschaft,[39] kamen in den Antragstexten aber immer wieder zur Sprache. Wie es scheint, wurden Neigung und Liebe vor allem in solchen Fällen eingesetzt, in denen offizielle kanonische Gründe nicht wirklich oder in nur schwach ausgeprägtem Maße vorhanden waren.[40] Denn diese Gefühle konnten die Befürwortung einer Eheschließung durchaus be-

---

37 Dieses Begriffspaar prägten Hans Medick u. David Sabean Hg., Emotionen und materielle Interessen. Sozialanthropologische und historische Beiträge zur Familienforschung, Göttingen 1984.
38 Vgl. Trauungsbuch Sillian, Tom. VI, fol. 58 und ebd. fol. 10 (nach Wieser, wie Anm. 28).
39 Das beiderseitige Einverständnis der Brautleute war eine von der Kirche geforderte Grundlage einer Eheschließung. Zu damit verbundenen Verwicklungen und Strategien in der Zeit vor dem Konzil von Trient (1545–1563), auf dem die Fundamente des neuzeitlichen kirchlichen Eherechts gelegt wurden, vgl. Silvana Seidel Menchi, Percorsi variegati, percorsi obbligati. Elogio del matrimonio pre-tridentino, in: dies. u. Diego Quaglioni Hg., Matrimoni in dubbio. Unioni controverse e nozze clandestine in Italia dal XIV al XVIII secolo, Bologna 2001, 17–60, 22 ff u. 32 ff.
40 Ein in gewisser Weise vielleicht parallel zu setzendes Phänomen hat Gertrude Langer-Ostrawsky in früh-

fördern, wenn sie sozusagen außer Kontrolle gerieten und zur „Leidenschaft" wurden, was in der katholischen Ehekonzeption negativ besetzt war:[41] Nicht „ex mera libidine", aus reiner Leidenschaft, sei eine Ehe zu schließen, sondern „ob finem honestum", zu ehrbaren Zwecken, das heißt hauptsächlich zur Zeugung von Nachkommen und zur gegenseitigen Unterstützung.[42] Im außerehelichen Kontext ging Leidenschaft mit Sexualität, mit „fleischlicher Versündigung" einher – zum Schaden des eigenen Seelenheils, worauf im letzten Schreiben aus Brixen verwiesen wurde. Dies war die eine Seite.

Die andere Seite betraf die Öffentlichkeit: Liebe und Leidenschaft konnten auch nach außen wirkmächtig werden, wenn sie vom sozialen Umfeld registriert wurden. Die Skala führte hierbei von „miteinander gut bekannt sein" über „vertraut sein" und ging mit einem hinzu gesetzten „allzu vertraut sein" in ein „öffentliches Ärgernis" über – welches durch eine uneheliche Schwangerschaft eine weitere Steigerung erfuhr. Die naheliegendste Gegenstrategie wäre eine Eheschließung gewesen, durch die beide Überschreitungen – die voreheliche Sexualität und das öffentliche Ärgernis – aufgehoben worden wären. Dieser Lösung stand allerdings das Ehehindernis der Schwägerschaft entgegen, das die Überschreitungen noch schwerer wiegen ließ.

Der geäußerte Verdacht einer Schwangerschaft vermochte jedenfalls Druck zu erzeugen. Wenn nun schon – aus der Sicht der Kirche – das Äußerste ‚passiert' war, richteten sich die nächsten Schritte auf Schadensbegrenzung; und eine solche war wiederum auf dem Wege einer Heirat möglich. Ein Dilemma lag für das fürstbischöfliche Konsistorium in der Durchschaubarkeit dieses Mechanismus. Die Vermutung, dass der Beischlaf mit dem Kalkül erfolgt sei, leichter eine Dispens zu erlangen, schien plausibel und wurde auch explizit geäußert. Da diese Frage jedoch letztlich nicht zu entscheiden war, wurde sie – mit dem Hinweis auf die Ungültigkeit der Dispens, falls die Annahme zutreffen sollte – dem Gewissen des Brautpaares überantwortet und die lange verwehrte Heiratserlaubnis schließlich erteilt. Allerdings waren, wie geschildert, zahlreiche Auflagen damit verbunden, die Gehorsam verlangten und die Tragweite des Geschehens ebenso wie die besondere Gnade, die dem Paar mit der Dispens entgegengebracht wurde, ins Bewusstsein rücken sollten.

neuzeitlichen Heiratsverträgen festgestellt: Dort kam Liebe dann zur Sprache, wenn ein Partner kein Vermögen in die Ehe einbrachte. Vgl. Gertrude Langer-Ostrawsky, „Von ehelicher Lieb' und Treu" und „der Helffte des Vermögens": Eherecht und Heiratsstrategien von Frauen im Erzherzogtum unter der Enns im 18. Jahrhundert („Dell'amore e fedeltà coniugale" e „della metà del patrimonio": Diritto matrimoniale e strategie coniugali femminili nell'arciducato sotto la Enns nel secolo XVIII)". Vortrag auf der Tagung „Patrimoni e trasmissione di patrimoni dal XIII al XIX secolo / Vermögen und Vermögensübertragung vom 13. bis zum 19. Jahrhundert" am 3. und 4. Oktober 2002 am *Istituto Italo-Germanico* in Trient.

41 Zu Aspekten der Differenzierung zwischen leidenschaftlicher Liebe, *amour passion*, und romantischer Liebe vgl. Anthony Giddens, Wandel der Intimität. Sexualität, Liebe und Erotik in modernen Gesellschaften, Frankfurt a. M. 1993, 48 ff.
42 Vgl. Manuale, wie Anm. 19, 239. Verwiesen wird auf Gen. 1, 28; Gen. 2, 18 und I. Cor. 7, 9.

Die Klimax von „Neigung", „Liebe" zu „leider Leidenschaft" hatte im Kontext der Konfrontation mit der Ablehnung der vorangegangenen Dispensansuchen vor allem strategischen Charakter und trug zum positiven Ausgang mit bei. Das Rekurrieren auf Liebe in dieser Art von Quellenmaterial darf ebenso wie das Fehlen eines Bezugs darauf daher nicht als unmittelbarer Gradmesser für die Emotionalität eines Paares genommen werden.[43]

Doch wie sehr sich Rosa Degetz und Alois Hernegger auch immer zugetan gewesen sein mögen, ihre gemeinsame Geschichte verlief tragisch. Rosa Degetz starb bereits ein Jahr nach der Heirat im März 1860. Magenkrebs ist als Todesursache im Sterbebuch eingetragen. Alois Hernegger heiratete im Juni desselben Jahres ein zweites Mal und 1865 schließlich ein drittes Mal.[44]

Liebe im Zeichen von ‚Blutschande' und Inzest

Einen weiteren Rahmen zur Verortung von vorehelicher Sexualität in der nahen Verwandtschaft und Schwägerschaft bilden Vorstellungen und Wahrnehmungen von Inzest. Im Quellenmaterial finden sie, wie im Falle von Rosa Degetz und Alois Hernegger, als „sündhafter", gefährlicher", „blutschänderischer" Umgang oder als *copula incestuosa* ihren Ausdruck. Im Kontext der Ehedispensen bezog sich Inzest dabei auf jene Verbindungen, die unter die Heiratsverbote fielen, aber potenziell dispensfähig waren[45] – also auf sexuelle Kontakte in der Blutsverwandtschaft ab dem zweiten Grad und in der Schwägerschaft. Solche Beziehungen

---

43 Für eine differenzierte Auseinandersetzung mit Bedeutungszuschreibungen von Liebe auf der Basis von Briefen vgl. Rebecca Earle, Briefe und die Liebe in Spanisch-Amerika (16. bis 18. Jahrhundert), in: Christa Hämmerle u. Edith Saurer Hg., Briefkulturen und ihr Geschlecht. Zur Geschichte der privaten Korrespondenz vom 16. Jahrhundert bis heute, Wien/Köln/Weimar, 2003, 135–162. Die Autorin bezieht sich auch auf Ramón Gutiérrez, Honor, Ideology, Marriage Negotiation, and Class-Gender Domination in New Mexico, 1690–1846, in: Latin American Perspectives, 12, 1 (1985), 81–104, der Matrimonialexamen untersucht hat und gegen Ende des 18. Jahrhunderts einen Wandel in den angegebenen Heiratsmotiven von einer religiösen Begründung hin zu Neigung und Liebe feststellt. Vgl. auch, als Klassiker, Lawrence Stone, The Family, Sex and Marriage in England 1500–1800, New York 1977. Als kritische Auseinandersetzung damit unter anderem zur Frage der Quelleninterpretation vgl. den Review Essay von Alan Macfarlane, in: History and Theory. Studies in the Philosophy of History, 18 (1979), 103–126, insbes. 116 ff.
44 Vgl. Totenbuch Sillian, Tom. V, fol. 122; Trauungsbuch Sillian, Tom. VI, fol. 60 und ebd. fol. 73 (nach Wieser, wie Anm 28).
45 Einem weniger formalisierten Verständnis nach kann Inzest als „Verletzung von sozial und kulturell als verbindlich aufgefassten Grenzen" definiert werden. Vgl. David Warren Sabean, Inzestdiskurse vom Barock bis zur Romantik, in: L'Homme. Z.F.G., 13, 1 (2002), 7–28, 7. Gerade diese kollektive Verbindlichkeit ist im Zusammenhang mit Verwandtenehen im ausgehenden 18. und spätestens im 19. Jahrhundert brüchig geworden. Zu den verschiedenen Bedeutungskontexten vgl. auch Claudia Jarzebowski, Eindeutig uneindeutig: Verhandlungen über Inzest im 18. Jahrhundert, in: Jutta Eming u. a. Hg., Historische Inzestdiskurse. Interdisziplinäre Zugänge, Königstein/Taunus 2003, 161–188, 161 ff.

waren zwar aus der Sicht der Kirche inzestuös, gesellschaftlich aber zusehends weniger tabuisiert.[46]

Bei „Inzest" und „Blutschande" handelte es sich diesem Konzept nach also primär um ein Begriffsinventar und um Vorstellungen der kirchlichen Obrigkeit, die über Jahrhunderte unverändert geblieben waren. Ab dem ausgehenden 18. Jahrhundert und insbesondere im 19. Jahrhundert begannen sie jedoch an Verbindlichkeit und Einsichtigkeit zu verlieren. Auch die Diözese Brixen war von diesen Veränderungen nicht ganz ausgenommen, wenn hier auch noch immer ein vergleichsweise strenges Regiment herrschte.

Insbesondere bei Schwägerschaftsverhältnissen dürfte den betroffenen Männern und Frauen der auf dem theologischen *una-caro*-Konstrukt basierende inzestuöse Charakter nicht mehr ganz nachvollziehbar gewesen sein. „Ich meine keine andere als die Maria heurathen zu können, keine ist mir so lieb, ich habe ihr das Heurathen versprochen und früher nicht vermuthet, daß es mit dieser Anverwandtschaft so heiklicht sey," lautete die Aussage eines Bräutigams im Jahr 1841, der die Cousine seiner verstorbenen Frau heiraten wollte.[47] Doch auch in Zusammenhang mit dem Heiratswunsch eines im zweiten und dritten ungleichen Grad[48] blutsverwandten Paares äußerte die Braut im Matrimonialexamen Unverständnis gegenüber den Schwierigkeiten, eine Dispens zu erhalten:

> Mir geht kein anderer ein als dieser Joseph Egger; ich bin mit ihm vertraut; ich kann ihn nicht mehr lassen; kann und will keinen anderen und kann ohne ihn kaum mehr leben; wir haben uns einander versprochen; die Leute wissen um unsere Bekanntschaft; mein Vater sieht die Heurath auch gerne. ... Ich bitte inständig um Dispens in diesem einzigen Ehehindernisse, von dem ich nicht wusste, dass es so hart mit der Dispens hergehe.[49]

---

46 Dass die Tabu-Grenzen bis zu einem gewissen Grad auch fließend sind, zeigt das sich im Laufe des 19. Jahrhunderts ändernde Verhältnis zu Paarkonstellationen, die nun denkbar wurden, wie Stiefmutter und Stiefsohn. Vgl. dazu Saurer, Stiefmütter, wie Anm. 9, 358. Dass in den Einstellungen gegenüber Inzest auch in Zusammenhang mit strafrechtlicher Verfolgung bzw. Verfolgbarkeit mehrerlei Maße galten, hat Patrizia Guarnieri für Italien bis in die jüngere Gegenwart aufgerollt. Vgl. Patrizia Guarnieri, Inzest als „öffentliches Ärgernis". Gesetzeslage und Moralvorstellungen im vereinten Italien, in: L'Homme. Z. F. G. 13, 1 (2002), 68–94.

47 DIÖA Brixen, Konsistorialakten 1841, Faszikel 5 A, Römische Dispensen, Martin Tschurtschenthaler und Maria Zwigl.

48 Ungleiche Grade kamen durch Generationenverschiebungen zustande. Wenn beispielsweise ein Sohn des Bruders die Tochter des Sohnes der Schwester heiraten wollte, lag ein zweiter und dritter ungleicher Grad vor.

49 DIÖA Brixen, Konsistorialakten 1840, Faszikel 5 A, Römische Ehedispensen, Joseph Egger und Maria Straßer. Insbesondere die Zunahme von Eheschließungen zwischen Cousins und Cousinen ersten und zweiten Grades stellt vor die Frage, ob dies als Zeichen der Bedeutungszunahme oder des Bedeutungsverlustes von Verwandtschaft angesehen werden kann. Als ein spirituelles, durch das Endogamieverbot gestütztes Konzept hat Verwandtschaft wohl an Stellenwert eingebüßt, gleichzeitig aber als usuelle Verwandtschaft auf dem Wege von Vernetzungen und Reziprozitäten an Bedeutung gewonnen.

Namentlich im Brautexamen wurde in der Kommunikation mit den um Dispens Ansuchenden mit „Blutschande" operiert, und dies tat in vielen Fällen wohl auch seine Wirkung – regional vielleicht in unterschiedlichem Maß.[50] In manchen Teilen des Diözesangebietes von Brixen ist der Grad der gesellschaftlichen Internalisierung des katholischen Normverständnisses sicher hoch zu veranschlagen, sonst hätte dieses Dispenssystem nicht weiter in der ausgeführten Rigidität und unter Ausschaltung des ABGB von 1811 ‚funktionieren' können. Doch zeichnet sich ein gewisses Ost-West-Gefälle hinsichtlich religiöser Skrupolosität ab, wenn man die vornehmlich an Vorarlberg adressierten Beschwerden und Mahnungen des Ordinariats wegen leichtsinnigen Umgangs mit den Heiratsverboten als Gradmesser nimmt. In die selbe Richtung weist auch die zahlenmäßige Verteilung von Ehetrennungen in der zweiten Hälfte des 19. Jahrhunderts: Auf die im Westen der Diözese liegenden Dekanate entfielen weit mehr als auf die im Osten.[51]

Zu dieser religiös-kanonisch begründeten Problematik der *copula incestuosa* traten in der zweiten Hälfte des 19. Jahrhunderts in der Wahrnehmung der geistlichen Aspekte des medizinischen Diskurses hinzu.[52] Das zeigt sich zum Beispiel in einer Korrespondenz des Jahres 1865 zwischen dem bischöflichen Ordinariat in Brixen und der Statthalterei Innsbruck. Dabei ging es um das Ausloten von Möglichkeiten, die in Vorarlberg offensichtlich verbreitete Praxis gemeinsamer Gutskäufe durch dispenspflichtige Brautleute zu unterbinden, welche „in der muthmaßlichen Absicht ... um die Dispens von dem Ehehindernisse der Verwandtschaft leichter zu erwirken" getätigt wurden. Im Schreiben aus Innsbruck hieß es einleitend dazu: „Die Statthalterei erkennt mit dem hochwürdigen fürstbischöflichen Ordinariate das Bedenkliche, ja Schädliche, das durch Ehen zwischen nahen Verwandten hervorgerufen wird, und würde bereitwillig zur thunlichen Verhüthung solcher Ehen mitwirken."[53] Vereinzelt fand der Verweis auf gesundheitliche Folgeschäden auch Eingang in die Argumentation. So befürwortete ein Pfarrer eine Eheschließung in der Schwägerschaft mit dem Verweis auf das Alter der Braut – sie war 50 Jahre alt –, indem er meinte, dass „die gegen eine solche Verehelichung sprechenden schädlichen Folgen in Bezug auf die Nachkommenschaft etc., etc., ... in diesem Falle ob supra superquadultam aetatem sponsae [we-

---

50 So schilderte ein Dekan: „Heute Nachmittag erscheint der Dispenswerber und bekennt weinend, daß er und seine Braut, als sie am 10ten Dezember hier und zwar allein einvernommen wurden, unaufrichtig waren, indem sie die Sünde der Blutschande nicht nur 2 mal, sondern etwa 8 – 9 mal und zwar das letzte Mal anfangs Dezember 1869 begangen haben. Sie bitten demüthig und reumüthig um Verzeihung und um gnädige Dispens." DIÖA Brixen, Konsistorialakten 1870, Faszikel 22 A, Römische Ehedispensen, Nr. 47.
51 Vgl. Lanzinger, Hüter, wie Anm. 17.
52 Edith Saurer hat für ihr Untersuchungsgebiet festgestellt, dass Hinweise auf eine genetische Gefährdung durch Verwandten-Ehen um die Mitte des 19. Jahrhunderts auftauchen. Vgl. Saurer, Stiefmütter, wie Anm. 9, 353.
53 DIÖA Brixen, Konsistorialakten 1865, Faszikel 22 C Varia über Ehe, Nr. 1.

gen des sehr fortgeschrittenen Alters der Braut] wohl nicht zu befürchten [wären]".[54] Damit ist der Übergang zu einer veränderten Konzeption von Inzest und „Blutschande" markiert, welche die Diskurse der Folgezeit geprägt hat.

---

54 DIÖA Brixen, Konsistorialakten 1895, Fasz. 22 A, Römische Dispensen, Nr. 20.

Michael Mitterauer

Liebe und Widerstand im Kontext unterschiedlicher Familiensysteme: endogame und arrangierte Heiraten

Edith Saurer hat das Thema „Liebe und Widerstand" in einer Studie behandelt, der sie den Titel „Stiefmütter und Stiefsöhne. Endogamieverbote zwischen kanonischem und zivilem Recht am Beispiel Österreichs (1790–1850)" gegeben hat.[1] Es geht dort um Liebe beziehungsweise Heiratswünsche zwischen sehr nahe verwandten Partnern und um den Widerstand von Staat und Kirche gegen deren Eheschließung. Ich möchte dieses Thema mit etwas veränderter Akzentsetzung aufgreifen. Auch mir geht es um Verwandtenheirat – allerdings in einem anderen Spannungsverhältnis von „Liebe und Widerstand". Es gibt auch Typen endogamer Heiraten, die nicht primär aufgrund von Liebe, sondern aufgrund von traditionellen Normen geschlossen werden. In der Regel treten die Eltern als Vertreter dieser Normen in Erscheinung. Im Zuge von Modernisierungsprozessen kommt es zwischen solchen Normen und dem Prinzip der Liebesheirat zu Widersprüchen. Kinder leisten Widerstand gegen die von den Eltern gewollte Partnerschaft oder umgekehrt Eltern gegen die Heiratswünsche der Kinder. Eltern-Kinder-Beziehungen geraten in ein Spannungsfeld. Liebe zwischen Eltern und Kindern steht gegen Liebe in einer geplanten Partnerschaft. Zwei familiale Beziehungsmuster auf der Basis von Liebe treten zueinander in Konkurrenz. Das ist bei allen Formen arrangierter Heiraten so. Die arrangierte endogame Heirat, wie sie in bestimmten Familiensystemen traditionell auftritt, spitzt diese allgemeine Problematik in besonderer Weise zu.

Edith Saurer zitiert in dem eingangs erwähnten Aufsatz über Stiefmütter und Stiefsöhne prominente Juristen aus ihrem Untersuchungszeitraum – der ersten Hälfte des 19. Jahrhunderts –, die mit verschiedenen Argumenten vor endogamen Heiraten warnen: Es gehe um „frühe Ausschweifungen", „Engherzigkeit der Verwandtenliebe", die gebrochen werden müsse. „Ehen zwischen nahen Verwandten vergiften das Familienleben", „eheliche Verbindungen mit fremden Familien" wären „zum größten Vorteile der geselligen Ordnung zu suchen".[2] Solche Auffassungen waren damals keineswegs unter allen Bevölkerungsgruppen der Habsburgermonarchie in gleicher Weise verbreitet. Als Gegenbeispiel möchte ich von

---

[1] Edith Saurer, Stiefmütter und Stiefsöhne. Endogamieverbote zwischen kanonischem und zivilem Recht am Beispiel Österreichs (1790–1850), in: Ute Gerhard Hg., Frauen in der Geschichte des Rechts. Von der Frühen Neuzeit bis zur Gegenwart, München 1997, 345–366.
[2] Saurer, Stiefmütter, wie Anm. 1, 353.

einem Bericht ausgehen, der sich in einer bemerkenswerten Autobiographie aus dieser Zeit findet. Es handelt sich um die Lebensgeschichte des jüdischen Schlossermeisters Raphael König aus Misslitz bei Znaim in Südmähren, in den Jahren ab 1852 verfasst. Der Autor bringt einen weit ausholenden Rückblick auf die Geschichte seiner Familie mit vielen Bemerkungen über Heiratsangelegenheiten. Sein Sohn, Enkel und Urenkel schlossen sich mit eigenen lebensgeschichtlichen Aufzeichnungen dieser Autobiographie an, so dass insgesamt die Familienentwicklung über zehn Generationen überblickt werden kann. Über seine Eheschließung 1836 berichtet Raphael König Folgendes:

> Die Jahre 1834, 1835 und 1836 verliefen ohne bemerkenswerte Ereignisse, bis auf das Bestreben, daß ich mir eine Ehehälfte auszusuchen wünschte, die mit mir harmonieren, mit meinem kleinen Erwerbszweig sich begnügen und meine Eltern, welche sich das Wohnungsrecht bei Abtretung des Hauses Nr. 95 an mich vorbehalten hatten, in friedlicher Eintracht schätzen und ehren werde. Über allem war es mir darum zu tun, Zufriedenheit zu erlangen, da ich aus den Erlebnissen in Wien sehr wenig, ja, ich möchte sagen, gar keine zufriedene Ehe in den Zirkeln, wo ich Gelegenheit hatte, meine Beobachtungen anzustellen, kennengelernt hatte. Dieses nun war mein Hauptaugenmerk, und deshalb suchte ich in den Mittelschichten und fand in einem unserer Verwandtenhäuser ein Mädchen von sechsundzwanzig Jahren, die bescheidene Ansprüche zu haben schien auf einen eingezogenen Lebenswandel im elterlichen Hause, da der Vater ein Hausierer in Brünn war und sich nach Eibenschitz zu seiner Familie begab. Der Mann hieß Jacob Nejedl, war von rechtschaffenem Charakter, streng ehrlich und ernährte seine Familie. Sein Weib Sara, geborene Österreicher, war eine Enkelin meines Urgroßvaters Wolf Iritz und hatte zwei Töchter: die ältere Betti, verehelicht an meinen Cousin Leopold Böhm, Brudersohn der vorbenannten Sara, und meine Ehegattin Hani.
>
> Ich hatte wohl längere Zeit mit meinen Eltern einen kleinen Kampf wegen dieser Wahl, da sie meine Schwestertochter Katti Weininger jeder anderen Person aus dem Grunde vorzogen, weil sie hofften, sie würde ihnen in ihren alten Tagen eine bessere Bewirtung als jede fremde Person angedeihen lassen. Allein – wie ich eben bemerkt habe, wollte ich gegen mein Prinzip nicht handeln, und entschloß mich, dieses Mädchen mit einem Heiratsgut von achthundert Gulden zu heiraten.[3]

Der zeitgenössische Juristenstandpunkt, dass „Ehen zwischen nahen Verwandten das Familienleben vergiften", findet sich in dieser Stelle nicht bestätigt. Im Gegenteil – die Eltern erwarten sich aus der Heirat des Sohns mit der Enkelin die Sicherheit eines angenehmen Zu-

---

3 Raphael König, in: Michael Mitterauer Hg., „Gelobt sei, der dem Schwachen Kraft verleiht." Zehn Generationen einer jüdischen Familie im alten und neuen Österreich, Wien/Graz/Köln 1987, 41–155, 75.

sammenlebens. Die Alternative zur Nichtenheirat ist für den Autor die Eheschließung mit einer Cousine zweiter Linie, die zugleich die Schwägerin seines Cousins ist. Nebenbei wird noch eine Cousinenheirat ersten Grades erwähnt – eine von mehreren in diesem Verwandtenkreis, über die die Autobiographie von Raphael König berichtet. In diesem jüdischen Milieu Südmährens dürften damals endogame Tendenzen stark ausgeprägt gewesen sein. Dies gilt wohl insgesamt für die jüdische Bevölkerung der Habsburgermonarchie. Für sie gab es eherechtliche Ausnahmebestimmunen, die die Verwandtenheirat betrafen.[4] An der zitierten Stelle ist wohl die Selbstverständlichkeit besonders verblüffend, mit der die Möglichkeit besprochen wird, die Tochter der leiblichen Schwester zu heiraten. Der „israelitischen" Bevölkerungsgruppe war das zum Unterschied von anderen Religionsgemeinschaften zivilrechtlich zugestanden. Raphael König spricht sich keineswegs grundsätzlich gegen diese extrem endogame Eheform aus. Er lehnt sie nur für sich ab, weil er eine andere Wahl getroffen hat.

Widerstand kommt in dieser Partnerwahlgeschichte von Seiten des Sohnes gegen die Eltern. Raphael König hatte mit ihnen „wohl längere Zeit ... einen kleinen Kampf". Er wollte nach seinem eigenen „Prinzip" handeln. Es ging ihm also um die Autonomie seiner Entscheidung. Eine von den Eltern arrangierte Eheschließung lehnte er ab. In den Grundsätzen der Partnerwahl wich er jedoch keineswegs von der Tradition ab. Auch er sah sich in den „Verwandtenhäusern" um. Dass der Vater der Braut „rechtschaffen", „ehrlich" und „die Familie ernährend" sei, wird ausdrücklich erwähnt. Bei der Beschreibung der Mutter genügt der Hinweis auf die Blutsverwandtschaft. Persönliche Eigenschaften der Tochter werden gar nicht genannt.

Von Liebe ist in dieser kurzen Partnerwahlgeschichte explizit nirgends die Rede. In ein dichotomisches Schema arrangiert-endogam versus Liebesheirat lässt sie sich dennoch nicht einordnen, auch wenn eine romantische Vorgeschichte der Eheschließung nicht erzählt wird. Und auch nachher gibt es wenig Hinweise auf starke Emotionalität. In der Autobiographie tritt die Gattin erst dreißig Jahre später auf, nämlich aus Anlass ihres Todes 1866, der mit wenigen Sätzen vermerkt wird. Hier findet sich allerdings die Formulierung „mein geliebtes Weib".[5] Bei der Partnerwahl stehen – abstrakt formuliert – drei Kriterien im Vordergrund: „Harmonie", „Zufriedenheit" sowie „die Eltern in friedlicher Eintracht schätzen und ehren". Da die Eltern im Haus des Sohnes das Wohnrecht hatten, musste mit ihnen ein gutes Auskommen gesichert sein, weswegen die Eltern ja auch die ihnen vertraute Enkelin gerne als Hausfrau gesehen hätten. Diese generationsübergreifende Eintracht ist Raphael König auch bei seiner zweiten Heirat 1869 sowie bei seiner dritten 1881 ein vorrangiges Anliegen – jetzt gegenüber seinen heranwachsenden beziehungsweise erwachsenen Kindern.

---

4 Ernst Mayerhofer, Handbuch für den politischen Verwaltungsdienst in den im Reichsrate vertretenen Königreichen und Ländern, Bd. 5, Wien 1901, 13.
5 Raphael König, in: Mitterauer, Schwachen, wie Anm. 3, 117.

Eine Heirat im Widerstand gegen seine Eltern wäre für ihn nach der Schilderung seiner Kriterien gar nicht in Frage gekommen. Ob Harmonie, Zufriedenheit, friedliche Eintracht, Wertschätzung etwas mit Liebe zu tun haben, sei dahingestellt. Mit Sicherheit lässt sich jedoch sagen, dass die Erwartungen an den Partner über die Zweierbeziehung hinausgingen und das Generationenverhältnis mit einbezogen.

Die lange Tradition lebensgeschichtlicher Aufzeichnungen in der Familie König ermöglicht es, der Frage nach der Partnerwahl über mehrere Generationen nachzugehen und die zitierte Stelle in einem ersten Schritt familiengeschichtlich zu kontextualisieren. Dabei wird der Übergangscharakter der Periode deutlich, der sie entstammt. In den Anfängen der Familiengeschichte begegnen mehrfach endogame Eheschließungen: so einer Tante mütterlicherseits mit einem Cousin, eines älteren Bruders mit einer Nichte – allerdings zweiter Linie –, einer Schwester mit dem Sohn einer Tante väterlicherseits.[6] Bei Frauen gebraucht der Autor dabei grundsätzlich die passive Form „wurde verheiratet". Eine eigenständige Partnerwahl in „Verwandtenhäusern" ist in diesen Fällen höchst unwahrscheinlich. Insgesamt wird man die endogamen Eheschließungen als tendenziell arrangiert ansehen dürfen. Der Autor mit seiner autonomen Entscheidung für ein verwandtes Mädchen steht da offenbar an einer Wende. Endogame Heiraten kommen nach seiner Generation in der Familie nicht mehr vor – sehr wohl aber von den Eltern arrangierte, ebenso aber auch gegen den Willen der Eltern geschlossene – letztere in auffallend starker Häufung von 1869–1973.[7] Beide Muster begegnen schon unter Raphael Königs Söhnen.[8] Für das erstere erscheint die Formulierung bezeichnend, die sich in einer Eintragung von 1899 findet: „… wurde mir … Fräulein Ida als Schwiegertochter empfohlen."[9] Letzteres hat wohl auch damit zu tun, dass in dieser traditionsreichen Familie ein ausgeprägter Anspruch auf elterliche Mitsprache bestand. Die Weitergabe des Familienbetriebs mag dabei eine Rolle gespielt haben. Die lebensgeschichtlichen Aufzeichnungen lassen aber auch eine religiös-kulturelle Komponente erkennen, die von einem besonders hohen Respekt gegenüber dem Vater geprägt war.

Der religions- und kulturgeschichtliche Kontext der zitierten Stelle führt weit zurück. Die Praxis der Nichtenheirat ist im Buch Genesis für Abrahams Bruder Nahor bezeugt.[10] Im Buch Levitikus wird in einem umfangreichen Katalog verbotener Verwandtenheiraten

---

6 Raphael König, in: Mitterauer, Schwachen, wie Anm. 3, 49, 57 f.
7 Raphael König, in: Mitterauer, Schwachen, wie Anm. 3, 121; Karl König, in: Mitterauer, Schwachen, wie Anm. 3, 301–317, 305 und: Karl König, Meine Erinnerungen, Manuskript, Dokumentation lebensgeschichtlicher Aufzeichnungen am Institut für Wirtschafts- und Sozialgeschichte der Universität Wien, o. J. [ca. 1986], 1–89.
8 Raphael König, in: Mitterauer, Schwachen, wie Anm. 3, 117, 124; Jacob König, in: Mitterauer, Schwachen, wie Anm. 3, 157–196, 172, Theodor König, in: Mitterauer, Schwachen, wie Anm. 3, 197–300, 210.
9 Jacob König, in: Mitterauer, Schwachen, wie Anm. 3, 186.
10 Gen. 11, 29. Vgl. dazu Julian Pitt-Rivers, The Fate of Schechem or the Politics of Sex. Essays in the Anthropology of the Mediterranean, Cambridge 1977, bes. Tafel 153.

weder die Tochter des Bruders noch die der Schwester erwähnt.[11] Dementsprechend waren beide zulässig. Entscheidend erscheint, dass der Babylonische Talmud die Eheschließung mit der Tochter der Schwester ausdrücklich als religiös verdienstvoll empfiehlt.[12] Dadurch entstand über die Zulässigkeit hinaus eine Präferenz für diese Form der Partnerwahl. Dass zwischen Brudertochter und Schwestertochter diesbezüglich unterschieden wurde, dürfte zumindest zwei Gründe haben. In einer patrilinearen und patrilokalen Gesellschaft wächst die Schwestertochter nicht im selben Haushalt auf wie der Mutterbruder. So ist doch etwas mehr Distanz gegeben, was bei der Nähe der Blutsverwandtschaft modifizierend wirkt. Weiters ist im Hinblick auf das frühere Heiratsalter weiblicher Geschwister gegenüber männlichen bei der Schwestertochter die Wahrscheinlichkeit einer altersmäßigen Kompatibilität größer. Das hat sehr anschaulich Shlomo D. Goitein – angeregt durch Nichtenheiraten des Hochmittelalters in den von ihm untersuchten Judengemeinden – an Beispielen aus seiner eigenen Familie gezeigt.[13] Die Fälle sind in etwa zeitgleich mit der dargelegten Stelle aus der Autobiographie Raphael Königs. Ein prominentes Beispiel für die Ehe mit der Brudertochter stellt aus dieser Zeit die Heirat James Rothschilds, des Chefs des Pariser Bankhauses, mit der Tochter seines Bruders Salomon aus Wien dar – eine von den etwa zwanzig endogamen Eheschließungen dieser großen Bankiersdynastie.[14]

In historischen Gesellschaften begegnet Nichtenheirat, obwohl insgesamt relativ selten, etwas häufiger als in neuerer Zeit. Der ethnologische Atlas George Murdocks stellt im Kulturenvergleich eine Relation zwischen „verboten" und „erlaubt" von 170 zu 4 bei der Brudertochter, von 151 zu 8 bei der Schwestertochter auf.[15] Wo die Nichtenheirat erlaubt ist, dort steht sie in der Regel in Zusammenhang mit anderen endogamen Mustern der Partnerwahl, im Judentum etwa – wie wir gesehen haben – mit Cousinenheirat, aber auch mit einer bestimmten Form des Levirats, also der Schwagerehe. Nach den Vorschriften des Buches Deuteronomium war es beim söhnelosen Tod eines Mannes die Pflicht seines Bruders, die Witwe zu heiraten und dem Toten stellvertretend einen Sohn zu zeugen.[16] Das verweigert zu haben, stellte die eigentliche Verfehlung Onans dar,[17] der zu Unrecht zum *Heros eponymos* der Onanie geworden ist. Widerstand gegen die Schwagerehe kam schon früh auf. Es

---

11 Lev. 18, 6 ff.
12 Lazarus Goldschmidt Hg., Der Babylonische Talmud IV, Berlin 1966, 531. Samuel Kraus, Die Ehe zwischen Onkel und Nichte, in: Studies in Jewish literature, issued in honor of Professor Kaufmann Kohler, Berlin 1913, 165–175; L. M. Epstein, Marriage Laws in the Bible and the Talmud, Cambridge, Mass. 1942, 251.
13 Shlomo D. Goitein, A Mediterranean Society. The Jewish Communities of the Arab World as Portrayed in the Documents of the Cairo Geniza 3, Berkeley 1978, 432 f, 26.
14 Franz Putz, Die österreichische Wirtschaftsaristokratie 1815–1859, Wien (Dissertation) 1975, 273 ff.
15 George P. Murdock, Social Structure, New York 1949.
16 Deut. 25, 5–6.
17 Gen. 38, 9.

gab einen speziellen Ritus, durch den man sich ihr entziehen konnte, der sogenannte Chaliza-Ritus.[18] Es war das ein Schandritus, bei dem die Schwägerin dem Schwager vor den Ältesten der Gemeinde einen Schuh auszog und ihn anspie. Der Brauch lebt bis in die Gegenwart fort. Ein solcher institutionalisierter Widerstand gegenüber einer traditionellen Pflicht der Verwandtenheirat ist eine Ausnahmeerscheinung. Weder bei der Nichten- noch bei der Cousinenheirat gibt es eine Parallele. Wo es zu Widerstand kam, blieb er auf der individuellen Ebene.

Ein dritter Zugang zur vorhin referierten Autobiographiestelle soll über den zeitgenössischen Kontext von Liebe und Widerstand bei der Partnerwahl versucht werden. „In der historischen Familienforschung entwickelte sich in den 1970er Jahren eine Debatte, seit wann junge Männer und Frauen diese Unterordnung unter das Interesse des ‚Hauses' beziehungsweise der Familie für ihre Partnerwahl als Zumutung empfanden und angefangen hätten auch gegen den Willen der Eltern aus ‚Liebe' zu heiraten", schreibt Andreas Gestrich im kürzlich erschienenen Band „Geschichte der Familie" im Kapitel „Von der ‚Vernunftehe' zur ‚Liebesehe'?" über die Entwicklung im 19. Jahrhundert.[19] Es kann diese Debatte hier auch nicht andeutungsweise aufgegriffen werden. Vielmehr soll ein lebensgeschichtliches Kontrastbeispiel einige zusätzliche Perspektiven erschließen. Es stammt aus der Autobiographie des Grazer Bäckersohns Ludwig Funder, der 1868 – also im Jahr der zweiten Heirat Raphael Königs – sein „geliebtes Julchen" gegen den Widerstand seiner Eltern ehelichte. Die Geschichte wird vom Autor in einem Anhang zu seiner Lebensgeschichte unter dem Titel „Unseres Lebens Maienzeit" mit einer speziellen Widmung an eine der Töchter erzählt. Die bewusste Stilisierung der „romantischen Liebe" ist an vielen Stellen deutlich. Gerade dadurch wird wohl ein allgemeineres zeitgenössisches Ideal erkennbar. Ich greife aus der ausführlichen Erzählung drei aussagestarke Stellen heraus. Zunächst die Ausgangsposition des jungen Paares aus der Sicht Ludwigs:

Ich weiß es, Fräulein, ich wage viel, wenn ich Ihnen heute die für uns beide wichtige Frage vorlege. Ich weiß auch, daß Fräulein eine Waise sind, daß hier in Graz außer einer älteren Schwester, niemand Ihrer Angehörigen lebt. Sie sagten mir bereits, daß Ihr Herz noch frei sei – darf ich bitten, Ihnen auch einiges mitteilen zu dürfen, damit Sie klar sehen, ob Sie meine Bitte erfüllen können und wollen. Sie wissen bereits, daß meine Eltern ziemlich wohlhabend sind, daß ich eine Reihe von Geschwistern habe, davon zwei unverheiratete jüngere Schwestern. Meine Eltern besitzen einen harten Bürgerstolz, sind

---

18   Johann Maier, Die Stellung der Frau im jüdischen Recht, in: Gisela Völger u. Karin von Welck Hg., Die Braut 1, Köln 1985, 166, 170.
19   Andreas Gestrich, Neuzeit, in: ders., Jens Uwe Krause u. Michael Mitterauer Hg., Geschichte der Familie, Stuttgart 2003, 486 ff.

auch noch in den besten Jahren, doch darum verzage ich nicht. Ich hoffe es zu erringen, daß meine Eltern eine Verehelichung mit ihnen zugeben werden. Es mag freilich noch eine Weile brauchen, insbesondere das Wie mit den Eltern auszuhandeln.[20]

Dann wird die Mutter initiativ:

„Ludwig", sprach eines Nachmittags meine Mutter zu mir, „du sollst heute zu Herrn Sand kommen, er möchte mit dir spazieren gehen." – „Gut Mutter, ich werde gehen." Herr Sand ein sehr reicher Herr, der sieben große schuldenfreie Häuser besaß, hatte mich mit noch einigen anderen Herren einst in London besucht. Es konnte mir nur eine Ehre sein, in seiner Familie zu verkehren. Ich gehe richtig hin, werde freundlichst empfangen und von Herrn und Frau Sand ihren zwei Töchtern vorgestellt. Wir machten einen kleinen Ausflug in Begleitung seiner Töchter, die sich recht lieb zeigten. „Holla, da steckt etwas dahinter" dachte ich mir. Ich werde wiederholt eingeladen – „Nein, nein, ihr fangt mich nicht. Mein Herz, meine Treue gehört meiner Julia – von ihr werde ich trotz eures Reichtums nicht lassen. Lieber arm und glücklich als reich, treulos und unglücklich." Ich merkte auch, daß besonders die ältere, Karoline, sich an mich heranzog und mir ihre Zuneigung zeigte. Da sagte die Mutter eines Tages zu mir: „Ludwig, das wäre eine Partie für dich. Greif zu – du hast dann genug, um dann so vergnügt zu leben wie Herr Sand." – „Nein Mutter, das will ich nicht. Die Mädchen sind ganz lieb und gut, aber …" – „Hast du dir eine andere gewählt? Überlege dies wohl – der Vater wird es niemals erlauben."[21]

Schließlich greift der Vater ein:

Es mochte gegen drei Uhr gewesen sein, als wir vom Hause weggingen und uns über den Postplatz der Glacisstraße zuwandten. Da begann der Vater: „Ludwig, ich habe gehört, du hast ein Mädchen." Verblüfft schwieg ich noch. Dann fing er wieder an: „Muß ein nixnutziges Ding sein, das sich dir an den Hals wirft!" Nun war ich im klaren; jetzt war es Zeit zum Sprechen. Pochenden Herzens erwiderte ich: „Vater ein Mädchen habe ich nicht, wohl aber habe ich eine Braut, die ich einst heiraten möchte. Und nichtsnutzig ist sie nicht, sondern brav und fromm. Sie wird dem Herrn Vater sicher auch gefallen; die und keine andere will ich heiraten!" – „Was, das schiache Ding! Grün und blau ist sie im Gesicht. Das leide ich nicht!" – „Mag der Herr Vater sagen, was er will – daß meine Julia schiach ist und nichtsnutzig, ist nicht wahr. Ich bleibe bei dem, was ich sagte: Die und keine andere wird meine Frau!" Da hob der Vater mitten auf der Straße seinen dicken Spazierstock aus Zuckerrohr, um auf mich vor allen Leuten loszuschlagen. Eine eisige

---

20 Ludwig Funder, Aus meinem Burschenleben. Gesellenwanderung und Brautwerbung eines Grazer Zuckerbäckers 1862–1869, hg. und eingeleitet von Ernst Bruckmüller, Wien/Köln/Weimar 2000, 256.
21 Funder, Burschenleben, wie Anm. 20, 262.

Ruhe überkam mich, festen Auges blickte ich den Vater an und sprach: „Mag der Herr Vater nur herschlagen! Wer den Herrn Vater angelogen hat, ist ein Lump und ein schlechter Mensch. Wenn meine Julia auch ein armes Mädchen ist, so bedenke der Herr Vater, daß dem Herrn Vater seine erste Frau auch nur ein armer Dienstbote gewesen ist und doch ist er mit ihr so glücklich gewesen! Vor Verleumdungen fürchte ich mich nicht, weil ich die Wahrheit sage!" – Wie von Geisterhand gelenkt fiel der Stock zu Erde. Erblassend antwortete der Vater: „Das werde ich sehen, noch kannst Du lange nicht ans Heiraten denken."[22]

Verglichen mit dem „kleinen Kampf" im Hause König, ist der Konflikt um die Partnerwahl in der Familie Funder von ganz anderen Dimensionen. Er kann letztlich auch nicht voll beigelegt werden. Zwar stimmt zunächst die Mutter, dann auch der Vater der Verbindung zu, den ihm ursprünglich zugedachten Familienbetrieb kann der Sohn Ludwig jedoch nicht übernehmen. Mit den Geschwistern, die den Bruder aus materiellen Interessen bei den Eltern verleumdet hatten, kommt es zum totalen Bruch. Insoferne hat der Partnerwahl-Konflikt Ludwig Funders Züge einer für die Zeit wie für das Milieu typischen Familientragödie. Er verweist auf viele charakteristische Elemente eines in Transformation befindlichen Familiensystems.

Die Geschichte der Brautzeit Ludwig Funders lässt verschiedene Formen von Liebe und Widerstand erkennen. Neben der Liebe zur Partnerin, die bei den Eltern auf Widerstand stößt, soll auf den Widerstand des Sohnes gegen eine Verbindung eingegangen werden, die für ihn ohne Liebe ist. Mit diesem Widerstand liegen Ludwig Funder und Raphael König auf derselben Linie. In beiden Fällen haben die Eltern eine klare Präferenz, wen der Sohn heiraten soll. Die Kriterien, nach denen die ausersehene Wunschpartnerin bestimmt wird, sind jedoch ganz unterschiedlich. Bei den Eltern Funder ist es Reichtum, bei den Eltern König Nähe der Verwandtschaft. Raphael Königs Nichte Kati Weininger ist nicht eine „gute Partie" wie Karoline Sand für Mutter Funder, sie ist eine besonders vertraute Person, bei der sich die Eltern einen sorgenfreien Lebensabend vorstellen können. Endogame Heiraten stellen unter den arrangierten einen ganz besonderen Typus dar – hinsichtlich der Motive der Eltern und anderen Familienangehörigen, hinsichtlich der Formen des Kennenlernens und sicherlich auch hinsichtlich des Eheverlaufs. In einem sehr weiten Verständnis des Wortes könnte man auch bei der von den Eltern Funder geplanten Verbindung von „Endogamie" sprechen, nämlich innerhalb eines bestimmten Milieus, in diesem Fall des bürgerlichen. Ein solcher weiter Wortgebrauch liegt etwa vor, wenn von „Zunftendogamie" oder von „Dorfendogamie" gesprochen wird. Ich halte einen derart erweiterten Begriffsgebrauch für problematisch, weil damit wichtige Unterschiede zwischen verschiedenen Typen von Heirats-

---

22 Funder, Burschenleben, wie Anm. 20, 268 f.

kreisen verloren gehen.[23] Innerhalb einer Dorfgemeinschaft oder innerhalb einer städtischen sozialen Schicht zu heiraten, bedeutet etwas ganz anderes als innerhalb der Bluts- oder Heiratsverwandtschaft. Letzteres war der christlichen Bevölkerung in der Habsburgermonarchie von Kirche und Staat in bestimmten Grenzen verboten.[24] Es bestand bei ihr im Hinblick auf die seit Jahrhunderten wirksamen Endogamieverbote der christlichen Kirchen keine Tradition der Verwandtenheirat. Aus der Autobiographie Raphael Königs haben wir erfahren, dass er sich nach der Ablehnung der von den Eltern abgelehnten Nichtenheirat in seinen „Verwandtenhäusern" umgesehen habe. Das war eine spezifische Form der Partnersuche im traditionsorientierten jüdischen Milieu seiner Zeit. Im Umfeld Ludwig Funders konnte das gar kein Thema sein – weder für seine Eltern noch für ihn selbst. Die endogame Heirat als generelle Präferenz gab es hier nicht – und damit auch nicht den Widerstand gegen diese Form der arrangierten Heirat. Ein jüdisches Milieu mit einer solchen Präferenz stellte in der Habsburgermonarchie damals eine Minderheit dar. Um sich die Unterschiedlichkeit von Liebe und Widerstand in Fragen der Partnerwahl bewusst zu machen, ist es sinnvoll und wichtig, sich mit solchen Unterschieden von Familiensystemen zu beschäftigen.

Aus einer vierten Perspektive soll das eingangs referierte Zitat aus der Lebensgeschichte Raphael Königs zu Verhältnissen der Gegenwart in Beziehung gesetzt werden. Denn bei arrangierten und endogamen Eheschließungen handelt es sich keineswegs bloß um ein historisches Phänomen – sie sind auch heute noch weltweit verbreitet. Das gilt nicht nur für außereuropäische Regionen. Sicher sind die Wurzeln solcher Muster der Partnerfindung, die bis in die Gegenwart nachwirken, primär außerhalb von Europa zu suchen. Durch Migrationsprozesse bedingt sind sie jedoch in zunehmendem Maße auch hier wirksam. Menschen, die aus solchen Familiensystemen stammen, wandern in europäische Großstädte zu. Mitunter beharren sie dann auch hier gegenüber ihren Kindern auf derartigen Mustern der Partnerwahl. Für Sozialarbeiterinnen auf Wiener Jugendämtern ist es keine Ausnahmeerscheinung, dass ein vierzehnjähriges Mädchen aus Mazedonien einen vom Vater ausgesuchten Partner oder ein Mädchen aus der Türkei gegen ihren Willen den Sohn ihres Vaterbruders heiraten soll. Welche Formen von Liebe und Widerstand den kulturellen Hintergrund von Zuwandererfamilien ausmachen können, sei am Beispiel eines lebensgeschichtlichen Interviews mit der 1952 geborenen Kurdin Fatma S. erläutert, die seit 1973 in Wien lebt. Sie erzählt:

Meine ältere Schwester war auch mit dem Sohn eines Onkels verheiratet, dann ist sie davongelaufen. Als meine Schwester ... [die Sprecherin unterbricht, M. M.] 1965 haben wir

---

23 Zum Begriffsgebrauch in der Kulturanthropologie: Frank Robert Vivelo, Handbuch der Kulturanthropologie. Eine Einführung, Stuttgart 1981, 237.
24 Zu diesen Grenzen ausführlich Saurer, Stiefmütter, wie Anm. 1, 344 ff.

dann alles verkauft, die Türen verriegelt und sind nach Istanbul gezogen. Mein Vater war ein sehr guter Mensch. Jeder hatte Achtung vor ihm, er war ehrenhaft, kultiviert. Nachdem seine Tochter ihrem Gatten davongelaufen war, mußte er das Dorf verlassen. Weil meine Schwester davongelaufen war, war seine Ehre beschmutzt, deshalb ist er aus dem Dorf weggegangen ... Er spricht mit meiner älteren Schwester noch immer nicht ... Die jüngeren Geschwister haben gar nicht gewußt, daß sie eine ältere Schwester haben.[25]

Anders als in unserer Ausgangsgeschichte sind es hier nicht persönliche Interessen der Eltern, die an einer traditional endogamen Heiratspraxis festhalten lassen. Der Vater ist dem Zwang, seine Tochter dem Brudersohn zur Frau zu geben, vollkommen ausgeliefert. Als diese in radikaler Form gegen den Zwang der Tradition rebelliert, ist auch der Vater zu einer radikalen Reaktion genötigt. Er muss mit Frau und Kindern aus seinem Heimatdorf auswandern, wo sein Bruder und seine Cousins seine Nachbarn sind. Erst als der Verstoß gegen die Heiratsordnung wieder gut gemacht ist, kann er zurückkehren – freilich mit angeschlagenem Ansehen. Das Opfer dieser Wiedergutmachung ist eine zweite Tochter, nämlich Fatma S., die Interviewpartnerin:

Und nachdem meine Schwester davongelaufen war, konnte kommen wer wollte, um um meine Hand anzuhalten. Mein Vater hat mich keinem gegeben. Er hat mich an ihrer Stelle demselben Ehemann gegeben. Ich wollte natürlich auch nicht mit dem früheren Mann meiner Schwester, aber gezwungenermaßen haben wir eben wieder geheiratet. Bei der Fahrt nach Istanbul 1965 da war ich dreizehn, aber geheiratet habe ich erst 1973. So lange habe ich mich geweigert und gesagt, daß ich nicht heiraten werde. Aber dann hat sich mein Vater durchgesetzt. Ich habe verloren ... Ja, 1973 habe ich geheiratet, am 29. März. Im Mai bin ich ins Dorf gegangen, zum ersten Mal seit unserem Aufbruch.[26]

Weder Vater noch Tochter brachte die wiederhergestellte Ehre Glück. Bezüglich des Vaters deutet das die Tochter im Interview an, von sich selbst berichtet sie darüber ausführlich:

Als ich dann ins Haus kam, war mein Herr und Gebieter gekommen. Er arbeitete im Cinar-Hotel, in Istanbul, seit wir verheiratet waren. „Ich fahre nach Wien", hat er gesagt, „was sagst du dazu?" – „Nichts." Dann hat er es zu seinem Vater gesagt: „Ich gehe nach Wien." – „Warum gehst du dorthin?" – „Von der Botschaft in Wien haben sie in unserem

---

25 Manuskript des Interviews mit Fatma S., geführt von Günter Müller am 10. April 1991, Dokumentation lebensgeschichtlicher Aufzeichnungen am Institut für Wirtschafts- und Sozialgeschichte der Universität Wien, o. S.
26 Fatma S., Interview, wie Anm. 25.

Hotel nach einem Koch gefragt, und die haben mich ausgewählt" – „Wann fährst du?" – „Morgen, morgen fahre ich nach Istanbul. Von dort am Dienstag mit dem Autobus." – „Hast du alle Vorbereitungen erledigt?" „Ja, ich bin schon eine Woche hier in Kangal [der zunächst gelegenen Kreisstadt, M. M.]. Und einen Tag wollte ich noch zuhause vorbeischauen." Da bin ich böse geworden. Schon seit einer Woche ist er in der Gegend, und zum Abschied kommt er am letzten Tag vorbei. Noch einmal hat er gefragt: „Was sagst du, soll ich gehen oder nicht?" – „Was kümmert mich das?! Ich sage weder ‚Geh nur, auf Widersehen' noch sage ich ‚geh nicht'. Wenn du dich schon seit einer Woche in Kangal herumtreibst, alles Notwendige erledigt, deinen Paß bekommen hast, und dann am letzten Tag zu Hause vorbeikommst, was soll ich da sagen? ‚Dein Weg ist frei' sag ich jedenfalls nicht!" So habe ich diese Nacht bei meiner Schwägerin geschlafen, er bei den Neffen. Als wir am Morgen aufgestanden sind, haben wir gesehen, daß der Wirbelsturm in der Nacht – es gab zwei Pappelbäume, einer gehörte meinem Vater und einer meinem Onkel – den Baum meines Vaters ganz entwurzelt und zweimal geknickt hatte; dem Baum meines Onkels war überhaupt nichts passiert. Ein Nachbar hat zu meinem Vater gemeint: „Mustafa dieses Unglück hast du mitgebracht."[27]

Die Naturkatastrophe wird hier nicht nur als Parallele zur Familienkatastrophe angesehen, sondern – mehr noch – als durch diese verursacht. Trotz der über ihren Kopf hinweg getroffenen Entscheidung folgt Fatma S. ihrem Mann nach einiger Zeit nach Wien. Sie bringt einen Sohn zur Welt. Der Gatte stirbt früh. Die Witwe bleibt mit dem Kind in Wien: „In der Türkei habe ich keine Wohnung, kein Zuhause. Mein Schwiegervater hat mich nicht zurückgerufen, mein Vater auch nicht – so bin ich eben hier geblieben. Und jetzt freue ich mich, daß ich geblieben bin ... Als Witwe hat man es hier leichter. Hier ist das Leben besser, niemand mischt sich ein."[28] Ein Bekenntnis zu individualistischen Lebensformen nach einem Leben, das von extrem familistischen Formen geprägt wurde!

Die von Fatma S. unter dem Druck ihres Vaters geschlossene Ehe mit dem Sohn des Vaterbruders ist keine Relikterscheinung. „Bint-amm"-Ehen zwischen Cousin und Cousine derselben Patrilinie sind in der Türkei bis heute stark verbreitet. 1972 – also zur Zeit von Fatmas Eheschließung – machten sie 29,2 Prozent aller Heiraten aus. 1992 wurden 21,5 Prozent in ländlichen und 13,9 Prozent solcher Eheschließungen in städtischen Populationen gezählt – insgesamt 17,2 Prozent.[29] Auch in anderen islamischen Ländern sind die Zahlen solcher

---

27 Fatma S., Interview, wie Anm. 25.
28 Fatma S., Interview, wie Anm. 25.
29 Ayşe Güneş-Ayata, Solidarity in Urban Turkish Family, in: Gabriele Rasuly-Paleczek Hg., Turkish Families in Transition, Frankfurt a. M. 1996, 98–113, 102. Die höchsten Werte von Verwandtenheiraten finden sich

endogamer Heiraten zum Teil sehr hoch.[30] Im Unterschied zu den jüdischen Nichtenheiraten lassen sie sich nicht aus religiösen Normen erklären. Sie reichen in diesem Kulturraum auch weit vor die Entstehung des Islams zurück. Endogames Heiratsverhalten begegnet in verschiedenen Religionsgemeinschaften des Nahen Ostens seit frühen Zeiten. Der jüdische Typus der Nichtenheirat, wie er für Raphael König vorgesehen war, und die „bint-amm"-Ehe der Fatma S. gehen – strukturgeschichtlich betrachtet – wohl letztlich auf gemeinsame Wurzeln zurück.

Im Zuge von Modernisierungsprozessen stößt die traditionelle „bint-amm"-Ehe vielfach auf Widerstand. In ägyptischen Filmen war die Verweigerung einer solchen Ehe zugunsten eines frei gewählten Partners ein Leitmotiv wie der Kampf um die Liebesehe im 19. Jahrhundert in der europäischen Literatur. Der starke Rückgang von endogamen Ehen in der Türkei wird mit dem Einfluss westlicher Fernsehfilme in Zusammenhang gebracht.[31] Der Widerstand gegen das traditionelle System der Partnerwahl ist zugleich auch Widerstand gegen die Eltern, die dieses System vertreten.[32]

Die neuere Geschichte der „bint-amm"-Ehe und ähnlicher endogamer beziehungsweise arrangierter Muster der Partnerwahl nur als Widerstandsgeschichte zu interpretieren, wäre allerdings sicher einseitig. Sowohl die dargestellten Daten über statistische Entwicklungen als auch die zitierte Lebensgeschichte der Fatma S. deuten in diese Richtung. Die Institution könnte sich aber wohl nicht so lange und so verhältnismäßig stark erhalten, würde sie nicht von vielen ihrer Trägerinnen und Träger als positiv empfunden. Bei Befragungen in Feldforschungen wird vor allem ein Argument hervorgehoben, das für die „bint-amm"-Ehe spricht.[33] Heiratet das Mädchen den Sohn ihres Vaterbruders, so kommt es in ein ihr vertrautes Milieu – was vor allem für junge Bräute ein großer Vorteil ist. Sie kennt den Onkel, der, wie im Falle von Fatma S., häufig zugleich der Nachbar ist, von klein auf, ebenso die Frau des Onkels, die sie bei der Hausarbeit kontrollieren wird, und vor allem den Cousin, der nun ihr Gatte ist. Umgekehrt wissen auch die Eltern des Bräutigams, bei denen sich das junge Paar nach dem Grundsatz der Patrilokalität ansiedelt, um das neue Familienmitglied Bescheid. Es geht bei solchen endogamen Heiraten in der Gegenwart sehr stark um ein Gefühl der Vertrautheit und der Sicherheit. Ob man dabei von Liebe sprechen darf, sei dahin-

---

im Südosten des Landes. Nach einer Erhebung der Tigris-Universität in Diyarbakir sind sie hier zwischen 1988 und 2002 sogar von 36 % aller Eheschließungen auf 43 % angestiegen; vgl. Susanne Güsten, Gute Mädchen bleiben in der Familie, in: Salzburger Nachrichten vom 3. Oktober 2002, 8. Zur „bint-amm"-Ehe bei den Kurden: Peter Heine, Ethnologie des Nahen und Mittleren Ostens. Eine Einführung, Berlin 1989, 76.

30 Man Sing Das Hg., The Family in the Muslim World, New Delhi 1991.
31 Paul Stirling u. Emine Onaran-Incirlioğlu, Choosing Spouses: Villagers, Migrants, Kinship and Time, in: Rasuly-Paleczek, Families, wie Anm. 29, 61–82, 77.
32 Stirling/Onaran-Incirlioğlu, Spouses, wie Anm. 31, 67.
33 Stirling/Onaran-Incirlioğlu, Spouses, wie Anm. 31, 72; Güsten, Mädchen, wie Anm. 29, 8.

gestellt. Als eine gute Basis für Liebe zwischen dem jungen Paar wird diese Vertrautheit jedenfalls angesehen. Gleichgültig, was historisch die Wurzel der endogamen Heiratsmuster ist – die Forschung hat darüber keinen Konsens erreicht –, in der Gegenwart gilt sie jedenfalls nach der subjektiven Meinung vieler Befragter als solide Basis für gute Verwandtschafts- und damit zugleich gute Ehebeziehungen. Vertrautheit mit der für den Sohn gewünschten Partnerin – das war auch das Motiv der Eltern von Raphael König, als sie die Heirat mit ihrer Enkelin betrieben. Ob sie dabei auch an günstige Startbedingungen für die junge Frau gedacht haben, wissen wir nicht. Der Autor spricht nur von den Interessen der Eltern an einem guten Zusammenleben. So galten ähnliche Rahmenbedingungen für endogame Heiraten in jüdischem Milieu wie sie heute für solche in islamischen Ländern gelten. Wenn wir sie zu verstehen versuchen, sollten wir nicht nur den Widerstand sehen, der wegen verhinderter Liebe geleistet wurde und wird, sondern auch die Chancen, die sie für gelingende Liebe boten und vielleicht weiterhin bieten.

Im Bemühen um ein solches Verstehen bietet das Begriffspaar „Liebe und Widerstand" ein hilfreiches Instrumentarium. So vermag die unorthodoxe Wahl des Themas dieses Bandes Anregungen für eine interkulturell vergleichende Historische Familienforschung zu geben.

Margarete Grandner, Ulrike Harmat

Begrenzt verliebt

Gesetzliche Ehehindernisse und die Grenze zwischen Österreich und Ungarn

Der katholische Oesterreicher ist der am festesten verheiratete Mensch auf der Erde. Man darf kein Katholik sein, oder man muß sterben, um die in Oesterreich einmal verwirkte Ledigkeit wieder zu erlangen. Wer in Oesterreich, ohne seinen Katholizismus früher abgelegt zu haben, in eine Ehe eintritt, dem ist kein anderer Notausgang aus dieser Ehe gewährt, als der Friedhof. Ob die Katholiken in Oesterreich alle glücklich verheiratet sind, weiß ich nicht, solid verheiratet sind sie gewiss.

Diese Passage aus der Zeitschrift des 1904 gegründeten „Vereins katholisch geschiedener Eheleute" bezog sich auf das Trennungs- und Wiederverehelichungsverbot für Katholiken in Cisleithanien und mündete in der Feststellung: „Der katholische Ehemann in Oesterreich stirbt, aber er ergibt sich nicht."[1]

Das Allgemeine Bürgerliche Gesetzbuch von 1811 (ABGB)[2] legte in § 111 fest, dass eine Ehe zwischen Katholiken und Katholikinnen nur durch den Tod eines Ehegatten gelöst werden könne und fügte hinzu: „Ebenso unauflöslich ist das Band der Ehe, wenn auch nur ein Teil schon zur Zeit der geschlossenen Ehe der katholischen Religion zugethan war." Auch ein nachträglich vorgenommener Religionswechsel konnte die katholisch geschlossene Ehe nicht zu einer trennbaren machen. Katholiken blieb einzig die Möglichkeit der Scheidung von Tisch und Bett, welche jedoch nur die Lebensgemeinschaft auflöste. Durch die Aufnahme der „frommen Illusion"[3] eines die eheliche Gemeinschaft überdauernden „kirchlich-transzendentalen Ehebandes" in die staatliche Gesetzgebung war die Möglichkeit der Wiederverheiratung ausgeschlossen, da diese den Tatbestand der Bigamie erfüllt hätte.[4] Das nach

---

1   Das Blatt der Geschiedenen. Offizielles Organ des „Vereines katholisch geschiedener Eheleute", 1, 2 (1904), 2. Zweck des Vereines war die Durchsetzung der vollständigen Trennbarkeit katholischer Ehen. Österreichisches Staatsarchiv (ÖStA), Allgemeines Verwaltungsarchiv (AVA), k. k. Ministerium des Innern (MdI), 13. 5. 1904, Z. 21920-1904.
2   Allgemeines Bürgerliches Gesetzbuch für die gesammten deutschen Erbländer der Österreichischen Monarchie, 3 Bde., Wien 1811.
3   Leo Geller, Über die Natur des Hindernisses der Weiterverheiratung körperlich geschiedener Ehegatten und die Frage seiner Nachsichtlichkeit. Eine erkenntniskritische Untersuchung, in: Österreichisches Zentralblatt für die juristische Praxis, 1920 [1921], 485.
4   § 62 ABGB legte den Grundsatz der Monogamie fest und fügte hinzu: „... wer schon verehelicht war und sich wieder verehelichen will, muß die erfolgte Trennung, das ist die gänzliche Auflösung des Ehebandes,

der Scheidung als fortbestehend angenommene „vinculum matrimonii" bildete somit – und zwar bis 1938! – die fiktive Grundlage für das den von Tisch und Bett geschiedenen Katholiken und Katholikinnen auferlegte Trennungs- und Wiederverheiratungsverbot. Es führte seit 1868, als das Eherecht des ABGB wieder an die Stelle der diesbezüglichen Bestimmungen des Konkordats von 1855 trat,[5] zu unterschiedlichsten Formen der „Rechtsumgehung". Im Rahmen der Österreichisch-Ungarischen Monarchie manifestierten sich diese zunächst in Form einer, wenn man so will, „Staatsflucht" und mündeten in der Ersten Republik schließlich im Chaos der Dispenspraxis. Damit war das eingetreten, worauf im Reichsrat bereits im Jahre 1875 – unter Anspielung auf die sogenannten Siebenbürgischen Ehen – hingewiesen worden war.[6] Das sicherste Zeichen für das Vorliegen eines gesetzlichen Notstandes, stellte damals Josef Kopp fest, sei die Umgehung des Gesetzes, wenn nötig auch durch Auswanderung oder wenigstens Annahme einer fremden Staatsbürgerschaft.[7]

Der vorliegende Artikel befasst sich mit einer Möglichkeit der Umgehung dieses Wiederverheiratungsverbotes, die zu grotesken rechtlichen Verwicklungen führte, und zeigt diese anhand des prominenten Falles der Ehe Girardi-Odilon beziehungsweise der Zweit- und Drittehen der Beteiligten auf.

Am 15. Mai 1893 berichtete das „Illustrirte Wiener Extrablatt"[8] über die tags zuvor stattgefundene Eheschließung zwischen den Schauspielern Alexander Girardi, geb. 1850 in Graz, katholisch, gelernter Schlosser, und Ida Helene Petermann, genannt Helene Odilon, geb. 1864 in Dresden als Tochter eines Dienstmannes. Helene Odilon spielte 1893 am Deutschen Volkstheater, Girardi war der Star des Theaters an der Wien. Anlässlich ihrer Eheschließung trat Helene Odilon auf Wunsch ihres Gatten zum Katholizismus über. Wie sie in ihren Memoiren schreibt, musste Weihbischof Godfried Marschall, der die Trauung in der Votivkirche vornahm, sie innerhalb kürzester Zeit „katholisch herrichten", da Girardi darin die Ge-

---

rechtmäßig beweisen". Das war nach § 111 bei katholischen Ehen unmöglich. Das Ehehindernis des bestehenden Ehebandes war ein öffentliches und daher in allen Fällen von Amtswegen zu untersuchen.

5   Gesetz vom 25. Mai 1868, RGBl. Nr. 47.
6   Die sog. Siebenbürgischen (oder Klausenburger) Ehen bildeten bis zur Einführung der obligatorischen Zivilehe in Ungarn eine Möglichkeit der Umgehung des österreichischen Eherechts. Voraussetzung dafür war die vorangegangene Scheidung von Tisch und Bett durch das österreichische Gericht, der Übertritt zur evangelischen oder unitarischen Konfession, die Trennung der von Tisch und Bett geschiedenen Ehe durch das konfessionelle Ehegericht in Siebenbürgen auf Grundlage dieses Scheidungserkenntnisses. Danach konnte die zweite Ehe geschlossen werden. Vgl. dazu Wilhelm Fuchs, Die sogenannten Siebenbürgischen Ehen und andere Arten der Wiederverehelichung geschiedener österreichischer Katholiken, Wien 1889; Ulrike Harmat, Divorce and Remarriage in Austria-Hungary: The Second Marriage of Franz Conrad von Hötzendorf, in: Austrian History Yearbook, XXXII (2001), 69–103.
7   Stenographisches Protokoll der 150. Sitzung des Abgeordnetenhauses 26. 11. 1875, 5217.
8   Illustrirtes Wiener Extrablatt 15. 5. 1893, 6.

währ für den Bestand der Ehe sah.⁹ Durch die Eheschließung mit Alexander Girardi wurde Helene Odilon österreichische Staatsbürgerin.

Vor dem Hintergrund der damaligen Bestrebungen um eine Beseitigung des Trennungs- und Wiederverehelichungsverbotes für Katholiken entbehrte der Wunsch Girardis, Helene Odilon möge zur „Sicherstellung" der Ehe katholisch werden, nicht einer gewissen Ironie. Rein rechtlich wäre dieser Schritt gar nicht notwendig gewesen: Die Ehe unterlag, da Girardi Katholik war, auch so den Bestimmungen des § 111 ABGB. Girardis Vorliebe für die untrennbare katholische Ehe war somit ganz im Sinne Franz von Zeillers, der die Festschreibung der Untrennbarkeit von Katholikenehen in seinem „Commentar" zum ABGB unter anderem damit begründet hatte, dass von jedem Katholiken „vermuthet [werde], daß er bey seiner Verehelichung die Unauflösbarkeit zu einer wesentlichen … Bedingung mache, der sich der andere Theil, ohne Rücksicht auf sein Religions-Bekenntniß" unterziehe.¹⁰ Vor dem Scheitern seiner Ehe wurde Girardi jedoch auch durch diesen Schritt nicht bewahrt. Nur drei Jahre später musste er zur Kenntnis nehmen, dass er der kirchlichen Fiktion – „Bis dass der Tod euch scheidet" – nicht nachkommen konnte. Am 19. Jänner 1897 wurde die Ehe von Tisch und Bett geschieden.¹¹

Die Ehe zwischen Alexander Girardi, dem „letzten alten Wiener",¹² der, wie Bertha Zuckerkandl in ihren Erinnerungen schreibt, in seiner Art „Österreich beinahe mystisch verkörperte",¹³ und Helene Odilon, der hochtalentierten und ebenso populären Schauspielerin, dem „Sexualwunder"(!), deren „vehementem Sex-Appeal" die „Wiener Sinnlichkeit nicht widerstehen"¹⁴ konnte, war von Anfang an unter keinem guten Stern gestanden. Die Zeitgenossen dürften dieser Künstlerehe mit großer Skepsis begegnet sein. Dass die Sympathien letztlich zugunsten Girardis überwogen, vor allem nach den turbulenten Vorgängen rund um die Scheidung des Paares, musste Helene Odilon schließlich leidvoll zur Kenntnis nehmen.

Die Ehe scheint von Eifersuchtsszenen geprägt gewesen zu sein. Helene Odilon wurden zahlreiche Affären nachgesagt.¹⁵ Im Oktober 1896 berichtete das „Fremden-Blatt" bereits

---

9 Vgl. Helene Odilon, Das Buch einer Schwachsinnigen. Lebenserinnerungen, Berlin 1909, 52, 54.
10 Vgl. Franz von Zeiller, Commentar über das allgemeine bürgerliche Gesetzbuch für die gesammten Deutschen Erbländer der Österreichischen Monarchie 1, Wien/Triest 1811, 286 f.
11 ÖStA, AVA, MdI, Dep. 20, Z. 29406-1911.
12 Vgl. Hermann Bahr, Austriaca, Berlin 1911, 192 f.
13 Bertha Zuckerkandl, Österreich intim. Erinnerungen 1892–1942, Wien/München 1981², 12.
14 Zuckerkandl, Österreich, wie Anm. 13, 14.
15 Zuckerkandl, Österreich, wie Anm. 13, 15. Vgl. auch Rudolf Holzer, Die Wiener Vorstadtbühnen. Alexander Girardi und das Theater an der Wien, Wien 1951, 513 ff. Holzer stellt Girardi als Opfer der kühlen Odilon dar, die seiner „charakteristisch wienerischen Gemütszartheit" unzugänglich war. Er nennt sie eine „triebhafte Dämonin", ihre 1909 erschienenen Memoiren „eines der entsetzlichsten Dokumente moralischer Verwirrung und Verkommenheit der Gesinnung."

über die bevorstehende Scheidung des Paares: „Für die in die intimsten Verhältnisse dieses Künstlerpaares Eingeweihten wird die Nachricht von der bevorstehenden Scheidung allerdings nichts Überraschendes bieten, da ihnen die zwischen den Gatten bereits vor geraumer Zeit entstandene gegenseitige Abneigung und deren Folgen bis ins kleinste Detail bekannt war."[16] Mehrmals übersiedelte die Odilon aus der gemeinsamen Wohnung ins Hotel Sacher. Der wiederhergestellte Friede dauerte jeweils nicht lange an. Das lag möglicherweise auch daran, dass Girardi, der seit Anfang Oktober 1896 Mitglied des Carl-Theaters war, in dieser Zeit in einer künstlerischen Krise steckte, während seine Frau am Volkstheater einen Triumph nach dem anderen feierte.[17] Außerdem glaubte Girardi neue Beweise für ihre Untreue gefunden zu haben. Sein Freund, der Prokurist Josef Fellinger, teilte ihm Anfang Dezember 1896 mit, dass sie die Geliebte eines gewissen Dr. Eisl, Beamter des Eisenbahnministeriums, sei und darüber hinaus bereits „die Kinder in Ischl wissen, daß Hr. Baron Rothschild der Geliebte der Frau Odilon Girardi sei."[18] Helene Odilon selbst gab die Beziehung zu Albert von Rothschild offen zu,[19] während dieser „Anwürfe" Girardis „mit Entrüstung" zurückwies. Im Nachlass Marischka[20] befindet sich ein im Auftrag Rothschilds geschriebener Brief, in welchem er Girardi mitteilte, dass er „vorläufig" von einer „Advocaten-Intervention" absehe. Sollte Girardi jedoch mit seinen „wahnwitzigen Beschuldigungen fortfahren", würde er geeignete Schritte gegen ihn einleiten.

Rothschild hielt die Anwürfe Girardis für das „phantastische Produkt krankhaft überreizter Nerven."[21] Aufgrund von Pinselungen seiner Stimmbänder mit Kokain war Girardi angeblich drogensüchtig. Im Dezember 1896 war der Gesundheitszustand Girardis *das* Thema der Wiener Blätter. Die Debatte um den „Cocainisten" Girardi führte schließlich zu heftigen gegenseitigen Attacken, vor allem zwischen der deutsch-nationalen „Deutschen Zeitung" und dem von Moritz Szeps geleiteten „Neuen Wiener Tagblatt".[22] Die ehelichen Auseinandersetzungen eskalierten unter diesen Rahmenbedingungen. Unter anderem mit dem Hinweis auf seine Sucht wäre Girardi beinahe in der Nervenheilanstalt des Dr. Svetlin gelandet. Über die Vorgeschichte des Einlieferungsversuchs geben Landesgerichtsakten detailliert Auskunft.[23]

---

16   Fremden-Blatt (Morgen-Blatt) 18. 10. 1896, 9.
17   Johann Strauß (Sohn), Leben und Werk in Briefen und Dokumenten VIII: 1895–1897. Im Auftrag der Johann-Strauß-Gesellschaft Wien, gesammelt und kommentiert von Franz Mailer, Tutzing 1999, 284 f.
18   Vgl. Theatermuseum (TM), Nachlass Marischka (NM), Ktn. 15: Brief Josef Fellingers vom 4. 12. 1896.
19   Odilon, Buch, wie Anm. 9, 105.
20   Hubert Marischka (1882–1959) war Schauspieler, Regisseur und ab 1923 Direktor des Theaters an der Wien. 1913 drehte er seinen ersten Film („Der Millionenonkel"), bei dem auch Girardi mitwirkte.
21   Vgl. TM, NM, Ktn. 15: Brief vom 3. 12. 1896.
22   Vgl. dazu die Zusammenstellung der Presseartikel zum „Fall Girardi" in: Strauß, Leben VIII, wie Anm. 17, 461–493; weiter Holzer, Vorstadtbühnen, wie Anm. 15, 524 ff.
23   Vgl. TM, NM, Ktn. 15: Erinnerung an Helene Odilon, Wien 8. 12. 1896, Abschrift der Landesgerichtsakten. Eigenthum des Alexander Girardi.

Der damalige Wiener Polizeipräsident Ritter von Steyskal gab darüber am 19. Dezember 1896 Folgendes zu Protokoll: Am 7. Dezember seien Dr. Josef Hoffmann, Hausarzt und langjähriger Freund Girardis, sowie der Psychiater Prof. Dr. Julius Wagner Ritter von Jauregg im Polizeipräsidium erschienen und hätten angegeben, dass sich bei Girardi Symptome einer Geistesstörung zeigten, die „eine sofortige behördliche Verfügung" dringlich erscheinen ließen; außerdem wies Hoffmann darauf hin, dass sein Einschreiten im Einvernehmen mit der Gattin, Frau Odilon, erfolge. Girardi sei infolge seiner geistigen Störung sich und anderen gefährlich.[24]

Zu diesem Zeitpunkt hatten Hoffmann und Wagner-Jauregg bereits alles zur Einlieferung Girardis in eine Privatheilanstalt vorbereitet. Deren Chefarzt sollte den Abtransport Girardis in einem geschlossenen Fiaker der Rettungsgesellschaft persönlich leiten. Obwohl das Haus Girardis observiert wurde, gelang diesem jedoch die Flucht zu seiner Schauspieler-Kollegin und früheren Verlobten, Katharina Schratt, die mehreren Quellen zufolge Kaiser Franz Joseph eingeschaltet haben soll.[25] Schließlich wurde die ganze Aktion abgebrochen. Helene Odilon und die anderen Beteiligten wurden ins Polizeipräsidium vorgeladen. Es kam zwar zu einer ärztlichen Untersuchung Girardis, das Resultat war aber negativ. Es wurde lediglich festgestellt, dass der Schauspieler infolge seines familiären Unglücks hochgradig erregt war. Für Hoffmann und Wagner-Jauregg hatte die Angelegenheit ein Nachspiel. Aufgrund heftiger Angriffe veröffentlichten beide Gegendarstellungen in den Zeitungen. Hoffmann erstattete außerdem Selbstanzeige bei der Staatsanwaltschaft.[26] Die Angriffe in den Zeitungen waren unverhüllt antisemitisch:

> Rothschild's Geldmacht und die jüdische Presse bildeten die heilige Allianz, der sich ganz unerklärlicher Weise die Polizei anschloß und dieser wäre es beinahe gelungen, Girardi in ein Irrenhaus zu stecken. … Dr. Hoffmann war von dem Vertreter der Frau Odilon ersucht worden, den Geisteszustand Girardi's im Vereine mit einem Psychiater, Dr. Wagner, zu untersuchen und that das auch. Sein Attest, das die Gemeingefährlichkeit Girardi's besagte, unterschrieb Dr. Wagner, ohne den angeblich Kranken selbst untersucht zu haben, und die Polizei ließ sich diesen leichtfertig ausgestellten Wisch genügen, um Girardi zu überwachen.[27]

---

24 TM, NM, Ktn.15: Erinnerung an Helene Odilon, Protokoll Steyskal, Z. 135431/17269.
25 Nach den Ausführungen Bertha Zuckerkandls hatte Katharina Schratt, die als Geliebte des Kaisers gilt, nach einer Unterredung mit Kaiser Franz Joseph erklärt: „Dem Luder, der Odilon, hab' ich das Genick gebrochen." Vgl. Zuckerkandl, Österreich, wie Anm. 13, 20.
26 TM, NM, Ktn. 15: Schreiben des Rechtsvertreters Josef Hoffmanns, Friedrich Elbogen, an die Staatsanwaltschaft.
27 Deutsche Zeitung (Abend-Ausgabe) 10. 12. 1896, 2.

Nachdem Hoffmann im „Neuen Wiener Tagblatt"[28] eine Entgegnung veröffentlichen ließ, in der er sich gegen die Angriffe verteidigte, erreichte Girardi ein Schreiben, in dem es hieß: „Folge dem guten Rathe eines alten treuen Freundes und weise dem Dr. Josef Hoffmann, diesem jüdischen Schuften, der Dich verkauft und verrathen hat, wenn er es nochmals wagen sollte, Dein Haus zu betreten, die Thüre". Der „schändliche Anschlag" auf Girardi sei schon seit Monaten geplant gewesen, denn „als die ersten Nachrichten über Dein eheliches Zerwürfnis in die Öffentlichkeit drangen, erzählte schon der Ehrenmann-Doctor aller Welt in ganz Baden Du seist verrückt geworden." Die „schwindsüchtige Erklärung" sei nur eine Bestätigung des Sprichwortes „qui s'excuse s'accuse"".[29] Die Turbulenzen rund um die geplante Einweisung Girardis lösten auch eine Debatte über eine Reform des „Irrenrechtes" in Österreich aus.[30]

Im Jänner 1897 kam es schließlich zur Scheidung. Girardi lernte bald darauf Leontine von Latinovics, eine Ungarin und Stieftochter des Klavierfabrikanten Ludwig Bösendorfer kennen, mit der er sich bereits im Sommer 1897 verlobte. In Anspielung auf seinen zukünftigen Schwiegervater nannte er sie seinen „Engel mit Stutzflügel".[31]

Der Eheschließung Alexander Girardis mit Leontine von Latinovics stand nun das Ehehindernis des bestehenden Ehebandes entgegen, da Girardis erste Ehe zwar von Tisch und Bett geschieden, aber nicht gesetzlich getrennt war. In dieser Situation suchte Girardi einen Ausweg, den schon viele vor ihm gegangen waren und der seit der Neuregelung des ungarischen Eherechts noch erleichtert worden war. Dort war 1894 mit dem Gesetzesartikel XXXI über das Eherecht die obligatorische Zivilehe eingeführt worden.[32] Der schon vorher übliche Scheidungstourismus aus Österreich in die „andere Reichshälfte" in Form der sogenannten „Siebenbürgischen Ehen" wurde dadurch noch einfacher. Heiratswillige katholische Österreicher, die in Ungarn ihre Ehe auflösen wollten, mussten nun nicht mehr von Tisch und Bett geschieden sein. Die Ehehälfte, deren Ziel die endgültige Trennung und eventuell eine neue Ehe war, konnte auch ohne österreichisches Scheidungsverfahren nach Erwerb der ungarischen Staatsbürgerschaft die endgültige Trennung durch ein ungarisches Gericht herbeiführen. Ebenso erübrigte sich der Übertritt zu einer anderen Konfession, da nach ungarischem Recht nun auch katholische Ehen auflösbar waren.[33] Wesentlich war nur

---

28 Neues Wiener Tagblatt 11. 12. 1896, 5 f.
29 TM, NM, Ktn. 15: Brief ohne Unterschrift vom 11. 12. 1896.
30 Vgl. Max Burckhard, Zur Reform des Irrenrechtes. Vier Zeitungsartikel, Wien 1904; Eduard August Schroeder, Die dringendste Reform im Irrenrechte, in: Österreichisches Zentralblatt für die Juristische Praxis, XXIV (1906 [1907]), 738–743; Siegfried Türkel Hg., Die Reform des österreichischen Irrenrechtes, Leipzig/Wien 1907.
31 Holzer, Vorstadtbühnen, wie Anm. 15, 613.
32 Vgl. Desider Márkus, Die Ungarischen Kirchenpolitischen Gesetze. Ehegesetz. Religion der Kinder. Staatliche Matriken, Budapest 1895, 1–64.
33 § 73 Gesetzesartikel (GA) XXXI/1894 über das Eherecht, vgl. Márkus, Gesetze, wie Anm. 32, 35 f. „Tren-

mehr der Erwerb der ungarischen Staatsbürgerschaft. Danach konnte von einem ungarischen Gericht der Ehetrennungsprozess durchgeführt werden.

Laut § 2 des ungarischen Gesetzesartikels L/1879 über den Erwerb und Verlust der ungarischen Staatsbürgerschaft konnte diese außer durch Abstammung, Legitimation oder Ehe auch durch Naturalisation erworben werden.[34] Die Erfordernisse dafür waren ein fünfjähriger Aufenthalt in Ungarn, Vermögen beziehungsweise solche Einkünfte, dass der Ansuchende sich und seine Familie erhalten konnte, außerdem musste er seit fünf Jahren in die Liste der Steuerzahler aufgenommen sein.[35] Waren diese Voraussetzungen nicht vorhanden, was bei Girardi anzunehmen ist, so konnten sie umgangen werden, wenn der Österreicher von einem Ungarn adoptiert wurde, der diese Erfordernisse erfüllte.[36] Daneben gab es noch die Möglichkeit der Naturalisation durch „königliches Diplom".[37] Am 5. Dezember 1897 bescheinigte die k.k. Niederösterreichische Statthalterei Girardi die Entlassung aus dem österreichischen Staatsverband „behufs Auswanderung nach Ungarn".[38] Auf welchem der beiden möglichen Wege Girardi die ungarische Staatsbürgerschaft erwarb, ließ sich allerdings bisher nicht klären. Man kann davon ausgehen, dass Girardi mit Hilfe seiner einflussreichen Freunde beides hätte erreichen können. Außerdem trat Girardi, was nicht notwendig gewesen wäre, zum Protestantismus über; nach der „Odilon-G'schicht" hatte er seinen „religiösen Wahn" aufgegeben.[39]

Im Juli 1898 scheinen die Vorbereitungen für die Trennung der Ehe Girardi-Odilon in Ungarn bereits angelaufen zu sein. Anfang dieses Monats teilte Dr. Karl Weissenstein, Girardis Rechtsanwalt, diesem mit: „Was die Ehescheidungssache betrifft, so dürften die Noten heute oder morgen an die königl. Tafel (des ungar. Oberlandesgerichts) geschickt werden." Manches deutet darauf hin, dass es eine Absprache mit dem Anwalt Helene Odilons gegeben hat, da Weissenstein in seinem Brief auf das seiner Ansicht nach zu hohe Honorar

---

nung" nach ungarischem Recht meinte „Trennung von Tisch und Bett", während die gänzliche Trennung als „Auflösung" der Ehe bezeichnet wurde. Das österreichische Eherecht sprach hingegen von der „Scheidung von Tisch und Bett" sowie „Trennung" als vollständiger Lösung der Ehe.

34 Vgl. Der Erwerb und der Verlust der ungarischen Staatsbürgerschaft. Für den praktischen Gebrauch bearbeitet von Alexander Berényi und Ferdinand Tarján. Aus dem Ungarischen übersetzt und mit einem Vorwort versehen von Isidor Schwartz, Leipzig 1906, 16 ff.

35 Vgl. Der Erwerb, wie Anm. 34, 31 (§ 8 GA L/1879).

36 Ernst Gerő, Eheschliessungs- und Trennungsfreiheit in Ungarn. Mit besonderer Berücksichtigung der österreichischen, russischen und italienischen Rechtsverhältnisse, Budapest 1910, 5.

37 Vgl. Erwerb, wie Anm. 34, 51 (§ 17 GA L/1879). Nach dieser Bestimmung konnte das Ministerium dem König die Naturalisation von Ausländern vorschlagen, die sich besondere Verdienste um Ungarn erworben hatten.

38 Magistratsabteilung 61 (MA 61) der Stadt Wien: Heimatrolle Girardi, Auswanderungsgesuch vom 14. 7. 1897. Bewilligung mit Erlass der k.k. Niederösterreichischen Statthalterei (nö. Sth.) vom 5. 12. 1897, Z. 117141.

39 Holzer, Vorstadtbühnen, wie Anm.15, 605.

für deren Rechtsvertreter hinwies.⁴⁰ Am 29. September 1898 wurde das Eheband zwischen Alexander und Helene Girardi in Budapest gerichtlich getrennt.⁴¹ Anfang Oktober 1898 berichtete das „Deutsche Volksblatt" bereits von der bevorstehenden Eheschließung Girardis mit Leontine von Latinovics.⁴² Eine Woche später, am 10. Oktober, fand die Ziviltrauung vor dem Matrikelamt in Budapest statt. Die kirchliche Trauung erfolgte am selben Tag in der protestantischen Kirche am Deákplatz. Den Zeitungsmeldungen zufolge reiste das Ehepaar im Anschluss an die Trauung sofort nach Wien zurück.⁴³

Die Gültigkeit von Ehen wie jener zwischen Alexander Girardi und Leontine von Latinovics für den österreichischen Bereich war umstritten. Der Oberste Gerichtshof (OGH) vertrat seit 1879 die Auffassung, dass die Ehe einer ehemals katholisch verheirateten Person, selbst wenn diese die ungarische Staatsbürgerschaft erworben und die zweite Ehe in Ungarn geschlossen hatte, für den österreichischen Rechtsbereich ungültig sei. Solange der erste Ehegatte, der Österreicher geblieben war, lebte, konnte also auch der nunmehr ungarische Teil keine zweite Ehe eingehen – auch dann nicht, wenn beide aus der katholischen Kirche ausgetreten waren.⁴⁴ Dabei stützte man sich später auch auf die im Mai 1896 ergangene Exekutionsordnung. Nach § 81 Z.3 dieses Gesetzes konnte die Bewilligung der Exekution oder der begehrten Exekutionshandlung verweigert werden, „wenn der Executionstitel den Personenstand eines österreichischen Staatsangehörigen betrifft und gegen letzteren vollzogen werden soll."⁴⁵ Zweck dieser Norm war die Verhinderung der Wirkung von ausländischen Urteilen, welche die Trennung katholischer Ehen aussprachen, um damit die Umgehung des österreichischen Rechts unmöglich zu machen. Von ungarischer Seite wurde diese Haltung als ein „Ausfluß rein politischer Erwägungen, ein dem römischen Stuhle (ob bewusst oder unbewusst, ist von keiner Relevanz) erwiesener Liebesdienst" gewertet, der dazu diene, das katholische Dogma der Ehe zu retten, was eine „Desavouierung der Urteile ungarischer Gerichte" bedeute.⁴⁶

Trotz dieser Anschauung des OGH gelang es Alexander Girardi, seine Heiratspläne zu verwirklichen. Dazu war er in eine neue Identität geschlüpft: Aus dem Österreicher, dem zum Wiener Urtyp stilisierten Schauspieler aus Graz, war ein Ungar geworden,⁴⁷ der fröm-

---

40 TM, NM, Ktn. 15: Brief Dr. Karl Weissensteins an Alexander Girardi 2. 7. 1898. Das Honorar betrug 100 Gulden.
41 WStLA, Landesgericht in Zivilrechtssachen (LG), A6 Cg VI 313/8/18.
42 Deutsches Volksblatt (Morgen-Ausgabe) 2. 10. 1898, 8.
43 Neues Wiener Tagblatt 10. 10. 1898, 4; Fremden-Blatt, 10. 10. 1898, 5; Neue Freie Presse (Morgenblatt) 9. 10. 1898, 8.
44 Zum Sachverhalt und den ergangenen Urteilen in diesem Fall vgl. Beilage Nr. 8 (Rechtssprüche) zu den Juristischen Blättern, VIII, 8 (1879), 99 ff.
45 Gesetz vom 27. Mai 1896, RGBl. 79.
46 Vgl. Isidor Schwartz, Kollisionen zwischen österreichischem und ungarischem Eherecht, in: Zeitschrift für Internationales Privat- und Öffentliches Recht, 12 (1903), 137–145, 143.
47 WStLA, H.A. Akten – Persönlichkeiten G13: Alexander Girardi, Verlassenschaftsabhandlung und Pfleg-

meldende Katholik war zum offenbar wenig engagierten Protestanten mutiert. Girardis zweite Ehe mit Leontine von Latinovics verlief, wenn man den wenigen dazu auffindbaren Quellen glaubt, harmonisch.⁴⁸ Unbehelligt lebte er mit seiner Frau und dem am 27. August 1899 in Bad Ischl geborenen Sohn Anton („Tony"), verbrachte seine Urlaube dort und feierte weiterhin Bühnentriumphe vor allem in Wien, zuletzt am Burgtheater. In einem am 18. Oktober 1899 verfassten Testament stellte er ausdrücklich fest, dass seine Ehe mit Helene Odilon „in Ungarn gerichtlich getrennt" worden war „und dieselbe weder an mich noch an meinen Nachlass irgend einen Anspruch zu stellen hat."⁴⁹ Die Qual der Wahl, Ungar zu bleiben oder wieder Österreicher zu werden, die sich mit dem Zerfall der Monarchie unweigerlich gestellt hätte, blieb ihm erspart. Alexander Girardi und seine zweite Frau starben binnen eines Monats im Frühjahr 1918.⁵⁰ Der Sohn gab – dem österreichischen Gesetz vom 5. Dezember 1918 entsprechend – am 10. April 1919 vor der Bezirkshauptmannschaft St. Pölten die Erklärung ab, „der deutschösterreichischen Republik als getreuer Staatsbürger angehören zu wollen".⁵¹ Er geriet ebenfalls in die Mühlen des österreichischen Eherechts, an dessen Grundlagen die Erste Republik nichts änderte.⁵² Nachdem der evangelische Tony Girardi 1920 die St. Pöltnerin Eleonore Pfeifer-Schießl geheiratet hatte,⁵³ wollte er 1923 eine Ehe mit Margarete Hofmann eingehen. Obwohl er mit Eleonore evangelisch verheiratet war, diese Ehe nach § 115 ABGB trennbar gewesen wäre, ließ er sich eine Dispens vom Hindernis des bestehenden Ehebandes durch den Wiener Magistrat erteilen, die eigentlich als „Notbehelf"

---

   schaftsakt (15 Microfiches). Original und Übersetzung des Zuständigkeits-Zeugnisses (Illetőségi bizonyitvány, 7479/eln. 1898, ausgestellt vom Magistrat der Residenz-Hauptstadt Budapest und unterzeichnet von Bürgermeister Halmes am 26. 2. 1898). Die Einbürgerung erfolgte aufgrund des Gesetzesartikels XXII/1886, sie sollte allerdings nur für vier Jahre gelten! Eine Anzeige Alexander Girardis, dass er „trotz seines ständigen Aufenthalts ausserhalb des Gebietes der Länder der ungarischen Krone" seine ungarische Staatsbürgerschaft aufrecht zu erhalten wünschte, erfolgte erst 1917 und wurde ihm vom Budapester Bürgermeister ausdrücklich bestätigt. WStLA, H.A. G13: Übersetzung und Abschrift des Bescheides des Bürgermeisters von Budapest (Tárgy, 247100/1917 IV. Section vom 18. 3. 1917).
48 Die zugegebenermaßen Girardi-hagiographische Literatur charakterisiert die zweite Ehe Girardis als Idylle, Leontine Girardi als „häuslichen Engel" mit der „rechten Orientierung in dem inneren Haushalt der Künstlerseele", die es ganz im Gegensatz zu Helene Odilon verstand, dem Schauspieler die verdiente und notwendige Wärme eines Heims zu geben. Vgl. Velhagen & Klasings Monatshefte, XXIV, 2 (1909/10), 248; Holzer, Vorstadtbühnen, wie Anm. 15, 613 ff.
49 WStLA, H.A. G13: Abschrift des Testaments.
50 Alexander Girardi starb am 20. April 1918 an Diabetes in Wien, seine Frau Leontine ebenda am 20. Mai 1918. Vgl. Neue Freie Presse 21. 4. 1918, 9 f. und 25. 4. 1918, 6 f.
51 WStLA, H.A. G13: Mitteilung des Kurators Tony Girardis, Dr. Karl Weissenstein, an das BG Neubau, A III 107/18/54.
52 Vgl. Ulrike Harmat, Ehe auf Widerruf. Der Konflikt um das Eherecht in Österreich 1918–1938, Frankfurt a. M. 1999.
53 WStLA, H.A. G13: Schriftstücke zum erfolglosen Versuch Tony Girardis eine Volljährigkeitserklärung zu erlangen.

für von Tisch und Bett geschiedene Katholiken gedacht war.⁵⁴ Auch diese Ehe erlitt Schiffbruch; Tony und Margarete Girardi erreichten 1927 auf gemeinsamen Wunsch eine Ungültigkeitserklärung ihrer Ehe durch die Anfechtung der erteilten Dispens.⁵⁵

Weniger glücklich als das Schicksal Alexander Girardis war das seiner ersten Frau. Ihr Fall sollte nach der Scheidung 1897 und der Wiederverheiratung ihres Mannes 1898 über ein Jahrzehnt lang intensiv die Behörden beschäftigen, und diese stellten den Plänen Helene Odilons, sich erneut zu verehelichen, alle nur erdenklichen Hindernisse in den Weg. Hinzu kam, dass sich die Affäre in einem schier undurchdringlichen Gespinst von Schikanen und Intrigen abspielte. Erste Ergebnisse der Recherchen zeigen die Verstrickung in einem Netzwerk von Juristen, Journalisten und Ärzten, aber auch von Sportlern und Personen aus höchsten Kreisen.

Helene Odilon strebte ihrerseits im Jahre 1900 eine zweite Ehe mit dem königlichen Kämmerer Ferencz von Rakovszky, Gutsbesitzer in Nyitra in der Slowakei an. Sie hatte den sie verehrenden eleganten, „aber zu fad[en]", zu dieser Zeit 39 Jahre alten ungarischen Adeligen anlässlich eines Gastspiels zu Jahresbeginn 1900 in Pressburg kennen gelernt und recht bald seinem Drängen auf eine Heirat nachgegeben.⁵⁶ Um diese zweite Ehe tatsächlich schließen zu können, musste Helene Odilon, wie Alexander Girardi, die österreichische Staatsbürgerschaft ablegen, und dabei traten bereits die ersten Ungereimtheiten auf. Ihr Rechtsanwalt Emil Frischauer ersuchte nämlich zunächst um eine Bestätigung der Niederösterreichischen Statthalterei, dass die österreichische Staatsbürgerschaft seiner Mandantin wegen der nunmehr ungarischen Staatsbürgerschaft ihres zwar geschiedenen, aber nicht getrennten Mannes erloschen sei. Damit sei seine Mandantin ebenfalls Ungarin geworden.⁵⁷ Erst als ihm, wie nicht anders zu erwarten war, mitgeteilt wurde, dass eine solche Bestätigung nicht möglich sei, stellte Frischauer das Ansuchen, die Statthalterei möge den Austritt Helene Odilons aus dem österreichischen Staatsverbande „zur genehmigenden Kenntnis"

---

54 Der Magistrat der Stadt Wien (Abteilung 50), an den sich Katholiken in der Ersten Republik um die Dispens vom Hindernis des Ehebandes wandten, lehnte zunächst die Dispenserteilung mit dem Hinweis auf die Trennbarkeit der nach evangelischem Ritus geschlossenen Ehe ab. Erst als Anton Girardi in einer neuerlichen Eingabe andeutete, dass „als Folge unseres Zusammenlebens bereits Erscheinungen aufgetreten sind, welche untrüglich darauf hinweisen, dass Frau M.A.M. Hoffmann sich bereits in anderen Umständen befindet", wurde im Oktober 1923 die Dispens erteilt. Vgl. WStLA, M. Abt. 116, MA 50/I/4829/1923.
55 WStLA, M. Abt. 50/II/4676/27, 109/26. Das LG Wien in Zivilrechtssachen erklärte die Ehe am 26. 1. 1927 für ungültig.
56 Odilon, Buch, wie Anm. 9, 128 f, 134.
57 WStLA, nö. Sth., XVI, Z. 71039 vom 1. 8. 1900, undatierte Eingabe Frischauers. Dieser Eingabe dürfte eine Erkundigung beim Wiener Magistrat vorausgegangen sein, der aber „Ida Helene Girardi-Odilon" mit dem den Akten im WStLA beiliegenden Heimat-Schein Nr. 4171, ausgestellt am 21. 7. 1900, die Heimatberechtigung in Wien und damit die österreichische Staatsbürgerschaft attestierte. Was Frischauer zu dieser ungewöhnlichen Vorgangsweise bewog, ist unklar.

nehmen.⁵⁸ Dies geschah dann auch, allerdings mit einer nicht unbeträchtlichen Verzögerung, am 15. August 1900.⁵⁹ Helene Odilon heiratete am 25. August 1900 in Budapest Ferencz von Rakovszky und wurde damit, wie die ungarischen Behörden ausdrücklich festhielten, selbst ungarische Staatsbürgerin. Die Eheschließung erfolgte – wie im Falle der Verbindung Girardi-Latinovics – ohne Ehefähigkeitszeugnis der österreichischen Behörden, nachdem das ungarische Justizministerium von einer Beibringung dispensiert hatte.⁶⁰ Das Ehepaar Rakovszky lebte – ebenso wie das Ehepaar Girardi-Latinovics – weiterhin in Wien, und Helene Odilon arbeitete – wie ihr erster Mann – weiterhin an Wiener Bühnen.

Die Ehe Rakovszky stand unter keinem guten Stern. Bereits Ende 1902 machte sich bei Ferencz von Rakovszky eine Geisteskrankheit so stark bemerkbar, dass er in die Svetlin'sche Anstalt gebracht werden musste und umgehend unter Wahnsinnskuratel gestellt wurde.⁶¹ Die Jahre bis zu seinem Tod im Sommer 1907 verbrachte er in der Heilanstalt Mauer-Öhling. Helene Odilons Zuneigung zu Rakovszky war aber schon vor dessen Erkrankung erkaltet, und sie fand sehr rasch einen neuen Liebhaber. Zu Silvester 1902 erneuerte sie die Bekanntschaft mit Fritz (richtig Siegfried) Flesch, einem Mann, der ihr bereits einige Jahre zuvor bei einem Radausflug in der Umgebung Bad Ischls mit Baron Albert von Rothschild begegnet war. Nach zweimonatiger Bekanntschaft bereits plante das Liebespaar zu heiraten.⁶² Siegfried Flesch war um die Wende zum 20. Jahrhundert ein bekannter Wiener Sportler, der 1900 bei den Olympischen Spielen in Paris die Bronzemedaille im Fechten errang.⁶³ Ehe diese Affäre allerdings ihren Fortgang hätte nehmen können, erkrankte auch Helene Odilon schwer. Sie erlitt Ende November 1903 in Innsbruck einen Zusammenbruch, vermutlich einen Schlaganfall, den sie selbst auf eine syphilitische Infektion zurückführte und der Behinderungen beim Sprechen und Gehen hinterließ. Die Folgezeit war eine Odyssee

---

58 WStLA, nö. Sth, XVI, Z. 71773 vom 3. 8. 1900, undatierte Eingabe Frischauers.
59 Frischauer beschwerte sich, dass die Akten zwischen Herrengasse und Rathaus in Verstoß geraten seien. Vgl. WStLA, nö. Sth., XVI, Z. 72862 vom 7. 8. 1900. Helene Odilon wurde mit Dekret vom 15. 8. 1900 das Ausscheiden aus dem österreichischen Staatsverband bestätigt; vgl. Niederösterreichisches Landesarchiv (NÖLA), nö. Sth., XVI, Z. 75047 vom 13./14. 8. 1900.
60 ÖStA, AVA, MdI, 20, Z. 29406 vom 31. 8./4. 9. 1911 und NÖLA, nö. Sth., XVIa, Z. 2938/4 und Z. 3436/5 vom 10. 8. 1906, Konzept eines Erlasses an den Wiener Magistrat vom 20. 8. 1906. Das ungarische Innenministerium bestätigte mit Amtszeugnis vom 1. 9. 1905, Z. 77957/I die ungarische Staatsbürgerschaft Frau von Rakovszkys.
61 WStLA, BG Neubau, B 13/5 = PI/2 Z. PI 249/2 (31. 12. 1902) und BG Neubau, B 15/3 = LI/2, Z. LI 48 [1902]. Die diesbezüglichen Akten konnten nicht aufgefunden werden, sie sind vermutlich beim Justizpalastbrand 1927 zerstört worden. Die Aktenbestände des OGH sind – sofern nach diesem Brand noch vorhanden – durch das nationalsozialistische Regime an das Reichsgericht in Leipzig abgegeben worden. Vom Verbleib dieser Reste gibt es keine Nachricht. Vgl. Herbert Steininger, 150 Jahre Oberster Gerichtshof, Wien 1998, 58 f.
62 Odilon, Buch, wie Anm. 9, 169.
63 Michael Wenusch, Geschichte des Wiener Fechtsports im 19. und 20. Jahrhundert, Wien 1996, 348.

zu Ärzten und Kurorten, die sie in Begleitung Siegfried Fleschs unternahm. Bei einem Aufenthalt in Cannes soll dann Flesch seinen Fechtkollegen, den Wiener Rechtsanwalt Dr. Camillo Müller, eingeschaltet haben, nicht nur zwecks Einleitung eines Verfahrens zur Trennung der Ehe zwischen Franz und Helene Rakovszky, sondern auch zwecks Verhängung einer Kuratel über seine Verlobte.[64]

Tatsächlich wurden beide Verfahren in Gang gesetzt. Das Bezirksgericht (BG) Neubau verhängte am 5. Mai 1905 die provisorische Schwachsinnskuratel über Helene Odilon – zu ihrem Kurator war bereits am 29. November 1904 Dr. Camillo Müller bestellt worden.[65] Am 6. November 1905 erklärte das Landesgericht (LG) für Zivilrechtssachen in Wien die Ehe Rakovszky „für den Bereich der im Reichsrate vertretenen Königreiche und Länder für ungiltig und nichtig".[66] Dieses Nichtigkeitsurteil bestätigten das Oberlandesgericht (OLG) Wien im Februar und der OGH im April 1906. Die Begründung lautete, dass nach österreichischem Recht Helene weiterhin mit Alexander Girardi verheiratet sei und daher keine andere Ehe eingehen könne.[67]

Auch zu dieser Zeit lehnte der OGH die Anerkennung der ausländischen Trennungsurteile noch ab, weil es unmöglich sei, den Fortbestand einer Ehe für den österreichischen Eheteil anzunehmen, für den ungarischen jedoch abzulehnen. Dies sollte sich aber bald ändern. Im Jahre 1907 erklärte der OGH eine „ungarische Ehe" für gültig, weil er nun meinte, der Umstand, dass die ungarische Staatsbürgerschaft lediglich in der Absicht der Umgehung des österreichischen Gesetzes angenommen wurde, sei „unerheblich".[68] Der OGH wies das Argument des OLG, das Ehehindernis des bestehenden Ehebandes stelle sich als „ein zwingendes Verbotsgesetz auch für Ehen von Ausländern im Auslande" dar, nunmehr zurück, weil sich daraus eine mit allen Grundsätzen des internationalen Rechts in Widerspruch stehende „Weltjudikatur der österreichischen Gerichte" ergeben würde. Da es sich um eine von Ausländern im Auslande geschlossene Ehe handle, sei diese zweifellos gültig. Unter Hinweis auf das im Jahre 1900 in Den Haag abgeschlossene internationale „Übereinkommen zur Re-

---

64 Odilon, Buch, wie Anm. 9, 187. Als Grund für das Ansinnen Fleschs, dem sie 200.000 Kronen in ihrem Testament vermacht hatte, die Kuratel zu beantragen, und für ihre Einwilligung gibt Helene Odilon kryptisch an, dass sie einander gegenseitig los werden wollten; vgl. ebd., 188.

65 WStLA, BG Neubau, PI 1905–1906, P 104/5. Die Akten sind nicht auffindbar. Genehmigung des LG Wien in Zivilrechtssachen vom 28. 4. 1905, Z. XVIII-1398/5/1.

66 Vgl. WStLA, LG in Zivilrechtssachen, Cg VI 313/8 N. 18 vom 30. 10. 1909 (Zitat aus dem Nichtigkeitsurteil über die Ehe Pečič-Girardi; der Akt des LG über die Nichtigkeitserklärung der Ehe Rakovszky-Girardi vom 6. 11. 1905, Cg III 327/59 N.12, ist nicht auffindbar.

67 Vgl. WStLA, LG in Zivilrechtssachen, Cg VI 313/8 N. 18 vom 30. 10. 1909 (LG Wien, 6. 11. 1905, Cg. III-327/5 N. 12, OLG Wien, Abt. I, 5. 2. 1906, Bc-I-1/6 N. 16; OGH, 18. 4. 1906, Nr. 5399. Diese Akten sind nicht auffindbar.

68 Entscheidung des OGH vom 18. 6. 1907, Nr. 7467, in: Leopold Pfaff u. a. Hg., Sammlungen von zivilrechtlichen Entscheidungen des k.k. Obersten Gerichtshofes 44 (Neue Folge X), Wien 1909, 585 ff; weiters „Die Fessel." Zentral-Organ für Eherechtsreform, VI, 10 (1911), 2 f.

gelung der Gesetzeskollisionen in Ehesachen", das 1907 dem österreichischen Abgeordnetenhaus zur Beschlussfassung vorlag,[69] ließ er auch das Argument des OLG, eine solche Ehe widerspreche den guten Sitten beziehungsweise den Grundsätzen der Ethik, nicht gelten, sondern verwies auf die Bestimmungen des § 115 ABGB, der getrennten, nichtkatholischen Österreichern die Wiederverehelichung erlaubte. Der OGH äußerte sich allerdings erst in einer Entscheidung vom Dezember 1907 zu den daraus folgenden Konsequenzen für den österreichisch bleibenden Teil und erklärte, dass die „Möglichkeit des Gebundenseins nur eines Teiles an eine geschlossene Ehe nicht absolut ausgeschlossen" sei. Die Trennung einer ersten Ehe zog also nur für jenen Teil Rechtswirkungen nach sich, der eine fremde Staatsbürgerschaft erwarb und sich im Ausland wiederverheiratete, während der erste Gatte an die Ehe in Österreich gebunden blieb.[70] Die Argumentation des OGH verschob sich damit von der Religion hin zur Staatsbürgerschaft.

Im Falle der Ehe Odilon-Rakovszky urteilten die österreichischen Gerichte jedoch noch in jener Art von „Weltjudikatur", die sich anmaßte, über die privaten Rechtsverhältnisse auch fremder Staatsbürger und Staatsbürgerinnen zu befinden. Dies und der gefährlich schwankende Boden, auf dem sie sich befanden, musste den Richtern bekannt sein. Der Grund, warum das BG Neubau beziehungsweise das LG in Zivilrechtssachen in Wien im April 1905 die Kuratel über Helene Girardi-Rakovszky bloß vorläufig verhängt hatten, waren nämlich Zweifel an der österreichischen Staatsbürgerschaft des Mündels. Das BG Neubau erteilte Camillo Müller allerdings erst im Mai 1906, also nach dem oberstgerichtlichen Urteil über die Ehe Rakovszky, den Auftrag, die Staatsbürgerschaft seiner Kurandin festzustellen. Müller selbst verwandelte diesen Auftrag in die Bitte um „baldigste Ausfertigung einer amtlichen Erklärung, wodurch bestätigt wird, *daß* die Kurandin das österreichische Staatsbürgerrecht besitzt."[71] Mit Amtszeugnis vom 1. September 1905 hatte das königlich-ungarische Innenministerium noch die ungarische Staatsbürgerschaft Helene Rakovszkys bestätigt.[72]

Im Verfahren zur Eruierung der Staatsbürgerschaft stellten die Verwaltungsbehörden fest, dass Helene Girardi wohl eine Bescheinigung über ihre Entlassung aus dem österreichischen Staatsverband in Händen hielt und auch einen Ungarn geheiratet hatte, dass sie aber nie ausgewandert sei, sondern dauernd in dem ihr selbst gehörenden Haus in Wien gewohnt habe. Sie habe daher mangels faktischer Auswanderung die österreichische Staatsbürger-

---

69 Der erste Artikel des Abkommens lautete: „Das Recht zur Eheschließung regelt sich nach dem einheimischen Gesetze eines jeden der zukünftigen Ehegatten, insoweit nicht eine Bestimmung dieses heimatlichen Gesetzes ausdrücklich auf ein anderes Gesetz verweist". Vgl. Karl Ritter von Czylarz, Die Haager Ehekonventionen und das österreichische Recht, Wien/Leipzig 1907, 49.
70 Entscheidung des OGH vom 17. 12. 1907, Nr. 15469, in: Pfaff, Sammlungen 44, wie Anm. 68, 822.
71 WStLA, BG Neubau, P1 5366/1906 25. 6. 1906, Eingabe des Dr. Camillo Müller. Am Rand der Eingabe finden sich beim zweiten Zitat zwei große Rufzeichen (unsere Hervorhebung).
72 Dies wird u. a. in WStLA, LG in Zivilrechtssachen, Cg VI 313/8 N.18 vom 30. 10. 1909 erwähnt.

schaft nicht verloren. Ihre ungarische Staatsbürgerschaft aufgrund ihrer Ehe mit Ferencz von Rakovszky sei hinfällig, weil diese Ehe mittlerweile oberstgerichtlich für ungültig und nichtig erklärt worden war. Das Resultat dieser Angelegenheit für Helene Girardi war, dass sie wieder (oder nach Lesart der österreichischen Stellen noch immer) österreichische Staatsbürgerin war und als solche entmündigt wurde.[73] Ihr Heimatschein der Gemeinde Wien wurde ca. eine Woche nach der Verhängung der definitiven Schwachsinnskuratel zu Handen ihres Kurators ausgestellt. In Vorwegnahme dieser Verfahren war sie außerdem von den Gerichten wenigstens von einem ihrer Gatten entheiratet worden. Sie war also die geschiedene, durch das österreichische Recht an einer Wiederverheiratung gehinderte Frau des in Österreich lebenden, wiederverheirateten Alexander Girardi. Aus ungarischer Sicht betrachtet, war die Ehe Alexanders mit Helene Girardi zu diesem Zeitpunkt rechtsgültig getrennt und beide lebten in aufrechten Ehen mit ungarischen Staatsbürgern.

Das allerdings war noch nicht das Ende der Geschichte. Der „Fall Odilon" beschäftigte die österreichischen und auch die ungarischen Justiz- und Verwaltungsbehörden noch fünf weitere Jahre und erhielt in dieser Zeit eine noch deutlicher internationale, das Völkerrecht tangierende Komponente. Vor dem Hintergrund des laufenden Staatsbürgerschafts- und Kuratelverfahrens scheint Helene Odilon die ihr dräuenden Gefahren erkannt zu haben und verließ Österreich, wohl auch um den dritten Mann ihrer Wahl, den Zagreber Apotheker Josef Bela von Pečič zu ehelichen. Sie begab sich nach Ungarn und schloss am 24. Oktober 1907 in Hidegkut bei Budapest mit ihm die Ehe, nachdem sie vermutlich am Vortag zum Protestantismus übergetreten war.[74] Der Waisenstuhl des Komitats Pest-Pilis-Solt-Kiskun nahm daraufhin die Zuständigkeit als Pflegschaftsbehörde in Anspruch.[75] Die ungarischen Behörden, nach Zeitungsmeldungen sogar der ungarische Innenminister Gyula Andrassy höchstpersönlich, anerkannten sie somit als ungarische Staatsbürgerin.[76]

Der Anspruch des Waisenstuhls in Pest-Pilis-Solt-Kiskun auf Übernahme der Kuratel über Helene von Pečič, der eine Aufhebung der österreichischen Kuratel über Helene Girardi implizierte, setzte, wie nicht anders zu erwarten, ein Verfahren zur Untersuchung der Gültigkeit der Ehe in Österreich in Gang. Das BG Neubau äußerte den Verdacht, dass der Ehe Pečič nach österreichischem Recht das Ehehindernis des bestehenden Ehebandes entgegenstehe, und veranlasste damit das LG, das Verfahren einzuleiten und schließlich am

---

73 WStLA, BG Neubau, PI 1905–1906, P 104/5/62. Die Akten sind nicht auffindbar. ÖStA, AVA, MdI, Z. 29406 vom 31. 8./4. 9. 1911 zitiert die Genehmigung des LG Wien in Zivilrechtssachen vom 20. 9. 1906, Z. Nc-XVIII-1885/6/2 und die Verhängung durch das BG Neubau am 21. 9. 1906, Z. PI 104/5.

74 WStLA, LG in Zivilrechtssachen, Cg VI 313/8 N.18 vom 30. 10.1909, so die Aussage Helene von Pečičs während einer Befragung in Gravosa im Auftrag des LG Wien.

75 WStLA, LG in Zivilrechtssachen, Cg VI 313/8 N.18 vom 30. 10.1909 erwähnt den Beschluss des Waisenstuhls, Z. 6115/a vom 18. 2. 1908.

76 Neues Wiener Tagblatt 10. 8. 1906, 5.

30. Oktober 1909 die Ehe als für den Bereich Cisleithaniens als ungültig und nichtig zu erklären.[77]

Bereits im Eheuntersuchungsverfahren vor dem LG wie dann auch in den gegen dessen Urteil eingebrachten Revisionsanträgen wurde von Josef Bela von Pečič als auch vom Ehebandsverteidiger, Dr. Johann Pollitzer, die örtliche Zuständigkeit des LG in Wien bestritten. Das Ehepaar Pečič hatte nämlich seinen Wiener Wohnsitz aufgegeben und wollte sich, wie dem Kurator am 22. April 1908 mitgeteilt wurde, dauernd in Gravosa in Dalmatien niederlassen. Das OLG gab jedoch der Berufung nicht statt. Inhaltlich und logisch inkonsequent argumentierte es im Hinblick auf die verlassene und gekündigte Wiener Wohnung des Ehepaares, dass „die Absicht [bleibenden Aufenthalt zu nehmen] im Zeitpunkte, da der Aufenthalt genommen wird, entscheidet", während es dessen verbriefte Intention, in Gravosa zu bleiben, wegen des Nichtbezugs der Wohnung gar nicht beachtete. Schließlich zog es sich auf die Wiener Kuratel über Helene Odilon zurück, „was beim … Mangel eines anderen Wohnsitzes der Ehegatten [!] mitzuberücksichtigen war." Das OLG verwarf die Berufung am 22. Jänner 1910.[78]

Damit hob sich der Vorhang für den fulminanten, wenn auch juristisch wie politisch unbefriedigenden Schluss des Dramas. Etwa ein halbes Jahr, nachdem das OLG die Ungültigkeit und Nichtigkeit der Ehe Pečič bestätigt hatte, wurde nämlich – aus noch nicht geklärten Gründen[79] – die Kuratel über Helene Girardi aufgehoben. Wieder drei Monate später, am 2. November 1910, hob der OGH die Urteile der Untergerichte, die die Ehe für nichtig erklärt hatten, tatsächlich wegen örtlicher Inkompetenz auf.[80] Der Ehebandsverteidiger hatte wegen deren unhaltbarer Argumentation, mit der sie einen Wiener Wohnsitz des Ehepaares Pečič konstruieren wollten, Revision eingelegt.[81]

Die Änderung der Rechtsprechung des Höchstgerichts gegenüber 1906, die auch in anderen, ähnlich gelagerten Fällen zu beobachten ist, könnte – wie bereits angedeutet – einer Vorwegnahme des Beitritts Österreichs zur Haager Eherechtskonvention durch die Oberst-

---

77 WStLA, LG in Zivilrechtssachen, Cg VI 313/8 N. 18 vom 30. 10. 1909. Das BG Neubau legte dem LG über dessen Beschluss vom 6. 4. 1908, Nc XVIII 1365 N. 8 am 11. 4. 1908 unter P I 104/5 O.N. 214 sämtliche Kuratelsakten vor.
78 WStLA, OLG als Berufungsgericht, Bc III 286/9/24.
79 Die Kuratel wurde auf Grund landesgerichtlicher Genehmigung vom 29. 7. 1910, Nc-XVIII/1916/10 am 1. 8. 1910 vom BG Neubau, Z. P-I-104/5 aufgehoben: hier zitiert nach ÖStA, AVA, MdI, Z. 29406 vom 31. 8./4. 9. 1911. Die Kuratelsaufhebung ist im Waisenbuch des BG Neubau nicht vermerkt. Ein Grund für die Aufhebung könnte sein, dass dem Begehren des Waisenstuhls des Komitats Pest-Pilis-Solt-Kiskun stattgegeben wurde. Es fehlen aber bisher ausreichende Unterlagen zur Beurteilung dieser Frage.
80 Urteil des OGH vom 2. 11. 1910, Rv I 239/10/8, zit. in NÖLA, nö. Sth., XVIa, 3609/2 vom 24. 12. 1910. Das Urteil selbst ist nicht auffindbar.
81 WStLA, LG in Zivilrechtssachen Wien, A6 Cg 313/8/26 vom 19. 2. 1910 (Revisionsantrag Johann Pollitzers).

richter zu verdanken sein; de facto wurde diese Konvention wohl durch Ungarn, nicht aber durch die österreichische Reichshälfte ratifiziert.[82] Diese Entwicklung war aber für die Betroffenen wohl kaum vorherzusehen, vielmehr war ein „Spiel" wie vier Jahre zuvor zu erwarten. Allerdings waren Helene Odilons Karten diesmal besser. Sie beantragte daher am 19. September 1910 ein Zertifikat über das Ausscheiden aus dem österreichischen Staatsverband. Als Argumente führte sie ihre wiedererlangte, volle Handlungsfähigkeit in Österreich, ihre nach ungarischem Recht aufrechte Ehe mit einem Ungarn und das Domizil im kroatischen und damit ungarischen Selce ins Treffen.[83] Hervorzuheben ist, dass die Eingabe den am 19. September 1910 geltenden Status der Ehe Pečič, also ihre Nichtigkeit nach dem vom OLG bestätigten Urteil des LG, nicht erwähnte. Nur aufgrund dieser Rechtslage hatte aber das Ansuchen einen Sinn, denn nur als abermals entheiratete und deswegen seit 1893 immer österreichische Frau Girardi konnte Helene Odilon selbstständig eine andere Staatsbürgerschaft anstreben. Das Ausbürgerungsverfahren wurde auch eingeleitet, zog sich dann aber weit über den 2. November 1910 hinaus, als der OGH aus formalen Gründen das Nichtigkeitsurteil über die Ehe Pečič aufhob.

Ein aus der Aktenlage ersichtlicher Grund für die Dauer des Ausbürgerungsverfahrens war zunächst, dass Helene von Pečič beziehungsweise ihr Anwalt erst im Dezember 1910 Unterlagen vorlegten, die der Wiener Magistrat schon Ende Oktober eingefordert hatte.[84] Zwischenzeitlich hatte aber, wie mehrfach erwähnt, der OGH das Nichtigkeitsurteil aufgehoben, und die Rechtslage hatte sich fundamental geändert. Aufgrund der knappen Frist scheint einerseits nicht ausgeschlossen, dass Emil Frischauer die Sache nach dem oberstgerichtlichen Spruch auf sich beruhen lassen wollte. Andererseits gaben die Verwaltungsbehörden nicht sofort klein bei. Gleich nach Erhalt der verlangten Unterlagen Helene von Pečičs forderte der Wiener Magistrat auch die Unterlagen des Entmündigungsverfahrens und die Akten der drei Ehescheidungs- beziehungsweise Nichtigkeitserklärungsverfahren bei den zuständigen Gerichten an. Und er richtete an Emil Frischauer die Aufforderung, die

---

82 Von den zwölf Staaten, welche die Konvention am 12. 6. 1902 in Haag unterzeichneten, haben Deutschland, Belgien, Frankreich, Luxemburg, die Niederlande, Rumänien, Schweden, die Schweiz, Italien und Portugal diese auch ratifiziert, Spanien lehnte dies ab. Der ungarische Reichstag gab der Konvention 1907 die verfassungsmäßige Zustimmung. Sie erhielt aber erst am 19. 10. 1911 die königliche Sanktion und wurde am 31. 10. 1911 in der offiziellen Gesetzessammlung kundgemacht. Die Verzögerung lag laut „Pester Lloyd" daran, dass „sehr einflussreiche ultramontane Stellen in Oesterreich sich gegen die Sanktionierung eingesetzt" hatten. Vgl. Isidor Schwartz, Ungarns Anschluß an die Haager Familienrechtskonventionen, in: Zeitschrift für Internationales Recht, XXII (1912), 418–420. Von Österreich wurde die Konvention nicht ratifiziert.

83 WStLA, nö. Sth., XVIa, 3609 vom 21. 9. 1910. Das Gesuch datiert vom 19. 9. 1910 und trägt die notariell beglaubigte, eigenhändige Unterschrift „Helene v. Pečič-Odilon, geb. Petermann".

84 Vgl. WStLA, Magistrat Wien, XVI, Z. 10632 vom 10. (24.) 10. 1910, Urgenz am 17. 11. 1910 und Vorlage der Unterlagen unter Z. 12278 vom 2. 12. 1910.

gegenwärtige Staatsbürgerschaft Bela Josef von Pečičs nachzuweisen.[85] Diesem Ansinnen kam Frischauer nicht nach. Er bedauerte, keine Personaldokumente Pečičs zu haben, und verwies auf die einschlägigen Unterlagen im Besitz der Verwaltungs- und Gerichtsbehörden.[86] Der Magistrat benötigte diese Unterlagen für seinen abschließenden, am 23. Dezember verfassten Bericht an die Statthalterei auch gar nicht. Er erklärte, sich zum Heimatrecht Helene Odilons nicht äußern zu können, solange nicht über die Ehe Pečič „kompetenten Orts entschieden worden ist." Er ortete also einen Kompetenzkonflikt, den die Gerichte im Falle der Ehe Rakovszky 1905/1906 noch nicht gesehen hatten und der das Scheitern der Sache wohl voraussehen ließ. Nur am Rande merkte er noch an,

> dass Ida Helene Girardi geb. Petermann bereits im Jahre 1900 in Budapest unter denselben Verhältnissen [!] wie sie zur Zeit der Eheschliessung mit Bela Josef Pečičs herrschen, eine Ehe mit dem ung. Staatsbürger Franz von Rakovszky einging, die dann wie aus den zuliegenden Gerichtsakten zu entnehmen ist, aus dem Grunde des Bestandes des Ehebandes der Ehe Girardi-Petermann (Odilon) für ungültig erklärt wurde.[87]

Die Niederösterreichische Statthalterei war unsicher, wie sie reagieren sollte. Zuerst erwog sie, weiterhin auf einem Beweis für die ungarische Staatsbürgerschaft Pečičs zu beharren. Dann verlegte sie ihr Augenmerk auf die Vormundschaft der österreichischen Gerichte über Odilon, unter der sie zur Zeit der dritten Eheschließung gestanden war.[88] Schließlich verwarf sie, „auf hohe Weisung" hin, wie aus Randbemerkungen auf den Akten zu entnehmen ist, den Plan einer neuerlichen Anfechtung der Ehe.[89] Die Angelegenheit endete formal zwar mit einer Ablehnung des Antrags Helene Odilons um Bescheinigung ihrer Entlassung aus dem Staatsverband, tatsächlich aber mit einer Waffenstreckung der österreichischen Behörden in der Verteidigung des katholischen Eherechts. Wenn Helene Odilon rechtsgültig mit Bela Pečič verheiratet war, dann war sie aus dem österreichischen Staatsverband ausgeschieden und durch ihre Ehe Ungarin. Umgekehrt hätte erst ihre österreichische Staatsbürgerschaft, sofern sich die österreichischen Gerichte nicht weiterhin einer „Weltjudikatur" befleißigen wollten, die Möglichkeit geschaffen, die Ehe zu vernichten. Die Konsequenz aus dieser Aporie war, die Angelegenheit auf sich beruhen zu lassen. Der Rekurs gegen die Weigerung der Statthalterei, einen Entlassungsschein für Helene Odilon auszustellen, wurde zu

---

85 WStLA, Magistrat Wien, XVI, Z. 12278, 3. 12. 1910, abgefertigt am 6. 12. 1910.
86 WStLA, Magistrat Wien, XVI, Z. 12489, 7. 12. 1910.
87 WStLA, Magistrat Wien, XVIa, Z. 12883/10, 23. 12. 1910, Z. 3609.
88 NÖLA, nö. Sth., XIVa, Z. 3609/1 vom 24. 12. 1910 und XIVa, Z. 1084/2 vom 25. 2. 1911.
89 NÖLA, nö. Sth., XIVa, Z. 1084/3 vom 18. 3. 1911.

spät eingebracht und aus diesem Grund vom Ministerium des Innern verworfen.⁹⁰ Über eine Anfechtung der Ehe Pečič durch das LG Ragusa, zu dem Gravosa gehörte, ist – zumindest vorerst – nichts bekannt.

Helene Odilon, geborene Petermann – und das sind die einzigen Bezeichnungen, die unter Berücksichtigung des Rechtslabyrinths, das Cis- und Transleithanien verband oder trennte, unbestritten zutrafen – lebte in späteren Jahren in Österreich und starb verarmt 1939 in Baden bei Wien. Anders als Alexander Girardi hatte das sperrige österreichische Eherecht sie in ihren besseren Tagen nicht bloß zu einer Änderung der Identität gezwungen. Die Eherechtspraxis, wie sie sich im ersten Jahrzehnt des 20. Jahrhunderts entwickelte, spaltete ihre Identität. Sie war je nach Blickwinkel entweder Österreicherin oder Ungarin. Bis zum Tode Alexander Girardis 1918 war sie außerdem und in engster Verbindung damit auf der einen Seite der Leitha zunächst nicht, dann doch geduldete Bigamistin, auf der anderen aber zuerst getrennte, dann wiederverheiratete, dann verwitwete und schließlich abermals rechtmäßig wiederverheiratete Frau. Der unscheinbare Fluss, der Bruck von Bruckneudörfl trennt, machte aus ihrem Leben zwei. Das erinnert an das Krankheitsbild einer ungarischen Näherin, die 1897 behauptete, dass Franz Joseph sie heiraten werde. In Österreich habe dieser zwar bereits eine Frau, aber er brauche auch eine für Ungarn, und das sei sie.⁹¹

---

90   ÖStA, AVA, MdI, 20, 29406 vom 31. 8./4. 9. 1911. Die Sth.-Entscheidung war am 18. 5. 1911 ergangen und am 30. 5. zugestellt worden, der Rekurs ging erst am 30. 6. 1911, außerhalb der vierwöchigen Frist, zur Post. Die Sth. hatte in ihrer Stellungnahme zum Rekurs, der sich auf die bloß formalen Gründe für die Aufhebung der Nichtigkeitsurteile über die Ehe Pečič durch den OGH berief, die Verspätung nicht bemängelt; ihr Bescheid vom 18. 5. hatte hingegen keine Rechtsmittelbelehrung enthalten.

91   Tibor Frank, A pszichiátriai kórrajz mint történeti forrás [Die psychiatrische Krankheitsbeschreibung als historische Quelle], in: Világosság, XIX,4 (1978), 239–247, 243 f.

Liebe
im / als Widerstand

Birgitta Bader-Zaar

„Why does the slave ever love?"

Die Liebe in Selbstzeugnissen nordamerikanischer Sklavinnen

> Why does the slave ever love? Why allow the tendrils of the heart to twine around objects which may at any moment be wrenched away by the hand of violence? ... Youth will be youth. I loved and I indulged the hope that the dark clouds around me would turn out a bright lining. I forgot that in the land of my birth the shadows are too dense for light to penetrate.[1]

Im Stil sentimentaler Romane ihrer Zeit bringt die entflohene Sklavin Harriet Jacobs (1813–1897) den Leserinnen und Lesern ihrer 1861 veröffentlichten Lebenserzählung nahe, dass die Sklaverei als Institution in die intimsten Gefühle der Sklavinnen und Sklaven eindringt. Jederzeit können Liebende durch ihre Besitzer getrennt werden, kann Liebe verboten werden. Dennoch empfinden Sklaven und Sklavinnen menschlich, sie verlieben sich und haben Hoffnung. Für eine gewisse Zeit widerstehen sie ihrem Status der Rechts- und Identitätslosigkeit in der Sklavenhaltergesellschaft, der ihnen, wie Orlando Patterson es formuliert hat, den sozialen Tod auferlegt.[2]

Im 18. Jahrhundert hatte sich die Sklaverei in Nordamerika vor allem in den südlichen britischen Kolonien als vorherrschende Form der Arbeitsorganisation durchgesetzt.[3] Hierher wurden bis zum Verbot des Sklavenhandels durch die nun unabhängigen Vereinigten Staaten 1807 ca. 600–650.000 Menschen aus Afrika importiert. Infolge natürlicher Reproduktion wuchs die Sklavenpopulation bis zur endgültigen Aufhebung der Sklaverei 1865 aber auf fast vier Millionen Menschen – 12,6 Prozent der Gesamtbevölkerung der USA – an. Daneben lebten in den Nord- und Südstaaten um 1860 fast 500.000 freie Personen afrikanischer Herkunft. Sowohl Sklavinnen und Sklaven als auch freie Schwarze waren zahlreichen Beschränkungen der Gesetzgebung ausgesetzt, unter anderem einem Eheverbot, das einerseits zwischen Weißen und Schwarzen, andererseits zwischen Sklavinnen und Sklaven galt.

---

1 Harriet A. Jacobs, Incidents in the Life of a Slave Girl. Written By Herself, hg. von Jean Fagan Yellin, Cambridge, Mass./London 1987, 37.
2 Orlando Patterson, Slavery and Social Death. A Comparative Study, Cambridge, Mass. 1982.
3 Für das Folgende vgl. den ausgezeichneten Überblick in: Peter Kolchin, American Slavery, 1619–1877, London/New York 1995, (Orig. 1993), insbes. 133–168. Die Begriffe „Weiße" und „Schwarze" werden hier als Gruppenbezeichnungen verwendet, wie sie als Topoi, aber auch im Rechtssystem der USA im 19. Jahrhundert verankert waren.

Neben den in den einzelnen Gliedstaaten niedergelegten Normen, unterstanden versklavte Personen auch den vom Sklavenhalter/von der Sklavenhalterin aufgestellten Regeln. Ihrer Macht konnten die Besitzer/innen beziehungsweise Plantagenaufseher mit der Peitsche und schlimmeren Folterungen Nachdruck verleihen. Allerdings ist zu bedenken, dass ein persönliches und/oder wirtschaftliches Interesse am Wohlergehen der Sklavinnen und Sklaven bestand und Obsorge für Ernährung, Behausung, Kleidung, medizinische Versorgung, aber auch das Gewähren von Festen und religiösem Leben einschloss. In diesem Kontext war es den Versklavten – je nach Haushalts-, Hof- beziehungsweise Plantagengröße und ständiger Anwesenheit beziehungsweise Nichtanwesenheit der Eigentümer auf dem Gut – doch möglich, einen begrenzten autonomen Freiraum zu schaffen, der für sie eine Humanisierung des Systems bedeutete. Hier gingen sie soziale Beziehungen ein, entwickelten eigene Gebräuche und Werte und pflegten afrikanische Traditionen.

Für diesen Handlungsspielraum waren demographische Strukturen ein wichtiger Faktor.[4] In den Südstaaten der USA machten Sklavinnen und Sklaven durchschnittlich etwa ein Drittel der Bevölkerung aus, allerdings mit großen Unterschieden von Staat zu Staat. So lag im tiefen Süden, wo um 1860 61,3 Prozent aller versklavten Personen der Südstaaten lebten, der Bevölkerungsanteil etwa in South Carolina oder Mississippi bei über 50 Prozent. Hinsichtlich der Lebensumstände dieser Sklavinnen und Sklaven ist hervorzuheben, dass die sehr großen Plantagen, die wir aus der Belletristik und Filmen kennen, selten waren. Um 1860 gehörten nur 2,4 Prozent der Güter mit über 199 Versklavten in diese Kategorie. Fast ein Viertel aller Plantagen verzeichnete zwischen 50 und 199 Sklavinnen und Sklaven und knapp die Hälfte hatte eine mittlere Größe mit 10 bis 49 versklavten Personen. Etwa 25 Prozent waren kleine Besitztümer mit ein bis neun Sklavinnen und Sklaven. Daneben lebte noch eine geringe Anzahl versklavter Personen in Städten.

Inwieweit besonders Sklavinnen Handlungsspielräume offen standen, ist in diesem demographischen Kontext sehr unterschiedlich beurteilt worden.[5] Auf der Ebene von sexuellen Beziehungen und Liebesverhältnissen ist immer im Blickfeld zu halten, dass vor allem männliche Sklavenhalter volle Gewalt über den Körper der Sklavin hatten, was sexuellen

---

4 Vgl. hierzu Tabellen in Kolchin, Slavery, wie Anm. 3, 241 ff.
5 Hierzu vgl. v. a. Jacqueline Jones, Labor of Love, Labor of Sorrow. Black Women, Work and the Family, from Slavery to the Present, New York 1985; Deborah G. White, Ar'n't I a Woman? Female Slaves in the Plantation South, New York 1985; Elizabeth Fox-Genovese, Within the Plantation Household. Black and White Women of the Old South, Chapel Hill, N.C./London 1988, 296–299; Carol Bleser Hg., In Joy and in Sorrow. Women, Family, and Marriage in the Victorian South, 1830–1900, Oxford/New York 1992; David Barry Gaspar u. Darlene Clark-Hine Hg., More Than Chattel. Black Women and Slavery in the Americas, Bloomington/Indianapolis 1996; Marli F. Weiner, Mistresses and Slaves. Plantation Women in South Carolina, 1830–1880, Urbana/Chicago 1997; Wilma King, African American Women, in: Arvarh E. Strickland u. Robert E. Weems, Jr. Hg., The African American Experience. An Historiographical and Bibliographical Guide, Westport, Conn./London 2001, 71–92.

Missbrauch – entgegen den moralischen Konventionen – einschloss und, den Quellen zufolge, häufig vorkam.[6] Die Vergewaltigung einer Sklavin war keine strafbare Tat.[7] Dem Machtanspruch ihrer Eigentümer und Eigentümerinnen im Allgemeinen hielten versklavte Frauen einerseits – dem Ideal der Geschlechterverhältnisse in der Sklavenhaltergesellschaft entsprechend – die emotionale Bedeutung der Familie sowie möglichst dauerhafte eheliche Beziehungen entgegen. Andererseits war ihnen, soweit ihre Besitzer/innen nicht anderweitige Verfügungen trafen, eine weitaus größere Autonomie in der Wahl ihrer sexuellen Beziehungen als weißen Frauen der mittleren und oberen Gesellschaftsschichten möglich. Den Idealen der Geschlechterrollen für Frauen mussten Sklavinnen aufgrund ihres Status jedenfalls ambivalent gegenüberstehen – sowohl jenem der anmutig zarten und kultivierten Dame in den Südstaaten, die fromm und keusch dem Mann zu Gehorsam verpflichtet war und dafür von ihm Schutz erwarten durfte, wie auch dem bürgerlichen Ideal der Nordstaaten, das sich hinsichtlich Religiosität und Reinheit mit jenem der Südstaaten überlagerte, in dem der Arbeitsbereich der Frauen aber noch deutlicher durch Haushalt und Mutterschaft definiert war.[8] Frances Gage hat das Dilemma der Sklavin in ihrer Darstellung der Rede der 1826 aus Virginia entflohenen Sklavin und Wanderpredigerin Sojourner Truth (ca. 1799–1883) auf einer Frauenversammlung in Akron, Ohio, 1851 auf den Punkt gebracht:[9]

> Dat man ober dar say dat womin needs to be helped into carriages, and lifted ober ditches, and to hab de best place everywhar. Nobody eber helps me into carriages, or ober mud-puddles, or gibs me any best place! ... And a'n't I a woman? Look at me! Look at my arm! ... I have ploughed, and planted, and gathered into barns, and no man could head me! And a'n't I a woman? I could work as much and eat as much as a man – when I could get it – and bear de lash as well! And a'n't I a woman? I have borne thirteen chilern,

---

6   Vgl. auch Catherine Clinton, Caught in the Web of the Big House: Women and Slavery, in: Walter J. Raser, Jr. u. a. Hg., The Web of Southern Social Relations. Women, Family & Education, Athens, Ga. 1985, 19–34 (Reprint in: Paul Finkelman Hg., Women and the Family in a Slave Society, New York/London 1989, 9–24); Thelma Jennings, „Us Colored Women Had to Go through a Plenty": Sexual Exploitation of African American Slave Women, in: Journal of Women's History, 1 (1991), 45–74; Catherine Clinton, „Southern Dishonor". Flesh, Blood, Race, and Bondage, in: Bleser, Joy, wie Anm. 5, 52–68.
7   Angesichts des Mordes einer vergewaltigten Sklavin an ihrem Besitzer, verhandelt im Fall Missouri v. Celia 1855, begannen allerdings Mitte der 1850er Jahre Diskussionen darüber, ob diese Maßnahme tatsächlich sinnvoll war. Fox-Genovese, Household, wie Anm. 5, 326; Melton A. McLaurin, Celia. A Slave, Athens, Ga. 1991.
8   Vgl. ausführlich dazu Fox-Genovese, Household, wie Anm. 5, 192–241.
9   Zu der Genese von Frances Gages Wiedergabe dieser Rede vgl. Nell Irvin Painter, Representing Truth: Sojourner Truth's Knowing and Becoming Known, in: The Journal of American History, 81 (1994), 461–492, hier 478 ff; dies., Sojourner Truth. A Life, a Symbol, New York 1996.

and seen 'em mos' all sold off to slavery, and when I cried out with my mother's grief, none but Jesus heard me! And a'n't I a woman?[10]

Die Sklavin ist eine Frau, kann aber nicht den Geschlechternormen für Frauen und Mütter entsprechen, denn sie ist Eigentum, führt die Arbeit eines Mannes aus, wird bestraft wie ein Mann, die Ausübung ihrer Rolle als Mutter wird ihr verwehrt. Ihr Status beziehungsweise ihre Hautfarbe sind mit ihrem Geschlecht verbunden, aus der Sicht der Sklavenhalter überlagern sie jedoch ihre Geschlechtsidentität.

Im Folgenden soll dem Thema der Liebe sowie Formen von Widerstand im Zusammenhang mit Liebe in von Sklavinnen diktierten und selbstverfassten Selbstzeugnissen nachgegangen werden[11] – ein Aspekt, der in bisherigen Forschungen zur Geschichte der Sklaverei wenig hervorgehoben worden ist. Die hier gewählte Quellengattung wirft allerdings analytische Probleme auf, die Diskurse und Praxis der Liebe berühren. Der eigentlichen Thematisierung von Liebe, Ehe sowie Widerstand im Zusammenhang mit Liebe wird daher eine theoretische Auseinandersetzung mit Selbstzeugnissen von Sklavinnen als Quelle vorangestellt. Da die Liebe zwischen Eltern, besonders Müttern, und Kindern eine bedeutende Rolle in den Lebenserzählungen spielt, wird auch auf diese eingegangen.

Selbstzeugnisse nordamerikanischer Sklavinnen als Quelle

Autobiographien beziehungsweise Selbstzeugnisse stellen uns bekanntlich immer vor das Dilemma, einerseits einen direkten Bezug zwischen Lebensbericht und historischen Fakten herstellen zu wollen, das „wahre" Leben des/der Berichtenden erfassen zu wollen, und andererseits akzeptieren zu müssen, dass der Text bewusst und unbewusst von der Erzählerin/vom Erzähler gestaltet wurde. Die Erzählerin/der Erzähler nimmt zeitgenössische Diskurse auf, möchte aber auch selbst seinem Leben im Rückblick Sinn geben und flicht zuweilen fiktive Elemente ein.[12] Hinsichtlich der Verifizierung der Selbstzeugnisse haben wir die Möglichkeit, durch den Vergleich mit anderen Quellen – in diesem Fall weiteren Sklavenerzählungen und Briefen, Interviews mit ehemaligen Sklaven und Sklavinnen, die in den

---

10 Zit. in: Mari Jo Buhle u. Paul Buhle Hg., The Concise History of Woman Suffrage, Urbana/Chicago 1978, 104.
11 Alle im Folgenden genannten Selbstzeugnisse sind im Internet unter der Adresse <http://docsouth.unc.edu/neh/neh.html> (1998 eingerichtet, letztes Update Oktober 2003) abrufbar. Einige sind 1999 auch von der New York Public Library ins Netz gestellt worden, unter der URL <http://digital.nypl.org/schomburg/writers_aa19/>.
12 Vgl. u. a. Jennifer Fleischner, Mastering Slavery. Memory, Family, and Identity in Women's Slave Narratives, New York/London 1996, 19.

1930er Jahren gesammelt wurden, Briefen, Tagebüchern und Memoiren der Sklavenhalter/innen, Gerichtsakten, Zeitungsberichten u. ä. – Fakten nachzugehen, wobei alle genannten Quellen ihre eigenen Probleme der Quellenkritik aufwerfen. Bei autobiographischen Texten von Sklavinnen und Sklaven stoßen wir schnell an die Grenzen der Überprüfbarkeit. Das hängt mit der oft schlechten Quellenlage, aber auch mit den Umständen der Entstehung der Selbstzeugnisse und ihrer Gestaltung zusammen. Wie William L. Andrews festgehalten hat, sind Autobiographien von Sklavinnen und Sklaven daher „more as a complex of linguistic acts in a discursive field than as the verbal emblem of an essential self uniquely stamped on a historical narrative" zu betrachten.[13] Somit ist es gerade hinsichtlich der Emotion „Liebe" sinnvoller zu analysieren, mit welcher Absicht und in welcher Form diese Thematik in den Selbstzeugnissen zur Sprache kam.

Elizabeth Fox-Genovese hat anschaulich beschrieben, wie sich Autorinnen von Selbstzeugnissen als subjektives Ideal – eine wohlgeformte Statue ohne Ecken und Kanten („my statue, my self")[14] – konstruieren. Inwiefern aber das Beispiel der Sklavin zeigt, dass das autobiographische Subjekt in seiner Repräsentation ausschließlich als Konstruktion zu werten sei, wie zum Beispiel Leigh Gilmore meint,[15] ist die Frage. Jede Lebensbeschreibung ist wesentlich von den spezifischen Erfahrungen, in unserem Fall in einer spezifischen Gesellschaft zu einem bestimmten Zeitpunkt schwarz, weiblich und eine Sklavin zu sein, bedingt.[16] Dieser historische Kontext ist bei den Selbstzeugnissen von Sklavinnen und Sklaven entscheidend, denn die durch die Sklaverei determinierten persönlichen Erfahrungen sind das Thema der Erzählung, die somit individuelle wie auch kollektive Erfahrungen widerspiegelt. Dass allerdings Erfahrungen durch Diskurse geprägt verschriftlicht werden,[17] gilt auch hier. In den Selbstzeugnissen von Sklavinnen und Sklaven kommt hinzu, dass den dominanten Diskursen des weißen Lesepublikums – um die Mitte des 19. Jahrhunderts können sie noch nicht den Dialog mit afrikanisch-amerikanischen Leserinnen einbeziehen – ein Diskurs der korrumpierenden Wirkung der Sklaverei entgegengesetzt wird.

Wie ist nun im Rahmen dieser „Gleichzeitigkeit von Diskursen" (Mae Gwendolyn Henderson)[18] der uns interessierende Aspekt der Widerstandshandlung, in dem das individuelle

---

13 William L. Andrews, To Tell a Free Story, Urbana, Ill. 1986, 23.
14 Elisabeth Fox-Genovese, My Statue, My Self. Autobiographical Writings of Afro-American Women, in: Shari Benstock Hg., The Private Self. Theory and Practice of Women's Autobiographical Writings, Chapel Hill/London 1988, 63–89.
15 Leigh Gilmore, Autobiographics. A Feminist Theory of Women's Self-Representation, Ithaca/London 1994, 25.
16 Fox-Genovese, Statue, wie Anm. 14, 65.
17 Vgl. Joan Scott, The Evidence of Experience, in: Critical Inquiry, 178 (1991), 773–797.
18 Mae Gwendolyn Henderson, Speaking in Tongues: Dialogics, Dialectics, and the Black Woman Writer's Literary Tradition, in: Sidonie Smith u. Julia Watson Hg., Women, Autobiography, Theory. A Reader,

Subjekt als Akteur/in am deutlichsten zum Vorschein kommt, zu bewerten? In welcher Beziehung steht die Repräsentation von Widerstand als – je nach Erzählstil mehr oder weniger ausgeprägt – Teil eines „Widerstandsdiskurses" zu der an dieser Stelle auftretenden Subjektivität der Erzählerin/des Erzählers? Inwieweit bestimmt die Erzählerin/der Erzähler selbst die Darstellung ihrer/seiner Handlung(en) in einem „discourse for herself"?[19]

Die Selbstzeugnisse entflohener Sklavinnen und Sklaven entstanden vor allem ab den 1830er Jahren im Rahmen der Antisklavereibewegung. Sie waren sozusagen „Auftragsarbeiten" für die Abolitionisten und Abolitionistinnen der amerikanischen Nordstaaten und Englands, die sich für die Abschaffung der Sklaverei einsetzten. Die Texte richteten sich somit an das weiße Lesepublikum der Nordstaaten, das für die Sache des Abolitionismus gewonnen werden sollte. Wie William L. Andrews ausgeführt hat, folgten diese Erzählungen häufig einem Schema, in dem Sklaverei als ein Zustand extremer physischer, intellektueller, emotionaler und seelischer Entbehrungen dargestellt wird – „a kind of hell on earth". Auf eine persönliche Krise, bedingt etwa durch den Verkauf einer geliebten Person, folgt der Entschluss zur Flucht und die Suche nach Freiheit, die schließlich mit der Ankunft im Norden erreicht und durch eine Namensänderung und die Mitarbeit in der Antisklavereibewegung unterstrichen wird. Da diese Erzählungen vor allem als Augenzeugenberichte konzipiert sein sollten, bekamen sie aber auch einen individuellen Charakter, sie wurden „I-witnesses as well, revealing their struggles, sorrows, aspirations, and triumphs in compellingly personal story-telling".[20] So boten die lebensgeschichtlichen Texte von Sklaven und Sklavinnen nicht nur im Kontext von Sympathie für die Antisklavereibewegung einen beliebten Lesestoff. Für die Autorinnen und Autoren bedeuteten sie vor allem eine Einkommensquelle, die häufig der Befreiung weiterer Familienmitglieder gewidmet war.

Nur ein kleiner Teil dieser Selbstzeugnisse wurde von Frauen geschrieben – an die zehn Prozent von ca. 175 Erzählenden –, denn nur wenige der ehemaligen Sklavinnen konnten lesen und schreiben: Versklavten Personen war jeglicher Schulunterricht verboten. Daneben trat eine im Verhältnis zu Männern geringere Zahl von Sklavinnen vor dem Bürgerkrieg die Flucht aus dem Süden an oder wurde freigelassen, und eine noch kleinere Anzahl war dazu bereit, über ihr Leben zu berichten. Aufgrund der fehlenden Schreibkenntnisse wurden einige dieser Lebenserzählungen weißen Männern oder Frauen diktiert, die ihrerseits

---

Madison 1998, 343–351, 344. Henderson erinnert daran, dass nicht ein Diskurs – etwa des Geschlechts – die Lebenserzählungen prägt, sondern multiple Diskurse oder eine „Gleichzeitigkeit von Diskursen", die auf das Subjekt, das durch Hautfarbe, Geschlecht und den Status der Sklaverei bestimmt ist, zurückgehen. Die Autorin befindet sich somit in einer Dialektik der Diskurse: „... she is in contestorial dialogue with the hegemonic dominant and subdominant or ‚ambiguously (non)-hegemonic' discourses" (346).

19 Fox-Genovese, Household, wie Anm. 5, 394.
20 William L. Andrews, An Introduction to the Slave Narrative, <http://docsouth.unc.edu/neh/intro.html>, The University of North Carolina at Chapel Hill, 1998.

den Text redigierten. Teilweise lag es nicht in deren Interesse, die Individualität der beschriebenen Person und deren Gesellschaftskritik in den Vordergrund treten zu lassen. Es sollten nur die Fakten der Sklaverei vermittelt werden.[21]

Wie schwierig es aber für eine literarisch anspruchsvolle afroamerikanische Autorin war, Anerkennung zu finden, zeigt die Entstehungsgeschichte des 1861 anonym erschienenen Bandes „Incidents in the Life of a Slave Girl. Written by Herself" der 1813 in North Carolina geborenen Harriet Jacobs. Zahlreiche Untersuchungen haben diesen Text seit den 1980er Jahren analysiert,[22] und auch in diesem Beitrag steht er im Mittelpunkt, da sich Jacobs besonders eindrucksvoll mit der Thematik von Liebe und Widerstand auseinander gesetzt hat. Es waren die Quäker Amy und Isaac Post aus Rochester, New York, die Jacobs nach ihrer Flucht in den Norden davon überzeugten, ihre Geschichte zu veröffentlichen. Jacobs hatte trotz des Unterrichtsverbots von ihrer ersten Eigentümerin lesen und schreiben gelernt und verfasste das Buch heimlich in ihren freien Stunden als Kindermädchen. Ihre Tochter, eine Lehrerin, übertrug das Manuskript und korrigierte dabei wohl Rechtschreibung und Zeichensetzung.[23] Es sollte mehrere Jahre dauern bis Jacobs einen Verlag finden konnte, der bereit war, ihr Werk zu drucken. Wegen des kunstvollen Stils der Lebenserzählung und der anonymen Veröffentlichung mit verschlüsselten Personennamen ist die Autorenschaft von Jacobs hinterfragt worden. Eher wurde die Abolitionistin und Schriftstellerin Lydia Maria Child als Verfasserin angenommen. Sie bestätigt im Band die Authentizität der Erzählung – bei Lebenserzählungen von Sklaven und Sklavinnen war eine Liste von Zeugen, die die Wahrheit der Lebensgeschichte verbürgten, üblich –, betont aber auch, dass sie nicht die Autorin sei. Child, die selbst Romane u. a. über sexuelle Gewalt gegen Sklavinnen verfasst hatte,[24] hatte nach eigener Aussage wenig an den Worten verändert und nur Abschnitte umarrangiert sowie einige Streichungen vorgeschlagen. Anfang der 1980er Jahre konnte Jean Fagan Yellin anhand der privaten Korrespondenz von Harriet Jacobs, die nun erst zugänglich geworden war, und der unter Pseudonymen veröffentlichten Briefe in Zeitungen schließlich nachweisen, dass Jacobs tatsächlich die Verfasserin der Autobiographie war.[25]

---

21 Andrews, Story, wie Anm. 13, 63. Vgl. auch Kari J. Winter, Subjects of Slavery, Agents of Change. Women and Power in Gothic Novels and Slave Narratives, 1790–1865, Athens, Ga./London 1992.
22 Zu nennen sind u. a. Fox-Genovese, Household, wie Anm. 5, 374–396; dies., Statue, wie Anm. 14; Sidonie Smith, Subjectivity, Identity, and the Body. Women's Autobiographical Practices in the Twentieth Century, Bloomington/Indianapolis 1993, 37–52.
23 Yellin, Introduction, in: Jacobs, Incidents, wie Anm. 1.
24 Vgl. Carolyn L. Karcher, Rape, Murder and Revenge in „Slavery's Pleasant Homes": Lydia Maria Child's Antislavery Fiction and the Limits of Genre, in: Women's Studies International Forum, 9 (1986), 323–332.
25 Jean Fagan Yellin, Written by Herself: Harriet Jacobs's Slave Narrative, in: American Literature, 53 (1981),

Ob mündlich überliefert oder selbst geschrieben, die Autorinnen – und auch Autoren – von Lebenserzählungen aus der Sklaverei befanden sich in dem Dilemma, die „Wahrheit" berichten zu wollen, wie sie in ihren Einleitungen versicherten, jedoch insbesondere bei dem Themenbereich der sexuellen Gewalt nicht alle Einzelheiten ihres Lebens und ihrer Erfahrungen angeben zu können – sei es, um den Konventionen ihres Lesepublikums zu entsprechen, oder aus dem Grund, ihre eigene Privatsphäre nicht völlig preiszugeben.[26] Harriet Jacobs deutet dieses Dilemma beispielsweise mit dem Hinweis an, dass „my descriptions fall far short of the facts".[27] Die Erzählerinnen und Erzähler der literarisch elaboriertesten Lebensberichte spannen somit ein komplexes Gewebe, in dem sie gleichzeitig öffentlichen Erwartungen entsprachen und auf die Diskurse ihrer Leserinnen und Leser eingingen, ihnen aber auch neue Diskurse kollektiver Erfahrungen der Sklaverei entgegensetzten und sich als Subjekt in die Erzählung einbrachten, was das Recht, etwas zu verschweigen, mit einschloss.[28]

Liebe und Ehe in der Sklaverei

Kehren wir zu der am Beginn dieses Beitrags gestellten Frage von Harriet Jacobs, warum Sklavinnen und Sklaven überhaupt lieben, zurück, so ist der negative Tenor auffallend. Dass emotionale Beziehungen zwischen versklavten Männern und Frauen ständigen Unsicherheiten ausgesetzt waren und damit Liebesbeziehungen jederzeit zerstört werden konnten, hebt Jacobs in ihrer Erzählung hinsichtlich der Reaktion auf ihre Heiratswünsche deutlich hervor. Der Vater ihrer zweiten Besitzerin in der Kleinstadt Edenton, North Carolina, der Arzt Dr. Norcom/im Buch Dr. Flint versucht, Jacobs/im Buch Linda Brent ab dem Alter

---

479–486; dies., Texts and Contexts of Harriet Jacobs' Incidents in the Life of a Slave Girl: Written by Herself, in: Charles T. Davis u. Henry Louis Gates, Jr. Hg., The Slave's Narrative, New York/Oxford 1985, 262–282.

26 Vgl. P. Gabrielle Foreman, Manifest in Signs: The Politics of Sex and Representation in *Incidents in the Life of a Slave Girl*, in: Deborah M. Garfield u. Rafia Zafar Hg., Harriet Jacobs and *Incidents in the Life of a Slave Girl*. New Critical Essays, Cambridge/New York 1996, 76-99; Smith, Subjectivity, wie Anm. 22, 35; Jean Fagan Yellin, Through Her Brother's Eyes: Incidents and „A True Tale", in: Garfield/Zafar Hg., Jacobs, wie oben, 44–56. Vgl. auch die Beschreibungen in den Lebenserzählungen: The History of Mary Prince, a West Indian Slave. Related by Herself. With a Supplement by the Editor. To Which Is Added, the Narrative of Asa-Asa, a Captured African, London 1831, 13 (Reprint in: William L. Andrews Hg., Six Women's Slave Narratives, New York/Oxford 1988); Hiram Mattison, Louisa Picquet, the Octoroon. A Tale of Southern Slave Life, New York 1861; Elizabeth Keckley, Behind the Scenes, or, Thirty years a Slave, and Four Years in the White House, New York 1868, 38 f; Narrative of the Life and Adventures of Henry Bibb, an American Slave, Written by Himself, New York 1849, 38.
27 Jacobs, Incidents, wie Anm. 1, 1.
28 Smith, Subjectivity, wie Anm. 22, 36.

von ca. 15 Jahren zu missbrauchen. Den sexuellen Avancen will sie durch die „Ehe" mit einem freien Schwarzen entgehen, was jedoch unter Androhung des Auspeitschens nicht erlaubt wird. Sie überzeugt ihren freien schwarzen Liebhaber davon, dass es für ihn besser sei, die Stadt zu verlassen, in den Norden zu ziehen, und damit der Beziehung endgültig ein Ende zu setzen. Da eine Eheschließung mit Sklavinnen und Sklaven rechtlich nicht möglich war, hätte ihre Verbindung nie legalisiert werden können. Damit hätte ihr Liebhaber keine rechtlichen Mittel gehabt, sie und ihre Kinder vor der Gewalt ihrer Besitzer zu schützen. Ihre gemeinsamen Kinder wären ebenfalls versklavt gewesen, da der Status der Sklaverei der Mutter folgte.

Allgemein lässt sich als Ergebnis bisheriger historischer Untersuchungen festhalten, dass die Eheschließung zwischen Sklaven und Sklavinnen zwar verboten war, dass aber dennoch informelle Ehen vorkamen, für die eine Erlaubnis des Sklavenhalters notwendig war – wobei anzumerken ist, dass informelle Ehen auch bei den Unterschichten des Südens gängige Praxis waren.[29] Informelle Ehen hatten jedoch keinerlei gesetzlichen Status. Sie gründeten sich ausschließlich auf persönliche Bindungen, keinerlei rechtliche oder ökonomische Bedingungen strukturierten sie.[30] In gewissem Maße scheinen aber seitens der Sklavenhalter die Familienstruktur und damit die Geschlechternormen der Sklavenhaltergesellschaft unterstützt worden zu sein.[31] Manchmal wurde eine Hochzeitszeremonie ausgerichtet, der neu gegründeten Familie eine eigene Unterkunft zugeteilt und die das Familienideal umgebende Moral gefördert. So wurden Ehebruch und Scheidung bestraft, es wurde auf eine frühzeitige Eheschließung gedrängt, manchmal sogar gewünschte Ehegatten für bevorzugte Sklaven oder Sklavinnen gekauft. Versklavte Frauen und Männer konnten jedoch auch zu Partnerschaften gezwungen werden. Konnte ein Paar zusammenleben, gehörten Mann und Frau also nicht verschiedenen Besitzern, hielten die Ehen in der Regel lange. Erklärt wird das damit, dass die Familie das psychische Überleben des Sklavendaseins erleichterte, aber auch eine Widerstandshandlung gegen die Enthumanisierung des Systems darstellte. Die sexuelle Gewalt des Besitzers und die Angst vor Trennung durch Verkauf belasteten jedoch Liebesbeziehungen. Versklavte Männer lebten zuweilen mittels sexueller Gewalt Aggressionen gegen ihren Status der Machtlosigkeit aus. Wenn auch keineswegs von einem „Sklaven-Matriarchat" gesprochen werden kann, so waren Sklavenfamilien nicht in dem Maße durch Männer dominiert, wie es die Familien der Sklavenhalter waren. Versklavte Männer hatten keine gesetzliche Autorität über ihre Ehefrauen, während weiße Frauen bis weit in das 19. Jahrhundert hinein der *coverture* unterlagen, das heißt sie verloren bei der Eheschließung

---

29 Vgl. Nancy Cott, Public Vows. A History of Marriage and the Nation, Cambridge, Mass./London 2000, 32.
30 Fox-Genovese, Household, wie Anm. 5, 297.
31 Für das Folgende vgl. neben der in Anm. 5 genannten Literatur auch Cott, Vows, wie Anm. 29, 34 f.

alle Rechte der Selbstbestimmung, wie zum Beispiel das Recht auf Eigentum, und unterstanden gesetzlich in allen Belangen ihrem Ehemann.

Die permanente Möglichkeit der gewaltsamen Trennung der Ehe bildet immer wieder ein Thema der Selbstzeugnisse von Sklavinnen.[32] Bethany Veney, deren Erzählung einem/r anonymen Autor/in diktiert wurde, der/die die romantische Liebe evozierte – „for hearts that love are much the same in bond or free, in white or black"[33] –, berücksichtigte eine mögliche Trennung bereits bei der Ehezeremonie. Vom Geistlichen, der die Zeremonie durchführte, verlangte sie: „I did not want him to make us promise that we would always be true to each other, forsaking all others, as the white people do in their marriage service, because I knew that at any time our masters could compel us to break such a promise …"[34]

Die Praxis informeller Ehen und die prekäre Situation der Familie waren wiederholt ein besonderer Kritikpunkt der Abolitionismusbewegung des Nordens, so auch von Olive Gilbert, der Erzählerin der Lebensgeschichte der bereits erwähnten Sojourner Truth. Truth, als Sklavin Isabella genannt, verliebte sich in einen Sklaven namens Robert, der auf einer Nachbarfarm lebte. Dessen Besitzer erlaubte allerdings keine Ehe mit Isabella, da er die Kinder seines Sklaven nicht behalten konnte – sie folgten ja dem Status der Mutter und lebten folglich bei ihr. Olive Gilbert kommentiert diese Verhältnisse aus der Sicht ihrer moralischen Normen ausführlich:

> Subsequently, Isabella was married to a fellow-slave, named Thomas, who had previously had two wives, one of whom, if not both, had been torn from him and sold far away. And it is more than probable, that he was not only allowed but encouraged to take another at each successive sale. I say it is probable, because the writer of this knows from personal observation, that such is the custom among slaveholders at the present day; and that in a twenty months' residence among them, we never knew any one to open the lip against the practice; and when we severely censured it, the slaveholder had nothing to say; and the slave pleaded that, under existing circumstances, he could do no better. … If there can be any thing more diametrically opposed to the religion of Jesus, than the working of

---

32 Z. B. Elizabeth Keckley (ca. 1818–1907) über ihre Eltern in: Keckley, Scenes, wie Anm. 26, 22–25. Zur als traumatisch erlebten Trennung vgl. auch Eugene Genovese, The Myth of the Absent Family, in: R. Staples Hg., The Black Family. Essays and Studies, Belmont, Cal. 1994, 20–25; Brenda Stevenson, Distress and Discord in Virginia Slave Families, 1830–1860, in: Bleser, Joy, wie Anm. 5, 103–124; Aaron Thompson, African American Families: Historically Resilient, in: Strickland/Weems, Experience, wie Anm. 5, 55–70, 59–63.
33 The Narrative of Bethany Veney. A Slave Woman, Worcester, Mass. 1889, 19.
34 Narrative Veney, wie Anm. 33, 18 f.

this soul-killing system – which is as truly sanctioned by the religion of America as are her ministers and churches – we wish to be shown where it can be found.[35]

Während die Problematik eheähnlicher Gemeinschaften also ein wiederholtes Thema der Selbstzeugnisse von Sklavinnen bilden, erzählen diese wenig über Erfahrungen mit romantischer Liebe. Vergleichen wir diesen Befund mit Lebenserzählungen männlicher Sklaven, so passt zwar die Autobiographie des später prominenten Journalisten und Abolitionisten Frederick Douglass in diese Diskursmuster.[36] In anderen Selbstzeugnissen männlicher Sklaven wird jedoch ausführlicher auf leidenschaftliche und romantische Liebe eingegangen, unter anderem in der von nordamerikanischen Ehe- und Familiendiskursen des frühen 19. Jahrhunderts stark beeinflussten Erzählung Henry Bibbs (1815–1854).[37]

Liebe und Widerstand

Henry Bibb bleibt jedoch nur die Flucht, um eine frei gewählte und rechtlich geschützte Ehe, die den Eheidealen der Leserinnen und Leser entsprach, eingehen zu können.[38] Auch motiviert durch die als schmerzlich empfundene Trennung von der Gefährtin,[39] ist die Flucht die am meisten im Zusammenhang mit Liebe genannte Widerstandshandlung in männlichen Selbstzeugnissen. Selten wird die Gefährtin in die Flucht eingebunden. Eine Erzählung, in der ein Paar die Flucht in den Norden gemeinsam bewältigt, ist jedoch jene von Ellen und William Craft.[40] Zusammen mit seiner als invalider weißer Mann verkleideten hellhäutigen Frau Ellen schafft William es, Georgia Ende 1848 zu verlassen. Das Motiv

---

35 Olive Gilbert, Narrative of Sojourner Truth, a Northern Slave, Emancipated from Bodily Servitude by the State of New York, in 1828, Boston 1850, 36 f.
36 Frederick Douglass, Life and Times of Frederick Douglass, Written by Himself. His Early Life as a Slave, His Escape from Bondage, and His Complete History to the Present Time, Hartford, Conn. 1881. Vgl. auch David Leverenz, Frederick Douglass's Self-Refashioning, in: Criticism, 29 (1987), 341–370.
37 Narrative Bibb, wie Anm. 26, v. a. 40 ff. Vgl. hierzu Charles J. Heglar, Rethinking the Slave Narrative. Slave Marriage and the Narratives of Henry Bibb and William and Ellen Craft, Westport, Conn./London 2001; Maria Diedrich, ‚My Love is Black as Yours is Fair': Premarital Love and Sexuality in the Antebellum Slave Narrative, in: Phylon, 47 (1987), 238–247, 240–243 (Reprint in: Finkelman, Women, wie Anm. 6, 32–41). Vgl. auch: Narrative of the Life of J. D. Green, a Runaway Slave, from Kentucky, Containing an Account of His Three Escapes, in 1839, 1846, and 1848, Huddersfield 1864, 15 f.; Louis Hughes, Thirty Years a Slave: From Bondage to Freedom. The Institution of Slavery as Seen on the Plantation and in the Home of the Planter, Milwaukee 1897.
38 Narrative Bibb, wie Anm. 26, 191 f.
39 Z. B. Narrative Green, wie Anm. 37, 22.
40 William Craft, Running a Thousand Miles for Freedom; or, the Escape of William and Ellen Craft from Slavery, London 1860. Vgl. hierzu Heglar, Slave Narrative, wie Anm. 37, 79–108.

der beiden ist, dass sie in der Sklaverei keine Kinder bekommen, sondern erst in der Freiheit eine Familie gründen wollen. Obwohl Ellen Craft eindeutig mit Erinnerungen an nur von ihr erlebte Ereignisse zur Erzählung beigetragen hat, wird lediglich William Craft als Autor genannt.

In den Selbstzeugnissen von Sklavinnen spielt die aus Liebe motivierte Flucht hingegen kaum eine Rolle. Einzig Bethany Veney berichtet von ihrem Versuch, ihrem Mann zur Flucht zu verhelfen, bevor er in den Süden verkauft werden soll – ein Projekt, das scheitert. Liebe konnte jedoch andere Widerstandsformen hervorrufen:[41] Ging der Besitzer mit harten Strafen wie Auspeitschungen von Angehörigen, sexuellen Übergriffen oder der Trennung der Familie zu weit, reagierten Sklavinnen aus Gegenwehr in manchen Fällen mit Gewalt gegenüber Sklavenhaltern, auch Mordversuche und Brandstiftung kamen vor. So trieb der Verkauf ihres Mannes eine Sklavin zum Mordversuch an ihrem Besitzer, eine andere jedoch in den Selbstmord.[42]

Eine spezifische – und selten gewählte – Form des Widerstandes in weiblichen Selbstzeugnissen ist die frei gewählte Liebesbeziehung als Versuch, sich einen autonomen Lebensraum zu schaffen. Ein erstes Beispiel einer nicht sanktionierten „Heirat" ist der von Susanna Stricklandron der englischen „Antislavery Society" diktierte Lebensbericht „The History of Mary Prince, a West Indian Slave", 1831 erschienen. Dieser Bericht betrifft zwar die Karibik, ist aber wegen des Motivs der heimlichen Heirat als Akt des Widerstandes und der auch in der Niederschrift zum Ausdruck kommenden Willensstärke der Sklavin für uns interessant. Während ihrer Zeit als Kindermädchen und Wäscherin auf der Karibikinsel Antigua konvertiert Mary Prince zur „Moravian church" und heiratet 1826 dort heimlich den freien Tischler Daniel James. In dem Bericht werden besonders Fleiß und Ehrlichkeit des Ehegatten betont („honest, hard-working, decent"), aber auch sein Vermögen scheint Mary Prince anzuziehen.[43] Dieser Akt ruft wegen seiner Selbständigkeit und wegen des Eheschließungsverbots für Sklaven und Sklavinnen beträchtlichen Ärger bei ihren Besitzern hervor: „When Mr. Wood heard of my marriage, he flew into a great rage, and sent for Daniel, ... Mr. Wood asked him who gave him a right to marry a slave of his? My husband said, ‚Sir, I am a free man, and thought I had a right to choose a wife; but if I had known Molly was not allowed to have a husband, I should not have asked her to marry me.'"[44] Mary wird ausge-

---

41 Fox-Genovese, Household, wie Anm. 5, 326 f. Zu Widerstandsformen von Sklavinnen vgl. v. a. Eugene D. Genovese, Roll, Jordan, Roll. The World the Slaves Made, New York 1974; Betty Wood, Some Aspects of Female Resistance to Chattel Slavery in Low Country Georgia, 1763–1815, in: The Historical Journal, 30 (1987), 603–622 (Reprint in: Finkelman, Women, wie Anm. 6, 423–442).
42 Alles in allem sahen Sklavinnen und Sklaven jedoch Selbstmord, Kindsmord oder Selbstverstümmelung selten als einzigen Ausweg aus ihrer Lage an.
43 History Prince, wie Anm. 26, 17.
44 History Prince, wie Anm. 26, 17.

peitscht und bringt ihre Erbitterung darüber zum Ausdruck: „I thought it very hard to be whipped at my time of life for getting a husband – I told her [Mrs. Wood, der Besitzerin] so. She said that she would not have nigger men about the yards and premises, or allow a nigger man's clothes to be washed in the same tub where hers were washed. She was fearful, I think, that I should lose her time, in order to wash and do things for my husband."[45] Der Status der Sklaverei belastete auch diese Ehe: „I had not much happiness in my marriage, owing to my being a slave. It made my husband sad to see me so ill-treated. Mrs. Wood was always abusing me about him. … However, Mr. Wood afterwards allowed Daniel to have a place to live in our yard, which we were very thankful for."[46] Als Mary Prince ihre Besitzer nach England begleitet, gelingt ihr dort die Flucht. Der angegebene Zweck der Lebenserzählung ist, durch den Erlös Mary die Rückkehr zu ihrem Ehemann zu ermöglichen.

Wenden wir uns nun wieder Harriet Jacobs zu. Auch sie widersetzt sich dem System der Sklaverei – in diesem Fall sexuellen Zudringlichkeiten – mit einer aus freien Stücken eingegangenen Verbindung. Als Norcom/Flint ankündigt, Jacobs/Brent ein eigenes Haus, wo sie als seine Geliebte leben soll, zu bauen, damit sie nicht der Eifersucht seiner Frau ausgesetzt sei, verfällt Jacobs/Brent darauf, sich einen jungen weißen Anwalt, den späteren Kongressabgeordneten Samuel T. Sawyer/im Buch Sands, als Geliebten zu nehmen. Diese Darstellung der sexuellen Beziehung zu einem Weißen ist im Kanon der „slave narratives" einzigartig, und es interessiert hier besonders die Frage, wie Jacobs diese ihre Entscheidung dem Lesepublikum des 19. Jahrhunderts darbrachte.

Die Vorgeschichte der Liebesbeziehung ist die einer Eskalation der Zudringlichkeiten Dr. Norcoms/Flints, der laut Jacobs/Brent mindestens elf Kinder aus Verhältnissen mit Sklavinnen gehabt habe. Seine Belästigungen werden nach der Ablehnung der von Jacobs/Brent ursprünglich gewünschten Ehe schlimmer, aber, wie einleitend erwähnt, den Konventionen des 19. Jahrhunderts entsprechend nicht näher beschrieben. Es ist ausschließlich von unzüchtigen Einflüsterungen – „foul words", „words that scathed ear and brain like fire" – die Rede.[47] In der Rechtfertigung ihrer Wahl eines weißen Geliebten setzt Jacobs/Brent mehrere Diskurse ein, die ihre Entscheidung mit strukturellen Bedingungen verflechten. Besonders hebt sie die Scham über ihre den moralischen Konventionen entgegengesetzte Handlung hervor.[48] Dabei

---

45 History Prince, wie Anm. 26, 18.
46 History Prince, wie Anm. 26, 18.
47 Jacobs, Incidents, wie Anm. 1, 18, 27. Deborah M. Garfield hat eindrucksvoll darauf hingewiesen, welche Rolle das Hören bzw. das Ohr als Alternative für die Darstellung von sexuellen Zudringlichkeiten spielt. Deborah M. Garfield, Earwitness: Female Abolitionism, Sexuality, and *Incidents in the Life of a Slave Girl*, in: dies./Zafar, Jacobs, wie Anm. 26, 100–130.
48 Für Ann Taves, Spiritual Purity and Sexual Shame: Religious Themes in the Writings of Harriet Jacobs, in: Church History, 56 (1987), 59–72, stehen diese Äußerungen der Scham, die sich auch in Jacobs' Briefen an Amy Post finden, teilweise außerhalb des Bereichs der Konvention des 19. Jahrhunderts.

spricht sie ihre Leserinnen und Leser direkt im Stil der populären Verführungsromane jener Zeit an und bittet sie um Verzeihung für ihre Schuld:[49]

> And now, reader, I come to a period in my unhappy life, which I would gladly forget if I could. The remembrance fills me with sorrow and shame. It pains me to tell you of it; but I have promised to tell you the truth, and I will do it honestly, let it cost me what it may. I will not try to screen myself behind the plea of compulsion from a master; for it was not so. Neither can I plead ignorance or thoughtlessness. For years, my master had done his utmost to pollute my mind with foul images, and to destroy the pure principles inculcated by my grandmother, and the good mistress of my childhood. The influences of slavery had had the same effect on me that they had on other young girls; they had made me prematurely knowing, concerning the evil ways of the world. I knew what I did, and I did it with deliberate calculation.[50]

Die Verführung begründet sie mit dem schmeichelhaften Interesse eines Weißen für sie, der zudem unverheiratet ist, wodurch das Unrecht gegenüber einer Beziehung mit dem verheirateten Sklavenherrn geringer erscheine. Leidenschaftliche Liebe wird nicht als Motiv angegeben, Jacobs/Brent schreibt nur von einem „zarten Gefühl" – „a more tender feeling". Jacobs/Brent ist nicht die passiv Verführte, sondern gibt ihre eigene und freie Entscheidung zu diesem Schritt, den sie immerhin als nur 15/16jährige ging, sehr selbstbewusst zu: „I knew what I did, and I did it with deliberate calculation." Schon zu Beginn ihrer Erzählung hatte sie sich mit der Betonung, eine hellhäutige Mulattin zu sein, eine besondere Stellung in der Sklavengesellschaft zugesprochen. Damit entspricht ihre Erzählung nicht den gängigen Schemata der Verführungsgeschichte, nach denen die Frau als Opfer zerstört wird,[51] denn in der Rückschau ist sie das Opfer spezifischer Bedingungen, die der beschützten Kindheit und dem rechtlich geschützten Heim ihrer Leserinnen entgegengesetzt sind:

> But, O, ye happy women, whose purity has been sheltered from childhood, who have been free to choose the objects of your affection, whose homes are protected by law, do not judge the poor desolate slave girl too severely! If slavery had been abolished, I, also, could have married the man of my choice; I could have had a home shielded by the laws; and I should have been spared the painful task of confessing what I am now about to relate; but all my prospects had been blighted by slavery.[52]

---

49 Yellin, Introduction, in: Jacobs, Incidents, wie Anm. 1, xiv, xxi.
50 Jacobs, Incidents, wie Anm. 1, 53 f.
51 Yellin, Introduction, wie Anm. 49, 1.
52 Jacobs, Incidents, wie Anm. 1, 53 f.

Jacobs/Brent betont, dass sie durch ihren Status und ihre Erfahrungen als Sklavin gar nicht in der Lage ist, dem Ideal der Reinheit und Unschuld einer ehrenhaften Frau zu entsprechen. Ihr Scheitern ist damit nicht ein individuelles, sondern ein vom System bedingtes – ihr Handeln wird politisiert:[53]

> Pity me, and pardon me, O virtuous reader! You never knew what it is to be a slave; to be entirely unprotected by law or custom; to have the laws reduce you to the condition of a chattel, entirely subject to the will of another. You never exhausted your ingenuity in avoiding the snares, and eluding the power of a hated tyrant; you never shuddered at the sound of his footsteps, and trembled within hearing of his voice. I know I did wrong. No one can feel it more sensibly than I do. The painful and humiliating memory will haunt me to my dying day. Still, in looking back, calmly, on the events of my life, I feel that the slave woman ought not to be judged by the same standard as others.[54]

Der Diskurs des korrumpierenden Systems der Sklaverei war zu dieser Zeit in der Antisklavereibewegung bereits gängig und wurde zum Beispiel von Harriet Beecher Stowe in ihrem Buch „Uncle Tom's Cabin" eingesetzt.

Jacobs/Brent stellt sich jedoch nicht nur als Opfer einer Verführung und der Sklaverei dar. Sie ist deutlich stolz darauf, dass sie sich die Freiheit nimmt, einen Liebhaber selbst zu wählen, der sie noch dazu nicht kontrollieren kann: „It seems less degrading to give one's self, than to submit to compulsion. There is something akin to freedom in having a lover who has no control over you, except that which he gains by kindness and attachment."[55] Ihre Rechtfertigung intendiert, als Mensch mit freiem Willen wahrgenommen zu werden und dies in ihrem „Krieg"[56] gegen Dr. Norcom/Flint geltend zu machen: „I knew nothing would enrage Dr. Flint so much as to know that I favored another; and it was something to triumph over my tyrant even in that small way."[57] Ihr „freies" Handeln widerspricht sowohl ihrem Status als Sklavin als auch dem Geschlechterideal der weißen nordamerikanischen Gesellschaft, nach dem sich Frauen Männern unterzuordnen hatten. Dr. Norcom/Flint reagiert aggressiv mit Beleidigungen und Schlägen, lässt Jacobs/Brent den Kopf kahl scheren, misshandelt ihre Kinder und schickt sie schließlich zur Strafe mit den Kindern auf die Plantage seines Sohnes. Jacobs/Brent flieht und versteckt sich im Haus ihrer Großmutter auf dem sehr engen Dachboden – laut eigener Aussage sieben Jahre lang und ohne Kontakt zu

---

53 Vgl. Hazel Carby, Reconstructing Womanhood, New York/Oxford 1987.
54 Jacobs, Incidents, wie Anm. 1, 55 f.
55 Jacobs, Incidents, wie Anm. 1, 54 f.
56 Jacobs, Incidents, wie Anm. 1, 19.
57 Jacobs, Incidents, wie Anm. 1, 55.

ihren beiden Kindern, die sie nur durch eine Luke beobachten kann. Die Kinder waren inzwischen von ihrem Vater Sawyer/Sands gekauft und bei Jacobs'/Brents Großmutter, einer Bäckerin, die sich freigekauft hatte, untergebracht worden. 1842 gelingt Jacobs/Brent die Flucht in den Norden, wohin sie ihre Kinder nachholen kann.

Dass es Dr. Norcom/Flint nicht gelingt, die volle Gewalt über Jacobs/Brent zu erlangen, demütigt ihn in seiner Eifersucht weit über den finanziellen Verlust ihrer Person hinaus und stellt vor allem seine Identität als Herr über Sklave und Sklavin infrage,[58] wie seine wiederholten Versuche, sie auch nach ihrer Flucht in den Norden zurückzuerhalten, zeigen. Nominell gehörte Jacobs/Brent nämlich noch der inzwischen erwachsenen Tochter Dr. Norcoms/Flints. Durch das Fugitive Slave-Gesetz von 1850, das die Rückführung entflohener Sklaven und Sklavinnen aus dem Norden erlaubte, befand sie sich also in einer prekären Lage, die erst durch den Freikauf seitens ihrer nunmehrigen Arbeitgeberin beendet wurde.

Harriet Jacobs/Linda Brents Handeln erinnert letztendlich an das zentrale Motiv der von männlichen Sklaven geschriebenen „slave narratives" – die Liebe zur Freiheit („love of freedom", „love of liberty").[59] Während die Lebensbeschreibungen männlicher Sklaven diese „Liebe zur Freiheit" allerdings mit ihrer Flucht aus der Sklaverei verwirklichen,[60] wählt Jacobs/Brent vorerst einen anderen Weg. Sie beabsichtigt ganz pragmatisch, später gemeinsam mit ihren Kindern von ihrem selbst gewählten Liebhaber freigekauft zu werden.[61] Obwohl Jacobs/Brent damit ihren eigenen Willen durchsetzt, bleibt es der Schritt einer Sklavin, die der sexuellen Ausbeutung nicht entkommen kann und damit sukzessive andere Menschen – die neugeborenen Kinder – involviert. Hinsichtlich ihrer Freiheit und jener ihrer Kinder ist sie wieder von dem guten Willen eines Vertreters der Sklavenhalterschicht abhängig, um ihre tatsächliche Freilassung zu erreichen. Die Äußerung eines „freien Willens" bleibt im doppelten Kontext des Status der Sklaverei und des weiblichen Geschlechts letztlich nur beschränkt wirksam.

---

58 Für die Herausforderung der Identität des Sklavenhalters vgl. Smith, Subjectivity, wie Anm. 22, 38.

59 Vgl. hierzu Stephanie A. Smith, The Tender of Memory. Restructuring Value in Harriet Jacobs's *Incidents in the Life of a Slave Girl*, in: Garfield/Zafar, Jacobs, wie Anm. 26, 251–274, hier 252–257.

60 Douglass, Life, wie Anm. 36; Narrative of William W. Brown, an American Slave, London 1849; Twelve Years a Slave. Narrative of Solomon Northup, a Citizen of New-York, Kidnapped in Washington City in 1841, and Rescued in 1853, Auburn 1853.

61 Stilistisch beeindruckend ist hier der Bruch in der Erzählung unmittelbar nach der Betonung von Freiheit und Rache.

Die Mutterliebe

Wie Harriet Jacobs' Lebensbericht zeigt, ist jede Willensäußerung der Sklavin eng mit dem Schicksal ihrer Kinder verwoben. Im Gegensatz zum Beispiel zu Frederick Douglass' Erzählung, in der er seine Entscheidungsfreiheit als wesentliches Merkmal seiner Männlichkeit hervorhebt,[62] betrifft Harriet Jacobs' Handeln nicht nur sie individuell, sondern umfasst auch ihre Kinder. Als Basis der Mutter-Kind-Beziehung wird in den Selbstzeugnissen von Sklavinnen die Liebe hervorgehoben. Die Mutterliebe entsprach dabei nicht nur dem Ideal der nordamerikanischen weißen Gesellschaft, sondern war auch von afrikanischen Kulturtraditionen geprägt.[63] Tatsächlich scheinen die Bindungen zwischen Müttern und ihren Kindern in der Sklaverei oft stärker als jene zwischen Vätern und ihrem Nachwuchs gewesen zu sein.[64] Väter gehörten nicht immer den Kernfamilien an, weil sie verkauft wurden oder von vornherein auf anderen Plantagen lebten. Mütter sicherten also meist die Kontinuität der Familie. Nur eine Minderheit der Sklavinnen und Sklaven erlebte eine Kindheit in einer Großfamilie. Nordamerikanische Sklavinnen gebaren in ihrem Leben im Durchschnitt sieben Kinder, die im Vergleich zu den Sklavenregionen der Karibik und Südamerikas bessere Überlebenschancen hatten.

Wieder gilt hier die Frage, inwieweit es sich bei der evozierten Mutterliebe um ein Einbetten in einen gängigen Diskurs handelt. Charakteristisch für die Selbstzeugnisse von Sklavinnen ist die deutliche Absicht, ihr Recht auf mütterliche Emotionen – und damit auf das Menschsein – zu deklarieren. Von der weißen Gesellschaft Nordamerikas konnte nämlich die Mutterliebe angesichts des Paradoxons, durch die Geburt die eigenen Kinder freiwillig der Sklaverei zu überantworten, in Frage gestellt werden, wie Olive Gilbert in ihrer ironisierenden und Sojourner Truth auch diffamierenden Darstellung suggeriert:

> In process of time, Isabella found herself the mother of five children, and she rejoiced in being permitted to be the instrument of increasing the property of her oppressors! Think, dear reader, without a blush, if you can, for one moment, of a mother thus willingly, and

---

62 Vgl. Leverenz, Self-Refashioning, wie Anm. 36, 360–367.
63 Zur Situation von Kindern in der Sklaverei vgl. Wilma King, Stolen Childhood. Slave Youth in Nineteenth-Century America, Bloomington/Indianapolis 1995.
64 Zur Geschichte der Sklavenfamilie vgl. u. a. E. Franklin Frazier, The Negro Slave Family, in: Journal of Negro History, 15 (1930), 198–259 (Reprint in: Finkelman, Women, wie Anm. 6, 42–103); Herbert G. Gutman, The Black Family in Slavery and Freedom, 1750–1925, New York 1976; Robert W. Fogel u. Stanley L. Engerman, Recent Findings in the Study of Slave Demography and Family Structure, in: Sociology and Social Research, 63 (1979), 566–589 (Reprint in: Finkelman, Women, wie Anm. 6, 104–127); Ann Patton Malone, Sweet Chariot. Slave Family and Household Structure in Nineteenth-Century Louisiana, Chapel Hill, N.C. 1992.

with pride, laying her own children, the ‚flesh of her flesh,' on the altar of slavery – a sacrifice to the bloody Moloch! But we must remember that beings capable of such sacrifices are not mothers; they are only ‚things,' ‚chattels,' ‚property.' But since that time, the subject of this narrative has made some advances from a state of chattelism towards that of a woman and a mother; and she now looks back upon her thoughts and feelings there, in her state of ignorance and degradation, as one does on the dark imagery of a fitful dream.[65]

Jacobs'/Brents Reflexion über die Geburt ihrer Tochter widerspricht Gilberts Einschätzung, der Sklavenmutter sei die Bedeutung der Reproduktion im System der Sklaverei nicht bewusst: „When they told me my new-born babe was a girl, my heart was heavier than it had ever been before. Slavery is terrible for men; but it is far more terrible for women. Superadded to the burden common to all, they have wrongs, and sufferings, and mortifications peculiarly their own."[66] Die Sklaverei erlaubt aber nicht, den gesellschaftlichen Ansprüchen – in diesem Fall an die Mutter – gerecht zu werden. Dem Ideal der lebensspendenden Mutterliebe setzt Jacobs/Brent besonders krass die Lage der Sklavenmutter entgegen, wenn sie ihrem kranken Sohn den Tod herbeiwünscht: „Alas, what mockery it is for a slave mother to try to pray back her dying child to life! Death is better than slavery."[67]

Wie sehr der Sklavenmutter eine erfüllende und unbelastete Mutterliebe durch das System der Sklaverei verwehrt wird, illustriert Jacobs, wenn sie das Verbindende der Mutterschaft und mütterlicher Emotionen bei ihren Leserinnen in den Nordstaaten anspricht, das jedoch am Neujahrstag, dem Verkaufstag für Sklaven, durch ein kontrastierendes Schicksal aufgebrochen wird:

O, you happy free women, contrast *your* New Year's day with that of the poor bondwoman! With you it is a pleasant season, and the light of the day is blessed. Friendly wishes meet you every where, and gifts are showered upon you. Even hearts that have been estranged from you soften at this season, and lips that have been silent echo back, „I wish you a happy New Year." Children bring their little offerings, and raise their rosy lips for a caress. They are your own, and no hand but that of death can take them from you.

---

65   Gilbert, Narrative, wie Anm. 35, 37 f.
66   Jacobs, Incidents, wie Anm. 1, 77; ähnlich Narrative Veney, wie Anm. 33, 26.
67   Jacobs, Incidents, wie Anm. 1, 62. Inwieweit Infantizid eine reale Widerstandsoption für Sklavinnen war, ist vor allem seit dem Erscheinen des Romans *Beloved* 1987, in dem Toni Morrison die Erinnerungen an den Kindsmord einer entflohenen Sklavin verarbeitet, thematisiert worden. Vgl. Elizabeth Fox-Genovese, Unspeakable Things Unspoken. Ghosts and Memories in the Narratives of African-American Women, Mona 1993, 4 f; Wilma King, „Suffer With Them Till Death": Slave Women and Their Children in Nineteenth-Century America, in: Gaspar/Clark-Hine, Chattel, wie Anm. 5, 147–168.

But to the slave mother New Year's day comes laden with peculiar sorrows. She sits on her cold cabin floor, watching the children who may all be torn from her the next morning; and often does she wish that she and they might die before the day dawns. She may be an ignorant creature, degraded by the system that has brutalized her from childhood; but she has a mother's instincts, and is capable of feeling a mother's agonies.[68]

Die innere Allianz mit der „weißen" Mutter hat somit ihre Grenzen, eine „weiße" Mutter werde nie die Gefühle einer Sklavenmutter nachempfinden können.[69]

Die Trennung der Kinder von ihren Müttern wird in den Selbstzeugnissen der Sklavinnen immer wieder als besonders traumatisch beschrieben und stellt somit ein wesentliches Motiv im Antisklavereidiskurs dar.[70] Sklavenmütter bemühten sich, ihre Kinder zu behalten oder wenigstens in der Nähe zu haben. Bethany Veney gelang es zum Beispiel durch Tricks, nicht versteigert zu werden. Sie durfte dann auf einer Farm in der Nähe ihrer Tochter bleiben.[71] Die Befreiung der Kinder – wie auch jene anderer naher Verwandter – war aber das Hauptziel. So beschreibt Harriet Jacobs den Einsatz ihrer Großmutter zur Befreiung deren jüngsten Sohnes als „her work of love".[72] Auch Jacobs/Brent selbst geht es vorrangig darum, ihre Kinder frei zu bekommen und sie nach ihrer Flucht bei sich im Norden zu haben.[73] Dafür harrt sie in ihrem engen und unbequemen Versteck aus. Dr. Norcom/Flint ist die Bedeutung der Kinder für sie völlig bewusst, wenn er versucht, diese als Druckmittel einzusetzen. Zwar warnt die Großmutter davor, die Kinder bei der Flucht im Stich zu lassen: „Nobody respects a mother who forsakes her children; and if you leave them, you will never have a happy moment."[74] Für Jacobs/Brent stellt sich die Flucht aber als einzige Mög-

---

68 Jacobs, Incidents, wie Anm. 1, 16.
69 Vgl. auch ihre Empfindungen beim Wiedersehen mit ihrem Sohn im Norden; Jacobs, Incidents, wie Anm. 1, 173. John Ernest, Motherhood Beyond the Gate. Jacobs's Epistemic Challenge in *Incidents in the Life of a Slave Girl*, in: Garfield/Zafar, Jacobs, wie Anm. 26, 179–198.
70 Vgl. z. B. Gilbert, Narrative, wie Anm. 35, 16; History Prince, wie Anm. 26, 3.
71 Narrative Veney, wie Anm. 33.
72 Jacobs, Incidents, wie Anm. 1, 24. Vgl. auch Lucy A. Delaney, From the Darkness Cometh the Light or Struggles for Freedom, St. Louis, Mo. c. 1891, die von der befreiten Mutter berichtet, die 1842 für die Freilassung ihrer Tochter vor Gericht geht, oder Gilbert, Narrative, wie Anm. 35, nach der Truth ihren Sohn durch ein Gerichtsverfahren befreit. Der Wunsch nach Zusammenführung der Familie erreichte nach dem Bürgerkrieg seinen Höhepunkt, als nach der Emanzipation eine allgemeine Suche nach Verwandten begann. Vgl. z. B. Annie L. Burton, Memories of Childhood's Slavery Days, Boston 1909; Kate Drumgoold, A Slave Girl's Story, Brooklyn 1898.
73 Für das Folgende vgl. Caroline Levander, „Following the Condition of the Mother": Subversions of Domesticity in Harriet Jacobs's *Incidents in the Life of a Slave Girl*, in: Nagueyalti Warren/Sally Wolff Hg., Southern Mothers. Fact and Fictions in Southern Women's Writing, Baton Rouge 1999, 28–38.
74 Jacobs, Incidents, wie Anm. 1, 91.

lichkeit dar, ihre Kinder aus der Sklaverei zu retten. Ihre Rechnung geht auf und Sawyer/Sands kauft seine Kinder frei.

Wenden wir uns den Erinnerungen der Sklavinnen an ihre Mütter zu, so herrscht das diskursive Schema der Mutterliebe vor, auch wenn sie die Mutter aufgrund einer frühen Trennung nicht gut gekannt haben können, wie im Fall von Jacobs/Brent. Andererseits ist das Trauma der Trennung verzeichnet, als deren Folge die Liebe zur Mutter auf ein neues Bezugsobjekt verschoben wird. Dies konnte die Großmutter oder – wie bei Harriet Jacobs und besonders Kate Drumgoold[75] – die scheinbar mütterliche weiße Besitzerin sein, die dann doch alle Hoffnungen enttäuscht und das Kind nicht freilässt. Es konnten aber auch religiöse Erfahrungen die Beziehung zur Mutter ersetzen und zur geistigen Flucht aus dem System verhelfen. So berichtet die Predigerin „Old Elizabeth", wie ihre Mutter sie nach dem Verkauf an eine andere Farm ermunterte, daran zu denken, dass sie nun niemanden mehr auf der Welt habe als Gott. Religiöse Visionen helfen ihr, diese Trennung zu akzeptieren. Dass ihre Liebe nun ganz Gott gilt, kommt in der Beschreibung ihrer Begegnung mit Christus zum Ausdruck: „I sprang forward and fell at his feet, giving Him all the thanks and highest praises, crying, Thou hast redeemed me – Thou hast redeemed me to thyself. I felt filled with light and love."[76] Ähnlich erlebt auch Sojourner Truth ihre Bekehrungsvision mit einem Gefühl voller Liebe.[77]

Resümee

Die Selbstzeugnisse nordamerikanischer Sklavinnen geben innerhalb des Antisklavereidiskurses einen Diskurs tragischer beziehungsweise unerfüllbarer Liebe wider. Unter den strukturellen Bedingungen der Sklaverei ist die unbeschwerte romantische Liebe nicht möglich. Liebesbeziehungen wie auch die – im Gegensatz zur heterosexuellen Liebe als dauerhaft beschriebene – Mutterliebe unterliegen der Willkür des Sklavenhalters, der Liebe verbieten, alle Liebenden trennen kann. Eine zutiefst menschliche Emotion wird jenen, die in diesem System als „Güter" deklariert sind, genommen. Der Liebesdiskurs ist in den Selbstzeugnissen der Sklavinnen aber nicht nur Opferdiskurs. Einerseits bietet die Übertragung von Liebe auf Gott und damit auf die religiöse Ebene, die nicht der Macht der Sklavenhalter unterliegt, die Möglichkeit der inneren Flucht. Andererseits wird Widerstand geleistet, in erster Linie, wenn die Familie involviert ist. Mütter werden zu Handelnden, wenn es um die Be-

---

75 Vgl. auch Fox-Genovese, Things, wie Anm. 67, 8; Drumgoold, Story, wie Anm. 72; Fleischner, Slavery, wie Anm. 12, 137–143.
76 Memoir of Old Elizabeth, a Coloured Woman, Philadelphia 1863, 6.
77 Gilbert, Narrative, wie Anm. 35, 67 f.

freiung ihrer Kinder geht. Seltener ist Widerstand hingegen im Bereich der heterosexuellen Liebe. Meist endet sie mit dem Verzicht auf den Geliebten. Mary Prince und noch deutlicher Harriet Jacobs/Linda Brent setzen jedoch mit einer Liebesbeziehung einen Gegenakzent, wobei anders als in vielen Erzählungen männlicher Sklaven die romantische Liebe in ihren Darstellungen nicht im Vordergrund steht. Es geht ihnen um das Schaffen eines autonomen Lebensraumes, um die Konstatierung ihres freien Willens. Gerade in den Beschreibungen dieses Handelns treten ihre Texte aus den diskursiven Repräsentationen von Liebe heraus. Zwar greift Jacobs auch in der Darstellung ihres Widerstandes zu Vorlagen männlicher Sklavenhelden und modifiziert sie, so um sie zum weiblichen Rollenideal der Mutter in Beziehung zu setzen. Sie demonstriert aber ihre Individualität, wenn sie im Widerstand gegen sexuelle Gewalt eine Strategie wählt, die nicht den gesellschaftlichen Rahmenidealen entspricht, dabei aber sehr wohl geschlechtsgebunden ist, und die Intentionalität dieser Strategie offen deklariert.

Stefanie Schüler-Springorum

Liebe im Ausnahmezustand

Geschlechterbeziehungen im jüdischen Widerstand in Osteuropa

Eines der eindrucksvollsten Bücher zum jüdischen Widerstand in Osteuropa ist die poetische Dokumentation eines Gesprächs mit Marek Edelman, einem der Anführer des Warschauer Ghettoaufstands. An einer Stelle fragt ihn die Autorin Hanna Krall nach der Liebe im Ghetto. Edelmans Antwort lautet:

> Ob die Menschen sich geliebt haben? Weißt du, mit jemandem zusammen zu sein, war die einzige Möglichkeit, im Ghetto zu leben. Der Mensch schloss sich irgendwo mit einem anderen Menschen ein, im Bett, im Keller, wo auch immer, und war bis zur nächsten Aktion nicht mehr allein. Dem einen wurde die Mutter weggeholt, dem anderen der Vater an Ort und Stelle erschossen oder die Schwester per Transport fortgeschafft; wenn jemand wie durch ein Wunder hatte fliehen können und noch lebte, musste er sich an einen anderen lebendigen Menschen anschließen.[1]

Aussagen wie diese finden sich nur sehr selten in den zahlreichen, mittlerweile auch in deutscher Sprache vorliegenden Veröffentlichungen, die sich mit dem Widerstand gegen den deutschen[2] Massenmord an den europäischen Juden auseinandersetzen.[3] Das Thema „Liebe" ist dort, gewissermaßen als Subtext, zwar regelmäßig präsent, was nicht zuletzt mit den in

---

1 Hanna Krall, Schneller als der liebe Gott, Frankfurt a. M. 1980, 65 (Neuauflage unter dem Titel: Dem Herrgott zuvorkommen, Frankfurt a. M. 1992).
2 Das Adjektiv „deutsch" ist an dieser Stelle bewusst gewählt, um die Perspektive der Opfer deutlich zu machen, für die es in erster Linie „die Deutschen" waren, die sie verfolgten und ermordeten und denen es egal war, bis zu welchem Grad ihre Peiniger nun mit dem nationalsozialistischen Gedankengut übereinstimmten oder nicht. Dies bedeutet keineswegs, dass die Täterschaft anderer Nationalitäten, wie z. B. der Österreicher verharmlost werden soll.
3 Neben Einzeldarstellungen und Erinnerungen gibt es weiterhin nur wenige Gesamtdarstellungen, die wissenschaftlichen Ansprüchen genügen. Die profundeste Auseinandersetzung mit zahlreichen Facetten des Themas „Widerstand" finden sich in einem 30 Jahre alten Konferenzband: Yad Vashem Hg., Jewish Resistance during the Holocaust, Jerusalem 1971; bei Lucien Steinberg, Le Révolte des Justes. Les Juifs contre Hitler 1933–1945, Paris 1970 u. bei Michael R. Marrus Hg., Jewish Resistance to the Holocaust, London 1989. Eine konzise Zusammenfassung der Probleme des bewaffneten Widerstands bietet: Yitzhak Arad, Jewish Armed Resistance in Eastern Europe. Its Characteristics and Problems, in: Yisrael Gutman u. Livia Rothkirchen Hg., The Catastrophe of European Jewry. Antecedents, History, Reflections, Jerusalem 1976, 490–517. Die umfassendste Zusammenstellung der bekannten Fakten liefert: Reuben Ainsztein, Jü-

verschiedenen Widerstandsgruppen zahlreich existierenden Paaren zu tun hat. In der wissenschaftlichen Beschäftigung mit dem Widerstand wird dieses Thema jedoch zumeist ausgeklammert. Und dies scheint vielleicht noch mehr für die Geschichtsschreibung über den jüdischen Widerstand zu gelten, ganz so, als wären derartige „Gefühlsduseleien" angesichts des Massenmordes unstatthaft und nicht – wie das obige Zitat andeutet – oft die Grundlage des Überlebens und Widerstehens gewesen. Diesem unausgesprochenen Tabu scheinen sich auch die Beteiligten selbst verpflichtet gefühlt zu haben, denn das ‚Private' wird in den Selbstzeugnissen von Männern und Frauen, vor allem in den direkt nach dem Krieg verfassten, kaum je thematisiert. Erst später, als ältere Menschen, konnten sie den Gefühlen und Beziehungen unter- und zueinander auch öffentlich mehr Raum zugestehen, so dass sich solche „Alterswerke" oder späte Interviews oftmals deutlich von den frühen Berichten unterscheiden.⁴

Im Folgenden soll der Bedeutung und der Funktion der Liebe – oder allgemeiner gesprochen der Geschlechterbeziehungen (mit Betonung auf dem Wort *Beziehung*) in zwei unterschiedlichen historischen Kontexten nachgegangen werden, in denen jüdische Frauen und Männer in Osteuropa Widerstand gegen die Vernichtungspolitik leisteten: Dies sind zum einen die Untergrund-Organisationen in den Ghettos, zum anderen die weniger bekannten so genannten „Familienlager", also die spontanen Zusammenschlüsse von in die Wälder geflüchteten Männern, Frauen und Kindern.

In den Ghettos

Um die Geschichte der jüdischen Widerstandsgruppen in den Ghettos der osteuropäischen Städte zu verstehen, muss man in die Zeit vor dem Krieg, vor der deutschen Besatzung

---

discher Widerstand im deutschbesetzten Osteuropa während des Zweiten Weltkrieges, Oldenburg 1995; zum Problem der deutschen „Entdeckung" des Themas in den neunziger Jahren: Stefanie Schüler-Springorum, Neue Veröffentlichungen zu Verfolgung und Widerstand der europäischen Juden, in: Internationale wissenschaftliche Korrespondenz zur Geschichte der Arbeiterbewegung, 31 (1995), 538–549.

4 Besonders auffällig ist dies beim Vergleich des frühen Berichts von Marek Edelman und seinen späteren Äußerungen in verschriftlichten Interviews: Marek Edelman, Das Ghetto kämpft. Warschau 1941–43, Berlin 1993 (poln. Orig. 1945) und seine Schilderungen bei Krall, Gott, wie Anm. 1, und bei: Rudi Assuntino u. Wlodek Goldkorn, Der Hüter. Marek Edelman erzählt, München 2002. Ähnlich auch das in der Haft verfasste Tagebuch von Gusta Davidsohn-Draenger im Vergleich zu den späteren Bemerkungen ihres Kampfgefährten Poldek Maimon über die gleiche Zeit, in: Jochen Kast u. a. Hg., Das Tagebuch der Partisanin Justyna. Jüdischer Widerstand in Krakau, Berlin 1999 (poln. Orig. 1946), dort (208 f) im Nachwort der Herausgeber auch Interviewausschnitte mit Maimon. Weitere Beispiele für frühe Berichte bei: Marie Syrkin, Blessed is the Match. The Story of Jewish Resistance, London 1948 und Chaika Grossman, Die Untergrundarmee. Der jüdische Widerstand in Bialystok. Ein autobiographischer Bericht, Frankfurt a. M. 1993 (hebr. Orig. 1948).

zurückgehen. In der jüdischen Jugendbewegung der Zwischenkriegsjahre hatte sich ein deutlicher generationeller Bruch vollzogen, und dies galt für alle Gruppierungen des linken politischen Spektrums, für Zionisten genauso wie für die Anhänger des *Bund*, der größten politischen Bewegung der osteuropäischen Juden.[5] Die dort engagierten Jugendlichen grenzten sich bewusst sowohl von der traditionellen jüdischen Gesellschaft als auch vom bürgerlichen Familienleben in den Großstädten ab und postulierten neue Formen des Zusammenlebens, die egalitäre Geschlechterbeziehungen mit einschlossen. Oft blieb es nicht bei bloßer Theorie: Viele junge Frauen und Männer waren von zu Hause ausgezogen und lebten in Wohngemeinschaften zusammen, die sie Kibbuzim nannten und in denen sie versuchten, ihre Ideale in die Praxis umzusetzen.[6]

Der Ausbruch des Krieges änderte zunächst nichts an den in den Jugendgruppen gewachsenen Beziehungen, wohl aber kam den Jugendlichen bald eine völlig neue Rolle innerhalb der jüdischen Gemeinschaft zu. Vor allem in den Großstädten – Warschau, Krakau oder Bialystok, später galt dies auch für Wilna – war nach dem Einmarsch der Deutschen ein Machtvakuum innerhalb der jüdischen Gemeinden entstanden, denn fast die gesamte Führungselite der jüdischen Parteien war ins Ausland, in die Sowjetunion, in den Westen oder nach Palästina geflüchtet. Folglich wurden die von den Deutschen eingerichteten „Judenräte" häufig mit Personen besetzt, die bisher kaum Verbindungen zu den Gemeinden gehabt hatten. Gleichzeitig beorderten die verschiedenen Gruppen der Jugendbewegung zahlreiche ihrer sich schon im sicheren Ausland – das war zu jenem Zeitpunkt vor allem die Sowjetunion – befindenden Mitglieder wieder zurück ins besetzte Polen, damit sie dort die politische Arbeit im Untergrund fortsetzten. Obgleich sie ihre Aktivitäten zunächst als Fortführung der traditionellen Gruppenarbeit planten, begannen die Jugendlichen nach und nach, das entstandene Machtvakuum zu füllen und Verantwortung für die jüdische Gemeinschaft als Ganzes zu übernehmen. Dieser Prozess lief keineswegs reibungslos und in jeder Stadt unterschiedlich ab: So kam es in allen größeren Ghettos zu Konflikten mit der offiziellen Führungsriege der Judenräte, und auch intern dauerte es oft Monate, bis die ideologischen Unterschiede zwischen den Jugendlichen der verschiedenen politischen Gruppierungen überwunden waren und man sich zu einheitlichen „Kampf-Organisationen" zusammenfand.[7]

---

5   Vgl. allg. Yisrael Gutman u. a., The Jews of Poland Between Two World Wars, Brandeis 1989; zum Bund: Gertrud Pickhan, „Gegen den Strom". Der Allgemeine Jüdische Arbeiterbund „Bund" in Polen 1918–1939, Stuttgart 2001.
6   Vgl. die Schilderung in den autobiographischen Berichten, z. B. bei: Yitzhak Zuckerman, A Surplus of Memory. Chronicle of the Warsaw Ghetto Uprising, Berkeley 1993, 1–36; Grossmann, Untergrundarmee, wie Anm. 4, 23–85; Kast, Tagebuch, wie Anm. 4, 146–153.
7   Yisrael Gutman, Youth Movements in the Underground and the Ghetto Revolts, in: Yad Vashem, wie Anm. 3, 260–281; zum Problem der Judenräte vgl. Isaiah Trunk, Judenrat. The Jewish Councils in Eastern

Die Vorkriegs-Wohngemeinschaften wurden zu Untergrundzellen, und die jungen Frauen partizipierten in gewohnter Weise wie die Männer an den nun anstehenden Diskussionen, Entscheidungsprozessen und Widerstandshandlungen bis hin zum bewaffneten Aufstand. In den offiziellen Führungsgremien jedoch waren vorwiegend, zum Teil ausschließlich Männer vertreten. Dabei hing der Grad der weiblichen Teilhabe auch von der politischen Ausrichtung der jeweiligen Gruppe ab: So fällt die größere Egalität in den linkszionistischen Gruppen wie *HaShomer Hazair* oder *Dror* auf, während die liberal-zionistische *Akiba* oder die Jugendorganisationen des *Bundes*, einer traditionellen Partei, stärker männlich dominiert waren.[8]

Die – sowohl im Vergleich zur traditionellen jüdischen Gesellschaft wie auch zur polnischen Umwelt – in jedem Fall bemerkenswert gleichberechtigte Übernahme von Verantwortung wurde von den Beteiligten aufgrund der gemeinsamen Vorgeschichte jedoch nicht als außergewöhnlich empfunden. So ist zum Beispiel Vera Laskas Antwort auf eine entsprechende, feministisch inspirierte Frage ganz typisch für diese Generation der früh von der Jugendbewegung geprägten Frauen: „Ich persönlich habe mich nicht besonders als Frau gefühlt oder dass ich irgendwie anders war als der Junge neben mir, der das Gleiche tat."[9]

Allerdings, dies muss hinzugefügt werden, *taten* die jungen Frauen und Männer durchaus nicht immer das Gleiche – und so hatten die tendenziell egalitären Geschlechterbeziehungen in ihren Widerstandsgruppen wohl nicht nur mit den eigenen ideologischen Ansprüchen, sondern auch mit einer spezifischen Form der Arbeitsteilung zu tun. Während nämlich alle Tätigkeiten prinzipiell von Männern und Frauen ausgeführt werden sollten oder konnten, zwangen die äußeren Umstände den Geschlechtern unterschiedliche Rollen im Widerstand auf: Im urbanen Raum der Großstädte waren es gerade die Frauen, die in der Öffentlichkeit leichter illegal agieren konnten. Frauen waren unauffälliger als Männer, die schon aufgrund der Beschneidung schnell enttarnt werden konnten. Auch erschienen sie, aufgrund der Weiblichkeitsklischees in den Köpfen ihrer Feinde, erst einmal harmloser; sie konnten

---

Europe under Nazi Occupation, New York 1972; Yehuda Bauer, Jewish Leadership Reactions to Nazi Policies, in: ders. u. Nathan Rotenstreich Hg., The Holocaust as Historical Experience, New York 1981, 173–192. Eine umfassende Darstellung der Ghettos auf der Basis der bis heute erschienenen autobiographischen Berichte bietet: Gustavo Corni, Hitler's Ghettos. Voices from a Beleaguered Society 1939–1944, Oxford 2002.

8   Diesen Eindruck gewinnt man beim Vergleich der Erinnerungen von Chaika Grossmann (Hashomer Hazair) und Yitzhak Zuckerman (Dror) mit denen von Marek Edelman (Bund) und Gusta Davidsohn-Draenger (Akiba); alle zitiert in Anm. 4; dazu jetzt auch: Eli Tzur, The Forgotten Leadership: Women Leaders of the Hashomer Hatzair Youth Movement at Times of Crisis, in: Judith Tydor Baumel u. Tova Cohen, Gender, Place and Memory in the Modern Jewish Experience. Re-Placing Ourselves, London 2003, 51–66.

9   Zitiert bei: Esther Katz u. Joan M. Ringelheim Hg., Proceedings of the Conference on Women Surviving: The Holocaust, New York 1983, 59.

sich eher aus einer gefährlichen Situation herausreden oder flirten, wobei sie häufiger als in den Erinnerungen geschildert mit sexuellen Übergriffen konfrontiert gewesen sein dürften.[10]

Ihre größere Mobilität unter den Bedingungen der Besatzung bedeutete, dass es die Frauen waren, die die Kontakte zwischen den einzelnen Gruppen, ja Städten aufrecht erhielten, Verhandlungen führten, Fluchtwege und Verstecke vorbereiteten, Kassiber und Waffen schmuggelten. Kurz: Vor allem in den Städten war ihre Tätigkeit für den gesamten jüdischen Widerstand zentral.[11]

Gleichzeitig waren während des engen Zusammenlebens vielfältige Freundschafts- und Liebesbeziehungen entstanden, die von den Überlebenden später immer in ähnlichen Worten beschrieben wurden: „Wir waren eine Familie, Frauen und junge Männer, wir hatten die Nähe einer Familie",[12] betonte zum Beispiel Vladka Meed. Und auch Gusta Davidsohn-Draengers oder Chaika Grossmanns während oder kurz nach dem Krieg verfasste Berichte lesen sich wie eine große Ode an die Freundschaften in ihrer Gruppe, deren Intensität sich nach der Deportation von Eltern und Geschwistern noch verstärkte. Dabei wurden die zahlreichen existierenden Paarbeziehungen nicht oder nur am Rande erwähnt. Das Wort „Liebe" findet sich vor allem und zuallererst bei den Beschreibungen der vielen engen Freundschaften, die die jungen Männer und Frauen miteinander verbanden.[13] Noch verschwiegener ist man in Bezug auf homosexuelle Beziehungen, die es sicher auch gegeben haben wird, deren Offenlegung jedoch bis heute die allgemeine gesellschaftliche wie die Homophobie vieler ZeitzeugInnen entgegensteht.[14]

Wer auch immer sich wie liebte, sicher ist, dass die große Bindekraft der Gruppen, ihre auffallende Resistenz gegen Infiltration und Verrat, und nicht zuletzt ihr hoher moralischer Impetus auf den symmetrischen Beziehungen und tiefen Gefühlen zueinander beruhten. Der Grundstein dafür war in einer anderen Zeit gelegt worden. Unter den Bedingungen

---

10 Vgl. Grossman, Untergrundarmee, Anm. 4, 184–190, 340 f; Kast, Tagebuch, wie Anm. 4, 77, 93 und die Aussagen von Vladka Meed, Vera Laska und Helen Lewine in: Katz u. Ringelheim, Proceedings, wie Anm. 9, 63–65.

11 Ein eindrucksvoller zeitgenössischer Beleg für diese Einschätzung bei: Emanuel Ringelblum, Notes from the Warsaw Ghetto, New York 1974 (Taschenbuchversion der Originalausgabe von 1958), 273 f.

12 Zitiert bei: Katz u. Ringelheim, Proceedings, wie Anm. 9, 62 f.

13 Besonders auffällig ist der Kontrast zwischen der Schilderung der Liebe zur Gruppe und zum eigenen Partner bei Gusta Davidsohn-Draenger. Sie und ihr Mann Shimshon Draenger bildeten eines der großen Liebespaare des Widerstands, sie beschreibt ihn jedoch deutlich zurückhaltend, ja distanziert, was vermutlich auch mit den besonderen Umständen der Abfassung ihres Berichts in der Haft zu tun hat; vgl. Kast, Tagebuch, wie Anm. 4, 26, 39, 42 47 f, 93 f, 197–200.

14 Eine Ausnahme bilden die entsprechend umstrittenen Erinnerungen von Gad Beck, der als Mitglied einer jüdischen Jugendgruppe im Berliner Untergrund überlebte: Gad Beck, Und Gad ging zu David. Die Erinnerungen des Gad Beck, Berlin 1995. Vgl. auch die kontroverse Diskussion bei Katz u. Ringelheim, Proceedings, wie Anm. 9, 73 f, 90, 99 f.

von Verfolgung und Völkermord wuchs diesen Jugendlichen dann eine Rolle zu, in der das „Private" und das „Politische" miteinander zu verschmelzen schienen.

In den Familienlagern

Auch die eher zufällig entstandenen Familienlager[15] reproduzierten zunächst jene Geschlechterverhältnisse, in denen die dort versammelten Menschen in der Vorkriegszeit überwiegend gelebt hatten: also die einer männlich dominierten, religiös oftmals traditionell orientierten jüdischen Gesellschaft. Vor allem aus den kleinen Städten und Dörfern Ostpolens und Westrusslands flüchteten ab 1941/42 Männer, Frauen und Kinder, häufig als Familien, aber auch als Einzelpersonen, in die riesigen Wälder. Meist gehörte eine kleine Gruppe von bewaffneten Männern dazu, die das Lager beschützte, manchmal wurde diese Funktion auch von jüdischen Partisanen übernommen. Neben der Nahrungsbeschaffung war die Mobilität der Menschen das größte Problem, das vor allem die Familien mit kleinen Kindern betraf: Man musste ständig in der Lage sein, vor den deutschen Besatzern und polnischen oder ukrainischen antisemitischen Banden zu fliehen. Wie viele der so genannten „Waldjuden" ihren Verfolgern, den Krankheiten, der Kälte und dem Hunger zum Opfer fielen, ist unbekannt. Sicher ist nur, dass ihre Zahl in die Tausende geht, während umgekehrt mindestens 10.000 jüdische Frauen, Männer und Kinder durch das Phänomen der Familienlager gerettet wurden. Dabei variierte die Größe der Lager zwischen einigen wenigen Familien und den zirka 1.200 Menschen, die im größten Lager dieser Art unter Führung der Bielski-Brüder in Weißrussland überlebten. Über letzteres, das Bielski-Familienlager, hat Nechama Tec ein faszinierendes Buch geschrieben, das vor allem auf Interviews mit Überlebenden beruht.[16]

In diesen vielen unterschiedlichen, und zum Teil auch konträren Erzählungen wird eines ganz deutlich: in welch starkem Maße sowohl die mitgebrachten Werte und Normen als auch die Zwänge der Umgebung die Geschlechterbeziehungen in den Familienlagern prägten beziehungsweise neu formierten – und zwar in eine ganz andere Richtung als bei den

---

15 Vgl. Yitzhak Arad, Jewish Family Camps. An original Means of Rescue, in: Marrus, Resistance, wie Anm. 2, 219–239; Lester Eckman u. Chaim Lazar, The Jewish Resistance. The History of the Jewish Partisans in Lithuania and White Russia during the Nazi Occupation 1940–1945, New York 1977, 83–99; sowie die Zeitzeuginnenberichte von Byrna Bar Oni in: Vera Laska Hg., Women in the Resistance and in the Holocaust. The Voices of Eyewitnesses, Westport 1983, 271–278 u. Pesel Librant, In the Family Camp under Max's command, in: Jack Nusan Porter Hg., Jewish Partisans. A Documentary of Jewish Resistance in the Soviet Union during World War II, 2 Bde., London 1975, Bd. 2, 77–83.
16 Nechama Tec, Bewaffneter Widerstand. Jüdische Partisanen im Zweiten Weltkrieg, Gerlingen 1996.

Widerstandsorganisationen der Jugendbewegungen, die nach der Zerstörung der Ghettos als PartisanInnen oft in der Nähe der Familienlager weiter kämpften.[17]

In den Familienlagern herrschte zunächst einmal strikt die traditionelle geschlechtsspezifische Arbeitsteilung weiter fort: Frauen waren von allen Führungspositionen sowie von den Waffen ausgeschlossen, sie hatten sich um Nahrung, Kleidung und medizinische Pflege zu kümmern, und obgleich auch von diesen Tätigkeiten oftmals das Überleben der ganzen Gruppe abhing, war ihr sozialer Status gering. Hinzu kam die besondere Situation in den Wäldern: Angesichts des ungeheuren Verfolgungsdrucks, angesichts von Hunger, Kälte und Angst lösten sich die herkömmlichen gesellschaftlichen Strukturen schnell auf und es etablierte sich stattdessen eine Sozialformation, die einzig und allein auf dem Recht des Stärkeren beruhte. Körperliche Kraft, Mut und Durchhaltevermögen waren die Werte, die den sozialen Status des oder der Einzelnen bestimmten. Dies bedeutete, dass sich nicht nur Frauen, sondern auch schwache Männer – und dies waren meist die Gebildeten, Intellektuellen – am unteren Ende der sozialen Skala wiederfanden: „Wir Intellektuellen zählten nicht mehr", erinnert sich beispielsweise Cila Sawicki aus der Perspektive einer Frau, „wir waren deprimiert. Wir waren nicht viel wert. Sie lachten uns aus, … wir taugten nicht für diese Art Leben".[18] Dies bedeutete auch, dass solche Männer ihren früher durch ein gutes Einkommen garantierten Versorgungsaufgaben nicht mehr nachkommen konnten, denn im Wald bedeutete die Position am Ende der sozialen Skala vor allem eins: eine schlechtere Verpflegung mit Nahrung und Kleidung. Cila Sawicki fährt fort:

> Mein Mann hatte einfach kein Glück. Irgendwie kam ihm seine Extraration immer abhanden. Manchmal wurde sie von seinen Freunden gestohlen. Einmal legte er ein paar Laib Brot hinten auf dem Wagen ab, und das Pferd, das dem Wagen folgte, fraß sie alle auf. … [M]ein Mann hatte keine Ahnung, wie man mit einem Pferd umgeht. Er hatte vor dem Krieg Medizin studiert, zwei Jahre davon in Italien.[19]

Viele Männer in dieser Lage, aber auch viele Frauen wurden zu „Malbushim", zu apathischen, vor sich hinvegetierenden Gestalten. Allerdings hatten Männer zumindest theoretisch die Möglichkeit, ihren sozialen Status durch den Besitz einer Waffe zu erhöhen, das heißt über die Beteiligung am Kampf, vor allem an den gewagten Requirierungstouren,

---

17 Zu den Geschlechterbeziehungen bei den PartisanInnen im Allgemeinen und zu den Problemen jüdischer Frauen im Besonderen vgl. Nechama Tec, Frauen unter den Partisanen, in: Barbara Distel Hg, Frauen im Holocaust, Gerlingen 2001, 273–288; Stefanie Schüler-Springorum, Verfolgung und Widerstand jüdischer Frauen in Osteuropa, in: Christl Wickert Hg., Frauen gegen die Diktatur – Widerstand und Verfolgung im nationalsozialistischen Deutschland, Berlin 1995, 154–171.
18 Zitiert bei Tec, Widerstand, wie Anm. 16, 225.
19 Zitiert bei Tec, Widerstand, wie Anm. 16, 227.

langsam aufzusteigen. Frauen war dieser Weg qua Geschlecht versperrt; für sie gab es im Grunde nur eine Möglichkeit, ihre Situation zu verbessern: die Beziehung zu einem starken, Waffen tragenden Mann. Nechama Tec hat dies auf die einfache, atavistische Formel gebracht: „Je mächtiger der Mann, desto größer die Überlebenschance", und zwar nicht nur der Frau, sondern auch der von ihr abhängigen Kinder, jüngeren Geschwister oder alten Eltern.[20]

Die extreme Situation der Familienlager verdrehte also nicht nur die sozialen Maßstäbe, sondern auch die jeweiligen Chancen auf dem Liebes-Markt: Den überlebenstüchtigen jungen Männern der dörflichen Unterschicht standen nun alle Möglichkeiten offen und sie scheinen häufig gerade solche Frauen gewählt zu haben, von denen sie vor dem Krieg nur hätten träumen können: die ihnen also nach dem herkömmlichen sozialen Statusdenken weit überlegen waren. Solche – Tec nennt sie sozial „asymmetrische" – Ehen waren in den Wäldern offenbar sehr üblich. Sie schufen aber deutliches Unbehagen in der Waldgesellschaft, da sie so offensichtlich den gängigen Moralvorstellungen des „früheren Lebens", dem romantischen Liebesideal und vor allem der weiblichen Rolle darin widersprachen. Dies seien entweder rein sexuelle oder rein zweckrationale Beziehungen gewesen, sollte es später in den Interviews heißen, und vor allem den Frauen wurde damals wie heute vorgeworfen, sie hätten sich „verkauft". Jene wenigen, die sich nicht auf eine solche Beziehung eingelassen hatten und die versuchten, ohne Mann, aber durch „ehrbare" Arbeit, etwa als Krankenschwester durchzukommen, wurde sehr viel mehr Respekt entgegengebracht. Und noch Jahrzehnte später bemerkte Nechama Tec, dass auffallend viele ihrer Interviewpartnerinnen Wert auf eine Erzählung legten, in der zwischen der Entscheidung, sich einem Mann anzuschließen und dem ersten sexuellen Kontakt ein großer Zeitraum lag – ganz so, als könnten sie auch noch Jahrzehnte später nur so ihre Selbstachtung wahren.

Einen ähnlichen Rechtfertigungsdruck spürt man in der Geschichte von Lili Krawitz, die noch im Ghetto mit einem sozial weit unter ihr stehenden Mann eine Verbindung eingegangen und mit ihm in den Wald geflohen war:

Ich war jung, und wie so viele junge Frauen, hungrig nach Liebe. Und diese Männer gaben uns Liebe. Mein Mann sah es als besondere Auszeichnung an, eine angebliche überlegene Frau zu bekommen, er war mir dankbar dafür. Er war stolz, dass ich ihn wollte und behandelte mich sehr gut. Ich bin mir nicht sicher, ob er mich liebte oder nicht. ... Ich glaube nicht, dass sich Frauen für Nahrung verkauften, eher schon für Sicherheit. Während einer Razzia kümmerte sich jemand um sie, das war wichtig. Wir lebten in ständiger Furcht vor dem, was als nächstes passieren würde. Wie sollte man mit dieser Angst

---

20 Zitiert bei Tec, Widerstand, wie Anm. 16, 246.

ganz allein fertig werden? Ich bin nicht der Meinung, dass Frauen sich verkauften, aber Liebe war es wohl auch nicht.[21]

Wie mächtig die gesellschaftlichen Konventionen selbst in dieser Extremsituation, wie groß aber auch die Bindekraft des gemeinsam Er- und Überlebten waren, spricht aus den Worten einer anderen Frau aus dem Bielski-Lager: „Ich bin nur deshalb seine Frau geworden, weil er mich retten wollte. Erwähnen Sie bitte meinen Namen nicht. Vor dem Krieg hätte ich ihn niemals geheiratet. Wir lebten in sehr verschiedenen Welten."[22] Sie sagte dies nach dem Tod ihres Mannes nach vierzig Jahren Ehe und ist damit kein Einzelfall. Die im Familienlager geschlossenen „asymmetrischen" Ehen erwiesen sich dennoch als sehr haltbar – was sie im Übrigen mit den Beziehungen der überlebenden jugendlichen GhettokämpferInnen verbindet.

Beide Beziehungsformen sind, trotz aller Unterschiede in der zeitgenössischen und späteren Wahrnehmung, Teil der Geschichte des jüdischen Widerstands. Vielleicht ließen sie sich auch unter der Formel „Liebe als Widerstand" fassen, denn oftmals waren es – angesichts einer alles, auch die zwischenmenschlichen Beziehungen zerstörenden Tötungsmaschinerie – gerade die engen persönlichen Bindungen, die den Einzelnen die Kraft und Motivation zum Weitermachen, zum Widerstehen gaben. Ganz sicher aber haben die Geschichten aus den Ghettos und Wäldern nichts zu tun mit jenem verklärten Etikett eines „Widerstand aus Liebe", mit dessen Hilfe die Ehefrauen der „Verschwörer des 20. Juli 1944" in die Widerstandshistoriographie eingeschrieben werden sollen.[23] Daneben existiert noch eine weitere und für den Kontext der Shoah nicht minder bedeutsame Variante. Es gab auch die Alternative: Liebe oder Widerstand. Nämlich für all jene – und dies waren viele, und unter ihnen vermutlich mehr Frauen als Männer[24] – die sich dazu entschlossen hatten, aus Verantwortung und Liebe bei ihnen nahe stehenden Personen zu bleiben, bei ihren Eltern, jüngeren Geschwistern oder Kindern, und nicht für den Widerstand zu optieren und damit für die Chance zur heroischen Tat oder vielleicht für das eigene Überleben.[25] Verantwortlich für diese monströse Entscheidungssituation waren allein die deutschen Ver-

---

21 Zitiert bei Tec, Widerstand, wie Anm. 16, 254.
22 Zitiert bei Tec, Widerstand, wie Anm. 16, 248.
23 Als ein Beispiel für viele: Dorothee von Meding, Mit dem Mut des Herzens. Die Frauen des 20. Juli, Berlin 1992.
24 Dieser Eindruck, den man beim Lesen der autobiographischen Berichte gewinnt, lässt sich kaum quantifizieren. Einen ersten Versuch in diese Richtung unternahm Joan M. Ringelheim, Verschleppung, Tod und Überleben. Nationalsozialistische Ghettopolitik gegen jüdische Frauen und Männer im besetzten Polen, in: Theresa Wobbe Hg., Nach Osten: Verdeckte Spuren nationalsozialistischer Verbrechen, Frankfurt a. M. 1992, 135–160.
25 Beispiele hierfür finden sich zahlreich in allen ZeitzeugInnenberichten. Die wenigsten der jugendlichen KämpferInnen hatten jedoch schon Kinder, was die Entscheidung für den Widerstand erst ermöglichte,

folger. Dennoch wird die Situation von den wenigen Überlebenden ganz anders, als individuelle Schuld und als Kehrseite des Heroismus des Widerstands erinnert: Er sei sich nicht sicher, sollte Jahre später Abba Kovner sagen, Anführer des jüdischen Untergrunds in Wilna, der zusammen mit seiner Freundin Vitka Kempner überlebte – und seine alte Mutter im Ghetto zurück gelassen hatte –, ob er wirklich das „Prestige eines Partisanen" verdiene oder nicht vielmehr das „Stigma eines treulosen Sohnes".[26]

   wie z. B. Yitzchak Zuckerman in der Rückschau bestätigt; zitiert bei Katz u. Ringelheim, Proceedings, wie Anm. 9, 97. Daneben erleichterte der starke Gruppenbezug der Jugendlichen die Trennung von den Eltern, die dennoch immer traumatisch war; vgl. Kast, Tagebuch, wie Anm. 4, 83, 89, 104, 195; Grossmann, Untergrundarmee, wie Anm. 4, 398; die Darstellung dieser Diskussion unter den Überlebenden bei Yitzchak Zuckerman, Twenty-Five Years after the Warsaw Ghetto Revolt, in: Yad Vashem, Resistance, wie Anm. 3, 23–34.
26 Zitiert bei Yehuda Bauer, The Jewish Emergence from Powerlessness, Toronto 1979, 31.

„Fremde"
lieben

Edith Saurer

Verbotene Vermischungen

„Rassenschande", Liebe und Wiedergutmachung

Vermischungsängste

Interkulturelle beziehungsweise interethnische Liebes- und Ehebeziehungen sind gegenwärtig ein Forschungsthema, da Globalisierung, internationale Migrationen und die Diskussionen um Multikulturalität dieser Beziehungsform neue Aktualität verliehen haben.[1] Sie sind keine Erfindung des späten 20. oder des frühen 21. Jahrhunderts, aber es gab – und ich spreche dabei von Europa – große politische, religiöse und rechtliche Anstrengungen gab, sie zu verhindern. Die europäischen Geschlechterbeziehungen sind von diesen Beziehungsverboten wesentlich beeinflusst worden. Allerdings nicht nur im direkten Sinn durch Repression, sondern auch durch deren Folge, den Widerstand gegen Repression durch ein Umgehen der Verbote oder durch Zuwiderhandeln. Das heißt jedoch nicht, dass die Verbote ausschließlich von übergeordneten Machtinteressen getragen gewesen wären und sie nicht auch auf lokalen Zustimmungen beziehungsweise Ordnungssystemen beruht hätten.

Das traf beispielsweise auf das Verbot des *disparitas cultus* zu, das Verbot der Eheschließung aus Gründen der Religionsverschiedenheit. Die staatliche Gesetzgebung hatte diese Norm als Erbe der Kirchen aufgegriffen und bis zur Einführung der Zivilehe auch rechtlich verankert. So hieß es etwa im österreichischen Allgemeinen Bürgerlichen Gesetzbuch von 1811 „Eheverträge zwischen Christen und Personen, welche sich nicht zur christlichen Religion bekennen, können nicht gültig eingegangen werden" (§ 64).[2] Das Verbot

---

1   Für kritische Kommentare danke ich den Herausgeberinnen, Gerhard Botz und Peter Becker. Vgl. z. B. Dietmar Larcher, Die Liebe in den Zeiten der Globalisierung. Konstruktion und Dekonstruktion von Fremdheit in interkulturellen Paarbeziehungen, Klagenfurt 2000. Theoretische Probleme interkultureller Paarbeziehungen wurden auch in den Forschungen erörtert, die sich mit den Beziehungen von Besatzungssoldaten zu Frauen in Österreich und Deutschland nach dem Zweiten Weltkrieg auseinander setzten, vgl. dazu Ingrid Bauer, „Die Amis, die Ausländer und wir". Zur Erfahrung und Konstruktion von „Eigenem" und „Fremdem" nach dem Zweiten Weltkrieg, in: Ingrid Bauer, Sylvia Hahn u. Josef Ehmer Hg., Walz-Migration-Besatzung: historische Szenarien des Eigenen und Fremden, Klagenfurt 2002, 197–276 u. Ingrid Bauer, „Leiblicher Vater: Amerikaner (Neger)". Besatzungskinder österreichisch-afro-amerikanischer Herkunft, in: Helmuth A. Niederle, Ulrike Davis-Sulikowski u. Thomas Fillitz Hg., Früchte der Zeit, Afrika, Diaspora, Literatur und Migration, Wien 2001, 49–67.
2   Allgemeines Bürgerliches Gesetzbuch von 1811; vgl. Das Allgemeine bürgerliche Gesetzbuch für das Kaisertum Oesterreich. Anläßlich der Jahrhundertfeier seiner Geltung, Wien 1911, 47. Der Kommentar im

bezog sich in Österreich und in vielen anderen europäischen Staaten, die die Zivilehe noch nicht eingeführt hatten, primär auf jüdisch-christliche Ehen, in manchen Gebieten, wie im Osmanischen Reich oder im südöstlichen Teil der Donaumonarchie auch auf moslemisch-christliche. Die Religionen selbst insistierten auf dem Verbot. Dieses strukturierte und reglementierte mit den Geschlechterbeziehungen gesellschaftliche Ordnungen, in denen diskriminierte Minderheiten auch über die Eheschließung keinen Zugang zur dominanten Kultur erhalten sollten, es sei denn durch Übertritt zur Mehrheitsreligion. Der Religion kam die Aufgabe zu, nicht nur gemeinschaftsbindend, sondern auch gemeinschaftstrennend zu wirken. Hierbei stellte die Ehe ein Instrumentarium dar, das eine homogene (religiöse) Kultur hervorbringen sollte. Die Umgehung des Verbots der Religionsmischung verstieß nicht nur gegen kirchliche Machtinteressen, sondern auch gegen die Vorstellung von „Reinheit", als deren Garant moralischer Sicherheit und politischer Stabilität. „Mischlinge" meinte der Schriftsteller Moritz Arndt zu Beginn des 19. Jahrhunderts sind „ein leichtfüßiges, zuchtloses, treuloses Geschlecht".³ „Mischlinge" als Nachkommen von Eltern, die verschiedenen Religionen angehörten, waren mit Heimatlosigkeit, Hybridität, Leichtlebigkeit konnotiert. Die Religionen haben ihren Beitrag zur Bekämpfung der Vermischungen geleistet, wenn sich dieser auch auf Glaubensbekenntnisse und grundsätzlich nicht auf „Rasse" bezog. Diese sollte in Europa erst mit den Nürnberger Gesetzen von 1935 Ehe- und Liebesverbote begründen.

Allerdings gab es in der katholischen Kirche ein Instrumentarium, das erlaubt, auf lokale Situationen und veränderte Zeitverhältnisse einzugehen – der Dispens. Er wurde vom Papst primär in Missionsgebieten vergeben und erlaubte den Missionaren vom Ehehindernis zu dispensieren „wo sie es für nothwendig und für die Verbreitung des Christenthums erspriesslich erachten".⁴ Im Laufe des 19. Jahrhunderts wurden die Forderungen nach interreligiösen Ehen immer stärker. Die Zivilehe, in Frankreich 1792 eingeführt, in Deutschland 1874, hatte dieses Eheverbot staatlicherseits außer Kraft gesetzt. Interreligiöse oder auch interkonfessionelle Ehen konnten ohne kirchlichen Dispens eingegangen werden. In Österreich geschah dies erst im März beziehungsweise Juli 1938, nämlich mit dem Anschluss an das nationalsozialistische Deutschland und der Einführung eines neuen Ehegesetzes.⁵

Jahre 1911 lautete, dass dieses Ehehindernis sich nicht rechtfertigen lasse. „Es ist gewiß nicht richtig, wenn das Gesetz es unter die Fälle des Abganges des sittlichen Vermögens zählt. Es führt vielmehr geradezu zu unmoralischen Handlungen, indem zahlreiche Ehen nicht anders geschlossen werden können als nach vorherigem Religionswechsel. Es wird daher vielfach auch die Aufhebung dieses Ehehindernisses gefordert". Dazu kam es aber bis zur Einführung der Zivilehe 1938 nicht.

3   Hier, wie schon zuvor Kerstin Meiring, Die Christlich-Jüdische Mischehe in Deutschland 1840–1933, Hamburg 1998, 17.
4   Nikolaus Knopp, Vollständiges katholisches Eherecht. Mit besonderer Rücksicht auf die practische Seelsorge 1854², 148.
5   Allerdings gab es in Österreich seit 1868 die Möglichkeit einer sogenannten Notzivilehe und seit 1870 die

Das Ehegesetz vom Juli 1938 brachte der „Ostmark" die Zivilehe, mit ihr die Aufhebung der traditionsreichen Eheverbote und die Einführung neuer. Unter den Gründen für Eheverbote befand sich an erster Stelle die Blutsverschiedenheit mit Verweis auf das „Blutschutzgesetz" und seine Durchführungsverordnungen, es folgte der Mangel an Ehetauglichkeit unter Verweis auf das Ehegesundheitsgesetz. Das waren Verbote, die es zuvor hier nicht gegeben hatte.[6] Das sogenannte „Blutschutzgesetz", nämlich das „Gesetz zum Schutz des deutschen Blutes und der deutschen Ehre" von 15. September 1935, in Österreich am 20. Mai 1938 eingeführt, hatte „Eheschliessungen zwischen Juden und Staatsangehörigen deutschen oder artverwandten Blutes ... verboten". Die Religionsverschiedenheit war gefallen, der Unterschied des Blutes und damit der Rasse wurde eingeführt. Allerdings ist hier keine direkte Kontinuität zu den kirchlichen Ehehindernissen zu sehen, denn das Blutschutzgesetz schloss nicht nur die Möglichkeit der Konversion aus, des Übertrittes zu einer – imaginierten – anderen Ordnung des Blutes, sondern es kannte auch keinen Dispens als Rechtsinstitut. Das Fremde war nun biologisch definiert, im Blut verankert und eine Veränderung von Zuordnungen konnte daher nicht erfolgen.

Die nationalsozialistischen Juristen interessierten sich zwar sehr für das Ehehindernis „disparitas cultus", sie insistierten aber auch auf der semantischen Veränderung, die die „Mischehe" durch die „Rassenmischehe" ersetzte. „Ich ordne hiermit an", heißt es 1935 im Ministerialblatt für die Preußische innere Verwaltung „daß im behördlichen Verkehr das Wort „Mischehe" nur in dem Sinn zu gebrauchen ist, daß hierunter eine zu einer Rassenmischung führende Ehe zu verstehen ist, d.h. eine solche, die zwischen einem Arier und einer Nichtarierin oder umgekehrt geschlossen wird".[7] Ein kirchlich gebräuchlicher Begriff wurde appropriiert, seine Bedeutung gleichzeitig verändert und hiermit ein Traditionsraum beansprucht, der historisch legitimierte Bedeutung vermitteln sollte.

Die Konstruktion von „Rassenschande" als Beziehungsverbot

Das „Mischehenverbot", das in den Nürnberger Gesetzen erlassen wurde, sollte die Ausschließung der jüdischen Bevölkerung aus der deutschen Gesellschaft auf der Ebene der Ge-

---

obligatorische Zivilehe für Eheschließungen zwischen Konfessionslosen. Vgl. Das allgemeine bürgerliche Gesetzbuch, wie Anm. 2, 50. In Hamburg konnten Juden seit 1849 interkonfessionelle Ehen eingehen, soferne der jüdische Mann das Bürgerrecht erworben hatte. Beate Meyer, „Jüdische Mischlinge" Rassenpolitik und Verfolgungserfahrung 1933–1945, Hamburg 1999, 24.

6 Gesetz vom 6. Juli 1938 zur Vereinheitlichung des Rechts der Eheschließung und der Ehescheidung, in: Rudolf Hermann Hg., Das Allgemeine Bürgerliche Gesetzbuch, Wien 1945³, 585 ff.

7 Kurt Schmidt-Klevenow, Mischehen-Vorschriften. Eine Zusammenstellung sämtlicher Bestimmungen mit einer graphischen Darstellung, Berlin 1938, 5.

schlechterbeziehungen absichern und ergänzte den Verlust der Reichsbürgerschaft, den Juden und Jüdinnen erfuhren.[8] Verboten wurden jedoch nicht nur „Mischehen", sondern auch der außereheliche Geschlechtsverkehr. „Außerehelicher Geschlechtsverkehr zwischen Juden und Staatsangehörigen deutschen oder artverwandten Bluts ist verboten", so der Paragraph 2 des Blutschutzgesetzes. Hiermit waren Nachforschungen über das Sexualleben einerseits und Denunziationen andererseits Tür und Tor geöffnet. Die Definition von Geschlechtsverkehr sollte in den folgenden Jahren die Gerichte ausgiebig und kontinuierlich beschäftigen. Die Gerichtsprotokolle geben Einblick in einen Sexualitätsdiskurs, der den Sexualakt als Straftatbestand verstand und dessen Rekonstruktion daher als vordringliche Aufgabe der Ermittlung. Die Richter gingen von einem breiten Verständnis von Geschlechtsverkehr aus – „Er umfaßt … auch jede geschlechtliche Betätigung mit einem Angehörigen des anderen Geschlechts, die nach der Art ihrer Vornahme bestimmt ist, an Stelle des Beischlafs der Befriedigung des Geschlechtstriebes, mindestens des einen Teils zu dienen".[9] In der Folge sollte nicht nur der Geschlechtsverkehr nach Art und Anzahl taxativ aufgezählt, sondern jede Form von Freundschaftsbeziehungen zwischen Juden und „Deutschblütigen" strafbar werden. Der Paragraph 2 des „Blutschutzgesetzes" war der Hebel mit dem Liebe und Freundschaft zwischen Juden und „Ariern" verhindert werden sollten, um ihren zunehmend getrennten Alltag und Bewegungsraum nicht unüberwindbar zu machen.

Mit diesem Verbot entstand das Verbrechen der „Rassenschande". „Personen, die in Fälle von Rassenschande verwickelt sind, sind in Schutzhaft zu nehmen" hieß es schon am 18. September 1935.[10] Im Zentrum dieses Verbotes standen die jüdisch-„arischen" Geschlechterbeziehungen, implizit wurde es jedoch über das Kontrollmittel der Ehetauglichkeitszeugnisse auf alle „minderwertigen Rassen" ausgedehnt oder konnten ausgedehnt werden, auf Roma und Sinti, Schwarzafrikaner, staatenlose Polen, auch Tschechen, wenn diesen auch eine „Eindeutschungsfähigkeit" zugestanden wurde. Eventualisiert wurde auch ein Eheverbot mit Ausländern.[11] Dazu kamen noch Verbote von sexuellen Beziehungen mit „fremdvölkischen", Kriegsgefangenen, Zivil- und Zwangsarbeitern; Teil der rassisch begründeten Eheverbote waren auch jene, die mit eugenischen Überlegungen der Erbgesundheit argumentierten.[12]

---

8   Zu den „Nürnberger Gesetzen" jüngstens: Cornelia Essner, Die „Nürnberger Gesetze" oder Die Verwaltung des Rassenwahns 1933–1945, Paderborn 2002.
9   Michael Ley, „Zum Schutze des deutschen Blutes …" „Rassenschandegesetze" im Nationalsozialismus, Bodenheim b. Mainz, 1997, 85 f. Es handelt sich hier um die Definition eines Wiener Gerichts, 1939.
10 Joseph Walk Hg., Das Sonderrecht für die Juden im NS-Staat. Eine Sammlung der gesetzlichen Maßnahmen und Richtlinien-Inhalt und Bedeutung, Heidelberg 19962, 131.
11 Werner Schubert Hg., Das Familien- und Erbrecht unter dem Nationalsozialismus. Ausgewählte Quellen zu den wichtigsten Gesetzen und Projekten aus den Ministerialakten, Paderborn 1993, 366 ff.
12 Vgl. dazu Dietmut Majer, „Fremdvölkische" im Dritten Reich. Ein Beitrag zur nationalsozialistischen Rechtsetzung und Rechtspraxis in Verwaltung und Justiz unter besonderer Berücksichtigung der einge-

Der Begriff „Rassenschande" bezog sich jedoch primär auf „arisch"-jüdische Geschlechterbeziehungen. Das Stichwort „Rassenschande" in Mannlichers „Wegweiser durch die Verwaltung" verweist auf „Juden, Allgemeine Vorschriften, Geschlechtsverkehr" und „Mischlinge, Allgemeine Vorschriften und Geschlechtsverkehr".[13] Seine „rechtliche" Grundlage war Paragraph 2 des „Blutschutzgesetzes", auch wenn hier der Begriff „Rassenschande" nicht fiel; seine ideologische Grundlage reicht zumindest in das frühe 20. Jahrhundert zurück, wenn auch nicht bekannt ist, wer diesen Begriff erstmals erwähnte beziehungsweise verwendete.[14] Beziehungen zu Zwangsarbeitern und Kriegsgefangenen hießen in der *Lingua Tertii Imperii* „GV (Geschlechtsverkehr) Delikte", „Umgang mit Kriegsgefangenen", „verbotener Umgang" und die Maßnahmen dagegen nannte man „GV Abwehr". Die Strafverfolgung beruhte auf der „Wehrkraft-Schutz-Verordnung" und den „Ostarbeiter-Erlassen" sowie auf der Eigeninitiative der Gestapo;[15] letztere wurde auch bei den „Rassenschande" Prozessen wirksam.

Eheverbote, die aus „rassischen" Gründen erlassen, erdacht oder erwünscht wurden, gab es schon seit dem frühen 20. Jahrhundert; es gab sie in den deutschen Kolonien.[16] Die österreichische Öffentlichkeit hat auch diesen Aspekt der deutschen Kolonialpolitik großteils unterstützt[17] und hiermit zum Ausdruck gebracht, dass sie die Vorstellungen von der zivilisatorischen Überlegenheit der Weißen teilte.

Im Wien der Jahrhundertwende griffen Publizisten das Motiv des „Mischlingtums" auf, in dem sie kulturellen Niedergang und Degeneration wirksam sahen. Johann Lanz von Liebenfels, Gründer des „Neutempler Ordens" und eifriger Verfasser von Artikeln für alldeutsche Publikationen widmete seine Schriften dem Männerrecht und der „Rasse" als gesellschaftlichen Grundlagen.

---

gliederten Ostgebiete und des Generalgouvernements, Boppard am Rhein 1980. Zur eugenischen Auslese vgl. Gabriele Czarnowski, Das Kontrollierte Paar. Ehe und Sexualpolitik im Nationalsozialismus, Weinheim 1991.
13 Egbert Mannlicher, Wegweiser durch die Verwaltung unter besonderer Berücksichtigung der Verwaltung im Reichsgau Wien, Berlin u. a. 1942, 338.
14 Essner, „Nürnberger Gesetze", wie Anm. 8, 220.
15 Vgl. dazu Gabriella Hauch, Zwangsarbeiterinnen und ihre Kinder: Zum Geschlecht der Zwangsarbeit, in: Oliver Rathkolb Hg., NS-Zwangsarbeit: Der Standort Linz der Reichswerke Hermann Göring AG Berlin, 1938–1945, Bd. 1; Christian Gonsa u. a., Zwangsarbeit-Sklavenarbeit: Politik-, sozial- und wirtschaftshistorische Studien, Wien 2001, insbes. 401–404. Birthe Kundrus, Romantic Relationships between Germans and Foreigners, 1939 to 1945, in: Journal of the History of Sexuality, 11 (2002), insbes. 208–219.
16 Fatima El-Tayeb, Schwarze Deutsche. Der Diskurs um „Rasse" und nationale Identität 1890–1933, Frankfurt a. M. 2001; Alexandra Przyrembel, „Rassenschande". Reinheitsmythos und Vernichtungslegitimation im Nationalsozialismus, Göttingen 2003, 44–48.
17 Katharina Stornig, Österreich-Ungarn und die deutsche Kolonialpolitik 1904–1914 mit besonderer Betrachtung der Herero- und Namakriege, Wien (unveröffentl. Diplomarb.) 2004.

„Wenn man den Dingen auf den Grund geht, so wird man finden", so Lanz von Liebenfels im Jahre 1912

„daß es die Niederrassen und die von den Niederrassenmännern verführten modernen Frauenrechtsweiber sind, die allen anständigen und schaffenden Menschen das Leben so trostlos und unerträglich machen. ... Die Weiber lieben die Stadt und fliehen das Land, denn welche Frauenrechtlerin zöge der Arbeit in Haus, Stall und Feld nicht das Herumstrolchen in den Großstadtstraßen mit ihrem trügerischen und das Auge bestechenden Warenhausflitter und ihren Fetzenkram-Schaufenstern vor? Die dunklen Rassemischlinge, als Herdentiere und Schmarotzer finden gleichfalls in der Stadt und in den Industriebezirken leichter und bequemer ihr Fortkommen".

In der weiteren Argumentation schreibt er über den Einfluss des „vermulatteten und feminisierten Paris oder Amerika", über die Gier der Frauen nach schwarzen Männern, über die „verhängnisvolle Überbildung", über die „Rassenmischlinge aus dem Osten und Süden, die sich ... den Zugang in das Schlafzimmer der deutschen Frauen zu erschleichen wissen". Die zu großen Geschlechtsteile der „niederrassigen Männer" erzeugten seiner Meinung nach „Frauenleiden, die nervösen Überreizungen und die Hysterie". Fazit: Der „hochrassige" Mann solle nur eine „gleichrassige Jungfrau" aus derselben sozialen Schicht heiraten.[18]

Brigitte Hamann hat über die große Verbreitung dieser Thesen in der Wiener Publizistik um 1900 geschrieben.[19] Adolf Hitler hat sie hier aufgesaugt. Lanz von Liebenfels bekämpfte die „Vermischung" des blonden „Ariers" mit den „niedrigen Rassen" aus dem nicht näher bestimmten Osten und Süden; sein Kult der Homologie verstand nicht nur die „Rassengleichheit", sondern auch die soziale Gleichheit als Voraussetzung einer Eheschließung. Bildung, Stadt und emanzipierte Frauen waren für ihn und nicht nur für ihn, das Signum des Niedergangs. Männer sollten eine Jungfrau heiraten, „[w]eil der Verkehr mit vorehelichen (oder außerehelichen) Liebhabern das Weib so imprägniert, daß selbst eheliche Kinder die körperlichen und seelischen Eigenschaften der Liebhaber haben".[20] Im Unterschied zu vielen anderen und schließlich im Unterschied zu Adolf Hitler selbst, standen für Lanz von Liebenfels nicht Juden im Zentrum seiner rassistischen Ideologie: In Wien im 1900 verschmolzen Anti-

---

18 Johann Lanz-Liebenfels, Rassenbewußtlose und rassenbewußte Lebens- und Liebeskunst, ein Brevier für die reife blonde Jugend, Rodaun 1912, 1, 2 f, 4, 9, 11, 15.
19 Brigitte Hamann, Hitlers Wien. Lehrjahre eines Diktators, München 1996, 317.
20 Lanz von Liebenfels, Liebeskunst, wie Anm. 18, 15, Anm. 3; 1942 wurde in Deutschland eine Bestimmung erlassen, die ebenfalls von dem Gedanken der unausweichlichen Markierung des weiblichen Körpers durch den Geschlechtsverkehr getragen war. Soldaten sollten keine Frau heiraten dürfen, die bereits einmal mit einem Juden verheiratet gewesen war, dasselbe sollte in der Folge für Beamte und Parteimitglieder gelten. Vgl. Meyer, Mischlinge, wie Anm. 5, 167.

semitismus und ein breit angelegter Rassismus. Beiden gemeinsam waren die Vermischungsphobien. Liebesbeziehungen sollen auf der Gleichheit von Rassen und Klassen aufbauen und auf der ausgeprägten Ungleichheit der Geschlechter.

Antisemitismus und Rassismus richteten sich gegen eine Entwicklung, die seit dem 19. Jahrhundert eine wachsende Annäherung zwischen Juden und Christen gebracht hatte. Die religiösen Differenzen verloren einerseits an Wirkmächtigkeit, wenn sie auch andererseits in der Hochzeit der Vereine, „Milieus"[21] bilden konnten. Dennoch zeigt der Anstieg der interreligiösen Ehen beziehungsweise der Ehen, die zwischen Männern und Frauen christlicher beziehungsweise jüdischer Herkunft geschlossen wurden, dass Barrieren und Differenzen an Bedeutung verloren. In Deutschland stiegen die jüdisch-christlichen Ehen von 8.225 im Jahre 1910 auf 20.266 im Jahre 1924. 1933 waren es 35.000.[22] Aussagekräftiger sind die Zahlen, wenn sie auf die jüdischen Eheschließenden bezogen werden. 1875 gingen 4,9 Prozent der jüdischen Eheschließenden eine „Mischehe" ein, 1930 22,4 Prozent. In Hamburg betrugen sie zeitweise 57,6 Prozent.[23] In Österreich waren diese Daten schwieriger zu erheben. Ehen zwischen Angehörigen jüdischer beziehungsweise christlicher Religion konnten nur geschlossen werden wenn ein Partner konvertierte beziehungsweise konfessionslos wurde. In die Statistik gingen nur die Ehen zwischen einem jüdischen und einem konfessionslosen Partner ein – für sie war die Notzivilehe gültig – und einem jüdisch-christlichen Paar, das eine päpstliche Ehedispens erhalten hatte. Marsha L. Rozenblit schätzt, dass um 1900 die Zahl der Juden/Jüdinnen, die eine „Mischehe" schlossen, unter 10 Prozent lag.[24] Der Anteil der Frauen war geringer als jener der Männer. Die österreichischen beziehungsweise Wiener Daten sind nur schwer mit den Berliner, Hamburger oder Breslauer zu vergleichen, weil in Deutschland der Konversionsdruck geringer war und in hier die Zivilehe das Ehehindernis der Religionsverschiedenheit auf der rechtlichen Ebene aufgehoben hatte. Für unsere Fragestellung ist es allerdings primär relevant festzuhalten, dass die Zahl der interreligiösen Ehen anstieg, die Nürnberger Gesetze demnach einen Annäherungsprozess gewaltsam zerstörten.

Als 1942 im so genannten Altreich die „Mischehen" erhoben wurden, galten die Grundsätze der „Rasse" und die Statistiker zählten 16.760 „Mischehen". In Österreich waren es 4.803.[25] Die Mischehen gaben den jüdischen Partnern nicht Schutz vor Verfolgung, wohl aber vor Vernichtung. Die zahlreichen Versuche nationalsozialistischer Funktionäre diesen aufzuheben, gelangen nicht.[26]

---

21 Vgl. dazu etwa Doris Kaufmann, Katholisches Milieu in Münster 1928–1933. Politische Aktionsformen und geschlechtsspezifische Verhaltensräume, Düsseldorf 1984.
22 Marion Kaplan, Between Dignity and Despair. Jewish Life in Nazi Germany, New York 1998, 76.
23 Meyer, Mischlinge, wie Anm. 5, 24 f.
24 Marsha L. Rozenblit, Die Juden Wiens 1867–1914. Assimilation und Identität, Wien 1989, 134.
25 Raul Hilberg, Die Vernichtung der europäischen Juden 1, Frankfurt a. M. 1990, 177 ff.
26 Vgl. dazu Marius Hetzel, Die Anfechtung der Rassenmischehe in den Jahren 1933–1939, Tübingen 1997;

Vor Verfolgung und Vernichtung nicht geschützt jedoch waren jene Männer und Frauen, die unverheiratet und gemäß dem „Blutschutzgesetz" in einer „rassenschänderischen" Beziehung zusammenlebten. Viele wählten diese Lebensgemeinschaft, weil sie als Katholik/innen geschieden waren und eine Wiederverheiratung daher bis 1938 unmöglich war. Danach konnten sie aus „rassischen" Gründen keine Ehe schließen. Für andere Paare galten ökonomische Probleme und Arbeitslosigkeit als Gründe der Entscheidung unverheiratet zusammenzuleben. Und schließlich konnte es auch die Akzeptanz dieser Lebensform sein, die die Paare motivierte, keine Ehe einzugehen.

Das „Blutschutzgesetz" hat diese Paare zu *Outlaws* gemacht. Dasselbe galt für jene, die nur kurze sexuelle Beziehungen suchten und eingingen.

„Rassenschande" als historiographisches Problem

Die Geschichtswissenschaft hat lange die Relevanz des Themas „Rassenschandeprozesse" übersehen. Hans Robinsohn hat sie gesehen; für sein Buch „Justiz als politische Verfolgung. Die Rechtsprechung in ‚Rasseschandefällen' beim Landgericht Hamburg 1936–1943", Anfang der Sechzigerjahre geschrieben, fand er zunächst keinen Verleger. Es erschien *erst* 1977. „Rassenschande" fiel aus dem Forschungsrahmen. Sie wurde weder als Form des Widerstandes aufgefasst, noch als Täter- beziehungsweise Opferforschung. Die Geschichtswissenschaft übersah das Widerstandspotential von Liebesbeziehungen, das in der Nichtakzeptanz eines Verbotes lag, das in fundamentale, wenn auch nicht kodifizierte Rechte des Gefühls eingriff. Das hat sich geändert, die Geschichte der „Rassenschande" wird heute diskutiert. Das Forschungsinteresse an der Geschichte der Gefühle und der Geschlechterbeziehungen hat zu dieser Entwicklung einen Beitrag geleistet. Hinzu kommt, so Patrizia Szobar, ein neues Verständnis von Recht, das nicht nur als ein Instrument in der Hand der Autorität gesehen wird, sondern auch als soziale Hierarchien verstärkend und legitimierend. Dem Recht komme daher eine zentrale Bedeutung bei der Regulierung der Kategorien Rasse und Geschlecht zu und es wirke als „system of knowledge" und „system of rules".[27] Für eine Interpretation des Paragraph 2 des „Blutschutzgesetzes", der das Delikt der „Rassenschande" festlegte, bedeutet diese Perspektive, dass er nicht nur als Ausdruck der NS Rassenpolitik verstanden wird, sondern auch als Produzent von Verfolgung, Gefängnis und Vernichtung; von Denunziationswellen und vom Definitionsrausch, der sich auf Rasse ebenso bezog wie

---

Nathan Stoltzfus, Resistance of the Heart. Intermarriage and the Rosenstraße Protest in Nazi Germany, New York 1996.

27 Vgl. dazu Patrizia Szobar, Race defilement in Germany, 1933 to 1945, in: Journal of the History of Sexuality, 11 (2002), 134.

auf Geschlechtsverkehr; und schließlich ließ dieser Paragraph die „rassenschänderischen" Paare ihre Beziehung ausloten und Solidarität und Liebe zu Widerstand werden.

Im „Altreich" gab es in zehn Jahren 2.211 Strafverfahren wegen „Rassenschande" und über 7.000 Ermittlungsverfahren.[28] Für Österreich gibt es Forschungen nur zu Wien; hier wurden bislang „Rassenschandeprozesse" auf der Basis der Prozesse vor dem Wiener Landesgericht und der Berichte der Gestapo erforscht.[29] Die 150 Fälle, über die in diesen unterschiedlichen Kontexten recherchiert wurde, stellen nur einen Teil der insgesamt über 185 Fälle von Rassenschande dar, die in Wien in dem Zeitraum zwischen 1938–1943 vor Gericht verhandelt wurden.[30] In Berlin waren es in den Jahren zwischen 1935 bis 1945 694 Fälle.[31]

Diese Daten nehmen sich in Hinblick auf Massendeportationen und Massenvernichtung bescheiden aus. Die Bedeutung der Prozesse geht jedoch in den Zahlen nicht auf. Sie haben, wie erwähnt, die Denunziationsbereitschaft der Bevölkerung erhöht und das Interesse an Sexualität über den Gerichtssaal hinaus ausufern lassen; damit verbunden war die Entstehung einer technokratisch zugeschnittenen Sprache der Sexualität. Schließlich liefern sie einen signifikanten Beitrag zur Beziehung von (Rechts-)Norm und (Rechts-)Praxis. So sah das „Blutschutzgesetz" eine gerichtliche Straffreiheit der Frauen vor. Ihre Begründung fand diese in der These von der „weiblichen Schwäche", die zur Folge habe „daß die Frau dem drängenden Mann nicht widerstehen konnte".[32] Ungeachtet dieser rechtlichen und geschlechterpolitischen Entscheidungen kamen Frauen jüdischer und nichtjüdischer Herkunft großteils in Haft; in Konzentrationslagern ermordet wurden – und das gilt für den vorliegenden Befund – ausschließlich Jüdinnen.

Die Forschung hat sich mit „Rassenschande" als sozialem und kulturellem Faktum auseinandergesetzt, das von der Rasse- und Geschlechterpolitik des Nationalsozialismus und seiner sozialen Akzeptanz bestimmt war; und mit den Prozessen, die ihrerseits an der Konstruktion von Rasse und Geschlecht mitwirkten und an der Sexualisierung der Gesellschaft beteiligt waren.[33]

Mein Beitrag knüpft an diese Forschungen an, hat seinen Schwerpunkt jedoch in der Zeit nach 1945 das heißt in der Nachkriegszeit und reicht teilweise bis zum Ende des 20. Jahrhunderts. Die Liebesbeziehungen zwischen Partner/innen, die nach nationalsozialistischer Kategorisierung zwei unterschiedlichen Rassen angehörten und damit strafrechtlich verfolgt wurden, werden diesem Kontext daher entzogen. Der „Rassenschandeprozess"

---

28 Przyrembel, Rassenschande, wie Anm. 16, 498 f.
29 Ley, Schutze, wie Anm. 9, 18.
30 Nach Statistisches Jahrbuch der Stadt Wien 1939–1942, 428.
31 Przyrembel, Rassenschande, wie Anm. 16, 499.
32 Eine Äußerung des Ministerialrats Ernst Schäfer vgl. Przyrembel, Rassenschande, wie Anm. 16, 175.
33 Vgl. Robinsohn, Ley, Schutze, wie Anm. 9; Szobar, Race, wie Anm. 27; Przyrembel, Rassenschande, wie Anm. 16; Essner, Gesetze, wie Anm. 8.

bleibt dennoch der Ausgangspunkt der Themenstellung, ist er doch die Voraussetzung für die offizielle Überlieferung der Beziehung nach 1945. Diese stellt sich auf verschiedene Weise dar, als spezifisches soziales Faktum, als Teil individueller und kollektiver Erinnerung, die durch rechtliche Maßnahmen der Zweiten Republik und die Selbstorganisation der Opfer hergestellt wurden. Ein Ergebnis dieser Handlungen sind die Einrichtung zweier Institutionen, die für das öffentliche Weiterdenken und Weiterleben der „Rassenschandeprozesse" konstitutiv geworden sind: die KZ Verbände und die Magistratische Abteilung 12 der Stadt Wien, die für „Opferfürsorge" zuständig war.[34] Die erste Institution ist ein Verein, der von den Opfern des Nationalsozialismus gegründet wurde, um deren Ansprüche an die Zweite Republik zu wahren. Die zweite ist eine Einrichtung der Stadt Wien, die die Umsetzung des 1945 erlassenen und in den folgenden Jahren kontinuierlich novellierten „Opferfürsorgegesetzes" durchzuführen hatte. Dieses sah eine Entschädigung der Opfer vor, wobei der Opferbegriff einer ständigen Revision, im Sinne einer Erweiterung der inkludierten Gruppen unterzogen werden musste. Brigitte Bailer hat den zähflüssigen und von zahlreichen Widerständen charakterisierten Prozess dieser Erweiterung aufgezeigt. Er steht für die Auseinandersetzung des offiziellen Österreichs mit seiner nationalsozialistischen Vergangenheit. Er enthält jedoch Elemente, die ihn an andere Diskurse binden. Im Falle der „Rassenschandeprozesse" und der Entschädigungsansprüche jener, die in sie involviert waren, ist er an den Liebesdiskurs gebunden, so verschüttet oder reduziert dieser sich auch artikuliert. Aus dem Kontext der Selbstorganisation der Opfer des Nationalsozialismus und der Fragen ihrer Entschädigung sind Aktenbestände entstanden, die ich als amtliche Generatoren von Erinnerung bezeichne; sie gaben der Erinnerung eine Öffentlichkeit – erstmals nach den Rassenschandeprozessen der NS Zeit.

Das Formular

Um welche Textsorten handelt es sich? Im Dokumentationsarchiv des Österreichischen Widerstandes befinden sich unter dem Stichwort „Kontakt mit rassisch Verfolgten" Aktenbestände, die 57 Fälle von „Rassenschande" umfassen.[35] Sie bestehen aus Antragsbögen für eine Aufnahme in den KZ Verband, die eine „Eidesstattliche Erklärung" darstellen. Das Formu-

---

34 Zu den KZ Verbänden und den Opferfürsorgegesetzen vgl. Brigitte Bailer, Wiedergutmachung kein Thema. Österreich und die Opfer des Nationalsozialismus, Wien 1993. Auf die wechselvolle Geschichte der KZ Verbände, Auflösungen, Zusammenlegungen und Namensänderungen gehe ich nicht ein; vgl. dazu Bailer, Wiedergutmachung, 45–52. Für die Verwaltung der Opferfürsorge ist heute die MA 15 zuständig.

35 Von diesen 57 Fällen werden in der Folge 31 genauer analysiert. Ergänzende Aktenbestände erhielt ich in der Magistratsabteilung 15, aus Datenschutzgründen nur die Akten jener Personen, die nach 1900 gebo-

lar enthält die vorgedruckten Elemente Name, Alter, Beruf und den „Notberuf", den Zivilstand, die Wohnadresse, die Haftzeiten des/der Verfolgten, oder auch Ermordeten, den Namen des Ehepartners, den Haftgrund; es folgen Fragen nach der politischen Aktivität, vor und nach 1938 und schließlich nach den Zeugen. „Über das Verhalten im KZ können nachstehende drei Bürgen Auskunft geben". Am Formularende befindet sich ein Mitteilungsvordruck: „Unterlagen über Haftgrund, Schutzhaftbrief, Entlassungsschein usw. (in Abschrift, Photokopie) sowie einen Lebenslauf anzuschließen".

Die „Eidesstattliche Erklärung" zielte darauf ab, nur jene Männer und Frauen in den KZ Verband aufzunehmen, die Aufenthalt in Zuchthaus und Konzentrationslagern nachweisen konnten. Das galt auch für deren Ehepartner beziehungsweise Lebensgefährten, die diesem gleichgestellt waren. Zu den „Eidesstattlichen Erklärungen" gab es Beilagen. Sehr selten finden sich Lebensläufe, selten auch Kopien der „Rassenschandeprozesse" selbst. Immer enthalten aber sind Bestätigungen von Zeugen über den Aufenthalt der Antragsteller/innen, oder ihrer Partner in Zuchthaus und/oder Konzentrationslagern. Verurteilungen, Deportationen und Beschädigungen müssen durch Zeugenaussagen nachgewiesen werden. Ohne Zeugen und Zeuginnen wird die Vergangenheit nicht anerkannt, gibt es sie nicht. Auf diese Weise wollten die KZ Verbände die Aufnahme von Personen verhindern, die nur vorgaben, in Konzentrationslagern gewesen zu sein. Die Verpflichtung drei Zeugen zu nominieren geht über das „Testis unus, testis nullus" des Prozessrechtes und dessen Forderung nach der Stellung von zwei Zeugen hinaus,[36] und unterstreicht dadurch die Rigorosität der Kontrolle. Die Aufgabe der Zeugen war jene des Beweisens von Behauptungen, aber auch jene des „superstes", des Überlebenden, „der etwas erlebt hat, der ein Ereignis bis zuletzt durchgemacht hat und deswegen Zeugnis ablegen kann".[37] Die Überlebenden, die Zeugen bestätigten die Behauptungen in Bezug auf Aufenthalte in Konzentrationslagern der Antragsteller/innen beziehungsweise ihrer Partner/innen. Über deren „Verhalten im KZ" berichten sie in den Formularen explizit nicht. Mit ihrer Unterschrift bezeugen sie jedoch deren Opferstatus.

Die Akten der KZ Verbände, die im Dokumentationsarchiv des Österreichischen Widerstandes liegen, sind bruchstückhaft, manchmal liegt nur mehr die Kopie des Prozesses bei, ein andermal nur mehr der Bescheid über die Haftentschädigung durch die Magistratsabteilung. Es sind Bruchstücke und Varia.

---

ren wurden, es sei denn, ihr Tod sei in den Akten vermerkt worden. Ich anonymisiere in der Folge nur die Namen jener Personen, die noch leben – soweit es mir bekannt ist – beziehungsweise jener, deren Beziehungen schwierig zu interpretieren waren. In allen übrigen Fällen verwende ich den richtigen Namen, um die betroffenen Personen nicht in der Anonymität untergehen zu lassen.

36 Vgl. dazu Carlo Ginzburg, Unus testis. Lo sterminio degli ebrei e il principio di realtà, in: Quaderni storici, 80 (1992), 529–548.
37 Giorgio Agamben, Was von Auschwitz bleibt. Das Archiv und der Zeuge (Homo sacer III), Frankfurt a. M. 2003, 14.

Das gilt nicht für den Aktenbestand der Magistratsabteilung, der sich noch im Amt im 1. Wiener Gemeindebezirk und in Verwendung befindet. Die Antragsteller/innen konnten verschiedene Formen von Vergünstigungen und Entschädigungen erhalten, wie Amtsbestätigungen, Opferausweise, einmalige oder mehrmalige Auszahlungen oder/und Renten. Das Antragsformular umfasst fast zur Gänze die Rubrik „Ermittlungsergebnis". Hier werden die Personaldaten des Opfers und der Hinterbliebenen und die Anspruchsberechtigung erhoben. Die Rubrik „Ursachen der erlittenen Schädigungen" wurde 1947 geändert. Zuvor umfasste sie nur „aktive" Formen des Widerstandes wie „Kampf mit der Waffe", „Hochverrat", „illegale Betätigung",[38] danach wurde zwischen zwei Typen von Opfern unterschieden: jene, die auf aktiven politischen Einsatzes zurückzuführen sind (Kampf mit der Waffe, illegale Betätigung, Widerstandsbewegung) und „Passives Opfer" (Abstammung, Religion, Nation).

Es folgte die Rubrik „Arten der erlittenen Schädigungen" („Im Kampf gefallen, Hingerichtet, Gestorben", Gesundheitsschädigungen, Haftzeiten, Verlust oder Minderung des Einkommens).[39] Das Ermittlungsergebnis wird von dem Referenten unterschrieben. Den Akten beiliegend sind die zahlreichen nötigen Amtsbestätigungen: Haftentlassung, Deportation, Strafregisteramt der Polizei, das die Unbescholtenheit oder Vorstrafen attestierte, Todeserklärung, Aufenthaltsbestätigungen. Die Formularveränderungen im Jahre 1947 sind ein Ergebnis des zweiten Opferfürsorgegesetzes, das im Unterschied zu jenem aus dem Jahre 1945 auch Opfer aus „rassischen Gründen" anerkannte.

Beide Formulare dienten der Identitätssicherung in Hinblick auf die Personen selbst, vor allem aber in Hinblick auf ihren Opferstatus und auf die Beziehungen zu dem Partner, der Partnerin. Zum Beweis der Lebensgemeinschaft waren die Meldedaten von Bedeutung. Die Wohnadressen wurden von den polizeilichen Meldeämtern erhoben und in das „Ermittlungsergebnis" übernommen.

Was haben Formulare mit Liebe zu tun? Es lässt sich argumentieren, dass Textsorten der Verwaltung der Institution selbst dienen und dass, wie in unserem Fall, die Entschädigungsanträge das klare Ziel einer zu erreichenden Wiedergutmachung vor Auge hatten, daher dieser auf einen definierbaren Zweck verfasste beziehungsweise ausgefüllte Text keine Wahrheit über Liebesbeziehungen enthalten könnte. Die Formulare waren zweifellos mit dem Zweck entworfen und ausgefüllt worden, damit die Antragsteller als Opfer des Nationalsozialismus anerkannt werden; darin erschöpft sich jedoch nicht ihre Aussagekraft. Die Textlinguistik hat das dialogische Element dieser Texte herausgearbeitet. „Formulare dienen sowohl der Kommunikation mit dem Bürger als auch der verwaltungsinternen Bearbeitung

---

38 Vgl. MA 15, Opferfürsorge, Antrag Richard Friedl.
39 Der Aktenbestand befindet sich in der MA 15, Opferfürsorge, Schottenring 24, 1010 Wien.

einzelner Vorgänge".⁴⁰ In diesem Sinne stellen sie „ein streng formalisiertes Interview"⁴¹ dar. Sie werden von der Verwaltung entsprechend den rechtlichen Normen als „Lückentexte" formuliert und von den „Klienten" „mit ihrem individuellen Wissen" ausgefüllt. Formulare dienen der Informationsbeschaffung, die die Voraussetzung der Entscheidungsfindung darstellt. Die Antragsteller/innen werden der Logik der Verwaltung unterworfen, ihre eigene Sprache wird dennoch sichtbar.

In beiden Fällen, den Ansuchen um Aufnahme in den KZ Verband und den Anträgen um Haftentschädigung, musste die Liebesbeziehung als Ursache des erlittenen Schadens nachgewiesen werden. Diesem Nachweis dienten Kopien der Gerichtsprotokolle des „Rassenschandeprozesses" beziehungsweise deren amtlichen Bestätigungen. Die Formulare jedoch waren das erste öffentliche Zeugnis dieser Beziehungen nach dem Nationalsozialismus d. h. einer Zeit, die nicht von den nationalsozialistischen Verbots- und Vernichtungsstrategien bestimmt war.

Das belegt der Fall von Bernhard Amschel und seiner Lebensgefährtin Gisela Anderle. Beide sind in Wien geboren. Gisela Anderle füllt die Formulare für die Aufnahme in den KZ-Verband und den Antrag bei der Opferfürsorge aus beziehungsweise beantwortet die Fragen des Beamten. Wir erfahren: Bernhard Amschel war Zahntechniker, er arbeitete jedoch unter dem Nationalsozialismus auch im Straßenbau („Notberuf"). Er war 1904 geboren, Gisela Anderle 1893. Als Beruf gibt sie 1950 Verkäuferin an, „derzeit arbeitslos". Beide waren geschieden. Die Formulare sehen die Frage nach der religiösen Zugehörigkeit nicht vor, aus einer beiliegenden amtlichen Bestätigung erfahren wir jedoch, dass Amschel mosaischen Bekenntnisses war. In ihr wird seine Inhaftierung und seine Verurteilung „am 27. Juli 1939 vom Landesgericht für Strafsachen Wien II wegen Verbrechen der Rassenschande zu 12 (zwölf) Monaten Zuchthaus" festgehalten. „Bernhard A m s c h e l wurde am 2. Juni 1940 nach Verbüssung der Strafe von der Strafanstalt Göllersdorf auf freien Fuss gestellt".⁴² 1942 wurde Amschel nach Theresienstadt deportiert, 1944 nach Auschwitz. „Auschwitz vergast" wurde zunächst in das Formular geschrieben, eine andere Schrift korrigierte „Theresienstadt 22. 7. 42–29. 9. 44 seither verschollen". Die Zeugin Trude Rosenzweig schreibt am 29. 4. 1946: „ Ich bestätige, dass Herr Berthold [sic] Amschel mit meinen [sic] Vater zusammen in einen Transport am 29. September 1944 nach Auschwitz verschickt wurde". Um eine Entschädigung beanspruchen zu können, musste Gisela Anderle nicht nur die Haftnachweise besorgen, sondern auch die Todeserklärung ihres Lebensgefährten, die Nachweise ihrer

---

40 Michael Becker-Mrotzek u. Maximilian Scherner, Textsorten der Verwaltung, in: Klaus Brinker u. a. Hg., Text- und Gesprächslinguistik. Halbband: Linguistik of Text and Conversation, Bd. 1: Textlinguistik/Text Linguistics, Berlin 2000, 634 f. Für den Literaturhinweis danke ich Angelika Brechelmacher.
41 Becker-Mrotzek/Scherner, Textsorten, wie Anm. 40, 637.
42 Dokumentationsarchiv des Österreichischen Widerstandes (DOEW) 20.100/149.

Lebensgemeinschaft und der Vaterschaft ihrer Tochter. In den Beilagen, die sich in der Magistratsabteilung befinden, liegt eine Karte Bernhard Amschels aus Theresienstadt, es ist die letzte, die er von dort geschrieben hat und offensichtlich auch das letzte Lebenszeichen, das Lebensgefährtin und Tochter erhalten haben. „Mein goldenes Engerle" schreibt er an seine Tochter: „Deine und Muttis Karten erhalten".[43] Die Todeserklärung erhielt Gisela Anderle im Jahre 1950, den Antrag dazu musste jedoch Amschels geschiedene Ehefrau stellen. In demselben Jahr wird das Lebensgemeinschaftszeugnis von der Polizeidirektion aufgrund von Meldezetteln ausgestellt und Gisela Anderle erklärt selbst in einer Niederschrift an „Eides Statt", dass sie mit Amschel 1928 bis 1939 in einem gemeinsamen Haushalt gelebt habe, „und dass Bernhard Amschel zur Gänze für meinen Lebensunterhalt gesorgt" habe.

Gisela Anderle erhält zweimal eine Haftentschädigung 1952 und 1966, was durch Novellierungen des „Opferfürsorgegesetzes" möglich wurde.

Die Informationen, die wir durch die Formulare, durch das Ausfüllen von Leerstellen erhalten, umfassen Beziehungen und Erinnerungen an diese, die einer Vergangenheit angehören, denn der Großteil der Antragsteller ist heute verstorben; Haftzeiten in Gefängnissen und Konzentrationslagern und die Shoa haben jedoch nicht allen Paaren eine gemeinsame Zukunft genommen, nicht nehmen können.

In den Aktenbeständen des Dokumentationsarchivs des Österreichischen Widerstandes wurden 31 Paare gefunden, von denen die Namen beider Partner erhalten sind, was nicht immer der Fall ist. Der Name ist ein wichtiges Instrument um die persönliche Geschichte an die „allgemeine" Geschichte zu binden.[44] In dem konkreten Fall bedeutet dies, dass die Geschichte einer Beziehung und ihres Wiedererstehens in der Erinnerung auch als Teil der Geschichte der Shoa und des „unbekannten" Widerstandes verstanden werden kann. Dieses Teil-sein bedeutet, dass die individuellen Profile innerhalb eines Genozids sich konkretisieren und die kollektiven innerhalb des Widerstandes sich verstärken.

Sieben der 31 Paare haben gemeinsam die Shoa überlebt. Drei von ihnen hatten in Missachtung der Nürnberger Gesetze im Ausland geheiratet: Anton und Klara Rihanek, beide im Schneidergewerbe tätig, verließen im September 1938 die „Ostmark": „Meine Lage wurde durch das Verlöbnis mit einer Jüdin immer unerträglicher und ich wurde einigemale zum reiben herangezogen und war auch diversen anderen Schikanen ausgesetzt", so der Schneidergeselle im Juli 1954 in seinem „Ansuchen um Haftentschädigung". In Brüssel heirateten sie 1939. 1940 wurde Anton Rihanek von den Deutschen verhaftet, 1941 wurde ihm in Düsseldorf der Prozess gemacht, wegen „Rassenschande", da aufgrund des „Blutschutzge-

---

43 Magistratsabteilung 15 (MA); der Akt liegt unter dem Namen Anderle.
44 Carlo Ginzburg u. Carlo Poni, Il nome e il come: scambio ineguale e mercato straordinario, in: Quaderni storici, 40 (1979), insbes. 185, zeigen die Möglichkeiten auf, die die Namenskenntnis für eine anthropologisch orientierte Sozialgeschichte eröffnet.

setzes" seine Ehe nicht anerkannt wurde. Schließlich wurde er zu vier Monaten Haft verurteilt. Danach kam er vier Jahre an die Front.[45] Was mit seiner Frau, die Jüdin war, geschah, ob sie in ein KZ deportiert wurde, oder nicht und hier überlebt hat, erfahren wir aus dem „Ansuchen um Haftentschädigung" nicht.

Im Ausland geheiratet haben auch Emilie Friethum und Uscher Glotzer. Nach 1945 befand sich Friethum in Wien, Uscher Glotzer im Ausland; sie waren verheiratet, aber wir wissen nicht, ob sie noch ein Paar waren.[46]

Paul Herzka und seine Frau Helene Maria, die 1940 in Brüssel geheiratet hatten, wurden trotz Haft und Verfolgung nur vorübergehend voneinander getrennt.[47] Das galt auch für Leopold und Lydia Brenner, auch wenn sie sich in den Nachkriegsjahren trennten und scheiden ließen. Sie wollten bereits 1938 in Wien heiraten, was der „Anschluss" verhindert hatte. Der Lehrer Leopold Brenner und die in Kiew geborene Graphikerin Lydia Luftmann heirateten 1940 in Mont Morency bei Versailles. Ein Fluchtversuch in die Schweiz scheiterte, 1944 wurde Leopold Brenner in Wien zu drei Jahren Zuchthaus verurteilt. Seine Frau kam 1942 in das „Judenlager Drancy" und aufgrund von Schwangerschaft und Geburt schließlich in die Häftlingsabteilung des Rothschildspitals in Paris.[48]

Nach Kriegsende geheiratet haben Ferdinand und Gertrude Seidl. Der Apotheker hielt seine spätere Frau bei sich versteckt.[49] Im August 1944 wurde der Einundvierzigjährige verhaftet und in einem Prozess zu zwei Jahren Haft verurteilt. Seine spätere Frau, Jüdin, wurde im September 1944 nach Auschwitz, später Bergen-Belsen und Neuengamme vermutlich mit einem Schutzhaftbefehl deportiert. Nach Kriegsende geheiratet haben Erich Nadler, Installateur und seine Frau Antonie. „Rassenschande mit meiner jetzigen Frau" hatte Erich Nadler vor Gericht gebracht.[50] Das Paar hatte zwei Kinder, im Juli 1938 und August 1941 geboren. Überlebt hat das Paar Paula Peterson und Egon Weil, auch wenn es nicht den Anschein hat, dass sie nach 1945 noch zusammenlebten, da Weil nach der Flucht aus Österreich zunächst in Frankreich und schließlich in der Schweiz Zuflucht gefunden hatte.

Der Großteil der Paare wurde jedoch durch die Folgen des „Rassenschandeprozesses", durch Verfolgung und/oder Tod voneinander getrennt. Von den 62 Personen, die uns auch namentlich bekannt sind, haben 38 das Jahr 1945 überlebt, das sind 61 Prozent. Unter ihnen befinden sich acht Personen jüdischer Herkunft, fünf Frauen und drei Männer, nicht mehr als 21 Prozent der Überlebenden. Aus dem untersuchten Aktenbestand selbst lässt sich der Lebensweg der Partner der Antragsteller/innen nicht immer rekonstruieren, was signifikante

---

45 DOEW 20.000/R336.
46 DOEW 20.100/2781.
47 DOEW 20.100/4289 und MA 15.
48 Vgl. DOEW 20.100/1149.
49 DOEW 20100/10987.
50 DOEW 20100/8021.

Gründe hat, auf die ich später eingehen werde. Mit Hilfe der Datenbank „Namentliche Erfassung der österreichischen Holocaustopfer"[51] konnte ich jedoch Deportation in Konzentrationslager und Tod von sieben Personen verifizieren,[52] bei weiteren acht, sieben Frauen und einem Mann gelang dies nicht.[53] Da sie alle jüdischer Herkunft waren, gehe ich davon aus, dass sie das Kriegsende 1945 nicht erlebt haben. Unter dieser Annahme sind 14 Frauen und acht Männer jüdischer Herkunft, die in „Rassenschandeprozesse" involviert waren, in Konzentrationslagern ermordet worden; das traf auch auf einen „arischen" Mann zu, aber auf keine nichtjüdische Frau.

Es fällt auf, dass in den hier vorgelegten Fällen mehr jüdische Frauen (nämlich 19) mit „arischen" Männern eine Liebesbeziehung hatten als umgekehrt (12 jüdische Männer standen wegen des „Verbrechens" „Rassenschande" vor Gericht). Diese Konstellation findet in der Literatur, zumindest für Deutschland, keine Bestätigung; allerdings müssten vertiefte Forschungen für die „Ostmark" dies noch klären.[54]

Ein großer Teil der Paare – die überwiegend aus dem Kleingewerbe, Kleinhandel und der städtischen Unterschicht stammten – führte schon lange eine Lebensgemeinschaft. Von den dreizehn, über die Angaben zur Dauer des Zusammenlebens aus den Akten vorhanden sind, haben elf eine Lebensgemeinschaft von durchschnittlich sechs Jahren (vor 1938) geführt. Es ist anzunehmen, dass die österreichischen Ehegesetze der Hauptgrund dafür waren, denn in 50 Prozent der Fälle war zumindest ein Partner geschieden. Zehn Paare hatten gemeinsame Kinder, wobei sieben (von fünfzehn) nach 1939 geboren wurden. Die Liebesbeziehung wurde daher bewusst, ungeachtet ihres Verbots weitergeführt. Wir können dieses Handeln als Protest, zumindest gegen das Eindringen des Nationalsozialismus in die Privatsphäre verstehen. Das trifft sicherlich nicht für alle hier erfassten Fälle zu. Vielmehr kann vermutet werden, dass rechtliche und politische Konstellationen zuungunsten der bereits verfolgten Jüdinnen ausgenutzt wurden beziehungsweise Gewalt gegen sie angewendet wurde. Das gilt etwa für einen Mann, der 1940 freiwillig der SS beigetreten war, in der Folge wegen Plünderung und „Rassenschande" verurteilt und 1942 aus der SS ausgeschlossen worden war.

---

51 Vgl. Homepage des Dokumentationsarchivs des Österreichischen Widerstandes: http://www.doew.at/
52 Käthe Kohn, Gabriele Stein, Chana Götz, Franziska Rosenthal, Margarete Trimmel, Alfred Blum, Jonas Gärtner.
53 Josefa Milcher, Maria Steinberger, Karla Edel, Hildegard Steiner, Elsa Wollner, Dora Fischer, Irma Spitzer (Geburtsdatum unbekannt, daher konnte nicht geklärt werden, ob sie mit der 1921 geborenen und 1943 nach Auschwitz deportierten Irma Spitzer ident ist; vgl. DOEW, namentliche Erfassung der österreichischen Holocaustopfer), Siegfried Wethreich.
54 Ley, Schutze, wie Anm. 9, differenziert die von ihm untersuchten 150 „Rassenschandefälle" nicht nach der Kategorie Geschlecht; Przyrembel, Rassenschande, wie Anm. 16, 263, stellt für ausgewählte deutsche Städte keinen Unterschied in der Geschlechterkonstellation fest.

1947 suchte er um eine Opferentschädigung an, die er nicht erhielt.[55] Anklage in einem „Rassenschandeprozess" macht eine Person noch nicht zu einem/einer Widerstandskämpfer/in; allerdings tritt dies dann ein, wenn die Ablehnung der Nürnberger Gesetze durch die Aufrechterhaltung einer verbotenen Liebesbeziehung sichtbar wird.

Die Republik Österreich und die Opfer von „Rassenschandeprozessen"

Die Interessensvertretungen der Opfer und ihre Aktivitäten waren umso notwendiger als die rasch aufeinander folgenden Opferfürsorgegesetze zwar Veränderungen brachten, aber durch Kautelen, diverse Vorbehalte, verzweigte Ausnahmeregelungen, rassisch Verfolgte von entsprechenden Entschädigungen lange ausschlossen; das galt auch für jene, die Verfolgung, Haft, Tod von Partner/innen infolge der Übertretung des „Blutschutzgesetzes" erfahren hatten. Die Kasuistik war bemerkenswert. So formulierte es der Opferfürsorgeerlass von 1948:

> Eine Unterstützung und Förderung von … aus politischen, rassischen, religiösen oder nationalen Gründen Verfolgten … durch Beherbergung, Verköstigung, Labung und ähnliche Hilfeleistungen kann dann als ein solcher Einsatz [für ein freies, demokratisches Österreich, Anm. Bailer] gewertet werden, wenn diese Förderung und Unterstützung nicht unter äußerem Druck oder aus eigensüchtigen oder Erwerbsgründen oder aus Gründen freundschaftlicher oder verwandtschaftlicher Verbundenheit zu den unterstützenden Personen erfolgte.[56]

Das waren Einschränkungen, die in Solidarität und Hilfeleistungen im Kontext von Freundschaft und Verwandtschaft und dazu können wir wohl auch Liebesbeziehungen zählen, keine moralischen oder besser politischen Werte verstanden, die eine staatliche Gratifikation verdienen würde. Bemerkenswert ist der Versuch Hilfeleistungen in wertvolle und wertlose zu teilen und jene, die emotional Nahestehenden gelten zu den wertlosen zu zählen. Obwohl das Opferfürsorgegesetz von 1947 den Opferfürsorgebegriff erweitert hatte, wurden in diesem Jahre Anträge von in „Rassenschandeprozessen" Verurteilten abgelehnt, mangels des „erforderlichen Nachweises eines rückhaltslosen Einsatzes für ein freies, demokratisches Österreich".[57] Die Ablehnung von Entschädigungsanträgen konnte aber gelegentlich innerhalb eines Monats rückgängig gemacht werden. Der Antrag von Paul Herzka, der seine Frau in Brüssel geheiratet hatte, wurde im Mai 1949 mit dem Verweis auf die Geltung der

---

55 DOEW 20.000/a4 (R Akt).
56 Bailer, Wiedergutmachung, wie Anm. 34, 53 f.
57 MA 15, Brenner.

Nürnberger Gesetze abgelehnt. „Die Verurteilung [Herzkas, E. S.] und Inhaftnahme erfolgte wegen Übertretung eines bestehenden, bekannten Gesetzes". Einen Monat später hatte das Amt herausgefunden, dass die Ehe zwischen den Herzkas in Brüssel vor dem Einmarsch der Deutschen erfolgte und daher nicht als Gesetzesübertretung zu verstehen sei.[58] Die Rechtskräfigkeit des „Blutschutzgesetzes" wurde demnach weiterhin anerkannt. Auch im Jahre 1952 wurde die NS Gesetzgebung als zeitgemäße Norm akzeptiert. Auf dem Antrag Richard Friedls im Jahre 1952 um Haftentschädigung befindet sich folgender handschriftlicher Kommentar: „Der Angeklagte war sich der verbotenen Handlung bewußt, daher Schuldspruch. Soll Haft anerkannt werden?" In einer anderen Handschrift folgt die Antwort. „Abweisung". Ein Jahr später erhielt er dennoch eine Entschädigung.[59] Ab 1952 kam es zu einer ersten Welle von Entschädigungszahlungen für jene, die den Paragraph 2 des „Blutschutzgesetzes" nicht akzeptiert hatten. Zu Beginn der Sechzigerjahre, der Zeit einer zweiten Welle der Entschädigungszahlungen, hatte auch die Amtssprache das neue Verständnis von Opfer aufgegriffen. Jene Personen seien als Opfer politischer Verfolgung anzusehen, hieß es 1963 in der Begründung der Wiener Landesregierung, die „infolge Versippung durch Anwendung von Gesetzen zu Schaden gekommen sind, die in einem freien dem. Staate nicht zustande gekommen" wären. Das war eine materielle Genugtuung für den Betroffenen, der mit einer „Halbjüdin" verlobt gewesen und mit ihr ein gemeinsames Kind hatte. Sein Ansuchen um Ehebewilligung bei der Reichsstatthalterei war erfolglos geblieben und hatte seine Verhaftung bewirkt.[60] Eine immaterielle Anerkennung wurde ihm 1963 jedoch nicht zuteil, in dem Sinne, dass sein Handeln ausdrücklich als auch politischer Akt anerkannt worden wäre; es sei denn, dass mit der materiellen Entschädigung auch eine implizite Anerkennung erfolgt wäre. Ob die Betroffenen es so sahen, wissen wir nicht.

Eine Sprache der Liebe?

Die Formulare der „Eidesstattlichen Erklärungen" und der „Ermittlungsergebnisse" stellen visuell eine Beziehung her, die (amtliche) Öffentlichkeit bislang nur im Kontext der „Rassenschandeprozesse" erhalten hatte; sie tragen zum Erinnern bei. Für persönliche Bemerkungen der Antragsteller/innen sahen sie jedoch keinen Raum vor. Dennoch haben diese sich einen Raum geschaffen.

---

58 MA 15, Paul Herzka.
59 MA 15, Richard Friedl.
60 DÖW 20.000/c 80. Cihula. Wie restriktiv Anträge von „Mischlingen" um die Genehmigung einer Ehe mit „Deutschblütigen" gehandhabt wurden zeigt Beate Meyer, Mischlinge, wie Anm. 5, für Hamburg auf.

Lilly Hladisch, Beamtin der Länderbank, schreibt unter der Rubrik Haftgrund:

> Ich habe Architekt Baumeister Leopold Schulz, welcher Jude war, durch drei Jahre in meiner Wohnung versteckt gehalten. Wir wollten heiraten. Meine Wohnung wurde teilweise bombenbeschädigt, Türen u. Fenster heraus gerissen, ich musste meinen Bräutigam in fremde Hände geben, zahlte noch RM 5.000 Schweigegeld und wurde schon von dem Manne, der das Geld nahm, nach vier Tagen verraten. Sch. kam nach Mauthausen. Ich war mit seiner Fotgrafie in den Händen nach meiner Befreiung aus Lanzendorf selbst in Mauthausen und musste den Hungertod des von mir geliebten Mannes feststellen. Er starb am 28. 4. 45. Ich bin leider am Leben geblieben. Schulz war ein grosser Künstler und vor allem ein edler, gütiger Mensch.[61]

Das ist die längste Erklärung, die sich auf den Formularen findet und die einzige, in der das Wort Liebe fällt.

Es gab eigenhändig verfasste Anträge auf Aufnahme in die KZ-Verbände. Frieda Hiebler hat ihre „Bitte um Aufnahme als ordentliches Mitglied in den Verband" beigelegt. Sie schreibt „Ich war mit dem Juden Richard Adler verlobt und lebte seit 1935 mit ihm im gemeinsamen Haushalt". 1938 flüchteten sie nach Brünn, Prag, Mailand. Schließlich nach Belgrad, wo sie eine Scheinehe einging, um die jugoslawische Staatsbürgerschaft zu erlangen und bei ihrem Lebensgefährten bleiben zu können. Nach dem April 1941 flüchteten sie nach Budapest. „Nach kurzem Aufenthalt wurden wir von einem Freunde meines Verlobten angezeigt und verhaftet". Als sie frei kam, bekam sie die „unfassliche Nachricht", dass Richard Adler in das Konzentrationslager Auschwitz gebracht worden war „von wo er bis heute nicht zurückkehrte. Mein Leben ist zerstört und inhaltslos geworden, ich kann über den Verlust meines Verlobten nicht hinwegkommen und mich von den Erinnerungen an all das Erlebte nicht befreien."[62] Frieda Hiebler lebte 1946, dem Jahr ihrer Antragstellung als Friseurin und Kosmetikerin in Wien.

Frieda Hieblers und Lilly Hladisch Texte über die traumatischen Ereignisse, Trennungen und Tod, stellen in ihrem Umfang und in der Deutlichkeit der Darstellung von Emotionalität und Verlust Ausnahmen dar. Die Geschehnisse selbst können in mehreren Elementen als „normaler" „Rassenschandefall" bezeichnet werden, so die Denunzierung,[63] die Deportation des jüdischen Partners in ein Konzentrationslager und dessen Tod. Die Erinnerungen, oder besser die verschriftlichten Erinnerungen sind nach Geschlechtern unterschiedlich verfasst.

---

61 DÖW 20.100/4446.
62 DÖW 20.000/4333.
63 Der Denunziant der Lilly Hladisch und des Leopold Schulz, der Tischlergeselle Otto Schödlbauer, wurde 1947 zu drei Jahren Haft verurteilt. Vgl. MA 12, Akt Hladisch.

Die Antragstellerinnen waren eine Minderheit. Zwölf Frauen und 19 Männer suchten um Aufnahme in den KZ Verband an; die Antragstellerinnen erwähnen bis auf eine Ausnahme das weitere Schicksal ihres von den NS Gerichten verurteilten Gefährten. Wenn auch oft sehr kurz, wie etwa Antonia Hurich, die mit Isidor Feuerring seit 1926 in Paris zusammenlebte und mit ihm als Marktlieferantin tätig war. 1944 wurde er deportiert, schreibt sie, „und ist nicht mehr zurückgekehrt".[64] Damit ist aber die durch Tod beendete Beziehung beschrieben.

Die Antragsteller dachten vielleicht strategischer, was ihnen durch die Handhabung des Opferfürsorgegesetzes lange nahegelegt worden sein mag, vielleicht wollten sie vergessen; aber sicherlich tritt in ihren Texten eine brennende Lücke auf. Dr. H. K., Historiker und Bibliothekar, war wegen „Rassenschande" zu 53 1/2 Wochen Gefängnis verurteilt worden. Seinem Akt liegt ein Lebenslauf bei. In dem dreiseitigen maschinenschriftlichen Text erzählt er von seinem Studium und seinem illegalen Übertritt über die Schweizer Grenze im September 1938 gemeinsam mit seiner Verlobten Karla Edel. Sie werden verhaftet. „In Lörrach in Haft genommen, stürzte man sich mangels eines anderen Tatbestandes auf das Faktum, dass meine Verlobte Jüdin war, presste ihr ein Geständnis ab u. erhob gegen mich die Anklage nach Paragraph 2 des „Gesetzes zum Schutz des deutschen Blutes u. der deutschen Ehre"... In der Folge berichtet er von der Weiterführung des Studiums nach der Haftzeit, seinem Kontakt zu Widerstandsgruppen, Karla Edel findet jedoch keine Erwähnung mehr.[65] Auch J. M. erwähnt nicht den Selbstmord Rosa Seidensteins in seinem Gesuch, die verzweifelt über seine Verhaftung aufgrund von „Rassenschande" und der angeblichen Verheimlichung ihrer jüdischen Herkunft oder über seine Eheschließung war. Ein Aktenvermerk informiert uns darüber.[66]

Die Lücke fällt ins Auge der Lesenden, denn sie ergibt sich aus der Frage nach Weiterleben/Überleben der Partnerinnen in einer in Leerstellen niedergeschriebenen Beziehung. Das Formular selbst, oder die zu ihm gehörenden Beilagen, geben Minimalinformationen, die für den Abschluss eines Rechtsakts nötig sind; dennoch ist das Schweigen, das Auslassen einer Information, die für diesen Zweck unnötig sind, nicht zu überhören oder zu übersehen. Es ist die Verstümmelung einer Liebesbeziehung.

In den Diskussionen um die Geschichte der Liebe nimmt die Sprache eine Schlüsselstelle ein; sei es, dass Liebe in Literatur erforscht wurde,[67] sei es, dass ihre Sprache als Literatur verstanden wird. „Die unmögliche, unangemessene, unmittelbar anspielende und sich

---

64 DOEW 20.100/4909.
65 DOEW 20.100/5394.
66 MA 15 und DOEW 20.100/7449.
67 Vgl. Peter von Matt, Liebesverrat. Die Treulosen in der Literatur, München 1991 u. Niklas Luhmann, Liebe als Passion. Zur Codierung von Intimität, Frankfurt a. M. 1983.

jeder gewollten Direktheit entziehende Sprache der Liebe setzt Metaphern frei: Sie ist Literatur", so Julia Kristeva.[68] Das bedeutet, dass Liebe und Literatur als Einheit verstanden werden. „Die Sprache der Liebe" wird auch als Code verstanden, der sich aus literarischen Steinbrüchen und Landkarten herstellt, aus „großen" Texten, die den Kopf der Liebenden durchkreuzen und sie zur Sprache, zum Gefühl ermächtigen. Gilt dies auch für die verbotene Liebe, traditionsreich im Sinne des Aufstandes gegen die Väter und gegen das Gesetz?[69] Und gilt dies für jene, die sich der „rassenschänderischen", verbotenen Beziehungen erinnern, die „Eidesstattliche Erklärungen" und vorgedruckte Ansuchen an die Republik Österreich um Entschädigung ausfüllen? Der Raum, der ihnen für diese Form bürokratisch gelenkter Erinnerung zur Verfügung steht, ist knapp bemessen und dennoch: Einsame Dokumente sind das, die eine Sprache der Liebe führen, auch wenn sie nur wenige Worte umfassen.

---

68 Julia Kristeva, Geschichten von der Liebe, Frankfurt a. M. 1997, 9.
69 Eine spezifische Interpretation siehe bei: Denis De Rougemont, Die Liebe und das Abendland, Köln 1966 (Orig. 1939).

Martina Gugglberger

Den Feind lieben

Geschorene Frauen in Frankreich 1944–1945

Französinnen, die während der Besatzungszeit Frankreichs im Zweiten Weltkrieg Beziehungen zu deutschen Soldaten eingegangen waren,[1] so genannten ‚*femmes à boches*',[2] wurden während der *Libération* öffentlich die Haare geschoren. Die Brutalität und emotionale Aufgeladenheit dieses *carnaval moche*,[3] die auf vielen zeitgenössischen Bilddokumenten und in Aussagen von ZeitzeugInnen deutlich werden, verweisen nicht nur auf eine „Sündenbock-Rolle" der geschorenen Frauen.[4] Vielmehr erfordert die symbolische „Reinigung" der ‚*collaboratrices horizontales*' von Kollaboration und Vaterlands-Verrat in Form einer öffentlich inszenierten Bestrafung verschiedene Analyseebenen. Die geschlechtsspezifische Art und Weise der Bestrafung durch die *tonte* („Abrasieren der Kopfhaare") sowie bereits die vorangegangene Stigmatisierung der genannten Beziehungen deuten auf eine Verknüpfung von Nation und Geschlechterrollen hin. (Liebes-)Beziehungen, die sich aus der Nähe des Besatzungsalltags ergaben, wurde eine übergeordnete öffentliche Bedeutung beigemessen.

La Tonte – die Inszenierung einer Strafe für „Liebe außerhalb der gesellschaftlichen Norm"

Die *tontes* waren keineswegs vereinzelt vorkommende Gewaltausbrüche gegen Frauen. Der französische Historiker Fabrice Virgili geht nach umfangreichen Recherchen von mindestens 20.000 geschorenen Frauen aus,[5] und spricht von einem nicht zu unterschätzendem

---

1   Der vorliegende Aufsatz basiert auf der Diplomarbeit der Autorin: Martina Gugglberger, Les femmes tondues. Geschorene Frauen in Frankreich 1944–45, Salzburg (unveröffentl. Diplomarbeit) 2001.
2   „Frauen der Deutschen". „Boches" ist eine abwertende Bezeichnung für Deutsche. Anmerkung: Begriffe und Zitate aus dem Französischen sind kursiv gesetzt. Die Übersetzungen stammen von der Autorin; wertende Ausdrücke sind mit einfachen Anführungszeichen versehen.
3   „Hässliches Narrenfest", vgl. Alain Brossat, Les tondues. Un carnaval moche, Paris 1992.
4   Vgl. Claire Duchen, Kahlgeschorene Frauen als Sinnbild der Kollaboration. Schuld und Sühne im befreiten Frankreich, in: Irene Bandhauer-Schöffmann u. Claire Duchen Hg., Nach dem Krieg. Frauenleben und Geschlechterkonstruktionen in Europa nach dem Zweiten Weltkrieg, Herbholzheim 2000, 282.
5   Vgl. Brief von Fabrice Virgili an die Autorin vom 25. Juni 1998; vgl. Fabrice Virgili, La France „virile". Des femmes tondues à la Libération, Paris 2000, 77.

Ausmaß dieser Ereignisse.[6] Trotz der großen Anzahl von Vorfällen wurden die *femmes tondues* (*"Geschorene Frauen"*) erst ab Mitte der 1980er Jahre Thema von historischen Arbeiten. Dies lässt sich einerseits mit einer verstärkten Fragestellung nach der Geschichte von Frauen in diesem Zeitraum erklären. Andererseits setzte verspätet im Gegensatz zur Aufarbeitung der Geschichte der *Résistance* in Frankreich die Auseinandersetzung mit der Geschichte der Kollaboration ein. Die Verknüpfung schließlich von Nation und Geschlecht im Kontext von Krieg und Besatzung ist in den letzten Jahren intensiver in den Blick der Forschung gerückt. Für Frankreich haben vor allem Françoise Thébaut, Fabrice Virgili und Luc Capdevila grundlegende Forschungsfragen zu diesem Thema aufgegriffen. Im deutschsprachigen Raum sind eine Studie von Ebba D. Drolshagen[7] und mehrere Publikationen der Historikerin Ingrid Bauer[8] zum Themenkomplex der „Ami-Bräute" beziehungsweise „Besatzungsbräute" nach 1945 herausragend.

Auch in anderen europäischen Ländern wählte man im 20. Jahrhundert das Haare-Abschneiden als spezielle Strafe gegen Frauen. Auffällig ist, dass diese entwürdigende Prozedur sowohl im Handlungsrahmen faschistischer Parteien (der Spanischen Falangisten, der Nationalsozialisten) wie auch von demokratischen Systemen (in Frankreich, Norwegen, Dänemark) seinen Platz hatte. In Spanien wurden während des Bürgerkriegs republikanischen Frauen die Haare geschoren.[9] Es reichte aus, die Mutter, Schwester oder Verwandte eines „Roten" zu sein, um von den Falangisten geschoren zu werden. Der Aspekt der markierenden Reinigung, aber auch der Strafe für die Treue zur gegnerischen Seite waren Motive für die Aktionen. Das Phänomen ist auch für das nationalsozialistische Deutschland durch zahlreiche Bilddokumente bestätigt.[10] Frauen, die Beziehungen zu Zwangsarbeitern eingegangen waren oder der „Rassenschande" bezichtigt wurden, sollte als Sühnemaßnahme die Haare abgeschnitten werden. In

---

6 Vgl. Fabrice Virgili, Les tontes de la Libération en France, in: Les Cahiers de L'IHTP, 31 (1995), Identités féminines et violences politiques (1936–1946), Paris 1995, 53–66, 55.
7 Ebba D. Drolshagen, Nicht ungeschoren davonkommen. Das Schicksal der Frauen in den besetzten Ländern, die Wehrmachtssoldaten liebten, Hamburg 1998.
8 Vgl. unter anderem: Ingrid Bauer, Die „Ami-Braut" Platzhalterin für das Abgespaltene? Zur (De-)Konstruktion eines Stereotyps der österreichischen Nachkriegsgeschichte 1945–1955, in: L'Homme. Z. F. G., 7, 1 (1996), 107–121; dies., „Austria's Prestige Dragged into the Dirt ..."? The ‚GI-Brides' and Postwar Austrian Society (1945–1955), in: Günter Bischof, Anton Pelinka u. Erika Thurner Hg., Contemporary Austrian Studies, Vol. VI, New Brunswick/London 1998, 41–55; dies., „Die Amis, die Ausländer und wir". Zur Erfahrung und Konstruktion von „Eigenem" und „Fremdem" nach dem Zweiten Weltkrieg, in: Ingrid Bauer, Sylvia Hahn u. Josef Ehmer Hg., Walz – Migration – Besatzung: historische Szenarien des Eigenen und des Fremden, Klagenfurt 2002, 197–276, insbes. Kap. ‚Die Ami-Bräute, das war Verrat ...' Oder: Die Provokationen eines facettenreichen Fremdgehens, 236–241.
9 Vgl. Yannick Ripa, La tonte purificatrice des républicaines pendant la guerre civile espagnole, in: Les cahiers de l'IHTP, 31 (1995), Identités féminines et violences politiques (1936–1946), 39–51.
10 Klaus Hesse u. Philipp Springer, Vor aller Augen. Fotodokumente des nationalsozialistischen Terrors in der Provinz, Essen 2002, 117–134.

einem Brief an Hermann Göring vom 8. März 1940 zeigte sich SS-Reichsführer Heinrich Himmler überzeugt von der abschreckenden Wirkung solcher öffentlicher Diffamierungen.[11] Von geschorenen Frauen in Norwegen, Dänemark und den Kanalinseln berichtet E. D. Drolshagen in ihrem Buch „Nicht ungeschoren davonkommen".[12] Hier geschahen *tontes* meist in einem nicht-offiziellen Kontext und als Publikum waren bestenfalls die beteiligten Gruppenmitglieder zugelassen. Heimliches Vorgehen trifft auch auf Aktionen gegen so genannte „Ami-Bräute" in den von alliierten Truppen besetzten Gebieten in Österreich zu, wie beispielsweise im Falle des Linzer „Haarabschneidekommandos".[13] Dabei handelte es sich um eine Gruppe Jugendlicher, die junge Frauen, denen Beziehungen zu amerikanischen Besatzungssoldaten nachgesagt wurden, attackierten und ihnen die Zöpfe abschnitten.

Für Frankreich hingegen ist – neben der im europäischen Vergleich auffallend großen Häufigkeit der *tontes* – die öffentliche Inszenierung bezeichnend. So war mit unterschiedlichen regionalen und lokalen Ausprägungen die Anwesenheit von Publikum bei der Strafausübung das Hauptcharakteristikum der allermeisten bekannten *tontes*. Der Ablauf gestaltete sich so, dass die betreffenden Frauen – mancherorts sogar nackt – auf Anhängern oder in einem Umzug durch einen Stadtteil oder eine Ortschaft geführt wurden. Am zentralen Platz vor wartender Menge angekommen wurden sie auf eine Art Podest gestellt und geschoren. Nicht selten wurden die Frauen mit Hakenkreuzen beschmiert und mussten Tafeln mit Aufschriften wie *„honte"* („Schande"), oder *„traître"* („Verräterin") halten. Das Kollektiv der Zuschauer und Zuschauerinnen fungierte gleichsam als Zeugenschaft. Auf den historischen Fotografien, die als Bildquelle für dieses Ereignis dienen, ist durchgängig eine johlende, faszinierte und beifallklatschende Zuschauermasse auszumachen.

Das öffentliche Vorführen der Frauen wurde erst zu einem weit verbreiteten Phänomen, nachdem die deutschen Besatzer die Ortschaften verlassen hatten. In der Phase der wilden Säuberungsaktionen, die noch während der Okkupation begannen, fanden bereits vereinzelt derartige Aktionen allerdings heimlich, *au coin du bois* („im Hinterwäldchen"), statt. Meist nachts und im Haus der jeweiligen Frau wurden dieser die Haare geschoren und oft auch Wertgegenstände „konfisziert". Für viele *Départements* wie beispielsweise *Pyrénées-Atlantiques*, *Loire-Atlantique* und *Ille-et-Vilaine* sind solche frühen *tontes* in den Jahren 1943 und 1944 nachgewiesen.[14]

---

11 Zit. nach: Christa Paul, Zwangsprostitution. Staatlich errichtete Bordelle im Nationalsozialismus, Berlin 1994, 17.
12 Drolshagen, Schicksal, wie Anm. 7.
13 Michael John, Das „Haarabschneidekommando" von Linz. Männlicher Chauvinismus oder national-sozialistische Wiederbetätigung? Ein Fallbeispiel aus den Jahren 1945–1948, in: Fritz Mayrhofer u. Walter Schuster Hg., Entnazifizierung und Wiederaufbau in Linz. Historisches Jahrbuch der Stadt Linz 1995, Linz 1995, 335–360.
14 Vgl. Virgili, France, wie Anm. 5, 95 ff.

Die Tatsache, dass die *tontes* im Unterschied zu anderen außergerichtlichen Säuberungs- und Racheaktionen dann zu einem betont öffentlichen Ereignis wurden, bestärkt die These, wonach das öffentliche Haare Abrasieren neben einem symbolischen vor allem einen hohen kollektiven Wert besaß. Erst in zweiter Linie stellte es eine Form der *Epuration* dar, das heißt eine Säuberung, wie die politischen Instanzen sie nach der Besatzungszeit gegen Kollaborateure und Kollaborateurinnen durchführten. Der sühnende Charakter dieser Strafe verlangte nach einer demonstrativen Inszenierung mit Publikum: Bedingungen, die vor der *Libération* nicht gegeben waren. Die intensivste Welle der *tontes* fand von Ende Juli 1944 bis Mitte September 1944 statt, in dem Zeitraum, in dem der Großteil der französischen Ortschaften von alliierten oder französischen Truppen befreit wurde. Die *tontes* ereigneten sich meist innerhalb der ersten Befreiungstage. In kleinerem Ausmaß kamen *tontes* in einer zweiten Welle im Mai 1945 vor. Das Bekanntwerden der Nazi-Gräuel und die ersten nach der Kapitulation NS-Deutschlands heimkehrenden Kriegsgefangenen lösten in der französischen Bevölkerung erneut den Ruf nach Vergeltung und Rache aus.

Die *tontes* wurden häufig auf dem Platz vor dem Rathaus durchgeführt, auf dem Marktplatz oder beim zentralen Brunnen der Ortschaft oder Stadt. Den unterschiedlichen Örtlichkeiten gemeinsam ist ein offizieller und öffentlicher Charakter.[15] Öffentliche Plätze bezeichnen einerseits den Raum, in dem Frauen während der Besatzungszeit ihre Beziehungen zu Besatzungssoldaten sozusagen offiziell deklariert hatten, und waren andererseits Räume öffentlicher Macht, die während des Krieges von feindlichen Truppen kontrolliert worden waren.[16] Der Umzug auf diesen Plätzen demonstrierte die Wiederinbesitznahme dieser öffentlichen, vorübergehend an die nationalsozialistische Besatzungsmacht verloren gegangenen Orte.

Die *tontes* in Frankreich ereigneten sich in einer Periode eines weitgehend rechtsfreien Raumes. In der kurzen Zeitspanne zwischen der Befreiung aus der aufgezwungenen Besatzungsordnung und der Re-Etablierung einer neuen demokratischen Gesellschaftsordnung bildeten Emotionen, Ängste, Rachsucht und Euphorie sowie ein entsprechendes Rechtsverständnis den Rahmen für öffentliche Handlungen. Eine rechtliche Grundlage für die Bestrafung von Beziehungen zu deutschen Soldaten gab es nach geltendem französischen Recht nicht. Erst Ende des Jahres 1944, also Monate nach der ersten großen Welle von *tontes*, beschrieb eine neue gesetzliche Regelung das Strafausmaß für „antinationales Handeln". Die Verordnung von Ende Dezember 1944 erklärte im 1. Artikel alle Personen, die die deut-

---

15 „In Moulin wurde eine Frau sogar direkt auf dem Balkon ihres Hauses geschoren. Der Balkon, in der Literatur (man denke an die Dialoge Romeo und Julias) bevorzugter Ort der Verführung, diente hier als hervorgehobener Ort, der das Haare-Scheren für alle sichtbar machte"; vgl. Virgili, Tontes, wie Anm. 6, 62.
16 Vgl. Michel Rouquet u. Danièle Voldman, A propos des femmes tondues, in: traverse. Zeitschrift für Geschichte/ Revue d'histoire, 1 (1995), 45–51, 46.

schen Besatzer auf direkte oder indirekte Weise unterstützt hatten, des Landesverrats – der *Indignité nationale* – schuldig.[17] Der Gesetzestext gab nur vage Anhaltspunkte und in der Rechtspraxis waren je nach *Département* starke Unterschiede zu bemerken. Bedeutung erhielt diese Unschärfe in der Gesetzesformulierung vor allem bei Anklagen und den daraus folgenden Gerichtsprozessen gegen Kollaborateurinnen. In den meisten gerichtlich anhängigen Fällen wurden ‚*femmes à boches*' wegen Delikten wie Denunziation, Verrat, wirtschaftlicher Kollaboration oder freiwilliger Arbeit für die Besatzer angeklagt. Dass sie auch Beziehungen zu Soldaten hatten, wurde in Zeugenaussagen und Protokollen immer wieder betont. Nur in äußerst seltenen Fällen gab es Anweisungen von offizieller Seite, sprich von Vertretern der ersten provisorisch eingesetzten Verwaltungsgremien, für eine *tonte*.

Einen solchen Fall zeigt der folgende Beschluss des *Comité de la Libération* aus dem *Département Pyrénées-orientales*:

> … qu'à l'exception des prostituées des maisons publiques, les femmes qui ont eu des rapports intimes avec les Allemands devront avoir la tête rasée. Elles seront, en outre, soumises pendant six mois à la visite médicale bihebdomadaire à laquelle sont astreintes les prostituées surveillées.[18]

Der Erlass setzte die ‚*femmes à boches*' mit Prostituierten gleich, nahm jedoch letztere von der Strafe der *tonte* aus. Das heißt, dass jene Frauen, die eigentlich moralisch integrer Teil der Gesellschaft sein hätten können und sollen, umso mehr enttäuschten und schockierten, wenn ruchbar wurde, dass sie sexuelle Beziehungen zu feindlichen Männern hatten. Die beiden HistorikerInnen François Rouquet und Danièle Voldman sprechen in diesem Zusammenhang von ‚*prostituées morales*', die in der öffentlichen Meinung mit ihrem Körper auch ihre Wertvorstellungen und ihr Verantwortungsbewusstsein gegenüber der Gesellschaft an die Feinde ausgeliefert hätten.[19]

Dass die vorerst provisorischen staatlichen Autoritäten überfordert waren, dem dringenden Wunsch der Bevölkerung nach Vergeltungsmaßnahmen und der Durchführung der *Epuration* innerhalb eines gesetzlichen Rahmens zu entsprechen, fand in den sehr widersprüchlichen lokalen Vorgangsweisen Ausdruck. Im Gegensatz zum oben zitierten offiziellen Auftrag, gab es andernorts Aufrufe zur Unterlassung von Selbstjustiz und Racheaktionen.

---

17 Vgl. Fabrice Virgili, Les „tondues" à la Libération: le corps des femmes, enjeu d'une réappropriation, in: CLIO. Histoire, Femmes et Sociétés, 1 (1995), 111–127, 121.

18 Virgili, France, wie Anm. 5, 42. „… dass mit Ausnahme von Prostituierten aus Freudenhäusern, jene Frauen, die intime Beziehungen mit Deutschen hatten, die Haare geschoren werden sollen. Sie sollen darüber hinaus während eines Zeitraums von sechs Monaten einer zweiwöchentlichen medizinischen Untersuchung unterzogen werden, wie es auch für registrierte Prostituierte üblich ist."

19 Rouquet/Voldman, Femmes, wie Anm. 16, 45.

Appel à la population: ... l'épuration ne doit pas prendre l'allure d'une brimade, pas plus qu'elle ne doit donner l'occasion à l'assouvissement de vengeances personnelles. Nous ne pouvons que déplorer l'exécution de sentences rendues sur la place publique par une foule énervée. Les mascarades de femmes aux cheveux coupés doivent cesser... Le peuple de France ... ne saurait se rabaisser à l'emploi de méthodes barbares et nazies. Nivernais soyez dignes![20]

Die Frage nach den verantwortlichen AkteurInnen für die Festnahme und öffentliche Kopfrasur von Frauen ist nicht eindeutig zu beantworten. Nach Berichten von ZeitzeugInnen ergriffen großteils Personen, die in letzter Minute ihre Loyalität mit dem Widerstand demonstrieren (so genannte *résistants de la dernière heure*), oder die den Verdacht der Kollaboration von sich abwenden und „Frankreich-Treue" signalisieren wollten die Initiative für die *tontes*. Zum Teil waren auch Vertreter von Widerstandsgruppen an den Aktionen beteiligt, wie in Bapaume, ein von amerikanischen Truppen befreiter Ort im *Département Pas-de-Calais*. Begleitet von zwei Friseuren durchsuchte eine Gruppe von lokalen Widerstandskämpfern den Ort nach jungen Frauen, die Umgang mit den Besatzern gepflegt hatten, um diesen die Haare zu scheren.[21] Der aus Bordeaux stammende Jude Maurice M. engagierte sich als 18-Jähriger im französischen Widerstand. Er war beauftragt, zwei ‚*collaboratrices horizontales*' festzunehmen und distanziert sich von Personen, die erst in letzter Minute zur Widerstandsbewegung gestoßen sind und von deren unverhältnismäßiger Gewaltanwendung:

Maurice M.: Moi même, j'ai eu des ordres pour arrêter une. On a arrêté une, deux même qui habitaient en place de C., et tout le monde savait qu'elles fréquentaient des Allemands pendant l'Occupation. ... Il y en avait quelques-unes qui étaient vexées, il y avait là la fameuse tonsure des cheveux. On ne sait pas trop qui a initié ça. Moi, je sais que personnellement j'ai eu à me poser des actes violents de la part des gens qui étaient peut-être pas de la dernière heure mais de l'avant-dernière et qui se permettaient des choses d'une violence tout à fait condamnable.[22]

---

20 Rouquet/Voldman, Femmes, wie Anm. 16, 134 f. „Aufruf an die Bevölkerung: ... Die Säuberungen dürfen nicht den Anschein von schikanösen Handlungen annehmen, ebenso wie sie keine Gelegenheit zur Befriedigung von persönlichen Rachegelüsten bieten dürfen. Wir können die von einer aufgewühlten Menge auf dem Hauptplatz ausgeführten Selbstjustizakte nur bedauern. Die grotesken Umzüge mit geschorenen Frauen müssen ein Ende finden. ... Das französische Volk ... wird sich doch nicht mit der Anwendung solch barbarischer Nazi-Methoden selbst erniedrigen wollen. Einwohner von Nivers, seid eurer Stadt würdig!"
21 Virgili, France, wie Anm. 5, 109.
22 Interview mit Maurice M., Jg. 1926; Interviewerin: Martina Gugglberger; Bordeaux, 12. Juni 1997, Transkript, S. 2. „Maurice M.: Ich selbst hatte den Befehl, eine [Frau, M. G.] zu verhaften. Wir haben eine, so-

Liebe als Delikt – ‚Collaboration horizontale'

Vorausgegangen war den *tontes* die vierjährige Besatzung Frankreichs, in der Land und Bevölkerung dem Terror der nationalsozialistischen Besatzer ausgesetzt waren. Politische Gegner und Gegnerinnen – vor allem Mitglieder der Kommunistischen Partei – sowie Angehörige der ‚nicht-arischen' Bevölkerungsgruppen wurden streng verfolgt. Insgesamt fielen in Frankreich über 73.000 Jüdinnen und Juden Deportationen in nationalsozialistische Konzentrationslager zum Opfer.[23] Ein weiteres Prinzip der deutschen Besatzung war eine rücksichtslose Ausbeutung des Landes. Im Waffenstillstandsabkommen vom Oktober 1940 war eine hohe Besatzungssteuer festgeschrieben und 1942 bedeutete die Einführung des *Service du Travail Obligatoire*, des Arbeitseinsatzdienstes für Franzosen und Französinnen in der deutschen Kriegswirtschaft schließlich die zwangsweise Ausbeutung der individuellen Arbeitskraft.[24] Die französische Situation war jedoch insofern spezifisch als Maréchal Pétain und seine Regierung in Vichy eine Art Staatskollaboration mit Hitler-Deutschland eingegangen waren. Auf militärischer, wirtschaftlicher und politischer Ebene versuchte die Vichy-Regierung durch zahlreiche Konzessionen die Besatzungssituation zu verbessern, erleichterte dadurch jedoch dem NS-Regime den Zugriff auf Ressourcen und nicht zuletzt die Verfolgung von Regime-Gegnern und -Gegnerinnen.[25] Diese formierten sich in den immer zahlreicher werdenden Gruppierungen der *Résistance*, die durch Streiks, Nachrichtenübermittlung an die Alliierten bis hin zu gezielten Attentaten und Sabotageakten Widerstand leisteten. Das Schreckensregime der Nationalsozialisten war nicht zuletzt ein emotionaler Motor für die *tontes*.

Französische Frauen hatten in diesem Kontext durch die Wahl eines deutschen Soldaten als Liebes- oder Sexualpartner während der Besatzung den patriotischen Kodex ebenso verletzt wie den Kodex weiblicher Rollenzuschreibungen.[26] Bereits während der Besatzung wur-

---

gar zwei verhaftet, die am C.-Platz gewohnt haben, und von denen jeder gewusst hat, dass sie sich während der Besatzung mit Deutschen eingelassen haben. ... Es gab einige von ihnen, die deshalb belästigt wurden, da gab es auch das bekannte Haare-Abscheren. Man weiß nicht wirklich, wer das angestiftet hat. ... Ich selbst musste Gewaltakte miterleben, die von Leuten ausgeführt wurden, die vielleicht nicht [Widerstandskämpfer, M. G.] der letzten Stunde, aber der vorletzten Stunde waren, und die sich Aktionen mit absolut zu verurteilender Gewaltanwendung geleistet haben."

23 Vgl. Juliane Wetzel, Frankreich und Belgien, in: Wolfgang Benz Hg., Dimension des Völkermords. Die Zahl der jüdischen Opfer des Nationalsozialismus, München 1991, 105–135, 132 f.
24 Vgl. Bernd Zielinski, Staatskollaboration. Vichy und der Arbeitskräfteeinsatz im Dritten Reich, Münster 1995, 61.
25 Vgl. Henry Rousso, La collaboration, in: Bédarida, Résistants et collaborateurs, Paris 1985, 50 ff; vgl. auch Gerhard Hirschfeld, Kollaboration in Frankreich. Politik, Wirtschaft und Kultur während der nationalsozialistischen Besatzung 1940–1944, Frankfurt a. M. 1991, 20.
26 Vgl. Duchen, Frauen, wie Anm. 4, 282.

den Beziehungen zu Deutschen, insbesondere sexuelle Beziehungen, in der Öffentlichkeit stigmatisiert und begrifflich mit Kollaboration gleichgesetzt: ‚*Collaboration horizontale*'. Jede Frau, die sich mit einem deutschen Soldaten einließ, wurde somit automatisch zur Komplizin des Feindes und mit dem Adjektiv „*horizontale*" an den gesellschaftlichen Rand des unmoralischen Prostituierten-Milieus gerückt. Eine weitere häufig verwendete Bezeichnung, ‚*Collaboration sentimentale*', stellt die Gefühlsbeziehung, die Frauen zu Besatzungssoldaten eingingen, in den Vordergrund. Im Zusammenhang mit dem Wort „Kollaboration" wirkt ‚*sentimentale*' allerdings stark ironisierend und betont ebenfalls die moralische Schwäche der betroffenen Frauen.[27]

Die ‚*Collaboration sentimentale*' beziehungsweise ‚*horizontale*' war ein frauenspezifisches Delikt. Zwei Elemente konstituierten den Umgang mit diesem Vergehen: Die Schuldbetrachtung fokussierte auf das Privat- und Intimleben von Frauen und stellte deren Sexualität und ihr Sexualleben in den Vordergrund. Zudem widersprach ein solches Verhalten den gängigen Norm- und Idealvorstellungen von ‚der französischen Frau'. Mit einem feindlichen Soldaten eine Beziehung einzugehen, bedeutete die völlige Verkehrung des Bildes einer treuen, keuschen, auf ‚ihren' Mann wartenden Frau. Was ‚*Collaboration horizontale*' in der öffentlichen Meinung zu einem Delikt machte, war die Assoziation von sexuellen Beziehungen mit freiwilligem und gewolltem Verrat. Weibliche Sexualität wurde somit zum politischen Spielball und zum Verrat am französischen Nationalstaat, wenn sie mit feindlichen deutschen Männern stattfand. Dies ist vor allem Zeugenaussagen zu entnehmen, die anlässlich von Anzeigen wegen Kollaboration in den Monaten nach der Befreiung aufgenommen wurden.[28] Darin treten Vorstellungen von Sexualität, Moral, aktiver Kollaboration und nationaler Identität in Wechselbeziehung. In Anzeigen gegen Frauen wegen Denunziation, Schwarzmarktgeschäften und politischer Kollaboration werden auch häufig Vorwürfe aufgrund von Beziehungen zu deutschen Soldaten thematisiert. Oft ist schwer zu trennen, welche Handlung den Ausschlag für eine Anzeige gab. Die Argumentation von Zeugen und Zeuginnen wiederholte immer wieder, dass die jeweiligen Frauen durch ihre Beziehungen die Besatzungsmacht gestärkt hätten. Außerdem, so die weit verbreitete Meinung, wären diese Frauen automatisch potentielle Denunziantinnen gewesen.[29] Eine ‚*femme à boches*' hätte dadurch ihre Identität als *femme française* verloren. Ein Flugblatt vom November 1944 aus Plouha, das Frauen diffamieren wollte, die im Rathaus in der Stadtverwaltung beschäftigt waren, verdeutlicht die Verknüpfung von Sexualität, Geschlecht und Nation.

---

27 Vgl. Cyril Olivier, L'épuration des femmes – Charente, Vienne, Deux-Sèvres 1944–1945. Châtiments spécifiques et condamnations judiciaires, Mémoire de maîtrise, Poitiers 1996, III f.
28 Vgl. Olivier, Épuration, wie Anm. 27; Françoise Leclerc u. Michèle Weindling, La répression des femmes coupables de collaboration, in: Clio, Hisoire, Femmes et Socieétés, 1 (1995), Résistances et Libération. France 1940–1945, 129–150.
29 Olivier, Épuration, wie Anm. 27, 96 f.

> Pas de femmes à boches à la mairie …
> Nous exigeons des femmes françaises en face de nous, à la mairie
> Nous réclamons des femmes propres à la mairie …
> Il est facile de se parer du titre de ‚contre espionnage' alors qu'il existe tant de preuves du contraire …[30]

Für seine Lokalstudie über das *Département Lorient* wertete der französische Historiker Luc Capdevila Gerichtsakten von Kollaborations-Prozessen aus. Das *Département Lorient* gehörte zu den wenigen Enklaven, die bis Mai 1945 unter nationalsozialistischer Besatzung verblieben, während das restliche Frankreich bereits wieder befreit war. Unter den wegen Kollaboration angeklagten Personen wurden 194 vor die *Chambre civique* in Vannes zitiert. Davon waren 189 Personen, also 97 Prozent, Frauen, die wegen Beziehungen zu deutschen Soldaten angeklagt wurden. Dieser Sonderfall ergab sich daraus, dass viele einheimische Frauen in *Lorient* für die Besatzungsmacht als Sekretärinnen, Köchinnen etc. arbeiteten. Während im Februar 1945 90 Prozent der Bevölkerung in die befreiten Zonen evakuiert worden waren, blieben diese Frauen bis zur Befreiung in *Lorient*. Motiv für ein freiwilliges Verbleiben innerhalb der letzten Bastionen des Feindes war neben dem Arbeitsplatz nicht zuletzt die Beziehungen zu deutschen Männern. Capdevila konnte ausgehend von diesem Aktenbestand weitere Aspekte der kollektiven Darstellung und Vorstellung von ‚*collaboration sentimentale*' analysieren: Neid auf die vermuteten wirtschaftlichen Begünstigungen durch die Beziehung zu den Besatzern und Gerüchte um verwerfliche Sexualität.[31] Dass es Menschen möglich war, sich in Zeiten von Krieg und Not zu amüsieren und Feste zu feiern, war für viele Franzosen und Französinnen eine Ungeheuerlichkeit und ein Indiz für mangelnde patriotisch-nationale Standhaftigkeit.

> Pendant que les ‚bons Français' souffrent car ils ne désespèrent pas de la victoire, ces femmes s'amusent, ripaillent et acceptent la défaite en choisissant le camp allemand. Par essence elles devraient être des ‚mauvaises Françaises'. Or pire, elles sont désignées comme ‚femmes à boches'.[32]

---

30 Zit. nach Luc Capdevila, La „collaboration sentimentale": antipatriotisme ou sexualité hors-nomes? (Lorient, mai 1945), in: Les cahiers de l'IHTP, 31 (1995), Identités féminines et violences politiques (1936–1946), 67–82, 70. „Keine Deutschenhuren im Rathaus …; Wir fordern wahre Französinnen als unser Gegenüber im Rathaus; Wir wollen saubere Frauen im Rathaus …; Es ist leicht, sich mit dem Titel ‚Spionagegegner' zu schmücken, obwohl es so viele Beweise gibt, dass das Gegenteil zutrifft …"
31 Capdevila, Collaboration, wie Anm. 30, 67–82.
32 Capdevila, Collaboration, wie Anm. 30, 69: „Während die ‚guten Franzosen' leiden, weil sie immer noch auf einen Sieg hoffen, amüsieren sich diese Frauen, leben in Saus und Braus und akzeptieren die Niederlage Frankreichs indem sie sich auf die Seite der Deutschen stellen. Folglich repräsentieren sie die ‚schlechten Französinnen'. Oder, sie werden noch schlimmer als ‚Frauen der Deutschen' bezeichnet."

Die emotionale und moralische Beladenheit der Vorstellungen von ‚*collaboration horizontale*' dürfte nicht zuletzt ein kollektives Fundament für die breite Zustimmung und in Konsequenz für das nahezu flächendeckende Stattfinden der *tontes* gewesen sein. Für Franzosen, die die Besatzungszeit in ihrem Dorf oder bei ihren Familien verbrachten, stellte das Beobachten von Zuneigung französischer Frauen zu deutschen Soldaten zusätzlich zur politischen auch eine persönlich-geschlechtsspezifische Niederlage dar. Feindliche Männer hatten als Soldaten nicht nur französisches Territorium besetzt und die Ressourcen des Landes ausgebeutet, die Niederlage gipfelte in der ‚Inbesitznahme' von französischen Frauen. Dass diese dazu bereit waren, derartige Annäherungen zu gestatten oder sogar Gefühle zu investieren, verstärkte die Niederlage der verletzten männlichen Identität. Vor diesem Hintergrund scheint der Wunsch nach Rache und dem öffentlichen Wiedergewinnen einer Sieger-Pose Auslöser für so manche *tonte* gewesen zu sein. Dies bestätigt Lucienne T. aus Paulliac, die 1943 ein Kind von ihrem deutschen Freund bekommen hatte. Als kurz nach der Befreiung des Ortes einige junge Burschen kamen, um ihr die Haare zu scheren, verteidigte sie ihr Vater mit einem Gewehr. So konnte sie einer *tonte* entgehen. Sie spricht von gekränkter Eifersucht der jungen Männer im Dorf:

> *C'était qui, qui est venu vous couper les cheveux?*
> Lucienne T: C'étaient des jeunes du village, des drôles du village. Des drôles que je connaissais, des jeunes qui avaient 20 ans, 18 ans. Ils étaient jaloux parce que les filles, elles se promenaient avec les Allemands, elles leur parlaient et eux, ils étaient là bien sur et les filles ne les regardaient pas.[33]

Femme tondue – Baustein des nationalen Wiederaufbaus

Die Periode des „rechtsfreien Raums", in der ein Großteil der *tontes* passierte, stellte eine Zeit des Übergangs dar. Sie gehörte nicht mehr zur Besatzungszeit, aber es existierte auch noch kein neuer Rahmen, der das alltägliche Leben regelte und alte oder neue Normen festlegte. Claire Duchen spricht in diesem Zusammenhang von der „Mehrdeutigkeit der Nachkriegszeit": eine Zeit, in der kein Krieg mehr herrschte, aber neue politische Instanzen fehlten.[34]

---

33 Interview mit Lucienne T., Jg. 1921; Interviewerin: Martina Gugglberger; Bordeaux, 18. Juni 1997, Transkript, S. 2: „Wer waren die Personen, die Ihnen die Haare scheren wollten?" „Das waren junge Burschen aus dem Dorf, die Sonderlinge aus dem Dorf. Das waren komische Kerle die ich kannte, junge Burschen, die 20 oder 18 Jahre alt waren. Sie waren eifersüchtig, weil die Mädchen mit den Deutschen spazieren gingen und mit ihnen sprachen, während sie natürlich auch da waren, ohne dass die Mädchen sie beachtet haben."
34 Duchen, Frauen, wie Anm. 4, 277.

Die militärische Niederlage Frankreichs gegen Nazi-Deutschland im Mai/Juni 1940 hatte das nationale Bewusstsein der französischen Bevölkerung erschüttert. Nicht nur die die verlorene nationale Souveränität, sondern auch der alltägliche und persönliche Umgang mit den neuen Strukturen verunsicherte die Bevölkerung in ihrem Lebenskontext. Auch die Strategien der Regierung in Vichy, die Anpassung an die nationalsozialistische Besatzung bei gleichzeitiger pro-französischer Propaganda voranzutreiben, konnten daran nichts ändern.[35] So gesehen, präsentierte sich die *Libération* als Ereignis, durch das Franzosen und Französinnen ihre verloren geglaubte Vorstellung von einer französischen Nation wiederfanden.[36]

Die republikanischen Strukturen konnten nach der Befreiung erst langsam wieder installiert werden und so bot die politisch-gesellschaftliche Landschaft Frankreichs kurz nach der *Libération* ein recht gespaltenes Bild. Zwei gesellschaftliche Gruppen standen sich, neben einer indifferenten großen Masse, gegenüber: Jene, die „illegal" während der Besatzung Frankreichs für ihr Land und gegen die nationalsozialistische Besatzung gekämpft hatten, waren jetzt stark an der Rekonstruktion der französischen Republik beteiligt und wurden als „wahre Patriotinnen und Patrioten" gefeiert. Auf der anderen Seite befanden sich die Kollaborateure und Kollaborateurinnen, also Franzosen und Französinnen, die in irgendeiner Art und Weise die nationalsozialistische Besatzung aktiv gebilligt oder sie durch ihre Unterstützung gestärkt hatten. Die Machtpositionen hatten sich jetzt nach der Befreiung von der NS-Besatzung wieder völlig verkehrt und damit auch die Positionierung der jeweiligen Personen in einem gesellschaftlichen Wertesystem.

Um wieder eine französische Republik zu konstituieren, die auf dem Fundament eines „geeinten" Volkes stehen sollte, musste diese Kluft überwunden werden. Bereits die Befreiung Frankreichs hatte die Gemeinschaft aller Franzosen und Französinnen und das Vorhandensein eines Kollektivs der Bürger und Bürgerinnen bekräftigt. Jeder und jede einzelne konnte sich darin als Teil bestätigt sehen. Die Ereignisse in den Tagen der Befreiung, darunter auch die *tontes*, trugen dazu bei, dieses Wieder-Zusammen-Finden zum geeinten republikanischen französischen Volk noch zu verstärken. Durch die Anwesenheit bei Umzügen und öffentlichen Ereignissen wie den *tontes* bekam jeder und jede Einzelne das Gefühl aktiver Teilnahme (im Gegensatz zur Passivität des Besatzungsalltags) vermittelt und bezeugte gleichsam seine wiedergewonnene französische Identität.

Außerdem boten die *tontes* für jeden Franzosen und jede Französin eine Möglichkeit, an den drei primären Imperativen der *Libération* („Siegen, Bestrafen, Wiederaufbauen"[37]) teil-

---

35 Vgl. Virgili, France, wie Anm. 5, 281.
36 Pierre Laborie, L'opinion française sous Vichy, Paris 1990, 58 : „… wieder zu ihrer eigenen Identität als Franzosen, die eng verbunden mit der Vorstellung der französischen Nation ist, finden. Diese war für die Bevölkerung vage und unerreichbar geworden."
37 Vgl. Philippe Buton, L'Etat restauré, in: Jean-Pierre Azéma u. François Bédarida Hg., La France des années noires, Paris 1993, 58–113, 60.

zunehmen. Sie waren somit ein Ereignis aus nächster Nähe, bei dem jeder beziehungsweise jede sofort und direkt Zeuge und Zeugin sein konnte. Die Bevölkerung bekam durch ihre Zeugenschaft die Rolle eines Garanten der *Epuration* und deren Durchführung. Einigkeit ließ sich vor allem an jenen gut demonstrieren, die in der Besatzungszeit dieses Recht auf Zugehörigkeit verwirkt hatten.[38]

> Avec les tontes, la communauté se décharge expéditivement et spectaculairement du fardeau de cette culpabilité et franchit un pas décisif dans le processus de guérison : elle se ressoude, rétablit symboliquement autour de cet exorcisme le lien social, donne un visage à l'odieux, l'inavouable, l'équivoque de la dure saison qui s'achève.[39]

Gesellschaftliche Reinigung

Im Wahrnehmungskontext der *Epuration,* der politischen Säuberungsmaßnahmen gegen Kollaborateure und Kollaborateurinnen wurde es als gesellschaftliche Reinigung betrachtet, Frauen zur Strafe öffentlich die Haare zu scheren. Die schwer angeschlagene „Volkspsyche" bekam so anhand reeller Schuldiger einen Grund für die Niederlage präsentiert und visualisiert. Der Akt des Haare-Rasierens symbolisierte darüber hinaus eine Art hygienische Maßnahme, die stellvertretend die nationale Nestbeschmutzung ahndete und somit beseitigte. Denn sehr oft kann in Bezug auf die *tontes* in Zeitungsberichten und Protokollen ein „hygienistischer Diskurs" bemerkt werden. Die *tondeuse*, das Werkzeug zum Haarscheren, wurde als reinigendes Instrument bezeichnet und sollte den Schutz vor infektiösen Keimen suggerieren.[40]

Die eigentlichen Urheber für die Niederlage Frankreichs, die feindlichen Soldaten waren nicht mehr dingfest zu machen. Um der verletzten nationalen Ehre trotzdem Gerechtigkeit zu verschaffen, wurden nun jene Frauen herangezogen, die sich mit diesen deutschen Soldaten eingelassen hatten. Sie hatten die Ehre der Nation verletzt, weil durch ihr „Nicht-Widerstehen" die Standhaftigkeit der gesamten Gesellschaft in Frage gestellt wurde. Frauen fungierten in diesem Zusammenhang – wie auch Beispiele aus anderen von den Deutschen besetzten Ländern belegen – offenbar als Gradmesser für die „Ehre einer Nation".

---

38 Vgl. Virgili, France, wie Anm. 5, 282.
39 Brossat, Tondues, wie Anm. 3, 190: „Mit den Haar-Scher-Aktionen, entledigte sich die Gemeinschaft auf rasche und aufsehenerregende Weise von der Last der Schuld und tat einen entschiedenen Schritt in Richtung Heilungsprozess: sie verbindet, stellt symbolisch rund um diese Art von Exorzismus wieder einen sozialen Zusammenhalt her, verleiht allem Hassenswerten, Schändlichen ein Gesicht und versinnbildlicht gleichzeitig das Ende einer harten Zeit."
40 Vgl. Rouquet/Voldman, Femmes, wie Anm. 16, 46.

Die historische Niederlage wird, retrospektiv, auf „der Frau" abgeheftet, auf der nicht genügend widerstandswilligen Frau. In den Geschorenen wird dieser Vorwurf zum Denkmal, in ihm *reinigt* sich der Rest vom Vorwurf des nicht (genügend) geleisteten Widerstands. Auf diese Weise gingen die Bilder ein in den Bestand der emotionalen Haushalte der verschiedenen Länder.[41]

Die Frage nach Schuld, Unschuld, ethischer Fragwürdigkeit oder auch nur Relevanz dieser Strafform stellten sich in den emotional angespannten Stunden nach der Befreiung nur wenige. Dabei schien ein breiter Konsens darüber vorhanden gewesen zu sein, dass die ,*femmes à boches*' jedenfalls Kollaborateurinnen waren und diese Form der Kollaboration eben eine typisch weibliche war.

Eine geschlechtsspezifische Strafe

Die *tontes* stellen sich als eine eindeutig geschlechtsspezifische Strafe dar. Sie sind Ausbrüche von Gewalt gegen Frauen als Kollaborateurinnen, aber durch die starke symbolhafte Bedeutung auch eine Gewaltausübung gegen weibliche Sexualität und damit gegen Frauen im allgemeinen.[42] Erstens betraffen die *tontes,* wie gezeigt wurde, fast ausschließlich Frauen. Die wenigen bekannten Aktionen, in denen Männern die Haare geschoren wurden (für Frankreich sind ca. 50 solcher Fälle dokumentiert), bezeugen eine doppelte Erniedrigung dieser Männer: Das Haare-Abschneiden war die erste Diffamierung und die zweite war es, „wie eine Frau" bestraft zu werden. Ein zweites geschlechtsspezifisches Element war die Form der Strafe. Die Verunstaltung des Körpers, verstärkt durch das Beschmieren mit Hakenkreuzen, wie es in vielen Fällen vorkam, bedeutete eine Form der „Entsexualisierung".[43] Frauen, die Beziehungen mit deutschen Soldaten eingegangen waren, verloren mit dem Abrasieren der Haare symbolisch das Attribut ihrer Verführungskunst und im weiteren Sinn ihre erotische Attraktivität.

Die *femme tondue* steht nicht als Einzelperson oder einzelne Frau auf dem für die *tonte* aufgebauten Potest. Mit dem Abrasieren der Haare als Strafe für Beziehungen und Sexualität außerhalb einer gesellschaftlichen Norm wurden Frauen öffentlich in ihrer Weiblichkeit verletzt, womit eine klar körperbezogene Positionierung von Frauen in der (Kriegs-)Gesellschaft vorgenommen wurde. Die *tontes* demonstrierten darüber hinaus sehr deutlich eine wiederhergestellte Geschlechterhierarchie. Es wurden nicht zuletzt Frauen bestraft, die die zugewiesene Geschlechterrolle verlassen hatten. Mit der Rasur der Kopfhaare wurden sie

---

41 Drolshagen, Schicksal, wie Anm. 7, 11 f.
42 Vgl. Marie-France Brive, L'image des femmes à la Libération, in: Rolande Trempé Hg., La Libération du Midi de la France, Toulouse 1986, 389–403, 391.
43 Luc Capdevila u. Fabrice Virgili, Epuration et tonte des collaboratrices: un antiféminisme?, in: Christine Bard Hg., Un siècle d'antiféminisme, Paris 1998, 255–267, 258; vgl. auch Ripa, Tonte, wie Anm. 9, 44.

nicht nur gebrandmarkt sondern wieder an ihren Platz gewiesen. Die Norm wurde aufs neue etabliert. Die Inszenierung, das An-den-Pranger-Stellen der ‚*collaboratrice horizontale*‘, galt gleichsam als einprägsame Warnung und markierte eine zukünftige Ordnung. Das Bedürfnis einer öffentlichen Distanzierung von Frauen, die sich durch ihr Verhalten während der Besatzung außerhalb der Gemeinschaft gestellt hatten, schien gerade auch vielen Frauen besonders groß gewesen zu sein. Im *Département Indre* kommentierte die *Union des femmes françaises* die Geschehnisse folgendermaßen:

> Journée de liesse à Châteauroux, journée où les femmes ont eu leur revanche. Les beaux cheveux de quelques-unes sont tombés. C'est tant mieux, à chacun son tour de trembler, les agissements des misérables et infâmes créatures déshonorées et corrompues par l'ennemi était un défit au vu du sacrifice supporté par les femmes françaises.[44]

Das Erinnerungsbild der *tontes* blieb stark im kollektiven Gedächtnis Frankreichs verankert. Bei einer Umfrage Anfang der 1980er Jahre gaben immerhin acht Prozent der Befragten an, dass mit der *Libération* als allererste Assoziation das Bild der geschorenen Frau verknüpft ist.[45] Einprägsamer als die *femmes tondues* waren nur medial weit verbreitete Ereignisse wie die Landung der Alliierten in der Normandie oder der Einzug Charles de Gaulles in Paris. Die Bilder, die in den Köpfen der Zuschauer und Zuschauerinnen verhaftet blieben, und die zum Symbol gewordene Figur der kahl geschorenen Frau, wie sie in zahlreichen Filmen und Romanen der Nachkriegszeit als Ergänzung zum Kriegsheimkehrer, zum Widerstandskämpfer und zum KZ-Überlebenden vorkommt, bestätigen die nachhaltige Wirksamkeit des Erinnerungsbildes der *femme tondue*.

Forschungsarbeiten zur Rezeption und Verarbeitung der *femmes tondues* in Literatur und Film sind noch genauso ausständig wie eine fundierte Analyse der zahlreichen zeitgenössischen Fotos und Filmdokumente des Ereignisses. Nicht zuletzt wäre ein umfassender europäischer Vergleich dieser Praxis von Interesse, wobei ein Analyseblickwinkel ausgehend von der Kategorie Geschlecht zentral ist. Gerade der Themenkomplex der *tonte* als Strafe einschließlich der öffentlichen Inszenierung enthüllt sehr vielschichtig kulturell und historisch konstruierte Geschlechterrollenbilder in einem unmittelbaren Zusammenhang mit Vorstellungen von Nation und Krieg.

---

44 Le Département, Châteauroux, 25. August 1944, zit. nach: Capdevila/Virgili, Épuration, wie Anm. 43, 260: „Jubeltag in Châteauroux, der Tag, an dem die Frauen ihre Revanche bekamen. Die schönen Haare gewisser Frauen sind gefallen. Umso besser, schließlich kommt jeder einmal an die Reihe, das Tun und Treiben der erbärmlichen und infamen, vom Feind entehrten und korrumpierten Kreaturen war eine herausfordernde Beleidigung angesichts der erduldeten Opfer der französischen Frauen."
45 Robert Frank u. Henry Rousso, Quarante ans après: les Français et la Libération, in: L'Histoire, 67 (1984), 60–71, 63.

Jugend, Sexualität und

Rebellion

Kristina Popova

Herz, Sichel und Hammer

Liebe und Politik in der sozialistischen
Jugendkultur der 1950er Jahre in Bulgarien

In ihren Forschungen zu Persönlichkeitsmodellen in der Literatur des sozialistischen Realismus zwischen 1944 und 1956 analysiert die bulgarische Soziologin Liljana Deyanova die damals publizierten, zum Großteil längst vergessenen Romane.[1] Dabei geht sie davon aus, dass wir erst jetzt Quellen und Dokumente aus dem Sozialismus zu verstehen beginnen – auch wenn wir in jene Zeit hinein geboren wurden und sie durchlebt haben. Ähnliches gilt als Voraussetzung für diesen Beitrag, der die Geschichte der bulgarischen Jugend während des frühen Sozialismus behandelt. Es geht somit um eine Zeit, in der die neuen Machthaber Bulgariens eine ‚zweckmäßige' Generationenpolitik zu betreiben versuchten, indem sie grundsätzlich in die jüngeren Generationen investierten, damit diese zu Trägern staatssozialistischer Ideologien und Werte würden; man wollte die Jugend zu ‚neuen Menschen' erziehen. Um das aufzuzeigen, werde ich – zunächst auf der Basis der offiziellen Jugendpresse – die damalige Jugendpolitik analysieren, mit einem Schwerpunkt auf dem neu konstruierten Spannungsfeld zwischen Persönlichkeit und Gesellschaft, Intimität und Öffentlichkeit. Daraus werde ich das Thema Liebe ableiten und verwende dafür als Quellenmaterial persönliche Briefe, Tagebücher und Memoiren von Anfang der 1930er geborenen Jugendlichen.

„Wahre Jugendliche" und „Kreuzottern" – Die Rhetorik der offiziellen Jugendpresse in den frühen 1950er Jahren

Hillary Pilkington hat die These vertreten, dass im Gegensatz zur Situation im Westen, wo man die Jugend in der Mitte des 20. Jahrhunderts als rebellische und für die Gesellschaftsordnung gefährliche Kraft betrachtete, die Jugend in den sozialistischen Ländern eher als eine stabilisierende Kraft interpretiert wurde.[2] Diese Einschätzung teile ich im Prinzip, sie

---

1 Liljana Deyanova, Das Modell der Persönlichkeit in den Romanen des sozialistischen Realismus. Unveröffentlichtes Manuskript, Archiv der Arbeitsgruppe für Soziologie des Alltags, Soziologisches Institut an der „Sv. Kliment Ohridski"-Universität Sofia.
2 Hillary Pilkington, Russia's Youth and its Culture – A Nation's Constructors and Constructed, London/New York 1994, 46 ff.

muss allerdings weiter differenziert werden, denn in Bulgarien kam es 1946 zu einer Neudefinition von Jugend. Ausschlaggebend dafür waren vor allem neu erschlossene Räume für Jugendliche – Baustellen, Brigaden, Jugendlager – und neue Formen des Jugendlebens: Massenversammlungen, Lesungen, Kulturprogramme etc. Besonders wirkmächtig war auch die Etablierung der einheitlichen Jugendorganisation SNM in den Jahren 1947/1948 (Bund der Volksjugend, ab 1949 DSNM, Bund der Dimitrovsvolksjugend) beziehungsweise die parallele massive Unterdrückung der politischen Opposition bis hin zu deren endgültiger Auflösung. Jugend wurde nur mit dem SNM gleichgesetzt, und der Begriff schloss etwa in der Rhetorik der offiziellen Jugendpresse systematisch jene aus, die dem propagierten Vorbild nicht entsprachen. Wer in Herkunft oder Verhalten abwich, fand weder Erwähnung noch – praktisch – Aufnahme in den SNM. Ein Ausschluss aus dem SNM bedeutete für die Betroffenen ein einschneidendes Ereignis, das ihre Zukunftsperspektiven maßgeblich veränderte. Die Entscheidungen über Ausschlüsse aus dem SNM wurden in den lokalen Organisationen des SNM getroffen. Somit setzten sich neue Zäsuren im Leben von Jugendlichen durch, die mit der Aufnahme in den SNM beziehungsweise mit einer Karriere innerhalb der Organisation verbunden waren. Den Voraussetzungen dafür zu entsprechen hieß, sich die vorgeschriebene Rhetorik, vor allem die Metapher des Klassenkampfes und jene der Kritik und Selbstkritik, anzueignen. „In unserer Organisation brachen schwere Zusammenstöße und politische Kämpfe zwischen Angehörigen verschiedener Klassen aus", erinnerte sich ein Dichter an die frühen 1950er Jahre: „Es kam der Besen der großen Säuberung. Wir waren diejenigen, die den Besen führten. Wie war das alles zu bewerkstelligen? Zunächst mussten wir uns klar machen, wen und wie wir säubern. Die Liste war rasch zusammengestellt – die Feinde waren bekannt. Wir machten eine Liste von 30 Leuten."[3]

Diese Maßnahmen wurden oft von 16 bis 17-Jährigen durchgeführt. Als Begründungen für solche ‚Säuberungen', die in allen lokalen Jugendorganisationen unter Aufsicht einer übergeordneten Instanz vorgenommen werden mussten, dienten die Richtlinien, die von der Parteiführung ausgegeben worden waren und von der Jugendzeitschrift „Narodna Mladezh" *(Volksjugend)* propagiert wurden. Auch in Jugendversammlungen kamen diese vorgeschriebenen Kriterien zur Verkündung. Sie zogen scharfe Grenzen, von denen ausgehend die „anderen Jugendlichen" als Feinde oder als „nicht Gesunde" beziehungsweise als „Kranke" definiert und wahrgenommen wurden.

Als „Agitation, Erklärung der Volksanleihe,[4] politische Ausbildung" erinnert eine Frau ihre Aktivitäten in einem ländlichen Gebiet. „Und dort habe ich einen Jungen gesehen, der

---

3 Andrej Germanov, Schajatschni momscheta [Jungen bekleidet mit hausgemachtem Stoff], Warna 1981, 109–110.
4 Die sog. Volksanleihe sollte ein Ausdruck der breiten Unterstützung der Regierung der kommunistischen Partei sein, bedurfte aber realiter umfangreicher Propaganda seitens der Jugendaktivistinnen und -aktivisten in Richtung übriger Bevölkerung.

in diesem Dorf interniert wurde ohne das Recht zu haben, das Dorf zu verlassen. Morgens und abends unterschrieb er sich im Rathaus. Wir haben uns wie von einem Leprakranken distanziert – damit er uns nicht anschaut und uns ‚Guten Tag' sagt, weil dafür wären wir gerügt worden."[5]

Einer Verordnung aus dem Jahr 1949 zufolge wurden nur „Töchter und Söhne des Volkes" zur Ausbildung und zum Studium an höheren Schulen zugelassen. Die Zeitschrift *Volksjugend* erklärte jeden Tag aufs Neue die ‚klare' Grenze zwischen den „wahren Jugendlichen" und jenen, die dieser Vorgabe nicht entsprachen. Dabei mussten auch die „versteckten" Feinde enthüllt werden. Briefe aus verschiedenen Orten des Landes erzählten zahlreiche Geschichten von „feindlichen Jugendlichen", die ihr „wahres Gesicht" im alltäglichen gemeinschaftlichen Leben in der Schule, an der Universität und in anderen Kollektiven nicht länger verbergen hatten können.

In einem Artikel mit dem Titel „Kreuzotter", veröffentlicht in der *Volksjugend*, wurde von der Aufführung des sowjetischen Films „Parteikarte" erzählt, und wie Jugendliche daraus lernen sollten, wachsam zu sein.

> Wir erinnerten uns an solche Filme, als wir den Feind entlarvten, den Feind, dem es gelungen war, in unsere Reihen zu kriechen. … So eine Kreuzotter, die sich heimlich an den feurigen Brüsten des DSNM nährte, haben die Kursteilnehmer und Kursteilnehmerinnen des Instituts für Post, Telegraphie und Telefonie entdeckt … Diese Episode ist in seiner Lebensgeschichte nicht enthalten, weil diese Lebensgeschichte eine grobe Lüge und Fälschung ist. Die wahre Geschichte wurde aber dank der Wachsamkeit der Partei und des DSNM rekonstruiert … Der Name der Kreuzotter ist Zwetan Neshkov Aleksiev … So geschickt ist die übergroße Kreuzotter gekrochen … und wurde zum Vorsitzenden des Institutskomitees vom DSNM gewählt! … Er hat nie sich selbst oder andere kritisiert. In der Organisation hatte er Ruhe, Familiengeist, Sorglosigkeit, Gutmütigkeit ausgestrahlt – das war logisch – die Kreuzottern können nur in einer Atmosphäre von Verderben überleben. … Die Partei und der DSNM haben die Giftschlange verhaftet. Der hinterlistige Feind wurde aus dem Institut hinausgeworfen. An diesen Fall sollten sich all die erinnern, die mit ihrer mangelnden Wachsamkeit zugelassen haben, dass die Kreuzottern ungestraft kriechen.[6]

Solche Geschichten dienten auch als Vorbild für andere Lebenssituationen, etwa wenn man innerhalb der Mitschüler- oder Kollegenkreise zwischen Freund und Feind unterscheiden

---

5 Daniela Koleva Hg., Slanzeto na sales pak sreshtu men [Bei Untergang steht die Sonne wieder mir gegenüber], Sofia 1999, 263.
6 Georgi Todorchev, Pepeljanka [Kreuzotter], in: Narodna Mladezh, 544 (19. April 1950), 3.

musste. Die Zeitschrift *Volksjugend* rief zu „Wachsamkeit" auf. Dort, wo diese Wachsamkeit vermisst wurde, erfuhren die örtlichen Jugendorganisationen heftige Kritik. So setzte sich die *Volksjugend* 1950 für eine „vollständige Enthüllung der feindlichen Agitation unter der Jugend" ein:

> In der Arbeit der Lesegruppen und Zirkel [in der Stadt Haskovo, Kr. P.] wird die klassenmilitärische Erziehung der Jugend unzureichend durchgeführt, es wird dort kaum je unversöhnlicher Hass gegenüber dem Klassenfeind entwickelt ... die revolutionäre Wachsamkeit wurde so gut wie überhaupt nicht diskutiert.[7]

Die „revolutionäre Wachsamkeit" erkannte den Feind vor allem an seiner Herkunft, aber auch an bestimmten Formen jugendlichen Lebensstils. Nach dem 8. Plenum des Zentralkomitees des DSNM 1950 wurde Klassenfragen noch schärfer diskutiert. In der Zeitschrift *Volksjugend* wurde eine Rubrik „Wie die Verordnungen des 8. Plenums des ZK des DSNM erfüllt werden" eingerichtet, der Klassenfeind sollte nun bereits in den Schulen ausgemacht werden. „Kappen wir den Klassenfeind in den Mittelschulen!"[8] In Briefen aus verschiedenen Orten wurde weiterhin von konkreten Ereignissen berichtet, wobei man viele Personen namentlich nannte:

> Es gibt neben den Töchtern und Söhnen der Arbeiter auch Söhne und Töchter des Bürgertums und der Kulaken.[9] Es gibt auch Söhne von Volksfeinden – Großindustriellen beziehungsweise bösen Kulaken, vom Volksgericht[10] hingerichteten Mördern und Verrätern, wie zum Beispiel der Sohn von Docho Christov[11] – im Gabrovo Gymnasium und so weiter.[12]

---

7 Sl. Djekarova, Sa pulno rasoblichenie na vrazheskata agitazija sred mladezhta [Für eine vollständige Enthüllung der feindlichen Agitation unter der Jugend], in: Narodna Mladezh, 569 (19. Mai 1950), 2.
8 Da presechem pipalata na klasovija wrag [Kappen wir die Fühler des Klassengegners], in: Narodna Mladezh, 543 (18. April 1950), 1.
9 Als „Kulaken" wurden im Zuge der Kollektivierung des Bodeneigentums auf dem Land in der Sowjetunion die mittelständischen Bauern bezeichnet und als Feinde des Sozialismus stigmatisiert. Der Begriff wurde in der Zeit der Kollektivierung in den 1950er Jahren auch in Bulgarien stark verbreitet. Eigentlich ging es bei dieser Bezeichnung nicht um eine fixe Eigentumsgröße, sondern eher um die persönliche Einstellung des Bauern hinsichtlich des Beitritts zu den Landwirtschaftlichen Produktionsgemeinschaften (LPG).
10 Das sog. Volksgericht wurde mit einer gesetzlichen Verordnung Ende 1944 eingerichtet. Ca. 12.000 Menschen wurden angeklagt, darunter die Abgeordneten des Parlaments 1939–1944, Mitglieder der zentralen und lokalen Regierungen, Journalisten und andere Intellektuelle. Die meisten wurden verurteilt.
11 Docho Hristov, Rechtsanwalt und Innenminister, vom „Volksgericht" 1944/1945 zum Tode verurteilt.
12 Mladezhi i devojki, kritikuvajte smelo [Junge Männer und Frauen, kritisiert mutig!], in: Narodna Mladezh, 569 (19. Mai 1950), 2.

Lieblingsbeschäftigungen dieser bürgerlichen Söhnchen sind die Veranstaltung von ungesunden „Liebesabenteuern", das „Swing-" und „Tarikatenwesen",[13] die Verbreitung von pornografischer Literatur, das Organisieren von Partys und Trinkgelagen ... [die Liste der konkreten Beispiele wird noch lange fortgeführt, Kr. P.]. Hinter solchen Erscheinungen stecken immer feindlich gesinnte Jugendliche.[14]

„Jugendliche, kritisiert mutig! Bekämpft die negativen Erscheinungen! Seid wachsam!" – so lauteten die Schlachtrufe der Zeitschrift *Volksjugend* in den frühen 1950er Jahren. Die Kritik musste sich dabei nicht nur gegen feindliche ideologische Äußerungen richten, sondern sie musste auch auf andere Formen der ‚Feindlichkeit' abzielen: Den Propagandisten war wichtig darauf aufmerksam zu machen, dass eine solche negative Einstellung auch im Alltagsleben, der Jugendunterhaltung und im privaten Umgang verborgen sein konnte.

Das Intime und das Öffentliche im Jugendleben

Das Persönliche wird zum Öffentlichen

Im Zuge der Analyse der Beiträge in der *Volksjugend* zeigt sich rasch, wie schwer es ist, zwischen den Bereichen „persönlich", „intim" und „öffentlich" zu unterscheiden. „Bolshevism relied on the fervency of individual belief and motivation, but, paradoxically, did not recognize a private sphere that could not be revealed, displayed, and confessed under an everpresent public gaze."[15] Die bulgarische Jugendpresse propagierte in den frühen 1950er Jahren, dass die Persönlichkeit nur im Kollektiv ihren Wert habe und dass es keine private Sphäre, auch keine Erfahrung gebe, die man nicht im Kollektiv offen darstellen könne. Mit dieser Figur der transparenten privaten Sphäre, erzeugte die Zeitschrift die Illusion ihrer großen öffentlichen Bedeutung. Zuhauf wurden persönliche Geschichten und Ereignisse publiziert, denen man immer eine ideologische Dimension zuschrieb. Die Jugendlichen wurden aufgefordert, der Redaktion ihre persönlichen Probleme mitzuteilen. Auch Mustergeschichten wurden erzählt, in denen für jede wie auch immer geartete Situation des Individuums stets eine Lösung durch das Kollektiv gefunden wurde. Eine Mischung privater

---

13 Als „Tarikaten" bezeichnete man in der Zwischenkriegszeit Jugendliche in den Großstädten, die dort Träger einer neuen Jugendkultur waren. In den einschlägigen staatstreuen Publikationen werden sie über ihre „Gaunersprache", ihr Streben nach Unterhaltung, Mode und Tanz charakterisiert, sie galten als arbeitsscheu und wenig leistungsfähig.
14 Mladezhi, wie Anm. 12, 2.
15 Joe Bailey, From Public to Private: The Development of the Concept of the "Private", in: Social Research, 69, 1 (2002), 15–30, 16.

und kollektiver Lebenserzählungen füllte die Zeitschrift: Es ging etwa um von Männern verlassene Mädchen (auch umgekehrt), um Tanzabende und misslungene Flirts, den Brigadenalltag und das Leben in Schülerwohnheimen. Alle diese Erzählungen wurden im Lichte ihrer ideologischen Bedeutung gestaltet: Der junge Mann, der seine Braut zurückgelassen hat, erweist sich schließlich als ein Kulaken-Sohn und jene junge Frau, die einen jungen Mann verspottet hat, als Tochter eines Industriellen. Das Jugendkollektiv stellte immer den sozialen Ort dar, an dem alle diese Konflikte und Spannungen eine richtige Lösung gefunden hatten.

Der Artikel „Vom Egoismus und von der aufrichtigen Freundschaft"[16] beispielsweise schildert eine solche Mustersituation. Der Flirt wird hier verurteilt – die Liebe muss immer „rein" und „aufrichtig" sein. Und ebenso zentral scheint, dass die Jugendlichen ihre Liebeserfahrungen dem Kollektiv mitteilen. Eben diese Transparenz der Emotionen galt als grundlegend für „aufrichtige" Freundschaft. Die Autorin erzählt die Geschichte einer Studentin bürgerlicher Herkunft; zwar arbeitete die junge Frau namens Nadja als Aktivistin, man merkte ihr aber ein distanziertes Verhältnis zu dieser Arbeit an. Ihre Freundin Ellis wurde vom DSNM ausgeschlossen, nachdem man ihr im Rahmen einer Versammlung Egoismus und Flirtfreudigkeit vorgeworfen hatte. Niemand verteidigte sie. Die Studenten bekrittelten, dass Ellis keine aufrichtigen Beziehungen mit den Genossen pflegte. Auch Nadja wurde von ihnen aufgefordert, ihre Freundin zu kritisieren. Sie vertrat aber die Meinung, dass Liebe etwas „Persönliches" sei und die Studenten solche Fragen nicht hätten diskutieren sollen. In der selben Sitzung wurden auch jene beiden Mitstudenten gemahnt, die ihre Kollegin Nadja verehrten – und zwar für ihr „weiches, nicht nüchternes, verdorbenes" Verhältnis ihr gegenüber. Nadja, die sich vor wahrer Freundschaft ängstigte und sich lieber mit leeren Worten, Lachen und Küssen vergnügte, wurden allmählich ihre Fehler bewusst – besonders als sie nach besagter Sitzung völlig allein geblieben war:

> Sie erinnerte die Worte ihrer Genossen, die in der Sitzung leidenschaftlich, feurig und emotional ihre Meinung ausgesprochen hatten. Sie sprachen von der Notwendigkeit von Freundschaft und Genossenschaft, von der ehrlichen und aufrichtigen Liebe: „Die wahre Liebe hilft den Jugendlichen groß zu werden. … Liebe ist eine Freundschaft, die auf völligem Vertrauen, tiefer Liebe und auf Verständnis gründet." Und sie hörte bei sich nochmals den Vorsitzenden resümieren: „Letztes Jahr war Nadja karriereorientiert, jetzt ist sie flirtsüchtig geworden – sie hat sich die Weichen gestellt und einen Weg ins Verderben eingeschlagen."

---

16 Iv. Tatarlieva, Za egoisma i za iskrenata druzhba. Materiali ot edna studentska diskusija [Vom Egoismus und von der aufrichtigen Freundschaft. Materialien aus einer Studentendiskussion], in: Narodna Mladezh, 562 (11. Mai 1950), 3.

Plötzlich beginnt Nadja zu verstehen, dass sie sich an der Grenze von zwei Welten befindet. Sie möchte ihre neuen Gedanken mit den Kollegen teilen. Vor der Universität stehen der Vorsitzende, der Gruppenverantwortliche und der Berichterstatter der gestrigen Sitzung zusammen. Nadja fasst sich ein Herz und geht entschieden auf die Männer zu: „Genossen, ich habe gestern Abend wirklich gelogen ...", – bringt sie mühsam hervor. Dann wurde es vor dem Universitätsgebäude laut und lustig. Bald begannen die Vorlesungen ..."[17]

Die Beschreibung des kollektiven Jugendlebens als „laut und lustig" findet man in der *Volksjugend* oft. Diese Form von Geselligkeit wurde einerseits der Einsamkeit der Einzelnen gegenübergestellt, andererseits der „bürgerlichen" Jugendkultur, die oft mit dem Adjektiv „schwül" in Verbindung gebracht wurde. In dem Artikel „Weil es bei uns langweilig ist" wurde von einem anderen Mädchen berichtet, das sich unter dem Einfluss des Kollektivs von „feindlichen Jugendlichen" getrennt hatte. Es wird berichtet, wie diese Loslösung vonstatten gegangen war und dem Mädchen ihre eigenen Fehler bewusst wurden:

In dem Salon war es schwül, es waren viele Leute da, es wurde Jazz gespielt, man tanzte. Neben der Tür stand eine Gruppe von Jugendlichen. Es waren die Gebrüder Noevi zusammen mit einigen Mädchen, die aus dem DSNM ausgeschlossen waren. ... Endlich verstand sie, dass sie solche Leute eigentlich gar nicht mochte.[18]

In einem anderen Beitrag wurde unter dem Titel „Gefährlicher Weg" ein Fall aus dem Kreis Lovetch berichtet, bei dem es ebenfalls um Flirt und „oberflächliche Liebe" ging; kurz zusammengefasst sei es dort damit „zum Verderben von Moral und Sitten" gekommen. Nacho Dochev habe ein Verhältnis mit L. Hr. gehabt, dann mit El. St., doch auch mit dieser habe er wieder gebrochen. Dann habe er vier Mädchen eine intime Beziehung angeboten, die wie er selbst verantwortungsvolle Positionen in der Stadtorganisation des DSNM innehatten. Auch Dako Djabarski habe mit verschiedenen Mädchen, „darunter auch die Kulaken-Tochter N. G. und die Tochter des prominenten Faschisten St. Z., eine Beziehung gehabt. Eines dieser Mädchen ist mit dem prominenten Feind Zoko Balev befreundet." Ein anderes Mitglied der Führerschaft des DSNM hatte dem Bericht zufolge ebenfalls mehrere Freundschaften zu Frauen unterhalten – „wie in einem Harem". Im Rahmen einer Besprechung all dessen im DSNM äußerte ein Genosse, dass die Organisation sich in sein persönliches Leben nicht einmischen dürfte. Im *Volksjungend*-Artikel wird der lokale DSNM folglich kritisiert, weil er gegen diese unliebsamen Erscheinungen bürgerlicher Moral keinen Kampf

---

17 Tatarlieva, Egoisma, wie Anm. 16, 3.
18 Tatarlieva, Egoisma, wie Anm. 16, 3.

geführt hatte. „Wo liegen die Wurzeln dieser Fehler in der Lovetch-Organisation?", fragt der Autor des Artikels, und nennt den Mangel an Kritikfähigkeit und Selbstkritik an erster Stelle. „Letztendlich kann man fragen: Hat sich auch hier der Feind eingeschleust? Es ist kein Zufall, dass es sich beim Gründer dieser ‚Gruppe der Nichtverheirateten' um einen Sohn eines ehemaligen Polizisten handelt." Schließlich sei Djabarski wegen seiner unehrlichen Haltung vom Lovetcher DSNM ausgeschlossen worden, den anderen Genannten habe man alle verantwortungsvollen Aufgaben entzogen.[19]

Diese Vorstellung vom „gefährlichen Weg", auf den das Zusammenleben der Jugendlichen in Bauarbeitsbrigaden und anderen Formen der Kollektivität führen könnte, wurde vielfach verinnerlicht. In sehr ausdrucksvollen und emotionalen Worten artikuliert und in Jugendsitzungen heftig diskutiert, drang sie in die intime Welt ein. „Die Moral hatte im Brigadenlager einen hohen Stellenwert. Gleich am Anfang erklärte uns der energische Kommandant Grosdanov, dass die Liebe aus dem Brigadenleben ausgeschlossen sei. Nur reine Freundschaft zu haben war erlaubt", schreibt der Dichter Andrej Germanov in seinen Erinnerungen und erzählt weiter: „Wir haben ein Mädchen und einen Jungen aus der Brigade geschmissen, nachdem wir sie vor der ganzen Brigade öffentlich verurteilt haben. Ein blonder Jugendlicher hatte gesehen, wie sie sich küssen und berichtete darüber."[20] Diese Transparenz der Intimität – in der offiziellen Jugendzeitschrift, bei den Sitzungen und öffentlichen Diskussionen, wo das Intime zur kollektiven Angelegenheit wurde und eine hochideologische Dimension bekam – sollte einen Raum für eine tief emotionelle Wahrnehmung des Öffentlichen schaffen.

Das Öffentliche wird intim wahrgenommen

Während die Liebe zum Objekt der öffentlichen Diskussionen und Sitzungen wurde und zum Anlass der Verurteilung vor der versammelten Jugendbrigade, gewann das politische Leben für die Jugendlichen an intimer Bedeutung: „Es sterben die Feinde!", schrieb ein Mädchen in einem privaten Brief am 2. Juli 1949 an einen Freund anlässlich des Todes des kommunistischen Parteiführers Georgi Dimitrov. Und weiter:

---

19 Hr. Leontiev, Gefährlicher Weg, in: Narodna mladezh, 496 (27. 2. 1950), 3. Mit dem Begriff „Polizei" wird nur die Polizei aus der Zeit vor der kommunistischen Revolution bezeichnet. Unmittelbar nach der Machtübernahme durch die sog. Vaterländische Front am 9. 9. 1944 wurde die sog. Volksmiliz gegründet.
20 Germanov, Schajatschni, wie Anm. 3, 118.

Ich werde noch tüchtiger für die Vernichtung der Kulaken arbeiten. An erster Stelle steht dabei – meine schlangenhafte Familie. Jetzt bin ich nicht mehr ihre Tochter, sondern Tochter der Volksjugend, die aus mir einen neuen Mensch machte. Ich bleibe mit Euch zusammen bis zum Ende meines Lebens.[21]

Auch die ersten sexuellen Erfahrungen wurden in den Kontext des politischen Lebens gestellt und sogar auf der emotionellen Ebene damit gleichgesetzt. So beschrieb eine Frau ihren ersten Kuss folgendermaßen: „Ich zitterte als ob ich einen Komsomolauftrag [einen Auftrag des DSNM, Kr. P.] erfüllt hätte, dieselben Gefühle wie ich Dir vorher beschrieben hatte."[22]

Solche Gefühlskonstellationen wurden durch Beispiele aus dem sowjetischen Jugendleben unterstützt. Diesbezüglich spielten vor allem sowjetische Romane und Filme eine sehr wichtige Rolle: Der Roman „Mannhaftigkeit", der das Leben der „wahren" sowjetischen Jugend der 1930er Jahre darstellt, wurde in zahlreichen Auflagen herausgegeben – allein 1948 in einer Auflage von 20.000 Exemplaren. Er wurde in den Ortsorganisationen des DSNM massiv diskutiert – nicht von ungefähr: Alle Jugendlichen in diesem Roman erreichten ihr persönliches Glück und die wahre Liebe nur als echte Mitglieder des Kollektivs und Dank seiner Unterstützung.[23] Die jungen Helden der Baustellen im fernen Osten der Sowjetunion begannen ihr Eigenleben als Vorbilder in Bulgarien. Sie erreichten dort die Jugendlichen auch in den kleinsten und abgelegensten Dörfern. Dieser Prozess wird von der bulgarischen Soziologin Krassimira Bajchinska als Übergang vom „zivilisierten" zum „kollektiven" Menschen bezeichnet.[24] Ihrer Einschätzung nach prägten den „kollektiven" Menschen zwei Emotionen: die Verehrung der kommunistischen Partei einerseits und der Klassenhass andererseits. Dieser Mensch scheint ihr charakteristisch für die erste Phase des Sozialismus. Er wurde in der Zeit der von der kommunistischen Partei geleiteten Kollektivierungsmaßnahmen geboren.

---

21 Germanov, Schajatschni, wie Anm. 3, 121.
22 Koleva, Sales, wie Anm. 5, 260.
23 Vera Ketlinskaja, Mazhestvo [Mannhaftigkeit], Sofia 1948.
24 Krassimira Bajchinska, V tarsene na prerazhdaneto. Opit sa psichoistoricheski analis na sozialisma i prehoda kam demokratichno obshtestvo [Auf der Suche nach der Wiedergeburt. Ein Versuch zur psychohistorischen Analyse des Sozialismus und die Wende zur demokratischen Gesellschaft], in: dies. Hg., Prehodat v Bulgaria prez pogleda na sozialnite nauki [Die Wende in Bulgarien aus der Sicht der Sozialwissenschaften], Sofia 1997, 214–231.

Die Geburt des kollektiven Menschen in der Jugendbewegung

Der Alltag im Jugendlager beziehungsweise in der Jugendbrigade hinterließ bei den Teilnehmerinnen und Teilnehmern vor allem positive Erinnerungen – jedenfalls bei jener Mehrheit von ihnen, die sich zur Volksjugendorganisation zählte. Das gemeinsame Leben wurde als sehr romantisch empfunden. Es gab zahlreiche neue Formen der Geselligkeit, die die Jugendlichen aus dem als langweilig wahrgenommenen Familienleben im Elternhaus herausführten. 1946 nahm die sogenannte Jugendbrigadenbewegung ihren Anfang. Allein im Jahr 1948 beteiligten sich schon rund 250.000 Jugendliche daran. Ein grandioses Programm war in Angriff genommen worden, Staumauern, Straßen, Tunnels, Wohnviertel oder neue Fabriken wurden gebaut.

In diesen Brigaden wurde der jugendliche Alltag im Vergleich zum Leben im Elternhaus völlig neu konstruiert. Der Dichter Penjo Penev (1930 bis 1959), geboren im nordbulgarischen Dorf Dobromirka, beschrieb 1948 in seinem Tagebuch den entscheidenden Unterschied zwischen dem Alltag im Dorf und jenem im Zusammenleben der Jugendlichen. Seiner Erzählung nach kam er aus einer armen Dorffamilie. Sein Lebenslauf war für die in den 1940er Jahren sozialisierten Dorfjugendlichen gewissermaßen repräsentativ, zu dieser Zeit strebten viele Jugendliche aus diesen dörflichen Milieus nach höherer Ausbildung und nach einem angesehenen Beruf. Da Penjo Penev ein guter Schüler war, kam er ins Gymnasium. Sein Tagebuch beginnt mit dem Jahr 1948:

> 1. Januar 1948. Das Dorf Dobromirka. Als ob ich in eine Lethargie verfallen bin. Den ganzen Tag schlafe ich. Es war ein sagenhafter Schlaf.
> 2. 1. Ich habe das Lied „Munteres Lied" geschrieben. Ich habe Klara einen Brief geschrieben. Ich habe den Roman „Der Feind unter dem Mikroskop" von Kuznezova gelesen. Ich habe einen Gratulationsbrief von Alexander Popov bekommen.
> 3. 1. Den ganzen Tag habe ich Dichtung gelesen. Ich arbeite an einem Plan für eine Brigadenthema-Dichtung.
> 4. 1. Hin und her blitzen kleine Sterne auf dem nebeligen Himmel, und dann erlöschen sie.
> 5. 1. Ich begann den Roman „Der Schrei vom anderen Ufer" zu lesen.
> 6. 1. Um 6 Uhr fuhr ich von Sjaro mit dem Pferdewagen in die Stadt Sevlievo ab. Am Nachmittag waren wir zwischen 5 und 6 [Uhr, Kr. P.] mit Klara zusammen. Wir haben von der Zukunft gesprochen. Wir schauten uns den spanischen Film „Der Fremde" an.
> 7. 1.–8. 1. Ich habe das Buch „Die erste Internationale" gelesen. Am Abend schaute ich mir die Komödie „Die Heirat" an.

Später in Sevlievo:

Ich habe den Film „Lermontov" gesehen. Der Literaturkritiker hielt eine Vorlesung über dem Roman ‚Mannhaftigkeit' von Vera Ketlinskaja. Am Nachmittag gab es eine Agitationsversammlung. Ich habe in Fabriken und Schulen vorgelesen. In der Schule habe ich am Abend die „Jugendöde" von Mizkevich deklamiert. Es wurde das Fest der Roten Armee gefeiert. Ich habe das Gedicht „Nach hellem Aufschwung" geschrieben. Ich habe die Gedichte „Wir" und „Versprechen" geschrieben. Das letzte las ich im Speisesaal im Namen der verdienstvollen Brigadenteilnehmer vor. Ich wurde auch gelobt. Ich habe mich in die Brigade einschreiben lassen.
In der Nacht stand ich auf um zu lesen. Es ist eine Mondlichtnacht. Das Dorf Dobromirka: Gleichgültigkeit. Am Abend habe ich im Leseraum „Entwicklung" das Gedicht „Der dritter März" von Christo Radevski deklamiert. Wir haben einen Tanzabend für die Schuljugend organisiert. Ich deklamierte wieder „Der dritte März". Am Nachmittag gab es eine Probe im „Entwicklung"-Leseraum. Am Abend gab es im „Entwicklung" eine Brigadenversammlung. Ich habe ausgewählte Absätze von meiner Brigadendichtung „Neue Menschen" vorgelesen. Danach wurde der Film „Gavrosch" gezeigt.[25]

Und so ging es bei Penjo Penev weiter: Deklamationen, viel Lesen und zahlreiche Diskussionen über das Gelesene (vor allem sowjetische Bücher), Filme, Sitzungen und Versammlungen, Proben, Vorlesungen – das war es, was der Autor als wichtigste Inhalte seines damaligen Lebens wahrgenommen und in seinem Tagebuch festgehalten hatte. Später verließ Penjo Penev die Schule und inskribierte in einer Jugendbrigade, die an einer Stausee-Baustelle arbeitete. Sein Tagebuch führt er weiter:

31. 5., Montag, 10 Uhr bin ich beim Stausee „Rositza" angekommen. Stolz und fröhlich bin ich. Was für eine Menge an Themen! Ich habe mich als Arbeiter gemeldet! Ich werde bauen! Ich werde kämpfen! Die Worte sind überflüssig – man braucht Arbeit! Dann Schluss!
2. 6. Arbeitstag. Es regnet.
3. 6. Die von gestern verschobene Botev-Vorstellung[26] wurde heute Abend vor Arbeitern und Brigadieren am Platz aufgeführt. Ich habe die Gedichte „Beim Abschied" und „Botevzi" rezitiert.[27]

---

25   Von mir gekürzte Zitate aus: Ljuben Georgiev, Poetat s vatenkata [Der Dichter mit der wattierten Jacke. Ein Buch über Penjo Penev], Sofia 1990, 30 ff.
26   Christo Botev (1849–1876), Dichter und Revolutionär.
27   Georgiev, Poetat, wie Anm. 25, 41 f.

Liebe, Zukunft und Alltag

Die Stadt Dimitrovgrad war eine der wichtigsten Baustellen des Landes und galt als Symbol des sozialistischen Bauwesens. Mit seiner Dichtung hatte Penjo Penev viel zum Ruhm eben dieser Stadt beigetragen. Nach Komsomolsk in der Sowjetunion war sie eine der ersten neu gebauten sozialistischen Städte und wurde als „Stadt der Jugend", als eine Stadt der Zukunft propagiert. In der 1948 herausgegebenen Broschüre „Dimitrovgrad, die Stadt der Jugend" wird unter dem Motto „Jeder Jugendliche – ein Maurer des Sozialismus" ein Bild der Zukunft präsentiert:

> Es wird ein in unserer Geschichte nie gekanntes Tempo sein, in dem unsere Volksjugend den Aufbau in Dimitrovgrad leisten wird. Schöner als jeder Traum wird die wachsende moderne Stadt werden. Der Fluss Maritza wird von schönen Brücken überspannt und seine Ufer werden mit Granitsteinen befestigt. Dem Fluss entlang werden sich kleine Flussschiffe bewegen. Entlang der breiten Boulevards wird wie ein Strom das Leben der neuen Menschen fließen, die erzogen und gestählt sind durch heroische Arbeit. In blühenden Parks und Alleen werden sich Tausende glückliche Kinder und Bürger unterhalten und erholen. An heißen Sommertagen werden die Arbeitenden am modernen Strand am Ufer der Maritza Sonne und Erfrischung finden.
> Am zentralen Platz der Stadt wird ein großartiges Denkmal der mächtigen Figur des geliebten Führers und Lehrers, des Genossen Georgi Dimitrov,[28] errichtet. In den Fabriken und Werken, in den Schulen und Stadions wird das freundliche, lächelnde Gesicht der Sieger erscheinen.[29]

Ähnliche Beschreibungen der sozialistischen Zukunft waren auch in anderen Büchern aus dieser Zeit zu lesen, so zum Beispiel in dem damals viel beachteten Buch „Mannhaftigkeit" von Vera Ketlinskaja.[30] Diese gezielt vermittelten Vorstellungen von Zukunft beeinflussten die Zukunftsbilder eines Teils der Jugendlichen, was auch in den Liebesbriefen von Penjo Penev zum Ausdruck kommt.

---

28 Georgi Dimitrov (1882–1949), Führer der bulgarischen und internationalen kommunistischen Bewegung, Generalsekretär der kommunistischen Internationale 1934–1943.
29 Dimitrovgrad, Gradat na mladosta [Dimitrovgrad, die Stadt der Jugend], Sofia 1948, 2.
30 Ketlinskaja, Mazhestvo, wie Anm. 23.

Liebe ohne Alltag

In den frühen 1950ern begann Penjo Penev einen Briefwechsel mit seiner Freundin Ira. Diese Korrespondenz umfasst ca. 80 Briefe, von denen 50 im Jahr 1990 publiziert worden sind.[31] Das frühe Tagebuch von Penjo Penev enthält einen interessanten Hinweis auf seine späteren Beziehungen: Der Autor änderte stets die Namen der Frauen. So wird zum Beispiel der Name Svetla unter dem Einfluss eines Esperanto-Sprachkurses, den Penev besuchte, in Clara übersetzt. Auch der Name Ira ist der veränderte Name des Mädchens.

Penev begann ihr im Frühjahr 1952 zu schreiben – fast jeden Tag einen Brief, manchmal auch zwei pro Tag. In diesen Briefen, die alle vor jeder Jugendversammlung zur Rezitation gelangen hätten können (denn das Verlesen privater Briefe war durchaus üblich), beschrieb er seinen ideologischen Glauben, seinen Optimismus, seinen Zorn, seine Zukunftsträume und seine Liebe zu Ira. Für ihn war die erlebte Epoche etwas ganz Persönliches, und auch die großen und die fernen Dinge – das Weltall, die Sonne, Straßen und Wege – nahm er als seine ganz persönlichen Hindernisse oder Gönner wahr.

Aus der Korrespondenz gewinnt man kein Bild seiner Geliebten, der Autor konzentriert sich völlig auf seine Emotionen und Gedanken. Er drückt die Bereitschaft aus, Kräfte, Blut und sein Leben für Ira zu opfern, doch kümmert er sich nicht um ihre persönlichen Wünsche und Interessen. Um sich als Mensch zu erweisen, der völlig mit der bürgerlichen Moral gebrochen hat, möchte der Autor zumindest in seiner Vorstellung alle Vorurteile überwinden:

> Du musst wissen, was ich mir oft denke: Stell Dir vor, dass Du Dich 1.000 Mal verheiratet hast, dass Du 1.000.000 Kinder hast, dass Du die dunkelste Vergangenheit hast, ich bin damit einverstanden und ich möchte dennoch, dass Du die Meine wirst! Es reicht, dass Du Loyalität zeigst, dass Du eine positive Einstellung zu dem Neuen in unserem sozialen und wirtschaftlichen Leben in meiner Heimat hast, dass Du politisch richtig orientiert bist![32]

Neben diesen ziemlich abstrakten oder allgemeinen Vorstellungen, existiert in der Korrespondenz nur ein Brief, in dem der Autor ein wenig detaillierter auf seine Vorstellung von einer gemeinsamen Zukunft mit Ira eingeht:

---

31 Der Briefwechsel mit Sotirka Robeva (Ira) wie das Tagebuch Penjo Penevs sind im selben von Ljuben Georgiev herausgegebenen Werk enthalten; vgl. Georgiev, Poetat, wie Anm. 25, 155–201.
32 Penev in: Georgiev, Poetat, wie Anm. 25, Brief Nr. 33.

Ich werde doch Kinder haben – und zwar – 2 Kinder! Einen Buben und ein Mädchen. Tochter und Sohn werde ich haben! Ja! Wie werden sie heißen? Die Tochter wird Pobeda [Sieg] heißen. Mit ihr werde ich meine Feiern und meine Siege im Leben verbinden. Stell Dir vor! … Du verstehst mich, nicht wahr? Oder – Iren! Und vielleicht – Ira! Oder Ira-Ingeborg Peneva – schön, nicht wahr? Sag es, Ira! Und der Sohn – Broneslav. Oder einfach Vladimir![33] … Ich stelle mir meine Kinder vor – wie schön und glücklich und stolz sie sein werden. Ich träume, dass wir beide den Russki-Boulevard entlang gehen werden, wir werden bis zur Orlov most-Brücke kommen, die Kinder werden mit uns sein, ich werde ihnen im Geschäft auf der rechten Seite kaufen, was sie sich aussuchen und danach werden wir in die Parkallee gehen. Sie werden Hand im Hand vor uns beiden gehen, und werden sehr lustig oder sehr ernst sein. Sie werden einfach angezogen werden, einfach, aber schön. Wir werden sie liebevoll anschauen.[34]

Das ist einer der wenigen Briefe, die eine Vorstellung von Alltag in der Zukunft gestalten – einer Zukunft, die sich als eine schöne und feierliche Zeit erweisen würde. Dieser Brief kontrastiert mit einem anderen, der einen Monat später, im Oktober 1952, geschrieben wurde. Darin wird eine andere und realistischere Vorstellung von der Zukunft geschildert. Penev malt sich aus, wie er und seine Geliebte die gemeinsame Freizeit verbringen werden, wenn er ihre Stadt besucht:

Weißt Du, wenn ich nach Jambol komme, möchte ich nicht, dass wir in die Konditorei ‚Monblan' gegenüber dem Kulturhaus gehen, da ich dort seit Frühling noch 10 Lewa schuldig bin, und ich habe Angst, dass ich ohne Hut bleibe. Aber ich habe diese Art ‚Monblan'-Kuchen sehr gern … darum bin ich einverstanden, wenn ich auf Dich hinter dem Kulturhaus auf der anderen Straßenseite warte und Du die Kuchen mitbringst.[35]

Als „reine" und „aufrichtige" Freundschaft war die solchermaßen formulierte Liebe zu Ira kaum von Gegenseitigkeit und Interesse für die Individualität des Anderen geprägt. Zwar wurden die Emotionen als tief, ja sogar leidenschaftlich beschrieben, aber sie waren nicht stark an Ira persönlich gerichtet. Die Kluft zwischen kollektiven Feierlichkeiten, kollektiver Unterhaltung und kulturellen Erfahrungen, die zur Verbreitung der Visionen vom neuen Leben beitrugen, und den alltäglichen Schwierigkeiten in einer Liebesbeziehung wurde immer größer. Das führte zu mehr oder weniger illusionären Beziehungen. Darum änderte

---

33 Nach Vladimir Majakovski (1893–1930), russischer und sowjetischer Dichter.
34 Penev in: Georgiev, Poetat, wie Anm. 25, Brief Nr. 23, 170.
35 Penev in: Georgiev, Poetat, wie Anm. 25, Brief Nr. 34, 180.

Penjo Penev fast immer die Namen seiner Geliebten. Seine frühere Sehnsucht nach Feierlichkeit oder Festen und einer schönen Zukunft verwandelte sich später in Trunksucht.

Das geistige Klima und die Art der Sozialisation der Jugend – das kollektive Arbeiten und Leben in den Jugendbrigaden und Bautrupps, das medial vermittelte Vorbild der sowjetischen Jugend, die Diskussionen und Vorlesungen darüber, die Jugendversammlungen – all das schuf breite Erwartungshorizonte, die von großer Feierlichkeit geprägt waren. Diese spezifische Erwartungshaltung ermöglichte kaum Verbindungen zum Alltag außerhalb der genannten Formen des Zusammenlebens der Jugendzeit und konnte nicht auf Dauer aufrechterhalten werden. Es wurden daher ‚Spielarten' entwickelt, die diesen Gegensatz zu lösen versuchten. Sie zeichneten sich schon in den 1950er Jahren ab, und wurden in den nächsten Jahrzehnten zur Regel, umso mehr als sich die sozialistische Feierlichkeit in eine Farce und bloße Pflichtübung verwandelte.[36] Krassimira Bajchinska interpretiert das als eines der Merkmale des Übergangs von der ersten – totalitären – zu der zweiten – posttotalitären – Phase des Sozialismus. Diese Passage charakterisiert sie als einen Übergang zu einer „Gesellschaft der Masken", die beste Möglichkeit für das Überleben des Individuums sieht sie also in der Imitation. Dieses Imitieren von ideologisch passendem Verhalten war schon in den frühen Jahren des bulgarischen Sozialismus zu beobachten, verbreitete sich in den 1960ern und wurde zu einer Art Freiheit:

> Die Maske hat auch die Freiheit gebracht, indem das Individuum mit ihrer Hilfe eine Plastizität erreichte, es wurde zum Akteur. Aus der Menschen-Maske wurde eine neue Figur: der Akteur. ... Der Unterschied zwischen diesen war, dass der Akteur die Maske trug, um den sich seiner selbst bewussten Menschen in sich zu bewahren. Sie diente als Mittel, seinen im Inneren bewahrten bewussten Menschen zu bewahren. Mit der Maske gewann der Akteur eine gewisse innere Freiheit – die Freiheit der Erinnerung.[37]

Schon ein Mitglied der ersten Jugendbrigaden, Andrej Germanov, später Dichter und Übersetzer aus dem Russischen, hatte bemerkt und beschrieben, wie die „aufrichtige Freundschaft" zu einer Imitation werden konnte. Er erzählt: „Wir waren im Speiseraum und hörten die tagespolitischen Informationen. Zwei Jugendliche, ein Mädchen und eine Junge, hörten mit unglaublich strengen und interessierten Gesichtern zu. Aber ihre Knie, mein Gott, ihre Knie! Sie berührten sich, sie suchten sich und sie streichelten einander."[38] Trotz ideologischer Aufsicht war für viele Jugendliche dieser Generation die Kontrolle des sexuellen Le-

---

36 Paul Kaiser u. Claudia Petzold Hg., Boheme und Diktatur in der DDR. Gruppen, Konflikte, Quartiere 1970–1989, Berlin 1997, 42.
37 Bajchinska, Tarsene, wie Anm. 24, 28.
38 Germanov, Schajatschni, wie Anm. 3, 129.

bens in der Brigade viel lockerer als die Kontrolle im Elternhaus. Die jungen Leute genossen das kollektive Zusammenleben, viele schlossen sich aber kaum seinen ideologischen Begründungen an. Die Trennung der Ebenen – jene der ideologischen ‚Maske' über dem Tisch im Speiseraum – und jene der Realität – der gleichzeitigen persönlichen Berührung der Knie unter dem Tisch – hatte auch ihre politische Bedeutung. Die Jugend-Subkulturen, die sich gegen Ende der 1960er beziehungsweise in den 70er Jahren herausgebildet hatten, waren unter anderem von einer Sehnsucht nach einem Freiraum für Liebe und Sexualität geprägt.[39] Sie fand ihren Ort gewissermaßen „unter dem Tisch" – in der Natur, am Meer, in Kellern und Dachböden und so weiter.[40] Häufig wurden Masken erstmals spontan aus Anlass einer Beziehung getragen, doch bedeutete diese illegale Sexualität noch keine Intimität. Fraglich ist auch, welchen Freiraum ein solches Verhalten für das gegenseitige persönliche Kennen- und Liebenlernen bot. Das Private entwickelte sich in den nächsten Jahrzehnten eher in alternativen Formen der Kollektivität, in denen dem Individuum mehr Freiraum gewährt wurde. Das wird von den russischen Soziologen Elena Zdravomislova und Victor Voronkov als „informal public" bezeichnet.[41] „Dieser Ausstieg aus der Gesellschaft war massenhaft", urteilt ein ostdeutscher Regisseur über die Zeit der 1970er und '80er Jahre in der DDR. „Ich meine der Narzissmus, der individuelle Anarchismus und die Asozialität waren natürlich auch etwas, das die DDR umgebracht hat."[42]

Es gab verschiedene Wege, den Gegensatz zwischen dem Agieren über und unter dem Tisch zu gestalten. Die Strategien dafür entwickelten sich in verschiedenen Gruppen der Gesellschaft und unter den veränderten Rahmenbedingungen des Sozialismus jeweils anders. Das lässt sich anhand lebensgeschichtlicher Erinnerungen an die 1960er Jahre gut beobachten. Eine Frau, geboren 1933, die zuerst ihre Aktivitäten bei der Volksjugend in den 1950ern beschreibt, erinnert sich dann auch an die Zeit danach: „In den Jahren 1962 bis 1963 haben sich die Verhältnisse geändert. Wir haben ein Radiogerät gehabt, wir kauften uns einen Fernsehapparat; ich ließ mir einige neue Kleider nähen. Und wir begannen auch, zur Erholung ans Schwarze Meer zu fahren."[43] Sehr oft drehen sich die Geschichten in den Lebenserinnerungen über diese Zeit um rare Konsumgüter und erzählen von den

---

39   Vgl. dazu auch Karin Taylor, Nashijat sobstven ritam na zhivot. Mladite hora i brakit v Bulgaria prez 60-te i 70-te godini [„Our own rhythm of life": Marriage and setting up home in Bulgaria in the 1960ies and 70ies], in: Radost Ivanova u. a. Hg., Sozialismut: realnosti i iljusii. Etnologichni aspekti na vsekidnevnata kultura [Der Sozialismus: Realitäten und Illusionen. Ethnologische Aspekte der Alltagskultur], Sofia 2003, 191–202.
40   Vgl. dazu z. B. den in den 1950er Jahren geschriebenen Roman von Bojan Bolgar, Die Siebzehnjährige, Sofia 1956.
41   Elena Zdravomyslova u. Viktor Voronkov , The Informal Public in Soviet Society, in: Social Research, 69, 1 (2002), 51–68, hier 51.
42   Zitiert nach Kaiser/Petzold, Boheme, wie Anm. 36, 18.
43   Koleva, Sales, wie Anm. 5, 267.

Anstrengungen rund um Haushalt und Wohnen – von Kühlschrank, Fernseher, Schallplattenspieler und so weiter. Auch das Thema Autokauf wird oft sehr ausführlich beschrieben. Solch schwer erhältlichen Gegenständen war etwas von den großen Zukunftsträumen eingeschrieben. Sie wurden nicht nur als Objekte an sich geschätzt, sondern auch als realisierte Träume von einem besseren Leben. Die Anschaffungen beinhalteten noch eine andere Dimension: Ihnen war etwas von vorher nicht erreichter Intimität und Gemeinsamkeit der Familie inne. Die Ansammlung von Gegenständen des Wohlstands wurde zu einem wichtigen Beleg des Fortschritts und des Glücks, auch wenn sie nicht mehr mit kollektiver Zukunft verbunden wurden. Wenn das organisierte Jugendleben und dessen Begrifflichkeiten die Erzählungen über die frühen 1950er Jahre prägen, so prägen die geleisteten Anschaffungen und deren Nennung die Berichte über die Zeit ab den frühen 1960ern.

In seinem Buch „Von Zugehörigkeit zu Identität" schreibt der Soziologe Ivailo Dichev, dass viele Intellektuelle im Westen gehofft hatten, nach der Wende 1989 hinter dem ‚Eisernen Vorhang' eine Kultur vorzufinden, die an höheren geistigen Werte orientiert war. Statt dessen stieß man auf eine sehr auf Konsum ausgerichtete Massenkultur.[44] Die Sehnsucht nach einer festlichen Zukunft hatte sich minimiert, sie war aber nicht ganz verschwunden, sondern hatte sich in spezifische Formen von Intimität verwandelt, oft auch auf Liebe zu den erworbenen Gegenständen reduziert.

Epilog

Zu dieser Zeit des Übergangs beging im Jahr 1959 der Dichter Penjo Penev Selbstmord. Er konnte das neue, sich abzeichnende Massenkonsumverhalten und den drohenden Verlust der großen Ideale nicht ertragen. Im Alltagsleben konnte er seine Familie nicht versorgen – Armut, Hunger und Krankheiten belasteten die Penevs über alle Maßen. In einigen seiner letzten Gedichte schrieb Penev von seinem kranken Sohn Vladimir und von seiner kalten Wohnung. In der neu gebauten sozialistischen Stadt Dimitrovgrad, wo er gearbeitet hatte und gestorben war, gab es damals noch keinen Friedhof. Es war eine Stadt ohne alte Leute und ohne Tod.

Als lebender Dichter aufgrund seines nicht kalkulierbaren Verhaltens und seines zunehmenden Ungehorsams von der politischen Macht nicht mehr akzeptiert, wurde Penjo Penev nach seinem Tod politisch und ideologisch vereinnahmt und intensiv genutzt: Er wurde von den 1960ern bis in die 1980er Jahre als hervorragender Sänger des sozialistischen Aufbaus gefeiert und verehrt – als der „Dichter mit der wattierten Jacke", der Poet in der Jacke

---

44 Ivajlo Dichev, Ot prinadleznnost kum identichnost [Von Zugehörigkeit zu Identität], Sofia 2002.

der Bauarbeiter. Jener Teil seiner Dichtung, der sich der glücklichen kollektiven Zukunft widmete, wurde in den Schulbuchkanon aufgenommen. Seine Werke wurden in den Jahren nach seinem Tod in Auflagen von ca. 600.000 Exemplaren herausgegeben und in der Stadt Dimitrovgrad wurde ein Museum errichtet, das seinen Namen trägt.

Franz X. Eder

Die „Sexuelle Revolution" –
Befreiung und/oder Repression?

„Wer zweimal mit derselben pennt, gehört schon zum Establishment" skandierten die Studierenden der 1960er- und 1970er-Jahre. Gemeint war damit, dass eine befriedigende Sexualität nur jenseits der Zwänge der bürgerlichen Liebes- und Ehemoral möglich sei und es deshalb zu einer „Sexuellen Revolution" kommen müsse. Diese Revolution sollte zum Umsturz der soziosexuellen Ordnung der Nachkriegszeit führen und eine neue liberale Sexualmoral und Sexualpraxis etablieren. Der Begriff „Sexuelle Revolution" wurde bereits von Wilhelm Reich Anfang der 1930er-Jahre in Diskussion gebracht, Mitte der 1960er-Jahre kam er mit Raubdrucken, die Studierende von Reichs Schriften angefertigt hatten, wieder in Umlauf.[1] Schon bei Reich ging es um den politische Kontext der „Sexuellen Revolution": Jugendliche und junge Erwachsenen würden erst nach grundlegenden gesellschaftlichen und kulturellen Reformen in der Lage sein, ein befriedigendes Sexualleben zu entwickeln – verkürzt gesagt, dachten Reich und seine Jünger dabei vor allem an die Orgasmusfähigkeit. Umgekehrt könnte eine gerechtere Gesellschaft nur realisiert werden, wenn es gelänge, die „natürlichen" sexuellen Wünsche „auszuleben", sie nicht durch sexualverneinende Erziehung und andere soziale Repressionsformen zu unterdrücken und damit Neurosen, Perversionen und Gewalt zu erzeugen.

Die Revolutionsrhetorik prägte über Jahrzehnte die Sicht der „Sexuellen Revolution". In den letzten Jahren wird sie jedoch zunehmend kritisch beleuchtet.[2] Bezweifelt wird, ob der Wandel des Sexuallebens tatsächlich in Form einer „Revolution", also eines raschen und kämpferischen Umbruchs erfolgte. Womöglich handelte es sich nur um ein Oberflächenphänomen, um einen weitgehend praxisfernen Diskurs, der das Verhalten, Fühlen und Erleben der Menschen kaum oder nur selektiv beeinflusste. Vielleicht fand die „Sexuelle Revolution" ja hauptsächlich in den Medien und auf der politischen Bühne der Studentenre-

---

1   Wilhelm Reich, Der sexuelle Kampf der Jugend, Berlin 1932; Neuauflage: Die sexuelle Revolution, Frankfurt a. M. 1971; zur Popularisierung und Wiederaufnahme in den 1960er-Jahren vgl. Wolfgang Dreßen, Handbuch der Moral für den Bürgerstand. Schwarze Pädagogen, Naturliebhaber und Lebenskünstler, in: Karl Fallend u. Bernd Nitzschke Hg., Der „Fall" Wilhelm Reich. Beiträge zum Verhältnis von Psychoanalyse und Politik, Frankfurt a. M. 1997, 297–335.
2   Einen Literaturüberblick liefern David Allyn, Make Love not War. The Sexual Revolution. An Unfettered History, Boston/New York/London 2000, 345–361 u. Jeffrey Escoffier, Sexual Revolution, New York 2003, 685 ff.

volutionäre statt und weniger in den Köpfen und Betten der Durchschnittsbevölkerung? Gab es nicht schon vor den späten 1960er-Jahren markante Einstellungs- und Verhaltensänderungen und stellte die „Revolution" nur deren diskursive Auf- und Nachbereitung dar. Klärungsbedürftig erscheinen die Unterschiede im Erleben von Männern und Frauen, zwischen den Generationen, Konfessionen, sozialen Gruppen sowie städtischen und ländlichen Populationen. Auch länderspezifische Formen der sexuellen Entwicklung, etwa unterschiedliche Zeiten und Geschwindigkeiten der Verbreitung und Durchsetzung neuer sexueller Verhaltensweisen, Einstellungen und Identitäten in den europäischen Ländern und den USA gilt es zu untersuchen. Ziemlich problematisch erscheinen inzwischen die längerfristigen Auswirkungen – Revisionisten und Revisionistinnen meinen sogar, dass die „Sexuelle Revolution" schlichtweg einen Mythos darstelle oder, noch drastischer, die Wegbereiterin sei für den Niedergang der sexuellen Lust sowie für Kindesmissbrauch und Pornographie.[3] Je genauer man also das „Revolutions"-Bild betrachtet, desto mehr Fragen und Differenzierungen werden notwendig.

Im vorliegenden Artikel werde ich auf diese Problemstellungen nur erste Antworten geben. Detaillierte Ergebnisse soll ein Forschungsvorhaben erbringen, in dem wir Sexualdiskurse und den Wandel der sexuellen Erfahrung in Österreich und Deutschland in den 1950er- bis 1980er-Jahren untersuchen. Aus sexualitätsgeschichtlicher Perspektive ist der Gegenstand der „Sexuellen Revolution" deshalb besonders faszinierend, weil er scheinbar das krasse Gegenteil des neuzeitlichen Sexualdiskurses[4] darstellt, nämlich eine Anleitung zur sexuellen Befreiung statt zur Repression. Gleichzeitig ergeben sich aber auch zahlreiche Übereinstimmungen mit früheren Diskursen – etwa mit dem über die Onanie im späten 18. Jahrhundert, über die Homosexualität im 19. Jahrhundert oder über die Geburtenbeschränkung im frühen 20. Jahrhundert. Auch in der „Sexuellen Revolution" wurde ein starker Modus gewählt, die Beteiligten sprachen über den Sex primär im Befehlston, konjunktivische Debatten fanden eher am Rande statt. Gleiches gilt für die Bildsprache, die sich im Zuge der Medialisierung der Gesellschaft rasch verbreitete. Die neuen sexuellen Bilder wirkten mit einer bislang unbekannten Kraft auf die Menschen ein. Am meisten beeindruckt an diesem Gegenstand allerdings, dass sich an ihm die Kluft zwischen Diskurs und individueller Erfahrung durch lebensgeschichtliche Studien zumindest ein Stück weit schließen lässt.[5] Vordringliche Zielsetzung weiterer Forschun-

---

3   Ein Beispiel ist Miriam Lau, Die neuen Sexfronten. Vom Schicksal einer Revolution, Berlin 2000.
4   Zur Sexualitätsgeschichte des deutschsprachigen Raumes vgl. Franz X. Eder, Kultur der Begierde. Eine Geschichte der Sexualität, München 2002; siehe auch die diesbez. Eintragungen in meiner „Bibliography of the History of Western Sexuality, 1700–2000". Unter: http://www.univie.ac.at/Wirtschaftsgeschichte/sexbibl/
5   Dieser Aspekt wurde auch in den bisherigen soziologischen und sexualwissenschaftlichen Studien zur Sexualität im 20. Jahrhundert kaum berücksichtigt. Vgl. z. B. Rainer Münz, Sexualität in Beziehungen. Eine Rekonstruktion auf Grund biographischer Interviews mit österreichischen Frauen, in: Hugo Husslein u. a.

gen wird es deshalb sein, einen imperativen und gleichzeitig sexualfreundlichen Diskurs in Interaktion mit den sexuellen Akteuren und Akteurinnen zu untersuchen.[6]

Ein langsamer Sturm auf die sexuelle Bastille?

Von den Bastionen der „Sexuellen Revolution" aus gesehen, erscheinen die 1950er- und frühen 1960er-Jahre leicht als finsteres Mittelalter und werden deshalb meist als negative Referenz eingesetzt. Genauer besehen, erweisen sich diese Jahre aber als eine in sexuellen Fragen recht ambivalente Zeit. Zum einen wurden Schweigen, Sittsamkeit und Wohlerzogenheit zu *den* sexuellen Imperativen der Männer und noch mehr der Frauen erklärt. Ginge es nach der Sexualmoral der damaligen politischen Parteien, vieler öffentlicher Meinungsträger und der Kirchen sollte das voreheliche Liebesleben überhaupt ohne das Sexuelle auskommen. Auch in der Ehe schienen Anstand und Zurückhaltung unabdingbare Voraussetzungen für ein glückliches Zusammenleben gewesen zu sein. Dieser ehezentrierten Sexualmoral entsprechend war das Rechtssystem gestaltet: Die österreichischen und deutschen Strafbücher beinhalteten noch immer auf das Allgemeine Bürgerliche Gesetzbuch von 1811 zurück gehende diskriminierende Bestimmungen über ledige Mütter und ihre Kinder – nicht verheiratete Mütter verfügten weder über die elterliche Gewalt, noch konnten sie als gesetzliche Vertreterinnen ihrer Kinder agieren.[7] Der Vertrieb von Kontrazeptiva blieb auch nach dem Ende des Nationalsozialismus streng reglementiert. Kondomautomaten durften nicht an öffentlich zugänglichen Orten aufgestellt werden, da sie womöglich „öffentliches Ärgernis" erregen konnten. Mit der Bewerbung und dem Vertrieb von Aufklärungsschriften bewegte man sich deshalb stets am Rande der Legalität, eine Erfahrung, die Beate Uhse mit ihrem Versandhandel für Verhütungsmittel, Ratgeberliteratur und später mit Erotika zur Genüge machen musste.[8] Wohnungsvermieter und -vermieterinnen sowie Eltern, die Freunde und Freundinnen ihrer Kinder im Haus übernachten ließen, konnten sich in Deutschland bis zur Reform des Para-

---

Hg., Sexualität als Entwicklungsproblem. Auf dem Weg zur Partnerschaft, Wien 1985, 118–188 oder Kirsten v. Sydow, Psychosexuelle Entwicklung im Lebenslauf. Eine biographische Studie bei Frauen der Geburtsjahrgänge 1895 bis 1936, Regensburg 1991.

6   Zum unterlegten Diskursverständnis siehe Franz X. Eder, Diskurs und Sexualpädagogik: Der deutschsprachige Onanie-Diskurs des späten 18. Jahrhunderts, in: Paedagogica Historica, 39, 6 (2003), 719–736.

7   Diese Rechtslage bestand in Deutschland bis 1962, zum Teil sogar bis 1969, in Österreich bis zur Familienrechtsreform der 1970er-Jahre. Vgl. Ursula Neumann, Ohne Jeans und Pille. Als „man" noch heiraten mußte, Stuttgart 1994, 64.

8   Das Werbe- und Verkaufsverbot für Verhütungsmittel galt bis in die 1970er-Jahre. Vgl. Elizabeth Heinemann, Sex Objects. Sexual Consumer Culture and the Society of Affluence. Paper for the GHI Sexuality Conference, October 2002.

graphen 180 im Jahr 1974 der „Kuppelei" schuldig machen. In Österreich standen dafür mehrere Monate bis zu fünf Jahre Gefängnis in Aussicht. Schwangerschaftsabbruch blieb in Österreich bis zur Einführung der „Fristenlösung" im Jahre 1975, in Deutschland bis 1976 („Notlagenindikation") unter Strafe gestellt.[9] Der während des Nationalsozialismus verschärfte Homosexuellen-Paragraph 175 wurde 1949 ins deutsche Grundgesetz übernommen (und blieb dort bis 1973), eine neuerliche Verfolgungswelle war die Folge.[10] In Österreich galt der Paragraph 129 und damit das Totalverbot für gleichgeschlechtliche Akte unter Männern und Frauen bis 1971 und sah einen Strafrahmen von sechs Monaten bis zu fünf Jahren Kerker vor.[11]

Blickt man hinter diese Manifestationen der offiziellen Sexualideologie, so lassen sich allerdings im deutschsprachigen Raum schon in den Nachkriegsjahren Formen des Sexuellen ausmachen, die in vielem von der postulierten Norm abwichen. Die erste größere Umfrage zur „Intimsphäre" – 1949 in Deutschland vom Institut für Demoskopie unter rund 1.000 Personen durchgeführt – zeigte, dass sich individuelle Meinung und Sexualpraktiken deutlich von der offiziellen Sicht des Sexuallebens unterschieden.

Tabelle 1: Sexuelle Einstellungen und Praktiken in Deutschland 1949[12]

	Prozent	
	Männer	*Frauen*
Hatten Sie vor der Ehe intime (heterosexuelle) Beziehungen zu einem Mann/einer Frau?		
mit verschiedenen Partnern bzw. Partnerinnen	63	18
mit einem/einer Partnern bzw. Partnerinnen	13	19
nur mit dem/der späteren Ehepartner bzw. Ehepartnerin	13	33
keine vorehelichen Beziehungen	10	28

---

9   Maria Mesner, Frauensache? Zur Auseinandersetzung um den Schwangerschaftsabbruch in Österreich, Wien 1994, 175–264 und Michael Gante, Das 20. Jahrhundert. Rechtspolitik und Rechtswirklichkeit, 1927–1976, in: Robert Jütte Hg., Geschichte der Abtreibung. Von der Antike bis zur Gegenwart, München 1993, 169–207.
10 Dieter Schiefelbein, Wiederbeginn der juristischen Verfolgung homosexueller Männer in der Bundesrepublik Deutschland. Die Homosexuellenprozesse in Frankfurt a. M. 1950/51, in: Zeitschrift für Sexualforschung, 5, 1 (1995), 59–73.
11 Stefan Dobias, Homosexualität im österreichischen Recht. Historischer Überblick, in: Wolfgang Förster u. a. Hg., Der andere Blick. Lesbischwules Leben in Österreich. Eine Kulturgeschichte, Wien 2001, 173 und Christian Fleck u. Albert Müller, Unzucht wider die Natur. Gerichtliche Verfolgung der „Unzucht mit Personen gleichen Geschlechts" in Österreich von den 1930er bis zu den 1950er Jahren, in: Österreichische Zeitschrift für Geschichtswissenschaften, 9, 3 (1998), 400–422.
12 Ludwig v. Friedeburg, Die Umfrage in der Intimsphäre, Stuttgart 1953, 84 ff. Vergleichbare repräsentative Untersuchungen für Österreich liegen meines Wissens nicht vor.

Fortsetzung Tab. 1

	Prozent	
	Männer	*Frauen*
Sexuelle Beziehungen neben der Ehe hatten		
ja	23	10
nein	68	87
Sind intime Beziehungen notwendig für Ihr Lebensglück?		
notwendig	69	47
kann verzichten	24	46
unentschieden	7	7
Sind Sie für oder gegen Empfängnisverhütung?		
dafür	71	62
dagegen	12	20
unentschieden	17	18
Was soll mit dem § 218 (Abtreibung) geschehen?		
abschaffen	19	14
lockern	33	43
beibehalten	38	33
verschärfen	9	8
keine Meinung	1	2
Wie stehen Sie zur männlichen Homosexualität?		
Krankheit	39	
Laster	48	
Angewohnheit	15	
natürliche Sache	4	
unentschieden	3	
Glauben Sie, dass Onanie unter Männern stark verbreitet ist?		
ja	42	
nein	21	
unentschieden	37	
Glauben Sie, dass Onanie unter Frauen stark verbreitet ist?		
ja		24
nein		20
unentschieden		49
Haben Sie einmal Erfahrungen mit Prostituierten gemacht?		
nein	43	
einmal	14	
öfter	43	

Bei aller Skepsis gegenüber sexualitätsbezogenen Umfragedaten aus dieser Zeit, offenbarte sich keine einheitliche, nur ehebezogene Liebes- und Sexualmoral und auch die Sexualpraxis beschränkte sich offensichtlich nicht auf den ehelichen Geschlechtsverkehr. Vorehelicher Geschlechtsverkehr war genauso verbreitet wie Verhütungsmethoden.[13] „Intime Beziehungen" galten insgesamt als wichtiger Part des (Ehe-)Lebens, und selbst die strikte Bestrafung der Abtreibung schien vielen nicht mehr gerechtfertigt zu sein. Mehr als die Hälfte der Männer hatte Erlebnisse mit Prostituierten vorzuweisen und viele mutmaßten, dass ihre Geschlechtskollegen onanierten – wohl auch ein Indikator für das eigene Verhalten der Probanden. Gegenüber der Homosexualität deklarierte man sich allerdings äußerst ablehnend. Klar zum Ausdruck kam auch, dass Frauen über weniger sexuelle Erfahrungen verfügten, sei es nun durch vorehelichen Geschlechtsverkehr, durch Masturbation oder außereheliche Beziehungen. Sie meinten auch weit häufiger, dass das Sexuelle weniger bedeutend für ihr Lebensglück sei. Für die Majorität der Bevölkerung blieb das Sexualleben aber noch immer auf die Ehe zentriert, wobei Frauen deutlich öfter ihre vorehelichen Sexualkontakte auf den späteren Ehepartner beschränkten.

Doch auch die auf Ehe und Familiengründung abzielenden Sexualnormen wurden schon in den 1950er- und frühen 1960er-Jahren durch eine erste mediale Erotikwelle und eine teils recht hitzige Diskussion über die sexuellen Verhältnisse konterkariert. Wichtige Impulse kamen dabei seit Mitte der 1950er-Jahre von der Rock 'n' Roll-Kultur. Musiker wie „Elvis the Pelvis" erkannten, dass sich mit ‚heißen' Themen besonders bei jüngeren Menschen beste Verkaufsergebnisse erzielen ließen. Die Aufregung, die die Rock 'n' Roll-Musik bei der älteren Generation auslöste – im deutschsprachigen Raum sprach man auch von „Negermusik" und konnotierte so den NS-Diskurs über entartete Kunst und die rassistische deutschnationale Tradition[14] – ist ein Zeichen dafür, dass Elvis' lasziver Hüftschwung und seine zweideutigen Texte Wirkung zeigten. Vielen jungen Frauen und Männern eröffneten sich in der Tanzkultur und der sie begleitenden Mode neue Formen erotisierter Körperlichkeit.

Auf den wirtschaftlichen und kulturellen Einfluss der USA ist es zurückzuführen, dass sich in Westdeutschland und Österreich bereits in dieser Zeit erotische Vermarktungsformen etablieren konnten, die das traditionelle Frauen- und Männerbild in Bedrängnis brachten. Zum Beispiel in Form der Bikinimode. Auch wenn Frauen in diesem Kostüm oft noch ungelenk und unsicher auftraten, konnte man bei Miss-Wahlen weibliche Körper beobachten, die kaum mehr etwas gemein hatten mit den NS-Frauentypen, mit Gebärzwang und auf den Leib geschriebener Mütterlichkeit.[15] Amerikanisch orientierte Zeitschriften wie

---

13 So verwendeten 19 Prozent der Befragten „Präparate", 13 % gaben „Vorsicht" an und 60 % beide Methoden.
14 Uta G. Poiger, Rock 'n' Roll, Female Sexuality, and the Cold War Battle over German Identities, in: Journal of Modern History, 68 (September 1996), 577–616, 582 ff.
15 Vgl. Udo Pini, Leibeskult und Liebeskitsch. Erotik im Dritten Reich, München 1992, 387.

„Bravo" wurden zur Informationsdrehscheibe für die vorbildhaften Körper von Filmstars und SchauspielerInnen und ihre erotisierende Verpackung. Das „Bravo"-Publikum, darunter viele, wenn nicht mehrheitlich Mädchen und jüngere Frauen, bekam in seiner Lieblingszeitschrift auch das gerade noch tolerierbare Maß an Nacktheit vorgeführt. Etwa in einem Heft von 1957, in dem sich Marilyn Monroe auf einem Poster anstößig räkelte und einige Seiten weiter aufgeregt über zunehmende Nacktheit im deutschen Film diskutiert wurde.[16] Hildegard Knef hatte schon 1950 als „Sünderin" für einen Filmskandal gesorgt, als sie einige Sekunden nackt auf der Leinwand zu sehen war.

Expressiver Tanzstil, freizügige Kleidung und rebellische Stars zielten also bereits in den 1950er- und frühen 1960er-Jahren auf eine Erotisierung jüngerer Menschen.[17] Bislang kaum untersucht wurde, wie und wann diese Formen der Erotisierung rezipiert, in die Selbst- und Fremdsicht eingebaut wurden und zu einer Sexualisierung der Lebenswelt beitrugen – auch die zeitgenössischen quantitativen Umfragen geben dazu wenig Auskunft. Vereinzelte lebensgeschichtliche Quellen lassen jedenfalls eine deutliche Geschlechterdifferenz erkennen. Sichtbar etwa in den Erinnerungen Peter Huemers:

> Wir [Halbwüchsige] waren brennend an Mädchen interessiert, haben an ihnen gelitten, aber wir wären nie auf die Idee gekommen, sie als Menschen ernst zu nehmen, sie gar als, wie man heute sagt, ‚Partner' zu betrachten. Auch ihre Sexualität schien uns kein besonderer menschlicher Wert, nicht einmal ihre Lust haben wir ernst genommen, weil sie uns so viel geringer schien als die unsere. „Für die Frau ist die körperliche Vereinigung ebenfalls lustbetont, wenn auch nicht in derselben Weise wie beim Mann." So stand es im katholischen Heftchen, und das haben nicht nur wir, das haben wohl auch die Mädchen geglaubt. So taten sie sich leichter im Verweigern, denn was versäumten sie schon. Vielleicht haben sie wirklich nicht viel versäumt. Ich hatte immer den Eindruck, die Frauen jenes Jahrzehnts haben sich von der Sexualität nicht allzu viel erwartet. Sie hielten Sexualität für eine Männersache, der es wohlwollend standzuhalten gelte.[18]

Soziosexuelle Logiken wie diese gilt es auch in anderen lebensgeschichtlichen Erzählungen von Männern ausfindig zu machen und sie mit den Erfahrungen, Erlebnissen und Identitätsentwürfen von Frauen zu vergleichen. Ähnliches gilt für jene Sexualitäten, die jenseits

---

16 Bravo, 31. 8. 1957, 30 f, 38 f.
17 Vgl. Christian de Nuys-Henkelmann, „Wenn die rote Sonne abends im Meer versinkt …". Die Sexualmoral der fünfziger Jahre, in: Michael Salewski Hg., Sexualmoral und Zeitgeist im 19. und 20. Jahrhundert, Opladen 1990, 107–145.
18 Peter Huemer, Angst vor der Freiheit, in: Gerhard Jagschitz u. Klaus-Dieter Mulley Hg., Die „wilden" fünfziger Jahre. Gesellschaft, Formen und Gefühle eines Jahrzehnts in Österreich, Wien 1985, 208–220, 216.

der heterosexuellen Norm lagen. Wie denn die Zementierung der Heteronormativität auf das Liebes- und Sexualleben etwa von Schwulen und Lesben einwirkte, ist bislang ebenfalls noch wenig erforscht.

Angesichts der derzeitigen Forschungslage entsteht der Eindruck, dass in den 1950er- und frühen 1960er-Jahren vornehmlich heterosexuelle Männer die Agenten und Nutznießer der Erotisierung waren. Ihnen boten sich Identifikationsfiguren an, die sexuell aktiv auftreten und über die weiblichen Sexualobjekte verfügen konnten. Der „Wilde auf seiner Maschin" führte sein Mädchen im besten Fall nicht nur mit dem Gefährt aus, sondern versuchte sie auch zu verführen. Sexuelles Begehren von Frauen hingegen wurde – von den fast ausschließlich männlichen Diskursträgern – als gering eingestuft. „Widerstand" galt es zu leisten bis das Ende der langen vorehelichen Abstinenz erreicht war, das schien ein häufiges sexuelles Motto für und von Frauen gewesen zu sein. Wie ein solcher Widerstand mit den medial präsenten Frauenbildern à la Gina Lollobrigida oder Brigitte Bardot zu einem kohärenten Weiblichkeitsbild vereint werden konnte, sollte untersucht werden. Frauen sollten jedenfalls nicht als „Opfer" männlichen Begehrens gesehen werden – gerade die Identifikationsangebote der divergierenden Weiblichkeitsbilder eröffneten auch ihnen einen großen Handlungs- und Entscheidungsraum.

Nach den Erschütterungen des Zweiten Weltkrieges und der Repositionierung der Geschlechter in den Nachkriegsjahren[19] hofften viele in der Kernfamilie einen sicheren Hafen zu finden. In diesem scheinbar stabilen Gebilde könnten Männer und Frauen nicht nur am wirtschaftlichen Aufbau arbeiten, sondern auch ihre emotionalen und sexuellen Wünsche erfüllen.[20] Vielleicht war das mit ein Grund, warum gerade im deutschsprachigen Raum die „soften" Teenager Ende der 1950er-, Anfang der 1960er-Jahre als neuer Jugendlichentyp so begeistert nachgefragt wurden. Bei „Conny und Peter" – dem von den Schauspielern Cornelia Froboess und Peter Kraus verkörperten idealen Teenagerpaar – war man sich wenigstens sicher, dass nach allerlei erotischem Geplänkel am Ende die Trauungsringe getauscht wurden und das Sexuelle in den Ehehafen mündete.

---

19 Etwa im Diskurs über die „Ami-Bräute"; vgl. Ingrid Bauer, Die Amis, die Ausländer und wir. Zur Erfahrung und Produktion von Eigenem und Fremdem im Jahrzehnt nach dem Zweiten Weltkrieg, in: dies. u. a. Hg., Walz – Migration – Besatzung. Historische Szenarien des Eigenen und des Fremden, Klagenfurt 2002, 197–276, 233 ff. u. Maria Höhn, Frau im Haus und Girl im Spiegel. Discourse on Women in the Interregnum Period of 1945–1949 and the Question of German Identity, in: Central European History, 26 (1993), 57–90.
20 Helmut Schelsky, Wandlungen der deutschen Familie in der Gegenwart, Dortmund 1953, 63.

Wegbereiter und Wegbereiterinnen der „Sexuellen Revolution"?

Studenten und Studentinnen waren ohne Zweifel jene Bevölkerungsgruppe deren Sexualleben sich in den späten 1960er- und in den 1970-Jahren am radikalsten veränderte. Umfragen zur Sexualität von Studierenden aus den Jahren 1966 und 1981 geben die Verhaltensänderungen in Zahlen wieder.

Tabelle 2: Sexualverhalten deutscher Studierender 1966/1981[21]

	Prozent			
	Männer		*Frauen*	
	1966	1981	1966	1981
Keine Koituserfahrungen hatten im Alter von				
20–22 Jahre	49	28	54	18
23–25 Jahre	33	14	34	4
26–30 Jahre	19	5	33	2
Unverheiratete Studierende hatten Koitus in den letzten 12 Monaten				
20–22 Jahre	45	66	42	78
23–25 Jahre	57	80	57	86
26–30 Jahre	69	86	48	92
Mehr als fünf Koituspartner bzw. -partnerinnen hatten				
20–22 Jahre	8	15	5	20
23–25 Jahre	16	27	9	41
26–30 Jahre	27	50	12	61
Einstellung zur Homosexualität				
zulässig	37	84	40	92
bedingt zulässig	41	12	40	6
unzulässig	22	4	20	2
Masturbation				
von allen Befragten masturbieren	77	80	37	65
von Personen ohne feste Beziehung	82	81	31	71
von Personen in Beziehung von mehr als 3 Jahren	72	77	43	63
von verheirateten Personen	58	79	27	66

---

21 Gunter Schmidt u. a., Sexualverhalten, in: ders. Hg., Kinder der sexuellen Revolution. Kontinuität und Wandel studentischer Sexualität 1966–1996. Eine empirische Untersuchung, Gießen 2000, 39–58 u. ders., Schwangerschaft, Geburt, Abtreibung, in: ebd., 81–96.

Fortsetzung Tab. 2

	Männer		Frauen	
	1966	1981	1966	1981
Verhütung koituserfahrener Frauen im letzten Jahr				
meistens sicher			42	73
meistens unsicher (keine Verhütung, Coitus interruptus, „sichere Tage", Vaginalzäpfchen)			58	27

Mitte der 1960er-Jahre machten Studierende ihre ersten Koituserfahrungen durchschnittlich vier Jahre später als Arbeiter und Arbeiterinnen – so gesehen gehörten sie eigentlich zu den Nachzüglern der „Sexuellen Revolution" und nicht zu deren Wegbereitern. Seit Mitte der 1960er-Jahre kam es allerdings zu einer deutlichen Vorverlegung und Intensivierung ihrer sexuellen Aktivitäten: Während 1966 nur ca. 30 Prozent der zwanzigjährigen Studenten und 20 Prozent der gleichaltrigen Studentinnen Koituserfahrungen aufzuweisen hatten, waren es 1981 bereits ca. 80 Prozent der jungen Männer und 60 Prozent der Frauen – also rund zwei- bis dreimal so viele. Gleichzeitig stiegen ihre Koitushäufigkeit und die Zahl der Sexualpartner beziehungsweise -partnerinnen, wobei die Entwicklung bei den Frauen wesentlich dramatischer verlief als bei den Männern. Voreheliche Virginität stellte für diese jungen Leute keinen positiven Wert mehr dar, die sexuelle Doppelmoral galt als ein Relikt der Elterngeneration. Homosexualität wurde nun von rund 80 Prozent der Befragten als zulässig angesehen, ein doppelt so hoher Wert als in den späten 1960er-Jahren. Außerdem masturbierten Studentinnen nun fast doppelt so häufig wie ihre Kolleginnen fünfzehn Jahre davor.

Die Veränderungen im studentischen Sexualleben sind deshalb so auffällig, weil sie relativ spät, dafür umso rascher stattfanden. In anderen Bevölkerungsgruppen setzte die skizzierte Entwicklung schon deutlich früher ein – nämlich in den 1950er- und frühen 1960er-Jahren etwa bei jungen Arbeitern und Arbeiterinnen[22] – und wurde mit der Zeit zu einer allgemeinen „Revolution", die sich auch in den demographischen Verhältnissen niederschlug. Die Eheschließungen und Geburtenraten gingen bereits in den frühen 1960er-Jahren erheblich zurück, die Scheidungszahlen stiegen ab den frühen 1970er-Jahren an, Ende der 1970er-Jahre folgten die Unehelichkeitsquoten – die Kernfamilie verlor immer mehr ihre Stellung als primärer Hort des Sexuellen.[23]

---

22 Gunter Schmidt u. Volkmar Sigusch, Arbeiter-Sexualität. Eine empirische Untersuchung an jungen Industriearbeitern, Neuwied/Berlin 1971.
23 Für Österreich vgl. Statistisches Jahrbuch 2003, 60, 75 u. Irene M. Tazi-Preve u. a., Bevölkerung in Öster-

Den Fokus von der Sexualität der Studierenden auf die allgemeinen Veränderungen und eine soziale Differenzierung zu verschieben, scheint mir derzeit eine der wichtigsten Aufgaben einer Sozial- und Kulturgeschichte der „Sexuellen Revolution" zu sein. Diese Perspektivenverschiebung ist vor allem deshalb notwendig, weil in den einzelnen sozialen Gruppen recht unterschiedliche Antriebskräfte für die Veränderung des Sexuallebens wirksam wurden. Folgende Faktoren sollten dabei in Betracht gezogen werden:

1/ die Verbreitung des sexualwissenschaftlichen Wissens
2/ die Einführung der Pille samt der sie begleitenden Diskussion
3/ die mediale Sexwelle
4/ die Sexualisierung des Konsumierens
5/ die Diskussion um den politischen Stellenwert des Sexuellen
6/ die Reform des Strafrechts

Kolle, Pille, Kommerz und Co.

Ein erster Auslöser für die anschwellende Diskussion über das Sexuelle waren die Kinsey-Reports. Die 1948 und 1953 in den USA (1954 und 1955 auf Deutsch) erschienenen Umfragen über das Sexualverhalten des Mannes und der Frau ließen erstmals die gesamte Breite des praktizierten menschlichen Sexuallebens erkennen.[24] Bei Kinsey konnte man erfahren, dass fast alle Amerikaner und Amerikanerinnen masturbierten, rund ein Drittel Ehebruch beging, viele Menschen im Laufe ihres Lebens homosexuelle Erfahrungen machten – in Summe, dass moralische Ideale und sexuelle Praxis sehr weit auseinander klafften. Mit der Kinsey-Skala wurde zudem verdeutlicht, dass die strikte Polarität von Hetero- und Homosexualität, von gesund und krank, von normal und abnormal zugunsten vielfältiger sexueller Varianten aufgelöst werden musste.[25]

Im deutschsprachigen Raum verbreiteten sich die Kinsey-Ergebnisse über Aufklärungsschriften und -filme, Familien-, Frauen- und Jugendzeitschriften nahmen sich des Themas an. In diesem popularisierenden Diskurs ging es vorerst um eine neue Qualität des Ehelebens durch Erotisierung und Sexualisierung und – als notwendige Voraussetzung dafür – um eine aufgeklärte(re) Jugend. In den Aufklärungsfilmen und -büchern von Oswalt Kolle, dem aktivsten deutschen Wissensvermittler, wurde etwa gefordert, dass Männer und Frauen

   reich. Demographische Trends, politische Rahmenbedingungen, entwicklungspolitische Aspekte, Wien 1999, 23, 26.
24 Alfred C. Kinsey u. a., Das sexuelle Verhalten der Frau, Berlin/Frankfurt a. M. 1954 u. dies., Das sexuelle Verhalten des Mannes, Berlin/Frankfurt a. M. 1955.
25 Vgl. Kinsey, Verhalten, wie Anm. 24, 362.

auch in der Ehe das sexuelle Repertoire ausleben sollten. Filme wie „Deine Frau das unbekannte Wesen" (1969) und „Dein Mann das unbekannte Wesen" (1970) stellten für das breite Publikum erstmals auch anschaulich gemachte Sexualtechniken dar.[26]

Jüngere Menschen hatten auch die Schöpfer der „Antibaby-Pille" im Auge. Am 1. Juni 1961 brachte die Schering AG das erste wirksame orale Verhütungsmittel „Anovlar" auf den Markt. Mitte der 1960er-Jahre hatten Werbung und Medien der „Pille" genügend Publizität verschafft, sie wurde nun auch in größerem Umfang gekauft.[27] Jüngere Frauen nahmen sie als erstes nicht nur sicheres und relativ günstiges, sondern auch ohne das Zutun des Partners anwendbares Verhütungsmittel. Diese sexuelle Unabhängigkeit war auch der Grund, warum die Pille zu einem Dauerbrenner in der Presse wurde und die Geschlechterordnung durch die angeblich größere sexuelle Freizügigkeit der Frau bedroht schien. Die Vertreterinnen der Frauenbewegung sahen in dem chemischen Mittel allerdings von Anfang an nicht nur Vorteile: Für sie galt die Pille – auch aufgrund der ungeklärten gesundheitlichen Langzeitfolgen – als ein Produkt, mit dem die Männer die Verhütungslast umso mehr auf die Frauen abwälzten.

Sexualreports und Pillen-Debatte bereiteten den Boden für das öffentliche und private Sprechen über das Sexuelle. Diese Sprachgebung lässt sich von „Bravo" über „Constanze" bis zum „Stern" verfolgen – um nur einige der beteiligten Zeitschriften zu nennen. Eine neue Form von Ratgeberliteratur, die nach dem Vorbild von Alex Comforts „Joy of Sex" im Detail über Sexualpraktiken und sexuelle Probleme berichtete, schaffte es binnen kurzen bis ins Schlafzimmer des Durchschnittsbürgers/der Durchschnittsbürgerin, ohne dass die Informationshungrigen automatisch als krank oder pervers gelten mussten.[28] Hier wurden den Lesern und Leserinnen nicht nur die (wissenschaftlichen) Techniken der „ars erotica" vermittelt, sondern auch die ‚richtigen' Begriffe, mit denen man sich über das sexuelle Erleben mit anderen seriös und ohne Pornographieverdacht unterhalten konnte.

Die verbale „Sexwelle" wurde durch eine Erotisierung der Bildsprache begleitet.[29] In den späten 1960er- und in den 1970er-Jahren mutierte vor allem der weibliche Körper zum öffentlich-medialen Sex-Objekt. Sei es durch Softsex-Zeitschriften oder „Schulmädchen-" und „Hausfrauen-Reports", auch die Vermarktung des Frauenkörpers erfolgte mit sexualaufklärerischer Attitüde und galt als Akt des Widerstandes gegen die verzopfte Moral der Eltern

---

26 Gisela Staupe u. Lisa Vieth, Man gibt mir zu sehr recht. Wir liegen nicht mehr gut. Ein Gespräch mit Oswalt Kolle, in: dies. Hg., Die Pille. Von der Lust und von der Liebe, Berlin 1996, 193–204.
27 Ralf Dose, Die Implantation der Antibabypille in den 60er und frühen 70er Jahren, in: Zeitschrift für Sexualforschung, 3, 1 (1990), 25–39.
28 Alex Comfort, The Joy of Sex. A Cordon Bleu Guide to Lovemaking, New York 1972.
29 Vgl. Lau, Sexfronten, wie Anm. 3; zur Kritik siehe Barbara Sichtermann, Womit wir bei den Kindern wären, in: Die Zeit, 16. 11. 2000, 24.

und das durch sie repräsentierte bürgerliche Liebes- und Eheideal.[30] Skandalös fanden es dann auch die meisten Eltern, als 1970 in der Familienshow „Wünsch Dir was", einer Gemeinschaftsproduktion von ZDF und ORF, hinter einer Transparentbluse der erste nackte Busen im TV-Hauptabendprogramm zu sehen war. Ähnliche Reaktionen lösten Fotos von angeblichen Gruppensexszenen in „Kommunen" aus, einige ihrer Mitglieder wie Uschi Obermaier und Rainer Langhans wurden von der Presse zu Galionsfiguren der sexuellen Rebellion erklärt.

Neue Frauenbewegung und die Emanzipation von Schwulen und Lesben

Als Reaktion auf die Sexualisierung von Medien und Kommerz wurden in Deutschland und Österreich Mitte der 1970er-Jahre die Pornographiegesetze oder zumindest ihre Auslegung liberalisiert. Dabei ging es nicht nur um eine angebliche „Befreiung" des erregten Blickes, vornehmlich des männlichen Blicks, sondern auch um eine neue Form sexueller Machtverhältnisse. Die sexuelle Verfügbarkeit der Frau, auch in Form von Gewaltakten, wurde zu einem Standardmotiv des Sexfilms und der „Busenblätter".[31] Die Vertreterinnen der neuen Frauenbewegung wandten sich deshalb auch gegen die Reduzierung der Frau auf ein Sexualobjekt und die damit einhergehenden Herrschaftsfantasien der Männer. Aber auch von anderer Seite waren kritische Stimmen zur Kommerzialisierung des Sex zu hören: Vor allem Herbert Marcuse wies mit dem Begriff der „repressiven Entsublimierung" auf die Kehrseite der angeblichen sexuellen Befreiung hin: die „kontrollierte Erzeugung, Vermarktung und Befriedigung von Bedürfnissen im Rahmen von Warenproduktion und -tausch".[32]

Sexualität, Politik und Herrschaft, so hieß die Trias, an der sich auch die Studierenden abarbeiteten. Über die (männlichen) Studentenführer und ihre politische, an der Heteronormativität orientierten Sexualideologie ist viel geschrieben worden.[33] Wie aber der Spagat

---

30 Annette Miersch, Schulmädchen Report. Der deutsche Sexfilm der 70er Jahre, Berlin 2003.
31 Rainer Jogschies, Make Love not War! Die entspannten Siebziger, Frankfurt a. M./Berlin 1992, 71.
32 Ulrike Körbitz, Zur Aktualität sexualpolitischer Aufklärung im post-sexuellen Zeitalter, in: Karl Fallend u. Bernd Nitzschke Hg., Der „Fall" Wilhelm Reich. Beiträge zum Verhältnis von Psychoanalyse und Politik, Frankfurt a. M. 1997, 249–269, 259; vgl. v. a. Herbert Marcuse, Triebstruktur und Gesellschaft, Ein philosophischer Beitrag zu Sigmund Freud, Frankfurt a. M. 1965 u. Reimut Reiche, Sexualität und Klassenkampf. Zur Abwehr repressiver Entsublimierung, Frankfurt a. M. 1968.
33 Siehe die Literaturzusammenstellung von Detlef Siegfried, Forschungsbericht 1968. Unter: http://hsozkult.geschichte.hu-berlin.de/rezensionen/id=2327 vom 12. 12. 2002; vgl. auch Stefan Micheler, Der Sexualitätsdiskurs in der deutschen Studierendenbewegung der 1960er Jahre, in: Zeitschrift für Sexualforschung, 13 (2000), 1–39 u. ders., Heteronormativität, Homophobie und Sexualdenunziation in der deutschen Studierendenbewegung, in: Invertito – Jahrbuch für die Geschichte der Homosexualitäten, 1 (1999), 70–101.

zwischen den politischen Zielen, sexueller Befreiung, Identitätssuche und Geschlechterhierarchie in der (sexuellen) Praxis geschaffen wurde, ist noch kaum erforscht. Nach bisher vorliegenden lebensgeschichtlichen Texten scheint der Geschlechterunterschied jedenfalls gravierend gewesen zu sein. Ein beispielhafter Textausschnitt muss hier zur Illustration genügen. Nach Sarah Haffner, Künstlerin und Mitgründerin des ersten autonomen Frauenhauses in Berlin, erfolgte die „Befreiung" eindeutig auf Kosten der Frauen:

> Ich denke sogar, dass die Frauen der revolutionärste Teil dieser etwas revolutionären Bewegung waren, weil sie wirklich ihre eigene Situation stark infrage gestellt haben. Diese Studenten-Machos hingegen bekamen es mit der Angst zu tun. … Für die meisten Männer waren die Frauen damals Sexualobjekte. Sie hatten aber auch lange Zeit selbst dieses Bewusstsein. Bei mir war das nicht anders, und ich kriegte das alles überhaupt nicht auf die Reihe, weil ich mich selbst in allererster Linie als Malerin definierte. … Durch diese sexuelle Revolution geriet man sehr stark unter Druck, Sachen zu machen, die man vorher nicht so ohne weiteres gemacht hätte, immer in dem Gefühl, „wenn du das nicht machst, bist du 'ne Bürgerliche!" Es gab ja die Pille, und dadurch wurden Dinge möglich, die vorher mit ziemlich viel Angst besetzt gewesen waren. Eigentlich stellte ich mir Beziehungen anders vor, aber Beziehungen hießen damals abfällig ‚Beziehungskiste' und waren etwas Bürgerliches. Im Grunde genommen wurde alles, was man verinnerlicht hatte, so sehr infrage gestellt, dass man schließlich völlig verunsichert war. … Deshalb würde ich sagen: Die sexuelle Revolution ging absolut auf Kosten der Frauen.[34]

Die „Sexfront", so der Titel des provokantesten deutschsprachigen Sexualaufklärungsbuchs der Zeit,[35] verlief also nicht nur zwischen den Revolutionären und den Vertretern und Vertreterinnen der so genannten bürgerlichen Liebes- und Sexualideologie, sondern auch quer durch die Befreiungsgruppen. Sexuelle Freiheiten schienen auch hier eher für Männer existiert zu haben. Frauen setzte der Befreiungsdiskurs neuen Repressionen aus: Verhütung mittels Pille, sexuelle Freizügigkeit und Orgasmuszwang – all das konnte man nun ja von einer „befreiten" Frau fordern. Diese und andere patriarchale Imperative waren deshalb auch Thema in den Diskussionen der sich formierenden Frauengruppen. Herauszufinden, wie weit die sexuelle Selbstsicht vom politisch-ideologischen Diskurs der von Männern dominierten Stundentenbewegung und den alternativen Konzepten der neuen Frauenbewegung tatsächlich beeinflusst wurde, gehört sicherlich zu den spannendsten Aufgaben einer weite-

---

34 Ute Kätzel, Die 68erinnen. Porträt einer rebellischen Frauengeneration, Berlin 2002, 151 f.
35 Günter Amendt, Sexfront, Hamburg 1970; vgl. ders., Die sexuelle Revolution – Ein Rückblick, in: Focus Mul. Zeitschrift für Wissenschaft, Forschung und Lehre an der Medizinischen Universität zu Lübeck, 17, 4 (2000), 249–254.

ren lebensgeschichtlichen Forschung. Dies auch, weil mit dem Sex ein neues Zentrum der Identitätsbildung und so genannten „Selbstverwirklichung" installiert wurde[36] und die boomende Psycho- und Therapiebewegung die Selbstreflexion im Zeichen des Sex verstärkte. Es verwundert nicht, dass gerade die Masturbation als positive Form der Autoerotik gesehen wurde und sich bis in die 1980er-Jahre zu einer anerkannten Sexualitätsvariante entwickelte.[37] In Summe sollte mit dem Sex nicht nur ein politisches Votum gegen die Elterngeneration und die von ihnen vertretene Konsumgesellschaft abgegeben, sondern auch der Königsweg zur Bespiegelung des Subjekts und seiner familiären Geschichte gefunden werden.[38]

Die Diskussion über die sexuelle Befreiung etablierte den Sex als Ursache persönlicher und gesellschaftlicher Problematik. Wobei die „Schuld" für die sexuellen Machtverhältnisse und Spannungen zwischen den Geschlechtern relativ klar zugeteilt wurde: Eine konflikt- und aggressionsfreie Sexualität wäre nur dann zu realisieren, wenn Männer aus ihrem „Körperpanzer" treten und die nicht phalluszentrierte Sexualität der Frau anerkennen würden.[39] Die sexuellen Bedürfnisse der Frau könnten nicht primär durch die Penetration befriedigt werden, sondern durch klitorale Stimulation. Mitte der 1970er-Jahre wurde deshalb auch der „Mythos vom vaginalen Orgasmus" zerstört.[40] Nach Alice Schwarzer wären die Folgen des „kleinen Unterschieds" enorm:[41] Auch und insbesondere durch Festhalten am vaginalen Orgasmusmodell und der phallischen Penetration würden Männer ihre Herrschaft über das andere Geschlecht prolongieren. Erst durch eine klitoral-orientierte Sexualität könnten Frauen ihre eigene, befriedigende Form des Sexuellen erleben und der Männerdominanz entkommen.

Patriarchale Herrschaftsverhältnisse wurden auch im Strafrecht ausgemacht, besonders in der Abtreibungsregelung: Im Rahmen einer „Selbstbezichtigungsaktion" veröffentlichten der „Stern" und andere Zeitschriften im Frühjahr 1971 die Abtreibungsgeständnisse hunderter Frauen und brachten das Thema mit einem Schlag auf die Tagesordnung.[42] Für die

---

36 Bärbel Kuhn u. Christiane Kohser-Spohn, Freie Liebe – Sexualität, in: Richard van Dülmen Hg., Entdeckung des Ich. Die Geschichte der Individualisierung vom Mittelalter bis zur Gegenwart, Köln 2001, 489–516, 489 ff.
37 Thomas W. Laqueur, Solitary Sex. A Cultural History of Masturbation, New York 2003, Kap. 6. (Ich danke T. Laqueur für die Überlassung des Manuskripts.)
38 Vgl. Dagmar Herzog, „Pleasure, Sex, and Politics Belong Together". Post-Holocaust Memory and the Sexual Revolution in West Germany, in: Critcal Inquiry, 24 (1998), 393–444.
39 Lau, Sexfronten, wie Anm. 3, 169.
40 Vgl. Anne Koedt, Der Mythos vom vaginalen Orgasmus, in: Ann Anders Hg., Autonome Frauen. Schlüsseltexte der Neuen Frauenbewegung seit 1968, Frankfurt a. M. 1988, 76 ff.
41 Alice Schwarzer, Der „kleine" Unterschied und seine großen Folgen, Frankfurt a. M. 1975.
42 Mein Bauch gehört mir. Die Neue Frauenbewegung und der § 218 – eine Dokumentation in Bruchstücken, in: Klamm, Heimlich und Freund Hg., Die 70er Jahre, Berlin 1987, 140–143.

neue Frauenbewegung wurde der Kampf gegen die Strafrechtsparagraphen 218 (Deutschland) und 144 (Österreich) zu einem zentralen Kristallisationspunkt.[43] Nach massiven Demonstrationen und Diskussionen erfolgte 1975 in Österreich und 1976 in Deutschland die Reform der betreffenden Paragraphen durch die Fristen- beziehungsweise Indikationslösung.

Schwule und Lesben traten in den 1970er-Jahren ebenfalls an die Öffentlichkeit und forderten strafrechtliche und soziale Gleichberechtigung. Berühmt wurde in diesem Zusammenhang Franz Josef Strauss' Bonmot, der in Reaktion auf diese Forderungen noch 1971 von sich behauptete: „Ich will lieber ein kalter Krieger sein als ein warmer Bruder."[44] Unbeeindruckt von der gesetzlichen und gesellschaftlichen Diskriminierung mutierte in den 1970er-Jahren das Selbstbild von Schwulen und Lesben: An die Stelle von „verweiblichten Männern" und „vermännlichten Frauen" traten Geschlechteridentitäten des eigenen Geschlechts – der/die „gewöhnliche Homosexuelle".[45] Die Partner und Partnerinnen waren nun zunehmend sozial gleichgestellt und wiesen keine allzu großen Altersunterschiede mehr auf. „Homosexuell, das ist nicht alles was wir sind, aber es gehört zu allem, was wir sind", hieß es 1980 im Wiener Manifest „Für eine neue Liebesunordnung"[46] – damit wurde auch proklamiert, dass das Sexuelle ein zentrales Moment der Selbst- und Fremdwahrnehmung einer Person darstellte, diese aber keineswegs determiniere.

Triebkräfte der „Sexuellen Revolution"

Die Frage, warum das Sexuelle in den späten 1960er- und in den 1970er-Jahren zu einem so heißen Thema wurde, kann vorerst nur kursorisch beantwortet werden.

Erstens entwickelte sich der „Sex" – ein Begriff, der übrigens erst in dieser Zeit eingedeutscht wurde – deshalb zu einem positiven Bestandteil der Kultur, weil in den 1960er-Jahren die Marktwirtschaft von Nachfrage- auf Angebotsorientierung umgestellt wurde. Im Gegensatz zur Zeit des Wiederaufbaus gab es nun ein Überangebot an Waren und Dienstleistungen, die an den Mann und an die Frau gebracht werden mussten. Das Sexuelle erwies sich dabei als ein bestens funktionierender Verkaufsmotor, Werbung und Medien wurden dementsprechend rasch sexualisiert. „Sex sells" – mit diesem modernen Marketingmotto

---

43 Vgl. Mesner, Frauensache, wie Anm. 9, 205 ff.
44 Zit. nach Stefan Maiwald u. Gerd Mischler, Sexualität unter dem Hakenkreuz. Manipulation und Vernichtung der Intimsphäre im NS-Staat, Hamburg/Wien 1999, 221.
45 So der Titel von Martin Dannecker u. Reimut Reiche, Der gewöhnliche Homosexuelle. Eine soziologische Untersuchung über männliche Homosexuelle in der Bundesrepublik, Frankfurt a. M. 1974.
46 Für eine neue Liebesunordnung. Manifest der Budenstraßen-Gruppen, in: Lambda-Nachrichten, 2 (1980), 15.

konnte man gerade in einer Zeit, in der die Produkte noch wenig sexuell aufgeladen waren, große Aufmerksamkeit und dementsprechende Verkaufszahlen erzielen.[47]

Zweitens war Ende der 1960er- und in den 1970er-Jahren die sozioökonomische Entwicklung so weit fortgeschritten, dass viele Menschen die zurückhaltende und sparsame Lebenseinstellung der Mangel- und Wiederaufbaujahre hinter sich lassen konnten. „Selbstverwirklichung" durch Erleben und Konsumieren gewann an Bedeutung. Indikatoren waren etwa das – vorübergehende – Erreichen der Vollbeschäftigung, die stetig wachsenden verfügbaren Einkommen, die Reduktion der Arbeitszeit und die Verlängerung des Urlaubs in den 1960er- und 1970er-Jahren.[48] Nicht die Studenten und Studentinnen waren die eigentlichen Triebkräfte der sexuellen Revolution, sondern all jene Bevölkerungsgruppen, die die Sexwelle konsumierten, die Sex-Hefte wie das „Wochenend" kauften, aus dem Uhse-Katalog bestellten, sich durch die Aufklärungsseiten des „Bravo" blätterten und so weiter. Indem der Sex kommerzialisiert wurde, mutierte er zu einem Massenkonsumgut.

Drittens galt in den 1960er-Jahren der Sex noch immer als ein ‚schmutziges' Geheimnis. Dieses Potenzial wurde von den gesellschaftskritischen jungen Menschen erkannt und gegen die Kultur der Eltern und deren (politische) Vergangenheit gewendet. Für den „Sex" zu sein, bedeutete auch gegen die herrschenden soziokulturellen Verhältnisse aufzutreten. Im gelingenden Sexualleben glaubte man einen Mechanismus gefunden zu haben, der nicht nur gegen persönliches Unglück half, sondern auch in der Lage war, Licht in die (verheimlichte) Vergangenheit der Elterngeneration zu bringen und die patriarchale/kapitalistische/bürgerliche Gesellschaft zu erklären und zu verändern. Das ist mit ein Grund, warum sich die Studierenden auch auf Wilhelm Reich und weniger auf Sigmund Freud beriefen – sah Reich im Sex doch vordringlich die soziale Sprengkraft, während Freud ihn als Energie definierte, die in der (bürgerlichen) Gesellschaft sublimiert wurde.[49] Fast alles, was die Sexualisierung hervorbrachte, wurde deshalb von jüngeren Leuten mit Begeisterung konsumiert und in die Jugendkultur eingebaut. Wobei auch hier vermutet werden kann, dass der Befreiungsdiskurs nur deshalb möglich wurde, weil die Jugendlichen und jungen Erwachsenen mit ihm die Früchte der beginnenden Wohlstandsgesellschaft ernteten.

Ob die „Sexuelle Revolution" weiterhin als eine Revolution zu sehen ist oder womöglich nur als eine längerfristige, vielschichtige und widersprüchliche Entwicklung, steht meines

---

47 Vgl. Thomas Jendrosch, Sex Sells. Der neue Trend zur Lust in Wirtschaft und Gesellschaft. Darmstadt 2000.
48 In Österreich arbeitete man 1970 43 Stunden, 1975 wurde die 40-Stundenwoche und damit das „freie Wochenende" eingeführt; 1967 konnten bereits drei Wochen Urlaub in Anspruch genommen werden. Vgl. Franz X. Eder, Privater Konsum und Haushaltseinkommen, in: ders u. a., Wien im 20. Jahrhundert. Wirtschaft, Bevölkerung, Konsum. Wien 2003, 240.
49 Reimut Reiche, Sexuelle Revolution – Erinnerungen an einen Mythos, in: Lothar Baier u. a. Hg., Die Früchte der Revolte. Über die Veränderung der politischen Kultur durch die Studentenbewegung, Berlin 1988, 45–71.

Erachtens derzeit nicht fest. Auch wenn viele der damals die öffentliche Auseinandersetzung bestimmenden Proponenten und Proponentinnen der „Sexuellen Revolution" eine Trennung von Liebe, Ehe und Sex forderten, scheinen die sexuellen Akteure und Akteurinnen weniger durch ihr libertinäres Projekt animiert gewesen zu sein als durch die Verführungen der Sexwelle. Vielleicht hat deshalb die Entstehung der Konsumgesellschaft mehr zur angeblichen „Befreiung" des Sexuellen beigetragen, als dies zeitgenössische Ideologien vermuten lassen.

Liebe
und Ehe im Wandel der Moderne

Ernst Hanisch

Zur Geschichte des Liebhabers im 20. Jahrhundert

Als Historiker schreibe ich über die Liebe in einem Buchmanuskript, das den Titel „Männlichkeiten. Die andere Geschichte des 20. Jahrhunderts" haben soll.* Ich versuche darin, verschiedene Männlichkeitsrollen und ihre Veränderungen im vorigen Jahrhundert zu analysieren. Eine dieser Rollen ist der Liebhaber. Dabei steht die heterosexuelle Liebe im Zentrum.

Seit jeher gehört die Liebe zu den großen Themen der Kunst.[1] Die Historiker haben sie in der Regel als Bereich des Privaten, Intimen eher gemieden. Erst als die Alltagsgeschichte, die Frauen- und Geschlechtergeschichte, die Historische Anthropologie aufkamen, wurde Liebe als historische Fragestellung wahrgenommen. Ganz allgemein ist die Geschichte der Gefühle ein ziemlich neues Thema der Geschichtsschreibung.[2] Ist Liebe eine anthropologische Konstante, die in allen Gesellschaften und in allen Epochen zu finden ist, oder ist sie eine Konstruktion historischer Diskurse, wie die postmoderne Geschichtstheorie annimmt? Ich vertrete hier die These der anthropologischen Konstante und berufen mich dabei auf die große Kunst und die biologischen Grundlagen der Liebe. Die These der anthropologischen Konstante zu vertreten, heißt allerdings nicht, den historischen Wandel zu negieren. Das subjektive Gefühl der Liebe mag in allen Epochen, in allen historischen Perioden ähnlich sein; wie die Liebe gesellschaftlich erfahren wurde, welche Normen sie steuerte, wie sie tatsächlich erlebbar war, wie sie sich in den einzelnen sozialen Schichten ausprägte, unterlag dem historischen Wandel.

---

* Das Buch ist mittlerweile erschienen: Ernst Hanisch, Männlichkeiten. Die andere Geschichte des 20. Jahrhunderts, Wien/Köln/Weimar 2005.
1 Peter von Matt, Liebesverrat: Die Treulosen in der Literatur, München 1991; Raoul Schrott, Die Erfindung der Poesie. Gedichte aus den ersten viertausend Jahren, Frankfurt a. M. 1997; Dieter Wellershoff, Der verstörte Eros. Zur Literatur des Begehrens, Köln 2001.
2 Hans-Ulrich Wehler, Emotionen in Geschichte: Sind soziale Klassen auch emotionale Klassen?, in: ders., Umbruch und Kontinuität. Essays zum 20. Jahrhundert, München 2000, 251–261; Ute Frevert, Angst vor Gefühlen, in: Paul Nolte Hg., Perspektiven der Gesellschaftsgeschichte, München 2000, 95–111; gemäßigt konstruktivistisch: Franz X. Eder, Kultur der Begierde. Eine Geschichte der Sexualität, München 2000.

Neurobiologie und Psychologie über die Liebe

Nach der Forschung der Neurobiologen sind die Gefühle im limbisch-paralimbischen System des Gehirns lokalisiert.[3] Die Rede ist von „emotionalen Universalien", von angeborenen Gefühlen, die im Prinzip in allen Kulturen identisch sind.[4] Unterschieden werden sechs Grundgefühle:[5]

Angst und Furcht, Wut und Aggression, Trauer und Depression, Freude und Lust, Interesse und Neugier, Ekel und Abscheu.

Die Liebe gehört nach dieser Einteilung zum Gefühlsbereich von Freude und Lust. Diese werden assoziiert mit den Gefühlen: Glück, Seligkeit, Entzücken, Wollust, Verzückung, Verklärung, Ekstase, Verliebtheit, Zärtlichkeit, Zuneigung, Wohlgefallen.[6] Diese Gefühle existieren nicht isoliert, sondern werden von anderen, oft gegensätzlichen Gefühlsmomenten begleitet. Die Mischverhältnisse stellen erst die eigentlichen Gefühlsfarben her. Eine solch hohe Variabilität der Liebe, in die individuelle wie gesellschaftlich-kulturelle Erfahrungen einfließen, machen das schwierige Problem der Analyse aus. Die „neuronale Plastizität" entsteht aus der komplexen Dynamik von inneren und äußeren Reizen, aus dem ständigen Wechselspiel zwischen erfahrungsgenerierten Gefühls-, Denk- und Verhaltensprogrammen und situationsbedingten Operatorwirkungen der Gefühle.[7]

Im Felde der Liebe sind zumindest drei Dimensionen zu unterscheiden:

Sexualität wird dabei zu den Instinkten und Trieben gerechnet. Das sind angeborene Fühl-, Denk- und Verhaltensprogramme von unterschiedlicher zeitlich-hierarischer Wertigkeit und Komplexität. Im Laufe der Evolution gewinnen die Programme an Komplexität und Umweltplastizität. Sie überlagern sich beim Menschen bis zur Unkenntlichkeit mit kulturell erworbenen Verhaltensweisen.[8]

Ich halte die Negation der biologischen Grundlagen von Sexualität und Liebe in der Art des postmodernen Konstruktivismus für eine ideologisch getönte Apperzeptionsverweige-

---

[3] Luc Ciompi, Die emotionalen Grundlagen des Denkens. Entwurf einer fraktalen Affektlogik, Göttingen 1999, 53.
[4] Ciompi, Grundlagen, wie Anm. 3, 63.
[5] Ciompi, Grundlagen, wie Anm. 3, 79.
[6] Ciompi, Grundlagen, wie Anm. 3, 79 f.
[7] Ciompi, Grundlagen, wie Anm. 3, 121 f.
[8] Ciompi, Grundlagen, wie Anm. 3, 85.

rung. Sie gehören zur „langen Dauer" (Fernand Braudel) der Geschichte. Freilich hat es der Historiker nicht primär mit den biologischen Grundlagen der Liebe zu tun, sondern mit den historisch konkreten Formen, das heißt auch mit ihren Veränderungen und ihren Machtbeziehungen. Den Unterschied zwischen akutem Verliebtsein und dauerhafter Liebe kann jeder in den Erfahrungen seiner Biografie überprüfen. In adeligen Gesellschaften waren sie meist überhaupt strikt getrennt. Die Beschreibung des Verliebtseins wird in den Quellentexten als Verhexung, Bezauberung, Hypnose, als Vergötterung und Anbetung bezeichnet. Die Neurobiologie beobachtet eine Veränderung im Hirnbereich, rückt Verliebtsein in die Nähe der Psychose, konstatiert eine deutliche Verengung des Gesichtsfeldes.[9] Die Psychologen meinen, dass sich akutes Verliebtsein eher auf die eigene Person, auf Fantasiebilder der/des imaginierten Geliebten bezieht. Verliebtsein löse eine Revolution der Seele gegen eingeschliffene Gewohnheiten aus, sei eine Projektion innerer Paradiesbilder, die auf den anderen und die Zukunft übertragen werden.[10] Die Endokrinologen geben diesem Zustand sechs bis achtzehn Monate – solange sei die Chemie des Gehirns dazu bereit.[11] Dann endet die romantische Liebe, oder sie wird in eine dauerhafte Liebe überführt, in der freilich noch Momente der Idealität aufblitzen können. Sowohl in der Verliebtheit als auch in der dauerhaften Liebe werden verborgene Machtspiele veranstaltet. Sie gehören zum Beiwerk menschlicher Beziehungen. Bei aller männlichen Aggressivität, die offen oder verdeckt durchbrechen kann, ist die Liebe jenes Feld, wo eine tendenzielle Gleichberechtigung besteht und auch Frauen ihre Macht einsetzen können. Akutes Liebesleid trifft beide Geschlechter mit ähnlicher Vehemenz, wenn auch mit geschlechterspezifischer Ausprägung.[12] Diese Feststellung, die sich auf die subjektive Gefühlswelt, auf subjektive Erfahrungen bezieht, negiert keineswegs die gesamtgesellschaftliche Funktion der Liebe im bürgerlichem Zeitalter, die Frauen zu einer völligen Selbstaufgabe zugunsten eines Herren (Simone de Beauvoir) zu bewegen.[13]

Zwei andere Möglichkeiten nach dem Ende der romantischen Liebe sind zum einen der Donjuanismus, die zwanghafte Wiederholung des Verliebtseins mit immer neuen Partnern. In der österreichischen literarischen Tradition ist es der Anatoltypus, wie ihn Arthur Schnitzler literarisch entworfen und in seiner eigenen Biografie wohl auch gelebt hat. Die andere Möglichkeit besteht darin, der Ent-Täuschung, den Verletzungen, die mit dem Ende der

---

9   Ciompi, Grundlagen, wie Anm. 3, 195–198.
10 Micha Hilgers, Leidenschaft, Lust und Liebe. Psychoanalytische Ausflüge zu Minne und Missklang, Göttingen 2001, 17–20; Jürg Willi, Psychologie der Liebe. Persönliche Entwicklung durch Partnerbeziehungen, Stuttgart 2002.
11 Rüdiger Safranski, Schwierige Kunst der Selbsterwärmung, in: Die Presse, 3. November 2001.
12 Pierre Bourdieu, Die männliche Herrschaft, in: Irene Dölling Hg., Ein alltägliches Spiel. Geschlechterkonstruktion in der sozialen Praxis, Frankfurt a. M. 1997, 153–230.
13 Edith Saurer, Liebe, Geschlechterbeziehungen und Feminismus, in: L'Homme. Z. F. G., 8, 1 (1997), 6–20.

romantischen Liebe häufig verbunden sind, überhaupt auszuweichen und jeden Ansatz zum Verliebtsein zu vermeiden.

Die Kunst der dauerhaften Liebe besteht aus Intimität und Abgrenzung, aus Bindung und Loslassen, aus der Fähigkeit Frustrationen, Spannungen und Konflikte zu ertragen und die Achtung vor dem anderen zu bewahren.[14] Dauerhafte Liebe ist „die Fähigkeit zum Absehen vom eigenen Standpunkt als Zentrum der Dinge", sie macht nicht „blind" wie die akute Verliebtheit, sondern sie erweitert den Aufmerksamkeitsfokus;[15] ihr gelingt es, den „abstumpfenden Reibungswiderstand des Alltäglichen" (Dieter Wellershoff) immer wieder zu überwinden, ohne sich von der „ideologischen Fehlsteuerung durch die romantische Liebe" (Niklas Luhmann) beirren zu lassen.

Das sind allerdings Idealtypen, die in der konkreten Welt der Geschichte, in den individuellen Biografien vielfach Brechungen erfahren. Im Idealfall verbinden sich Sexualität, Verliebtsein und Liebe. Aber sie können auch alleine stehen; Sexualität ohne Verliebtsein und Liebe, Liebe ohne Sexualität und so weiter.

Historische Perzeption des Liebhabers

Die Männerrolle Liebhaber hat sich im Laufe der Geschichte stark verändert. Sie war am Beginn des 20. Jahrhunderts in der öffentlichen Wahrnehmung den anderen Männerrollen wie dem Krieger, dem Vater, dem Berufsmenschen (Homo Faber) entschieden untergeordnet. Die „Liebhaberin" hingegen wurde deutlicher wahrgenommen, weil den Frauen eine größere Fähigkeit zur Liebe zugeschrieben wurde. Der öffentliche Diskurs beschäftigte sich meist nur dann mit dem Liebhaber, wenn es um Debatten über Prostitution, Geschlechtskrankheiten oder die vielen Formen männlicher Aggressivität ging: um Eifersuchtsdramen, Schläge, Morde und Selbstmorde – alle jene Tragödien, die nicht mehr im Schutze der privaten Sphäre gehalten werden konnten. Und Eifersucht war immer die dunkle Seite der Liebe.

Die sexuelle Revolution der 1920er Jahre rückte den männlichen Liebhaber stärker ins Licht der Aufmerksamkeit. Die Vision der „freien Liebe", welche die politische Revolution begleitete, lehnte alle Besitzansprüche in der Liebe ab, wollte eine Liebe ohne Eifersucht. Die „neue Frau", in das Erwerbsleben voll eingegliedert und die neue Sachlichkeit der Liebe stellten höhere Anforderungen an den Mann: Er muss ein vollkommener Liebhaber sein, vor allem aber die Persönlichkeit der Frauen achten.[16] Die linke Tradition verschob die „vollkommene Liebesgemeinschaft" dann auf später, auf das Reich der Freiheit im Kommunis-

---

14 Hilgers, Leidenschaft, wie Anm. 10, 23–26.
15 Ciompi, Grundlagen, wie Anm. 3, 198.
16 Alexandra Kollontai, Die neue Moral und die Arbeiterklasse, Berlin 1920 (Nachdruck 1977), 32.

mus: Erst der Kommunismus würde die vollen Liebespotenzen entwickeln. Doch schon in der Gegenwart der 1920er Jahre sollte für die „neue Frau" nicht der Liebesverlust die große Tragödie sein, sondern der Verlust ihres „Ich".[17] Daher war die „erotische Kameradschaft" das gemeinsame Ziel. Die Gleichberechtigung mit dem Mann bedeutet in dieser linken Tradition das Verweisen von Liebeserlebnissen auf einen untergeordneten Platz im Leben.[18] Alexandra Kollontai rief die Frau dazu auf: „Möge sie lernen, wie der Mann aus einem Liebeskonflikt nicht mit gebrochenen Flügeln, sondern mit gestählter Seele hervorzugehen".[19] Diese linke neue Sexualmoral war zeitgenössisch wie die rechte mit der Eugenik verbunden, nämlich die „geschlechtliche Zuchtwahl im Interesse der Rasse zu unterstützen"[20] (wobei die Linke und die Rechte „Rasse" unterschiedlich verstanden, sozial die einen, biologisch die anderen); sie strebte die aufeinanderfolgende Monogamie als Grundform der neuen Ehe an: Ist die Liebe in der Ehe verschwunden, kann eine neue Liebe in einer neuen Ehe verwirklicht werden. Paradoxerweise wurde dieses Modell dann nicht in den kommunistischen Ländern, sondern in der fortgeschrittensten kapitalistischen Gesellschaft, in den USA, zuerst gelebt.

Auf die Aufwertung des Liebhabers folgte eine extrem virile Phase, die von zirka 1930 bis 1960 reichte. Die autoritären, totalitären, konservativen politischen Systeme forderten zwar die Zeugungskraft des Mannes ein, kümmerten sich aber weniger um die *Ars amandi*. Im Vordergrund standen wieder die anderen Männlichkeitsrollen, Soldatentum und Berufstätigkeit. Die Trennung der Menschen in Arier und Nichtarier, in Wertvolle und Wertlose, wie es der Nationalsozialismus praktizierte, griff tief in das private Liebesleben ein, entschied über Leben und Tod. Erst die sexuelle Revolution der 1960er Jahre hob den Liebhaber wieder auf ein Podest, von zahlreichen Anforderungen umstellt. Der Fortschritt der medizinischen Technik trennt Sexualität von der Fortpflanzung. 1978 wurde das erste Baby durch künstliche Befruchtung geboren.[21] Das war ein radikaler Schritt. Man muss nicht an den alten Mythos glauben – „Glaubst du, irgendeine Frau könnte einen Mann lieben, wenn er nicht das Geheimnis, die Nachkommenschaft, in seinen Lenden trüge"[22] –, um gravierende psychische Folgen des Verlustes der historischen Rolle des Mannes als Initiator der Fortpflanzung anzunehmen.

---

17 Kollontai, Moral, wie Anm. 16, 39.
18 Kollontai, Moral, wie Anm. 16, 43.
19 Kollontai, Moral, wie Anm. 16, 66.
20 Kollontai, Moral, wie Anm. 16, 52.
21 Carl Djerassi, Der entmachtete Mann, in: Die Zeit, 1. Juli 1999, 28.
22 Ibrahim al-Koni, Die Magier, Basel 2001, 805.

Grenzziehungen zwischen dem Privaten und Öffentlichen

Die Grenzen zwischen dem Privaten und Öffentlichen haben sich im Laufe des 20. Jahrhunderts mehrfach verschoben. Das liberale Modell des 19. Jahrhunderts schützte die Privatsphäre vor dem Zugriff des Staates. Die Familie galt für den Mann als Rückzugsbereich von den Härten des Lebens, als „Gegenkultur" zur öffentlichen Sphäre.[23] Die Frauen der Mittelschicht zogen sich aus der öffentlich sichtbaren Arbeit zurück. Das führte zu jener starken Polarisierung der Geschlechtscharaktere, die dem Mann den öffentlichen, der Frau den privaten Charakter zuwies.[24] Die Familiengesetzgebung wurde in Österreich bis Mitte der 1970er Jahre kaum geändert, sieht man von der Einführung des deutschen Ehegesetzes durch den Nationalsozialismus ab. Legitime Sexualität war an die Ehe gebunden. Die Zivilgesellschaft arbeitete dem Staat durch subtile Codes der Werbung und Eheanbahnung zu, um Besitz, soziale Ehre der Familie und Vaterschaft zu garantieren. Über Sexualität wurde in den bürgerlichen Familien selten gesprochen. „Es gab keine Sexualität. Sie wurde einfach totgeschwiegen", heißt es in einem Erinnerungstext.[25] Die Einführung in das Liebesleben war strikt nach Geschlechtern getrennt. Eine charakteristische Szene aus dem Jahre 1904 erzählt Therese Schobloch: Ein zwölfjähriger Bub und ein neunjähriges Mädchen, beide von ihren Fräuleins begleitet, treffen sich im Park. Der Bub möchte dem Mädchen abseits von der Überwachung ein neues Spiel zeigen: Küssen. Das wurde entdeckt. Die Mutter führte mit dem Mädchen ein Aufklärungsgespräch: „Was für eine Kränkung für sie das sei, dass ihre Tochter sich so vergessen (?) konnte, das könnte ich mir gar nicht vorstellen, sagte Mama. Ich müsse doch wissen (?), dass ein Mädchen gegenüber einem Mann (?) sich gar nicht genug stolz und abweisend, kalt und zurückhaltend verhalten könne ..."[26] Im Hintergrund stand die Angst vor dem Verlust der Jungfräulichkeit und damit die Verminderung der Chancen auf dem Heiratsmarkt. Den jungen Männern hingegen wurde zugebilligt, sich die „Hörner abzustoßen"; sie machten ihre ersten sexuellen Erfahrungen mit

---

23   Hannes Stekl Hg., „Höhere Töchter" und „Söhne aus gutem Haus". Bürgerliche Jugend in Monarchie und Republik, Wien 1999, 21.
24   Josef Ehmer, Marriage, in: David I. Kertzer Hg., Family life in the Long Nineteenth Century 1789–1913, Bd. 2, New Haven 2002, 282–321; Peter Bortscheid, Geld und Liebe: Zu den Auswirkungen des Romantischen auf die Partnerwahl im 19. Jahrhundert, in: ders. u. Hans J. Teuteberg Hg., Ehe, Liebe, Tod. Zum Wandel der Familie, der Geschlechts- und Generationsbeziehungen in der Neuzeit, Münster 1983, 112–134. Pionierarbeit leistete Karin Hausen, Die Polarisierung der „Geschlechtscharaktere" – Eine Spiegelung der Dissoziation von Erwerbs- und Familienleben, in: Werner Conze Hg., Sozialgeschichte der Familie in der Neuzeit Europas. Neue Forschungen, Stuttgart 1976, 363–393.
25   Stekl, Töchter, wie Anm. 23, 169; Antoine Prost u. a. Hg., Geschichte des privaten Lebens, Bd. 5: Vom Ersten Weltkrieg zur Gegenwart, Frankfurt a. M. 1993.
26   Andrea Schmöller Hg., „Es war eine Welt der Geborgenheit ..." Bürgerliche Kindheit in Monarchie und Republik, Wien 1987, 197.

Dienstbotinnen, älteren Frauen und Prostituierten. Die zahlreichen Bälle wurden dann von den heranwachsenden Mädchen, die in die Gesellschaft eingeführt werden sollten („Lämmerhüpfen"), zum intensiven Flirten und von den jungen Männern zum „Courmachen" benützt – von den wachsamen Augen der Mütter beobachtet. Ein junger Herr wurde danach beurteilt, ob er ein guter Tänzer war (von den Mädchen) oder ein möglicher Heiratskandidat (von den Müttern).[27] Individuelle Liebe und Besitzsicherung waren kein Widerspruch, weil man in ähnlichen Kommunikationskreisen lebte. Die Geschlechter begegneten sich, neben den Bällen, in den Sommerfrischen, dem Theater, beim Sport.[28] Die Ehen reproduzierten noch das ganze 20. Jahrhundert hindurch die sozialen Schichtungen der Gesellschaft, wobei in der zweiten Hälfte das Bildungsniveau zum entscheidenden Faktor für die Homogamie aufrückte.

Die starren Grenzen zwischen den Geschlechtern wurden bereits vor dem Ersten Weltkrieg von der Kunst und den Künstlern durchbrochen. Die Kunst des Fin de Siècle pries die freie Liebe, die freie Sexualität, jenseits aller sozialen Schranken und religiösen Konventionen. Aber diese Kunst war gleichzeitig von einer tiefen Angst der Männer vor der Frau durchzogen. Sie mythologisierte den „Geschlechterkampf" zum ewigen Drama der Menschheit, fürchtete den Verlust der Kreativität durch die Frau.[29] Gustav Klimt, der große Erotomane der Epoche, verließ nie seine Mutter und seine Schwestern. Hermann Bahr notierte: „Die Furcht vor der Liebe! Wer die Liebe wirklich erprobt und ausgekostet hat, weiß, dass das Ende immer entsetzlich ist. Nur die nach Erfüllung zitternde Begierde ist Wonne – die erfüllte Begierde ist Ekel, Abscheu vor sich selbst, Haß gegen die Geliebte … das Ideal wäre die Liebe zu einer verheirateten Frau, deren Mann regelmäßig ins Zimmer tritt in dem Moment, da man ins Bett steigen will".[30] Arthur Schnitzler zeigte in seinem Werk, dass hinter der männlichen Angst, sich vor der Frau zu blamieren, noch eine andere Angst steckte: sich vor den anderen Männern zu blamieren.[31]

Im Gegensatz zur bürgerlichen Abschirmung der Sexualität im privaten Bereich war die ländliche und proletarische Sexualität offener und weniger verdeckt – schon wegen der beengten Wohnverhältnisse. Viele hatten hier nicht einmal ein eigenes Bett. Noch am Ende des 19. Jahrhunderts konnten zahlreiche Männer aus diesen Schichten entweder gar nicht heiraten, oder nur sehr viel später im Leben. In Kärnten mussten 42 Prozent der Männer le-

---

27 Bruno Binder-Krieglstein, Jugenderinnerungen eines Alt-österreichischen Salonlöwen, hg. von Birgit Strimitzer, Graz 1994, 124.
28 Ehmer, Marriage, wie Anm. 24, 303.
29 Elfriede Wiltschnigg, „Das Rätsel Weib". Das Bild der Frau in Wien um 1900, Berlin 2001.
30 Wiltschnigg, Rätsel, wie Anm. 29, 172.
31 Jenneke A. Oosterhoff, Die Männer sind infam, solange sie Männer sind. Konstruktion der Männlichkeit in den Werken Arthur Schnitzlers, Tübingen 2000, 40.

dig bleiben.[32] Die Folge waren die vielen unehelichen Kinder, bei den Fabriksarbeiterinnen und -arbeitern das Zusammenleben ohne Trauschein.

Halböffentlich redete auch die Wissenschaft mit immer größerer Intensität über die Sexualität. Der Hygienediskurs seit dem 18. Jahrhundert erreichte jede Ritze des Körpers, also auch den Bereich Sexualität: Die ‚wilde' Sexualität bedarf der Kontrolle durch die männliche Vernunft, der ‚echte' Mann zeichnet sich durch Selbstbeherrschung aus. Auch Sigmund Freud, der Conquistador (so seine Selbstdarstellung),[33] der mit Neugier, Kühnheit und Zähigkeit in das Dickicht des Unbewusstseins vordrang und selbst bei den „unschuldigen Kindern" sexuelle Regungen entdeckte, der die privaten psychischen Dramen enthüllte, war davon überzeugt, dass der Aufbau der bürgerlichen Gesellschaft den Triebverzicht erfordere. Direkter sprengte die „kalte Ethik" der Rassenhygiene den privaten Bereich der Sexualität:[34] Der Humanismus der Gegenwart – so hieß es – pflege die „ganze Brut der Entarteten" auf Privat- und Staatskosten, lasse sie heiraten und sich vermehren und verpeste so den „Volkskörper".[35] Die Rassenhygiene erzählte die Geschichte vom gnadenlosen Wettbewerb der Spermien, bei dem nur die Besten überleben.[36] Die Gesundheit des „Volkskörpers", der „Rasse", wurde als öffentliche Aufgabe deklariert. Was die Rassenhygiene überall im Westen tastend andachte, setzten die Nationalsozialisten in die sich radikalisierende Tat um: das Ausmerzen der „Minderwertigen". Voraussetzung dafür war die statistische Vermessung des „Volkskörpers", die Schaffung einer „gläsernen Volksgemeinschaft".[37]

Nach diesen Exzessen der staatlichen Gewalt kehrten die entpolitisierten konservativen 1950er Jahre zurück zum bürgerlichen Familienideal, das sich nun in allen sozialen Schichten ausbreitete: Mann und Frau und zwei Kinder, möglichst ein Bub und ein Mädchen. Dieses goldene Familienidyll wurde von der '68er-Generation radikal angegriffen, als Brutstätte der autoritären Persönlichkeit. Das Private wurde wieder zum Politischen. Die sexuelle Revolution rückte hemmungslos das Intime in den Raum der Öffentlichkeit. Unterstützt von der Werbung, begann das endlose, zwanghafte Reden über die Sexualität. Zum Primat des Ichs, der Selbstverwirklichung, gehörte eine befriedigte Sexualität. Die neue Frauenbewegung brachte die etablierten Geschlechtscharaktere durcheinander. Die androgyne Tendenz zeigte sich im Äußeren, der Kleidung, der Haartracht, die es manchmal schwierig machte, auf den ersten Blick Männer und Frauen zu unterscheiden. Wie weit erreichte die Emanzi-

---

32 Ehmer, Marriage, wie Anm. 24, 303.
33 Jean Starobinski u. a., Hundert Jahre „Traumdeutung" von Sigmund Freud. Drei Essays, Frankfurt a. M. 2000, 12.
34 Philipp Sarasin, Reizbare Maschinen. Eine Geschichte des Körpers 1765–1914, Frankfurt a. M. 2001, 363.
35 Zit. nach August Forel, Die sexuelle Frage, München 1905, 446.
36 Forel, Frage, wie Anm. 35, 448.
37 Götz Aly u. Karl heinz Roth, Die endlose Erfassung. Volkszählen, Identifizieren, Aussondern im Nationalsozialismus, Frankfurt a. M. 2000.

pationsbewegung auch die Männer? Gibt es in Österreich, abgesehen von der „Männerdämmerung",[38] der Verunsicherung der männlichen Geschlechtsidentität, den Typus des „neuen Mannes"? Was haben die Gesetzesänderungen seit Mitte der 1970er Jahre in Richtung Gleichberechtigung tatsächlich erreicht?

Der „neue Mann"

Im Mai 1901 veranstaltete der später so umstrittene Kirchenrechtler Ludwig Wahrmund in der Universität Innsbruck eine akademische Plauderei zur Frauenfrage. Als „Fortschrittler" stand er der Frauenfrage prinzipiell wohlwollend gegenüber. Lächerlich fand er jedoch den Mann als „Haushälter", der putzt, kocht und Geschirr wäscht, während die Frau in der Fabrik arbeitet.[39] Am Ende des 20. Jahrhunderts findet kaum jemand einen Mann, der in der Öffentlichkeit einen Kinderwagen schiebt oder der zuhause Geschirr wäscht, noch lächerlich. (Wie viele Männer tatsächlich Hausarbeit leisten, ist dann allerdings eine andere Frage). Paul M. Zulehner und seine Mitarbeiter schätzen in einer Anfang der 1990er Jahre durchgeführten Studie den Anteil des „neuen Mannes" bei der männlichen Bevölkerung in Österreich auf 13 Prozent. 36 Prozent gehören zu den traditionellen Männern, 51 Prozent liegen im Mittelfeld.[40] Ein wesentlicher Unterschied zwischen diesen Männerrollen besteht darin, dass bei den traditionellen Männern 39 Prozent gewaltbereit sind, bei den „neuen Männern" keiner.[41] Ein weiteres Unterscheidungskriterium fanden die Forscher beim Zugang zur Gefühlswelt. 86 Prozent der österreichischen Männer können ihre Gefühle nicht verbalisieren.[42] Der Autoritarismus ist bei den traditionellen Männertypen erwartungsgemäß am stärksten verankert. Aber immer mehr Männer hängen an den Müttern, können sich von ihnen nicht lösen und eine stabile männliche Identität ausbilden. Diese misslungene Ablösung von der Mutter – so wird gesagt – kulminiert in einem narzisstischen Phallozentrismus.[43] Scheitert nämlich die Ausbildung einer festen kritikfähigen, selbstreflexiven Männlichkeit, bleibt häufig nur mehr die Flucht in die Überkompensation. Die Kinofiguren Rocky und Rambo sind Beispiel für eine so entleerte Männlichkeit.[44] In der Realität aller-

---

38 Prost u. a., Geschichte, wie Anm. 25, 252.
39 Irmgard Plattner, Fin de Siècle in Tirol. Provinzgesellschaft um die Jahrhundertwende, Innsbruck 1999, 353.
40 Paul M. Zulehner Hg., Müssen Männer Helden sein? Neue Wege der Selbstentwicklung, Innsbruck 1998, 21.
41 Zulehner, Männer, wie Anm. 40, 21.
42 Zulehner, Männer, wie Anm. 40, 19.
43 Zulehner, Männer, wie Anm. 40, 42.
44 Zulehner, Männer, wie Anm. 40, 44.

dings häufiger ist die Flucht in die Arbeit als typisch männlicher Versuch der emotionalen Leidensbewältigung.[45]

Auch die „neuen Männer" definieren sich durch die klassischen drei Sch: Schwängern, Schaffen, Schützen (Zeugen, Versorgen, Verteidigen).[46] Aber diese Grundstrukturen der Männlichkeit werden neu interpretiert, sind nicht mehr exklusiv männlich, sondern müssen ständig mit der Frau ausgehandelt werden. Der „Softy", der alles den Frauen (der „Mutter") überlässt, entspricht so eben nicht dem Typus der neuen Männlichkeit.

Dieses Panorama der Männlichkeit am Ende des 20. Jahrhunderts muss in den allgemeinen Wertehorizont der österreichischen Gesellschaft eingeordnet werden. Eine Studie über den Wertewandel in Österreich 1990–2000 lässt einige Tendenzen festmachen.[47] Generell geht die Tendenz weg von Pflichtwerten hin zu Selbstentfaltungswerten. Die Freiheit wird wichtiger als die Gleichheit, während realhistorisch die soziale Ungleichheit in der Gesellschaft wieder deutlich zunimmt.[48] Zwei Drittel der Menschen wollen heute das Beste aus dem Leben herausholen, diese Einstellung entspricht genau den Werbeslogans der entwickelten Konsumgesellschaft. Der Trend zum Ich jedoch ist aus anderen Gründen begleitet von einem Anstieg des Anteils des autoritären Potenzials, das im Jahr 2000 auf 50 Prozent geschätzt wird.[49] Dazu gehören zum Teil jene Modernisierungsverlierer, die von der Liberalisierungs- und Globalisierungswelle aus ihrer sozialen Verankerung gerissen werden. 16 Prozent der Befragten wünschten sich einen starken Mann als Leitfigur.[50] Dieser autoritäre Typus möchte die Frau wieder im Haus und bei den Kindern sehen.[51]

Für mehr als 90 Prozent der Österreicher ist die Familie das Wichtigste im Leben. Das muss freilich nicht mehr die klassische bürgerliche Kernfamilie sein, denn mehr als 20 Prozent halten die Ehe als Institution für überholt, andere Familienformen werden akzeptiert.[52] Treue wird wieder hoch bewertet. Sie gilt nun gleichwertig für Frauen und Männer. Die stillschweigende Doppelmoral scheint im Rückzug begriffen zu sein. Neben der Treue werden gegenseitiger Respekt und gegenseitiges Verstehen mit 80 Prozent höher bewertet als glückliche sexuelle Beziehungen mit 60 Prozent.[53] Zumindest im Selbstverständnis wird die Gleichberechtigung von Frau und Mann angenommen.[54] Die Männer behaupten sogar, für

---

45 Zulehner, Männer, wie Anm. 40, 79.
46 Zulehner, Männer, wie Anm. 40, 92.
47 Hermann Denz u. a., Die Konfliktgesellschaft. Wertewandel in Österreich 1990–2000, Wien 2001.
48 Hans Ulrich Wehler, Deutsches Bürgertum nach 1945. Exitus oder Phönix aus der Asche?, in: Geschichte und Gesellschaft, 24 (2001), 617–634.
49 Denz u. a., Konfliktgesellschaft, wie Anm. 47, 16.
50 Denz u. a., Konfliktgesellschaft, wie Anm. 47, 16.
51 Denz u. a., Konfliktgesellschaft, wie Anm. 47, 31.
52 Denz u. a., Konfliktgesellschaft, wie Anm. 47, 43–48.
53 Denz u. a., Konfliktgesellschaft, wie Anm. 47, 50.
54 Denz u. a., Konfliktgesellschaft, wie Anm. 47, 52.

die Hausarbeit bereit zu sein. In der Praxis bleibt sie indessen zum größten Teil bei den Frauen hängen. Noch deutlicher ist der Befund, dass immer weniger Frauen bereit sind, die Last der Kinderaufzucht allein zu tragen.[55] Doch die Möglichkeit des Karenzjahres wird von Männern kaum wahrgenommen. Selbstverständnis und soziale Praxis klaffen noch weit auseinander.

Die Liebe am Ende des 20. Jahrhunderts wird von immer weniger sozialem Außenhalt getragen, sie muss mit ihren eigenen Ressourcen auskommen. Gleichzeitig sind persönliche Beziehungen mit Erwartungshaltungen überlastet, an denen sie häufig zerbrechen. Das gesteigerte Ich als Quelle der Liebe nützt die Intimbeziehung immer mehr zur Selbstdarstellung.[56] Das steigert die Verletzlichkeit, mindert die Gelassenheit, mit Krisen fertig zu werden. Das bedeutet für den Liebhaber, dass er immer weniger die Augen zumachen und flüchten kann, dass er von der Partnerin „gestellt" wird. Die klassische männliche Antwort auf die Frage: „Liebst du mich?" – ein gequältes „Das weißt du doch" reicht immer weniger aus.

---

55 Denz u. a., Konfliktgesellschaft, wie Anm. 47, 54.
56 Niklas Luhmann, Liebe als Passion. Zur Codierung von Intimität, Frankfurt a. M. 1982, 197–216.

Karin Hausen

Die Ehe in Angebot und Nachfrage

Heiratsanzeigen historisch durchmustert

Es ist noch immer eher ungewöhnlich, die Geschichte der Ehe auch aus dem Blickwinkel des Marktes zu betrachten. Diese Zurückhaltung ist bemerkenswert, entwickelten sich doch seit dem späten 19. Jahrhundert die modernen Gesellschaften, flankiert von wohlfahrtsstaatlichen Politiken, unter dem direkten Einfluss der Produktion und Vermarktung von Massenkonsumgütern und der auf Basis neuer Technologien schnell entfalteten Massenkommunikation. Das im 20. Jahrhundert zweifellos vielfältige und folgenreiche Zusammenspiel von Markt- und Ehegeschehen historisch genauer zu untersuchen, dürfte daher reizvoll und für die Geschichte der Konsumgesellschaft aufschlussreich sein. Als Ertrag einer ersten tastenden Erkundung dieses historischen Terrains werde ich im Folgenden am deutschen Beispiel und vornehmlich im Hinblick auf bürgerliche Milieus über das Phänomen marktförmiger Eheanbahnungen und über Heiratsanzeigen als historische Quellen berichten – mit dem Ziel, deren möglichen Stellenwert für Studien zur Geschichte des 20. Jahrhunderts zur Diskussion zu stellen.

Vorklärungen

Ehe wird üblicherweise definiert als eine von der staatlichen Rechtsordnung anerkannte Verbindung zwischen einem Mann und einer Frau zu dauernder Lebensgemeinschaft. Lexikalische Definitionen des 20. Jahrhunderts verzichten auf Aussagen über das Wesen der Ehe, wie sie etwa Meyer's Konversationslexikon 1875 ergänzend notiert hatte: „Die Ehe ist in erster Linie ein religiös-sittliches Institut; sie erhebt Mann und Weib über das bloß Sinnliche, da ihre Grundlagen Liebe, Achtung und gegenseitige Hingebung, ihre Vorbedingung gegenseitiges Sich-freuen, Dulden und Beistehen sind." Der Brockhaus von 1997 bietet unter dem Stichwort „Ehe" außer einem zusätzlichen Hinweis auf „eheähnliche Lebensgemeinschaften" überraschenderweise allerdings auch, sei es als Reminiszenz oder zukunftsträchtige Vergewisserung, den Satz „Die Ehe gilt als naturgegebene, unabhängig vom Recht bestehende Gemeinschaft".[1] Der Markt – so besagt das wirtschaftsliberale Modell in seiner

---

[1] Meyer's Konversationslexikon, Bd. 5, Leipzig 1875³, 849; Brockhaus. Die Enzyklopädie, Bd. 6, Leipzig/Mannheim 1997, 115.

schlichtesten Form – reguliert lokal ebenso wie global im freien Zusammenspiel von Angebot, Nachfrage, Konkurrenz und Preisen optimal die Bereitstellung und Verteilung von und den Zugang zu wirtschaftlichen Gütern jeder Art. Dieser Marktmechanismus soll aus sich heraus die anhaltende Tendenz zu eigener Optimierung generieren. Eine der problematischen Voraussetzungen dieses Optimierungsmodells besagt, dass Menschen in freier rationaler Entscheidung und Vertragshoheit handeln, wenn sie als Individuen Arbeitskraft, Produkte und Dienstleistungen anbieten und nachfragen, kaufen und verkaufen.

Ehe und Markt auf einander zu beziehen, bedeutet die Überwindung der im 19. Jahrhundert unter dem Gebot der Liebesheirat sorgfältig kultivierten und im 20. Jahrhundert lange bewahrten Scheu, das hehre Institut der Ehe in die Nähe des Marktes zu rücken. Gewiss, Heirats- beziehungsweise Eheanbahnungsinstitute und Personen, die sich auf Ehemakeln und Heiratsvermittlung spezialisiert hatten, waren auch im 19. Jahrhundert durchaus bekannt, und gegen Geldheirat als moderne Verfallserscheinung polemisierten um die Wende zum 20. Jahrhundert nicht allein August Bebel und Georg Simmel.[2] Doch die Dudenredaktion berücksichtigte die ausdrücklich als scherzhaft qualifizierte Wortkombination „Heiratsmarkt" erstmals 1983 in ihrem Deutschen Universalwörterbuch. Heute, an der Wende zum 21. Jahrhundert findet das komplexe Zusammenspiel zwischen Liebe-Ehe-Geld-Markt-Konsum vermehrt und auf interessante neue Weise die ihm gebührende wissenschaftliche Aufmerksamkeit. Anregend ist unter anderem der jüngst von Christine Wimbauer[3] veröffentlichte Versuch, die bislang getrennten soziologischen Forschungsfelder „Geld" und „Liebe" theoretisch zusammenzuführen und die symbolische Valenz von Geld in Paarbeziehungen empirisch herauszuarbeiten. Sehr interessant sind auch die von der Soziologin Eva Illouz[4] vorgelegten Studien zu der Frage, wie in der heutigen Zeit des Massenkonsums von Frauen und Männern je individuell „die Sprachen, die Waren und die Weltbilder des Marktes dazu verwendet werden, der Liebesbeziehung einen Sinn zuzuschreiben." Im Unterschied zu diesen neueren Forschungsansätzen haben wissenschaftliche

---

2   August Bebel, Die Frau und der Sozialismus, 1910^{50}, in: ders., Ausgewählte Reden und Schriften, Bd. 10/2, München u. a. 1996, 331–336; Bebel polemisierte gegen den „Eheschacher" bei Bürgertum und Adel bereits 1879 in der kürzeren Erstausgabe seiner Schrift, ebd., Bd. 10/1, 38–39, 43; Georg Simmel, Philosophie des Geldes, Berlin 1987^8, 418–422. Vgl. auch Peter Borscheid, Geld und Liebe. Zu den historischen Auswirkungen des Romantischen auf die Partnerwahl im 19. Jahrhundert, in: ders. u. Hans J. Teuteberg Hg., Ehe, Liebe, Tod. Zum Wandel der Familie, der Geschlechts- und Generationenbeziehungen in der Neuzeit, Münster 1983, 112–134; Marion Kaplan, For Love or Money. The Marriage Strategies of Jews in Imperial Germany, in: dies. Hg., The Marriage Bargain. Women and Doweries in European History, Special Issue of Women & History, 10 (1985), 121–163.
3   Christine Wimbauer, Geld und Liebe. Zur symbolischen Bedeutung von Geld in Paarbeziehungen, Frankfurt a. M./New York 2003.
4   Eva Illouz, Der Konsum der Romantik. Liebe und die kulturellen Widersprüche des Kapitalismus, Frankfurt a. M./New York 2003, Zit. 271.

Untersuchungen von Heiratsanzeigen bereits Tradition. Darauf wird später zurückzukommen sein.

Eheanbahnung

Für eine erste Annäherung an das Thema Ehe und Markt ist die soziale Praxis der Eheanbahnung aufschlussreich. Die Eheanbahnung stand bei der trivialen Traumwelt-Produktion durch Literatur und Film lange Zeit hoch im Kurs, um eine trotz aller Widrigkeiten schließlich dennoch zustande gekommene Liebesheirat als Happy End darzubieten. Aber auch als kurzer Moment des tatsächlichen Ehegeschehens war die Eheanbahnung so lange höchst relevant, wie es darauf ankam, von Generation zu Generation das Ehe- und Familienmodell zu reproduzieren und so weit erforderlich historischen Veränderungen anzupassen. Einen wichtigen Beitrag leisteten und leisten dazu unter anderem gesetzliche Vorgaben. Im Deutschen Reich galt seit 1875, dass Männer mit dem vollendeten 21. Lebensjahr volljährig und damit auch ehemündig wurden. Bei Einwilligung des Minderjährigen und des Vertreters der elterlichen Gewalt konnte ein Mann allerdings bereits nach vollendetem 18. Lebensjahr volljährig und ehemündig erklärt werden. Frauen wurden ebenfalls mit vollendetem 21. Lebensjahr volljährig, doch schon mit vollendetem 16. Lebensjahr ehemündig. Sie bedurften zur Heirat aber der Zustimmung des Vaters oder der Mutter beziehungsweise des Vormundes. Diese Regelung wurde im bürgerlichen Gesetzbuch von 1900 festgeschrieben. Zu einer einschneidenden Änderung kam es erst, als Volljährigkeit an das vollendete 18. Lebensjahr gekoppelt wurde. Das geschah in der DDR bereits 1950, in der BRD zum 1. 1. 1975. Eine Gleichstellung von Männern und Frauen hinsichtlich der Ehemündigkeit brachte erst die Regelung von 2003, dass auf Antrag eine Ehe selbst gegen den Willen der Erziehungsberechtigten auch dann geschlossen werden kann, wenn entweder die Frau oder der Mann bereits volljährig ist.

Die Zuständigkeit der Eltern für die Verheiratung der Kinder und insbesondere der Töchter stand ungeachtet zunehmender geographischer und sozialer Mobilität und erweiterter Freiheitsrechte des Individuums auch noch im frühen 20. Jahrhundert außer Frage. Obwohl insbesondere im mobilen Bürgertum die Eheanbahnung zu einer schwierigen Aufgabe geworden war, legten Eltern heiratsfähiger Töchter gerade im bürgerlichen Milieu weiterhin Wert darauf, die Eheanbahnung möglichst unter ihren wachsamen Augen im Kreise der Verwandten, Freunde und Kollegen stattfinden zu lassen. Dabei sollte dem Bräutigam in spe die Initiative der Wahl und Werbung obliegen, während die Braut um der Schicklichkeit willen den Anschein des passiven Abwartens und Gewähltwerdens zu wahren hatte. Anstandsbücher schrieben die angemessene Formgebung von „Verlobung und Brautstand" fest. Ein typisches Beispiel dafür bietet der „Der gute Ton in allen Lebenslagen", ein von Franz Ebhardt um 1875 erstmals herausgegebenes, in zahlreichen Auflagen über viele Jahre verbreitetes „Handbuch für den Verkehr in der Familie, in der Gesellschaft und im öffentlichen Leben".[5] Der normative Text balanciert zwischen proklamierter Liebes- und verfemter Geldheirat und bekräftigt gleichzeitig die lebenspraktische Weisheit, dass es völlig richtig sei, wenn der junge Mann „neben der Neigung der von ihm Erkorenen auch eine gute Mitgift willkommen heißt und über die Vermögensverhältnisse der Eltern des jungen Mädchens nähere Erkundungen einzieht". Dieses müsse er allerdings tun, noch bevor er seine Neigung offenbart. Gleiches habe die von der Tochter ins Vertrauen gezogene Mutter zu tun. Nur durch solch taktvolles Sondieren im Vorfeld sei das Empfangen beziehungsweise Austeilen eines „Korbes" oder noch schlimmer, das spätere Lösen einer bereits eingegangenen Verlobung und der – insbesondere für die Frau – daraus folgende desaströse Schaden zu vermeiden.

Nach zufriedenstellenden Vorklärungen war es Sache des Mannes, seinen förmlichen Heiratsantrag bei einem eigens zu diesem Zweck vereinbarten Besuch dem Brautvater vorzutragen. Auf die Heiratseinwilligung folgte das wechselseitige Kennenlernen der beiden Familien, dann die Verlobungsfeier im weiteren Kreis der Verwandten, Freunde und Bekannten und schließlich von Seiten der Brauteltern die öffentliche Bekanntgabe der Verlobung durch eine in der Zeitung gedruckte und per Post verschickte Verlobungsanzeige. Nach Maßgabe der Anstandsregeln war bis zur Hochzeit weiterhin tunlichst darauf zu achten, dass die Verlobten nur im Beisein einer dritten Person zusammenkamen. Noch zu Beginn des Wirtschaftswunders und nur zehn Jahre nach „Drittem Reich" und Zweitem Weltkrieg warnte das in großer Auflage erstmals 1955 veröffentlichte *Einmaleins des Guten Tons* vor der üblich gewordenen allzu großen Zwanglosigkeit in Sachen Verlobung.[6]

Anstandsbücher, die jahrzehntelang in großer Zahl und vielen Auflagen über normative Regularien informierten und immer erneut deren behauptete Relevanz für gruppenkonformes Verhalten bekräftigten, sind für sozialgeschichtliche Fragestellungen keine verlässlichen historischen Quellen. Aber sie können im historischen Rückblick zumindest auf ehemals vermutlich wichtige Zusammenhänge aufmerksam machen. Sie verweisen nämlich indirekt gerade dort auf bedrohliche Unwägbarkeiten im instabilen System normativer Anstandsregeln, wo sie sich über die breite Palette abweichender Handlungs- und Verhaltensmöglichkeiten ausschweigen. Gewerbliche Formen der Eheanbahnung und individualisierte Zugänge zum Heiratsmarkt sind hierfür eindrucksvolle Beispiele.

---

5   Hier: Franz Ebhardt, Der gute Ton in allen Lebenslagen. Handbuch für den Verkehr in der Familie, in der Gesellschaft und im öffentlichen Leben, Leipzig/Berlin/Wien 1886[10], 135–159, Zit. 140.
6   Dr. Gertrud Oheim, Einmaleins des Guten Tons. Praktischer Ratgeber, Gütersloh 1955, 179–187.

Heiratsvermittlung als Gewerbe

Eine der in den Anstandsbüchern mit keinem Wort erwähnten Möglichkeiten war die moderne Form der Heiratsvermittlung gegen Entgelt, die dazu angetan war, die Eheanbahnung der familialen Kontrolle zu entziehen. Diese am stärksten marktkonforme Variante der Eheanbahnung expandierte seit Beginn des 20. Jahrhunderts langsam, aber anhaltend. Die Heiratsvermittlung hat eine lange Tradition. Ihr Geschäft bestand früher darin, je nach Auftrag und spezifischem Bedarf Heiratskandidatinnen und -kandidaten ausfindig zu machen, Kontakte herzustellen und das Aushandeln der materiellen Heiratskonditionen zu unterstützen. Ende des 19. Jahrhunderts setzte die Modernisierung der gewerblichen Heiratsvermittlung ein. Eine am 24. 5. 1892 in die *Vossische Zeitung* eingerückte anonymisierte Kleinanzeige eines Privatiers mit der lapidaren Botschaft „Heiratsvermittlung gesucht" dürfte schon damals eher altmodisch gewirkt haben. Zu dieser Zeit ging die großstädtische und regionale Vermittlungstätigkeit bereits dazu über, das seit den 1870er Jahren schnell entfaltete Anzeigenwesen sowie Post und Telegraphie zu nutzen und ihre Dienste per Eigenwerbung in größerem Umfang anzubieten. Erst am Ende des 20. Jahrhunderts führte das Internet erneut zu einschneidenden Veränderung in der nun zeitgemäß erweiterten gewerblichen Eheanbahnung und Partnerschaftsvermittlung.

Die Zahl der Heiratsvermittlungen, die mit Anzeigen in lokalen und überregionalen Zeitungen für ihre Dienste warben, stieg seit den 1890er Jahren allmählich an. Die im Mai 1882 einzige, am 7. 5. im *Berliner Tageblatt* abgedruckte Anzeige einer Ehevermittlung vermeldete außer der Adresse nur lakonisch „Heiraten vermittelt diskret und passend Institut Union". Vollmundiger verkündete am 15. 5. 1892 eine Kleinanzeige in der *Vossischen Zeitung* „Reiche Heirath! Durch persönliche Verbindungen in den besseren Kreisen vermittelt seit Jahren streng diskret feine Partien gegen bescheidenes Honorar, V. Busse, Berlin Weißenburger Str. 19". Im Mai 1912 konkurrierten in der *Vossischen Zeitung* Woche für Woche fünf Berliner Ehevermittlungen um die Aufmerksamkeit des Publikums. Vier von ihnen annoncierten unter dem Namen einer Frau. Auch in der Folgezeit wurde die gewerbliche Heiratsvermittlung mehrheitlich durch Frauen repräsentiert. Sie gaben sich häufig als Adelige, Ehefrau oder Witwe aus. In den 1950er Jahren annoncierten in der Bundesrepublik regelmäßig außerdem größere, überregional mit Filialen arbeitende Agenturen und solche, die sich auf die Vermittlung katholischer oder evangelischer Ehen spezialisiert hatten. Die Kontaktanbahnung der Institute war und blieb über viele Jahre allein auf Heirat ausgerichtet. Erst in den 1980er Jahren, nachdem die Strafrechtsreform von 1973 den Kuppelei-Paragraphen[7] beseitigt hatte, schlug sich die Pluralisierung gesellschaftlich akzeptierter Partnerschaften auch

---

7   Laut Kuppelei-Paragraph machte sich strafbar, wer unverheirateten Paaren Räumlichkeiten zur Verfügung stellte.

im Angebot der Agenturen nieder. Sie mauserten sich zu Instituten der Partnervermittlung und überließen es den Inserierenden, zu welchen Zielen und Zwecken diese kurz- oder langfristig einen anderen Menschen suchten.

Die gewerbliche Heiratsvermittlung konnte sich trotz anhaltender öffentlicher Kritik und widriger Rechtsvorschriften etablieren und bis heute behaupten. Im 19. Jahrhundert debattierten in Deutschland vornehmlich Juristen über die Frage, ob die gewerbliche Vermittlung von Ehen mit sonstigen Maklergeschäften z. B. für Holz, Getreide, Immobilien gleichzustellen sei. Strittig war für die Heiratsvermittlung nicht die Zulassung als Gewerbe, wohl aber die Möglichkeit der gerichtlichen Durchsetzung eines vereinbarten Maklerlohnes. Einige wenige Kritiker bewerteten den Ehemaklerlohn als „sittenwidrig"; er sei unvereinbar mit dem „Wesen" der Ehe, da er die freie Willensentscheidung der Heiratenden und damit die Grundlage der Ehe zu beeinträchtigen drohe. Die Einklagbarkeit des Entgelts sei auszuschließen, denn ein Gerichtsprozess bedeute eine Gefahr für den Ehefrieden und einen Angriff auf die öffentliche Sitte. Diese Position setzte sich in den 1890er Jahren im Deutschen Reich bei der Endkodifizierung des Bürgerliches Gesetzbuches überraschend durch und ist trotz guter juristischer Gegenargumente und mehrerer Anläufe zur Novellierung bis heute als Paragraph 656, Abs.1 des BGB geltendes Recht geblieben.[8] Doch die gewerbliche Heiratsvermittlung hat gleichwohl ihre Geschäfte auf Partnerschaften und Kontaktanbahnung ausdehnen und stets erfolgreich die rechtlich ungeschützte Entgeltklippe umschiffen können, indem sie vor erbrachten Leistungen von ihrer Kundschaft Vorrauszahlungen kassiert.

Das Publikum begegnete der gewerblichen Ehevermittlung lange Zeit mit Misstrauen. Privatleute kennzeichneten in der ersten Hälfte des 20. Jahrhunderts ihre als Kleinanzeigen auf den Weg gebrachten Heiratsgesuche häufig ausdrücklich als „Selbstinserat". Detekteien boten ihre Dienste als Schutz vor Heiratschwindlern an. Die gewerbliche Ehevermittlung reagierte, indem sie in ihrer Eigenwerbung als Gewähr für erprobte Solidität auf jahre- und jahrzehntelange erfolgreiche Vermittlungsarbeit verwies, ihre Arbeit als diskret, reell und vornehm qualifizierte, ihre erstklassigen Beziehungen zu den besten Gesellschaftskreisen im In- und im Ausland anpries und zur Erläuterung formelhaft Industrie, Wirtschaft, Akademiker und Adel aufzählte. Nach dem Zweiten Weltkrieg wurde es außerdem üblich, sich als eines der führenden oder größten deutschen Ehe-Institute zu bezeichnen, auf die Mitgliedschaft in einem Berufsverband hinzuweisen und vor allem die individuelle, persönliche, ja selbst mütterliche oder mustergültige Betreuung zu betonen. Bis heute aber fehlt es an aussage-

---

8 Unter Juristen wurde das Problem des Ehemaklerlohns über Jahrzehnte erörtert; vgl. u. a. Ernst Schindler, Die gewerbsmässige Heiratsvermittlung. Ihre Geschichte, Dogmatik und Behandlung im Deutschen Reichsrecht, Berlin 1901; Peter Gilles, Eheanbahnung und Partnervermittlung. Untersuchung der Rechtslage und Rechtsreform des gewerblichen Partnerschaftsservice aus Anlaß des Gesetzentwurfs über Maklerverträge von 1984, München 1985; Karin Jung, Der Ehemaklerlohn, Frankfurt a. M. u. a. 1991.

kräftigen Informationen darüber, zu welchen Konditionen und Preisen die Vermittlungsleistungen angeboten werden. Die Stiftung Warentest nahm 1984 und 1990 die gewerbliche Ehe- und Partnervermittlung kritisch unter die Lupe und demonstrierte die mangelnde Seriosität der 1990 geschätzten rund 340 meistens nur mit ein bis zwei Beschäftigten arbeitenden, kurzlebigen Unternehmen.[9]

Heiratsanzeigen als Material für Forschungen

Im Mittelfeld zwischen der familial kontrollierten und der gewerblichen Eheanbahnung ergriffen bürgerliche Frauen und Männer im 20. Jahrhundert immer häufiger selbst die Initiative, um über eine vergleichsweise preisgünstige Heiratsanzeige das Ziel der Ehe zu erreichen. Solche in Tages- und Wochenzeitungen veröffentlichten Heirats- und später auch Partnerschaftsanzeigen sind bereits häufig wissenschaftlich untersucht worden. Schon 1920 hatte sich Viktor Mataja, Wiener Professor für Nationalökonomie und Verfasser eines 1911 veröffentlichten Lehrbuchs über moderne Reklame, mit einer Studie über die expandierenden Heiratsanzeigen vorgewagt.[10] Doch erst in der zweiten Hälfte des 20. Jahrhunderts werden diese über viele Jahrzehnte abrufbaren Anzeigen als Lieferanten hochgradig standardisierter Informationen, als Reservoir stilistischer Ausdrucksweisen, als spezifische Textform und Medium der Kommunikation mit wachsendem methodischen Raffinement seitens der Soziologie, Ethnologie, Linguistik, Literatur- und Kommunikationswissenschaft ausgewertet. Seit Ende der 1970er Jahre geschieht dieses unter Einsatz von Computern. Die qualitativen und quantitativen Studien bieten interessante Aufschlüsse über Probleme der Erfassung und Auswertung des Anzeigenmaterials, der Reichweite und Bearbeitung von Fragestellungen und der Deutung erzielter Ergebnisse.[11] Die Mehrzahl dieser Studien erfasst zum jeweils aktuellen Zeitraum der Erhebung die Anzeigen mehrerer Zeitungen gleichen Datums und leistet eine Charakterisierung und Analyse des erhobenen Materials bestenfalls, aber keineswegs immer, als Vergleich der Inserate von Frauen und Männern sowie als Vergleich unterschiedlicher sozioökonomischer, geographischer oder politischer Milieus. Im Zentrum der Analyse stehen meistens die von der inserierenden Person gelieferten Selbst- und Partnercharakterisierungen.

Es ist hier nicht der Ort, die erzielten Ergebnisse im Einzelnen zu diskutieren. Angemerkt sei, dass für eine nach heutigen methodischen Standards ausgeführte quantitative Inhalts-

---

9   Test. Zeitschrift der Stiftung Warentest, 5 (1984), 8–12; 11 (1990), 26–31; Maria Melitta Schöpf, Recht und Praxis der modernen Heiratsvermittlung, Karlsruhe 1962, 132, nennt für ihre Zeit rund 200 Unternehmen.
10 Viktor Mataja, Heiratsvermittlung und Heiratsanzeigen, München/Leipzig 1920.
11 Eine knapp kommentierte Auflistung einschlägiger Studien bietet Viola Riemann, Kontaktanzeigen im Wandel der Zeit. Eine Inhaltsanalyse, Opladen 1999, 78–131.

analyse des eher schlichten Materials ein sehr hoher Preis zu zahlen ist.[12] Um eine gleichartige Erfassung der Massendaten sicherzustellen, bleiben häufig nicht nur die unterschiedlichen Provenienzen der Daten unberücksichtigt, sondern es werden auch verschiedenartigste Bezeichnungen unter einer begrenzten Anzahl verallgemeinernder Kategorien gebündelt. Ein solches Vorgehen reduziert zwangsläufig die Aufmerksamkeit für die spezifische Qualität der Wörter und Texte einzelner Anzeigen und für das jeweils zeittypisch verfügbare Repertoire an Ausdrucksweisen, mit dessen Hilfe als Text formuliert wird, was als Angebot und Nachfrage auf dem Marktplatz der Anzeigen verhandelt wird. Für historische Analysen aber ist weniger die Beobachtung interessant, dass bei Frauen Schönheit nachgefragt wird, und dass Frauen ihrerseits diese anbieten, sondern mit welchen im Laufe der Zeit gleichen oder veränderten Bezeichnungen das Merkmal „Schönheit" ausgestattet wird. Gleiches gilt für die Berufsposition, die noch immer insbesondere bei Männern nachgefragt und von diesen ins Angebot gebracht wird. Zudem muss eine historische Untersuchung stärker als andere Forschungsansätze dem Umstand Rechnung tragen, dass seit den 1980er Jahren in den Zeitungen nicht länger nur auf Heirat ausgerichtete Anzeigen abgedruckt werden, sondern zusätzlich und häufig mit ersteren vermischt auch Bekanntschafts-, Partnerschafts- und Kontaktanzeigen.

Es gibt durchaus für historische Fragen besonders aufschlussreiche oder explizit als historische Forschung ausgeführte Untersuchungen. Birgit Stolt und Jan Trost[13] haben Heiratsanzeigen, die im dritten Quartal 1973 in *Die Zeit* veröffentlicht wurden, einerseits sehr genau als Texte untersucht und andererseits in Erfahrung gebracht, wie die Anzeigenredaktion Inserierende zu beraten pflegte und wie viele Antworten auf jede einzelne Anzeige eingingen. Letzteres wurde mit aller Vorsicht als formaler Erfolg des Inserierens gewertet. Margot Berghaus[14] ging es darum, die konkreten Situationen, Motive und Ziele des Inserierens kennen zu lernen und herauszufinden, was Inserenten mitzuteilen hatten über Freiheit beziehungsweise Zwang zur Partnerschaft und den Wunsch, einer wie auch immer gearteten Einsamkeit zu entrinnen. Sie hat 1980 anhand einer Stichprobe von Chiffren-Anzeigen an die inserierenden Männer und Frauen Fragebögen versandt, 334 auswertbare Fragebögen zurückerhalten und außerdem mit 40 dieser Inserierenden Interviews durchgeführt.

Vor allem aber ist hinzuweisen auf Forschungen, die das Anzeigenmaterial im Hinblick auf bestimmte Entwicklungen vergleichend für verschiedene Zeitschnitte oder über einen

---

12 Zur Methode vgl. Manfred Kops, Eine inhaltsanalytische Bestimmung von Persönlichkeitsbildern in Heiratsanzeigen, in: Hans-Dieter Klingemann Hg., Computergestützte Inhaltsanalyse in der empirischen Sozialforschung, Frankfurt a. M./New York 1984, 54–97.
13 Birgit Stolt u. Jan Trost, Hier bin ich! Wo bist Du? Heiratsanzeigen und ihr Echo analysiert aus sprachlicher und stilistischer Sicht von Birgit Stolt. Mit einer soziologischen Analyse von Jan Trost, Kronberg i. Ts 1976.
14 Margot Berghaus, Partnersuche angezeigt. Zur Soziologie privater Beziehungen, Frankfurt a. M. 1985.

längeren Zeitraum auswerten. In solchen Studien zum sozialen Wandel werden allerdings nicht selten die Ergebnisse früher ausgeführter Untersuchungen als Bausteine benutzt. Das ist insofern problematisch, als bei den dergestalt sekundär ausgewerteten, bereits vorliegenden Studien bislang weder die ausgewerteten Zeitungen, noch die Zeitpunkte der Erhebung, noch die Analyseverfahren auch nur annähernd gleich waren.[15]

Marlis Buchmann und Manuel Eisner haben solchen Einwänden Rechnung getragen. Sie arbeiten mit einem selbst erstellten Datensatz, bestehend aus 7.300 elektronisch erfassten Heirats- und Kontaktanzeigen aus der *Neuen Zürcher Zeitung* und dem ebenfalls in der Schweiz erscheinenden *Tages-Anzeiger* von 1900 bis 1992. Die ersten Auswertungen dieses Materials verweisen allerdings wiederum auf die oben erörterten Probleme strikt quantitativer Analyseverfahren.[16] Einen der geschichtswissenschaftlichen Forschung vertrauteren Weg hat schließlich Annegret Braun gewählt, um anhand von Heiratsinseraten dem Wandel von Vorstellungen in der zweiten Hälfte des 20. Jahrhunderts auf die Spur zu kommen. Auch sie untersucht Selbst- und Fremdcharakterisierungen und Partnerschaftsvorstellungen, berichtet aber über den aufgedeckten Wandel mit Hilfe interessanter, eher unüblicher Zuordnungen.[17]

Heiratsanzeigen im geschichtswissenschaftlichen Experiment

In dem skizzierten Forschungsfeld nimmt sich mein Experiment, die in Zeitungen abgedruckten Heiratsgesuche über einen längeren Zeitraum aufmerksam zu beobachten und als Aktivitäten eines Marktgeschehens zu analysieren, vergleichsweise bescheiden aus. Die von mir ausgewertete Stichprobe ist alles andere als repräsentativ. Sie ist zusammengestellt aus dem in Zehn-Jahres-Abständen jeweils für den Monat Mai ausgewerteten Anzeigenteil in einigen bürgerlichen überregionalen Tageszeitungen – *Vossische Zeitung*, *Frankfurter Allgemeine Zeitung*, *Süddeutsche Zeitung* – und in dem vor 1933 weit verbreiteten Familienblatt *Die Gartenlaube*. Alle erkennbar von Heiratsagenturen stammenden Anzeigen blieben bei der Auswertung ebenso unberücksichtigt, wie die eher seltenen, angeblich von Freunden, Verwandten, Eltern, Geschwistern oder Kindern für eine andere Person aufgegebenen Anzeigen. Die historische Analyse dieser kleinen Materialsammlung erfolgte sehr viel systema-

---

15 So etwa Riemann, Kontaktanzeigen, wie Anm. 11.
16 Irritierend ist u. a. das Nichtbeachten des Geschlechts von inserierenden Menschen bei Marlis Buchmann u. Manuel Eisner, Selbstbilder und Beziehungsideale im 20. Jahrhundert. Individualisierungsprozesse im Spiegel von Bekanntschafts- und Heiratsinseraten, in: Stefan Hradil Hg., Differenz und Integration. Die Zukunft der modernen Gesellschaften, Frankfurt a. M. 1997, 343–357.
17 Annegret Braun, Ehe- und Partnerschaftsvorstellungen von 1948–1996. Eine kulturwissenschaftliche Analyse anhand von Heiratsinseraten, Münster u. a. 2001.

tischer und umfassender, als es hier dargestellt werden kann. Die folgenden Ausführungen beschränken sich daher auf einige wenige Aspekte und ausgewählte Beispiele des erhobenen Anzeigenmaterials.

Angemerkt sei vorab, dass sich im Laufe der Jahrzehnte die Zahl und Platzierung der Heiratsanzeigen innerhalb des Anzeigenteils erheblich veränderte. Noch in den späten 1920er Jahren waren Heiratsanzeigen in den Tageszeitungen ebenso wie im Familienblatt *Die Gartenlaube* unter der Rubrik *Vermischtes* oder *Vermischte Anzeigen* zu finden, obwohl ordnende Zwischenüberschriften etwa für *Stellenangebote und -gesuche*, für *Geld- und Hypothekenmarkt* oder *Grundstücksverkehr* bereits üblich waren. Ein neues Bild bot *Die Gartenlaube* von 1932. In ihrem Anzeigenteil gab es nun neben den Rubriken *Gartenbau und Kleintierzucht*, *Gute Dinge für Küche und Keller*, und vor der Restkategorie *Allerlei* auch die Überschriften *Möchten Sie heiraten?* und *Vermittlungen, Auskunfteien*. In den 1950er Jahren ordneten alle Tageszeitungen die nun zahlreichen Anzeigen mit Hilfe informativer Zwischenüberschriften wie *Heiraten, Heiratswünsche, Ehewünsche* oder *Heiraten männlich, Heiraten weiblich*. Die *Frankfurter Allgemeine Zeitung* platzierte noch im Mai 1953 das Heiraten schnöde und beliebig wechselnd zwischen die Rubriken *Unterricht, amtliche Bekanntmachung, An- und Verkauf, Vertretungen, Beteiligung und Geldverkehr* oder *Export, Import, Geschäftsverkehr*. 1963 aber bevorzugte sie die stete Reihenfolge von *Kunsthandel-Antiquitäten*, *Ehewünsche* und *Tiermarkt*; 1973 folgte auf *Ehewünsche* die Sparte *Reise und Erholung*. Seit den 1980er Jahren fand in den Zeitungen die fortschreitende Relativierung des Eheziels in der Pluralität gesellschaftlich akzeptierter Formen des Zusammenlebens beziehungsweise mehr oder weniger dauerhafter Beziehungen zwischen Menschen ihren Niederschlag auch in Anzeigenrubriken wie *Heirat, Partnerschaft und Freizeit* oder *Heiraten und Bekanntschaften*, und diese wurden häufig noch untergliedert durch Überschriften wie *F sucht M, M sucht F, Institute, Freizeitpartner* oder *Heiraten/Vermittler, Heiraten Damen/Herren, Bekanntschaften allgemein, Bekanntschaften Herren, Bekanntschaften Damen, Urlaube/Freizeitbekanntschaften*.

Einer Erläuterung bedarf auch mein Zugriff auf die Heiratsanzeigen als Forschungsmaterial. Anders als es kritische Beobachter in den 1950er bis 1970er Jahren taten, will ich nicht zu bündigen Aussagen über „Illusionen auf dem Heiratsmarkt"[18] gelangen. Mich interessiert vielmehr, wie sich Frauen und Männer in ihren Inseraten zu Wort melden. Ich gehe bei meinen Beobachtungen von folgenden Annahmen aus: 1. Einerseits wissen die Inserierenden und stellen in Rechnung, dass Frauen und Männer im Hinblick auf das angestrebte Heiratsziel gemäß der herrschenden normativen Vorstellungen über Ehe und Geschlecht unterschiedlich definiert sind. 2. Andererseits nutzen sie gewissermaßen als Gleiche die Freiheiten des Marktes, sobald sie sich auf dem Heiratsmarkt als Anbietende, Nachgefragte und

---

18 So der Titel eines Beitrags von Jürgen Habermas in: Merkur, 10 (Okt. 1956), 996–1004.

Nachfragende mit ihrem jeweiligen Wert und Preis präsentieren. 3. Die stereotypen Formulierungen der untersuchten Anzeigen lassen keinen Zweifel daran, dass zumindest bis in die 1970er Jahre bei der Abfassung solcher Anzeigen nicht kreative Individualität, sondern vorgegebene Schemata gefragt waren. 4. Es ist dennoch plausibel davon auszugehen, dass bei der Formulierung eines Heiratsgesuchs stets die Erwartung, die Anzeige solle erfolgreich sein, mit im Spiel ist. 5. Heiratsanzeigen präsentieren demnach die gesellschaftlich geltenden Geschlechter- und Ehenormen so, wie einzelne Frauen und Männer glauben, die Normen könnten mit ihren eigenen Bedürfnissen beziehungsweise Wunschvorstellungen harmonieren.

Bedenkenswert ist nicht zuletzt, dass sich die Art und Weise, wie Frauen und Männer sich und das Ziel ihrer Wünsche in den Anzeigen präsentieren, bei näherem Hinsehen trotz der üblichen Textschemata in hohem Maße als zeitgebunden und zeittypisch erweist. Dieser Befund wirft die Frage auf, wie es dazu kommt, dass die für Heiratsanzeigen Woche für Woche immer wieder eingesetzten und kopierten Textschemata, dennoch erkennbar den Zeitläufen so angepasst werden, dass sie schließlich aus der Distanz als zeittypisch erscheinen. Anders gestellt lautet die Frage, in welchem Maße prägen die Geschlechter- und Ehestereotype die inserierenden Individuen und deren Inserate oder in welchem Maße prägen umgekehrt die inserierenden Individuen je nach eigenem Bedarf eben diese Stereotype. Mit allzu schlichten Antworten wird man diese Fragen nicht abtun können. Damit wird die weitere Frage wichtig, was sich aus dem Anzeigenmaterial überhaupt hinsichtlich des sozialen Wandels historisch herauslesen lässt beziehungsweise wie viel historische Kenntnisse in diese Quellen hineingelesen werden müssen, um sie zum Sprechen zu bringen. Eine schnelle Zeitreise entlang meiner Sammlung von Heiratsanzeigen soll diese Überlegungen nun verdeutlichen. Die Reise beginnt im späten 19. Jahrhundert, lädt zur Umschau im frühen 20. Jahrhundert ein und endet mit jähem Sprung im Jahr 2002.

Heiratsanzeigen und deutsche Geschichte in der Zeit vom späten 19. Jahrhundert bis nach dem Zweiten Weltkrieg

Für das Jahr 1872 gab es in der bürgerlichen *Vossischen Zeitung*, deren Vorläufer die *Kgl. privilegierte berlinische Zeitung von Staats- und Gelehrten Sachen* war, in den Ausgaben vom 1. 5., 2. 5. und 28. 6. unter den Anzeigen vermischten Inhalts nur insgesamt zwölf einschlägige Anzeigen. Acht dieser Anzeigen zielten auf Bekanntschaften, vier auf Heirat. Von Frauen stammten zwei Anzeigen. Die eine lautet: „Eine junge Witwe höheren Standes wünscht die dauernde Bekanntschaft eines älteren wohlhabenden Herrn zu Rath und Stütze. Auch will sie den Herrn in Wohnung oder Pension nehmen." In der zweiten ist zu lesen: „Eine junge Dame aus vornehmer Familie gegenwärtig in Sorgen lebend sucht die Bekanntschaft eines reichen achtbaren Herren". Die zehn 1872 inserierenden Männer präsentierten sich alle mit Alter (hoch in den 50. J, 27, jung, 40 J., in den 30er Jahren, 36 J., jung, 29 J., jung, 30), mehrheitlich auch mit Eigenschaft (rechtlich, anständig, stattlich, gebildet) und/oder sozialer Position (gutes Geschäft, vermögender, selbständiger Kaufmann, Apotheker, Kaufmann, Geschäftsmann, Kaufmann).[19] Zitiert sei als Beispiel ein Inserat vom 1. 5. 1872: „Ein anständiger Mann, hoch in den 50. Jahren, gutes Geschäft, sucht die Bekanntschaft einer Dame oder Wittwe (es kann auch eine Jüdin sein), welche zugleich die Wirthschaft zu führen gesonnen ist." Ein zweites Beispiel stammt vom 28. 6. 1872:

> Ein junger Kaufmann, 30 Jahre alt, mit einträglichem Geschäft, wünscht, da geschäftlich behindert, auf diesem Wege die Bekanntschaft mit einer jungen Dame zu machen. Hauptbedingungen: Einfach anspruchsloses, aber liebenswürdiges Wesen, womöglich fürs Geschäftsleben passend, und mindestens 5.000 thlr Vermögen.

Gleich ob sie als angestrebtes Ziel Bekanntschaft oder direkt Heirat nannten, alle Frauen und Männer orientierten sich in Angebot und Nachfrage am gemeinsamen (ehelichen) Wirtschaften und dessen materieller Grundlage.

1892 gab es in den ausgewerteten drei Mai-Ausgaben der *Vossischen Zeitung* 44 einschlägige Anzeigen, fast viermal so viele wie 1872. Nahezu alle Anzeigen zielten explizit auf Heirat. Nach Abzug der elf in Vertretung einer anderen Person aufgegebenen Anzeigen, verbleiben 33 Anzeigen von 13 Männern und 20 Frauen zur genaueren Analyse. Von den annoncierenden Männern waren zwei, von den Frauen fünf verwitwet. Das folgende Heiratsgesuch vom 10. 5. 1892 zeigt beispielhaft die für Mann und Frau unterschiedlichen Qualitätsmerkmale:

> Ingenieur, Anfang 30er, evangelisch, Inhaber eines technischen Bureaus, vermögend, sucht eine Lebensgefährtin. Bedingungen: Angenehmes Äußeres, tadelloser Ruf, gute Erziehung und einiges Vermögen.

Bei der Selbst- oder Wunschdarstellung wurden für Frauen unter anderem auch gutes Herkommen, angesehene Familie, höherer Stand sowie vornehme Erscheinung, hübsches Äußeres, hübsche Manieren genannt, bei Männern auch angesehene Stellung, gute Verhältnisse.

Die frühen Anzeigen statteten ihr Angebot und ihre Nachfrage nur mit einem Minimum an Erläuterungen aus. In der Folgezeit blieb dieses Minimum zwar als Grundsubstanz der Anzeigen erhalten. Aber die Erläuterungen wurden erheblich ausdifferenziert, präzisiert und

---

19 Anzeigentexte wimmeln von preissenkenden Kürzeln und es bedarf einiger Übung, die ausgesparten Buchstaben, Silben und Wörter zu ergänzen. Wegen der besseren Lesbarkeit werden hier nur vervollständigte Texte zitiert.

mit neuen Floskeln versehen. Diese Veränderungen lassen sich anhand der illustrierten belletristischen Wochenschrift *Die Gartenlaube* gut nachvollziehen. Ausgewertet wurden alle Anzeigen von jeweils fünf Mai/Juni-Nummern aus den Jahren 1912, 1922 und 1932, das heißt aus der Zeit vor dem Ersten Weltkrieg, aus der politisch und wirtschaftlich turbulenten Nachkriegszeit und dem Jahr der dramatisch zugespitzten Weltwirtschaftskrise. Nach Abzug aller mehrfach geschalteten und Stellvertreteranzeigen stützt sich die Analyse für 1912 noch auf 70, für 1922 auf 34, für 1932 auf 223 Anzeigen. Auf dieser Materialbasis das Anzeigengeschehen in Abständen von zehn Jahren genauer zu untersuchen, führt zu interessanten Ergebnissen, auch wenn die Grundgesamtheiten so klein sind, dass der Zufall stark zu Buche schlägt und die Besonderheiten der seit 1853 erscheinenden *Gartenlaube*, ein weit verbreitetes bürgerliches Familienblatt und bestens bewährtes Anzeigenmedium, hier nicht erörtert werden können.

Der Anteil der von Frauen aufgegebenen Anzeigen lag zunächst bei 41, stieg dann auf 52 und fiel erneut auf 44 Prozent. Angesichts der noch großen Bedeutung von kirchlicher Trauung und heftiger kirchlicher Abwehr sogenannter Mischehen, überrascht es, dass gut die Hälfte aller Männer und Frauen keine Angabe zur Konfession machten. Interessant sind auch die Verschiebungen in der Altersverteilung der Inserierenden. 1912 waren 52 Prozent der Frauen, die überhaupt ihr Alter angaben, nicht älter als 34 Jahre. 1922 gehörten dieser Altersgruppe bereits 72 Prozent und 1932 sogar 92 Prozent der Inserentinnen an. Es muss offen bleiben, ob ältere Frauen immer seltener inserierten oder nur ihr Alter nicht mitteilten. Männer vertrauten sich demgegenüber auch noch nach ihrem 50. Lebensjahr in nennenswerter Zahl dem Anzeigenmarkt an. 1912 war bei den Männern, die ihr Alter angaben, die Altersgruppe bis zu 34 Jahren und von 35 bis zu 49 Jahren in etwa gleich stark mit gut 40 Prozent besetzt. Nach dem Ersten Weltkrieg aber stieg auch bei den Männern der Anteil der bis zu 34 Jahre alten Inserenten auf 57 und 1932 sogar auf 62 Prozent an. Diese Beobachtung regt zwar zu zahlreichen spekulativen Überlegungen an, doch um sie einigermaßen stichhaltig zu deuten zu können, wären weitere Nachforschungen erforderlich.

Äußerst selten blieben präzise Mitteilungen über den erwünschten beziehungsweise hinnehmbaren Altersabstand zum gesuchten Gegenüber. Aber nach den wenigen Informationen, die es dazu gibt, hielten es nicht nur Männer, sondern auch Frauen für wünschenswert, dass in einem Paar der Mann mindestens acht bis zehn Jahre älter ist als die Frau. Diese Paarnorm beförderte für ältere Männer und behinderte für ältere Frauen die Möglichkeit der Wiederheirat. Um so erstaunlicher ist, dass trotzdem 1912 unter den insgesamt 29 inserierenden Frauen auch neun Witwen und vier davon mit Kindern hofften, über eine Heiratsanzeige erneut eine Ehe schließen zu können. Für die 1912 ebenfalls inserierenden neun Witwer gab es wohl erheblich bessere Erfolgschancen. 1932 war der Anteil derjenigen, die eine Zweitehe anstrebten, auf die Hälfte zurückgegangen, obwohl nun außer verwitweten auch einige schuldlos geschiedene Menschen eine Heiratsanzeige aufgaben.

Stärker als diese strukturellen Veränderungen fallen an den Anzeigen in der *Gartenlaube* die Veränderungen in Stil und Inhalt der Texte auf. Die Wünsche wurden ausdifferenziert und erheblich wortreicher als 1892 formuliert. 1912 herrschte, stärker bei Männern als bei Frauen, noch die schlichte Zielangabe Heirat bei gesichertem Einkommen vor. Doch schon war bisweilen von Neigungsheirat und vor allem in Anzeigen von Frauen bereits vom Lebensgefährten und Kameraden die Rede. Auch wurde das Ziel der Heirat nun häufiger verbunden mit dem Wunsch nach einem Heim. Männer erträumten dieses als traut, gemütlich, liebevoll, während Frauen stärker die glückliche oder harmonisch Ehe und das Lebensglück betonten. Zehn Jahre später artikulierten Frauen 1922 weitergehende Ansprüche. Sie wollten sich glücklich verheiraten, erhofften eine Idealehe, ein reines oder wahres Eheglück, eine moderne Harmonie und suchten den Lebensgefährten als treuen Weggenossen in Freud und Leid. Ein weiteres Jahrzehnt später wurden 1932 die Wunschvorstellungen nun auch von Männern noch bunter ausgemalt. So war am 4. 5. 1932 zu lesen:

Blondine, hübsche, elegante Erscheinung, vielseitige Sonnennatur, tüchtige Hausfrau, evangelisch, 1,69 Meter, gute Verhältnisse, möchte charaktervollem, großzügigem Herrn gemütvolle scharmante Lebenskameradin sein, Akademiker, höherer Staatsbeamter, Arzt, Offizier bevorzugt. Bildzuschriften …

Beide Geschlechter verständigten sich wortreich außer über Neigungsehe nun auch über Liebesheirat, Hochehe, Eheglück, Zweisamkeit, verinnerlichtes Familienleben, heimatliches Geborgensein, häusliches Glück. Ihr Suchen galt dem passenden Lebensgefährten, dem Lebens- und Ehekameraden. Frauen nahmen diese Ideale häufig in ihr Angebot auf, Männer formulierten sie fast ausschließlich als Nachfrage.

Parallel zu diesem idealen Höhenflug wurde in Angebot und Nachfrage weiterhin höchst selbstverständlich über Erwerbsposition, Vermögen und Aussteuer beziehungsweise Ausstattung als materielle Voraussetzungen des Ehestandes verhandelt. Neu etablierte sich in den Anzeigen der Begriff Einheirat. Männer fragten eine Einheirat nach, Frauen boten diese an, um über Heirat ein Wirtschaftsunternehmen zu begründen, zu stabilisieren oder zu erweitern. 1922 wünschten allein sieben der inserierenden 16 Männer eine Einheirat. Diese war nach dem Ersten Weltkrieg als Folge der massenhaften Tötung von Frontsoldaten vermutlich keineswegs aussichtslos. Eine solche Anzeige konnte im Übrigen durchaus gleichzeitig Einheirat, Neigungsehe und sonniges Heim ansprechen. Auch noch 1932 wurde Einheirat von zwölf Männern ausdrücklich nachgefragt und von zwei Frauen angeboten, aber unter den insgesamt 223 Anzeigen waren dies nun verschwindend kleine Zahlen.

Insbesondere die persönlichen Qualitäten wurden im frühen 20. Jahrhundert in völlig neuer Weise angeboten und nachgefragt. Zuschriften mit Bild wurden zur Regel. Die Auskunft über körperliche Merkmale veränderte sich. Reichte 1912 noch der Hinweis auf mittlere oder größere Statur, war bereits 1922 die Länge meistens exakt vermessen. Ebenfalls wurde üblich, die Haarfarbe und hier bei Frauen bevorzugt alle Variationen von blond herauszustellen. Für einen Mann galt es nun als vorteilhaft groß, schlank, gesund, von jugendlicher oder flotter Erscheinung zu sein, während Frauen möglichst zierlich, jung, hübsch und gesund sein sollten. Frauen, die sich selbst mit ihrer schlanken, anmutigen, sympathischen, eleganten oder vornehmen Erscheinung anpriesen, gaben sich beim Mann meistens mit stattlicher Figur, gesundem, bisweilen auch gepflegtem und sportlichem Körper zufrieden.

Auch die charakterlichen Eigenschaften wurden immer wortreicher angesprochen. 1912 bezeichneten Männer sich selbst in ihrem Angebot noch weiterhin als charaktervoll, anständig, ehrenhaft, strebsam und solide, zusätzlich nun aber auch als edeldenkend, sittlich hochstehend, verträglich, liebevoll. 1932 erweiterten sie die Skala ihrer Seriosität um die Adjektive vornehm, entschlossen, energisch und zielbewusst, allerdings auch um hilfsbereit und kinderlieb. Frauen suchten durchgehend einen charaktervollen Mann, der ehrenwert und solide, aber schon 1912 zusätzlich gemütvoll und idealdenkend, 1922 liebevollen Herzens und feinsinnig, 1932 außerdem lieb und gut, sympathisch und klug, treu und offen sein sollte. Frauen bedienten in ihrer Selbstdarstellung uneingeschränkt das normative Ergänzungsprogramm, indem sie sich als kinderlieb, heiter und lebensfroh, gemütvoll und warmherzig, sanft, ruhig und still bezeichneten; unter den Inserentinnen war es eine seltene Ausnahme, sich vielseitig talentiert zu nennen. 1932 bereicherten Frauen ihre Selbstdarstellung um die neuen Vokabeln natürlich, harmonisch, friedlich, anschmiegsam, anspruchslos, Sonnennatur, tief veranlagt und echt deutsche Gesinnung. Das Wunschbild der Männer spiegelte die Selbstdarstellung der Frauen. Sie sollte ein einfaches natürliches sonniges Wesen sein mit frischer froher Lebensauffassung, tief empfindend und bescheiden.

Diesem durchgehend bedienten Ergänzungsprogramm entsprachen nicht zuletzt die Mitteilungen über soziale Platzierung, Vermögen, spezifische Fähigkeiten und Interessen. Ein gewisses Vermögen beziehungsweise sicheres Einkommen, die Herkunft aus guter Familie oder angesehenen Kreisen waren ebenso wie der gute oder tadellose Ruf für Männer und Frauen gleichermaßen wichtig. Frauen stellten sich zusätzlich geschlechtsspezifisch als gebildet, häuslich erzogen, wirtschaftlich und gesellschaftlich sicher vor und betonten ihren Sinn für Musik, manchmal auch Kunst und vor allem Natur. Sie trafen damit voll und ganz die von Männern formulierte Nachfrage. Frauen wiesen vereinzelt außerdem auf Sprachkenntnisse, Geschäftstüchtigkeit oder eine spezielle Ausbildung hin, obwohl in den Anzeigen für dieses Angebot keine Nachfrage artikuliert wurde. Männer bedienten ihrerseits die von Frauen angemeldete Nachfrage, wenn sie primär ihre Berufsposition nannten und als gesichert bezeichneten. Akademiker in höherer staatlicher oder privatwirtschaftlicher Beamtenposition mit Pensionsberechtigung standen besonders hoch im Kurs. Frauen verlangten von Männern vermehrt allerdings auch Interesse für beziehungsweise Liebe zu Kunst, Musik und Natur und Sinn für praktische Häuslichkeit. Diese Zusatzqualifikationen nahmen Männer nur sehr selten in ihr Angebot auf. Ja, bei Männern nahmen Hinweise auf Interesse an Kultur und Natur sogar ab, während die auf sportliche Aktivitäten deutlich zunahmen.

Insgesamt fanden in den Anzeigen die seit dem späten 19. Jahrhundert entwickelten neuen Körper- und Gesundheitsvorstellungen ebenso wie die veränderte Ehe- und Familienorientierung von Männern und veränderte Ehe- und Familienerwartung von Frauen einen deutlichen Niederschlag. Gleichzeitig aber kam in den Anzeigen so gut wie nie zur Sprache, dass im ersten Drittel des 20. Jahrhunderts auch bürgerliche Frauen ein Gymnasium oder selbst eine Universität besuchen konnten, und dass sie spätestens in den zwanziger Jahren in der Regel vor der Ehe berufstätig waren. Die folgende Anzeige vom 11. 5. 1922 ist eine Rarität: „Dame aus bester Familie, 40, gut aussehende, frische Erscheinung, staatliche Lehrerin in kleinem Fabrikort Norddeutschlands wünscht Heirat. Elegante kleine Einrichtung vorhanden. Beruf würde Betreffende, da gutes Gehalt, evtl. beibehalten …" Auch die mit Erstem Weltkrieg und Weltwirtschaftskrise über die Menschen hereingebrochenen katastrophalen wirtschaftlichen und sozialen Umwälzungen hinterließen in den Heiratsanzeigen kaum eine Spur. Auf die Zeitumstände verwiesen allenfalls die Selbstbezeichnung als Kriegerwitwe, das ausdrückliche Angebot, gerne mit einem Kriegsversehrten eine Ehe eingehen zu wollen, oder während der schnell gesteigerten Inflation 1922 die Entscheidung von Frauen, an Stelle von oder ergänzend zu Geldsummen ihre gute Aussteuer beziehungsweise Ausstattung an Textilien und Möbeln hervorzuheben.

Im Gegensatz dazu waren Nachwirkungen des Zweiten Weltkriegs in den insgesamt 78 Heiratsanzeigen der *Frankfurter Allgemeinen Zeitung* vom Mai 1953 weitaus präsenter. 44 dieser Anzeigen stammten von Frauen und 34 von Männern. Einheirat in einen Betrieb gab es als Angebot bei fünf Frauen und zwei Männern und als Nachfrage bei acht Männern. 27 Prozent der inserierenden Frauen und neun Prozent der Männer waren verwitwet. Die inserierenden Frauen und Männer verteilten sich ungewöhnlich gleichmäßig über die Altersgruppe der 25- bis 54-Jährigen. Die inserierenden Frauen wiesen sich wie die Männer hinsichtlich ihrer Berufstätigkeit aus und nahmen verfügbare Sachwerte wie Wohnung, Eigenheim oder Auto in ihr Angebot auf.

Zehn Jahre später waren aus den Anzeigen der *Frankfurter Allgemeinen Zeitung* solche Indizien der Umbrüche verschwunden. Im Mai 1963 hatten 130 Frauen und 95 Männer annonciert. Wie schon am Ende der Weimarer Republik war unter den Inserierenden das Alter von 20 bis 44 Jahren am stärksten vertreten. Das Vokabular der Inserate knüpfte zwar noch an die 1920er Jahre an, aber es zeichneten sich neue Entwicklungen ab. Männer suchten nun seltener die Heirat und häufiger die Frau als Lebensgefährtin. Die Kameradin war passé, die Partnerin kündigte sich an. Ein Arzt begab sich sogar auf die Suche nach einer Berufskollegin. Ein anderer Mann erklärte, ein guter Ehemann sein zu wollen, und ein nächster legte Wert auf eine Ehe in seelischer und geistiger Harmonie. Allerdings stand weiterhin außer

Frage, dass für eine solche Ehequalität in erster Linie die gesuchte Lebensgefährtin zu sorgen hatte. Erstaunlicherweise unterbreiteten Frauen, von denen nun gut 50 Prozent Beruf und Berufstätigkeit nicht mehr verschwiegen, häufig ausdrücklich eben dieses Angebot. Sie erklärten das harmonische Eheglück zu ihrem vorrangigen Ziel, wollten dem Mann zur Seite stehen, ihm eine verständnisvolle Lebensgefährtin und angenehme Lebenspartnerin sein. Eine Frau bot ausdrücklich an, für ein harmonisches Eheleben ihren Beruf aufzugeben.

Bekanntschaft in Angebot und Nachfrage und der Weg in die Zukunft

Es ist aufschlussreich, den bisherigen Befunden als Kontrast die Präsentationsformen aktueller Anzeigen gegenüberzustellen. Wie die Medien generell, so bedienen heute auch die Anzeigen die Kultur des Lifestyle. Wie das geschieht, sei genauer anhand der einschlägigen Anzeigen in den Wochenendausgaben vom Mai 2002 der in München erscheinenden überregionalen *Süddeutschen Zeitung* erläutert. Die Sparte *Heiraten Damen/Herren* war hier auf ein Minimum geschrumpft. Die untersuchten drei Wochenendausgaben brachten insgesamt nur 26 Heiratsanzeigen, elf stammten von Männern und 15 von Frauen, darunter acht Ausländerinnen. Die Zeit der Heiratsanzeigen ist also offensichtlich abgelaufen. Die Masse der Anzeigen befand sich in der Rubrik *Bekanntschaften*. Allein die hier genauer ausgewertete Pfingstausgabe der *Süddeutschen Zeitung* brachte 182 Anzeigen von Frauen und 115 von Männern, das heißt 61 Prozent der insgesamt 297 Anzeigen stammten von Frauen und 39 Prozent von Männern. Das Alter der Inserierenden war deutlich in Richtung des höheren Alters verschoben. Rund zwölf Prozent sowohl der Frauen als auch der Männer verschwiegen ihr Alter. Von den übrigen Inserierenden, und zwar unterschiedslos bei Frauen und Männern, waren 15 Prozent nicht älter als 34 Jahre, 55 Prozent waren 35 bis 49 Jahre alt und 30 Prozent 50 Jahre und älter.

Angesichts dieser deutlich zum höheren Alter hin verschobenen Altersverteilung der Inserierenden ist es, was die heute üblichen Inhalte und stilistischen Floskeln anbelangt, um so bemerkenswerter, wie konform sich die Bekanntschaftsanzeigen in die von Werbung und Fernsehen seit Jahren bearbeitete individualistisch ausgelegte Lifestyle-Kultur einpassten. Um so interessanter ist es zu fragen, was in den Anzeigen mit den Ehe- und Geschlechternormen geschieht. Sie haben sich zwar offensichtlich stark verändert, aber sie sind nach wie vor virulent. Anders als vermutet, geht es in den untersuchten Bekanntschafts-Anzeigen der *Süddeutschen Zeitung* weiterhin so gut wie ausschließlich um heterosexuelle Paarbeziehungen. Eine naheliegende Erklärung dafür ist, dass für homosexuelle Paarbeziehungen andere Zeitungen und das Internet den Austausch zwischen Angebot und Nachfrage vermitteln.

Unter den 297 in der Süddeutschen Zeitung Inserierenden nannten nur zwei Männer und eine Frau als Nah- oder Fernziel explizit eine Ehe beziehungsweise Heirat, also die institutionell abgesicherte Form des Zusammenlebens. Selbst weitaus offener formulierte Familienambitionen wurden nur von fünf Männern und vier Frauen angemeldet. Nur diese wenigen Inserierenden, die überhaupt Ehe, Heirat und Familie als Zielvorstellung ansprachen, signalisierten meistens auch Interesse an Kindern.

Eine weitere Beobachtung ergänzt diesen Befund. Anders als es der statistischen Wahrscheinlichkeit entspräche, gaben sich nur sehr wenige Frauen und so gut wie keine Männer als geschieden, verwitwet oder als Mutter beziehungsweise Vater zu erkennen, und auch die Bereitschaft, mit solchen Menschen Bekanntschaft zu schließen, wurde nur äußerst selten angedeutet. Völlig verschwunden waren schließlich auch die früher gängigen Hinweise auf die Herkunft aus guter Familie und besseren Kreisen. Diese Beobachtungen fügen sich, so meine These, zu einem stimmigen Gesamtbild: Auf dem Markt für Kontakte und Partnerschaften hat sich offenbar ebenfalls durchgesetzt, was schon lange für Angebot und Nachfrage auf dem Waren- und Arbeitsmarkt gilt. Menschen, die nachgefragt werden wollen, rechnen sich bessere Chancen aus, wenn sie sich im Angebot als Individuen sowohl autonom als auch isoliert präsentieren. In eben diesem Duktus gestalten sie heute auch dann ihre Nachfrage, wenn sie für den eigenen Bedarf das gesuchte Gegenüber der erwünschten Partnerschaft in spe selbst erfinden.

Gewiss, einige wenige Anzeigen formulierten durchaus wahrnehmbar die Botschaft, die gesuchte Bekanntschaft könne auch von Dauer sein. Von Seiten der Männer war dann die Rede von der „Frau fürs Leben", von „Dauerbeziehung", „gemeinsamem Leben", „Wir-Perspektive", „Kein Freund des Modells ‚Lebensabschnittspartner'", „dauerhaft harmonischer Partnerschaft" und „Lebenspartnerin". Eine der inserierenden Frauen hatte ihren Wunsch nach Dauer vielleicht in die Formulierung „lebendige, vertrauensvolle, warmherzige, verlässliche Lebensgemeinschaft" verpackt. Die große Mehrheit der Anzeigen aber enthielt – aus welchen Gründen auch immer – kein Wort über die erwünschte Zeitdimension der Bekanntschaft. Die früher beliebte männlich-weibliche Rede von Lebensgefährtin und Kameradin beziehungsweise Lebensgefährten und Kameraden war 2002 nahezu vollständig verschwunden. Der Partner, die Partnerin und die Partnerschaft – die Nähe zur Sprache von Wirtschaft und Politik ist frappierend – dienten als gängige Bezeichnungen um anzusprechen, was in Gang gesetzt werden sollte, und Adjektive wie echt, vertrauensvoll, respektvoll, gleichberechtigt, anpassungsfähig verwiesen auf zusätzlich erwünschte Qualitäten.

Über das angebotene und nachgefragte Gut der Bekanntschaft verhandelten die Anzeigen in einem Bezugssystem, das Freizeit, Urlaub und relativen Luxus zum selbstverständlichen Alltag erklärt und völlig absieht von materiellen und sozialen Zwängen. Das gilt erstens für die Wohnung als Ort der Partnerschaft. Die Zuständigkeit der häuslich und wirtschaftlich erzogenen Hausfrau für den Haushalt und dessen Bewirtschaftung wurde in den 1920er Jahren auch dann noch deutlich markiert, als längst die Floskel vom harmonischen Heim zirkulierte. In den untersuchten 297 Anzeigen betonten 2002 nur zwei Frauen ihre „stily und farbharmonische Häuslichkeit" beziehungsweise ihren „Sinn für Häuslichkeit". Nur ein einziger Mann suchte eine Partnerin mit häuslichem Sinn, und zwei Männer hissten als Neuerer die Flagge ihrer Kochkünste. Deutlich zurückgestuft wurden zweitens auch der Beruf und der berufliche Erfolg. Beide scheinen selbst bei Männern als Markenzeichen und Qualitätsgarantie ihre ehemals herausragende Bedeutung eingebüßt zu haben. Die bei Frauen und Männern immer noch beliebte Information „Akademiker" signalisiert heute vor allem die Zugehörigkeit zu den akademisch Gebildeten, besagt aber nichts über die ausgeübte Berufsarbeit. Wird die Bezeichnung Akademiker nicht mitgezählt, dann informierten nur knapp ein Drittel der Männer und knapp ein Zehntel der Frauen mit einer mehr oder weniger vagen Aussage über ihren Beruf. Auch Aussagen über Vermögens- und Besitzverhältnisse waren überaus rar geworden, es sei denn man lässt die Nennung bekanntermaßen teurer Sportarten oder aufwendiger Reisen als gleichwertige Information gelten. Es erfordert zweifellos einige Anstrengung, die banale und kräftezehrende Seite des häuslichen Alltags derart konsequent zu verdrängen. Möglicherweise wucherte in den Anzeigen gerade deshalb das auffallend insistierende Reden von Humor, Lebensfreude, sinnlichem Genuss, Vertrauen und Harmonie.

Alles in allem kreisten die Bekanntschaftsanzeigen um das, was insbesondere die Werbung heute als optimal stilisierte, individuelle Persönlichkeit und Inbegriff aller Wünsche propagiert und als Lifestyle, Wellness und Happiness auf den Begriff bringt. Eine der Anzeigen übersetzte dieses Programm in die Formel „Lust auf Lachen, Lieben, Leben" und eine andere variierte, es gehe um „Lieben, Lachen, Genießen". Die alten Werte des gebildeten Bürgertums standen 2002 zwar weiterhin hoch im Kurs, doch auf gleicher Höhe mit Kultur und Natur rangierten jetzt Sport und Reisen. Zusätzlich Erotik, Sinnlichkeit und Sexualität in das Programm aufzunehmen, schien im Jahr 2002 auch Menschen, die sich erkennbar als seriös anpriesen, nicht nur gestattet, sondern zur Pflicht geworden zu sein.

Auf der Bühne der überwiegend sehr wortreichen Anzeigen inszenierten sich Frauen unter anderem als sinnenfroher Barockengel, Rubensfrau, Pretty Woman, Typ Marlene, Charmante Eva, Venus, attraktive Landfee, Romantikerin, Vollblutweib, Powerfrau, Traumfrau, Genussmensch und bisweilen mit zugehörigem Tierkreiszeichen. Männer präsentierten sich viel seltener und vor allem weniger ernsthaft als früher mit ihrem Beruf, zum Beispiel als erfolgreicher Unternehmer Dr., attraktiver Konstrukteur, Netter Typ Ing., Facharzt „Liebhaberstück", völlig ausgeflippter Rechtsanwalt. Häufiger aber tauchten neuartige Selbstcharakterisierungen auf wie attraktiver Mann und Dr., leidenschaftlicher Gentleman, liebevoller sympathischer Kavalier/Schmusekater, Kußmaul, Rubensliebhaber, Traummann, Junggolfer, unternehmungslustiger Typ.

Diese radikalen Veränderungen im Was und Wie der Anzeigen sind beeindruckend. Doch es gibt auch einige durchaus aussagekräftige Kontinuitäten. Es überrascht kaum, dass einige Frauen weiterhin ihre Sehnsucht nach einer starken Schulter oder Brust zum Anlehnen artikulierten oder sich als anspruchslos, anschmiegsam und anpassungsfähig anpriesen. Es entspricht auch den Erwartungen, dass Bilder, die Schutzbedürftigkeit und Unterwürfigkeit evozieren, zwar auch in der Nachfrage der Männer auftauchten, aber nicht in deren Angeboten. Weitaus bemerkenswerter sind die erwünschten Altersabstände. Beide Geschlechter hielten an der Norm fest, dass in einer Partnerschaft die Frau jünger sein muss als der Mann. Im Mai 2002 gab es unter den 38 Männern, die ihre Anzeigen mit klaren Altersangaben ausgestattet hatten, nur vier, die eine gleichaltrige Frau, und zwei weitere, die evtl. eine zwei beziehungsweise fünf Jahre ältere Frau zu akzeptieren bereit waren. Aus Sicht bildungsbürgerlicher Männer betrug der erwünschte Sicherheitsabstand zur Frau selten nur drei und – wie schon um 1900 – häufiger sechs bis zehn Jahre. Die große Mehrheit der Männer hielt eine Partnerschaft mit einer zehn bis 25 Jahre jüngeren Frau offenbar für höchst attraktiv. Erstaunlicherweise decken sich diese Vorstellungen der Männer nach wie vor weitgehend mit denen der Frauen. Noch immer machten weniger Frauen als Männer genaue Altersangaben. Wenn Frauen darüber Auskunft gaben, dann wünschten sie sich mehrheitlich einen Partner, der möglichst einige Jahre, aber definitiv nicht mehr als zehn Jahre älter ist als sie selbst. Eine Neuorientierung zeichnete sich bei den Frauen insofern ab, als sich nicht wenige einen gleichaltrigen Partner erträumten und 15 Prozent aller Inserentinnen selbst einen etwas jüngeren Mann in ihre Nachfrage einbezogen.

Resümee

Es wäre lohnend, diese flüchtigen Beobachtungen zur Entwicklung von mehr Gleichschultrigkeit, Gleichstellung und Gleichberechtigung in den immer noch auf Geschlechterdifferenz ausgelegten Frau-Mann-Paarbeziehungen anhand des Anzeigenmaterials weiter auszuarbeiten. Ebenso ließe sich mit diesem Material die Frage fundiert erörtern, wie die wirksam tradierten Geschlechterkonzepte und Wunschvorstellungen vom Leben zu zweit in die massenmediale Kultur performativer Inszenierungen eingearbeitet, aber auch immer wieder in Auseinandersetzung mit diesen Inszenierungen sowie mit strukturellen und politischen Gegebenheiten umgearbeitet wurden und werden.

Für das Experimentieren mit den Heiratsanzeigen als Quelle hatte ich mir einen sehr viel engeren Rahmen abgesteckt. In diesem kurzen Beitrag ging es mir nur darum, Heiratsanzeigen aus mehr als hundert Jahren zu studieren, in kleiner Menge zu sammeln und zu interpretieren, um zu erproben, was diese Quellen bei historischem Vorwissen und vornehmlich qualitativer Textanalyse über das Zusammenspiel zwischen Warenmarkt, Heiratsmarkt und dem Markt der vervielfachten Bekanntschaftschancen preiszugeben vermag. Wählt man als Ausgangspunkt für weitergehende Fragen nicht unsere Gegenwart, sondern die

Frühzeit der Heiratsanzeigen, dann lautet eine naheliegende Frage, wann, wie und warum in den Anzeigen die wirtschaftlichen Komponenten des angestrebten Ehelebens und gemeinsamen Haushaltens allmählich immer weiter in den Hintergrund traten. Eine solche Frage könnte einen heute völlig belanglos erscheinenden, aber historisch höchst bedeutsamen Strang des sozialen Wandels im Marktgeschehen aufwerten und gegenüber der derzeit retrospektiv dominanten Sicht auf Individuen in Paarkonstellationen wieder mit dem, wie ich denke, geschichtlich ebenso wie aktuell angemessenen Gewicht ausstatten.

Ute Gerhard

Die Ehe als Geschlechter- und Gesellschaftsvertrag

Zum Bedeutungswandel der Ehe im 19. und 20. Jahrhundert

Düstere Prognosen zum „Zerfall der Familie", neuerdings zum „Ende der Ehe", haben in den Sozialwissenschaften eine lange Tradition. Sie sind immer eng verbunden mit Reflexionen über die gesellschaftliche Stellung der Frauen, ihren Forderungen nach Gleichberechtigung und Emanzipation, und werden in der neueren, sich modern verstehenden Soziologie unter dem Stichwort „Individualisierung", genauer, der „nachholenden Individualisierung der Frauen" verhandelt.[1] Die These vom Zerfall der Familie und vom Bedeutungsverlust der Ehe als Institution und damit als Basis der Familie ist für die Individualisierungstheoretiker ein zentrales Argument und der Punkt, an dem die Modernisierung der Geschlechterverhältnisse zum Problem und vieldiskutierten Gegenstand soziologischer Gegenwartsdiagnosen wird.[2] Die Familiensoziologin Rosemarie Nave-Herz kommt in ihren Untersuchungen jedoch zu dem Ergebnis, dass die Rede über die „Krise" oder den „Zerfall" der Familie so alt ist wie der Diskurs über die Familie selbst.[3] Gleichgültig, ob es sich dabei um die Bedrohung der väterlichen Autorität, den Funktionsverlust der Familie oder um die zunehmende Kinderlosigkeit handelte, der Stein des Anstoßes war seit der Begründung der Familiensoziologie durch Ferdinand LePlay in Frankreich oder Wilhelm H. Riehl in Deutschland entweder die „verrufene Emanzipation der Frauen"[4] oder mit zunehmender Industrialisierung und Marktabhängigkeit aller, die ihren Lebensunterhalt verdienen müssen, die Erwerbstätigkeit von Müttern kleiner Kinder. Immer ging es dabei nicht vorrangig um die Familie als Ort privaten Glücks oder um Partnerschaftskonflikte, sondern um die Familie als Institution und Grundpfeiler der bürgerlichen Gesellschaftsordnung und damit um einen grundlegenden, Staat und Gesellschaft bedrohenden Werteverfall.

Viele familiensoziologische Befunde, auf die sich die Individualisierungstheorien heute stützen und die unter den Stichworten ‚Pluralisierung', ‚De-Institutionalisierung' und ‚Po-

---

1 Vgl. z. B. Ulrich Beck, Risikogesellschaft. Auf dem Weg in eine andere Moderne, Frankfurt a. M. 1986.
2 Das heißt die Gleichsetzung von Ehe und Familie bzw. die Annahme, dass die Eheschließung die notwendige Voraussetzung einer Familiengründung sei, bezeichnet den der gegenwärtigen Realität nicht mehr angemessenen Ausgangspunkt in dieser Debatte.
3 Rosemarie Nave-Herz, Die These über den „Zerfall der Familie", in: Jürgen Friedrichs, Rainer Lepsius u. Karl Ulrich Mayer Hg., Die Diagnosefähigkeit der Soziologie. Sonderheft 38 der Kölner Zeitschrift für Soziologie und Sozialpsychologie, Opladen 1998, 286–315, 286 f.
4 Wilhelm H. Riehl, Die Familie, Stuttgart 1855.

larisierung' verhandelt werden, sind inzwischen scharf kritisiert beziehungsweise relativiert worden: So ist die Pluralisierung der Lebensformen keineswegs ein historisch neues Phänomen, sondern in der Geschichte der Familie in den verschiedenen Phasen gesellschaftlicher Transformation als Kennzeichen oder auch Schrittmacher sozialen Wandels aufgetreten.[5] Die bunte Vielfalt der Familienformen in der europäischen Neuzeit bis ins 20. Jahrhundert hinein wird von der historischen Familienforschung sogar als spezifisch europäischer Hintergrund der Familienentwicklung gekennzeichnet. Ebenso ist die verbreitete Klischeevorstellung von einer Entwicklung der Groß- zur Kleinfamilie immer wieder als ‚Mythos' entlarvt worden.[6] Schließlich kann allenfalls dann von einer Vervielfältigung der Lebensformen heute gesprochen werden, wenn die Zeit nach dem Zweiten Weltkrieg bis zur Mitte der 1960er Jahre als Vergleichsmaßstab dient: Es ist die historische Phase, die in den westlichen Industrieländern allgemein als „Golden Age of Marriage" charakterisiert wird, „weil noch nie in der Geschichte unseres Kulturkreises ... so viele Menschen verheiratet waren, so wenige Ehen geschieden wurden, eine relativ hohe Kinderzahl pro Familie gegeben war und nichteheliche Lebensgemeinschaften so gut wie unbekannt waren."[7]

Tatsächlich ist die Familie für jeden Beteiligten ein Erfahrungsraum, in dem sich gesellschaftlicher Wandel, aber auch soziale Probleme und Verlusterfahrungen anscheinend unmittelbar zeigen, weshalb jeder und jede meint, in dieser Art Zeit- und Krisendiagnose Experte zu sein. Gerade deshalb aber ist es lohnend, gelegentlich wissenschaftliche Analysen zu Rate zu ziehen und generalisierende Erfahrungen zu hinterfragen. Im Folgenden möchte ich zunächst die normative Verfassung der Ehe in der bürgerlichen Gesellschaft aus rechtshistorischer sowie aus der Geschlechterperspektive beleuchten. Dabei soll (1.) sowohl die Auffassung der Ehe als Institution, die bis heute weit reichende juristische Folgen hat, diskutiert werden, als auch (2.) die diese Folgen seit dem 19. Jahrhundert begleitende feministische Ehekritik zu Wort kommen, um (3.) die familiensoziologischen Befunde in einer die europäischen Entwicklungen vergleichenden Perspektive in die Betrachtung einzubeziehen. Denn auch im europäischen Vergleich spielen die unterschiedlichen rechtsgeschichtlichen Pfade und Prägungen eine nicht unwesentliche Rolle. Gleichzeitig ist festzustellen, dass es

---

5   Heidi Rosenbaum Hg., Seminar: Familie und Gesellschaftsstruktur, Frankfurt a. M. 1978.
6   Michael Mitterauer u. Reinhard Sieder, Historische Familienforschung, Frankfurt a. M. 1982; Michael Mitterauer, Entwicklungstrends der Familie in der europäischen Neuzeit, in: Rosemarie Nave-Herz u. Manfred Markefka Hg., Handbuch der Familien- und Jugendforschung, Band I: Familienforschung, Neuwied 1989, 179–194; Michael Mitterauer, Europäische Familienentwicklung, Individualisierung und Ich-Identität, in: Jürgen Friedrichs Hg., Die Individualisierungs-These, Opladen 1998, 79–84; vgl. bereits René König, Soziologie der Familie, in: ders. Hg., Handbuch der empirischen Sozialforschung, Stuttgart 1969, 172–305 sowie Peter Laslett, Introduction: The History of the Family, in: ders. u. R. Wall Hg., Household and Family in Past Time. Cambridge 1972, 1–89.
7   Nave-Herz, These, wie Anm. 3, 294.

interessante Annäherungen und gemeinsame Trends im Hinblick auf den Bedeutungswandel der Ehe und eine neue Vielfalt der Familienformen gibt.

1. Die Ehe als Vertrag oder Institution

Seit der Aufklärung und der Französischen Revolution ist die Ehe zunehmend aus der kirchlichen Jurisdiktion herausgelöst und grundsätzlich als bürgerlicher, privatrechtlicher Vertrag definiert worden. Das gilt für die drei großen naturrechtlichen Kodifikationen, das Allgemeine Preußische Landrecht (ALR) von 1794, den französischen *Code civil* von 1804 und das österreichische Allgemeine Bürgerliche Gesetzbuch (ABGB) von 1811. Als Vertrag setzte die Eheschließung die freie Einwilligung und die Anerkennung beider Partner als rechts- und handlungsfähig voraus. Doch diese naturrechtliche Konzeption der Ehe als ‚Vertragsgesellschaft', die vom ‚freien Willen' und der Gleichheit der Vertragspartner ausging, reichte nur bis zum Abschluss des Vertrages und war von Anbeginn widersprüchlich. Ja, sie ist gekennzeichnet durch eine systematische Bruchstelle zwischen der geschichtsmächtigen Idee von der Gleichheit aller Menschen und einem „Sonderrecht" für verheiratete Frauen. Denn der Ehevertrag begründete unmittelbar ein Herrschaftsverhältnis, in dem der Mann als das „Haupt" der Ehe und Inhaber einer eheherrlichen Gewalt (*puissance maritale*) sowohl die Leitung und Kontrolle der ehelichen Angelegenheiten als auch die Verpflichtung zu Schutz und Unterhalt übernahm, die Frau jedoch zu Gehorsam, Unterwerfung und persönlicher Dienstleistung jeder Art verpflichtet wurde.

Auch in den politischen Theorien zum Gesellschaftsvertrag zeigt sich, dass dieser Widerspruch systematisch angelegt und die Abweichung vom Prinzip der Gleichheit nun aus Gründen der ‚Vernunft' zu rechtfertigen war. Der Ehevertrag fungierte quasi als Pendant oder andere Seite des Gesellschaftsvertrages, der die Frauen indirekt, vermittelt über ihren Rechtsvertreter und Ehemann, einbezog. Generell bezeichnet der Gesellschaftsvertrag die Art und Weise, wie die Rechts- und Staatslehren der Neuzeit die Herausbildung und Legitimation staatlicher Gewalt durch die Beteiligung der Staatsbürger in der Form einer Verfassung begründeten. Für alle Staatslehren des 16. bis 18. Jahrhunderts war selbstverständlich, dass dieser Gesellschaftsvertrag nur als einer unter Männern, zunächst sogar als Bündnis der Hausväter konzipiert war. Frauen tauchen in diesen Theorien überhaupt nicht auf, weil sie wie andere Abhängige, in den „Frieden des Hauses"[8] eingeschlossen, weder „Eigentümer ihrer Fähigkeiten", noch „frei sind vom Willen anderer". Entsprechend der politischen Theorie des Besitzindividualismus kamen als Partner des Gesellschaftsvertrages so-

---

8 Otto Brunner, Das ‚Ganze Haus' und die alteuropäische ‚Ökonomik' (1956), in: Ferdinand Oeter Hg., Familie und Gesellschaft, Tübingen 1966, 23–56, 35.

mit nur die Individuen in Betracht, die Eigentümer waren und imstande, „für sich selbst zu sorgen".[9] Während aber die anderen Hausgenossen, sowohl die (männlichen) Minderjährigen wie die Bediensteten oder Lohnabhängigen prinzipiell und de facto in der Lage waren, sich aus der Gewalt des Hausherrn zu emanzipieren, wurden gerade angesichts des Gleichheitspostulats immer wieder neue Begründungen notwendig, um Frauen unter hausväterlicher, in jedem Fall aber eheherrlicher Gewalt zu halten.

Gerade weil die neuzeitlichen Naturrechtslehren, die seit Hugo Grotius (1583–1645) oder Thomas Hobbes (1588–1679) ihre Idee von ‚richtigem' Recht auf die Vernunft, die Autonomie und die Würde der Menschen stützten, die nicht primär durch irgendwelche Pflichten eingeschränkt, sondern Träger von subjektiven Freiheitsrechten seien, barg die ungleiche Rechtsstellung der Frau von nun an einen fortwährenden Widerspruch. Immerhin hatten sich die Naturrechtslehrer wie Samuel von Pufendorf oder Christian Wolff noch Gedanken darüber gemacht, wie die ‚ursprüngliche' Gleichheit der Menschen mit der tatsächlichen Ungleichheit im ehelichen Geschlechterverhältnis zu vereinbaren wäre und die Anbindung und Unterwerfung der Frauen durch den Ehevertrag ausführlich begründet. Dabei wurde die Bedeutung der Ehe (und Familie) als besondere, die gesellschaftlichen Verhältnisse stabilisierende Einrichtung, „als Pflanzgarten des gemeinen Wesens"[10] immer wieder betont. Deshalb war die Ehe auch bei Christian Wolff ausdrücklich eine „gleiche Gesellschaft, und was in derselben geschehen soll, muß durch gemeinschaftliche Einwilligung ausgemacht werden." Solche Einwilligung nun schloss auf Seiten der Frau nicht aus, dass sie „in dasjenige, was die Gewohnheit mitbringt, [auch] stillschweigend einwilliget", und damit dem Mann die eheliche Gewalt und alle Rechte über sie einräumte. „Alsdann", so folgert Christian Wolff in seinen Grundsätzen des Natur- und Völkerrechts weiter, „ist die Frau dem Manne unterthan."[11]

Allein die Tatsache, dass die Unterordnung der Frau im Naturrecht unter Begründungszwang stand – so Ursula Vogel, die die Gleichheitspotentiale der Aufklärung betont,[12] – unterscheidet die Aufklärungsphilosophen von den späteren bürgerlichen Theoretikern. Letztere legitimierten den Einschluss der Frauen in die bürgerliche Häuslichkeit und ihren Ausschluss aus der bürgerlichen Öffentlichkeit mit der besonderen „Natur" der Frau, mit

---

9   John Locke, Zwei Abhandlungen über die Regierung, hg. und eingel. von Walter Euchner, Frankfurt a. M. 1977 (Orig. 1690), 15, 248 f.
10 Samuel von Pufendorf, Vom Natur und Völkerrecht, Frankfurt a. M. 1711.
11 Christian Wolff, Grundsätze des Natur- und Völkerrechts, worin alle Verbindlichkeiten und alle Rechte aus der Natur des Menschen in einem beständigen Zusammenhang hergeleitet werden können, Königstein 1980 (Orig. Halle 1754), 638.
12 Ursula Vogel, Gleichheit und Herrschaft in der ehelichen Vertragsgesellschaft – Widersprüche der Aufklärung, in: Ute Gerhard Hg., Frauen in der Geschichte des Rechts, München 1997, 265–292, 272.

der weiteren Folge, dass aus der so markierten Geschlechterdifferenz auch die Verschiedenheit ihrer Rechte und Pflichten abgeleitet wurde.[13]

Für die juristische Dogmatik im bürgerlichen Eherecht richtungsweisend wurden Johann G. Fichtes „Deduktionen über die Ehe" aus dem Anhang seiner Schrift „Grundlagen des Naturrechts".[14] Einflussreich war Fichte vor allem deshalb, weil er gegenüber den Naturrechtstheorien eine angeblich modernere, weil „sittliche" Begründung der Ehe geliefert hat. Die spezifisch bürgerliche Pointe seiner Argumentation lag darin, dass die freiwillige Unterwerfung der Frau in der Ehe mit ehelicher Liebe gerechtfertigt wurde und zwar – so Fichtes verschrobene Deduktion –, weil die Frau „der Natureinrichtung" der Ehe nach „um eine Stufe tiefer [steht] als der Mann". Daher könne sie erst dann wieder auf eine Stufe mit ihm gelangen, wenn „sie sich zum Mittel der Befriedigung des Mannes macht", sie erhalte „ihre ganze Würde erst dadurch wieder, daß sie es aus Liebe zu diesem Einen getan habe."[15] Hier also kommt in der juristischen und rechtsphilosophischen Diskussion ausdrücklich die Liebe ins Spiel als neuzeitliches, ‚modernes' Gefühl. Fichte, der Romantiker und Idealist, stützt sich in seinen Ehelehren ausdrücklich auf Jean-Jacques Rousseau und dessen Theorien zur Geschlechterdifferenz.[16] Bezeichnend ist, dass beide einseitig nur der Frau die Aufgabe eigener Rechte aus ehelicher Liebe abverlangen, getreu dem Geschlechterrollenklischee, das die Konversationslexika im 19. Jahrhundert in der Formel zusammenfassten: „Die Frauen … sind die Repräsentanten der Liebe, wie die Männer des Rechts im allgemeinsten Sinne."[17]

Die juristische Umsetzung und damit die Verfestigung dieser bürgerlich patriarchalischen Konzeption der Ehe als einer Institution gelang in der Rechtspraxis in Preußen-Deutschland gleichwohl erst nach dem Scheitern der 1848er Revolution. Ihr folgte eine reaktionäre Wende im Familienrecht, die nicht nur die Scheidung erschwerte, sondern darüber hinaus sowohl die Eigentumsrechte von Ehefrauen als auch die Rechtsansprüche nicht in einer Ehe geborener Kinder beschnitt.[18] Diese Regelungen fanden Eingang in die Ausgestaltung der familienrechtlichen Bestimmungen des Bürgerlichen Gesetzbuches (BGB), das 1900 in Deutschland in Kraft trat. Die institutionelle Ehelehre bildet bis heute die Grundlage für

13 Jean-Jacques Rousseau, Emile oder über die Erziehung, Stuttgart 1963, 18 f.
14 Johann Gottlieb Fichte, Grundlage des Naturrechts nach den Prinzipien der Wissenschaftslehre, Hamburg 1960 (Orig. 1796).
15 Fichte, Grundlage, wie Anm. 14, 300 f; ausführlich hierzu Ute Gerhard, Gleichheit ohne Angleichung: Frauen im Recht, München 1990, 30 f.
16 Rousseau, Emile, wie Anm. 13.
17 Conversations-Lexicon oder encyclopaedisches Handwörterbuch für gebildete Stände in 7 Bänden, Artikel „Frauen", Bd. 2, Stuttgart 1818, 783–786, 783.
18 Dirk Blasius, Ehescheidung in Deutschland 1794–1945, Göttingen 1987; Ute Gerhard, Verhältnisse und Verhinderungen: Frauenarbeit, Familie und Rechte der Frauen im 19. Jahrhundert: mit Dokumenten, Frankfurt a. M. 1978.

den besonderen Schutz, der Ehe und Familie in Art. 6 des Bonner Grundgesetzes von 1949 garantiert wird. Damit aber blieb, wie in den meisten europäischen Staaten auch das bundesdeutsche Eherecht als geschlechtsspezifisches Ordnungsprogramm bis in die 1970er Jahre eine „Enklave ungleichen Rechts".[19]

Die die bürgerliche Rechtsordnung kennzeichnende Entwicklung vom Status zum Vertrag führt somit in Bezug auf den Ehevertrag in die entgegen gesetzte Richtung und in Reaktion auf die Denkmöglichkeit gleicher Rechte auch der Frauen im 19. Jahrhundert zur Reformulierung der Ehe als Institution. Diese Gegenbewegung, die sowohl Vertreter einer liberalen politischen Theorie wie auch der politischen Reaktion einte, ist ebenso in anderen Rechtskreisen zu beobachten, ganz offensichtlich zunächst in der erneuten Beschränkung der Scheidungsfreiheit. Österreich bildet hierbei nur deshalb eine Ausnahme, weil die Scheidung wegen der konfessionellen Ausrichtung des Eherechts im ABGB von Anbeginn ausgeschlossen beziehungsweise nur Protestanten und Juden gestattet war. Jedoch wurde auch hier das liberale eheliche Güterrecht, das der Ehefrau volle Verfügungsmacht über ihr Eigentum zubilligte, im Laufe des 19. Jahrhunderts durch Eigentumsvermutungen zugunsten des Ehemannes aufgeweicht.[20] In Frankreich wurde die mit dem *Code civil* 1804 zugesicherte Scheidungsfreiheit bereits kurz danach schrittweise wieder eingeschränkt und von 1816 bis 1884 weitgehend aufgehoben. War das Recht zur Scheidung in der Französischen Revolution von den Befürwortern noch als eines der wesentlichsten individuellen Freiheitsrechte gefordert worden, um die lebenslange „Sklaverei" nicht nur in den politischen, sondern gerade auch persönlichen Beziehungen beenden zu können, so galt für andere die legitime Ehe seither als Grundpfeiler der sozialen Ordnung, wurden die hohen Scheidungsziffern, die Gleichstellung nichtehelicher Kinder in den ersten Gesetzen nach der Revolution im so genannten *droit intermédiaire*, von den Beobachtern rund um Frankreich als Auswüchse oder der „excès funeste", als Kennzeichen für Zerfall der staatlichen Ordnung und anomischer Verhältnisse interpretiert.[21] Das Scheidungsverbot aber war mit dem Vertragscharakter der Ehe unvereinbar, weil dieser auch die Kündbarkeit des Vertrages beinhaltet hätte. Was auf dem Spiel stand und warum die Ehe als Institution, die die Ungleichheit und Unterordnung der Frau befestigte und legitimierte, als „grundsätzlich unauflösbar", als „objektiv sittliche Ordnung" oder zumindest „von größter Bedeutung für das soziale Zusam-

---

19 Dieter Grimm, Recht und Staat der bürgerlichen Gesellschaft, Frankfurt a. M. 1987.
20 Vogel, Gleichheit, wie Anm. 12; Ursula Floßmann, Die beschränkte Grundrechtssubjektivität der Frau. Ein Beitrag zum österreichischen Gleichheitsdiskurs, in: Ute Gerhard Hg., Frauen in der Geschichte des Rechts, München 1997, 293–324.
21 Philippe Sagnac, La législation civile de la révolution francaise (1789–1804), Paris 1898; Michel Vovelle, Die Französische Revolution. Soziale Bewegung und Umbruch der Mentalitäten, München 1982; Ute Gerhard, Die Rechtsstellung der Frau in der bürgerlichen Gesellschaft des 19. Jahrhunderts, in: Jürgen Kocka Hg., Bürgertum im 19. Jahrhundert, München 1988, 439–468.

menleben überhaupt"²² betrachtet wurde, erhellt die Zusammenfassung aller Argumente eines liberalen Zeitgenossen aus der Mitte des 19. Jahrhunderts unter dem Stichwort „Geschlechterverhältnisse" im ‚Staatslexikon. Encyclopadie der sämmtlichen Staatswissenschaften für alle Stände':

> „Soll eine weiter fortschreitende Civilisation uns wirklich dahin führen, die Unterordnung der Frau unter den Mann, und somit auch alle Festigkeit des Ehebandes und das wahre Familienleben aufzugeben, dahin, dass wir, statt der Weiblichkeit, Keuschheit und Schamhaftigkeit der Frauen, ihre unmittelbare Theilnahme an unseren öffentlichen Wahl- und Parlamentsversammlungen und an den Staatsämtern, überhaupt an allen männlichen Bestrebungen und Kämpfen, auch den kriegerischen, als ihre höchsten Ehen und Güter ansehen sollten? ... Klar ist wohl fürs Erste, dass wirklich ein dauerndes würdiges, ein friedliches eheliches und Familienleben mit solchen unweiblichen Mannweibern unmöglich wäre, welche den Mann als das Haupt der Familie nicht anerkennen und neben ihm und gegen ihn unmittelbare Stimm- und Entscheidungsrechte über die gemeinschaftlichen gesellschaftlichen Angelegenheiten geltend machen..."²³

2. Feministische Einwände und die Kritik aus der Frauenbewegung

In ihrer Untersuchung der naturrechtlichen Lehren vom Gesellschaftsvertrag kommt Carole Pateman ebenfalls zu dem Schluss, dass der Ausschluss der Frauen aus der politischen Sphäre in einem besonderen „sexual contract", dem Heiratsvertrag, befestigt und legitimiert wird, der als „natürliches", nicht gesellschaftlich vereinbartes Recht der Männer erscheint. Sie kennzeichnet den neuzeitlichen Gesellschaftsvertrag aber nicht nur als Vereinbarung von Männern, genauer von Hausvätern, sondern als Pakt unter Brüdern, als „fraternal contract", weil diesem Vertrag der „Vatermord" vorausging.²⁴ Obwohl Pateman mit ihrer Analyse sehr treffend den Übergang zur modernen bürgerlichen Gesellschaft als ‚Formwandel des Patriarchats' von einem ständischen und paternalistischen zu einem eheherrlichen Patriachalismus beschreibt und damit die Zweistufigkeit von Gesellschafts- und Ehevertrag markiert, negiert sie doch grundsätzlich den Rechts- und Vertragscharakter beider Vereinbarungen, erscheinen sowohl der Ehe- wie auch der Gesellschaftsvertrag im Ergebnis nur als Unter-

---

22 So juristische Lehrbücher wie Karl Larenz, Allgemeiner Teil des deutschen bürgerlichen Rechts, München 1967.
23 Karl Theodor Welcker, Art. „Geschlechterverhältnisse" in: Carl von Rotteck u. ders. Hg., Das Staatslexikon, Bd. 5, Altona 1847, 654–678, 655, 667.
24 Carole Pateman, The Disorder of Women: democracy, feminism and political theory, Cambridge 1989, 43.

werfungsakt: „Contract is the specifically modern means of creating relationships of subordination, but, because civil subordination originates in contract, it is presented as freedom."[25] Insofern geht Pateman wie Catherine MacKinnon[26] von der unumkehrbaren Männlichkeit des Rechts aus und lehnt auf der Basis eines differenztheoretischen Ansatzes[27] Recht als Mittel der Vereinbarung grundsätzlich ab.[28]

Damit aber stellt sich grundsätzlich die Frage, welchen Begriff von Recht feministische Kritikerinnen haben, ob Recht nur als ein Mittel des Zwangs und der Gewalt anzusehen ist, das lediglich Herrschaftsverhältnisse reproduziert, oder ob Recht „im Schnittpunkt von Emanzipation und Gewalt"[29] nicht auch ein unverzichtbares Mittel der Befreiung und des Aufbruchs aus Unmündigkeit sein kann. Die Geschichte der Frauenbewegungen jedenfalls bestätigt diesen dialektischen Charakter von Recht: Recht ist danach immer beides, es enthält „Zwangsgesetze und Gesetze der Freiheit".[30] Rechtsskepsis und Rechtskritik sind deshalb insbesondere in der Geschlechterperspektive immer angebracht. Doch es wäre meines Erachtens vermessen, die historische – zugegeben sehr langwierige – Entwicklung gerade auch des Eherechts von einem Status- und Unterwerfungsvertrag zum heute erkämpften Ehe- und Familienrecht lediglich als historischen Irrtum oder als Betrug zu behandeln. Nur wenige Beispiele aus der Geschichte des Rechts und der Frauenbewegung – hier vorerst der deutschen – sollen diese Bedeutung von Recht veranschaulichen.

Die patriarchalische Verfassung der Ehe blieb zu keiner Zeit unwidersprochen. Um eine Vorstellung von der Realität der ehelichen Verhältnisse im 19. Jahrhundert zu gewinnen, sind daher auch die Gegendiskurse zu berücksichtigen. Denn selbst wenn die zunächst vereinzelten, später in Massenprotesten organisierten Frauenstimmen sich gegen „herrschende" Juristenmeinung nicht durchsetzen konnten, so waren die Ehekritik beziehungsweise die Unrechtserfahrungen der Frauen in der Ehe und insbesondere ihre Rechtlosigkeit als Mütter schon im 19. Jahrhundert Auslöser für vielfältige soziale Proteste und die Organisation von Fraueninteressen. Sie haben die Frauenbewegungen in allen europäischen Staaten angeleitet.

---

25 Carole Pateman, The Sexual Contract, Cambridge/Oxford 1988, 118.
26 Catherine A. MacKinnon, Feminism Unmodified. Discourses on Life and Law, Cambridge/London 1987; dies., Geschlechtergleichheit: Über Differenz und Herrschaft, in: Herta Nagl-Docekal u. Herlinde Pauer-Studer Hg., Politische Theorie. Differenz und Lebensqualität, Frankfurt a. M. 1996, 140–173.
27 Luce Irigaray, Über die Notwendigkeit geschlechtsdifferenzierter Rechte, in: Ute Gerhard u. a. Hg., Differenz und Gleichheit. Menschenrechte haben (k)ein Geschlecht, Frankfurt a. M. 1990, 338–351; im selben Band Adriana Cavarero, Die Perspektive der Geschlechterdifferenz, 95–111.
28 Vgl. zur Kritik auch Nancy Fraser, Justice Interruptus: Critical Reflections on the „Postsocialist" Condition, New York/London 1997, 228.
29 Oskar Negt, Thesen zur marxistischen Rechtstheorie, in: Kritische Justiz (1973), 1–19, 7.
30 Jürgen Habermas, Faktizität und Geltung. Beiträge zur Diskurstheorie des Rechts und des demokratischen Rechtsstaates, Frankfurt a. M. 1992, 47.

Bemerkenswert ist, dass schon Olympe de Gouges neben der „Erklärung der Rechte der Frau und Bürgerin" (1791), ihrer Antwort auf die so genannte Allgemeine Menschenrechtserklärung von 1789,[31] ein anderes historisch und rechtstheoretisch wichtiges Dokument hinterlassen hat, das sie „Entwurf eines Gesellschaftsvertrages für Mann und Frau" nennt.[32] Dieser „Entwurf" liest sich für uns wie ein privatrechtlicher Partner- oder Ehevertrag, der insbesondere die Eigentumsrechte der Frauen einklagt und das Elend verlassener und verführter Frauen und ihrer Kinder anprangert. De Gouges hat diesen Vertrag jedoch ausdrücklich als Gesellschafts- und Verfassungsvertrag verstanden, sie ignorierte damit die das bürgerliche Recht kennzeichnende systematische Trennung zwischen öffentlichem und privatem Recht. In ihrem Rechtsverständnis sollte der Ehevertrag Teil des Verfassungsvertrages sein, weil er die Frauen auch als Ehefrauen und Mütter wie Staatsbürgerinnen zu behandeln und ihnen in der Ehe die gleichen Rechte auf das gemeinschaftliche Vermögen und alle Rechte und Pflichten zugunsten ihrer Kinder zu gewähren hat, „aus welcher Verbindung sie auch stammen mögen". Schließlich bot sie in diesem Entwurf „ein untrügliches Mittel an, die Würde der Frauen zu heben, nämlich sie mit den Männern zusammen an allen Erwerbszweigen teilhaben zu lassen"[33] – und vieles anderes mehr. Zusammen mit der ‚Erklärung der Rechte der Frau und Bürgerin' und der darin geforderten Teilhabe der Frauen an der Gesetzgebung und an allen öffentlichen Ämtern (Art. 6) war dies ein atemberaubend umfassendes Programm, dessen Umsetzung nicht nur die Gleichberechtigung der Frauen ermöglicht, sondern auch eine grundlegende andere Verfassung und Gesellschaftsstruktur erfordert hätte. Es ist kein Zufall, dass die ersten öffentlichen Verlautbarungen von Frauen im Vormärz, im Kontext der 1848er Revolution und der Bestrebungen für ein demokratisches und geeintes Deutschland, „die hemmenden Familienverhältnisse der Gegenwart"[34] und ihre notwendige Reform zum Anlass einer sozialen und politischen Bewegung auch der Frauen machten. Schon eine Meinungsäußerung zur Frauenfrage in der Öffentlichkeit setzte in jener Zeit in Anbetracht der beschränkten Handlungsfähigkeit von Frauen, vor allem von Ehefrauen, den Mut zur Verweigerung der traditionellen Frauenrolle und die Emanzipation aus ehelichen Bindungen voraus. Das war ein Grund, warum ein großer Teil der Schreiberinnen in der im Vormärz neu gewonnenen Pressefreiheit anonym blieb beziehungsweise unter männlichem Pseudonym für eine „Reform der Familie" wie die Reform der Staatsverfassung eintrat, um „nicht nur hinter verschlossenen Türen von der Freiheit

---

31 Gerhard, Gleichheit, wie Anm. 15, 49f, 263 f.
32 Olympe de Gouges, Entwurf eines Gesellschaftsvertrages, zit. lt. Hannelore Schröder Hg., Die Frau ist frei geboren. Texte zur Frauenemanzipation, München 1979, 43–49.
33 Gouges, Entwurf, wie Anm. 32, 45.
34 Luise Otto Hg., Die Frauen-Zeitung 1849/1850, hg. und kommentiert von Ute Gerhard, Elisabeth Hannover-Drück u. Romina Schmitter, „Dem Reich der Freiheit werb' ich Bürgerinnen". Die Frauen-Zeitung von Louise Otto, Frankfurt a. M. 1980 (Orig. 1849/50), hier 1850, Nr. 2.

zu flüstern".³⁵ Vorausgegangen waren die Skandale und Provokationen einzelner, der *femmes scandaleuses*, die sich nicht scheuen, ihr Schicksal und ihr „freies Liebesleben" als Staatsaffäre zu behandeln. Eine der so genannten Achtundvierzigerinnen war Louise Aston, die „deutsche George Sand", die 1846 wegen „ihrer Verführungskünste und entsetzlichen Ausschweifungen"³⁶ aus Preußen ausgewiesen wurde und in ihrer Verteidigungsschrift „Meine Emancipation, Verweisung und Rechtfertigung" für viele stellvertretend schrieb:

> „Ich kann ein Institut [die Ehe] nicht billigen, das mit der Anmaßung auftritt, das freie Recht der Persönlichkeit zu heiligen, … während nirgends gerade das Recht mehr mit Füßen getreten wird …, ein Institut, das mit der höchsten Sittlichkeit prahlt, während es der Unsittlichkeit Tür und Tor öffnet … Ich verwerfe die Ehe, weil sie zum Eigentum macht, was nimmer Eigentum sein kann: die freie Persönlichkeit; weil sie ein Recht gibt auf Liebe, auf die es kein Recht geben kann; bei der jedes Recht zu brutalem Unrecht wird".³⁷

Die Parallele zwischen der notwendigen Demokratisierung des Staates und dem Eheleben wird in diesem Aufbruch wiederholt gezogen, und doch blieben die radikalen Kritiken vorerst vereinzelt. Ein anderes Beispiel dafür ist die sarkastische und gleichzeitig sehr moderne Abhandlung von Louise Dittmar über „Das Wesen der Ehe" aus dem Jahr 1849. Sie ging hierin vor allem mit der in ihrer Zeit üblichen Form der „Konvenienz-, Geld- und Vernunftehen" hart ins Gericht, die den Heiratsmarkt insbesondere für bürgerliche Frauen bestimmten. Explizit gegen die „Philistermoral" des weiter vorne zitierten Artikels „Geschlechtsverhältnisse" aus Rotteck und Welckers Staatslexikon, „seiner trivialen Auffassung von der Liebe" argumentierend, bestand Dittmar auf dem einzig legitimen Grund für eine Ehe, der Liebe, der sinnlichen wie der geistigen gerade auch von Seiten der Frau, die jedoch mit „ökonomischer und politischer Abhängigkeit des Weibes" unvereinbar sei. Die Einmischung des Staates, über Eheschließung und -scheidung zu entscheiden, war ihrer Ansicht nach allein ökonomischen Rücksichten geschuldet, „hervorgegangen aus dem uralten Vorrechte des Besitzes und der Gewalt."³⁸

Mit diesem Hinweis auf den „naturwidrigen Eingriff der Staatsgewalt"³⁹ in die Verfassung und Gestaltung der Ehe ist erneut der grundsätzliche Widerspruch angesprochen, der angesichts der bürgerlichen und liberalen Trennung der Sphären in Privatheit und Öffent-

---

35 Otto, Frauen-Zeitung, wie Anm. 34.
36 Aus dem Polizeibericht, zit. n. Germaine Goetzinger, Für die Selbstverwirklichung der Frauen: Louise Aston in Selbstzeugnissen und Dokumenten, Frankfurt a. M. 1983, 31.
37 Goetzinger, Selbstverwirklichung, wie Anm. 36, 78.
38 Zit. lt. Renate Möhrmann Hg., Frauenemanzipation im deutschen Vormärz, Stuttgart 1978, 126–134.
39 Möhrmann, Frauenemanzipation, wie Anm. 38, 133.

lichkeit offenbar wird. Anders als in der Sphäre des Marktes, für den der liberale Staat möglichst nur die Rahmenbedingungen für die Freiheit und Sicherheit des Warenverkehrs zu garantieren strebte, ist der Eifer, Moral und Sittlichkeit im Hinblick auf die Ehe auch gegen „alles menschliche Gefühl" und gegen „das Bedürfnis der Liebe", so Dittmar,[40] mit Gesetzeszwang durchzusetzen, bis in die jüngste Vergangenheit ungebrochen. So hat das Ehe- und Familienrecht zum Beispiel versucht, die Lebensverhältnisse im Alltag bis ins ökonomische Detail des Haushaltsgeldes sowie der persönlichen Beziehungen (zum Beispiel, was die ‚ehelichen Pflichten' zum Beischlaf anlangt) zu normieren und als Tatbestände von Schuld und Sühne im Scheidungsprozess zu regeln. Immer wieder – so lautete die Begründung – waren mit der Ehe als einer in bestimmter Weise geregelten Geschlechterordnung die Grundpfeiler des Gemeinwesens in Gefahr, stand das Wohl des Staates beziehungsweise die Zukunft der Gesellschaft auf dem Spiel.

Dies mag erklären, jedoch nicht rechtfertigen, warum die Frauenbewegung in all ihren Richtungen trotz vielfältiger Proteste und Petitionen und einer massenhaften Mobilisierung um die Jahrhundertwende im Zuge der Kodifizierung des deutschen Bürgerlichen Gesetzbuches so wenig zugunsten der Frauen ausrichten konnte. Dabei hatte der Allgemeine Deutsche Frauenverein bereits am Beginn des Kodifikationsprozesses in den 1870er Jahren eine Petition erarbeitet und an die Gesetzgebungskommission des Reichstages überwiesen mit der Aufforderung, „bei Abänderung der Civilgesetzgebung die Rechte der Frauen besonders auch im Ehe- und Vormundschaftsrecht zu berücksichtigen".[41] Ermutigt durch die Rechtskämpfe der Frauen in anderen Ländern und ihre internationalen Kooperationen, kritisierten sie in den Eingaben und Massenpetitionen der 1890er Jahre das unzeitgemäße Eherecht und verwiesen auf die Entwicklung und Erfordernisse kapitalistischer Marktwirtschaft. Die Rückschrittlichkeit, der Mangel an Modernität zeigte sich für die nach Selbständigkeit und Erwerbstätigkeit strebenden Frauen vor allem in der erneuten Bevormundung der Ehefrau und Mutter in allen Ehe- und Erziehungsfragen, aber auch im ehelichen Güterrecht, das nach wie vor die alleinige Verwaltungs- und Nutznießung auch des weiblichen Kapital- und Grundvermögens durch den Ehemann vorsah. Als mit der Verabschiedung des BGB 1899 die Vertreterinnen der Frauenbewegung einsehen mussten, dass all ihre Bemühungen um Einflussnahme gescheitert waren, fasste die in Zürich promovierte Juristin Anita Augspurg ihre Enttäuschung und Entrüstung 1905 in einem Aufruf zum Eheboykott zusammen und schrieb:

---

40 Möhrmann, Frauenemanzipation, wie Anm. 38, 127.
41 Allgemeiner deutscher Frauen-Verein Hg., Einige Deutsche Gesetz-Paragraphen über die Stellung der Frau, Leipzig 1876, 4/5.

„Für eine Frau von Selbstachtung, welche die gesetzlichen Wirkungen der bürgerlichen Eheschließung kennt, ist es nach meiner Überzeugung unmöglich, eine legitime Ehe einzugehen; ihr Selbsterhaltungstrieb, die Achtung vor sich selbst und ihr Anspruch auf Achtung ihres Mannes lässt ihr nur die Möglichkeit einer freien Ehe offen [heute würden wir sagen: Ehe ohne Trauschein, d.h. einer nichtehelichen Lebensgemeinschaft] ..."[42]

Erst die neue Frauenbewegung konnte die späte Ernte all dieser Rechtskämpfe und juristischen Expertisen von den seit den 1920er Jahren arrivierten Juristinnen einfahren – obwohl die Bewegung der 1970er Jahre selbst kaum mehr Notiz von den Rechtsreformen zur Gleichberechtigung und zum Ehe- und Familienrecht nahm. In einer neuen Form kritischer Radikalität, die von vielen internationalen Anstößen und anderen Bürgerrechtsbewegungen getragen wurde, hatte die Frauenbewegung anscheinend die traditionellen Begrenzungen weiblicher Lebenszusammenhänge weit hinter sich gelassen; nicht mehr formale Gleichberechtigung war das Thema, sondern die strukturellen und im Privaten verborgenen Ursachen geschlechtsspezifischer Ungerechtigkeit und Gewalt. Mit dem Offenbarwerden und der Skandalisierung der vom Staat geduldeten Gewalt gegen Frauen war das Argument, dass die Familie für Frauen Schutz und Versorgung biete, durch Fakten und Schicksale widerlegt. Die besondere „Verletzbarkeit durch die Ehe",[43] die hiermit zu einem Politikum wurde, hat schließlich einen grundlegenden sozialen und vor allem kulturellen Wandel im Geschlechterverhältnis eingeleitet.

Im internationalen Vergleich sind drei Wendezeiten zu nennen, in denen auch im Familienrecht entscheidende Stufen zu einer mehr egalitären Ehe erreicht wurden: Die Zeit nach dem Ersten Weltkrieg, in der, abgesehen von der Erlangung des Frauenwahlrecht in mehreren Staaten, allen voran die skandinavischen Länder, die meisten US-Staaten sowie die Sowjetunion bereits ein egalitäres Ehe- und Familienrecht einführten; dann die Zeit nach dem Zweiten Weltkrieg, hier haben der Druck durch die Siegermächte, möglicherweise auch Einsicht in die Grundlagen einer demokratischen Verfassung in Italien und West-Deutschland, aber zum Beispiel auch in Japan, zur Einführung von Gleichberechtigungsklauseln in die Verfassungen geführt. 1944, mit der Niederlage des Vichy-Regimes, haben endlich auch die Französinnen das Wahlrecht erlangt, nachdem 1938 einige der autoritärsten Regelungen des *Code civil*, etwa Art. 218 Cc, der die Ehefrau unter das Diktat des Ehemannes stellte, aufgehoben worden waren. Auch die ost- und mitteleuropäischen Länder im Einflussbereich der UdSSR mussten ihr Fähnchen nach dem Wind eines sozialistischen Eherechts wenden. Schließlich wurde erst im dritten Schritt, in den 1970er bis 1980er Jahren, in den meisten

---

42 Anita Augspurg, „Offener Brief", in: Die Frauenbewegung, 11 (1905), 81.
43 Susan Moller-Okin, Verletzbarkeit durch die Ehe, in: Deutsche Zeitschrift für Philosophie, 41 (1993), 277–320.

westlichen Ländern unter dem Druck der neuen Frauenbewegungen die in allen Hinsichten formal gleiche Rechtsstellung der Ehefrau und ein von Schuld und Sühne freies Scheidungsrecht eingeführt. Der schwedische Soziologe Göran Therborn, der in seiner Analyse der europäischen Moderne dem Fortschritt im Hinblick auf die Rechte der Frauen ein eigenes Kapitel widmet, nennt neben den eben erwähnten drei Stufen oder „Wellen" drei entscheidende gesellschaftliche Kräfte, die die rechtliche Gleichstellung der Frauen forciert haben: die Aufklärung, den Marxismus, der zumindest in Bezug auf die formale Gleichberechtigung der Frauen in Osteuropa eine Vorreiterrolle übernommen hätte, und den Feminismus, der seit dem 19. und 20. Jahrhundert schrittweise dem Patriarchalismus die Zügel angelegt habe.[44]

3. Gegenwärtige Trends und Befunde

Die Familiensoziologie spricht aus mehreren Gründen von einem Strukturwandel der Familie, vor allem aber von einem Bedeutungsverlust der Ehe seit den 1970er Jahren und belegt dies mit einer Fülle empirischer Befunde und Daten. Nur die am häufigsten genannten Indikatoren sollen zunächst am Beispiel der BRD stichwortartig genannt werden:

Auffällig ist der Rückgang der Eheschließungen. Ihre Zahl hat sich seit 1950 in Westdeutschland (seit 1990 unter Einbeziehung Ostdeutschlands) genau halbiert (von 10,7 auf 5,1).[45] Der starke Rückgang der Heiratshäufigkeit vor allem seit den 1970er Jahren hat mehrere Ursachen: Er gründet sich auf den Anstieg des Heiratsalters, die Zunahme der Ledigbleibenden vor allem bei Männern – und nicht nur bei den immer wieder gescholtenen Akademikerinnen – sowie auf die Zunahme der Scheidungen.[46]

Die hohe Scheidungsrate: Die Scheidungshäufigkeit der Ehen hat seit Mitte der 1960er Jahre erheblich zugenommen und stabilisiert sich in den letzten Jahren auf hohem Niveau. Heute wird mindestens jede dritte Ehe geschieden.[47]

Die größere Verbreitung alternativer Lebensformen. Dazu gehört insbesondere die große Zahl der nichtehelichen Lebensgemeinschaften oder „Ehen ohne Trauschein". Dieser auffällige Trend kommt in einer neuen Vielfalt unterschiedlichster Wohn- und Partnerschafts-

---

44 Göran Therborn, European modernity and beyond: the trajectory of European societies, London 1995, 107.
45 Vgl. Maria S. Rerrich, Balanceakt Familie. Zwischen alten Leitbildern und neuen Lebensformen, Freiburg 1988, 12 u. Statistisches Bundesamt 2000; http:///www.statistik-bund.de/basis/d/erwerb/erwerbtab2.htm
46 Heribert Engstler, Die Familie im Spiegel der amtlichen Statistik, erstellt im Auftrag des Bundesministerium für Familie, Senioren, Frauen und Jugend in Zusammenarbeit mit dem Statistischen Bundesamt, Bonn 1999, 78.
47 Engstler, Familie, wie Anm. 46, 88.

formen zum Ausdruck, der auch durch Begriffe wie Pluralisierung und Individualisierung bezeichnet wird. Zu diesen Lebensformen gehört vor allem die zunehmende Zahl Alleinerziehender, insbesondere der Frauen mit Kindern, ihr Anteil bezogen auf alle Lebensformen lag 2000 in der BRD bei 20 Prozent.[48] Die Zunahme der nichtehelichen Lebensgemeinschaften korrespondiert mit der abnehmenden Heiratsneigung. Doch die Familiensoziologen und -soziologinnen weisen darauf hin, dass nichteheliche Lebensgemeinschaften nicht unbedingt als Gegenentwurf oder alternatives Konzept zur Eheschließung zu deuten sind. Vielmehr sind insbesondere die jungen nichtehelichen Lebensgemeinschaften als eine Phase im Lebenslauf zu verstehen, die auch neue Wege zur Familienbildung anzeigen.[49]

Der Trend zu Einpersonen-Haushalten: In vielen Großstädten liegt ihr Anteil bei 40 Prozent. Allerdings ist zu bedenken, dass es sich hier um Wohnformen handelt, die keineswegs ein Single-Dasein bedeuten oder mit Vereinzelung und Vereinsamung gleichzusetzen sind. Ohne Zweifel verbirgt sich dahinter die zunehmende Zahl allein lebender alter Menschen, aber auch der Studierenden und Auszubildenden sowie die doppelten Haushalte der berufsbedingt getrennt Lebenden. Mit dem Hinweis auf die vielen Single-Haushalte ist somit fast gar nichts darüber gesagt, in welchen sozialen Beziehungen oder solidarischen Netzen die Einzelnen leben.[50]

Schließlich hat die Kinderlosigkeit in den letzten Jahren deutlich zugenommen. Innerhalb Europas gehört Deutschland neben Österreich und Italien zu den Ländern mit der geringsten Fertilitätsrate. In der BRD wird von den Frauen des Geburtsjahrganges 1965 jede vierte (25 Prozent) kinderlos bleiben. Zudem gibt es einen engen Zusammenhang zwischen dem Bildungsniveau der Frauen und ihrer Kinderzahl. 40 Prozent der 35- bis 39jährigen westdeutschen Frauen mit Hochschulabschluss haben keine Kinder, gegenüber 21 Prozent der Frauen mit Hauptschulabschluss. Kinderlosigkeit – darauf weisen die Soziologinnen hin – ist oftmals nicht beabsichtigt, vielmehr verbirgt sich dahinter oft auch ein immer wieder aufgeschobener Kinderwunsch.[51]

---

48 WSI Hans-Böckler-Stiftung, FrauenDatenReport. Forschung aus der Hans-Böckler-Stiftung, Berlin 2000, 39.
49 Laszlo A. Vaskovics, A. Salik u. H. Rost, Lebensgestaltung junger Ehepaare in den neuen Bundesländern – im innerdeutschen Vergleich, Bamberg 1992; Laszlo A. Vaskovics, Marina Rupp u. Barbara Hofmann, Nichteheliche Lebensgemeinschaften. Eine soziologische Längsschnittstudie, Opladen 1997; Rosmarie Nave-Herz, Familie heute. Wandel der Familienstrukturen und Folgen für die Erziehung, Darmstadt 1994.
50 Hans Bertram, Familien leben. Neue Wege zur flexiblen Gestaltung von Lebenszeit, Arbeitszeit und Familienzeit, Gütersloh 1997.

4. Unterschiedliche nationale Stile

Im europäischen Vergleich stellt die Familienforschung seit den 1970er Jahren eine „Konvergenz" in der Veränderung der Familien- und Lebensformen fest, die als Annäherung hin zu Vielfalt („convergence to diversity") beschrieben wird. Das heißt, die Angleichung besteht in einer immer stärkeren Ausdifferenzierung der Familienformen. Die gemeinsamen Trends fasst Anton Kuijsten in einem Zeitraster zusammen: Danach sind die 1960er Jahre durch die Veränderung der Familiengröße infolge sinkender Kinderzahlen gekennzeichnet; die 1970er durch die Zunahme des vorehelichen Zusammenlebens, der Scheidungen und das Verschieben des Kinderwunsches und die 1980er durch Eheschließungen erst nach der Geburt eines Kindes. In den späteren 1980er und 1990 werden hingegen immer weniger Ehen geschlossen, unabhängig davon, ob Kinder geboren wurden oder nicht.[52] Hinter diesen groben Trends verbergen sich länderspezifische Varianten und verschiedene Pfade der Entwicklung (etwa die unterschiedliche Rate nichtehelicher Geburten mit höchsten Ziffern in Skandinavien, der früheren DDR, Frankreich und Großbritannien im Gegensatz zu Irland, das seit den EU-Beitritt 1973 in vieler Hinsicht die Entwicklung beschleunigt nachholt).[53]

Offensichtlich aber ist auch im europäischen Vergleich der Monopol- beziehungsweise Bedeutungsverlust der Ehe, der Rückgang der Eheschließungszahlen, deutlichstes Kennzeichen einer Konvergenz trotz unterschiedlicher Familientraditionen. Interessant ist, dass der Anstieg der Ehescheidungen in den 1970er Jahren in fast allen Ländern (wenn auch auf unterschiedlichem Niveau) begonnen hat und zwar unabhängig von den zum Teil erst danach einsetzenden Reformen im Scheidungsrecht.[54] Um die Bedeutung dieses gemeinsamen Trends zu ermessen, lohnt es sich noch einmal, einen Blick zurück auf die unterschiedlichen Ausprägungen des im 19. Jahrhundert ebenso liberalen wie bürgerlich-konservativen Eheverständnisses in den verschiedenen Rechtskreisen und Rechtskulturen zu werfen. Dabei zeigt sich, dass trotz des gemeinsamen Ausgangspunktes, des patriarchalen Regimes im Ehe- und Familienrecht, unterschiedliche nationale Stile die Familien- und zugleich die Sozialpolitik bis heute geprägt haben.

Ohne Zweifel sind in Großbritannien im Geltungsbereich des *Common Law* inzwischen die nachhaltigsten Veränderungen im Eherecht vollzogen worden. Denn hier hatte bis ins 19. Jahrhundert hinein die Eheschließung für die Frau die völlige Aufhebung ihrer Rechts-

---

51 Rosemarie Nave-Herz, Soziologische Perspektiven von Ehe und Nichtehelicher Partnerschaft, in: Peter Kaiser Hg., Partnerschaft und Paartherapie, Göttingen 2000, 11–32.
52 Anton Kuijsten u. a., Family Life and Family Policies in Europe, Vol. 2: Problems and Issues in Comparative Perspective, Oxford 2002, 21.
53 Kuijsten u. a., Family Life, wie Anm. 52, 37, 65.
54 Kuijsten u. a., Family Life, wie Anm. 52, 30.

subjektivität, den „bürgerlichen Tod" bedeutet – gemäß der immer wieder zitierten Formel von William Blackstone, dessen Kommentar zum englischen Gewohnheitsrecht als autoritative Quelle galt: „In law husband and wife are one person, and the husband is that person."[55] Doch dieser, auch im Vergleich zur unverheirateten Frau, krasse Widerspruch zu den frühen rechtsstaatlichen Institutionen Englands, seiner parlamentarischen Verfassung, dem Prinzip der Gewaltenteilung und der rechtsstaatlichen Garantie des Eigentums, geriet im Zuge zunehmender Industrialisierung und Kommerzialisierung unter Druck. Seit 1870 war er dank der ersten Wahlrechtsinitiativen der englischen Frauenbewegung und John St. Mills Intervention der Anlass für mehrere Gesetze, die „Married Women's Property Acts". Auch wenn diese zunächst nur der Sicherung des Familienbesitzes der Ehefrau dienten, ohne die Ehefrau persönlich gleichzustellen, wurde hiermit die Idee individueller Freiheit im Sinne der Theorie des Besitzindividualismus an die Fähigkeit, über Eigentum zu verfügen, gebunden. Auch in England wurde die formale Gleichberechtigung der Ehefrau erst in mehreren Gesetzgebungsschritten am Ende der 1960er Jahre erreicht. Doch mit der Ermöglichung einer einverständlichen Ehescheidung und der Beseitigung des Schuldprinzips ist heute der Staat quasi aus der Regulierung von Ehe und Familie entlassen. Denn im Unterschied zu kontinentalem Eherecht, ist der Ehevertrag im *Common Law* ein rein privatrechtlicher Vertrag, der wie der Arbeitsvertrag – gerade weil er die Autonomie und Gleichheit der Vertragspartner ebenso voraussetzt wie fingiert – grundsätzlich die Einmischung des Staates ausschließt.[56] Insofern trifft die von dem englischen Rechtshistoriker Henry Sumner Maine diagnostizierte Entwicklung der Modi der Vergesellschaftung „vom Status zum Kontrakt"[57] im Falle des britischen Eherechts offenbar zu – wenn auch mit einigen institutionellen Verzögerungen.

Wie Kathleen Kiernan und andere feststellen, ist somit die Ehe im Laufe des 20. Jahrhunderts, sowohl in den Begriffen des Rechts als auch in der öffentlichen Meinung immer weniger als Institution denn als private Beziehung aufgefasst worden.[58] Daher hat Jane Lewis anhand ihrer Analyse der Familiendiskurse und einer Fülle empirischer Belege am Beispiel Großbritanniens sehr grundsätzlich die Frage nach dem „Ende der Ehe?" aufgeworfen.[59] Of-

---

55 Zit. lt. Ursula Vogel, Zwischen Privileg und Gewalt: Die Geschlechterdifferenz im englischen Common Law, in: Gerhard u. a., Differenz, wie Anm. 27, 217–223, 219.
56 Willibald Steinmetz, Introduction: Towards a Comparative History of Legal Cultures, 1750–1950, in: ders. Hg., Private Law and Social Inequality in the Industrial Age. Comparing Legal Cultures in Britain, France, Germany and the United States, Oxford 2000, 1–43, 20 f; zum Arbeitsvertrag im selben Band vgl. Spiros Simitis, The Case of the Employment Relationship: Elements of a Comparison, 181–202.
57 Henry Sumner Maine, Das alte Recht: Sein Zusammenhang mit der Frühgeschichte der Gesellschaft und sein Verhältnis zu modernen Ideen, hg. v. H. Dahle, Baden-Baden 1997 (Orig. 1861).
58 Kathleen Kiernan, Hilary Land u. Jane Lewis, Lone Motherhood in Twentieth-Century Britain: From Footnote to Front Page, Oxford 1998, 62.
59 Jane Lewis, The End of Marriage? Individualism and Intimate Relations, Cheltenham 2001.

fensichtlich ist die Beziehung zwischen sozialem Wandel und Recht in den Ländern des *Common Law* – dazu zählen auch die USA – noch einmal um vieles unbestimmter, eben liberaler als in den Rechtskreisen, in denen eine explizite Familienpolitik qua Verrechtlichung, das heißt, durch gesetzliche Vorschriften über die Inhalte des Ehevertrages, die Verhältnisse zu regulieren sucht.

Die erfolgreiche Familienpolitik des französischen Staates, vor allem das starke sozialpolitische Engagement im Bereich der Kinderbetreuung heute scheint kaum noch etwas mit kulturellen Traditionen des *Code civil* von 1804 zu tun zu haben. Der *Code Napoleon* räumte im Vergleich zu den anderen Kodifikationen der Aufklärung, etwa dem Preußischen ALR, dem Ehemann und Vater die uneingeschränkte, ja, despotische Gewalt gegenüber seinen Kindern ein, und nichteheliche Kinder und Mütter genossen keinerlei Rechte oder Schutz; schon die Nachforschung der Vaterschaft war untersagt (Art. 340 Cc).[60] Auffällig ist jedenfalls die Rigidität und zugleich die Aufmerksamkeit, die der väterlichen Gewalt über Kinder zuteil wurde, womit möglicherweise die spezifisch „paternalistische" Ausrichtung des französischen Wohlfahrtsstaates heute korrespondiert. Der Grund für die seit dem Ende des 19. Jahrhunderts Geburten fördernde Familien- und Sozialpolitik aber waren insbesondere demographische Probleme. In jedem Fall scheint es so, als ob die französische Rechtsentwicklung hinsichtlich der Stellung der Frau durch scharfe Reaktionen und kulturelle Umbrüche gekennzeichnet ist (vgl. oben zum späten Frauenwahlrecht). Die enorme Zunahme der außerehelich geborenen Kinder auf fast 40 Prozent aller Geburten hat am Ende des 20. Jahrhunderts zu einer erneuten Liberalisierung in Bezug auf die Lebensformen geführt, was schließlich auch durch die rechtliche Gleichstellung von nichtehelichen Lebensgemeinschaften und Ehe durch den obersten Gerichtshof im Jahre 1989 bestätigt wurde.[61] Zu diskutieren wären auch die Varianten in den Ländern, deren Zivilrecht ebenfalls vom französischen *Code civil* beeinflusst wurde, etwa den Niederlanden, Italien oder Spanien, deren Entwicklungen sehr unterschiedlich verlaufen sind und somit die Begrenztheit der Einflüsse der Rechtscodices belegen.

Am Beispiel Schwedens, das aus familienpolitischer Sicht als Musterland einer gelungenen Sozialpolitik im Hinblick auf die Vereinbarung von Familie und Beruf anzusehen ist, lässt sich noch einmal die Bedeutung von Recht als Instrument der Politik nachweisen. Hervorzuheben ist, dass es sich dabei nicht um Rechtsfortschritte zum Schutz der Familie als Institution handelt, sondern um die Stärkung der individuellen Bürgerrechte jedes und jeder einzelnen in der Familie und insbesondere auch der Kinder. Im Rechtsvergleich und in der

---

60 Vgl. Gerhard, Gleichheit, wie Anm. 15, 64 f; vgl. Marianne Weber, Ehefrau und Mutter in der Rechtsentwicklung, Aalen 1971 (Orig. 1907), 318 ff.
61 Franz-Xaver Kaufmann, Politics and Policies towards the Family in Europe: A Framework and an Inquiry into their Differences and Convergences, in: Kuijsten u. a., Family Life, wie Anm. 52, 419–490, 458.

Rechtsgeschichte werden die skandinavischen Länder als eigener Rechtskreis behandelt, der zwar der juristischen Tradition Kontinentaleuropas sehr viel näher steht als Großbritannien oder Nordamerika, jedoch wegen eines geringeren Einflusses beziehungsweise der verhinderten Rezeption des römischen Rechts sich eher durch pragmatische Interpretationen und konkret-praktische Reformen auszeichnet. Seit dem Ende des 19. Jahrhunderts kam es verstärkt zu einer „nordischen Zusammenarbeit in der Gesetzgebung", bei der zunächst das Handels- und Vertragsrecht vereinheitlicht wurde, während man das Familienrecht wegen der Eigenheiten in einzelnen Ländern bezeichnenderweise zunächst zurückstellte.[62] Bemerkenswert ist, wie früh, nämlich schon 1845, durch die Gesetzgebung in Schweden die Gleichstellung von Mann und Frau zumindest im Hinblick auf das eheliche Vermögen und das Erbrecht der Ehegatten eingeleitet wurde.[63] Der entscheidende Vorsprung zu einer geschlechtergerechten Sozialpolitik in Schweden ist seit dem Ende der 1960er Jahre durch eine entschiedene und radikale Gleichstellungspolitik erreicht worden.[64] Dazu gehörten neben der Vergesellschaftung der Kindererziehung durch eine allgemein zugängliche Kinderbetreuung die Einführung der getrennten Besteuerung für Eheleute seit 1971, die konsequente Individualisierung des Sozial- und Familienrechts sowie die schrittweise Abschaffung des frauenspezifischen Arbeitsschutzes. Mit der Abschaffung der Krankenversicherung für Eheleute und der Witwenrente Ende der 1980er Jahre hat die Ehe als Versorgungseinrichtung endgültig ihre politische, insbesondere sozialpolitische Bedeutung verloren und bleibt ein individueller und höchst privater Vertrag. Wieweit es gelingen wird, mit der 1995 eingeführten Quotierung des Elternurlaubs, einer wenn auch erst geringfügig erzwungenen Beteiligung der Väter an der Kleinkinderziehung, die auch in Schweden längst nicht aufgehobene geschlechtsspezifische Arbeitsteilung in der Familie und auf dem Arbeitsmarkt zu überwinden, bleibt eine Zukunftsfrage.[65]

In den deutschsprachigen Ländern, Österreich, der Schweiz und Deutschland, ist eine traditionelle Familienordnung hingegen nach wie vor die wichtigste Stütze der Arbeits- und Sozialpolitik und die quasi kostenlose und unsichtbare Seite der Wohlfahrtsproduktion. Denn trotz eines formal gleichen Eherechts wird das Modell des männlichen Haupt-Ernährers nach wie vor durch eine Reihe rechtlicher, sozialpolitischer Regelungen sowie steuerrechtlicher Privilegien forciert. Es sind auch die einzigen Länder in Europa, die meinen, mit einer Halbtagsschule international noch konkurrenzfähig zu bleiben. Gleichzeitig fehlen

---

62 Detlev Tamm, Erster Teil. Einführung, in: Helmut Coing Hg., Quellen und Literatur der neueren europäischen Privatrechtsgeschichte, Bd. 3: Das 19. Jahrhundert, München 1987, 3–13.

63 Nils Regner u. Johan Hirschfeldt, Dritter Teil: Schweden, in: Coing, Quellen, wie Anm. 62, 235–373.

64 Vgl. Teresa Kulawik, Wohlfahrtsstaat und Mutterschaft: Schweden und Deutschland 1870–1912, Frankfurt a. M./New York 1999; auch Barbara Hobson, Frauenbewegung für Staatsbürgerrechte – Das Beispiel Schweden, in: Feministische Studien, 14, 2 (1996), 18–34.

65 Wiebke Kolbe, Elternschaft und Wohlfahrtsstaat. Schweden und die Bundesrepublik im Vergleich 1945–2000, Frankfurt a. M./New York 2002.

staatliche Einrichtungen oder Vorkehrungen wie Kinderkrippen und eine dem Wohl und der Erziehung von Kindern angemessene Infrastruktur. Den Hintergrund bildet nach wie vor eine Ideologie, die der Familie als Einheit und staatlich zu schützende Institution den Vorrang gegenüber den individuellen Rechten der Familienmitglieder, das heißt auch der Kinder, einräumt. Die Rechnung für diesen Mangel an Modernität wird bereits aufgemacht in der Diskussion um den Generationenvertrag, mit der die Systeme sozialer Sicherheit ins Wanken geraten, oder in der Frage, warum die Sorge für Kinder und ihre Kinderkosten eine Privatangelegenheit vorwiegend von Frauen sind, wenn doch von ihrem Wohl und Gedeihen die Zukunft der Gesellschaft abhängt.

5. Zum Schluss

Der hier vorgestellte Befund ist ein Beleg dafür, dass sich in unserem Zusammenleben Grundlegendes verändert hat. Es ist einerseits von einem erweiterten Konzept von Familie auszugehen, das neue Lebensformen und Solidargemeinschaften (bis hin zur Homo-Ehe) umfasst; diese unterschiedlichen Beziehungsformen werden als Familie erlebt und haben in der Lebensplanung jedes und jeder einzelnen eher einen Bedeutungszuwachs erfahren. Andererseits hat die Ehe als Rechtsform und Institution nicht nur an Attraktivität eingebüßt, sondern darüber hinaus einen gravierenden Bedeutungs- und Monopolverlust erlitten. Im englischsprachigen Raum, in dem neoliberale Vorzeichen den Ton angeben und sich die Ehe als Vertrag im *Common Law* frühzeitiger aus ihrer staatlichen und institutionellen Anbindung befreien konnte, spricht man deshalb – vor allem mit Blick auf die sozialpolitischen Konsequenzen – bereits vom „Ende der Ehe".[66] Wertewandel und kulturelle Umbrüche konfrontieren uns folglich mit paradoxen Befunden. Meinungsumfragen kommen zu dem Ergebnis, dass die überwiegende Mehrheit der Frauen und Männer die Ehe für „eine sinnvolle Einrichtung" halten; gleichzeitig zeigen empirische Untersuchungen, wie sehr sich die traditionellen Motive und Auffassungen hinsichtlich der Ehe verändert haben. Vor allem scheint inzwischen niemand mehr davon auszugehen, dass die formelle Eheschließung irgendeinen Einfluss auf die Qualität einer Beziehung hat. Übereinstimmend wird in der Forschung festgestellt, dass die Eheschließung vor allem pragmatisch oder strategisch aus drei Gründen vollzogen wird: wegen einer Schwangerschaft, eines Kinderwunsches oder wegen des Vorhandenseins von Kindern.[67] Ebenso aufschlussreich sind aber auch die Gründe,

---

66 Jane Lewis, Individualisation, assumptions about the existence of an adult worker model and the shift towards contractualism, in: Alan Carling, Simon Duncan u. Rosalind Edwards Hg., Analysing Families. Morality and rationality in policy and practice, London/NewYork 2002, 51–57.
67 Nave-Herz, Familie, wie Anm. 49, 9.

warum ein Eheschluss vermieden wird: Da sind keineswegs nur emanzipatorische Bestrebungen im Spiel, weil die nicht formalisierte Beziehung möglicherweise mehr Freiheit und Gleichheit verspricht. Denn, wie soziologische Studien herausgefunden haben, ist die Arbeitsteilung bei nicht verheirateten Partnerschaften nicht unbedingt gerechter verteilt als in formalen Ehen.[68] Vielmehr werden neben dem Wunsch nach Ordnung und geregelten Verhältnissen – doch dies wird in einer qualitativen Studie über die Alltagspraxis und Strategien erwerbstätiger Mütter [69] sofort als „so richtig schön altmodisch" kommentiert – auch sehr reelle materielle Vorteile erwogen.

In dieser empirischen Studie im ost-westdeutschen Vergleich (mit einem Sample von Müttern aus Frankfurt und Leipzig) war es darüber hinaus verblüffend zu erfahren, dass unsere sozialstaatlichen Regelungen einschließlich des Steuersystems beim Heiraten durchaus eine Rolle spielen. Zu den am häufigsten genannten Motiven, aber auch Ärgernissen, die den Entschluss für oder gegen das Heiraten begleiten, gehören Überlegungen zu steuerlichen Vor- und Nachteilen, vor allem aber die allzu begrenzte Versorgung mit Kinderbetreuungsplätzen. Da gibt es in Anbetracht der Privilegierung von Alleinerziehenden bei der Vergabe von Krippenplätzen gute Gründe, das Heiraten erst einmal zu verschieben beziehungsweise ganz zu unterlassen. Man kann sich also fragen, ob ein Sozialstaat mit so widersprüchlichen Botschaften seine eigenen Grundlagen, Ehe und Familie als Grundwerte und Keimzelle des Staates zu behandeln, untergräbt, oder ob er sich in Anbetracht neuer europäischer Standards für eine geschlechtergerechte und demokratische Familienpolitik, ja, unter dem Druck einer europäischen Beschäftigungspolitik nicht doch für neue Formen gesellschaftlicher Solidarität entscheidet, in der die Bürgerrechte jedes und jeder Einzelnen ein Maßstab für Gerechtigkeit sind.

---

68 Günter Burkart, Zum Strukturwandel der Familie. Mythen und Fakten, in: Aus Politik und Zeitgeschichte, 53, 52 (1995), 3–15.
69 Isolde Ludwig u. a., Managerinnen des Alltags. Strategien erwerbstätiger Mütter in Ost- und Westdeutschland, Berlin 2002.

Verzeichnis der Autorinnen und Autoren

Angiolina Arru – an.arru@agora.stm.it
Birgitta Bader-Zaar – birgitta.bader-zaar@univie.ac.at
Ingrid Bauer – ingrid.bauer@sbg.ac.at
Franz X. Eder – franz.eder@univie.ac.at
Sandra Eder – s.eder@univie.ac.at
Christa Hämmerle – christa.ehrmann-haemmerle@univie.ac.at
Gabriella Hauch – Gabriella.Hauch@jku.at
Waltraud Kannonier-Finster – waltraud.finster@uibk.ac.at
Johanna Gehmacher – johanna.gehmacher@univie.ac.at
Ute Gerhard – gerhard@soz.uni-frankfurt.de
Margarete Grandner – margarete.grandner@univie.ac.at
Martina Gugglberger – martina.gugglberger@jku.at
Ernst Hanisch – ernst.hanisch@sbg.ac.at
Ulrike Harmat – ulrike.harmat@oeaw.ac.at
Karin Hausen – hausen@kgw.tu-berlin.de
Gernot Heiß – gernot.heiss@univie.ac.at
Gudrun-Axeli Knapp – axeli.knapp@pih.uni-hannover.de
Margareth Lanzinger – margareth.lanzinger@univie.ac.at
Maria Mesner – maria.mesner@univie.ac.at
Michael Mitterauer – michael.mitterauer@univie.ac.at
Wolfgang Müller-Funk – wolfgang.mueller-funk@univie.ac.at
Herta Nagl-Docekal – herta.nagl@univie.ac.at
Julia Neissl – julia.neissl@sbg.ac.at
Kristina Popova – bforum@pirin.com
Helmut Puff – puffh@umich.edu
Edith Saurer – edith.saurer@univie.ac.at
Martin Schaffner – martin.schaffner@unibas.ch
Sigrid Schmid-Bortenschlager – sigrid.schmid@sbg.ac.at
Stefanie Schüler-Springorum – Stefanie.Schueler@uni-hamburg.de
Birgit Wagner – birgit.wagner@univie.ac.at
Meinrad Ziegler – meinrad.ziegler@jku.at

**Brigitta Keintzel /
Ilse Korotin (Hg.)
Wissenschafterinnen
in und aus Österreich**
Leben – Werk – Wirken

2002. 872 Seiten.
182 schw.-w. Abb. Geb.
ISBN 3-205-99467-1

In dem groß angelegten lexikalischen Nachschlagewerk werden erstmals 350 Wissenschafterinnen in und aus Österreich dokumentiert. Im Zeitraum von der Jahrhundertwende bis zur Nachkriegszeit wird die erste Generation von Wissenschafterinnen an den Universitäten Wien, Graz und Innsbruck vorgestellt, die sich in Österreich habilitieren konnte und Lehrstühle erhielt.

„Ein Forschungsprojekt skizziert den verschwiegenen und marginalisierten Anteil von Frauen an der österreichischen Wissenschaftsgeschichte."
(Der Standard – Wissenschaft, Dezember 2002)

„Barrieren und Schwierigkeiten in universitären und außeruniversitären Arbeits- und Forschungszusammenhängen werden in den einzelnen Lebensläufen ebenso transparent wie das engagierte Erkenntnisinteresse von Pionierinnen, die von konventionellen Denkmustern ihrer Zeit abwichen und sich damit in mehrfacher Weise exponierten."
(APA – JOURNAL Karriere, Dezember 2002)

L'Homme.
Europäische Zeitschrift für Feministische Geschichtswissenschaft

Erscheint seit 1990
Erscheinungsweise: 2x jährlich
Format: 24 x 17 cm, Br.

L'Homme. Europäische Zeitschrift für Feministische Geschichtswissenschaft möchte durch die Veröffentlichung von Beiträgen, welche neue Themenfelder, Diskussionen und Forschungsergebnisse feministischer Geschichtswissenschaft vorstellen, die Dynamik dieses Forschungsbereiches sichtbar machen. Durch die Berücksichtigung von Beiträgen aus verschiedenen Sprach- und Wissenschaftskulturen soll weiters die Vielfalt und Breite des Wissenschaftsfeldes aufgezeigt werden. Das Interesse der Zeitschrift liegt in der Auseinandersetzung mit allen Teilbereichen der Geschichtswissenschaft und in einer ständigen Beschäftigung mit Fragen feministischer Theorie. Jedes einzelne Heft umfasst daher theoretische Beiträge und mehrere Aufsätze zum Themenschwerpunkt sowie Rezensionen und Annotationen neuerer Forschungsliteratur, Tagungsankündigungen, Calls for Papers und Tagungsberichte, fallweise auch Interviews („Im Gespräch"). In der Rubrik „Aktuelles und Kommentare" erscheinen außerdem kontinuierlich Berichte über gegenwärtige Diskussionen zur Frauen- und Geschlechterpolitik. „L'Homme Extra" deckt jene Beiträge ab, die nicht dem jeweiligen Heftschwerpunkt zugeordnet werden können und die Rubrik „Forum" versammelt Überblicke zur Frauen- und Geschlechtergeschichte eines Landes.

Themenschwerpunkte der nächsten Hefte:
Whiteness, Alt/Jung, Markt und Mächte, Sich sorgen/Care, Offenes Heft zu „Theorie", Sehnsüchte, Biographie und Interkulturalität

www.boehlau.at   www.boehlau.de